Poussin et Rome

Actes du colloque
à l'Académie de France à Rome
et à la Bibliotheca Hertziana
16 - 18 novembre 1994

sous la direction d'Olivier Bonfait,
Christoph Luitpold Frommel,
Michel Hochmann
et Sebastian Schütze

Remerciements

Monsieur Jean-Pierre Angremy, directeur de l'Académie de France à Rome, et Messieurs Christoph Luitpold Frommel et Matthias Winner, directeurs de la Bibliotheca Hertziana, ont accepté, dès le début, et avec enthousiasme, l'idée de ce colloque. Qu'ils en soient ici chaleureusement remerciés. Monsieur Pierre Rosenberg, président-directeur du Louvre, nous a constamment assurés de son précieux soutien et de ses conseils.

Nous devons également une reconnaissance toute particulière à Anne de Margerie et à Jean-François Chougnet qui ont bien voulu accueillir ces actes aux éditions de la Réunion des musées nationaux et poursuivre ainsi une collaboration que nous avions entamée avec le colloque *Peinture et rhétorique*. Sylvie Chambadal et Céline Julhiet en ont suivi de près la publication.

Xavier North, ancien conseiller culturel, et le service culturel de l'Ambassade de France en Italie ont bien voulu nous accorder une aide pour la traduction de certaines interventions.

Nous remercions enfin le ministère de l'Enseignement supérieur et de la Recherche, ainsi que le Max-Planck-Gesellschaft, qui ont apporté leur concours à cette publication.

Sommaire

PEINTURE, HISTOIRE ET POÉSIE

Préface

L'Académie de France à Rome se devait, naturellement, de rendre hommage à Poussin, qui, s'il n'était pas mort, serait devenu son premier directeur et qui aimait tant venir se promener dans les jardins du Pincio, là où, grâce à Napoléon, elle est aujourd'hui installée. C'est donc avec joie que j'ai accepté de présenter l'exposition *Rome 1630*, dont Olivier Bonfait avait eu l'idée et qui nous permettait de reconstituer, avec l'exposition décrite par Sandrart, le musée imaginaire du plus grand peintre français de son siècle.

Nous pûmes ainsi découvrir quels liens il entretenait avec le panorama extraordinairement varié de l'art romain, avec des artistes comme Dominiquin qu'il admirait profondément, mais aussi avec ceux, comme les partisans du Caravage, envers lesquels il montrait une grande réticence. Cette question méritait d'être approfondie, et c'est pourquoi, avec l'aide enthousiaste de Pierre Rosenberg et la collaboration précieuse de nos amis de la Bibliotheca Hertziana, nous prîmes l'initiative de réunir un certain nombre de spécialistes qui pouvaient nous éclairer sur le climat dans lequel il vécut.

Notre objectif était donc assez différent de celui du grand colloque qu'Alain Mérot organisa magistralement, quelques jours auparavant, à l'auditorium du Louvre. Nous ne voulions pas, en effet, nous pencher seulement sur l'œuvre ou sur la vie du peintre, même si certaines communications ont permis d'apporter un éclairage nouveau sur l'architecture de ses tableaux ou sur la façon dont il utilise les emblèmes. Mais il fallait surtout connaître ce qu'était la Rome de son temps, quel était par exemple le milieu des amateurs auquel il destinait ses tableaux : on a pu ainsi revenir sur ses liens avec Cassiano del Pozzo ou avec Ferrante Carlo. L'œuvre de certains de ses grands contemporains, comme Charles Mellin ou son rival Simon Vouet a fait également l'objet de nouveaux aperçus. Mais Rome était aussi, naturellement, la source de toute son inspiration, ce lieu qu'il ne quitta qu'à regret, pour répondre à l'ordre de son roi, et où il revint dès qu'il le put. Et on a ainsi découvert avec plus de précision quel regard il portait sur le peuple de statues du palais Farnèse ou sur l'œuvre de Raphaël, qu'il vénérait. Enfin, son travail de peintre-philosophe a été replacé au sein des grands débats de la théorie et de la critique artistique de l'époque, celle de Giovanni Battista Agucchi et de Bellori, et des poètes dont il s'inspira (le Tasse, le cavalier Marin). C'est donc toute la Rome de 1630 que ces trois journées ont permis de faire revivre, avec toutes les richesses dont Poussin s'était nourri.

Par un heureux concours de circonstances, le colloque prenait fin le 19 novembre, jour anniversaire de la mort de Poussin. Nous pûmes donc tous ensemble, avant de nous séparer, lui rendre un dernier hommage à San Lorenzo in Lucina, devant le monument que Chateaubriand lui fit ériger.

Jean-Pierre Angremy

Introduzione

E' un privilegio poter inaugurare, a pochi mesi dal quarto centenario della nascita di Poussin, il primo convegno organizzato insieme dall'Accademia di Francia e dalla Bibliotheca Hertziana. I rapporti tra le nostre sedi risalgono al tardo Cinquecento: non a caso Federico Zuccari eresse il suo palazzo proprio nelle immediate vicinanze dei Medici, nella cui Firenze aveva vissuto fino al 1588, affrescando tra l'altro anche la cupola del duomo. Zuccari aveva destinato alcune stanze del suo palazzo a giovani artisti transalpini. Tra quelli francesi che abitarono nel nostro palazzo nei secoli successivi, ci fu anche David, benché la lapide in sua commemorazione si trovi collocata un paio di case più avanti: ricordo ancora gli scrupoli del nostro predecessore Wolfgang Lotz, in quanto essa menzionava solo il nome di uno dei tanti artisti famosi vissuti a Palazzo Zuccari.

Probabilmente molti dei maestri italiani e tedeschi, che nel corso dell'Ottocento abitarono a Palazzo Zuccari, furono ospiti dell'Accademia di Francia, trasferita nel 1800 a Villa Medici – ospitalità di cui godiamo tutt'ora. E d'altra parte fin dalla nascita della Bibliotheca Hertziana nel 1913 siamo stati in grado di contraccambiare qualche volta questa squisita ospitalità, contribuendo anche ai progetti dell'Accademia, come nel caso della grande monografia dedicata a Villa Medici o nella preparazione del suo attuale restauro.

Da questo stretto contatto sia fisico che spirituale è nato e si è sviluppato anche il nostro convegno su Poussin. Il ringraziamento va ad una favorevole costellazione, che ha fatto sì che in entrambi gli istituti – poco prima del quarto centenario della nascita di Poussin – dei giovani studiosi si occupassero della pittura del Seicento, entrando così in uno stretto rapporto di amicizia con proficui scambi di idee e risultati: Olivier Bonfait e Michel Hochmann di Villa Medici e Sebastian Schütze della Bibliotheca Hertziana. Mentre le generazioni precedenti dei nostri Istituti non si erano mai spinte oltre una festa di carnevale, questi tre giovani studiosi hanno concepito e organizzato il convegno, e lo hanno fatto con esemplare intelligenza e accortezza.

Consentitemi di aggiungere una parola personale. Al contrario del mio collega, Matthias Winner, non avevo mai lavorato personalmente su Poussin, anche se il mio particolare amore per questo maestro risale già agli anni studenteschi passati a Monaco. La preparazione del convegno e del mio contributo mi hanno regalato settimane piene di piacere – settimane durante le quali ho capito che tesori stiano qui ancora nascosti.

C'è poi anche una bella coincidenza topografica. Sebbene Poussin non fosse mai stato inquilino di Palazzo Zuccari, come si credeva ancora nel secolo scorso, e non fosse mai diventato direttore dell'Accademia di Francia, come avrebbe voluto Colbert, egli visse la maggior parte della sua vita in questo quartiere – dapprima in Via Margutta e, dopo il suo matrimonio, in Via del Babuino. Nell'adiacente Piazza di Spagna si trovava la bottega di suo suocero, il cuoco Jacques Dughet, e in questa piazza Poussin curava anche i suoi contatti internazionali durante le passeggiate pomeridiane, mentre quelle mattutine lo conducevano su e giù per il Viale Trinità de' Monti, proprio tra le nostre due sedi.

Come sapete, i rapporti di Poussin con la Germania si limitarono alla breve conoscenza con Joachim von Sandrart – quel Sandrart che ha ispirato Bonfait e Hochmann a ideare la mostra, che possiamo ammirare in questi giorni nelle sale inferiori di Villa Medici.

Ma tanto più profondo è il significato di Poussin per la cultura del nostro paese. Già Anton Raffael Mengs e Johann Joachim Winckelmann, che – sotto alcuni aspetti – veneriamo come padre della storia dell'arte in senso stretto, furono appassionati ammiratori di Poussin. Winckelmann lo elogiò accanto a Michelangelo e Raffaello, e per lui Poussin dovette costituire il più importante anello di congiunzione tra il primo Cinquecento e la sua propria epoca. Da allora in poi non si è più interrotta la fila di ammiratori e interpreti tedeschi di Poussin – da Goethe a Jacob Burckhardt, a Nietzsche, che dedicò un bellissimo aforismo del suo «Menschliches und Allzumenschliches» a «Et in Arcadia ego», per non parlare poi di Grauthoff, Walter Friedländer, Panofsky, Hetzer, fino a Badt, Sauerländer e agli studi degli ultimi anni. Per loro Poussin rappresentò, come nessun'altro maestro del Sei- e Settecento, l'ideale classico, che a partire da Winckelmann e Klopstock fino all'inizio del XX secolo influenzò i maggiori rappresentanti della nostra «Geistesgeschichte». Egli venne ammirato come uno di quei «fari» prescelti dell'antico retaggio, per il quale si professarono anche Goethe, Hölderlin o Nietzsche.

I lavori di questo convegno si occupano di questioni molto più concrete. Ma per quanto oggi potremmo esserci allontanati anche dall'ideale classico, nessuno dovrebbe dimenticare che le nostre culture hanno raggiunto in queste figure uno dei più importanti punti di tangenza.

Première partie

POUSSIN ET SES MODÈLES

Ingo HERKLOTZ

Poussin et Pline l'Ancien : à propos des *monocromata*

In memoriam Hanno-Walter Kruft

I

Parmi les innombrables correspondants de Cassiano Dal Pozzo, sans doute le principal mécène romain de Poussin, un nouveau nom surgit à partir de mars 1651, celui de Carlo Roberto Dati qui allait se faire connaître en 1664 pour l'éloge du Cavaliere Dal Pozzo qu'il publia sept ans après la mort de ce dernier[1]. Né en 1619 à Florence et mort en 1676 dans cette même ville, Dati était d'une génération plus jeune que Dal Pozzo et Poussin et comptait déjà vers le milieu du siècle parmi les plus grands savants de la métropole toscane. Initié aux langues classiques par Pietro Vettori le Jeune et Giov. Batt. Doni, et formé aux sciences par Galilée et Toricelli, Dati occupait depuis 1648 la chaire de latin et de grec au Studio fiorentino et jouait un rôle majeur dans plusieurs académies de Florence. Ses publications, commencées à la fin des années 1650, témoignent de la diversité de ses centres d'intérêt : aux essais sur la langue et le style, l'astronomie et la physique, s'ajoutent des ouvrages panégyriques, historiques et archéologiques.

Les lettres qu'échangèrent Dati et Dal Pozzo pendant plus de six ans apparaissent à maints égards comme l'exemple parfait d'une correspondance savante au XVIIᵉ siècle : au-delà du simple échange de connaissances, les deux hommes se communiquèrent surtout du matériel de travail, des livres, des copies et des gravures qui devaient servir aussi bien à leurs propres recherches qu'à celles de leurs amis hommes de lettres[2]. Les dernières *nouvelles littéraires* de la République des lettres accompagnaient ces envois.

Depuis longtemps Dal Pozzo était considéré par ses contemporains comme l'un des plus grands archéologues de son époque ; on ne s'étonnera pas dès lors que Dati, animé d'un penchant pour les études classiques, ait souhaité tirer parti des connaissances de son aîné. Les recherches de Dati fournissent plusieurs points de repère : Dati semble avoir rassemblé assez tôt des notes et inscriptions antiques relatives aux vestiges conservés dans sa ville natale[3] ; en 1654, il manifesta son intérêt pour un problème sans cesse soulevé par les archéologues des XVIᵉ et XVIIᵉ siècles : la reconstitution des trirèmes et autres types de navires antiques[4]. Dal Pozzo l'aida en lui adressant une copie du traité naval provenant de l'encyclopédie de l'Antiquité de Pirro Ligorio, conservée à Turin[5].

Dès octobre 1652, Dati évoque un sujet de recherches qui, même s'il n'atteignit jamais le degré d'achèvement escompté, devait déboucher quinze ans plus tard sur le principal ouvrage archéologique de l'auteur : les biographies des peintres grecs[6]. Ce qui avait commencé en 1652 comme une conférence à l'Académie sera publié en 1667 sous le titre *Vite de pittori antichi*. L'auteur y évoque les biographies de quatre grands peintres entourés de légende, Zeuxis, Parrhasios, Apelle et Protogène, tout en abordant des problèmes particuliers liés à leurs œuvres qu'il commente – sous un angle purement philologique – à l'aide des sources antiques. L'ouvrage s'inscrit donc dans une tradition littéraire qui avait été jusqu'alors essentiellement entretenue par des auteurs écrivant en latin (on pense notamment à Demontiosius, Bulengerus, Franciscus Junius et Joh. Gerhard Vossius[7]).

Le projet de Dati, encore imprécis en 1652, devait remporter l'adhésion de Dal Pozzo qui lui proposa volontiers son soutien. C'est quelques mois plus tard, le 3 février 1653, qu'apparaît pour la première fois le nom de Poussin dans le contexte des vies d'artistes de Dati. De toute évidence, c'est Dal Pozzo qui avait incité son correspondant à consulter le peintre, car Dati souligne à cette époque : « a suo tempo averò caro sentire il parere di V.S.Illma e di Mon.^{e} Poussin sopra alcune difficoltà che mi nascono nella difficilissima materia della pittura antica[8]. » Le 28 juin de la même année, Dati réitère son intention : « Distenderò succintamente alcune difficoltà, che mi nascono della pittura antica per sentire il parere di V.S.Illma, e di Monsr Pussino. » À propos de Poussin, il écrit : « e tra gli artefici rarissimi speculanti sopra tali curiosita[9]. » Une lettre du 12 août 1653 s'accompagne enfin des problèmes, ces *difficoltà* et *dubbi*, qui le préoccupent[10]. La réponse de Rome ne se fait pas longtemps attendre. Dans sa lettre du 4 octobre 1653, Dal Pozzo n'exprime pas sa propre position, mais joint à son envoi une « copia di quello, che il Sr Niccolo Poussino ha stimato di poter dire in proposito de Monocromati secondo i dubbi da V.S. Illma mostrati, de quali a'esso diedi notitia[11]. » Dati accuse réception de la lettre le 21 octobre et souligne combien il partage l'opinion du peintre à propos de l'un des problèmes évoqués : la peinture monochrome antique[12]. Les déclarations de Poussin doivent donc se situer entre le 12 août et le 4 octobre de l'année 1653 – et probablement plus près de cette dernière date.

La requête de Dati et le bref commentaire de Poussin ont été conservés jusqu'à nos jours, même s'ils sont restés ignorés des études poussiniennes. Le volume de Montpellier, Bibliothèque interuniversitaire, section Médecine, H 267, miscellanées faisant partie de l'ancienne bibliothèque Dal Pozzo, comprend le texte autographe de Dati ainsi qu'une version des réflexions de Poussin reproduite par l'un des secrétaires de Dal Pozzo[13]. Une seconde copie du commentaire de Poussin, intégrée dans l'ancien Codex Dal Pozzo et conservée à Rome à la Biblioteca Angelica, Ms. 1678, ne présente que des différences orthographiques par rapport à la version de Montpellier[14].

II

Les *Dubbi concernenti alla pittura antica* formulés par Dati concernent deux problèmes spécifiques de l'interprétation de Pline, qu'un auteur plus ancien, Ludovicus Demontiosius, avait associés de manière arbitraire et probablement douteuse : il s'agit d'une part de la définition du terme *monocromata*, d'autre part de la fameuse « querelle de la ligne » qui avait opposé Apelle et Protogène – deux problèmes qui, à vrai dire, attendent aujourd'hui encore une explication convaincante. Commençons d'abord par les *monocromata*.

La peinture monochrome est évoquée en plusieurs endroits du livre XXXV de l'*Histoire naturelle*[15]. Pline reste notre seule source pour le terme *monocromata*, car le passage de Pétrone (*Satiricon*, 83) relevé par Dati s'appuie sur une citation erronée[16]. D'après la chronologie de Pline (*Hist. nat.*, XXXV, 15), qui repose vraisemblablement sur les réflexions de Xénocrate d'Athènes[17] (IIIe s. av. J.-C.), la phase monochrome de la peinture antique, caractérisée par des contours remplis d'une couleur uniforme, faisait immédiatement suite au simple dessin linéaire circonscrivant l'ombre d'un homme, qui est à l'origine de toute figuration. La phase monochrome est représentée par les peintres Hygiainon, Deinias et Charmadas (*Hist. nat.*, XXXV, 56). C'est l'utilisation ultérieure de systèmes chromatiques différenciés, dont la fameuse peinture à quatre couleurs, qui incita à définir comme une peinture « monochrome » cet art pictural primitif qui ignorait encore tout de l'usage des ombres et de la lumière[18].

La compréhension du style décrit ici par Pline a posé d'étonnantes difficultés aux chercheurs. Si l'on admet que Pline (ou sa source grecque) avait pour dessein plus qu'une simple fiction littéraire – ce que ses commentateurs n'ont pas tous admis en raison du caractère indubitablement mythique de la « phase linéaire » précédant les *monocromata* –, c'est la comparaison avec les évolutions ultérieures qui permet le mieux de définir la phase monochrome. En effet, seul le progrès de la peinture « à une couleur » a conduit, selon Pline, à deux évolutions : l'apparition des détails intérieurs exécutés sans couleur supplémentaire (*Hist. nat.*, XXXV, 15), et la différenciation du sexe des figures, que Pline croit voir concrétisée pour la première fois par l'Athénien Eumarès (*Hist. nat.*, XXXV, 56). Il est un fait que les critères observés ici n'apparaissent pour les vases attiques de style géométrique qu'à une époque tardive, c'est-à-dire à partir du troisième quart du VIIIe siècle[19]. Les œuvres du second quart du siècle se limitent en revanche à de simples « silhouettes » fermées, uniformément remplies d'une couleur unique, qui ont valu à ce style archaïque d'être connu sous le nom de style « en silhouette[20] ». Il est exact que le sexe des figures reste souvent indéfinissable, et que ces vases ne connaissent pas de variantes chromatiques au sein d'une même figure.

S'il devait se confirmer que Pline (ou sa source grecque) assimilait réellement la peinture monochrome au style « en silhouette » – et ce sans doute moins dans les vases peints que dans les peintures murales – l'auteur latin semblerait alors étonnamment bien informé, non seulement en matière de chronologie relative, mais aussi de chronologie absolue, car il affirme que les peintres monochromes exerçaient encore peu avant la 18e Olympiade (708-705 av. J.-C.) (voir. *Hist. nat.*, XXXV, 56).

Deux passages de l'*Histoire naturelle* vont pourtant à l'encontre des hypothèses avancées ici, problématique que Dati avait déjà soulevée. S'il est écrit dans le Livre XXXV, chap. 15 à propos de la peinture monochrome *duratque talis etiam nunc*, l'apparente contradiction pourrait encore s'éluder en traduisant ce passage, non plus comme habituellement par : « une telle peinture est encore pratiquée de nos jours », mais par : « une telle peinture s'est conservée jusqu'à nos jours » – à travers quelques exemples très anciens[21].

Le problème se complique lorsque Pline dans *Hist. nat.*, XXXV, 64 attribue encore des peintures monochromes à Zeuxis au début du IVe siècle : « pinxit et monochromata ex albo », déclaration qui semble autoriser deux interprétations; soit c'était le fond qui était entièrement blanc comme dans les lécythes à engobe blanc du Vᵉ siècle, soit c'était les motifs figurés, solution que pourraient étayer les frises hellénistiques de Délos (fin IIᵉ-début Iᵉʳ s. av. J.-C.) et quelques exemples fournis par la peinture romaine[22]. Une chose du moins semble certaine : il ne peut guère s'agir de simples silhouettes coloriées, dépourvues d'ombres et de détails intérieurs, chez Zeuxis qui peignait des grappes de raisins si ressemblantes, à en croire la légende, que même les oiseaux s'y trompaient. Il faut supposer ici une « seconde » peinture monochrome plus tardive. Les frises de Délos citées plus haut permettraient peut-être d'en imaginer l'aspect. Les figures y sont représentées sur fond sombre dans dif-férentes tonalités de blanc qui font penser à la technique du clair-obscur ou de la gri-saille. Selon des spéculations récentes, ces peintures mesurant seulement une quin-zaine de centimètres de haut auraient été les substituts de frises en pierre précieuse ou semi-précieuse[23]. Or elles se caractérisent par une touche rapide et une manière étonnamment « picturale ». Elles devaient tout au plus donner l'effet d'un bas-relief à un spectateur situé à une certaine distance.

C'est précisément ce type de peinture monochrome qui subsistait dans l'art romain où il allait connaître son apogée avec les peintures murales du « troisième style ». La frise jaune de la maison de Livie et les peintures de la Casa del Gran Portale à Herculanum se rattachent à ce groupe, tout comme les nombreuses évoca-tions de paysages qui ont pu être rapprochées des camaïeux rouges ou blancs de la villa augustéenne de Boscotrecase[24]. Cette peinture, qui correspond sans doute à la seconde technique monochrome évoquée par Pline, est aussi celle qui est communé-ment désignée par les archéologues d'aujourd'hui sous le terme « peinture mono-chrome », sans toutefois rechercher une concordance exacte avec la terminologie employée par Pline[25].

Carlo Dati ne fut pas le premier à s'efforcer de définir les *monocromata*. Depuis Alberti, la littérature artistique des temps modernes n'avait eu de cesse de reprendre – non sans quelques divergences d'interprétation – le texte de Pline relatif à l'his-toire de la peinture primitive[26]. Le premier qui étudia plus en détail le problème des *monocromata* fut le Français Louis de Montjosieur (Ludovicus Demontiosius) dans son *Gallus Romae hospes* publié en 1585[27]. C'est à lui que revient l'idée d'expliquer la seconde technique monochrome mentionnée par Pline à partir de l'art de la Renaissance : selon Demontiosius, Pline entend par *monocromata* des panneaux peints d'une seule couleur afin d'obtenir un effet d'ombre et de lumière supplémentaire, technique utilisée essentiellement dans les temps récents par Polydore de Caravage. Le rapprochement opéré par Demontiosius entre *monocromata* antiques et clair-obs-cur moderne rencontra l'approbation des auteurs dont l'approche de l'art n'était pas uniquement de nature littéraire, bien qu'il soit impossible de prouver qu'ils aient connu *de visu* la peinture monochrome de l'Antiquité[28]. L'assimilation établie ici reflète d'ailleurs la terminologie de l'époque, car dans les textes latins du XVIIᵉ siècle, les peintures modernes en clair-obscur sont aussi décrites comme des *monocromata*[29]. Ce que les jeunes critiques reprochèrent à Demontiosius fut plutôt sa prétention de vouloir corriger la terminologie plinienne et présenter l'évolution première de l'art avec plus de précision que ne l'avait fait l'auteur latin. Demontiosius distinguait en effet trois types de peinture primitive : la *pictura unicoloris, bicoloris* et *tricoloris*. La *pic-tura unicoloris* – ou peinture monochrome – recouvre chez cet auteur une réalité dif-férente de celle qui est contenue dans le terme de Pline : pour lui, il s'agit d'une peinture sans rehauts ni effets d'ombres et de lumière. Elle peut utiliser plusieurs couleurs, à condition que ces dernières ne se mélangent pas et n'apparaissent que dans une seule tonalité. Si l'on applique ces réflexions aux vestiges archéologiques conservés, ce que ne fait pas Demontiosius, on constate que la *pictura unicoloris* serait à l'évidence plus proche des vases corinthiens du VIe siècle que du style « en silhouette[30] ». La *pictura bicoloris*, plus problématique, n'est pas mentionnée par Pline. Demontiosius affirme pourtant en avoir vu quelques exemples : elle se caractérise par l'introduction des ombres. Enfin, il désignerait volontiers sous l'expression *pictura tricoloris* la peinture monochrome (plus récente) de Pline, qui ajoute aux ombres l'utilisation de la lumière et des rehauts.

Demontiosius constitue aussi le point de départ des réflexions de Dati bien que celui-ci en raccourcisse l'argumentation de manière déloyale. S'appuyant sur l'étude de son aîné, Dati discerne dans l'exposé de Pline deux types différents de peinture monochrome. Le plus ancien pourrait se rapprocher de la *pictura unicoloris* de Demontiosius : monochrome et sans ombres ni lumière. Or cette définition n'aurait pas pu s'appliquer aux œuvres d'un Zeuxis ou d'un Apelle. Leurs *monocromata* correspondaient à la technique du clair-obscur : ils utilisaient certes une seule couleur, mais enrichie de rehauts et d'ombres produisant un effet plastique. Dati lui aussi connaît cette peinture davantage à travers les exemples des temps modernes qu'à travers ceux de l'Antiquité. Outre Dürer – on peut éventuellement évoquer son *Portement de Croix* autrefois conservé dans la collection impériale de Vienne –, Dati avait à l'esprit Andrea del Sarto dont la décoration du Chiostro dello Scalzo à Florence constitue en effet un chef-d'œuvre de la peinture monochrome des temps modernes[31]. Pour Dati, parler de *pictura tricoloris* pour de telles œuvres semblait revêtir aussi peu de sens que l'affirmation de Claude Saumaise (Claudius Salmasius) selon laquelle les *monocromata* auraient été exécutés à l'aide de craies ou de crayons[32].

C'est Poussin qui apporte l'argument décisif contre la *pictura tricoloris* de Demontiosius : si l'on considère l'ombre et la lumière comme des couleurs indépendantes, il faudrait aussi prendre en compte leurs gradations internes et l'on obtiendrait ainsi une quatrième, voire une infinité de couleurs.

Plutôt que de reprendre la terminologie d'un Demontiosius, Poussin préfère interroger les sources antiques au-delà du texte de Pline. La seconde peinture monochrome, qui connaissait déjà l'emploi des ombres et de la lumière, est la seule qui intéresse le peintre. C'est à lui que l'on doit d'avoir rassemblé des textes essentiels pour sa compréhension. Dati a repris ces sources dans son ouvrage publié[33], sources qui sont encore citées actuellement dans les débats sur les *monocromata*.

Poussin croit également devoir distinguer deux types de peinture monochrome mais, contrairement à Pline, il ne pense pas que plusieurs siècles séparent ces deux formes d'expression picturale. Pour lui, les innovations déterminantes sont le fait de Zeuxis et de Parrhasios, car Zeuxis ajouta à la peinture l'emploi des ombres et de la lumière, alors que Polygnote et Aglaophon, les représentants de la génération précédente, utilisaient encore des couleurs simples sans gradations internes. Poussin cite lui-même la source qui lui inspira cette comparaison entre ces deux générations d'artistes : il s'agit de l'*Institutio oratoria* de Quintilien, XII.10, un passage d'ailleurs qui ne se réfère pas nécessairement à l'évolution de la peinture monochrome[34]. Parmi les bons ouvrages que Poussin recommande à Dati, figurent en outre l'introduction aux *Eikones* de Philostrate[35], dans laquelle l'ombre et la lumière sont comptées au nombre des caractéristiques de la peinture (et non plus considérées comme l'apanage de la sculpture), et la biographie d'Apollonios de Tyane par le même auteur. Dans la *Vita* d'Apollonios (II.22), la représentation picturale est entièrement affranchie de la nécessité d'employer plusieurs variétés de couleurs. D'après la traduction prolixe de Blaise de Vigenère (publiée pour la première fois en 1599), Apollonios donne à son interlocuteur fictif l'explication suivante :

« Et vous cuidez ce me semble la peinture ne consister pas seulement de couleurs, puis qu'aux anciens peintres une seule couleur suffisoit ; là ou ceux qui sont venus apres en ont mis quatre, & de là se sont dispersez peu à peu d'y en employer d'avantage, & si encore l'on peint bien quelque fois avec un traict simple sans aucune couleur ; laquelle sorte de peinture, il faut advoüer ne tenir que du jour, & des ombres ; neantmoins la marque naïfve de la chose se s'y discerne parfaictement, & la forme aussi, la pensee, la modestie & l'audace ; encore que telles affections n'aient point de couleurs en soy. Elle exprime quant & quant le sang, & les cheveux, & la barbe qui ne fait que commencer à poindre ; la ressemblance pareillement d'un homme blond, & de blanche charneure ; bien que d'un seul traict, & d'une seule maniere cela vienne à se faire. Et qui plus est, si mesme nous venons à portraire d'un crayon blanc ou rouge un Ethiopien, il ne lairra pas pour cela de paroistre aux regardans comme noir ; car son nez camus, ses cheveux herissez & crespez, & le surmontement des ioües, avec une troigne morn'-effraiee, respandue tout autour des yeux, vient à noircir ce qui paroist blanc à nostre regard, & à monstrer pour un vray Ethiopien, celuy qui sera ainsi peint, à ceux qui le voudront soigneusement considerer[36]. »

Ce passage, qui prend à l'évidence la défense du *disegno* face au *colore*, fournit aujourd'hui encore un témoignage déterminant sur les possibilités formelles de la peinture monochrome romaine plus tardive. Poussin semble apporter un autre témoignage lorsqu'il remarque que seules l'ombre et la lumière apportent aux *monocromata* leur effet plastique, « dimostrando il piano e il rilevato, il remoto e'l vicino ». Dati donne dans son livre la source de ce passage : l'*Institutio oratoria* de Quintilien, XI.3.46, compare les intonations modérées de la voix avec les œuvres des peintres qui, après avoir peint un sujet au moyen d'une seule couleur, désirent accentuer ou au contraire mettre en retrait certains détails : « ut, qui singulis pinxerunt coloribus, alia tamen ementiora, alia reductoria fecerunt[37]. »

À l'instar de Dati, Poussin reconnaît dans l'art de la Renaissance un prolongement de la peinture monochrome tardive. Pourtant, plus que les œuvres de Dürer et d'Andrea del Sarto, ce sont les *basamenti* des Chambres du Vatican associés aux noms de Raphaël et de Giulio qui s'imposent à l'esprit de Poussin. Ce dernier franchit encore une étape supplémentaire en inscrivant dans la même tradition les dessins à la plume et lavis rehaussés de blanc exécutés par les peintres contemporains.

Cette évolution de l'histoire de l'art esquissée ici mérite notre attention. Demontiosius, Giulio Mancini, Dati et Poussin voient dans la peinture monochrome des temps modernes la reprise d'une technique picturale antique ; Vasari et Armenini la définissent au contraire comme une sculpture feinte, une imitation peinte des bas-reliefs en marbre ou en bronze[38]. Cette contradiction n'a pas encore trouvé aujourd'hui de réponse satisfaisante, comme le prouve un point essentiel de l'histoire de la technique du clair-obscur moderne : sur le socle de la chapelle des Scrovegni à l'Arena peinte par Giotto, les vices et les vertus sont représentés comme des statues placées dans des niches[39]. Elles frappent par leur effet de trompe-l'œil, sans que le spectateur soit obligé de penser immédiatement ici à un héritage de l'Antiquité. En revanche, ces niches sont séparées par des plaques imitant le marbre qui évoquent aussitôt les nombreux exemples fournis par les orthostates des fresques pompéiennes. Si l'on admet que les encadrements en architecture feinte présents dans la peinture italienne autour de 1300 sont également marqués par le style architectonique romain ou pompéien (du « deuxième style »), il devient alors possible que la peinture en grisaille de Giotto puise elle aussi son origine dans des sources antiques.

III

L'autre problème évoqué par Dati, la fameuse « querelle de la ligne » entre Apelle et Protogène, ne retiendra pas longtemps notre attention, car ni Poussin ni Dati – même dans l'essai publié dans les *Vite* en 1667 – ne se risquent à une prise de position claire et définitive.

Cette discussion repose sur une anecdote fameuse rapportée par Pline dans son *Hist. nat.*, XXXV.81-83. Pline raconte qu'Apelle se rendit un jour à Rhodes pour voir l'atelier de Protogène. Ce dernier ne s'y trouvait pas, mais le peintre rencontra une vieille femme qui lui demanda qui il était pour vouloir ainsi parler à Protogène. « Tu lui diras seulement que c'est lui », répondit Apelle qui prit un pinceau dans l'atelier et traça sur un panneau déjà préparé une ligne d'une extrême finesse (*lineam... summae tenuitatis*). À son retour, Protogène identifia immédiatement l'auteur de cette ligne, car personne d'autre qu'Apelle n'aurait été capable d'une exécution aussi parfaite. Frappé dans son amour-propre, Protogène s'empara lui aussi d'un pinceau et traça d'une autre couleur une ligne encore plus fine sur la première (*in ipsa illa*). Lorsqu'il pénétra pour la seconde fois dans l'atelier, Apelle se croyait déjà vaincu ; pourtant, il apposa sur les deux premières une troisième ligne d'une couleur encore différente qui était si fine qu'elle coupait presque les deux autres (*tertio colore lineas secuit*), et ne laissait en effet aucune place pour une ultime intervention. Ce n'est qu'alors que Protogène s'avoua vaincu. Le panneau comportant les trois lignes fut encore admiré pendant des siècles, et Pline affirme même l'avoir vu dans le palais impérial du Palatin.

Les interprètes modernes du récit de Pline vont d'Alberti à Gombrich, en passant par Michel-Ange et Hogarth[40]. La majorité d'entre eux, pourtant si différents, s'accordent pour dire qu'il ne faut pas prendre cette anecdote au pied de la lettre et qu'il faut ramener cette querelle à un problème artistique plus important que ne peut l'être la finesse de traits rectilignes. On notera d'ailleurs que ces commentateurs ont toujours voulu lire dans le texte de Pline des préoccupations techniques ou esthétiques propres à leurs époques respectives. Alberti crut y voir un défi lancé à celui qui exécuterait la ligne de contour la plus discrète possible. Ghiberti pensa à la représentation de la perspective, etc. Dati, quant à lui, partit des réflexions de Demontiosius qui interprétait cette histoire comme une querelle au sujet des rehauts, des ombres et des transitions subtiles entre les différentes gradations de couleurs. Ainsi pour Demontiosius existait-il un rapport entre la querelle de la ligne et la peinture monochrome. Saumaise avait pourtant déjà écarté cette interprétation et plaidé pour une compréhension littérale du récit ; car pourquoi un peintre appelé à rendre les détails d'une coiffure ne pouvait-il pas s'exercer au tracé d'une ligne la plus ténue possible? Saumaise ne put convaincre Dati[41]. Le Florentin restait persuadé que la finesse des lignes, qui relevait tout au plus du travail fastidieux des miniaturistes, n'était pas un critère susceptible de révéler le génie d'un Protogène ou d'un Apelle. Plutôt que de croire que deux maîtres hors du commun se seraient trompés dans la conception de leur art, Dati préférait supposer que Pline avait été trahi par une fausse rumeur. En effet, selon Dati, ce n'est pas la finesse, mais le naturel et l'aversion pour trop de minutie (*franchezza e sprezzatura*) qui font la grandeur d'un artiste.

En accord avec Saumaise, Poussin semble ne pas vouloir écarter une lecture littérale du récit et l'idée d'une rivalité purement technique au sujet de *linee sottilissime, diritte et uguali*. C'est probablement pour cette raison que le peintre; à l'évidence, ne voulait pas se résoudre à prêter à cette anecdote un contenu de théorie artistique plus subtil. Selon Poussin, même une analyse approfondie parviendrait à la conclusion que l'histoire évoquée par Pline – sans doute par simple fantaisie – est sans grande importance pour le connaisseur averti. Qu'il s'agisse ou non d'un hasard, le traité artistique fortement moralisateur que le jésuite Giovanni Domenico Ottonelli avait publié seulement quelques mois auparavant (1652), en collaboration avec le peintre Pierre de Cortone, tirait la même conclusion. Même sans ses lignes, écrit-il, Apelle serait devenu Apelle, car d'autres critères de l'art ont plus de poids que la seule finesse du trait[42]. Ce sont précisément ces critères que Poussin s'emploie à définir. Pour lui, la véritable rivalité entre Apelle et Protogène concernait la légèreté de l'exécution (*facilità*) et la grâce (*gratia*). En faisant référence à la biographie de Timoléon par Plutarque (XXXVI.4-5), Poussin utilise une fois encore sa grande connaissance des sources écrites pour éclairer les principes esthétiques de l'Antiquité. On peut lire dans cet ouvrage : «... si la poésie d'Antimaque et les peintures de Denys, l'un et l'autre de Colophon, qui ont de la force et de l'énergie, ressemblent à des créations forcées et laborieuses, alors que les tableaux de Nicomaque et les vers d'Homère, outre la force et la grâce qu'ils possèdent par ailleurs, ont l'avantage visible de l'aisance et de la facilité (*eucherós kai rhadiós*), [...] l'on n'a pas de peine à constater [...] que la carrière militaire de Timoléon [...] est l'œuvre, non de la chance, mais de la vertu heureuse. » Derrière les mots de Poussin transparaît sans doute aussi le passage déjà cité de Quintilien, *Instit. orat.*, XII.10, où sont énumérés les mérites de différents artistes ayant contribué à l'évolution de la peinture. La légèreté (*facilitas*) y apparaît comme une qualité particulière d'Antiphilos, alors que l'invention et la grâce (*ingenium et gratia*) caractérisent l'art d'Apelle. Dans la traduction italienne de Quintilien (par Oratio Toscanella), que Poussin a probablement consultée, ces notions sont rendues précisément par les mots qu'il emploie : *facilità, ingenio, gratia*[43].

<h1 style="text-align:center">IV</h1>

Plus encore que sa prise de position au sujet des *monocromata*, les quelques notes relatives à la « querelle de la ligne » révèlent combien Poussin n'a abordé finalement qu'à contrecœur la problématique soulevée par Dati. Deux raisons expliquent probablement cette réticence. Poussin n'accordait pas à Pline la même autorité que Dati. Depuis le début du XVIIᵉ siècle, les milieux archéologiques de Rome émettaient des doutes quant à l'infaillibilité du grand naturaliste dans le domaine des arts. Ainsi Lelio Pasqualini, dans sa recherche des portraits d'Homère, était-il arrivé à la conclusion suivante : « Quanto all'autorità di Plinio, io non giudico che sia da intendersi e applicarsi così generalmente, che si possa dire, che gli antichi non havessero l'imagine vera di Homero, che sarebbe contra altre buone autorità[44]. » En outre, Poussin gardait manifestement ses distances par rapport aux études classiques purement philologiques que pratiquait Dati : « che il Demontioso chiami come vuole il pitture di più colori semplici » ; « importano poco li nomi » ; la technique avec laquelle étaient exécutées les *monocromata* « importa poco » ; toute la querelle de la ligne, enfin, « fù cosa di nulla stima almeno frà gente intendente ».

Les recherches de Dati étaient en effet extrêmement tributaires des textes. Même s'il avait pensé à l'origine intégrer dans ses réflexions des copies de peintures antiques provenant de chez Dal Pozzo[45], il ne commente dans son ouvrage publié en 1667 aucun des témoignages de l'art pictural antique connus au XVIIᵉ siècle[46]. La principale ambition de l'auteur était de rassembler de manière exhaustive les récits littéraires traitant de la peinture antique, de définir les termes spécifiques contenus dans ces derniers, et de confronter et d'harmoniser les éléments contradictoires concernant la vie des différents peintres. Ce n'est sans doute pas un hasard si l'enthousiasme modéré de Poussin pour ce type de contribution philologique rappelle la réaction exprimée dans une situation analogue par un peintre légèrement plus âgé que lui. Lorsque Franciscus Junius se fit connaître en 1637 par son *De pictura veterum*, qui trahit une méthode analogue à celle de Dati, Rubens lui-même commenta cette parution en disant qu'il s'agissait là d'une véritable mine de citations extraites de la littérature antique. Pourtant, malgré tout son respect pour l'érudition de son auteur, Rubens estimait qu'il était grand temps d'élaborer un ouvrage sur la peinture italienne (*de Picturis Italorum*) – c'est-à-dire des temps modernes –, car seules les œuvres conservées et visibles s'imprègnent dans la mémoire et peuvent servir de guide au jeune artiste. En revanche, notait Rubens, ce qui n'est transmis que par les mots ou les descriptions de Pline ne peut qu'échapper à l'emprise de l'homme, comme l'ombre d'Eurydice échappe aux mains d'Orphée[47].

Une certaine tension entre philologie et recherche sur l'objet – ou sur l'image – semble en effet caractériser l'ensemble de l'activité archéologique du XVIIᵉ siècle. Après avoir affirmé sa primauté pendant des siècles, la philologie se trouvait désormais confrontée à des voix de plus en plus nombreuses qui plaidaient pour une prise en compte des vestiges matériels de l'Antiquité. Parmi les méthodes archéologiques du XVIIᵉ siècle, l'histoire des civilisations, ou analyse des *mores et instituta*, occupait une place privilégiée. De manière significative, le recueil de documentation iconographique le plus vaste qui ait été réalisé jusqu'alors dans ce domaine, le *Museo cartaceo* de Dal Pozzo, fut conçu dans l'entourage immédiat de Poussin[48]. Ce recueil comprenait un certain nombre de relevés de peintures et de mosaïques antiques[49]. Poussin semble l'avoir utilisé au moins pour ses recherches iconographiques. Son *Repos pendant la fuite en Égypte*, conservé à l'Ermitage, fait référence comme on le sait à la procession des prêtres d'Isis représentée sur la fameuse mosaïque de Palestrina[50]. Ce tableau fut exécuté en 1655, à une époque où la mosaïque se trouvait à nouveau à Palestrina après un passage à Rome. Il est donc très possible que Poussin ait utilisé ici le dessin correspondant de Dal Pozzo.

Un autre protecteur romain de Poussin possédait également une collection de copies : il s'agit de Camillo Massimi[51]. Sa collection était essentiellement concentrée sur la peinture[52]. Massimi avait longtemps envisagé de publier une édition du Virgile du Vatican, mais il ne lui fut pas donné de mener ce projet à son terme[53]. Un autre ami et protégé de Massimi, Giovanni Pietro Bellori, allait se faire connaître du public en 1665 – deux ans avant la parution des *Vite* de Dati – par un premier panorama décrivant les peintures antiques conservées à Rome. Peu après, sans doute stimulé également par différentes découvertes faites depuis les années 1660, il présenta en collaboration avec Bartoli plusieurs recueils de planches sur la peinture de la Rome antique[54]. Même s'il ne fut pas publié, le traité de peinture de Giulio Mancini n'était sans doute pas inconnu de Poussin[55]. Quelques décennies avant Bellori (vers 1620), Mancini, le médecin personnel d'Urbain VIII, avait déjà dressé un catalogue des peintures et mosaïques antiques de Rome, et même tenté de les classer dans un ordre chronologique. Ces tentatives multiples révèlent en tout état de cause que l'histoire de l'art de Dati, dénuée de toute référence aux œuvres elles-mêmes, loin d'être acceptée comme une évidence, devait apparaître au lecteur critique du milieu du siècle comme une entreprise à la méthodologie dépassée.

La publication des *Vite de pittori antichi* de Dati en 1667 jette par ailleurs une ombre singulière sur la gloire tardive de Poussin. Dati cite comme chefs-d'œuvre du clair-obscur moderne des gravures de Robert Nanteuil et de Jacques Callot[56]. Le nom de Poussin n'apparaît ni parmi les nombreux artistes modernes que cite le livre dédicacé à Louis XIV, ni parmi ceux auxquels l'auteur exprime sa reconnaissance pour le soutien qu'ils lui ont apporté. Deux ans auparavant Dati s'était adressé à Ottavio Falconieri pour savoir si Poussin était encore en vie. Falconieri, alors l'un des archéologues les plus réputés de Rome, répondit le 10 mars 1665 : « Monsù Poussin, s'io non erro, vive ancora : me n'informerò però meglio[57]. »

ANNEXE

Montpellier, Bibliothèque Interuniversitaire, section Médecine, Ms. H 267

[29 r°] Carlo Dati : Dubbi concernenti alla pittura antica

1. Plinio in più luoghi fà menzione dei monocromati, e particolarmente 1. 35. c. 3, dove parla de' principi della pittura : *Graeci autem alii Sicyone, alij apud Corinthios repertam : omnes umbrâ hominis lineis circumducta. Itaque talem primam fuisse, secundam singulis coloribus et monochromaton {dictam} postquam operosior inventa est, duratque talis etiam nunc.* L. 35. c. 5. *monochromatea genera picturae* e cap. 8 ne riferisce gl'inventori[58].

Si domanda che cosa fossero questi monochromati. Le parole di Plinio e l'etimologia dalle voci *mónos* (uno) e *chroma* (colore) dichiarano che erano pitture di un solo colore.

Lodovico Demontioso nel suo trattatello della pittura antica stampato con la *Dattilioteca* del Gorleo mostra di creder che fossero pitture senza ombre e senza chiari, ma un semplice colore sparso dentro à limitati contorni della pittura lineare[59].

Io sarei d'accordo con lui se monocromati fossero chiamate solamente le pitture di quei primi inventori. Mà io non posso già persuadermi, che tali fossero quelle che si facevano à tempo di Plinio, avendo detto di sopra, *duratque talis etiam nunc,* se però non patisce questo luogo dichiarazione diversa, che non pare, avendo il medesimo detto (1. 33. c. 7) *Cinnabari veteres, quae etiam nunc vocant monocromata, pingebant,* ne meno quelle di Zeusi, il quale per testimonianza

22

[29 v°] dello stesso Plinio (1. 35. c. 9) *pinxit monochromata ex albo*, ne anche i monocromati famosi di Apelle mentovati da Petronio[60].

Non posso ne anche approvar l'opinione del medesimo Demontioso dove asserisce, che monochromati possono chiamarsi anche le pitture di più colori, mà puri e non mescolati, come nelle carte da giocare e ne' mussoli turcheschi stampati.

Il mio parere circa i monocromati perfetti di Zeusi, d'Apelle etc. è che fossero chiari scuri simili a quelli d'Alberto, del Sarto etc., di un solo colore sì, mà con rilievo di chiari e d'ombre, benche il Demontioso dica che questi sono di trè colori, cosa che io non capirò mai.

Ne meno acconsentirò che tali monocromati fossero i disegni di gesso e matita, come pare che voglia il Salmasio nelle *Dissertazioni Pliniane*, p. 5[61].

Attendo la decisione di più perito e erudito ingegno per quietarmi.

[32 r°] 2°. E nota la gara di Apelle e di Protogene : Plinio 1. 35 c. 10[62]. Mi nasce dubbio se veramente que' due grandi artefici gareggiassero della sottigliezza delle linee, parendomi una seccheria da miniatori. E pure dice Plinio che la tavola si conservò fino à suoi tempi, onde non pare che dovesse ingannarsi.

Lodovico Demontioso nel libretto della pittura si oppone e crede, che la contesa consistesse nel digradamento de' chiari e degli scuri e nel passare dolcemente da una tinta a un'altra[63].

Contradice il Salmasio nelle *Dissertazioni Pliniane*, p. 5, mà non mi convince[64]. E per ora io persisto, che la sottigliezza delle linee non fosse abile a fare conoscere Protogene ed Apelle per gran maestri. E voglio più tosto credere, che Plinio andasse preso alla grida, che fare errare due professori nell'arte loro, sapendo che i grandi artefici non affettano le sottigliezze, mà operano con franchezza e sprezzatura.

[30 r°] Poussin

Io non dubito punto, che li monocromati di Zeusi e di Parrasio non fussero differenti e di maggior perfettione che quelli di Polignoto e d'Aglofone, li quali erano di semplice colore, cioè senz'ombra, perche Zeusi e Parrasio molto più aggiunsero all'arte, imperoche il primo di questi si dice, che ritrovasse la ragione de' lumi et ombre, e che il secondo esaminasse più sottilmente le linee, cioè il circonscrivere, che noi chiamamo contorno, e noi potiamo dir con Plinio : questo genere di pittura dura fin' adesso, perche con quello si può esprimere ogni cosa visibile[65]. Leggete Fabio Quintiliano lib. 12 del genere del dire cap. X[66]. Leggete la prefatione di Filostrato e nella vita d'Appolonio Tianeo del medesimo[67]. Che il Demontioso chiami come vuole le pitture di più colori semplici e senz'ombra (perche importano poco li nomi) come sono le pitture de' Chinesi[68], mà li monocromati di Zeusi, Parrasio, Apelle et altri erano allumati et ombrati, dimostrando il piano e il rilevato, il remoto e'l vicino, e d'un sol colore, ò di cinabro, ò di bianco, ò di gialdo, ò d'altri, come noi vediamo nel Vaticano quelli dipinti di Raffaelle e di Giulio, ò come noi costumiamo di fare i nostri disegni ombrati con acquarella e allumati con bianco per colorirli poi.

Se il Demontioso intende, che quello, che è trà il maggior lume e la maggior ombra, che i Greci chiamavano Tonos[69] (e noi mezzatinta) sia un terzo colore, può ancora farne un quarto del riflesso, anzi farne un'infinità trà li due estremi.

Che questi monocromati fussero di gesso ò di matita, non lo sò, mà come sono d'un sol colore ombrato ò non ombrato, si possono chiamare di quel

[30 v°] nome, e che gl'antichi li facessero di qual materia si voglia, importa poco.

E' cosa da giuditioso il non credere, che Apelle e Protogene non mettessero l'eccellenza dell'arte loro nel tirar linee sottilissime diritte et uguali, mà quello, che succedè fra loro fù un caso, il quale chi volesse esaminare diligentemente, converrebbe dir molte cose, mà la conclusione sarebbe, che fù cosa di nulla stima almeno frà gente intendente, mà la disputa, che fù frà loro, fù della facilità e della gratia. Leggete li buoni autori e Plutarco nella vita di Timoleone e vedrete dove gl'antichi mettevano l'ultima perfettione della pittura[70].

1. On trouvera une synthèse presque exhaustive de l'abondante littérature concernant Dal Pozzo dans : *Cassiano dal Pozzo's Paper Museum*, Turin, 1992, II, p. 169-173, et dans *The Paper Museum of Cassiano dal Pozzo*, Turin, 1993, p. 267-274. Les relations entre Dal Pozzo et Poussin sont évoquées dans toutes les monographies récentes du peintre ; voir plus particulièrement S. Rinehart, « Poussin et la famille Dal Pozzo », dans *Nicolas Poussin*, ouvrage publié sous la dir. d'André Chastel, Paris, 1960, I, p. 19-30 ; et T. J. Standring, « Some pictures by Poussin in the Dal Pozzo Collection : three new inventories », *The Burlington Magazine*, 130, 1988, p. 608-626. Sur Carlo Dati, voir l'ouvrage de base de G. Andreini, *La vita e l'opera di Carlo Roberto Dati. Contributo allo studio della vita letteraria e accademica a Firenze nel Seicento*, Milan 1936 ; on trouvera d'autres références bibliographiques dans le *Dizionario biografico degli Italiani*, 33, 1987, p. 24-28. Sur les rapports Dati-Dal Pozzo, voir surtout – malgré des conclusions sujettes à caution – l'étude de A. Nicolò, F. Solinas, « Cassiano dal Pozzo : appunti per una cronologia di documenti e disegni (1612-1630) », *Nouvelles de la République des Lettres,* 1987, II, p. 59-110, et surtout p. 61-63.

2. Soixante-cinq lettres de Dati à Dal Pozzo sont conservées à Rome, Accademia Nazionale dei Lincei (en abrégé : RANL), Cart. Dal Pozzo 1 (III), 5r-128v. *Ibid.*, 129r-153v, avec 19 projets de lettres de Dal Pozzo à Dati. Le *Carteggio* de Dati ne comprend que cinq lettres autographes de Dal Pozzo ; voir Florence, Biblioteca Nazionale Centrale (en abrégé FBNC), Racc. Bald. 138, 103r/v ; Racc. Bald. 258, V, 10, ainsi que *Ibid.*, VII, 5. Le frère de Cassiano, Carlo Antonio, a poursuivi par la suite cet échange épistolaire. Soixante et une de ses lettres sont conservées : FBNC, Racc. Bald. 256, 21, ainsi que Racc. Bald. 258, V, 6-8. Elle servirent de base à l'ouvrage de Dati, *Delle lodi del Commendatore Cassiano dal Pozzo Orazione, Firenze, all'Insegna della Stella*, 1664. On trouvera prochainement des extraits de cette correspondance inédite dans I. Herklotz, *Cassiano Dal Pozzo und die Archäologie des 17. Jahrhunderts*. Les lettres de Dati à Dal Pozzo (d'après la RANL) sont publiées presque intégralement, mais avec des erreurs, dans les *Lettere inedite di alcuni illustri Accademici della Crusca che fanno testo di lingua*, Pesaro 1835, p. 16-75. On constate également des erreurs dans l'index de cette correspondance par A. Nicolò, *Il Carteggio di Cassiano dal Pozzo. Catalogo*, Florence, 1991, p. 10-11. L'auteur ne tient pas compte notamment du type de datation utilisé par Dati *(more fiorentino)* qui fait commencer l'année le 25 mars.

3. RANL, *Cart. Dal Pozzo* 1 (III), 16v, 67v, 73r. Voir également *Lettere inedite* (voir note 2), p. 22 et 50-51.

4. RANL, *Cart. Dal Pozzo* 1 (III), 73r, 83r, 87r. Voir également *Lettere inedite,* p. 52, 55-56, 57-58, ainsi que Nicolò/Solinas (voir note 1), p. 62.

5. RANL, *Cart. Dal Pozzo* 1 (III), 141r, 142r, 143r ; voir en outre G. Vagenheim, « Les inscriptions ligoriennes. Notes sur la tradition manuscrite », *Italia medioevale e umanistica*, 30, 1987, p. 199-309, et plus particulièrement p. 272, note 255.

6. *Vite de pittori antichi scritte e illustrate da Carlo Dati…,* Firenze, nella Stamperia della Stella, 1667. Sur la réalisation et la signification de cet ouvrage, voir l'étude approfondie de A. Minto, *Le vite dei pittori antichi di Carlo Roberto Dati e gli studi erudito – antiquari nel Seicento*, Florence 1953.

7. Voir L. Demontiosius, *Gallus Romae hospes. Ubi multa antiquorum monimenta explicantur, pars 1 pristinae formae restituuntur.* Romae, apud Ioannem Osmarinum, 1585, ici la 4ᵉ partie consacrée à la *Pictura*. Des extraits de cet ouvrage paraîtront plus tard sous le titre *Commentarius de sculptura, caelatura, scalptura, et pictura Antiquorum* ; notamment à Anvers en 1609, etc. Voir aussi I. C. Bulengerus, *De pictura, plastice, statuaria libri duo.* Lugduni, sumptibus Ludovici Prost, haeredis Roville, 1627 ; ainsi que F. Junius, *De pictura veterum libri tres.* Amstelaedami, apud Johannem Blaeu, 1637, et l'édition critique *The Painting of the Ancients – De pictura veterum, according to the English translation (1638)*, éd. K. Aldrich, Ph. Fehl, R. Fehl, Berkeley/Los Angeles/Oxford 1991 ; on se reportera enfin à G. J. Vossius, « De graphice, Sive arte pingendi », dans : *idem, De quatuor artibus popularibus, grammatistice, gymnastice, musice, & graphice, liber.* Amstelaedami, ex Typographeio Joannis Blaeu, 1650, p. 61-92. Dati a lui aussi reconnu ces auteurs comme ses prédécesseurs ; voir *Vite* (cf. note 6), *L'autore a chi legge*. On trouvera une analyse de ce genre littéraire dans A. Ellenius, *De arte pingendi. Latin Art literature in Seventeenth-Century Sweden and its International Background*, Uppsala/Stockholm 1960 ; voir aussi l'introduction à Junius, *Painting*, XXI-LXXXIII.

8. RANL, *Cart. Dal Pozzo* 1 (III), 61v ; *Lettere inedite* (voir note 2), p. 47.

9. RANL, *Cart. Dal Pozzo* 1 (III), 46r ; *Lettere inedite*, p. 36.

10. RANL, *Cart. Dal Pozzo* 1 (III), 49r ; *Lettere inedite*, p. 38.

11. RANL, *Cart. Dal Pozzo* 1 (III), 134r.

12. RANL, *Cart. Dal Pozzo* 1 (III), 56v ; *Lettere inedite*, p. 43-44.

13. Ces deux textes sont publiés en annexe de la présente étude. Il ne faut pas cacher ici que G. Lumbroso, dont les connaissances étaient à maints égards plus étendues que celles des chercheurs s'étant récemment intéressés à Dal Pozzo, notait déjà à propos du manuscrit de Montpellier : « *I dubbi concernenti alla pittura antica e ai monocromati di cui parla Plinio* (29 seg.) sono specialemente notevoli, scrivendo il Dati a Cassiano in una lettera del 21 ottobre : *I pareri di mons. Pusino mi sono gratissimi, tanto più che circa i monocromati conferma la mia opinione.* » Voir G. Lumbroso, *Notizie sulla vita di Cassiano dal Pozzo*, Turin 1875, p. 33-34. F. Solinas a cité lui aussi le texte de Poussin dans sa conférence lors du colloque Poussin de Paris. Sur le Codex Montpellier H 267, on se reportera en outre à la bibliographie donnée par A. Alessandrini, *Cimeli Lincei a Montpellier*, Rome 1978, p. 255.

14. Rome, Biblioteca Angelica, Ms. 1678, 132r/v. On trouvera un résumé imprécis du contenu de ce codex dans : *Inventari dei manoscritti delle biblioteche d'Italia, opera fond. da G. Mazzatinti*, XXII, Florence 1915, p. 86-87. Les spécialistes de Dal Pozzo n'ont pris connaissance de ce codex qu'à une date récente ; voir I. Herklotz, « Cassiano and the Christian Tradition », *Cassiano dal Pozzo's Paper Museum*, I, Turin 1992, p. 31-48, et surtout p. 43, note 32.

15. Ni les commentaires récents sur Pline, ni les différentes études de spécialistes n'ont apporté de solution satisfaisante au problème des *monocromata*. Voir notamment C. Plinius Secundus, *Naturkunde*, latin-allemand, Livre XXXV, éd. et trad. par R. König en coll. avec G. Winkler, Munich, 1978, p. 166 ; Pline l'Ancien, *Histoire Naturelle*, Livre XXXV. Texte établi, trad. et com. par J.-M. Croisille, Paris, 1985, p. 139-140, p. 183-184 ; Gaio Plinio Secondo, *Storia naturale*, V, (Mineralogia e storia dell'arte. Libri 33-37), trad. et notes de A. Corso, R. Mugellesi, G. Rosati, Turin, 1988, p. 309 ; voir également G. Lippold, « Monochromata », *Paulys Realencyclopädie der classischen Altertumswissenschaft*, XVI.1, Stuttgart, 1933, p. 129-131 ; W. Lepik-Kopaczyńska, « Monochromata antyczne. Uwagi o jednobararwnym malarstwie greckim i rzymskim », *Archeologia*, 6, 1954 (Varsovie, 1956), p. 115-140 (avec résumé en français, *ibid.*, p. 317-319) ; S. De Marinis, « Monochromata », *Enciclopedia dell'arte antica*, 5, Rome, 1963, p. 163-165. On trouvera une bonne synthèse de l'état actuel des recherches sur Pline à travers la bibliographie donnée par J. Isager, *Pliny on Art and Society. The Elder Pliny's Chapters on the History of Art*, Odense, 1991, p. 230-243.

16. Voir note 3 de l'annexe.

17. Sur les sources utilisées par Pline, voir encore E. Sellers dans *The Elder Pliny's Chapters on the History of Art*, trad. par K. Jex-Blake, avec commentaires et introduction historique de E. Sellers, Londres, 1896, XVI-XCI ; ainsi que A. Kalkmann, *Die Quellen der Kunstgeschichte des Plinius*, Berlin, 1898.

18. L'idée selon laquelle le progrès des arts allait de pair avec une complexité croissante des systèmes chromatiques était largement répandue dans la littérature artistique de l'Antiquité. Voir au-delà de Pline, Denys d'Halicarnasse, *Isaios*, 4.2 ; Quintilien, *Inst. orat.*, XII.10.3 ; Philostrate, *Tyanea Apollonion*, II.22. Naturellement, ces présentations littéraires ont souvent fortement simplifié l'évolution réelle ; voir J. Gage, *Colour and Culture. Practice and Meaning from Antiquity to Abstraction*, Londres, 1993, p. 11-27.

19. J. N. Coldstream, *Greek Geometric Pottery. A Survey of Ten Local Styles and their Chronology*, Londres, 1968, p. 41-44, et p. 331 ; E. Simon, *Die griechischen Vasen*, 2ᵉ éd., Munich, 1981, p. 34-39 ; Th. Rombos, *The Iconography of Late Geometric II Pottery*, Jonsered, 1988, *passim*.

20. Coldstream, p. 29-41 ; Simon, p. 30-32.

21. On peut lire une formulation analogue dans l'*Hist. Nat.*, XXXV.158, à propos des idoles archaïques : « durant etiam nunc plerisque in locis talia simulacra. »

22. Lécythes à engobe blanc : D. C. Kurtz, *Athenian White Lekythoi. Patterns and Painters*, Oxford, 1975 ; sur l'assimilation par Rome des peintures à fond blanc : Ch. Schwanzar, « Ein Bild des Athener Malers Alexandros im Museo Nazionale Archeologico in Neapel », *Pro arte antiqua. Festschrift für Hedwig Kenner*, Vienne/Berlin, 1982-1985, II, p. 312-318. Sur les peintures de Delos : V. J. Bruno, *Hellenistic Painting Techniques : The Evidence of the Delos Fragments*, Leyde, 1985, p. 42-54 ; sur la peinture à figures blanches à l'époque romaine : P.H. von Blanckenhagen, Ch. Alexander, *The Augustan Villa at Boscotrecase*, Mayence, 1990, p. 16-17, n° 7.

23. Bruno, p. 42-54.

24. Blanckenhagen/Alexander, p. 15-17; W. J. Th. Peters, « Le paysage dans la peinture murale de Campanie », dans *La peinture de Pompéi. Témoignages de l'art romain dans la zone ensevelie par le Vésuve en 79 ap. J.-C.*, Paris, 1993, I, p. 277-291, notamment p. 284-286; voir aussi *ibid.*, II, p.226, n° 427.

25. Voir entre autre Blanckenhagen/Alexander, p. 15-17; R. Ling, *Roman Painting*, Cambridge, 1991, (index, voir « monochrome painting »).

26. Outre les auteurs se rattachant expressément à Pline (voir note 7), on citera notamment : L.B. Alberti, *De pictura*, a cura di C. Grayson, Rome/Bari, 1980, p. 46-47; P. Pino, *Dialogo di pittura*, ed. Trattati d'arte fra Manierismo e Controriforma, a cura di P. Barocchi, Bari, 1960-1962, I, p.123; G.A. Gilio, *Dialogo nel quale si ragiona degli errori e degli abusi de'pittori circa l'istorie*, ed. Trattati, II, p. 12-13; « Lettera di G.B. Adriani a Giorgio Vasari », dans G. Vasari, *Le vite de'più eccelenti pittori scultori ed architettori*, ed. Florence, 1906, I, p. 22; R. Borghini, *Il Riposo*, Fiorenza, appresso G. Marescotti, 1584, p. 266; G. B. Armenini, *De' veri precetti della pittura*, Ravenna, appresso F. Tebaldini, 1587, p. 42. Alors que ces auteurs se contentent de reproduire le récit littéraire, Giulio Mancini (vers 1620) assimile la seconde phase de la peinture décrite par Pline à la technique du clair-obscur telle qu'il la connaît par l'art du XVI° siècle. Voir G. Mancini, *Considerazioni sulla pittura*, publ. par A. Marucchi et comm. par L. Salerno, Rome, 1956-1957, I, p. 15-19.

27. Demontiosius (voir note 7), ed. 1585, partie IV. Sur la biographie et les recherches archéologiques de cet auteur, voir Ph. Jacks, *The Antiquarian and the Myth of Antiquity. The Origins of Rome in Renaissance Thought*, New York, 1993, p. 235-238. Le terme *monochroma* (ou formes approchantes) avait certes déjà été utilisé avant Demontiosius dans la littérature du XVI° siècle, mais pas encore en tant que concept stylistique dans le sens où l'entendait Pline. Voir E. Panofsky, « Nebulae in pariete; Notes on Erasmus' Eulogy on Dürer », *Journal of the Warburg and Courtauld Institutes*, 14, 1951, p. 34-41 et surtout p. 36-37; et R. Verbraeken, *Clair-obscur — histoire d'un mot*, Nogent-le-Roi, 1979, p. 16.

28. Il en est ainsi de Dati et de Poussin, mais aussi de Mancini (voir note 26), p. 18; voir également l'édition plus tardive de Vossius (voir note 7), dans *idem, Operum tomus tertius*. Amstedolami, ex Typographia P. & J. Blaeu, 1677, p. 26 (De artium et scientiarum natura et constitutione). Autre opinion seulement chez G. P. Bellori, « Delle Vestigi delle Pitture antiche dal buon secolo de'Romani », dans *idem, Nota delli Musei, Librerie, Gallerie... di Roma (1665)*, a cura di E. Zocca, Rome, 1976, p. 65, qui utilise le terme « Manocromata » (*sic*) pour des vases à figures rouges.

29. Ami de Dal Pozzo et familier des Barberini, Giov. Batt. Doni écrivit le 30 décembre 1630 à propos des tentures accrochées à l'occasion des funérailles de Girolamo Aleandro, tentures représentant des personnifications des vertus traitées en grisaille : «... caeterisque eiusmodi ornamentis ex monocromate symmetros elaboratis, cum quatuor statuis parimodo depictis; quae totidem illustriores defuncti virtutes exprimebant... » Voir *idem, Commercium litterarium nunc primum collectum... labore A.F. Gorii*, Florentiae, in Typographio Caesareo, 1754, p. 92. Voir en outre le volume de planches sur la Sala di Costantino publié sous Alexandre VII (1655-1667) par P. S. Bartoli, *Monocromata, in Constantiniana Vaticani aula, ab artefice summo Iulio Pippino Romano... elaborata*. Romae, apud Joan. Jacobum de Rubeis. Alla Pace, s. d. Sur la naissance et la diffusion de la peinture en camaïeu à partir du XIV° siècle, et sur la question des influences antiques qui pourraient avoir donné à cette technique un nouvel élan, voir entre autre M. Errico, S.S. Finozzi, I. Giglio, « Ricognizione e schedatura delle facciate affrescate e graffite a Roma nei secoli XV e XVI », *Bollettino d'arte*, s. VI, a. LXX, 33-34, 1985, p. 53-134; G. Martines, « La Colonna Traiana e i chiaroscuri della Sala di Costantino in Vaticano : note sul monocromo », dans *Intonaci colore e coloriture nell'edilizia storica*, Rome, 1986 (*Boll. d'arte*, suppl. au n° 35-36), p. 31-36; Th. Dittelbach, *Das monochrome Wandgemälde. Untersuchungen zum Kolorit des frühen 15. Jahrhunderts in Italien*, Hildesheim/Zurich/New York, 1993, avec références bibliographiques supplémentaires, *ibid*, p. 198-218. Sur Polydore de Caravage, sans doute le principal représentant du clair-obscur moderne, voir la monographie de A. Marobottini, *Polidoro da Caravaggio*, Rome, 1969, *ibid.*, I, p. 234-240, avec plusieurs informations sur l'intérêt artistique et archéologique porté à Polydore au cours du XVII° siècle.

30. D. A. Amyx, *Corinthian Vase-Painting of the Archaic Period*, 3 vol., Berkeley/Los Angeles/Londres, 1988.

31. Le *Portement de Croix* de Dürer, qui était peint — selon l'inscription qui l'accompagnait — avec du *color cinericius*, n'est plus connu que par trois copies : F. Anzelewsky, *Albrecht Dürer. Das malerische*

Werk, Berlin, 1971, p. 281-285. On peut se demander par ailleurs si Dati ne pourrait pas avoir également pensé aux dessins de Dürer et aux gravures en clair-obscur réalisées dans l'entourage du peintre; voir D. Landau, P. Parshall, *The Renaissance Print 1470-1550*, New Haven/Londres, 1994, p. 169-202. Au sujet des peintures murales du Chiostro dello Scalzo, voir S. Padovani, *Andrea del Sarto*, Florence, 1986, p. 26-32.

32. C. Salmasius, *Plinianae Exercitationes in Caii Iulii Solini Polyhistora*. Parisiis, apud Hieronymum Drouart, 1629, I, Exercit., 5. L'auteur fait cette remarque en passant, sans explication particulière. L'intérêt porté par Dati à Saumaise témoigne de l'autorité dont jouissait le philologue français.

33. Le manuscrit FBNC, Racc. Bald. 134, montre encore clairement comment Dati a intégré dans son texte les informations fournies par Poussin. La plus ancienne version de ses réflexions sur la peinture monochrome y figure dans les folios 258v-259v et s'avère très proche de la question soumise à Dal Pozzo. La version retravaillée, *ibid.*, 97r-101r complète *a posteriori* (101r/v) la citation tirée de Philostrate, *Tyanea Apollonion*, II.22. La troisième version, *ibid.*, 56r-59v, apparaît comme la plus proche du texte publié dans les *Vite* (cf. note 6), p. 32-37, même si le passage extrait de Quintilien, *Inst. orat.*, XI.3.46, s'y trouve complété.

34. Voir R.G. Austin, « Quintilian on Painting and Statuary », *Classical Quarterly*, 38, 1944, p. 17-26. Poussin cite également ce passage dans sa lettre à Chantelou datée du 27 juin 1655. Voir *Correspondance de Nicolas Poussin*, publ. par Ch. Jouanny (réimpression), Paris, 1968, p. 434-435; voir en outre H. Bardon, « Poussin et la littérature latine », dans *Nicolas Poussin*, ouvrage publié sous la direction d'André Chastel, Paris, 1960, p. 123-132, et surtout p. 124-125.

35. Les *Eikones* étaient disponibles en traduction française depuis 1578 : *Les images ou tableaux de platte peinture de Philostrate Lemnien Sophiste Grec*, mis en François par Blaise de Vigenère, Paris, chez Nicolas Chesneau, 1578. Sur cette édition que Poussin devrait aussi avoir utilisée, voir D. Métral, *Blaise de Vigenère archéologue et critique d'art (1523-1596)*, Paris, 1939, p. 65-67, 253-254.

36. Philostrate, *De la vie d'Apollonius Thianéen*, par B. de Vigenère, Paris, chez Abel L'Angelier, 1599, ici 56v-57r. Sur la traduction de Vigenère, voir aussi Métral, p. 67-68, et p. 257-258. La citation tirée de Philostrate, et ses racines aristotéliciennes sont étudiées par E. Bermelin, « Die kunsttheoretischen Gedanken in Philostrats Apollonios », *Philologus*, 88, 1933, p. 149-180, 392-414, et surtout p. 162-168, et Gage (cf. note 18), p. 15. Même les théories mimétiques des temps modernes n'ont eu de cesse d'exprimer leur scepticisme face à l'usage de la couleur; voir D. Freedberg, « The failure of colour », dans *Sight and Insight. Essays on art and culture in honour of E.H. Gombrich at 85*, éd. par J. Onians, Londres, 1994, p. 245-262.

37. La théorie artistique antique, comme celle des temps modernes, savait qu'une modulation de la lumière pouvait traduire une impression d'éloignement ou de proximité et donner ainsi une illusion de profondeur. Voir D. Summers, *The Judgement of Sense. Renaissance of Naturalism and the Rise of Aesthetics*, Cambridge, 1987, p. 16, n° 8.

38. Sur l'assimilation entre le clair-obscur et la peinture monochrome antique, voir les auteurs cités en note 28. Sur la conception de Vasari, voir ses *Vite* (cf. note 26), I, p. 190-192, ainsi que les preuves apportées par R. Le Mollé, *Georges Vasari et le vocabulaire de la critique dans les « vite »*, Grenoble 1988, p. 43-62. Sur Armenini, voir ses *Precetti* (cf. note 26), p. 58.

39. Voir l'ouvrage récent de J. Gardner, « Giotto : 'First of the Moderns' or Last of the Ancients ? », *Wiener Jahrbuch für Kunstgeschichte*, 44, 1991, p. 63-78, et surtout p. 66-67.

40. Les différentes interprétations sont réunies par Minto (cf. note 6), p. 116-119; et surtout par H. Van de Waal, « The linnea summae tenuitatis of Apelles; Pliny's Phrase and its Interpreters », *Zeitschrift für Ästhetik und allgemeine Kunstwissenschaft*, 12, 1967, p. 5-32. Voir également E.H. Gombrich, *The Heritage of Apelles. Studies in the art of the Renaissance*, Londres 1976, p. 14-17.

41 Salmasius (cf. note 32), I, Exercit., p. 5-6.

42. G.D. Ottonelli, P. Berrettini, *Trattato della pittura e scultura uso et abuso loro (1652)*, a cura di V. Casale, Trévise, 1973, p. 177.

43. *L'institutioni oratorie di Marco Fabio Quintiliano...*, tradotte da O. Toscanella... di novo corrette, et ristampate, Venetia, appresso i Gioliti, 1586, p. 661. Bardon (cf. note 34), p. 124-125, fut déjà en mesure de prouver que Poussin avait utilisé la traduction de Toscanella. Sur les termes *facilità* et *gratia*, et le jugement esthétique qu'ils renferment, voir également Aldrich, Fehl, et Fehl, dans Junius (cf. note 7), p. 375, 382, 383-384.

44. D. Jaffé, « Aspects of gem collecting in the early seventeenth century, Nicolas-Claude Peiresc and Lelio Pasqualini », *The Burlington Magazine*, 135, 1993, p.103-120, ici p. 117, n° VI. L'histoire de la fortune critique de Pline dans la littérature artistique récente reste encore à écrire. On trouvera quelques points de repère dans G. Becatti, « Plinio e Vasari », dans *Studi di storia dell'arte in onore di Valerio Mariani*, Naples, 1972, pp. 173-182 ; et aussi dans *idem, Kosmos : studi sul mondo classico*, Rome, 1987, p. 629-638. Sur la fortune critique de Pline dans toute son étendue, voir le catalogue fondamental de C.G. Nauert, Jr., « Caius Plinius Secundus », *Catalogus Translationum et Commentariorum : Mediaeval and Renaissance Latin Translations and Commentaries*, IV, Washington 1980, p. 297-422.

45. RANL, *Cart. Dal Pozzo* 1 (III), 34r.

46. Les principales œuvres de la peinture antique connues à Rome au cours du XVIIe siècle sont citées par H. Joyce, « Grasping at Shadows : Ancient Paintings in Renaissance and Baroque Rome », *The Art Bulletin*, 74, 1992, p. 219-246.

47. *Correspondance de Rubens…*, publ. par M. Rooses et Ch. Ruelens, IV, Anvers 1909, p. 179-182 ; voir aussi désormais l'édition abondamment commentée de Aldrich, Fehl et Fehl, dans Junius (voir note 7), I, p. 325-330.

48. Sur la méthode archéologique de Dal Pozzo, voir I. Herklotz, « Cassiano Dal Pozzos "Museo Cartaceo" und seine Stellung in der antiquarischen Wissenschaft des 17. Jahrhunderts », dans *Documentary Culture : Florence and Rome from Grand Duke Ferdinand I to Pope Alexander VII. Papers from a colloquium held at the Villa Spelman, Florence 1990*, éd. par E. Cropper etc., Bologne, 1992, p. 81-125 ; voir aussi prochainement l'étude annoncée en note 2.

49. H. Whitehouse étudie une sélection de ces planches dans « Copies of Roman Paintings and Mosaics in the Paper Museum. Their Value as Archaeological Evidence », dans *Cassiano dal Pozzo's Paper Museum*, Turin, 1992, I, p. 105-121.

50. Au sujet du tableau de Poussin, voir catalogue de l'exposition par P. Rosenberg et N. Prat, *Nicolas Poussin 1594-1665*, Galeries nationales du Grand Palais, 27 septembre 1994-2 janvier 1995, Paris, 1994, p. 488-490. Sur la copie de la mosaïque de Palestrina par Dal Pozzo, voir *The Paper Museum of Cassiano dal Pozzo*, Turin, 1993, p. 116-117 (procession des prêtres d'Isis). On pourra lire les détails de l'histoire mouvementée de la mosaïque de Palestrina au cours du XVIIe siècle dans C. Forni Montagna, « Nuovi contributi per la storia del mosaico di Palestrina », *Atti della Accademia Nazionale dei Lincei. Classe di scienze morali, storiche e filologiche. Rendiconti*, s. IX, vol. II.1, 388, 1991 (1992), p. 227-283.

51. Le rôle de mécène et d'archéologue de Massimi n'a pas encore été apprécié à sa juste valeur. On trouvera quelques informations, notamment sur son amitié avec Poussin, dans W. Vitzthum, « Poussin illustrateur des 'Documenti d'Amore'», *Art de France*, 2, 1962, p. 262-264 ; F. Haskell, *Patrons and Painters. A Study in the Relations between Italian Art and Society in the Age of the Baroque*, rev. and enl. ed., New Haven/Londres, 1980, p. 114-119 ; et enfin A. Blunt, « The Massimi Collection of Poussin Drawings in the Royal Library at Windsor Castle », *Master Drawings*, 14, 1976, p. 3-31. E. L. Goldberg, *Patterns in Late Medici Art Patronage*, Princeton, 1983, 96-98, et *passim*.

52. L'inventaire de la bibliothèque Massimi dressé en 1677, et conservé à la Bibl. Apostol. Vatic., Carp. 260, fol. 15r-17v, cite parmi les ouvrages en possession du cardinal plusieurs volumes comprenant des dessins d'antiques :
68. disegni di varie antichità in fog. reale. …
70. Roma antica cioè con li vestigij farnesiani e diverse piante et alzate d'edificij antichi in fog. lungo.
71. Pitture antiche miniate fog. papale coperto di maroccbino turchesco indorato. …
92. Libro di edificij antichi di Roma disegnati d'acquarella in 4.° verde. …
97. Sepultura di Caro (sic) Cestio con li disegni delle figure colorite fol. verde.
98. Libro de disegni delle fabriche e pitture fatte fare dal Sig.^{re} Card.^{le} in Roma e fuori ne suoi castelli fol. Reale verde. …
153. Libro de disegni di statue fol. picc.^{0}.
154. Libro ms. in pergameno con serie de Re et Imperatori ms. verde. …
177. Libro de disegni di fabriche antiche cavate dalle medaglie in 8.^{0}.
La localisation de ces volumes reste à déterminer. Au sujet des mosaïques et peintures antiques de

la collection Massimi, voir le même inventaire, 45v-46v.

53. Voir J. Ruysschaert, « Les dossiers dal Pozzo et Massimo des illustrations virgiliennes antiques de 1632 à 1782 », *Cassiano dal Pozzo. Atti del Seminario Internazionale di Studi*, Rome, 1989, p. 177-185, et avec des résultats différents : D. H. Wright, « From Copy to Facsimile : a Millenium of Studying the Vatican Vergil », *The British Library Journal*, 17.1, 1991, p. 12-35 et surtout p. 22-30.

54. Bellori (voir note 28), p. 56-66. Sur les volumes de planches publiés en collaboration avec Bartoli, voir la bibliographie dans G.P. Bellori, *Le vite de'pittori, scultori e architetti moderni*, a cura di E. Borea, introd. di G. Previtali, Turin, 1976, LXXV-LXXXIII. Sur la redécouverte de peintures antiques après 1660, voir surtout *Lettere di Ottavio Falconieri a Leopoldo de'Medici*, a cura di L. Giovannini, Florence, 1984, p. 62-66.

55. Mancini (voir note 26), I, p. 39-48. Bien qu'il ne fut publié intégralement qu'au XXᵉ siècle, le texte de Mancini connut une large diffusion manuscrite parmi ses contemporains : voir *ibid.*, I, XV-LXIV. L'inventaire de la bibliothèque Dal Pozzo mentionne également une copie de ce traité : D.L. Sparti, « Criteri museografici nella collezione dal Pozzo alla luce di documentazione inedita », *Cassiano dal Pozzo. Atti del Seminario Internazionale di Studi*, Rome, 1989, p. 221-240, notamment p. 225, 236.

56. Dati (voir note 6), p. 37.

57. C. Guasti, « I Colossi di Montecavallo. Lettera di Monsignor Ottavio Falconieri a Carlo Roberto Dati », *Buonarroti*, 8, août 1869, p. 2-7, notamment p. 7. Sur Falconieri, voir l'introduction des *Lettere* (note 54) par Giovannini.

58. Les trois passages cités se trouvent dans toutes les éditions récentes de Pline sous la référence *Hist. nat.*, XXXV.15, XXXV.29 et XXXV.56. La division par chapitres évoquée par Dati est celle qui était en vigueur aux XVIᵉ et XVIIᵉ siècles. Nauert (voir note 44) présente une synthèse des éditions anciennes correspondantes.

59. Dati utilise le texte du *Commentarius* de Demontiosius (voir note 7) d'après l'édition parue à Anvers en 1609, qui comprenait aussi le *De sculptura liber* de Pomp. Gauricus et la *Dactylotheca* d'Abraham Gorlaeus. Le texte de Demontiosius sur la peinture antique y figure p. 144-167.

60. Voir Pline, *Hist. nat.*, XXXV.15, XXXV.117 et XXXV.64 (resp.). Dans Pétrone, *Satiricon*, 83, on peut lire : « iam vero Apellis quem [Graeci] monocnemon appellant, etiam adoravi. » Il s'agit ici de la peinture d'Apelle intitulée *Homme sur une jambe* qui donna lieu à de nombreuses spéculations ; voir Aldrich, Fehl et Fehl, dans : Junius (voir note 7), I, p. 250. Cette phrase devient dans l'édition de Pétrone utilisée par Dati : « Quam Graeci Monochromon adpellant », édition qui croit bon de corriger *Monochromon* par *Monochromaton* ; voir T. Petroni Arbitri, *Satiricon. Extrema editio ex Musaeo D. Josephi Antoni Gonsali de Salas*, Francofurti, cura Wolfgangi Hofmanni, 1629, p. 26, 170.

61. Salmasius (voir note 32), I, Exercit., 5.

62. *Hist. nat.*, XXXV.81-83.

63. Demontiosius, éd. 1609, p. 150-154.

64. Salmasius (voir note 32), I, Exercit., 5-6.

65. Ce n'est certainement pas ce que Pline voulait dire dans *Hist. nat.*, XXXV.15.

66. Il s'agit de l'*Instit. orat.* de Quintilien, X.12.

67. Voir l'introduction aux *Eikones* de Philostrate, et du même auteur *Tyanea Apollonion*, II.22.

68. Cette observation s'applique en effet à un grand nombre de peintures chinoises. Sur l'intérêt croissant porté à l'art chinois par les collectionneurs italiens du XVIIᵉ siècle, voir R. W. Lightbown, « Oriental Art and the Orient in the Late Renaissance and Baroque Italy », *Journal of the Warburg and Courtauld Institutes*, 32, 1969, p. 228-279. On trouve une première étude sur l'art chinois chez Sandrart qui s'appuyait vraisemblablement sur des observations datant de ses premières années en Italie. Il note lui aussi que les Chinois représentent tout de manière simple, par des contours qu'ils remplissent de couleurs sans recourir aux ombres, ni aux effets de volume. Voir J. von Sandrart, *Teutsche Academie der Edlen Bau- Bild- und Mahlerey-Künste*, I, Nuremberg, 1675, p. 100-101.

69. À propos du terme *tonos*, voir Aldrich, Fehl et Fehl, dans Junius (voir note 7), I, p. 405.

70. Il s'agit de Plutarque, *Timoléon*, XXXVI.4-5.

Fig. 1. Orazio Borgianni, *Saint Charles Borromée adorant la Sainte Trinité*, 1611-12, huile sur toile, 217 x 151 cm. Rome, San Carlo alle Quattro Fontane, sacristie.

Fig. 2. Art romain, *Noces de Thétis et Pélée*, Iᵉʳ siècle apr. J.-C., terre cuite, 60 x 56 cm. Paris, musée du Louvre, département des Antiquités grecques, étrusques et romaines.

Philippe SÉNÉCHAL

Fortune de quelques antiques Farnèse auprès des peintres à Rome au début du XVIIe siècle

Après les travaux de Francis Haskell, Nicholas Penny[1], Phyllis Bober et Ruth Rubinstein[2], pour ne citer que les répertoires les plus utilisés, l'impact des antiques les plus célèbres sur les artistes de l'époque moderne commence à être plus exactement mesuré. Néanmoins, ces enquêtes ont privilégié les œuvres qui étaient en tête du palmarès et n'ont pas pu prendre en compte la fortune de telle ou telle collection capitale dans sa globalité. Une recherche sur les inventaires Farnèse nous a mis en mesure d'apprécier le contenu des collections du palais et des autres possessions romaines du duc de Parme au milieu du XVIIe siècle[3]. Il sera désormais possible d'observer la fortune visuelle et critique de l'ensemble des antiques Farnèse identifiées et de corréler ces données au degré de visibilité effective de telle ou telle pièce. Relever un emprunt ne suffit pas. Il importe de connaître les pièces antiques voisines qui n'ont pas été l'objet de l'intérêt de ce même artiste, alors qu'elles ont plu à tel ou tel autre. En bref, la sélection opérée par rapport à un ensemble à un moment donné révèle des affinités électives avec un aspect particulier de l'art gréco-romain. Les diverses manières dont les peintres actifs à Rome ou leurs disciples au début du XVIIe siècle réagissent face à la statuaire antique est en effet un des plus puissant révélateurs des idiosyncrasies et des partis artistiques dans ce grand moment de renouvellement[4].

Dès 1964, Harold Wethey[5] avait noté que le relief qui figure en bas à gauche du *Saint Charles Borromée adorant la Sainte Trinité* peint par Orazio Borgianni en 1611-1612, actuellement dans la sacristie de San Carlo alle Quattro Fontane à Rome[6] (fig. 1), est une reprise de la plaque Campana représentant les *Noces de Thétis et Pélée* aujourd'hui conservée au Louvre[7] (fig. 2), sans cependant relever qu'elle se trouvait autrefois dans la collection Farnèse. Selon Federico Zeri, Borgianni insistait sur la coupure définitive avec le monde antique en présentant une sorte de document brut, tout juste mis au jour par des fouilleurs : « *Essi sono veri e propri « oggetti di scavo », avanzi di un'epoca oramai irraggiungibile, e che nessun ardire per le « Magnificenze di Roma » e nessuna febbre classicistica perviene a far passare per qualcosa di diverso da quella che è la loro unica e vera essenza; in essi il contrasto fra passato e presente è inequivocabile, senza neppure la minima ombra di quelle interpretazioni in chiave romantica che, di là a non molto, saranno espresse dai piccoli maestri nordici toccati dal caravaggismo e dal Saraceni* »[8]. On peut sans doute reprendre la première partie de cette analyse et même aller plus loin : le relief et le grand chapiteau corinthien évoquent le paganisme ou l'hérésie, vaincus par la vraie Religion. À la triade sculptée, réduite à l'état d'idole abandonnée, s'oppose la vision sensible de la Trinité ; au mystère du voile répond la clarté de la manifestation divine, tandis que deux livres saints suffisent à réduire à néant tous les temples de pierre des païens. En revanche, nous ne suivons pas Zeri quand il parle d'une sorte de trouvaille archéologique, car Borgianni a opéré des modifications importantes par rapport au relief Farnèse. La figures sont reprises telles quelles, mais il a enlevé la frise d'oves et la frise inférieure, ajouté une cassure factice et surtout transformé la terre cuite en pierre. A-t-il eu une vision directe de l'œuvre antique et transformé sciemment le relief ou a-t-il disposé d'un dessin fragmentaire ? Il est bien difficile de répondre à cette question. De fait, les inventaires Farnèse sont très évasifs en ce qui concerne les reliefs, et, en particulier, les reliefs en terre cuite. On est donc bien en peine de savoir quel était l'emplacement exact de ces *Noces de Thétis et Pélée* au début du Seicento. Ce peu d'intérêt des rédacteurs d'inventaires pour les reliefs en terre cuite, vraisemblablement considérés comme de peu de prix, contraste en tout cas avec la curiosité soutenue des artistes et des érudits. En effet, le *Museo Cartaceo* ne compte pas moins de deux dessins représentant cette plaque Campana, conservés à Windsor, dont l'un à la plume et au lavis, et l'autre aquarellé de vives couleurs – ce qui a même pu contribuer à faire croire à une peinture antique, comme l'a souligné récemment Helen Whitehouse, qui cependant n'a pas fait le rapprochement avec la plaque du Louvre[9]. L'appartenance aux collections du palais Farnèse est confirmée tardivement par la lettre d'une estampe de Pietro Santi Bartoli dans les *Admiranda Romanarum Antiquitatum* de Giovan Pietro Bellori, avec le sous-titre de *Nova nupta*[10].

Wethey avait également noté que ce même relief avait servi à Valentin pour son *Concert au bas-relief* du Louvre, qui date de 1624 environ[11]. Là encore, la terre cuite a perdu ses frises ; elle est devenue pierre, et même la face antérieure d'un autel cubique qui sert de table à une joyeuse compagnie. Comme le relief est en partie masqué, seul Pélée est visible et l'épisode sculpté n'est plus compréhensible. Les buveurs ont trouvé un support de fortune et se moquent bien de la valeur de cette antique. Cette attitude irrévérencieuse et rêveuse est partagée par les protagonistes d'une autre scène caravagesque, de Nicolas Tournier cette fois : un *Reniement de saint Pierre*, dans le commerce d'art munichois[12]. De nouveau, du relief en terre cuite on a fait la face d'un bloc de pierre. Cette fois-ci, la table improvisée est ornée d'une frise de feuilles et c'est la partie gauche du relief qui apparaît, avec Junon – la déesse qui avait élevé Thétis – et l'épouse voilée elle-même. Chez Valentin et Tournier, l'art antique n'est plus honoré pour lui-même. Il est employé de manière décorative et volontairement sacrilège. L'ornement noble fait encore plus ressortir la trivialité militante de la scène. Comme pour Borgianni, mais avec une connotation différente, l'Antiquité est un monde définitivement lointain, dont nous avons le droit d'emprunter les dépouilles pour affirmer la vitalité du *hic et nunc*. Paradoxalement, le fait même que, à l'exception des frises ornementales, les reliefs soient repris avec exactitude, et non réinterprétés ni variés, au lieu de servir de filigrane, de guide, d'aliment à de nouvelles compositions, laisse entendre que ces œuvres sont figées dans une perfection qui ne peut plus nourrir la création après la révolution du Caravage. En 1620, le libertin Théophile de Viau pouvait écrire : « Malherbe a très bien fait, mais il a fait pour lui[13]. » Ces caravagesques semblent dire : « L'Antique a très bien fait, mais il a fait pour lui. »

Rubens ne souscrirait évidemment pas à un tel postulat. Son art est précisément une tentative pour redonner de la lymphe vitale à un peuple de statues[14].

Même les sculptures d'ornement qui servent de contrepoint à nombre de ses tableaux semblent animées, selon un dynamisme dont se souviendront Watteau et ses successeurs. Le maître d'Anvers semble avoir eu une prédilection pour un motif dont le prototype était un joyau de la collection Farnèse : la statue de fontaine représentant *Éros enlacé par un dauphin*[15] (fig. 3), connue dès le guide d'Aldrovandi[16]. Ce dauphin – que le Burckhardt du *Cicerone* considérait comme « une des rares absurdités de l'art antique[17] » – fut repris, mais avec des variations importantes dans le canon du jeune Amour, dans deux tableaux, le *Suzanne et les vieillards* de la Real Academia de Bellas Artes de San Fernando à Madrid[18], peint juste après son départ d'Italie, en 1609-1610, et le *Cimon et Iphigénie* du Kunsthistorisches Museum de Vienne, peint vers 1617[19]. Parmi les statues de la collection de Sir Dudley Carleton, dont Rubens fit l'acquisition en 1618, figurait un groupe du même sujet, qu'il semble avoir placé dans le jardin de sa maison anversoise[20], si l'on en croit le tableau attribué à Rubens de l'Alte Pinakothek de Munich, représentant une promenade du peintre avec Hélène Fourment et le petit Nicolaes[21], ainsi qu'une toile de Jordaens conservée au Prado, les *Déesses au bain* peintes vers 1643-1645[22]. Rubens voyait dans ce *Cupidon sur un dauphin* un symbole particulièrement efficace de l'amour et du désir, dans la tradi-

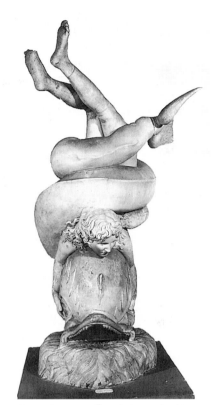

Fig. 3: Art romain, *Éros enlacé par un dauphin*, époque impériale, marbre, h. 164 cm. Naples, Museo Archeologico Nazionale, inv. n° 6375.

tion des *Fastes* d'Ovide, où le dauphin « *fuit occultis felix in amoribus index* » (II, v. 81). En somme, c'est l'Amour tout entier à sa proie attaché. Peu avant 1640, Jordaens reprit le motif dans ses *Filles de Cécrops découvrant l'enfant Erichtonios*, aujourd'hui au Kunsthistorisches Museum de Vienne[23], où l'étreinte de Cupidon avec l'animal marin offre un parallèle grinçant avec le nouveau-né difforme, qui unit en lui-même l'être humain et le serpent. La fontaine devient donc ici le symbole du désir incontrôlé d'Héphaïstos pour Athéna.

Dans tous ces cas, le groupe farnésien, présent de profil, est sensiblement remodelé ; ce sont le schéma général, la puissante spirale dynamique et les valences positives et négatives du thème qui ont retenu Rubens et Jordaens. Deux autres Flamands en auront une approche à la fois plus décorative et iconographiquement plus simple. Reprenant le schéma de la dame à la fontaine, lancé par Rubens dans le portrait de *Giovanna Spinola Pavese* (vers 1608, Bucarest, Muzeul de Arte al Republicii Romania[24]), Van Dyck peignit une autre aristocrate génoise, *Caterina Balbi Durazzo* (fig. 4), à côté de notre *Éros au dauphin*. Ce dernier tableau, conservé à la Galleria di Palazzo Reale à Gênes, fut payé à l'artiste en 1624, donc l'année qui suivit le voyage de Van Dyck à Rome[25]. Or il existait une estampe de Giovan Battista Cavalieri, publiée en 1594, qui représentait, sous le nom d'*Alphée*, le groupe vu de face, et non

Fig. 4. Antoine Van Dyck, *Caterina Balbi Durazzo*, 1623,
huile sur toile. Gênes, Galleria di Palazzo Reale.

de profil. Elle avait été rééditée à Rome, par Giacomo Marcucci, cette même année 1623[26]. C'est également de face, et avec une plus grande fidélité au groupe antique, que Van Dyck a peint la fontaine où l'épouse de Marcello Durazzo trempe ses doigts[27]. À l'évidence, la gravure contemporaine est bien la source de Van Dyck, qui manifeste ainsi son attention à l'actualité artistique de la péninsule et sa soif de modèles commodes.

Bartholomeus Breenbergh, quant à lui, avait pu conserver des souvenirs graphiques personnels de son séjour à Rome entre 1619 et 1629. Néanmoins, pour son *Eliézer et Rébecca* (fig. 5), peint vers 1635[28] et appartenant aujourd'hui à un collectionneur privé helvétique, il a très vraisemblablement réutilisé lui aussi, à son retour aux Pays-Bas, la gravure de Cavalieri. Dans ce tableau, dont le caractère anecdotique s'oppose si violemment aux versions que Poussin donnera de cet épisode biblique, le motif antique semble plaqué, et l'allusion à l'union des époux, trop appuyée. La statue n'est plus qu'un parergue donnant une aura de dignité, tout en fournissant un contraste avec la pureté vertueuse de Rébecca, comme l'a souligné Petra ten-Doesschate Chu[29]. Ce système additif sera poussé à ses dernières conséquences dans les toiles de la fin de sa carrière : dans les deux versions du *Joseph vendant du blé au peuple*, peintes respectivement en 1654 et 1655 (l'une dans la collection du marquis de Bute[30], l'autre au Barber Institute of Fine Arts de l'université de Birmingham[31]), une scène de l'Ancien Testament est censée se dérouler devant l'Aracoeli, et contre le ciel se détache une *Flore Farnèse* tirée du recueil de Cavalieri. Travaillant alors pour un public exclusivement nordique, Breenbergh pensait sans doute qu'un centon de souvenirs de Rome pouvait désormais suffire à transporter la scène dans une Antiquité de convention, que seul l'obélisque parvient à rendre approximativement égyptienne.

Un point réunit toutes les œuvres que nous avons examinées : elles représentent toutes les antiques Farnèse en tant que *sculptures*. Pour les caravagesques, seule cette réutilisation univoque était admissible ; pour Rubens, en revanche, cet usage sous forme de citation littérale était loin d'être le seul et l'Antique se réincarnait aussi dans les figures vivantes qui peuplent ses tableaux. Mais pour Poussin, à part le cas de l'*Hercule au repos* qui domine le *Martyre de saint Erasme*[32] et qui reprend de façon très libre le motif de la main repliée contre le côté, tiré de l'*Hercule Farnèse*[33], les antiques illustres ne sont jamais évoquées en tant que statues. Les solutions formelles trouvées par les Anciens stimulent le peintre dans sa quête de vérité expressive et historique. Il s'attache à des détails du *costume* et des rites et, plus profondément encore que Rubens, s'efforce de donner vie à des sculptures figées dans des gestes qui sont des concentrés d'idées et de sentiments.

Fig. 5. Bartholomeus Breenbergh, *Paysage avec Eliézer et Rébecca*, 1635 ca., huile sur bois, 27 x 36 cm.
Crans-sur-Sierre, coll. M. et Mme Adolphe Stein, actuellement en dépôt à Stuttgart, Staatsgalerie.

Poussin eut une grande familiarité avec les collections Farnèse. Avant de nous attarder sur les œuvres conservées dans le palais, nous voudrions mettre l'accent sur une connaissance directe des antiques de la villa Madame. On a bien remarqué qu'un dessin du musée Bonnat[34] représente une face de l'*autel d'Hercule*, naguère dans la cour octogonale du Museo Pio-Clementino, aujourd'hui en réserve[35]. Cet autel, qui se trouvait aux XVIe et XVIIe siècles à la villa Madame[36], suscita également l'intérêt d'un dessinateur du *Museo Cartaceo*, qui releva scrupuleusement une autre face[37]. Contrairement à ce dernier, Poussin s'abstient de répéter la hure de sanglier qui marque les angles inférieurs et se concentre sur le trophée votif. Cette curiosité pour les instruments de culte antiques trouva sa manifestation la plus éclatante dans les offrandes qui pendent à l'arbre au-dessus du dieu Nil dans le *Moïse exposé* de l'Ashmolean Museum d'Oxford[38].

Une autre feuille, provenant de la collection d'Anthony Blunt et aujourd'hui au J. Paul Getty Museum de Malibu[39], traduit, au verso, de façon sténographique, un côté du *Trapézophore avec Charybde et Scylla* de la villa Madame, à présent au Museo Nazionale de Naples[40]. Blunt avait bien identifié cette source mais n'avait pas noté celle du recto, où figurent deux croquis représentant, sous des angles différents, un homme vêtu d'une tunique courte très curieusement nouée (fig. 6). Il s'agit du *Génie* ou *Lare Farnèse*[41], statue colossale qui se trouvait dans une niche du jardin, juste après la loggia, et à côté du *Trapézophore*, si l'on en juge par l'inventaire de 1644, qui les mentionne l'un après l'autre[42]. À la différence de beaucoup d'artistes, Poussin n'a pas

Fig. 6. Nicolas Poussin, *Deux études d'après le* Génie Farnèse,
1640 ca., plume et encre brune, 16,1 x 12,7 cm.
Malibu, The J. Paul Getty Museum, inv. n° 86. GA. 471.

prêté une attention particulière aux extraordinaires chaussures ; seul le drapé singulier l'a intrigué, sans pour autant qu'il le réutilise dans un tableau. En tout cas, on a ici la preuve que Poussin a griffonné sur le site, et non d'après une estampe, comme il le fit si souvent, et qu'il a retourné sa feuille pour croquer rapidement deux œuvres voisines. Ce sont bien là ces « légères esquisses » évoquées par Félibien, à l'opposé de la copie servile[43].

Nicolas Poussin a eu de multiples occasions de visiter le palais Farnèse, ne serait-ce que pour surveiller la qualité des copies de tableaux exécutées sous sa direction pour le compte de Chantelou en 1643 et 1644[44]. Il est bien connu également qu'il supervisa pour Chantelou le moulage de la *Flore* et de l'*Hercule Farnèse* et que le plâtre gigantesque de l'*Hercule* encombra son atelier pendant des années. En effet, désolé que « la forme d'une si belle chose aille en ruine », Poussin la retira de la maison de Thibaut Poissant, où elle croupissait[45]. Au reste, selon nous, la restauration d'un doigt et des oreilles de l'*Hercule*, que Poussin paya 8 jules au sculpteur Rondoni en 1644, est sans doute la conséquence des dommages faits au colosse de marbre au cours de l'opération de moulage[46].

Comme l'avait noté Sofie-Charlotte Emmerling, l'*Hercule Farnèse* servit de modèle au fort et tranquille personnage à l'extrême gauche de *Camille et le maître d'école de Faléries*[47]. Par cette pose, le soldat romain symbolise ici l'autorité calme, qui s'oppose à la violence indue du mauvais maître. De façon plus attendue, on en trouve aussi des échos dans l'*Hercule à la croisée des chemins* de Stoure Head[48], dans les médaillons de la Grande Galerie illustrant les hauts faits d'Hercule, connus par des dessins d'atelier[49], et dans des dessins d'anatomie destinés à illustrer le *Traité de la peinture* de Léonard[50], et spécialement un *Homme debout sur un socle*[51] et un *Homme debout, la main droite sur la hanche*[52]. Rien d'étonnant non plus à ce que l'*Atlas Farnèse*[53], universellement admiré et considéré comme une rareté insigne en statuaire, ait servi de point de départ pour la figure d'Hercule dans un médaillon destiné au Louvre, représentant *Hercule supportant le globe terrestre*[54]. Pour ces personnages de la Fable, Poussin eut recours aux modèles les plus immédiatement lisibles, à des allusions particulièrement transparentes. Ces emprunts évidents sont l'exception dans son œuvre et l'« effet Pygmalion » – pour reprendre l'expression d'Elizabeth Cropper[55] – qu'il imprime aux antiques est d'ordinaire l'occasion de variations significatives.

Dans un article récent, David Jaffé a émis l'hypothèse que le jeune homme courbé au premier plan dans *Camille et le maître d'école de Faléries* dérivait des *Hommes faisant cuire un sanglier*, groupe connu sous le nom d'*Écorcheurs rustiques*, aujourd'hui à Naples[56]. Ici, les différences avec le modèle romain sont assez fortes, et l'écho paraît lointain. En revanche, à droite d'un dessin préparatoire pour le *Triomphe de*

Pan Richelieu, aujourd'hui au musée Bonnat[57], le jeune homme qui tente de relever un satyre ivre, nous paraît tout à fait inspiré d'un de ces deux *Écorcheurs*, qui, d'ailleurs, avaient été copiés pour le *Museo Cartaceo*[58]. Dans cette *Bacchanale* de Poussin, les pattes caprines bien en vue renvoient à l'animalité du satyre abruti par le vin et peuvent éveiller chez le spectateur le souvenir du sanglier du groupe Farnèse, affaissé sur le rebord du chaudron.

Il arrive aussi que l'originalité de la pose prenne décidément le pas sur le contenu iconographique de la source antique. Ainsi, dans un des burins qui ornent les *Hespérides, sive De malorum aureorum cultura* de Giovan Battista Ferrari[59], gravé par Cornelis Bloemaert d'après un dessin de Poussin de 1642[60] (fig. 7), une jeune nymphe du lac de Garde, à gauche, accomplit un mouvement complexe : elle cueille un citron d'une main, retient de l'autre les fruits qu'elle a déjà ramassés dans un pan de sa robe et regarde, en tordant le cou, ses compagnes qui offrent les prémices des récoltes au dieu fleuve Benalus. Cette aisance dans la torsion, ce bras retenant une étoffe tandis que l'autre se lève pour accomplir simultanément une autre action, cette multiplication des axes renvoient irrésistiblement à la *Vénus callipyge*[61] (fig. 7), qui était admirée non seulement pour la splendeur de son verso mais aussi pour la combinaison des gestes, comme en témoigne un inventaire des biens Farnèse rédigé en 1644, où elle est décrite comme « *una statua di Femina nuda dal mezzo in giù che si volta con la testa* »[62].

Un des ensembles les plus saisissants de la collection Farnèse était constitué par les répliques en marbre des bronzes du petit monument attalide, longtemps considérées comme des *Horaces* et des *Curiaces*[63]. L'*Amazone morte*[64], qui comportait, avant restauration, un enfant près de son sein, avait été dessinée pour Cassiano[65]. Ce paradigme de la détresse fut repris par Poussin

Fig. 7. Cornelis Bloemaert, d'après Nicolas Poussin, *Les nymphes du lac de Garde offrant des citrons au dieu fleuve Benalus*, dans G. B. Ferrari, *Hesperides, sive De malorum aureorum cultura*, Rome, 1646, II, VI, p. 97, burin, 29,7 x 20,8 cm. Paris, BNF, département des Estampes et de la Photographie.

Fig. 8. Pietro del Po, d'après Nicolas Poussin, *La Vierge apparaissant à sainte Françoise Romaine*, 1658 ca., eau-forte et burin, 34,6 x 28,6 cm. Paris, BNF, département des Estampes et de la Photographie.

37

à deux reprises: d'une part, comme Sofie-Charlotte Emmerling et plus récemment Elizabeth Cropper l'ont souligné[66], pour la mère morte au centre de la *Peste d'Azoth* du Louvre[67] ; d'autre part, et d'une manière extraordinairement puissante et discrète à la fois, pour la femme gisante dont on n'aperçoit que la tête, un bras et les pieds, derrière sainte Françoise Romaine, dans le tableau qui n'est plus connu aujourd'hui que par les gravures de Pietro del Po[68] (fig. 8) et de Gérard Audran[69]. Dans la *Vision de sainte Françoise Romaine*, peinte vers 1656-1658, Poussin fait appel au regard d'un public cultivé capable de reconstituer mentalement la partie cachée par la sainte et fait un usage très efficace, très *classique*, de la synecdoque. Deux morceaux d'un *exemplum doloris* suffisent à évoquer tout le drame de la peste. Autant dans la *Peste d'Azoth*, l'allusion érudite était insistante et pathétique, au premier plan et au centre du tableau, autant dans la *Sainte Françoise Romaine*, elle devient laconique et glaciale. En revanche, ce même tableau religieux comporte une allusion plus explicite à une autre statue dérivée de l'ex-voto attalide, le *Perse mort*[70], ainsi qu'à la statue moderne dont la pose est si proche, la *Sainte Cécile* de Stefano Maderno (1599). Pour montrer les ravages de la peste, ce ne sont plus des corps nus et plombés qui agressent le spectateur, mais des personnages pétrifiés dans des drapés devenus des suaires de marbre.

Poussin a singulièrement apprécié la puissance évocatrice et la retenue de cet ensemble de statues hellénistiques représentant des guerriers abattus. De fait, il a également remarqué une autre pièce du même ensemble, mais conservée alors dans la galerie Giustiniani et aujourd'hui dans la collection Torlonia, représentant un *Perse à genoux*[71]. Il a pu aussi bien voir l'œuvre antique chez son commanditaire Vincenzo Giustiniani, que contempler l'estampe de Giovanni Luigi Valesio publiée dans la *Galleria Giustiniana* (fig. 9) et gravée avant 1633, date de la mort de l'artiste[72]. Dans le *Baptême* Dal Pozzo (fig. 10), ce *Perse* devient la figure centrale qui remarque la colombe et entend la voix du Seigneur[73]. Le barbare blessé et effrayé est devenu un néophyte surpris, touché par la Grâce. Toutefois, dans cette version du *Sacrement*, la citation est encore très précise, et ce personnage est le seul à manifester son étonnement, ce qui nuit à la cohérence de la composition.

Dans le *Baptême* Chantelou[74], certains assistants à gauche et à droite du Christ et de saint Jean sont troublés par la voix d'en haut, et leurs mouvements conjugués guident notre regard vers la scène centrale et vers la colombe du Saint-Esprit. Le soldat blessé n'a pas disparu, il est même présent dans tous les dessins préparatoires[75], mais il n'est plus isolé au centre du tableau : représenté de dos, il se mêle désormais à la foule de gauche. Comme dans le cas de la *Vision de sainte Françoise Romaine*, la reprise de l'antique est plus subtile, plus économique, et l'effet d'ensemble plus saisissant. Fréart de Chambray notait son

Fig. 9. Giovanni Luigi Valesio, *Perse agenouillé,* dans *Galleria Giustiniana del marchese Vincenzo Giustiniani,* Rome, s. d. [avant 1633], burin, 37,2 x 23,2 cm. Paris, BNF, département des Estampes et de la Photographie.

émerveillement à propos du *Baptême* Chantelou, dans l'*Idée de la perfection de la peinture* :
« Car si Apellés leur a semblé si admirable, d'avoir sçeu représenter le bruit du
Tonnerre, on peut voir aussi dans ce Sujet mesme, dont ie parle, que nostre Poussin a
peint la Voix, laquelle est d'autant plus difficile à exprimer, qu'elle est moins sensible
en son effet. I'ay remarqué ce trait ingénieux au premier Tableau des sept Sacrements,
où Saint Iean conférant le Baptesme à nostre Seigneur, ceux d'alentour qui se trouvent
aussi là présens pour le recevoir après leur Maistre, font connoistre visiblement par la
surprise et l'estonnement où ils paroissent, regardant en haut et de tous costez, qu'ils
entendent cette Voix céleste qui dist, Voicy mon Fils bien-aimé[76]. »

    Cette familiarité souveraine de Poussin avec les antiques Farnèse – ou
Giustiniani comme le montrent quantité de dessins d'après le recueil gravé –, cette
capacité de retenir l'essence d'un geste ou un concentré d'expression tranchent avec
l'usage souvent plus anecdotique de nombre de ces contemporains. Nous avons pu
remarquer, à partir des marbres Farnèse, un lent mouvement de décantation, qui va
des citations de l'Antique plus ou moins directes dans ses premières œuvres, à de
rares allusions voilées[77], comme dans le second *Baptême* ou dans la *Vision de sainte
Françoise Romaine*. À la fin de sa carrière, Poussin, nouveau Raphaël, était parvenu à
créer seul une gestuelle qui était digne de ses modèles antiques, mais qui n'avait plus
besoin de leur rendre un hommage explicite.

Fig. 10. Nicolas Poussin, *Le Baptême*, 1641-1642, huile sur toile, 95,5 x 121 cm.
Washington, D.C., National Gallery of Art, Samuel H. Kress Collection 1946.

1. Fr. Haskell et N. Penny, *Taste and the Antique. The Lure of Classical Sculpture 1500-1900*, New Haven et Londres, 1981.

2. Ph. P. Bober et R. O. Rubinstein, *Renaissance Artists and Antique Sculpture. A Handbook of Sources*, Oxford, 1986.

3. B. Jestaz, avec la collab. de M. Hochmann et Ph. Sénéchal, *Le Palais Farnèse*, III, 3, *L'Inventaire du palais et des propriétés Farnèse à Rome en 1644*, Rome, 1994 ; et Ph. Sénéchal, « I marmi antichi della collezione Farnese », dans L. Fornari Schianchi et N. Spinosa (éds), *I Farnese. Arte e collezionismo*, cat. de l'exposition (Colorno [Parma], Palazzo Ducale ; Naples, Galleria Nazionale di Capodimonte ; Munich, Haus der Kunst, mars-déc. 1995), Milan, 1995, p. 123-131. Sur les collections d'antiques Farnèse, voir aussi Fr. Haskell, « La collezione Farnese di antichità » dans R. Ajello, F. Haskell et C. Gasparri, *Classicismo d'età romana. La collezione Farnese*, Naples, 1988, p. 25-39 ; C. Gasparri, « I marmi Farnese », *ibid.*, p. 41-57 ; Chr. Riebesell, « Die Antikensammlung Farnese zur Carracci-Zeit », dans AA.VV., *Les Carrache et les décors profanes*. Actes du colloque organisé par l'École française de Rome (Rome, 2-4 octobre 1986), Rome, 1988, p. 373-417 ; E. La Rocca, « Le sculture antiche della collezione Farnese », dans AA. VV., *Le collezioni del Museo Nazionale di Napoli*, I, 2, Rome et Milan, 1989, p. 42-65 ; Chr. Riebesell, *Die Sammlung des Kardinal Alessandro Farnese : Ein « studio » für Künstler und Gelehrte*, Weinheim, 1989 ; Cl. Robertson, « *Il Gran Cardinale ». Alessandro Farnese, Patron of the Arts*, New Haven et Londres, 1992 ; et Chr. Riebesell, « Die Sammlung des Kardinal Alessandro Farnese (1520-1589) als Stellvertreterin für das antike Rom », dans A. Grote (éd.), *Macrocosmo in microcosmo. Die Welt in der Stube. Zur Geschichte des Sammelns 1450 bis 1800*, Opladen, 1994, p. 397-416.

4. Soulignant que la leçon de l'antique pénètre dans l'art de tous les peintres et les sculpteurs de la Rome du Seicento, Maurizio Fagiolo dell'Arco ajoute fort justement : « *In certo senso, l'arte italiana sembra "cambiare", ovvero "rinascere" soltanto presentando declinazioni diverse del concetto di "classicismo"* ». Voir sa préface à O. Boselli, *Osservazioni sulla scultura antica. I manoscritti di Firenze e Ferrara*, éd. A. P. Torresi, Ferrare, 1994, p. 8. Sur le goût pour l'antique chez les artistes du XVIIe siècle, voir en particulier Ch. Dempsey, « The Greek Style and the Prehistory of Neoclassicism » dans E. Cropper (éd.), *Pietro Testa 1612-1650. Prints and Drawings*, cat. de l'exposition (Philadelphie, Philadelphia Museum of Art et Cambridge, Mass., Arthur M. Sackler Museum, 5 nov. 1988-31 dec. 1989), Philadelphie, 1988, p. XXXVII-LXV ; H. Beck et S. Schulze (eds), *Antikenrezeption im Hochbarock*, Actes du colloque (Francfort, Liebighaus, mai 1988), Berlin, 1989 ; D. Nebendahl, *Die schönsten Antiken Roms. Studien zur Rezeption antiker Bildhauerwerke im römischen Seicento*, Worms, 1990 ; E. Cropper, « Vincenzo Giustiniani's Galleria. The Pygmalion Effect », dans *Cassiano dal Pozzo's Paper Museum*, II (= Quaderni Puteani, 3), s. l., 1992, p. 101-126 ; et G. Valerius, *Antike Statuen als Modelle für die Darstellung des Menschen : die Decorumlehre in Graphikwerken französischer Künstler des 17. Jahrhunderts*, Francfort-sur-le Main, Berlin *et al.*, 1992.

5. H. Wethey, « Orazio Borgianni in Italy and in Spain », *The Burlington Magazine*, CVI, 733, avr. 1964, p. 157, n. 50.

6. G. Papi, *Orazio Borgianni*, Soncino, 1993, p. 125, n° 36 et pl. L et LI. Christina Riebesell m'a très aimablement aidé à me procurer une photographie de cette œuvre.

7. Paris, musée du Louvre, département des Antiquités, grecques, étrusques et romaines, inv. CP 4172. Je remercie vivement Mme Brigitte Tailliez pour m'avoir aidé à retrouver la pièce. *Cf.* H. von Rohden, avec la collab. de H. Winnefeld, *Architektonische Römische Tonreliefs der Kaiserzeit*, Berlin et Stuttgart, 1911, pl. XI. Pour une approche générale des plaques Campana, voir aussi A. H. Borbein, *Campanareliefs. Typologische und stilkritische Untersuchungen*, Heidelberg, 1968.

8. F. Zeri, « Orazio Borgianni : un'osservazione e un dipinto inedito », *Paragone*, 83, 1956, p. 52.

9. Windsor Castle, Royal Library, inv. 8506 et inv. 19229. Voir H. Whitehouse, « Copies of Roman Paintings and Mosaic in the Paper Museum. Their value as archaeological evidence » dans *Cassiano dal Pozzo's Paper Museum*, I (= Quaderni Puteani, 2), s. l., 1992, p. 112-114 et fig. 6.

10. G. P. Bellori, *Admiranda Romanarum Antiquitatum…*, Romae, ad Templum S[anct]ae M[ari]ae de Pace, 1693², pl. 57.

11. Paris, musée du Louvre, inv. 8253. Voir M. Mojana, *Valentin de Boulogne*, Milan, 1989, p. 100 et 101, n° 24, repr.

12. Galerie Silvano Lodi à Munich (156 x 236 cm). Voir B. Nicolson, *Caravaggism in Europe*, I, Turin, 1989², [2ᵉ éd. revue et augmentée par L. Vertova], p. 198, ill. 606 et 608. On en connaît quatre

copies, dont une au musée des Augustins à Toulouse (160 x 242 cm). Voir R. Mesuret, « L'œuvre peint de Nicolas Tournier. Essai de catalogue », *Gazette des Beaux-Arts*, déc. 1957, p. 342, n° 51, et p. 343, fig. 11. Sur le motif de l'autel antique utilisé comme table de jeu chez Nicolas Tournier et sur son goût pour ce modèle de bordure sculptée, voir A. Brejon de Lavergnée et J.-P. Cuzin (éds), *Valentin et les caravagesques français*, cat. de l'exposition (Paris, Grand Palais, 13 févr.-15 avr. 1974), Paris, 1974, p. 108-110.

13. *Elégie à une dame*, v. 72.

14. Voir W. Stechow, *Rubens and the Classical Tradition*, Cambridge, Mass., 1968 ; M. Van der Meulen, *Petrus Paulus Rubens antiquarius : collector and copyist of antique gems*, Aalphen aan den Rijn, 1975 ; M. Jaffé, *Rubens and Italy*, Oxford, 1977, p. 79-84 et 116-118 ; et M. Van der Meulen, *Rubens, Copies after the Antique*, 3 vol., *Corpus Rubenianum Ludwig Burchard*, 23, Londres, 1994.

15. Naples, Museo Archeologico Nazionale, inv. n° 6375. Voir E. La Rocca, *op. cit.* n. 3, p. 176, n° 157, repr.

16. U. Aldrovandi, *Delle statue antiche che per tutta Roma, in diversi luoghi e case si veggono*, Venise, presso Giordano Ziletti, 1562³, p. 157.

17. J. Burckhardt, *Der Cicerone. Eine Anleitung zur Genuss der Kunstwerke Italiens*, Bâle, 1855¹ (éd. cons., trad. it., Milan, 1994, I, p. 586).

18. J. M. de Azcárate y Ristori (éd.), *Guía del Museo de la Real Academia de San Fernando*, Madrid, s. d. [1988], p. 102, n° 12, inv. n° 688, repr. ; et M. Jaffé, *Rubens. Catalogo completo*, Milan, 1989, p. 169, n° 112, repr.

19. Vienne, Kunsthistorisches Museum, inv. n° 532. Tableau peint en collaboration avec Frans Snyders, et peut-être avec Jan Wildens pour le paysage. Voir M. Jaffé, *Rubens. Catalogo completo*, cit. n. 18, p. 231-232, n° 446, et p. 231, n°445, pour le *bozzetto* conservé à Gosford House (Écosse) dans la collection du comte de Wemyss (repr.).

20. J. M. Muller, *Rubens : The Artist as Collector*, Princeton, 1989, p. 35, 82 et 84.

21. Munich, Alte Pinakothek, inv. n° 313. Voir E. Steingräber (éd.), *Alte Pinakothek München*, 1983, p. 435-436, repr.

22. Madrid, musée du Prado, inv. n° 1548. *Cf.* R.-A. d'Hulst, *Jacob Jordaens*, Anvers, 1982, p. 208 ; et A. Balis, M. Díaz Padrón, C. Van Velde et H. Vlieghe (éds), *La Peinture flamande au Prado*, Anvers et Paris, 1989, n° 74, p. 212-213, repr.

23. Vienne, Kunsthistorisches Museum, inv. n° 6488. Voir R.-A. d'Hulst, *op. cit.* n. 22, p. 155 et p. 172, fig. 143.

24. Bucarest, Muzeul de Arte al Republicii Romania, inv. 8209/254. Voir la notice de M. Matache dans Th. Enescu *et al.*, *Capolavori europei dalla Romania. Sessanta dipinti dal Museo Nazionale d'Arte di Bucarest*, cat. de l'exposition (Venise, Palais ducal, févr.-juin 1991), Venise, 1991, p. 76-79, n° 25, repr. ; et surtout P. Boccardo, « Ritratti di genovesi di Rubens e di Van Dyck : Contesto ed identificazioni », dans S. J. Barnes et A. K. Wheelock, Jr. (éds), *Van Dyck 350*, (Washington, CASVA, Symposium Papers, XXVI), Washington, 1994, p. 91-93, fig. 16.

25. Voir E. Larsen, *The Paintings of Anthony van Dyck*, Freren, 1988, I, p. 423-424 et fig. 464 ; *ibidem*, II, p. 143, n° 350 ; et P. Boccardo, *art. cit.*, fig. 14. Piero Boccardo m'a amicalement signalé ce tableau et m'en fourni une photographie. Je le remercie vivement pour sa sollicitude.

26. Sur les diverses éditions des *Antiquae Statuae Urbis Romae*, voir Th. Ashby, « Antiquae Statuae Urbis Romae », *Papers of the British School at Rome*, IX, 5, 1920, p. 107-158.

27. Pour le motif de la fontaine dans les portraits de Van Dyck, voir Z. Zaremba Filipczak, « Reflexions on Motifs in Van Dyck's Portraits », dans A. K. Wheelock Jr., S. J. Barnes, J. S. Held *et al.*, *Anthony van Dyck*, cat. de l'exposition (Washington, National Gallery of Art, 11 nov. 1990-24 févr. 1991), Washington, 1990, p. 60-62. On trouvera d'autres considérations sur les fontaines avec Éros et un dauphin dans W. Sauerländer, « Über die ursprüngliche Reihenfolge von Fragonards "Amours des bergers"», *Münchner Jahrbuch der bildenden Kunst*, 13, 1968, p. 127-156, et spécialement p. 132-134.

28. Crans-sur-Sierre, coll. M. et Mme Adolphe Stein, en dépôt à Stuttgart, Staatsgalerie. Voir M. Roethlisberger, *Bartholomeus Breenbergh. The paintings*, Berlin et New York, 1981, p. 73, n° 181, évoque Rubens et la *Fontana della Lumaca* du Bernin à la villa Pamphili (1652), mais ignore le prototype antique. Je remercie vivement M. Adolphe Stein de m'avoir adressé une photographie du tableau et de m'autoriser à le reproduire.

29. P. ten-Doesschate Chu (éd.), *Im Lichte Hollands. Holländische Malerei des 17. Jahrhunderts aus den Sammlungen des Fürsten von Liechtenstein und aus Schweizer Besitz*, cat. de l'exposition (Bâle, Kunstmuseum, 14 juin-12 sept. 1987), Zurich, 1987, p. 100-101, n° 24, repr.

30. M. Roethlisberger, *op. cit.*, p. 89, n° 230.

31. *Ibidem*, p. 90, n° 231.

32. Esquisse à la National Gallery of Canada d'Ottawa et tableau d'autel à la Pinacothèque du Vatican. Cf. J. Thuillier, *Nicolas Poussin*, Paris, 1994, p. 250, n°ˢ 68 et 69.

33. Naples, Museo Archeologico Nazionale, inv. n° 6001; *cf.* E. La Rocca, *op. cit.* n. 3, p. 155, n° 10, repr.

34. W. Friedländer et A. Blunt, *The Drawings of Nicolas Poussin*, V, Londres, 1974, p. 32, n° 326 et pl. 251; P. Rosenberg et L.-A. Prat (éds), *Nicolas Poussin. La Collection du musée Bonnat à Bayonne*, cat. de l'exposition (Bayonne, musée Bonnat, 31 sept. 1994-15 janv. 1995), Paris, 1994, p. 44-45, n° 9, repr.; et P. Rosenberg et L.-A. Prat, *Nicolas Poussin 1594-1665. Catalogue raisonné des dessins*, Milan, 1994, p. 404-405, n° 207, repr.

35. W. Amelung, *Die Sculpturen des Vaticanischen Museums*, II, Berlin, 1908, p. 298-299, n° 102u et pl. 17, 28.

36. L'autel, qui se trouvait à la villa Madame depuis le XVIᵉ siècle et qui s'y trouvait encore au temps de Poussin, fut dessiné par Giovannantonio Dosio (Florence, Biblioteca Nazionale, ms. N.A. 618, fol. 41 v°). *Cf.* G. Tedeschi Grisanti, «"Dis manibus, pili, epitaffi ed altre cose antiche" : un codice inedito di disegni di Giovannantonio Dosio », *Bollettino d'Arte*, 18, mars-avril 1983, p. 94; et B. Jestaz, avec la collab. de M. Hochmann et Ph. Sénéchal, *op. cit.* n. 3, p. 210, n° 5135.

37. Windsor Castle, Royal Library, inv. 8350. Reproduit dans F. Haskell *et al.*, *Il Museo Cartaceo di Cassiano dal Pozzo. Cassiano naturalista* (= Quaderni Puteani, 1), s.l. [Milan], 1989, p. 3, fig. 4.

38. *Cf.* J. Thuillier, *op. cit.* n. 32, p. 262, n° 211; et P. Rosenberg (éd.), *Nicolas Poussin 1595-1664*, cat. de l'exposition (Paris, Grand Palais, 1994-1995), Paris, 1994, p. 484-485, n° 221, repr.

39. Malibu, J. Paul Getty Museum, inv. 86 GA 471. *Cf.* W. Friedländer. et A. Blunt, *op. cit.*, V, p. 42, n° 346 (recto) et n° 346a (verso) et pl. 256ᴬ; G. R. Goldner et L. Hendrix, avec la collab. de K. Pask, *The J. Paul Getty Museum. European Drawings, 2. Catalogue of the Collections*, Malibu, 1992, p. 174-175, n° 72; et P. Rosenberg et L.-A. Prat, *Nicolas Poussin 1594-1665. Catalogue raisonné des dessins*, *cit.*, p. 336-337, n° 177, repr.

40. Naples, Museo Archeologico Nazionale, inv. n° 6672. Voir A. Ruesch, *Guida illustrata del Museo Nazionale di Napoli*, Naples, 1911, p. 164, n° 531; et P. Rosenberg et L.-A. Prat, *Nicolas Poussin 1594-1665. Catalogue raisonné des dessins, cit.*, p. 336, fig. 177a.

41. Naples, Museo Archeologico Nazionale, inv. n° 5975. Voir Ph. P. Bober et R. O. Rubinstein, *op. cit.* n. 2, p. 221-222, n°188, repr.; et E. La Rocca, *op. cit.* n. 3, p. 154, n°2, repr.

42. *Cf.* B. Jestaz, avec la collab. de M. Hochmann et Ph. Sénéchal, *op. cit.* n. 3, p. 211, n° 5138.

43. A. Félibien, *Entretiens sur la vie et les ouvrages des plus excellens peintres anciens et modernes*, Quatrième partie (VIIIᵉ Entretien), Paris, chez Sébastien Mabre-Cramoisy, 1685, p. 250-251 : « Je sçay bien encore qu'il ne s'est guères assujeti à copier aucuns Tableaux, et même lorsqu'il voyoit quelque chose parmi les Antiques qui méritoit d'estre remarqué, il se contentoit d'en faire de légères esquisses. Mais il consideroit attentivement ce qu'il voyoit de plus beau, & s'en imprimoit de fortes images dans l'esprit, disant que c'est en observant les choses qu'un Peintre devient habile, plûtost qu'en se fatiguant à les copier ».

44. Les lettres de Poussin à Chantelou y font de fréquentes références. Cf. Ch. Jouanny, «Correspondance de Nicolas Poussin publiée d'après les originaux», *Archives de l'Art français*, nouvelle période, V, Paris, 1911, p. 198-290.

45. Lettre de Poussin à Chantelou du 4 février 1647 : Ch. Jouanny, *op. cit.* n. 44, p. 349. Pour le transport du moulage, voir aussi les lettres du 7 avril (*ibidem*, p. 354) et du 3 juin 1647 (*ibidem*, p. 357) ainsi que le compte du 10 juin 1647 (*ibidem*, p. 360).

46. *Ibidem*, p. 251 et 292.

47. S.-Ch. Emmerling, *Antikenverwendung und Antikenstudium bei Nicolas Poussin*, Wurtzbourg, 1939, p. 21. Il existe deux versions du tableau, l'une à la Norton Simon Foundation de Pasadena (Ca.), l'autre au Louvre : *cf.* J. Thuillier, *op. cit.* n. 32, p. 254, n° 109; et p. 255, n° 122, repr.

48. Pour autant que cette œuvre soit de Poussin, ce dont J. Thuillier doute fortement. Cf. J. Thuillier, *op. cit.* n. 32, p. 268, n° B23, repr.

49. L'emprunt à la source antique est particulièrement net pour le médaillon représentant *Hercule et Antée*. Voir W. Friedländer et A. Blunt, *op. cit.* n. 34, IV, p. 21 et n° A 106, pl. 194 ; P. Rosenberg et L.-A. Prat, *Nicolas Poussin 1594-1665. Catalogue raisonné des dessins, cit.*, p. 766-767, n°ˢ A 73 et A 74.

50. *Traité de la peinture de Léonard de Vinci, donné au public et traduit de l'italien en français par R*[oland] *F*[réart] *S*[ieur] *d*[e] *C*[hambray], Paris, imp. de J. Langlois, 1651. Voir L. Hautecœur, « Poussin illustrateur de Léonard de Vinci », *Bulletin de la Société de l'Histoire de l'Art français*, 1913, 3, p. 223-228 ; et, pour les dessins conservés à la Bibliothèque Ambrosienne de Milan, P. Rosenberg et L. A. Prat, *Nicolas Poussin 1594-1665. Catalogue raisonné des dessins, cit.*, p. 240-251, n° 129.

51. P. Rosenberg et L.-A. Prat, *Nicolas Poussin 1594-1665. Catalogue raisonné des dessins, cit.*, p. 243, n° 129-2, repr.

52. *Ibidem*, p. 243, n° 129-12, repr.

53. Naples, Museo Archeologico Nazionale, inv. n° 6371 ; voir E. La Rocca, *op. cit.* n. 3, p. 176, n° 156, repr.

54. Voir S.-Ch. Emmerling, *op. cit.* n. 47, p. 35 ; W. Friedländer et A. Blunt, *op. cit.* n. 34, IV, p. 196, n°ˢ A 110 et A 111 ; et P. Rosenberg et L.-A. Prat, *Nicolas Poussin 1594-1665. Catalogue raisonné des dessins, cit.*, p. 764-765, n°ˢ A 71 et A 72.

55. E. Cropper, *art. cit. supra* n. 4.

56. Naples, Museo Archeologico Nazionale, inv. n° 6218. *Cf.* E. La Rocca, *op. cit.* n. 3, p. 168, n° 97, repr. ; et D. Jaffé, « Two Bronzes in Poussin's *Studies of Antiquities* », *The J. Paul Getty Museum Journal*, 17, 1989, p. 46, n. 23.

57. Bayonne, musée Bonnat, n° inv. AI 1672 ; NI 47. Voir W. Friedländer et A. Blunt, III, *cit.*, p. 23-26, n° 187, pl. 149 ; P. Rosenberg et L.-A. Prat, *Nicolas Poussin. La collection …, cit.*, p. 28-29, n° 2, repr. ; et P. Rosenberg et L.-A. Prat, *Nicolas Poussin. 1594-1665. Catalogue raisonné des dessins, cit.*, p. 152-153, n° 84, repr.

58. Windsor Castle, Royal Library, inv. n° 8026. Dans son article (*cit.*, p. 46, n. 23), D. Jaffé fait justement le rapprochement avec le tableau de la National Gallery de Londres, mais ici le personnage est moins accroupi que dans le dessin Bonnat. Il souligne que Poussin a pu également s'inspirer du burin d'Adamo Scultori d'après Jules Romain (B. XV, n° 104), qui reprend le groupe antique et ajoute un troisième sacrificateur à droite. *Cf.* S. Massari (éd.), *Giulio Romano pinxit et delineavit. Opere autografe di collaborazione e bottega*, cat. de l'exposition (Rome, Istituto Nazionale per la Grafica, 1993), Rome, 1993, p. 137, n° 138, repr.

59. G. B. Ferrari, *Hesperides, sive de malorum aureorum cultura*, Rome, Herman Scheus, 1646. Voir D. Freedberg, « From Hebrews and gardens to oranges and lemons. Giovanni Battista Ferrari and Cassiano dal Pozzo » dans F. Solinas (éd.), *Cassiano dal Pozzo, Atti del Seminario internazionale di studi*, Rome, 1989, p. 37-72 ; ID., « Cassiano dal Pozzo's Drawings of Citrus Fruits », dans *Il Museo Cartaceo di Cassiano dal Pozzo. Cassiano naturalista, cit.*, p. 16-36 ; ID., « Ferrari on the Classification of Oranges and Lemons », dans E. Cropper, G. Perini et F. Solinas (éds), *Documentary Culture. Florence and Rome from Grand-Duke Ferdinand I to Pope Alexander VII. Papers from a colloquium held at the Villa Spelman, Florence, 1990*, Bologne, 1992, p. 287-306 ; M. Fumaroli, « Rome 1630 : entrée en scène du spectateur », dans O. Bonfait (éd.), *Roma 1630. Il trionfo del pennello*, cat. de l'exposition (Rome, Villa Médicis, 25 oct. 1994-1ᵉʳ janv. 1995) Milan, 1994, p. 53-96 ; et O. Bonfait, « La galleria delle Esperidi », *ibid.*, p. 248-253.

60. Pour l'estampe, gravée en contrepartie avec quelques variantes, voir A. Andresen, *Nicolaus Poussin. Verzeichniss der nach seinen Gemälden gefertigten gleichzeitigen und späteren Kupferstiche*, Leipzig, 1863, p. 111, n° 435 ; G. Wildenstein, *Poussin et ses graveurs au XVIIᵉ siècle*, Paris, 1957, p. 229-230, n°173 (repr.) ; et M. Roethlisberger, *Abraham Bloemaert and his Sons. Paintings and Prints*, Doornspijk, 1993, p. 525-526, n° CB 14, repr. Pour le dessin préparatoire, conservé au Louvre, département des Arts graphiques, inv. 32442, voir P. Rosenberg (éd.), *Nicolas Poussin 1595-1664, cit.*, p. 308, n° 105 ; et P. Rosenberg et L.-A. Prat, *Nicolas Poussin 1594-1665. Catalogue raisonné des dessins, cit.*, p. 442-446, n° 225, repr.

61. Naples, Museo Archeologico Nazionale, n° 6020. *Cf.* E. La Rocca, *op. cit.* n. 3, p. 156, n° 18, repr. Pour l'état de la statue avant sa restauration par Carlo Albacini, voir G. Säflund, *Aphrodite Kallipygos*, Stockholm, Göteborg et Uppsala, 1963 ; et Chr. Riebesell, « Eine frühe Zeichnung nach der Venus Kallipygos », dans S. Kummer - G. Satzinger (éds), *Studien zur Künstlerzeichnung. Klaus Schwager zum 65. Geburtstag*, Stuttgart, 1990, p. 132-142.

62. B. Jestaz, avec la collab. de M. Hochmann et Ph. Sénéchal, *op. cit.* n. 3, p. 186, n° 4513.

63. Sur le petit ex-voto attalide, voir B. Palma, « Il piccolo donario pergameno », *Xenia*, 1, 1981, p. 45-84 ; S. P. Fox, « Gli "Orazi e Curiazi" di Palazzo Madama. Fortuna di un tipo iconografico », *Xenia*, 20, 1990, p. 105-199 ; et Fr. Queyrel, « Art pergaménien, histoire, collections : le Perse du musée d'Aix et le petit ex-voto attalide », *Revue archéologique*, 1989, 2, p. 253-296.

64. Naples, Museo Archeologico Nazionale, inv. n° 6012. Voir Ph. P. Bober et R. O. Rubinstein, *op. cit.* n. 2, p. 179-180, n° 143 ; et E. La Rocca, *op. cit.* n. 3, p. 157, n° 14, repr.

65. Windsor Castle, Royal Library, inv. n° 8227.

66. S.-Ch. Emmerling, *op. cit.* n. 47, p. 31 ; et E. Cropper, *art. cit.* n. 4, p. 124.

67. Sur cette œuvre et sur la copie attribuée à Caroselli, voir la notice d'O. Bonfait dans *Roma 1630*, *cit.* n. 59, p. 162-171.

68. Pour le tableau perdu, voir A. Mérot, *Poussin*, Paris, 1990, p. 220-221 ; et J. Thuillier, *op. cit.*, n. 32, p. 211, n° 223. L'estampe de Pietro Del Po, à l'eau-forte et au burin, fut dédiée au commanditaire du tableau, le cardinal Giulio Rospigliosi, élevé à la pourpre en 1657. Elle fut réalisée avant 1667, date de l'accession du prélat au trône de saint Pierre sous le nom de Clément IX. Voir A. Andresen, *op. cit.* n. 60, p. 64, n° 245 ; G. Wildenstein, *op. cit.* n. 60, p. 142, n°89 ; M. Carter Leach et R. W. Wallace (éds), *The Illustrated Bartsch*, 45 [Le peintre-graveur, 20 (Part 2)], New York, 1982, p. 208, n° 15 ; P. Bellini et R. W. Wallace (éds), *The Illustrated Bartsch*, 45, *Commentary* [Le Peintre-graveur 20 (Part 2)], s.l. [New York], 1990, p. 239, n°.015 ; et A. Mérot, *op. cit.* n. 68, p. 220 (avec une légende erronée donnant la gravure reproduite à Gérard Audran) et p. 269, n° 100, repr.

69. Pour la gravure de Gérard Audran, copie en contrepartie de l'estampe de Pietro Del Po, voir P. Bellini et R. Wallace (éds), *The Illustrated Bartsch*, 45, *Commentary*, *cit.*, p. 239, n°.015 C 1 ; repr. dans J. Thuillier, *Nicolas Poussin*, *cit.* n. 32, p. 211, fig. 223a.

70. Naples, Museo Archeologico Nazionale, n° inv. 6014. Voir E. La Rocca, *op. cit.* n. 3, p. 157, n° 16.

71. Voir B. Palma, *art. cit.* n. 63, p. 60-61, n° 5, repr. Pour la diffusion du motif des *Perses à genoux* dans l'art occidental, voir O. J. Brendel, « A Kneeling Persian : Migrations of a Motif », dans D. Fraser, H. Hibbard et M. J. Lewin (eds), *Essays in the History of Art presented to Rudolf Wittkower*, Londres, 1967, p. 62-70.

72. Pour Giovanni Luigi Valesio et sa part dans la *Galleria Giustiniana*, voir V. Birke (éd.), *The Illustrated Bartsch*, 40 (*Commentary*, Part 1), Formerly vol. 18 (part 2), New York, 1987, p. 21-24 et 77-91. Dans cet ouvrage (p. 79, n° 074 et repr. p. 90), le *Perse à genoux* est encore curieusement appelé *Figlio di Niobe*. Sur la *Galleria Giustiniana*, voir G. Algeri, « Le incisioni della "Galleria Giustiniana" », *Xenia*, 9, 1985, p. 71-99 ; E. Baccheschi, « Vincenzo Giustiniani collezionista d'arte e la sua Galleria di stampe », *Quaderni del Museo dell'Accademia Ligustica di Belle Arti. Genova*, 10, 1989, p. 3-5 ; N. Ottria, « Problemi dell'incisione : note sulle tavole della Galleria Giustiniana », *ibid.*, p. 6-13 ; ID., « Immagini incise e fonti iconografiche cinquecentesche », *ibid.*, p. 16-30 ; L. Ficacci, *Claude Mellan, gli anni romani : un incisore tra Vouet e Bernini*, cat. de l'exposition (Rome, Palazzo Barberini, 24 oct. 1989-8 janv. 1990), Rome, 1989, p. 288-316 ; E. Cropper, *art. cit.* n. 4 ; et O. Bonfait (éd.), *op. cit.* n. 59, *passim*.

73. Sur le *Baptême* Dal Pozzo (Washington, National Gallery of Art, Samuel H. Kress Coll. 1946), voir H. Brigstoke et H. Mackandrew (eds), *Poussin Sacraments and Bacchanals. Paintings and drawings on sacred and profane themes by Nicolas Poussin 1594-1665*, cat. de l'exposition (Edimbourg, National Gallery of Scotland, 16 oct.-13 déc. 1981), Édimbourg, 1981, p. 78, n° 37, repr. p. 80 ; et P. Rosenberg (éd.), *Nicolas Poussin 1594-1665*, *cit.*, p. 249, n° 69.

74. H. Brigstocke et H. Mackandrew (éds), *op. cit.* n. 73, p. 91, n° 47, repr. p. 88 ; et P. Rosenberg (éd.), *Nicolas Poussin 1594-1665*, *cit.*, p. 316, n° 109.

75. P. Rosenberg (éd.), *Nicolas Poussin 1594-1665*, *cit.*, p. 327-331, n° 119-125 ; et P. Rosenberg et L.-A. Prat, *Nicolas Poussin. 1594-1665. Catalogue raisonné des dessins*, *cit.*, p. 496-504, n° 253-254 et 257-259, repr.

76. R. Fréart, sieur de Chambray, *Idée de la perfection de la peinture demonstrée par les pricipes de l'art...*, Au Mans, de l'Imprimerie de Iacques Ysambart, 1662, p. 124 ; cité dans J. Thuillier, *op. cit.* n. 32, p. 171-173.

77. Dans ses emprunts à la peinture antique, Poussin pratique le même type de citation transfigurée. Ainsi, Jacques Thuillier a raison de penser que la double colonne supportant une architrave surmontée de deux vases, à l'arrière-plan de la *Fuite en Egypte* Sérisier (Paris, coll. part.), est une variation sur un thème antique. *Cf.* J. Thuillier, « Serisier collectionneur et la *Fuite en Égypte* de Poussin », *Revue de l'art*, 105, 1994, 3, p. 38 et p. 42, n. 55. Il s'agit en effet d'un agrandissement et d'une réélaboration du motif qui figure dans le paysage du nymphée Barberini, très célèbre au XVIIe siècle. Cette composition avait été diffusée par des copies peintes et par une gravure aujourd'hui perdues, ainsi que par deux dessins – une aquarelle et un lavis – pour le « Musée de papier » de Cassiano dal Pozzo (Windsor Castle, Royal Library, n°s 19226 et 19227). Poussin transforme en une porte puissante les colonnes *in antis* du petit temple en l'honneur d'un héros, au premier plan à gauche dans la fresque romaine. Il reprend également les masses rocheuses couvertes de frondaisons et fait du petit arbre tordu, à droite dans le modèle antique, un grand arbre penché, d'un lyrisme grave, dont l'irrégularité contraste avec les colonnes de marbre. Voir H. Lavagne, « Une peinture romaine oubliée : le paysage du nymphée découvert au palais Barberini en 1627 », *Mélanges de l'École française de Rome. Antiquité*, 105, 1993, 2, p. 747-777, repr. Au reste, A. Blunt avait déjà montré que le grand rocher de la fresque antique avait été remployé dans la *Manne* et dans le *Passage de la mer Rouge* : voir A. Blunt et Ch. Sterling (éds), *Nicolas Poussin*, cat. de l'exposition (Paris, musée du Louvre, 1960), Paris, 1960, p. 91, n° 56 et p. 214.

CAMILLVS · S·R·E·PRESB · CARD·MAXIMVS
ROMANVS DIE XXII · DECEMBR·
MDCLXX.
Obijt die 12. Septembris 1677.

Carol Maratt pinx
Alb·Clowet Sculp

Io·Iacob· de Rubeis formis Romæ ad Temp, pacis cũ priu· S·Pont·

Fig. 1. *Portrait de Camillo Massimi,*
gravure de A. Clouet d'après Carlo Maratta,
Paris, Bibliothèque nationale de France,
Département des Estampes et de la
Photographie.

Olivier Bonfait

« Ut pingerem perpetuas virgilias… »
Un éloge de Poussin adressé à Camillo Massimi

« In casa poi non voleva osentazione alcuna, usando la stessa libertà con gli amici, ancorche di alta condizione. Visitato un giorno nel suo studio da Monsignore Camillo Massimi, oggi degnissimo cardinale, che per le sublimi qualità sue egli sommamente amava e riveriva, nel trattenersi e discorrere insieme avanzatasi la notte, Pussino nel partire l'accompagno con la lucerna in mano per le scale sino alla carrozza ; dove per lo disagio di portare il lume dicendogli quel signore : « Io vi compatisco che non abbiate un servidore », rispose Niccolo : « Ed io compatisvo V.S. Illustrissima che ne ha molti[1]. »

L'épisode, raconté par Bellori, est célèbre. Il est le plus beau témoignage de la figure du sage antique que l'historien cherche à donner de l'artiste, et de la profonde sympathie qui, dans les années 1650-1665, unit le peintre âgé et son mécène, né en 1620 (fig. 1). Cette amitié remonte probablement à la fin des années 1630, alors que Camillo Massimi prend des leçons de dessin de Poussin[2]. En effet, dans l'allégorie de l'Industrie, qui illustre les *Documenti d'Amore*, publiés en 1640, Massimi s'inspire d'un dessin de l'artiste français représentant *la Charité*[3]. Elle est suffisamment forte pour que, à la fin de sa vie, Poussin donne au futur cardinal l'*Apollon amoureux de Daphné*, son testament pictural qu'il laisse inachevé[4].

La notoriété des deux personnages pourrait faire croire que le mécénat du cardinal Massimi est bien connu. L'inventaire des tableaux a en effet été publié par Orbaan dès 1920 et l'importance de ce collectionneur dans la Rome de la seconde moitié du XVIIᵉ n'a pas échappé à Haskell dans son fameux *Patrons and Painters*[5]. Pourtant, malgré les articles récents d'Anthony Blunt et de Elena Fumagalli[6], cette figure de mécène reste encore à étudier[7].

Membre d'une des plus illustres familles romaines, Carlo Massimi succède, en 1640, à son cousin Camillo comme chef de famille et prend alors le prénom de Camillo. Un tel héritage n'est pas anodin du point de vue artistique. Car ce premier Camillo n'est autre que le neveu, le compagnon et l'exécuteur testamentaire de Vincenzo Giustiniani, auteur d'une célèbre lettre sur la peinture, un des grands mécènes de Caravage, et un des premiers amateurs romains de Poussin[8].

Le jeune Camillo Massimi devient en effet rapidement un des grands collectionneurs des dessins de Poussin. Déjà Félibien, lors de son séjour romain de 1647-1650, admire chez lui les dessins « Marino », dont l'attribution n'est pas à contester, même si leur « historique » entre 1625 et 1647 reste inconnu[9]. C'est pour le même prélat que Poussin peint, vers 1647, deux tableaux dont les sujets sont plutôt rares au XVIIᵉ siècle : *Moïse foulant aux pieds la couronne de Pharaon, Moïse transformant en serpent la verge de Pharaon* (tous les deux conservés au Louvre[10]). Haskell a justement souligné la particularité de ces thèmes, tirés de l'histoire de Moïse, par rapport aux commandes du Cavalier Dal Pozzo[11].

Mécène, collectionneur de tableaux et de dessins, ami de Poussin, Camillo Massimi serait également celui qui a recueilli les réflexions artistiques du peintre, si l'on en croit Bellori, qui est très lié au prélat[12] : « poche ma degne osservazione e ricordi sopra la pittura, al modo di Leonardo, avendo Nicolo avuto in animo di formarne un trattato, come si dice, nella sua vecchiezza : conservansi nella bibliotheca dell'eminentissimo Sig. Cardinale Massimi, communicato ancora da lui al Signor Pietro Lemaire, che per lo merito della pittura e per la lunga amista gli era carissimo[13]. » Malgré toute l'autorité de Bellori, il convient de mettre en doute ce témoignage : Jean Dughet, le beau-frère du peintre et son fidèle secrétaire, nie toute existence de ce traité[14], et aucun manuscrit de Poussin n'est répertorié dans la bibliothèque du cardinal[15]. Ce ne sont ni cet écrit de Poussin ni les notes de Jean Dughet que je présente ici, mais un texte plutôt mystérieux, donné à Poussin, qui, depuis des années, se trouve à Rome, à la disposition des chercheurs[16] (fig. 2).

La Bibliotheca Angelica a en effet réussi à récupérer, à la fin du XIXe siècle, grâce à Camillo Carlo Massimi, un lointain héritier du cardinal Massimi, une partie de la bibliothèque de ce dernier[17]. Parmi ces quelque 200 manuscrits figurent six volumes de « mélanges historiques ». Celui répertorié sous le numéro 1659 est intimement lié à Camillo Massimi : le premier écrit est une relation du transport du corps de saint Maxime, quelques pages plus loin, voici un autre texte sur le retour en Italie de Camillo Massimi, au terme de la légation peu heureuse en Espagne; à la fin du volume, différents documents concernent le pape Altieri, auquel Camillo Massimi doit son élévation à la pourpre en 1670[18].

Aux folios 73-75, est inséré un opuscule en latin, dédié par Nicolas Poussin à Camillo Massimi : il s'agit d'un commentaire extrêmement littéraire de six tableaux, qui sert de prétexte pour une exaltation de la famille Massimi et de la personne de Camillo. La dédicace à ce dernier fournit un premier indice pour la

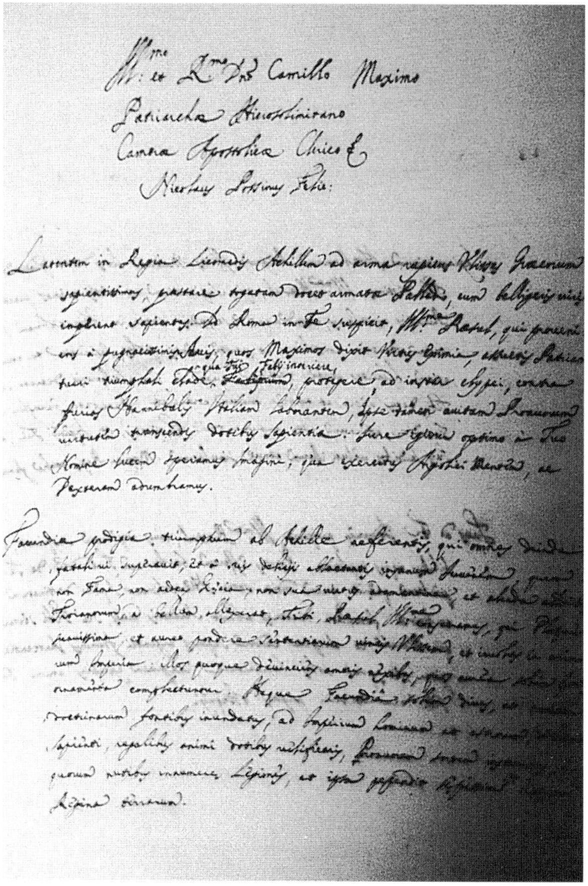

Fig. 2. Folio 73 recto du manuscrit 1659 de la Biblioteca Angelica (Rome) avec le texte « de » Poussin.

datation : Camillo Massimi est qualifié de patriarche de Jérusalem et de clerc de la Chambre apostolique, charges qu'il recouvre en 1653 et 1654 ; il n'y est défini ni comme nonce en Espagne, ce qui exclut les années 1654-1658, ni comme cardinal, titre obtenu le 22 décembre 1670[19]. Comme Poussin meurt le 19 novembre 1665, le texte devrait dater des années 1656-1665. Des lectures ressort une image de l'artiste plutôt inédite : le peintre philosophe se fait jésuite et déploie une connaissance parfaite de toutes les astuces du discours rhétorique latin. Ce Poussin-là, au lieu de vivre retiré entre le Pincio et sa demeure, à la manières des philosophes stoïciens, comme le laissait entendre Bellori justement dans l'épisode de la visite de Camillo Massimi, n'hésite pas à dresser un portrait flatteur et incarne parfaitement la figure d'homme de cours.

Voici une traduction de ce panégyrique glosant certains tableaux de Poussin[20] :

«Au très illustre et Vénérable Seigneur Camillo Massimi
Patriarche de Jérusalem, élève de la Chambre apostolique
Nicolas Poussin adresse son salut

«Alors qu'Achille est réfugié dans le palais de Lycomède, Ulysse, le plus avisé des Grecs, l'entraînant au combat, prouve la supériorité de l'éloquence sur les armes. Et cet homme, les sages l'estiment supérieur aux guerriers. C'est cela que Rome admire en vous, Monseigneur, qui, descendant d'ancêtres qui furent de remarquables combattants – c'est à leur courage extrême qu'ils doivent le nom de Maximi – habitués à sauver leur patrie au prix de sacrifices qui furent

Fig. 3. *Achille parmi les filles de Lycomède*, gravure de Pietro Del Po d'après le tableau de Poussin (Museum of Fine Arts de Boston), Paris, BNF, Département des Estampes et de la Photographie.

autant de triomphes dans lesquels les Fabii, une branche de votre famille, trouvèrent la mort, à protéger, à l'instar d'un bouclier, la lutte contre les fureurs d'Hannibal, l'emportez pourtant sur l'antique vaillance de vos aïeux par vos qualités de sagesse. C'est pourquoi c'est à bon droit que nous attendons les lumières de votre nom par un tableau qui présente l'intelligence et l'adresse de l'armée argienne[21] (fig. 3).

«Les prodiges d'éloquence de celui qui remporte les triomphes sur Achille (et qui nécessairement l'emporta ensuite sur tous) et prive de son plaisir l'impulsif jeune homme, de cet homme que ni la gloire, ni l'éclat de la Grèce, ni son courage d'acier, forgé dans les désastres troyens, n'avaient conduit à aimer la guerre, nous vous les consacrons, Monseigneur, vous dont l'éloquence délicieuse et les phrases frappées comme l'or emportent sur Ulysse et qui volez dans l'empire des esprits, enchaînant de surcroît dans les nœuds de l'amour ceux qui ne connaissent que l'étreinte des couronnes. Ce n'est pas seulement l'éloquence qui est chez vous riche, mais comblé de toutes sortes de sciences, vos qualités royales vous portent à l'empire des hommes et des astres dû au sage, renouvelant le destin de vos ancêtres dont un geste décidait de la vie de légions innombrables et très souvent de Rome même, la Reine de l'Univers[22] (fig. 4).

Fig. 4. *Achille parmi les filles de Lycomède*, gravure de Pietro Del Po d'après le tableau de Poussin (Virginia Museum of Fine Arts, Richmond), Paris, BNF, Département des Estampes et de la Photographie.

«Le très sage roi des Hébreux qui de son glaive avisé mit fin au cruel conflit qui opposait deux mères, nous l'avons placé à vos côtés, Monseigneur, car vous rivalisez avec la sagesse et les sentiments sans parti pris de ce prince, grand ami de la paix, et parce que vous lui succédez dans vos pouvoirs sacerdotaux sur Jérusalem, ce ne sont pas seulement le sérieux de vos avis, le fruit de votre vaste intelligence et de votre sagesse qui vous recommandent, mais également l'esprit facétieux, que nous admirons dans le jugement de Salomon, qui ajoute à votre gloire et vous concilie l'affection de tous. C'est pourquoi, que cet exemple d'une éloquence ingénieuse plaide éternellement en faveur de la Justice et de votre talent, et qu'à vos mérites, comme leur pâle représentation, serve le souvenir du Grand Roi[23] (fig. 5).

«Votre Jourdain se hâte vers vous, Monseigneur, aspirant à votre commandement et implore votre aide de ses eaux pitoyables. Haïssant la cruelle tyrannie des Barbares, il attend de votre protection de retrouver la fierté, ayant appris que vous étiez destiné aux plus hautes fonctions religieuses de Jérusalem. De

50

même que jadis il lava d'un insolent esclavage la pure innocence du sauveur, de même il désire vous servir vous qui par l'éclat de vos mœurs et de votre langue surpassez la pureté de ses flots d'argents. Ainsi recevez avec bienveillance et avec votre indulgence habituelle ce portrait de votre personne, gage de notre respect sacré envers vous[24] (fig. 6).

«L'ascension de Paul, nous la mettons sous vos auspices, Monseigneur, vous qui d'un élan généreux vous élevez au ciel, vous que l'absence de bassesse détourne du sort commun des hommes, vous dont l'âme si noble respire l'élévation et qui, familier du divin, vous nourrissez toujours de piété et de la lecture des écritures. Comme jadis vos ancêtres sont montés au faîte du pouvoir et à tous les plus hauts honneurs civils et militaires, de même votre vertu vous élève comme un brillant au firmament du ciel romain, et plus tard, au séjour heureux de l'éternel soleil, dont nous vous offrons ici le présage sous ces couleurs empreintes de déférence[25] (fig. 7).

Fig. 7. *Le Ravissement de saint Paul*, gravure de Pietro Del Po
d'après le tableau de Poussin (musée du Louvre, Paris),
Paris, BNF, Département des Estampes et de la Photographie.

«La fuite de la Vierge avec Jésus, objet de votre pieuse tendresse, nous vous la dédions, Monseigneur, vous dont l'exceptionnelle piété dépasse encore la gloire ancestrale de votre très illustre famille ainsi que votre sagesse, votre grandeur d'âme, votre fermeté et toutes vos autres qualités innombrables. Mais c'est à dessein que j'ai représenté la nuit claire pour veiller sur la fuite de la Vierge, afin de figurer les veilles continuelles que vous consacrez à la piété ou à la philosophie, puisque vous n'accordez que deux ou trois heures au sommeil, que vous occupez aux prières et pour le reste aux lectures. Et ce sixième tableau, je le place sous le signe éclatant de votre nom, parce que vous offrez aux yeux des érudits les trésors d'une œuvre écrite des plus diverses, que vos mains d'artistes sont expertes en peinture et que votre vaste intelligence embrasse toute la science des médailles et des symboles[26] (fig. 8 et 9).»

Fig. 8. *La Fuite en Égypte*, gravure de Pietro Del Po d'après le tableau de Poussin (Paris, collection particulière), Paris, BNF, Département des Estampes et de la Photographie.

Ce texte est d'autant plus intriguant qu'aucun des six tableaux cités n'a fait partie de la collection Massimi. En effet, toutes ces toiles sont peintes pour des Français (Charles III de Créquy, Pointel, Scarron ou Sérisier) dans les années 1648-1660, ce qui correspond parfaitement à la période d'amitié entre le peintre et son mécène. Un ultime examen du texte vient renforcer son ambiguïté : le passage, dans le dernier paragraphe, du nous au « je », quand Poussin parle de sa propre invention picturale et fait allusion aux talents artistiques de son protecteur, qui laisse croire que le texte a été écrit à quatre mains.

Une critique externe du document ne réussit pas à dissiper les doutes. Le manuscrit, qui révèle l'écriture d'un copiste du XVIIe siècle, datation confirmée par le timbre du papier, fait partie d'un volume de mélanges dont la reliure semble du XVIIIe siècle. Mais les deux feuilles qui le composent paraissent avoir été pliées et sur le revers de ce pli a été inscrit par une autre main « P.re Lorenzo Lucchesini ».

Ni Poussin ni Lorenzo Lucchesini ne figurent parmi les correspondants de Camillo Massimi, mais deux ouvrages du « Padre Lucchesini » sont conservés dans la bibliothèque du cardinal[27]. Ce religieux, né à Lucques le 17 juillet 1638, entre dans la compagnie des Jésuites à Rome le 7 avril 1652. Après ses études, il enseigne les belles lettres et la philosophie avant d'être professeur de rhétorique dans le prestigieux Collegio Romano[28]. Comme pour de nombreux lettrés, ses premiers opuscules, dans les années 1662-1665, sont de circonstance, pour fêter la naissance du dauphin en France, une victoire sur les Turcs en Pologne ou en Méditerranée. Ils sont dédiés à différents membres de la famille Barberini, qui protège alors peut-être le jeune Lucchesini. À partir de l'année 1670, il publie ses discours prononcés lors de grandes cérémonies au Collegio Romano (le premier est prononcé en l'honneur de l'élection du pape Clément X, un proche de Massimi) puis ses traités de rhétorique sur les différents modes de la poésie, dédiés au cardinal Massimi, qui les avait déjà écoutés dans la salle d'honneur du Collegio Romano.

Fig. 9. *Le Repos de la Vierge pendant la fuite en Égypte avec l'éléphant*, gravure ici attribuée à Étienne Baudet d'après un tableau de Poussin disparu, Paris, BNF, Département des Estampes et de la Photographie.

Le style éminemment rhétorique de cette littérature correspond parfaitement à celui du texte présenté[29]. Mais pourquoi celui-ci ne fut-il jamais imprimé dans les recueils des œuvres de Lorenzo Lucchesini, pourquoi le peintre parle-t-il à la première personne dans le dernier paragraphe ? Il convient probablement de voir dans ce manuscrit un texte écrit par Lucchesini sur « commande » de Poussin et avec son accord. Poussin en serait l'*auctor*, au sens latin du terme, et Lucchesini l'écrivain, Poussin l'inventeur, et Lucchesini le graveur.

Si nous ne pouvons être certains de l'identité de celui qui a écrit ce texte, la fonction de ce dernier ne pose pas moins de problèmes.

Ce n'est pas naturellement le seul hommage que l'on connaisse à la personne de Camillo Massimi. Dans sa collection, deux tableaux du peintre bolonais Gessi retraçant les hauts faits du Romain Camille étaient sans doute des panégyriques visuels commandés par le cardinal ou un des aïeuls[30]. C'est à lui que Bellori dédie ses *Fragmenta Vestigii Veteris Romae* en 1673. L'érudit romain publie la même année la *Colonna Trajana*, avec les gravures de Pietro Santi Bartoli, un peintre de la « casa » Massimi, ainsi qu'en 1676 deux monnaies romaines de la collection du cardinal[31].

Un autre Français contemporain de Poussin rend également hommage à l'antiquité de la famille Massimi. Dans le même volume de mélanges manuscrits, juste avant le texte « de » Poussin, se trouve une lettre de l'abbé et curieux Pierre Séguin, dédiée de la même manière à Camillo Massimi et dans laquelle, à travers un commentaire érudit d'une monnaie en or avec la légende Fabios Maximos, le savant dresse un panégyrique du futur cardinal. Ce texte est daté du second séjour italien de Séguin : Rome, février 1667[32].

Pouvons-nous assigner une fonction plus précise à ce document, y voir par exemple des commentaires rédigés pour des lettres de gravures ? Tous les tableaux évoqués ont de fait été gravés, de manière anonyme, par un artiste encore un peu mystérieux, Pietro Del Po. Tous, sauf un : le *Jugement de Salomon*. Une gravure de cette œuvre a, en revanche, été publiée par Jean Dughet, le beau-frère de Poussin, avec une dédicace très proche de celle du texte manuscrit, qu'elle reprend partiellement mais sans la « signature » du peintre[33]. Cette gravure, souvent considérée comme anonyme, est une production d'Étienne Baudet[34].

On sait que le chapitre des rapports entre Poussin et la gravure est encore une « terra incognita » dans notre connaissance actuelle de Poussin[35]. L'artiste se méfie plutôt de la gravure, comme il l'avoue lui-même dans une lettre à Hilaire Pader du 30 janvier 1654 : « l'on n'a rien gravé de mes ouvrages [ce] dont je ne suis pas beaucoup fâché[36]. » Mais Dughet, le beau-frère de Poussin qui lui sert de secrétaire, et que le peintre nomme son exécuteur testamentaire en 1665, a publié de nombreuses estampes d'après ses tableaux, et certaines probablement de son vivant même[37]. Il édite ainsi la première série des sept *Sacrements*, avec une dédicace dans un latin plutôt ampoulé à Carlo Antonio Dal Pozzo, donc très probablement entre 1657 et 1689[38] (fig. 10). Jean Dughet était artistiquement et matériellement intéressé à une telle diffusion des œuvres de Poussin : en 1678, il propose à l'abbé Nicaise d'acheter le « studio » de Poussin et d'en tirer un beau bénéfice intellectuel et financier en faisant graver les 160 « pensieri » du peintre qui y existent encore[39]. L'affaire ne se fit pas, mais Jean Dughet, malgré son âge et sa cécité, se lança dans l'entreprise. Un document jusqu'ici inédit le montre élaborant deux

Fig. 10. *Le Sacrement du Baptême*,
gravure éditée par Jean Dughet d'après
le tableau de Poussin (Washington,
National Gallery of Art), Paris, BNF,
Département des Estampes et de la
Photographie.

dédicaces de gravure en l'honneur du prince Gasparo Altieri, en 1691, ce qui oblige
à repousser la date de son décès très tard dans le siècle[40].

C'est peut-être lui Jean Dughet, qui, avec la bénédiction de l'artiste, rassemble
six gravures effectuées d'après des toiles célèbres, mais exilées en France, pour constituer, avec une belle dédicace due à la plume de Lucchesini, un petit musée Poussin
offert au mécène et à l'ami, Camillo Massimi, comme l'*Apollon et Daphné*[41]. Quelques
années plus tard, sur ce modèle, il éditera deux gravures d'après les célèbres « poésies morales » du peintre en l'honneur du pape Rospigliosi[42] (fig. 11).

Fig. 11. *Allégorie de la vie humaine*,
gravure éditée par Jean Dughet ici
attribuée à Étienne Baudet d'après le
tableau de Poussin (Londres, Wallace
Collection), Paris, BNF, Département
des Estampes et de la Photographie.

55

C'est sans doute peu après la mort de l'artiste que le même Massimi constitue un autre recueil, de destination privée cette fois-ci, rassemblant ses dessins, pour immortaliser l'amitié intellectuelle qu'il avait entretenue avec l'un des plus célèbres peintres du Grand Siècle[43]. L'album Massimi, si l'on s'en tient à la reconstitution de Blunt, suit en effet le même ordre : une évocation des liens qui unirent le peintre et Camillo Massimi, sous la forme du portrait de l'artiste, des dessins d'histoire antique, puis de sujets religieux[44]. Mais le commentaire, écrit par Giovanni Battista Marinella à une date postérieure, veut donner une autre forme de consécration au monument de cette amitié, plus théorique, et ainsi plus fidèle à la démarche de Bellori[45].

Au contraire, dans ce texte, comme dans celui des dédicaces de Dughet à Rospigliosi et à Carlo Antonio Dal Pozzo, on voit se mettre en œuvre une réappropriation des tableaux de Poussin par ses « patrons » sous la forme d'un « speculum principis ». Les peintures sont alors les portraits élogieux des plus antiques familles de Rome.

Je rapprocherai volontiers ces gravures d'une autre « exhortatio ad virtutem », strictement contemporaine. Au début des années 1670, le cardinal Francesco Barberini junior fait appel à une équipe d'artistes dont le nom et le renom sont liés à la fortune de la famille pontificale, Urbano Romanelli, Giacinto Camassei, pour décorer l'aile droite du palais familial. Le cycle pictural, conçu comme un hommage à Urbain VIII, comprend les faits héroïques de Thésée, Jason, et Ulysse tel que Maffeo Barberini les avait célébrés dans ses poèmes pour exhorter le jeune Francesco à suivre les chemins de la vertu[46]. Soulignons simplement pour conclure, comment, dans les années 1660-1670, des illustres familles romaines, d'une noblesse très antique ou plus récente, ou au sommet de l'empire chrétien, font appel aux pinceaux pour célébrer leurs triomphes dans la cité éternelle. La fortune italienne de Poussin est ainsi liée à leur propre gloire alors qu'en France, à la même époque, les estampes mettent en place un Poussin modèle académique[47].

Le texte « de » Poussin
Rome, Biblioteca Angelica, ms. 1659, f° 73-75

Ill.mo et R.mo D.no Camillo Maximo
Patriarchae Hierosolimitano
Camerae Apostolicae Clerico etc.
Nicolaus Possinus Felicitatem

Latentem in Regia Licomedis Achillem ad arma rapiens Ulisses Graecorum sapientissimus praestare togatam docet armatae Palladi, eum belligeris viris imparent sapientes. Id Roma in te suspicit, Ill.me Praesul, qui proveniens a pugnacissimis Avis, quos Maximos dixit Virtus eximia, assuetis Patriam tueri triumphali clade, qua tui Fabii interiere, protegere, ad instar clypei, contra furias Hannibalis Italiam laborantem, Ipse tamen avitam Proavorum virtutem transcendis dotibus sapientiae. Iure igitur optimo a Tuo Nomine lucem speramus Imagini, qua exercitus Argolici Mentem, ac Dexteram adumbramus.

Facunda prodigia triumphum ab Achille referentis, qui omnes deinde, fatali vi superavit, et a suis deliciis ablactantis insanem Juvenem, quem non Fama, non ardens Grecia, non sua virtus adamantina, et alenda cladibus Troianorum, ad bellum allexerat, Tibi, Praesul Ill.me consecramus, qui Eloquentia suavissima, et aureoque pondere sententiarum vincis Ulissem, et involas in animorum Imperia; illos quoque devinciens amoris nexibus, quos aurea solum frontis ornamenta complectuntur. Neque facundia solum dives, at omnium, doctrinarum fontibus inundatus, ad Imperium hominum et astrorum, debitum sapienti, regalibus animi dotibus velificaris. Proavorum sortem instaurans, a quorum nutibus innumeres legiones, et ipsa pependit saepissimo Roma Regina terrarum.

Sapientissimum Haebrorum Regem, efferas matrum lites docto gladio, dirimentem tibi sistimus, Ill.e Praesul, qui sapientiam et alteri neutri [?] animos pacatissimi illius Principis emularis, eumdemque sequeris sacro in Hierosolimam Imperio. Neque seria tantum consilia, et vastae mentis proles, sapientia te commendat; sed etiam hilaritas acute festiva, quam in hoc Salomonis decreto suspicimus, tibi decus addit, et amores omnium conciliat. Quapropter exemplar hoc ingeniosae Facundiae, eternum esto argumentum Aequitatis, et Ingenii tui atque lisce [hic?] tuis laudibus, veluti illarum tenue simulacrum, Maximi Regis umbra famuletur?

Tuus ad Te Iordanes properat, Ill.me Praesul, cuius imperium suspirat, et opem flebilibus aquis implorat. Exosus efferam barbarorum Tyrannidem de te Rege superbiam quaerit quem audit sacro Hierosolimae Imperio destinatum. Velut olim ambitioso famulatu innocuas abluit Servatoris nives, sic Tibi servire praegestit qui Morum, et Lingua candore superas argentei fluminis Innocentiam. Libens igitur, et qua soles humanitate, imaginem excipias animi Tui, ac nostri Tibi divinitissimi pignus obsequis.

Raptum ad Sidera Paulum Tuis sub Auspiciis in Lucem proferimus, Ill.me D.ne, qui eniteris in Caelum generoso volatu; nihil humile derivans a communi sorte mortalium, sed sublimia spirans indole nobilissima, et animo divino pervolvens, Pietatis, aut literarum perpetuo pabulo recreatus. Ut olim ad Imperia, et summa quavis Pacis et Belli decora Tui Proavi ascenderunt, sic Purpureum Te Sidus Tua virtus attollet ad Romani Coeli fastigium, et ad feliciorem deinde Solis Aeterni Regiam, cuius hic Tibi Auspicium obsequiosis coloribus dedicamus.

Peregrinam cum Filio Virginem, Tuas tibi delicias, consecramus, Ill.me Praesul, qui avitam gloriam Tuae nobilissimae Gentis, Tuamque sapientiam, Maganimitatem, Constantiam, aliasque dotes innumeras eximia superas Religione. At pingere vigilatam a fugitiva Virgine noctem consulto adumbravi, ut pingerem perpetuas vigilias, quas Ipse Pietatis donas, aut sapientiae, duas enim sopori, vel tres tantum horas indulges, divinis ceteroque literis incolutus. Et sextam hanc imaginem optimo in lumine statuo fulgentissimi Nominis Tui, quia omnigenae Tuae literaturae ornamentum addis oculis eruditis, manibusque daeldaleis, Picturae solertissimus, et omnem Numismatum ac Simbolorum scientiam vasta mente complexus.

ANNEXE 2

Jean Dughet éditeur de gravures

Jean Dughet, atteint de problèmes de vue à la suite d'un accident mentionné par Poussin dans sa lettre du 23 septembre 1643, ne semble jamais avoir effectué réellement des gravures d'après des œuvres de Poussin, mais il a édité les planches suivantes d'après Poussin :

1 : le *Jugement de Salomon* : peint en 1649 pour Pointel (Thuillier 1994, n° 183), gravé par E. Baudet, dédicace à Camillo Massimi comme clerc de la chambre apostolique (1654-1667), Wildenstein n° 25, R- A. Weigert, *Inventaire du fonds français. Graveurs du XVIIe siècle*, II, Paris 1954, catalogue de Jean Dughet, p. 519-521 (désormais Weigert-Dughet) n° 1 ;

2 : la *Sainte Famille avec saint Jean*, ou la *Grande Sainte famille* : peint vers 1655, conservé à Sarasota, Thuillier 1994, n° 214 ; gravé par A. Voet le Jeune, présent à Rome en 1661 et à Anvers en 1662 (*Hollstein Dutch and Flemish etchings, Engravings and Woodcuts, 1450-1700*, vol. XLII édité par D. De Koop Scheffer, 1993, p. 49), avec une dédicace à Pointel († 1660), Wildenstein n° 43, Weigert-Dughet n° 3 (Weigert, par une confusion avec son numéro 2, le *Repos de la Sainte Famille en Égypte*, affirme à tort que la toile est offerte à Mme de Montmort) ;

3 : la *Sainte Famille à 5 figures* : peint pour Fréart de Chantelou entre 1647 et 1655, conservé à Saint-Pétersbourg (Thuillier 1994 n° 213), gravé par A. Voet le Jeune, avec une dédicace à Theodora Dal Pozzo, Wildenstein n° 49, Weigert-Dughet n° 4 ;

4 : le *Repos de la Sainte famille en Égypte* : tableau peint pour Mme de Montmort entre 1655 et 1657, conservé comme le précédent au musée de l'Ermitage à Saint-Pétersbourg (Thuillier 1994 n° 219) ; gravé avec dédicace à Michel Angelo Ricci (1619-1682), l'attribution de la gravure à Pietro Del Po par Wildenstein (n° 59) n'est pas suivie par S. Prosperi Valenti Rodino (Rome 1981), Weigert-Dughet n° 2 signale un exemplaire avec le nom manuscrit de Pierre Mariette et la date de 1667 ;

5 : le groupe central de *Jésus guérissant les aveugles de Jéricho* (tableau peint pour Reynon marchand de Lyon selon Félibien, conservé au musée du Louvre, Thuillier 1994 n° 193) attribué par Andresen (n° 185) à Jean Dughet ou à Pietro Del Po, seulement cité par Wildenstein (n° 65 qui ne le connaît pas) ; Davies-Blunt (p. 211, fig. 2) publie une gravure du Rijksmuseum d'Amsterdam qui, malgré son titre (*Saint Jean baptisant*), correspond parfaitement au Andresen 185 et pourrait bien avoir été édité par Dughet ;

6 : l'*Assomption de la Vierge* : tableau peint en 1649 pour Henri d'Étampes-Valencay, ambassadeur à Rome, conservé au musée du Louvre (Thuillier 1994, n° 188), édité par Dughet avec une dédicace à Theodora Del Pozzo, Wildenstein (n° 83) l'attribue à A. Voet, Weigert-Dughet n° 5 ;

7 : *Sainte Françoise Romaine* : tableau perdu, commandé par Giulio Rospigliosi qui doit dater des années 1656-1658 (Thuillier 1994, n° 223), gravé par Pietro Del Po, dédicace de Dughet au cardinal Giulio Rospigliosi (cardinal entre 1657 et 1667), Wildenstein n° 89, Weigert-Dughet n° 6, Rome 1981, n° 179 ;

8-14 : La première série des *Sacrements* : tableaux peints entre 1636 et 1634 pour Cassiano Dal Pozzo (Thuillier 1994, n° 124-130), gravures éditées par Dughet suivant un numéro d'ordre avec une dédicace à Carlo Antonio Dal Pozzo, frère de Cassiano, qui recueille son héritage à sa mort en 1657, Wildenstein n° 90 à 96, Weigert-Dughet n° 7-13, les gravures des sacrements de *l'Ordre* et de *l'Extrême-Onction*, qui s'inscrivent pourtant parfaitement dans la série éditée par Dughet, reproduisent les figures de la première version et les arrière-plans de la seconde version, les gravures sont citées dans le catalogue de Marolles de 1666.

15 : *La Naissance de Bacchus* : tableau peint en 1657 pour le peintre Jacques Stella selon Félibien (Thuillier 1994, n° 226), Wildenstein, n°128, Weigert-Dughet n° 15 ;

16 : *Le Parnasse* : tableau peint vers 1631-1632, qui se trouve en 1647 chez le sculpteur Carlo Mattei ; gravure éditée par Dughet avec une dédicace au cardinal Giulio Rospigliosi (cardinal entre 1657 et 1667) ; Wildenstein n° 138, Weigert-Dughet n° 14 ;

17 : *Les quatre âges de la vie*, ou *Allégorie de la vie humaine* : tableau peint entre 1638 et 1640 pour Giulio Rospigliosi (Thuillier 1994, n° 141), gravure éditée par Dughet (Wildenstein n° 161, Weigert-Dughet n° 17) avec une dédicace au pape Rospigliosi Clément IX (1667-1669) ;

18 : *Le Temps découvre la Vérité* : tableau peint entre 1638 et 1640 pour Giulio Rospigliosi (Thuillier 1994, n° 140), gravure éditée par Dughet (Wildenstein n° 163, Weigert-Dughet n° 16) avec une dédicace au pape Rospigliosi Clément IX (1667-1669).

19 : Dughet publie également une gravure d'après Jules Romain, représentant des guerriers et cavaliers, avec une dédicace en italien à un certain De Vignier (B.N.F., Estampes, Bb. 14, fol. ; Rome, Gabinetto delle Stampe, Fondo Pio, vol. 9).

Les numéros 1, 17 et 18 sont gravés par Étienne Baudet ; les numéros 2, 3 et probablement le numéro 6 sont gravés par Alexandre Voet le Jeune ; le numéro 7 par Pietro Del Po ; les numéros 4, 8-14, 15, 16, 19 et probablement le numéro 5 sont gravés par la même main.

1. G.P. Bellori, *Le vite de'Pittori, Scultori e Architetti moderni*, Rome, 1672 (édition consultée : Turin, 1976, désormais Bellori, 1672), p. 457.

2. L'initiation au dessin sous la direction de Nicolas Poussin est attestée par le texte qui orne l'auto-portrait de Poussin du British Museum ; mais rappelons que l'attribution de cet autoportrait est débattue (P. Rosenberg-L.-A. Prat, *Nicolas Poussin, Catalogue raisonné des dessins*, Milan, 1994, (désormais Rosenberg-Prat 1994), R. 489) et que ce texte, non exempt d'erreurs (Mahon avait déjà relevé que Poussin semble avoir plus de 30 ans, « Poussiniana. Afterthoughts arising from the exhibition », *Gazette des Beaux-Arts*, CIV, juil.-août 1962, p. 133-134, n. 399) a sans doute été rédigé par F. M. N. Gaburri (N. Turner, « The Gaburri/Rogers series of drawn self-portraits and portraits of artists », *Journal of the history of collections*, 1993, 2, p. 203-204). Cependant cet apprentissage est évoqué de façon très précise par Niccolo Pio dans sa *Vite de Pittori, Scultori, ed Architetti in compendio...* (Rome, 1714), édité par C. et R. Engass, Vatican, 1977), p. 140-141 : « Camillo cardinale... hebbe sempre un gran genio et inclinatione alle altre virtù e specialmente alle arti liberali... Et elettosi per maestro Niccolo Pusino si diede a disegnare in figure e ornamenti, e per l'archiettura si serviva di Martin Lungo e si come haveva gran mira alle cose antiche, si elesse per altro erudito maestro Pietro Santi Bartoli ».

3. *Nicolas Poussin*, catalogue d'exposition, Paris, 1994 (désormais Paris 1994), n° 88. Sur ces illustrations des *Documenti d'Amore*, cf. F. Barberini, « Francesco Barberini e l'edizione seicentesca dei Documenti d'amore », *Xenia Antiqua*, II, 1993, p. 125-148 et les remarques de D. Freedberg (« Poussin et Sienne », dans Paris, 1994, p. 66-67).

4. Bellori 1672, p. 459.

5. J.A.F. Orbaan, « Documenti sul Barocco a Roma », Rome, 1920 (*Miscellanea della Regia Società di Storia Patria*, VI, p. 515-522, désormais Orbaan 1920) et F. Haskell, *Mécènes et peintres*, Paris, 1991 (1963), p. 219-228 (désormais Haskell, 1991).

6. Sur Poussin et Massimi, voir A. Blunt, « The Massimi collection of Poussin drawings in the Royal Library at Windsor castle », *Master Drawings*, XIV/I, 1976, p. 3-31 (pour la collection de dessins de Poussin et l'historique de cet album, cf. désormais Rosenberg-Prat, 1994, n° 2), E. Fumagalli, « Poussin et les collectionneurs romains au XVIIᵉ siècle », *in* Paris, 1994, p. 55.

7. Ainsi la transcription de l'inventaire par Orbaan (1920) est peu fiable. Elle comporte certaines inexactitudes : Camillo Massimi n'a jamais possédé un paysage de Poussin de même dimension que le *Moïse* du Louvre (Orbaan, p. 517 : entre l'item « un quadro : historia di Mosè, quando fanciullo calpesta... di mano di Nicolo Pontino, longo palmi 5, alto palmi 4 » et « Un Paese, dell'istessa grandezza, di mano del detto », a sauté un item « Un paese della stessa grandezza di mano di Monsù Claudio Lorenese »). De plus, de nombreux tableaux sont omis, par exemple ceux accrochés dans la « camera dei mosaici » ou la « stanza del Camerone » (qui contient par exemple une copie de la *Pietà* d'Annibal Carrache).

8. L'inventaire après décès de Vincenzo Giustiniani (1638) mentionne trois tableaux de Poussin, dont le *Massacre des Innocents* (L. Salerno, « The Picture Gallery of Vincenzo Giustiniani », *The Burlington Magazine*, 1960, p. 21-27, 93-104, 135-148).

9. A. Félibien, *Entretiens sur la vie et les ouvrages des plus excellents peintres*, t. IV, Paris, 1685, p. 246. Sur les dessins « Marino », voir Rosenberg-Prat, 1994 (voir note 2), nᵒˢ 1-17.

10. Pour ces deux tableaux, cf. Paris, 1994, nᵒˢ 152-153.

11. Haskell, 1991, p. 222.

12. Les liens entre Bellori et Camillo Massimi sont multiples, anciens et durables comme l'attestent la collaboration de Bellori au programme iconographique du palais Altieri rédigé par le prélat et réalisé par Maratta, les conseils que lui demande Massimi en Espagne (cf. note 31), les textes qu'il dédie au cardinal et le testament de ce dernier (voir note 43).

13. Bellori, 1672, p. 472-473.

14. La lettre de Jean Dughet du 23 janvier 1666 est perdue, mais elle est citée par Félibien (1685, p. 319-320).

15. L'inventaire de la bibliothèque du cardinal figure dans son inventaire après décès (Archivio di Stato di Roma, notaire Mazzeschi, 11 octobre 1677).

16. C'est à l'amitié de Jose-Luis Colomer que je dois la connaissance de ce manuscrit.

17. Ce fait est attesté par de précises correspondances entre l'inventaire de la bibliothèque du cardinal et ce fonds Massimi, comme me l'a aimablement communiqué la Dottoressa Scialanga, qui est en train de cataloguer ce fonds.

18. Pour la composition de ce manuscrit et les différents volumes Massimi, cf. les informations données par E. Celani dans l'*Inventario dei manoscritti delle Biblioteche italiane*, vol. XXII, Rome, 1915.

19. Il est nommé Patriarche de Jérusalem le 15 décembre 1653, clerc de la chambre apostolique le 12 juin 1654. Pour les dates de la carrière ecclésiastique de Camillo Massimi, cf. Eubel et Gauchat, *Hierarchica Catholica Medii et Recentioris Aevi*, V et VI, Padoue, 1952.

20. Je tiens à remercier Sabine Maurel à qui est due la difficile traduction de ce texte, et Pierre Rosenberg qui me l'a transmise.

21. La description renvoie à l'un des deux tableaux représentant *Achille parmi les filles de Lycomède*, sans qu'il soit possible de préciser, tant elle reste floue, entre la première version, du musée de Boston (Paris 1994, n° 209, J. Thuillier, *Nicolas Poussin*, Paris, 1994 (désormais Thuillier, 1994), n° 204) peinte vers 1652 pour un commanditaire inconnu et la seconde version, conservée à Richmond (Paris, 1994, n° 225, Thuillier, 1994, n° 218), peinte en 1656 pour le duc de Créquy. Des deux exemplaires il existe une gravure en contrepartie par Pietro Del Po (1610-1692), sans lettre (G. Wildenstein, *Les Graveurs de Poussin au XVII° siècle*, Paris, 1955 (1957 ; *Gazette des Beaux-Arts*, sept.-déc. 1955, désormais Wildenstein), n° 105 et 104, et M. Davies et A. Blunt, « Some corrections and additions to M. Wildenstein's "Graveurs de Poussin au XVII° siècle" », *Gazette des Beaux-Arts*, CIV, 1962, p. 205-222, désormais Davies-Blunt, 1962). L'attribution à Pietro Del Po de la gravure de la version Créquy-Richmond a parfois été mise en cause (Thuillier, 1994) ; elle a cependant été défendue, pour des raisons stylistiques par S. Prosperi Valenti Rodino' dans le catalogue de l'exposition *Incisori Napoletani del Seicento*, Rome, 1981 (désormais Rome, 1981) n° 177 (n° 178 pour la version de Boston) et est appuyée par le témoignage de Florent le Comte (*Cabinet des singularitez d'architecture, sculpture, peinture et gravure*, t. II, Paris, 1699, réimprimé dans Wildenstein, 1955, p. 358-362).

22. Poussin ne semble jamais avoir représenté, dans des tableaux ou des dessins, d'autres épisodes de l'*Illiade* rassemblant Achille et Ulysse que l'Ulysse parmi les filles de Lycomède. Ce paragraphe doit donc s'appliquer à l'une des deux versions du thème (cf. note précédente).

23. Le *Jugement de Salomon*, du Musée du Louvre (Paris 1994, n° 183, Thuillier, 1994, n° 183) a été peint pour Jean Pointel en 1649. Une gravure d'Étienne Baudet (et non, comme on le dit souvent, de Jean Dughet) est éditée par Jean Dughet, d'abord avec la signature de Baudet (Paris, Bibliothèque nationale de France, Département des Estampes, AA4 Baudet Étienne), puis, dans un deuxième état, avec cette signature grattée et illisible (*Ibidem*, Da 18). Les informations du petit livre de R. Porcher (*Étienne Baudet*, Blois, 1885) sont reprises dans la notice Baudet Étienne due à Roger-Armand Weigert dans l'*Inventaire du fonds français, Graveurs du XVII° siècle*, I, Paris, 1939 (désormais Weigert). Étienne Baudet est à Rome de 1666 (date fournie par les *Comptes des Batiments de Louis XIV*, I, p. 52, ou 1665, date de la lettre de la gravure de *Vénus et l'Amour* (Wildenstein, n° 123) à 1675 environ : la gravure est donc effectuée entre ce deux dates, alors que le tableau est à Paris. É. Baudet réalise également à Rome des gravures d'après le *Coriolan* (Les Andelys) et *Vénus et l'Amour* (tableau disparu). Dans la note 34, je propose de lui réattribuer diverses autres estampes d'après Poussin éditées par Dughet.

24. L'œuvre décrite est très probablement le *Baptême du Christ* de Philadelphie (Museum of Art, John G. Hohnson collection ; Paris, 1994, n° 219, Thuillier, 1994, n° 220). L'historique de l'œuvre, qui date de 1655 ca. reste inconnu, mais elle est gravée par Pietro Del Po (Wildenstein, n° 62 ; Davies-Blunt, 1962, p. 211 ; Rome, 1981, n° 176).

25. La toile doit correspondre au *Ravissement de saint Paul* du musée du Louvre, peint pour Paul Scarron dans les derniers mois de 1649 et achevé le 29 mai 1650 (Paris, 1994, n° 192 ; Thuillier, 1994, n° 189). Encore une fois, l'œuvre est gravée par Pietro Del Po (Wildenstein, n° 78 ; Rome, 1981, n° 174) mais aucun élément n'assure que la gravure date d'avant le départ du tableau pour Paris.

26. Il est difficile d'identifier avec certitude ce tableau. Il peut correspondre à *La Fuite en Égypte* récemment publiée par J. Thuillier (« Serisier collectionneur et la Fuite en Égypte de Poussin », *Revue de l'Art*, 105 (1994), p. 33-42) peinte pour Serisier en 1657 et gravée par Pietro Del Po (Wildenstein, n° 57 ; Rome, 1981, n° 175). J. Thuillier, dans son commentaire, insiste d'ailleurs sur la signification

symbolique des « parergues », auxquels le commentaire semble faire allusion (« votre vaste intelligence embrasse toute la science des médailles et des symboles »). Le jeune homme allongé dans l'ombre pourrait éventuellement signifier le sommeil, mais comment reconnaître dans l'original cette « nuit claire » que mentionne le texte ? Aussi l'œuvre pourrait-elle correspondre au *Repos de la Vierge pendant la fuite en Égypte* de la collection Rospigliosi (Fumagalli, 1994, p. 51, note 45) connue par une gravure anonyme (Wildenstein, n° 58) dont je propose plus loin l'attribution à Étienne Baudet, le graveur du *Jugement de Salomon*. La nuit est ici clairement évoquée par le sommeil de Joseph, la sagesse, la veille continuelle et les prières par l'éléphant et la Vierge en prière.

27. Dans la scanzia IX, qui comprend les textes littéraires, se trouvent sous les numéros 272 les « Exercitationes oratoriae », soit le *Sylvarum liber primus sive exercitationes oratoriae*, publié à Rome en 1670 et relié en maroquin rouge, sous le numéro 274, le *Specimen didascali carminis et satyrae* publié en 1673 et que Lucchesini avait dédié à Massimi, relié en cuir rouge. Dans l'inventaire de cette bibliothèque, assez précis, n'est pas mentionné le texte « de » Poussin étudié, à moins qu'il se cache au sein du numéro 135 (« Poesie dedicate al S.r Cardinale Massimi in-4° ») de la « prima scanzia » qui rassemble les textes manuscrits.

28. Les renseignements qui suivent sur Lucchesini sont tirés de C. Sommervogel S.J., *Bibliothèque de la Compagnie de Jésus, Bibliographie*, t. V, 1894, p. 151-159. Le nom de Lucchesini n'apparaît pas dans la correspondance de Poussin et les quelques lettres inédites de lui retrouvées à la bibliothèque Vaticane ne permettent pas de saisir ses liens avec Poussin.

29. La dédicace (avec la formule de salutation caractéristique et assez rare du « felicitatem ») et le style de ces panégyriques sont très proches du manuscrit.

30. Orbaan, 1920, p. 517.

31. *Selecti nummi duo Antoniani, quorum primus anni novi auspicia, alter Commodum et Annium Verum Caesares exhibet, ex bibliotheca Eminentiss. Principis Camilli Cardinalis Maximi*, Rome, 1676 ; sur les liens entre Pietro Santi Bartoli, le cardinal Massimi et Bellori, voir l'article récent et très complet de M. Pomponi, « Alcune precisazioni sulla vita e la produzione artistica di Pietro Santi Bartoli », *Storia dell'Arte*, 75, 1992, p. 195-225.

L'intérêt de Camillo Massimi pour les médailles est ancien. Lors de sa peu fructueuse nonciature en Espagne, il s'arrange pour voir les cabinets d'antiquités et écrit, le 30 août 1656, à son frère Fabio « Fra tutte le cose ch'io lascia a Roma di pitture e d'altro simil genere, stimo sommamente il studio delle medaglie raccolte con molta opera e in congionture difficili a formarne » (Archives privées Massimi, 275). C'est à propos de ce « studio delle medaglie » qu'apparaissent les premiers rapports avec Bellori : dès le 24 mars 1654, il enjoint à son frère de consulter Bellori pour tout achat de médailles et en réponse à sa lettre du 18 décembre 1655, n'hésite pas à lui écrire le 1er février 1656 « stimo sempre più i suoi talenti » (Archives privées Massimi, 275). Je tiens à remercier le prince Carlo Massimi qui, avec une grande disponibilité, m'a permis de consulter les archives Massimi.

32. Bibliotheca Angelica, ms. 165, f° 71 « Ill.mo et R.mo Camillo de Maximis Patriarcha Hierosolymitano, P. Seguinus ». Ce texte n'est pas publié dans la seconde édition des *Selecta Numismata antiqua ex museo Petri Seguini…* éditée à Paris en 1684. Signalons également, parmi les archives Massimi (277, f° 147 v°) une lettre de Camillo Massimi à Séguin, écrite à Rome le 4 janvier 1665, où il le remercie pour lui avoir envoyé le livre de Patin sur les monnaies, dont il fait l'éloge.

33. Le texte de cette dédicace est le suivant (les parties communes sont soulignées) :
Ill.mo ac Rev.mo Domino meo D.no Camillo Maximo Patriarchae Hierosolomino ac Rev.e Camere Apostol.ce Clerico
Sapientissimum Haebrorum Regem, efferas Matrum lites docto gladio, dirimentem tibi sistimus, Ill.e Praesul, qui illius imitaris et sequeris sacro in Hierosolimam Imperio. Quapropter exemplar hoc, quod in Somonis decreto perenne, exhibemus, eternum esot Summi Consilii tui, tuarumque laudum argumentum ; ut dum hic maximi Regis umbram conspicimus, quae simul tua cunctis se proferunt in lucem decora admiremur.
devotissimus servus Johannes Dughet.

34. Étienne Baudet grave sûrement à Rome trois tableaux d'après Poussin : *Vénus et l'Amour* (Weigert n° 36, Wildenstein ° 123, Andresen signale un état avec la signature et la date Rome, 1665), *Le Jugement de Salomon* (Weigert, n° 5 ; Wildenstein, n° 25 ; Davies-Blunt, p. 209) ; *Coriolan* (Weigert

n° 62, Wildenstein n° 113). Florent le Comte, dans son *Cabinet des singularitez…*, lui donne quatre gravures qui ont dû être réalisées à Rome : *Le Temps délivre la Vérité*, avec une dédicace de Jean Dughet au pape Clément IX Rospigliosi (le tableau avait été peint pour lui vers 1638-1640 (Thuillier, 1994, n° 140 ; Wildenstein n° 163), *La Danse de la vie humaine* (mêmes remarques, Thuillier, 1994, n° 141), une *Fuite en Égypte* (très probablement le *Repos pendant la Fuite en Égypte* peint pour Mme de Montmort entre 1655 et 1657 (Paris, 1994, n° 223 ; Thuillier, 1994, n° 219) et la *Fuite en Égypte avec un éléphant dans le lointain* (qui correspond, comme Davies et Blunt l'ont indiqué, au Wildenstein n° 54), un tableau peint pour Giulio Rospigliosi autour de 1639 (1994, n° 144). Bien que R.-A. Weigert ne retienne pas ces quatre gravures dans son catalogue des œuvres d'É. Baudet, je crois qu'elles peuvent lui être rendues : on y retrouve le même traitement très particulier des yeux globuleux à la pupille noire bien marquée (cf. aussi la gravure de l'*Enlèvement des Sabines*), la même manière de rendre en mèches épaisses des cheveux, de finir les ombres sur les chairs nues par des petits points. Les deux *Fuite en Égypte* montrent cependant une facture beaucoup plus sommaire.

35. Pierre Rosenberg « L'année Poussin », dans Poussin, 1994, p. 23-24.

36. *Correspondance de Nicolas Poussin*, éditée par Charles Jouanny, Paris, 1911, p. 430 (désormais Correspondance). Encore en 1655, il se méfie de la gravure que François de Poilly fera de la *Vierge Chantelou* (lettre de Poussin à Chantelou du 26 décembre 1655, Correspondance, p. 443). L'affirmation de Poussin n'est qu'en partie vraie : Fabrizio Chiari a exécuté deux eaux-fortes en 1635 et 1636, la seconde d'après le *Vénus et Mercure* divisé entre Dulwich et le Louvre (Wildenstein, n° 121), la première (Wildenstein, n° 122), très probablement d'après un tableau disparu, comme l'affirme J. Thuillier (Thuillier, 1994, n° 33) ; Rémy Vuibert grave à Paris, en 1643, la *Lamentation sur le Christ mort* de Munich ; autour des années 1650 sont gravées l'*Adoration des Mages* par le chevalier Avice, le *Martyre de saint Barthélemy* (saint Érasme) par Jean Couvay à Paris, et à Rome la *Peste d'Azoth* par Jean Baron. Mais très rapidement, dans les années 1660, la diffusion par la gravure des œuvres de Poussin se multiplie (cf. R.-A. Weigert, « La gravure et la renommée de Poussin », dans *Nicolas Poussin*, Actes du colloque organisé par le C.N.R.S. édités par A. Chastel, Paris, 1960, I, p. 276-286) ; en 1666, Michel de Marolles, dans son *Catalogue de Livres d'Estampes et de Figures en Taille Douce*, mentionne pas moins de 63 gravures d'après Poussin (Davies-Blunt, 1962, p. 217-219).

37. Sur Jean Dughet, cf. la récente mise au point de M.N. Boisclair dans le *Dizionario Biografico degli Italiani*, vol. 41, 1992, p. 797-799. Le personnage, né à Rome en 1617, frère du peintre Gaspard Dughet, reste quelque peu mystérieux. Sa date de décès est toujours inconnue, mais elle est plus tardive que 1676 (cf. note 40). Il habite dans la maison de Poussin à partir de 1636 et semble lui avoir servi de secrétaire avant même le départ pour Paris (lettre de Jean Dughet à Chantelou, citée dans Félibien, *Entretiens*, IV, 1685, p. 312) ; selon Passeri, Poussin lui était très attaché. Pour une liste des gravures éditées par Jean Dughet, cf. appendice 2.

38. Pour Carlo Antonio Dal Pozzo, voir l'article de D. Sparti, « Carlo Antonio Dal Pozzo (1606-1689), an unknown collector », *Journal of the History of Collections*, 2, 1990-1991, p. 7-19.
Le texte de cette dédicace est le suivant :
« Ill.mo ac Ornatiss.mo Viro D. Carolo Antonio a Puteo Equestris Militie S.ti Stefani commendatori
« Tua ad te postliminio redeunt Eques Illustr.me Quod enim haec visibilia invisibilis gratiae signa sensibilia salutis nostrae auxilia, stupenda divinae in nos charitatis miracula typicis hic umbris expressa prodeunt in lucem, tua sunt beneficia, mea nomina ea a museo tuo, naturae artisque locu-plentissimo penu e tuta ea mihi pro tua gentilitiaque Puteorum magnanimitate, qua cunctis in Urbe places, faves, prodesque, inexhaustus vere bonorum, Puteus ad Reipublicae Christianae usum liberaliter, commodata : Suscipe igitur Tua, Eques Nobiliss.me, et patere ut, dum Archetypo Callicae pietatis et industriae opera suo Domino repono, et ex typa haec gratitudinis meae donaria in amplo totius Ecclesiae templo Puteo nomini devotus appendam, totoque Orbe innostescat et Puteorum beneficientia et nunquam moritum observantia.
« Tui devotiss. servi
« Nic. Poussin invet.

  Joannis Dughet. »

39. On relève en effet dans le *Mémoire des pièces qui se sont trouvées Rome dans le cabinet de Monsieur Nicolas Poussin et qui sont présentement à vendre entre les mains du Sieur Joanni son cousin et son héritier en 1678* :
« Un altro libro del sudetto di diversi pensieri disegnati della sua inventione che contiene 160 fogli,

alcuni disegnati dalle due bande 200 doppie » accompagné de cette note, de l'écriture même de Jean Dughet : « si celui qui aura la pensée d'acquérir les susdites œuvres voulait faire graver les études de M. Poussin, il rendrait d'abord un grand service, et ensuite il ferai un gain, ou comme nous dirions aujourd'hui une affaire ». Sur ce texte, cf. A. de Montaiglon, « Dessins, estampes et statues de la succession de Nicolas Poussin (1678) », *Archives de l'Art français*, VI, 1858-1860, p. 241-254 et F. Boyer, « Les inventaires après décès de Nicolas Poussin et de Claude Lorrain », *Bulletin de la Société d'histoire de l'Art français*, 1928, I, p. 143-162.

40. Le codex Borgiannus Latinus de la Biblioteca Apostolica Vaticana contient en effet deux lettres inédites de Jean Dughet. Dans la première (f° 176-177), en date du 25 juin 1688 et adressée au prince Livio Odescalchi, neveu du pape régnant, il réclame le payement de deux bustes de Jules César et de Caton d'Utique, d'une fontaine en bronze sur le modèle de Michel-Ange et d'un orgue en bois à six registres ; il y affirme être presque totalement aveugle. La seconde (brouillon au folio 306, lettre au propre (?) au folio 334) est la demande de patronage (et d'acceptation de dédicace) de deux gravures avec une technique inédite, d'après des œuvres de Poussin (dans le premier cas, d'après un dessin, semble-t-il) :
« All'Ill.mo et Ecc.mo Principe S.r D. Gasparo Altieri.
« Questa nobil immagine del Trionfo Romano figurante per l'oggetto e per l'autor insigne Niccolo Possino mio cognato per uscir del buio, dove era, alla luce aspettava le stelle benigne d'un Principe romano quale V.E. ; dalla quale sara pur illustrata questa mia inventione dell'indoratura e inargentatura inalterabile delle carte, mentre attesta l'inalterabile mia osservanza verso la personna e casa di V.E. 1691, Humilissimo e Devotissimo Servitore Giovanni Dughet. »
« La Devotione singolare di V. E.a verso la regina del Cielo campeggiera qui ancora nell'imagine di questa Principessa del mondo, opera del mio cognato Nicolo Possino, hora nell'uscir alla luce, accompagnata dalla indoratura e inargentatura di mia nuova inventione. Se l'una e l'altra sara gradita dala tua benignità di V.E, delle quale rivero sempre
« Humilissimo e Devotissimo servitore
« Giovanni Dughet. »
Sans doute Jean Dughet puisait-il dans le fonds d'atelier de Poussin pour publier de nouvelles gravures d'après le maître. Ces dessins devaient être assez précis, pour fournir le support à la reproduction : Baudet grave à Rome le *Jugement de Salomon* qui est à Paris. Mais je n'ai relevé aucun dessin de ou d'après Poussin dans le catalogue Prat-Rosenberg qui ait pu servir pour les gravures éditées par Dughet.

41. Jean Dughet est à cette époque en relation directe avec Camillo Massimi qui lui a commandé pour une de ses parentes religieuses (une Cesi, semble-t-il) un tableau avec sainte Ursule et ses compagnes (« une histoire sèche, sans mouvement de figures ou expression d'*affetti* ») pour le prix assez modeste de 8 écus et demi (Archives Massimi, 277, f° 76 r° et v°, lettre du 7 mai 1664).

42. Les dédicaces par Dughet au pape Clément IX Rospigliosi (1667-1669) des gravures des deux « poésies morales » sont très proches du texte ici publié (elles comportent, notamment, la même salutation caractéristique avec « felicitatem »).
Pour l'*Allégorie de la vie humaine*, le texte est le suivant :
« SS.mo D.no N.ro Clementi IX Pont. Max.
« Joannes Dughet felicitatem
« Sisto ad pedes Tuos, B.me Pater typum humanae Vitae a Te olim inventum, tanquam munus Te prorsus dignum ex ea parte, quam contraxit a Te. Expressum in hoc videbis quod in Te semper impressum fuit, Vitae scilicet bonum non in statibus ejus, non in spatio ponendum, sed in usu. Tu enim nullam Vitae particulam sine actu labi permittis, quid ad hoc tantum Te vivere putas, ut omnibus prosis. Diu igitur vive Chistiani Orbis felicitati, et Tibi, quod omnes boni optant, de nostris Deus augeat annos. »

43. Dans son testament, le cardinal Massimi se soucia aussi d'immortaliser publiquement son intimité ancienne avec Poussin : il lègue au choix un tableau de sa collection à ses différents proches, dont le cardinal Altieri, Gaspare Altieri (à qui Dughet tentera de dédier deux gravures de Poussin, cf. note 40), Jacomo et Felice Rospigliosi, Carlo Benedetto Giustinani, Giovanni Pietro Bellori, … (Testament de Camillo Massimi, 10 septembre 1677, R° Mazzeschi).

44. Pour ce recueil, cf. Blunt, 1976, et Rosenberg-Prat, 1994, p. 7. Il figure, selon Th. Standring, dans l'inventaire de la collection Massimi réalisé par Marco Benefial en 1735 (Rosenberg-Prat, 1994, I,

p. 7) mais il semble impossible de le retrouver dans l'inventaire de 1677. Dans cet ensemble, Camillo Massimi évoque probablement son intimité artistique avec Poussin et les leçons de dessin qu'il lui donna en y insérant ses propres dessins pour l'illustration des *Documenti d'Amore* (n° 7, 8, Rosenberg-Prat, 1994, n° R 1314 et R 1315).

45. Selon Bellori, c'est Poussin qui l'avait incité à construire sa biographie avec des *ekphrasis* (Bellori, 1976, p. 8), et l'une de celles-ci (Rinaldo et Armida, Bellori, 1976, p. 462-463) correspond en fait, semble-t-il, à un dessin d'atelier conservé dans l'album Massimi (n° 71, Rosenberg-Prat, 1994, n° 1318).

46. J. Montagu, « Exhortatio ad Virtutem. A series of paintings in the Barberini Palace », *Journal of The Warburg and Courtauld Insitute*, 1971, p. 366-372.

47. Les commentaires des gravures d'après Poussin exécutées par Baudet dans les années 1680 insistent sur la fidélité du peintre à l'histoire, la vérité du costume, et l'expression des passions. En voici deux exemples :
L'*Enlèvement des Sabines* : « Le Poussin, pour exprimer les passions les plus fortes et les plus violentes, a représenté les Sabines enlevées par les Romains. Cette action se passa le jour d'une feste que Romulus fit célébrer dans Rome à ce dessein… »
Les effets de la terreur [le *Paysage au serpent*] : « Divers effets d'horreur et de crainte sont ici exprimés. Un jeune homme mort proche d'une fontaine a le corps tout enveloppé d'un serpent d'une grandeur énorme. Cet aspect effroyable fait fuir un autre homme, dont les regards troublés et les cheveux hérissés sur son front épouvantent une jeune femme, plus éloignée assise au bord du chemin. Et les cris de celle-ci font encore plus loin tourner la tête à quelques pêcheurs …».

Konrad Oberhuber

Raphaël et Poussin

La référence aux œuvres de Raphaël apparaît comme une constante dans la création poussinienne. Poussin sera même bientôt reconnu et célébré en France comme le Raphaël de son siècle. Cette confrontation avec le grand modèle de la Renaissance, qui tenta comme lui de renouveler la peinture antique, traversa de multiples étapes. Raphaël représentait pour Poussin la voie qui devait le conduire à la compréhension de l'Antiquité, mais aussi à son adaptation au contexte moral et spirituel du XVIIᵉ siècle. C'est ce cheminement que nous nous proposons d'analyser ici brièvement.

Dès ses années parisiennes, Poussin fut empli de l'image de Raphaël. Il avait étudié son œuvre directement par le biais des gravures de reproduction, mais aussi assimilé indirectement, à travers l'art de ses professeurs, le vocabulaire formel de l'ultime période du maître d'Urbino qui marquait tant les œuvres de l'école de Fontainebleau que l'art des romanistes flamands. En quête d'un nouvel art classique, certains représentants de la seconde école de Fontainebleau avaient fait appel aux modèles tardifs de l'art raphaélesque. Rubens, qui travailla au début des années 1620 à la décoration du palais du Luxembourg à laquelle participa aussi Poussin, était profondément imprégné de l'œuvre de Raphaël. Ainsi, avant même de partir pour Rome, Poussin avait-il eu connaissance à travers ces différents modèles de la manière dont l'illustre peintre de la Renaissance orchestrait ses compositions et traitait ses figures.

Si les débuts parisiens de Poussin font l'objet de controverses, les dessins exécutés pour le Cavalier Marin, ainsi qu'une série de feuilles étroitement liées à cette commande, nous apportent un témoignage précieux sur ses œuvres de jeunesse. C'est en m'appuyant sur cette base solide que j'ai tenté, dans mon ouvrage sur les premières années romaines de Poussin, de dater également de la période parisienne les deux scènes de bataille qui se trouvent aujourd'hui respectivement à Saint-Pétersbourg et à Moscou[1]. Les expositions présentées en 1994 et 1995 à Paris et à Londres, qui situèrent à nouveau ces tableaux au début du séjour romain conformément à la tradition, fournirent en même temps une preuve visuelle évidente de l'extrême différence de style qui les distingue de toutes les œuvres « italiennes » exposées. Avec son entassement de figures et de fragments de corps imbriqués à la manière d'un puzzle et couvrant du haut jusqu'en bas l'ensemble de la surface picturale, la composition se rattache certes extérieurement aux Loges du Vatican, notamment à la fresque montrant *Josué arrêtant le soleil*, mais il manque encore à Poussin toute compréhension de l'effet plastique et spatial des figures de Raphaël. Comme dans la

Bataille des Romains et des Sabins des feuilles Marino, les personnages sont ramenés au plan du tableau, dans une disposition en frise qui se rapproche davantage des sarcophages romains que des œuvres du grand maître de la Renaissance. De même, l'articulation des corps et le traitement des membres apparaissent plus proches des modèles antiques ou maniéristes que de Raphaël. À cette époque, Poussin n'avait pas encore vu directement les œuvres de Raphaël, mais les avait découvertes – comme nous l'avons dit – à travers certains témoignages de la culture visuelle française et à travers des estampes qui en altéraient fortement le style originel. Poussin n'en connaissait pas moins le répertoire figuratif de Raphaël : dans le dessin de Munich, l'*Adoration des idoles*[2], dont la thématique sera reprise dans un autre dessin que l'on peut rapprocher de ses projets décoratifs pour Paris, une femme est agenouillée sur le sol dans une attitude d'adoration qui rappelle le *Passage de la mer Rouge* des Loges du Vatican. Ce thème antique de l'adoration, développé d'abord par Donatello, sera un thème récurrent dans l'œuvre de Poussin, comme d'autres types de figures empruntés à Raphaël. Pourtant sa connaissance du peintre va déjà bien au-delà de tels motifs isolés.

La *Mort de la Vierge* peinte pour Notre-Dame peu avant le départ de Poussin pour l'Italie, peinture dont il ne subsiste plus aujourd'hui qu'une aquarelle[3], dénote un langage des personnages et des gestes qui évoque directement les Loges, sans qu'aucun détail ne soit copié littéralement. La grande figure assise au premier plan rappelle par sa pose le prophète Isaïe peint par Raphaël à Sant' Agostino, à Rome, tandis que l'ample geste du personnage agenouillé à ses côtés s'inspire librement des figures d'apôtres présentes dans les tapisseries de Raphaël. La composition générale est toutefois plus dense qu'elle ne le fut jamais chez le maître d'Urbino, et les formes plus sèches et plus classicisantes préfigurent déjà l'évolution ultérieure du style de Poussin.

Je serais tenté de placer également dans la période préromaine de Poussin la grande peinture monumentale de la *Sainte Famille avec le petit saint Jean-Baptiste*, qui se trouve aujourd'hui à Tolède[4] et qui se démarque nettement, par l'organisation de sa surface picturale, des autres œuvres de jeunesse exposées à Fort Worth. Par le traitement de leurs drapés, par leurs proportions, mais surtout leur disposition sur le plan du tableau, les figures d'inspiration raphaélesque rappellent la *Mort de la Vierge*. Ici aussi Poussin combine librement les formes présentes dans des tableaux de Raphaël comme la *Sainte Famille de François Ier* ou la *Vierge au chêne* qu'il avait pu étudier à travers des gravures ou même directement comme ce fut le cas pour le premier tableau. Si mon hypothèse d'une datation précoce se révèle exacte, la connaissance des compositions de Raphaël ne peut plus désormais être considérée comme une preuve permettant de situer une œuvre de Poussin durant sa période romaine, comme on l'a pourtant encore admis récemment pour les deux tableaux de batailles conservés en Russie.

Poussin avait appris des Italiens et plus particulièrement de la tradition raphaélesque des schémas de composition, des attitudes et un certain idéal de la représentation humaine. Pourtant il associait ces éléments en des tableaux extrêmement compacts, plans et statiques qui trahissaient encore l'emprise des canons maniéristes. La première chose que Poussin apprit en Italie fut de conférer à ses figures une plus grande rondeur et une plus grande plasticité, de mieux les intégrer dans l'espace et de leur imprimer un mouvement. Les Loges de Raphaël, que Poussin pouvait désormais voir de ses propres yeux, lui servirent à nouveau de modèle. Cette confrontation apparaît nettement à travers la comparaison entre le petit tableau du Vatican, la *Victoire de Gédéon sur les Madianites*[5], et les deux grandes scènes de bataille russes. L'horizon est plus bas, les figures présentent des proportions plus classiques, sont modelées avec plus de continuité et placées avec plus de vigueur dans l'espace. Même les raccourcis sont mieux maîtrisés. Le fait qu'il s'agisse là d'une scène nocturne offre en outre, à Poussin, la possibilité d'harmoniser l'ensemble au moyen de l'éclairage et de renforcer la dynamique de la composition. Le *David et Goliath* des Loges du Vatican inspira à Poussin le personnage situé au premier plan à gauche qui se précipite vers le spectateur, accentuant ainsi le caractère dramatique de l'événement. Poussin, qui admirait l'œuvre du Dominiquin et qui avait travaillé dans son Académie, a certainement aussi tiré parti de son enseignement pour le modelé et le traitement des figures. Comme ce fut le cas en France, Poussin se réfère à l'art de Raphaël à la fois directement, et indirectement, à travers l'œuvre de ses contemporains admirateurs de Raphaël.

Le Dominiquin céda bientôt la place à Pierre de Cortone et Andrea Sacchi, peintres qui rendirent également hommage à Raphaël et posèrent les premiers jalons du classicisme du XVIIe siècle. Le *Sacrifice de Noé* de Poussin, conservé à Hovingham Hall[6] se rattache d'une part aux compositions des Loges tel *Abraham et Melchisédech*, d'autre part aux fresques de la villa Sacchetti qui vit l'émergence du nouveau style baroque, d'une picturalité empreinte de classicisme. Dans l'*Éliézer et Rébecca* de la collection Denis Mahon[7], des figures rappelant *Rachel, Léa et Jacob* des Loges du Vatican sont placées dans un vaste paysage de ruines qui répond à l'idéal baroque moderne. Comme dans de nombreux autres tableaux, la forme narrative adoptée par Raphaël, qui confie aux personnages l'essentiel du message, est ici modifiée grâce à une forte intervention de la nature, notamment dans l'emploi d'amples éléments de paysages et d'animaux dont il faut chercher l'origine à la fois dans la tradition nordique et chez Titien. En dépit de toute son admiration pour les compositions raphaélesques, Poussin, qui est aussi un paysagiste, se distingue dès le début de son illustre modèle par un rapport à l'objet plus poétique et par une relation plus intime entre la figure et son environnement, caractéristiques auxquelles il restera fidèle toute sa vie même dans les œuvres où il se montre le plus proche du maître d'Urbino.

Pour ses personnifications de la nature et ses sujets mythologiques, Poussin fait pourtant aussi volontiers appel à Raphaël. Dans le *Moïse sauvé des eaux* de Dresde[8], on reconnaît au premier plan la figure du dieu Nil vu de dos qui évoque le Jourdain représenté dans l'*Onction de Salomon* des Loges. De tels dieux-fleuves, accompagnés de nymphes et de dryades que Poussin put également trouver dans des œuvres de Raphaël comme le *Jugement de Pâris* gravé par Raimondi, font désormais partie intégrante de son répertoire iconographique. Bien que Titien restât alors pour lui la grande source d'inspiration de nombre de ses œuvres mythologiques, Poussin se rendit certainement aussi à la Farnésine, comme le révèle le Mercure du *Mercure, Herse et Aglauros* de l'École des beaux-arts[9] dont on découvre le modèle dans la Loggia de Psyché peinte par Raphaël.

À cette époque, comme finalement tout au long de sa vie, Poussin reste fidèle aux sources fournies par les tableaux de Raphaël qu'il avait déjà admirés en France, c'est-à-dire, outre les Loges du Vatican, les Madones de la maturité comme la *Vierge au chêne* qu'il utilise pour la *Sainte Famille* de Karlsruhe[10]. Cette dernière se distingue du tableau à grandes figures de Tolède par tous les éléments que nous avons décrits jusqu'à présent comme caractéristiques du Poussin baroque. Il a désormais saisi l'espace et le mouvement raphaélesques et les transpose dans un nouveau style pictural. Comme dans le cas présent, ses modèles restent souvent des gravures, et il est fort possible qu'il ait possédé une petite collection de gravures d'après Raphaël, à moins qu'il ne les ait copiées sous forme de dessins qu'il pouvait utiliser à tout moment. Il rassembla certainement pour les motifs antiques de telles collections de modèles constitués souvent de détails d'estampes. Ainsi les gravures de Marcantonio Raimondi, comme le *Massacre des Innocents* qu'il utilisa pour le tableau au sujet identique, conservé au Petit Palais[11], revêtaient-elles à ses yeux la même valeur que l'œuvre peint de Raphaël. Ce tableau illustre aussi l'interprétation baroque du style de Raphaël que Poussin adopte désormais, conférant à sa composition une souplesse et un sens de l'espace qui la distinguent radicalement des deux scènes de bataille de Russie.

Vers 1629-1630 intervient un autre changement dans le style de Poussin et dans sa compréhension de l'œuvre de Raphaël. Cette évolution apparaît lorsque l'on compare l'*Adoration du Veau d'or* de San Francisco et la *Vierge au pilier* du Louvre réalisée peu auparavant[12]. Dans l'évocation de l'Ancien Testament peinte sans doute dès la fin de l'année 1629, la diagonale baroque conférant sa fougue au tableau de la Vierge se substitue à une nouvelle composition dominée par une perspective fuyante et des personnages aux contours clairement délimités. Chaque figure est placée dans un espace construit et considérée individuellement. C'est probablement à partir de cette époque que Poussin a travaillé avec sa fameuse « planche à perspective ». L'œuvre de Raphaël joua un rôle déterminant dans cette évolution, mais il s'agissait moins des compositions tardives des Loges avec leur espace en diagonale caractéristique, que des fresques monumentales des Chambres du Vatican que Poussin découvrait alors visiblement pour la première fois. Ce n'est qu'à trente-cinq ans semble-t-il que le peintre se sentit prêt pour cette découverte. Le tableau de San Francisco trahit l'influence de l'*Incendie du Bourg*, tandis que le *Massacre des Innocents* de Chantilly[13], réalisé peu après, porte la marque du *Jugement de Salomon* figurant dans la Chambre de la Signature. Le *Triomphe de David* de Londres[14], peint immédiatement après, comporte des réminiscences de l'*École d'Athènes*, alors que l'*Apollon et les Muses* de Madrid[15] s'inspire de la fresque du *Parnasse*. Poussin aspire désormais à transcrire dans son nouveau style inondé de lumière la clarté et la beauté classiques des grandes fresques de Raphaël. Ses couleurs se font plus lumineuses, les données spatiales plus déterminantes dans l'orchestration de la toile. Nous atteignons la première phase d'un classicisme poussinien guidé par Raphaël.

Poussin conserve bien sûr encore le souvenir de ses anciens modèles comme les Loges, source d'inspiration notamment de l'*Adoration des mages* de Dresde[16], qui se rattache très étroitement à la scène correspondante traitée par Raphaël, même si les figures et leur environnement empruntent leur monumentalité et leur profondeur à l'*Incendie du Bourg*. Ce n'est que maintenant, pour donner plus de vérité à son interprétation de l'art antique, qu'il tire pleinement parti de compositions comme celles de la Farnésine : pour le *Triomphe de Neptune* de Philadelphie[17] Poussin s'inspire du *Triomphe de Galatée* de Raphaël, mais il en transforme l'interprétation par l'étude des sarcophages antiques – et probablement aussi des fresques –, faisant ainsi de sa composition l'une des évocations de la peinture antique les plus authentiques du XVIIᵉ siècle. À dater de cette période, semble-t-il, Poussin est conscient du rôle que peut jouer Raphaël dans sa compréhension des schémas de composition et des poses antiques. À partir du milieu du siècle, et surtout depuis les sujets mythologiques commandés par le cardinal de Richelieu, cette tendance antiquisante revêt une importance croissante dans la création poussinienne. Son approche de l'art antique se distingue de plus en plus nettement de celle de ses contemporains du Baroque italien, tout en restant fidèle à la clarté linéaire de Raphaël.

À la fin des années 1630 et au début des années 1640, c'est-à-dire à la fin de sa première période romaine et durant son séjour parisien au service de Richelieu et de Louis XIII, le classicisme de Poussin atteint un nouveau sommet qui culmine dans les grands tableaux d'autel de Paris qui ne sont toujours pas appréciés à leur juste valeur. Ces derniers constituent les œuvres maîtresses du style « attique » alors en plein épanouissement à Paris, style qui compte parmi les suprêmes manifestations de l'art monumental français. Jamais Poussin n'a été aussi proche de la grandeur classique des cartons de tapisserie de Raphaël que dans l'*Institution de l'Eucharistie* peinte pour Saint-Germain-en-Laye[18], peinture la plus saisissante et la plus mystique de cette époque qui, de manière significative, n'a pas été montrée dans l'exposition pourtant si complète du Grand Palais. Il comprend mieux la clarté et la noblesse des espaces architectoniques et naturels, et les rapports entre les figures et leur environnement. Les personnages acquièrent dans leurs poses et leurs drapés une plus grande monumentalité et se soumettent à l'organisation de la surface picturale par un déploiement plus affirmé dans l'espace plan du tableau. Dans le *Moïse devant le buisson ardent* de Copenhague[19], que Poussin peignit alors pour Richelieu, on reconnaît la référence au langage gestuel et narratif des Loges, mais les figures témoignent d'une grandeur, d'une légèreté et d'une monumentalité pénétrée de lumière qui évoquent les grandes draperies des tapisseries raphaélesques. Poussin s'affranchit de toute pesanteur italienne, muant le classicisme romain de Raphaël en un « atticisme » proprement parisien.

C'est la commande des *Sept Sacrements* par Cassiano Dal Pozzo qui incita Poussin à approfondir son étude des tapisseries de Raphaël. Ainsi le sacrement de l'*Ordre*[20] fait-il directement référence à la *Vocation de saint Pierre*. Poussin connaissait sans doute non seulement la tapisserie elle-même, mais aussi les dessins correspondants, car le geste accompli par le Christ ne se retrouve que dans la première esquisse de Raphaël[21]. L'art du grand maître de la Renaissance n'était pourtant pas le seul élément qui guida Poussin dans l'élaboration de son nouveau style. Le peintre sut aussi puiser aux sources offertes par le Dominiquin, la sculpture antique, mais surtout l'architecture de l'Antiquité et de la Renaissance[22].

Dans les années 1640, la noblesse de la sculpture antique et la fidélité archéologique incitent Poussin à dépasser le classicisme de Raphaël et de la Haute Renaissance, mais aussi l'atticisme en vigueur à Paris, pour atteindre à une rigueur plus grande et plus austère, à une monumentalité plus intérieure. Poussin conserve le souvenir des personnages et des schémas de composition raphaélesques, il aborde même les œuvres de Raphaël avec plus de liberté et plus d'ampleur qu'auparavant. Il est intéressant de remarquer par exemple dans une œuvre comme *Moïse défendant les filles de Jéthro*[23], comment Poussin reprend avec la plus grande exactitude la composition de l'*Expulsion d'Héliodore,* mais sans en répéter littéralement les figures ou groupes de figures, préférant leur conférer un caractère spécifiquement antique qui dépasse les conceptions de Raphaël. Dans la fameuse *Sainte Famille à l'Escalier*[24], Poussin utilise entre autres la composition de la *Vierge au poisson* de Raphaël ; mais il revêt les figures des drapés caractéristiques de ses Madones plus tardives, comme la petite et la grande *Sainte Famille de François Ier*, inscrivant l'ensemble dans une rigoureuse composition pyramidale, comparable par sa précision géométrique aux premières Madones de Raphaël, même si la forme en est plus plate. Les personnages sont placés enfin au cœur d'une architecture antique d'une extrême austérité, qui ne trouve aucun parallèle chez le maître d'Urbino, mais qui rappelle par ses éléments comme les escaliers, les balustres, les colonnes ou les silhouettes de temples, les vastes arrière-plans des fresques de Raphaël.

Le *Jugement de Salomon* du Louvre[25], peut-être l'œuvre capitale du style classique rigoureux adopté par Poussin autour de 1650, frappe par la complexité de ses références à Raphaël. La mise en scène générale, et plus particulièrement la position du roi Salomon, s'inspire de l'*Aveuglement d'Élymas*, alors que la disposition des personnages à gauche et à droite évoque davantage *La Mort d'Ananie*. Certains éléments, comme la pose d'une des mères, sont issus quant à eux de la scène des Loges où Raphaël traite lui-même cet épisode biblique. Poussin emprunte aussi des détails à l'*École d'Athènes*, comme l'homme en jaune à droite de Salomon, mais aucun personnage n'est une copie littérale. L'ensemble est dominé par un jeu plus rigoureux de verticales et d'horizontales, par une organisation plus stricte de la composition et du langage gestuel. Les positions de bras, les mouvements et les physionomies sont plus marqués, davantage accentués et moins idéalisés. Il ne s'agit plus d'une structure classique souple, naturelle et harmonieuse, mais d'une ordonnance rigoureuse et puissante chargée de contenir une émotion d'une intensité extrême. Vêtu d'un manteau au rouge éclatant, et assis au-dessus de la foule entre deux colonnes aux reflets brillants, le roi et juge Salomon apparaît presque totalement seul et isolé au sein de la composition ; pourtant il constitue pour les différents personnages s'agitant à ses pieds un centre qu'il est aussi difficile de contester que la sagesse de sa sentence. Jamais Raphaël n'a créé une ordonnance aussi péremptoire.

L'œuvre de Raphaël est désormais pour Poussin celle d'un artiste classique qu'il n'aspire plus à égaler, mais dont il peut utiliser librement le langage et le style pour exprimer des réalités tout à fait nouvelles. Ainsi certains tableaux de Poussin deviennent-ils de pures paraphrases d'œuvres connues du peintre d'Urbino, comme la *Vision d'Ézéchiel* du palais Pitti que Poussin décline en plusieurs variantes, entre autres dans l'*Assomption de la Vierge*[26], dans le *Ravissement de saint Paul* du Louvre[27] et dans le tableau de même sujet conservé à Sarasota[28]. Le peintre reste toutefois fidèle à son propre idéal antique marqué par une conception plus rationnelle et stoïcienne du monde.

Poussin n'éprouvait pas à l'égard de la foi chrétienne le même sentiment que Raphaël. Ainsi s'explique la profonde différence dans le classicisme des deux artistes, différence qui se manifeste dans le style rigoureux de Poussin, mais plus encore dans ses œuvres des années 1650-1660. Chez Raphaël, la nature divine du Christ transparaît toujours dans une idéalisation qui laisse parfois ambigus les caractères masculins et féminins. Il isole délibérément la figure du Rédempteur des personnages qui l'entourent, même lorsqu'il s'agit des prophètes, des Apôtres ou de la Vierge. Le Christ de Poussin se différencie des autres personnages par son apparence sublimée et son isolement dans l'espace, mais il apparaît davantage comme un prêtre ou un roi, qui se tient souverain, compatissant ou souffrant au milieu de la foule ou des Apôtres. Les hommes ne réagissent plus à sa présence avec l'humilité que requiert un personnage divin, mais avec une diversité d'attitudes psychologiques qui conviendrait à l'écoute d'un grand maître ou d'une autorité spirituelle ou morale. Le Christ lui-même est plus solitaire et isolé, plus souffrant et plus émouvant que le Dieu rayonnant, aimant et source de grâce que nous présente Raphaël. Le monde de Poussin offre une dimension psychologique complexe, sans être nécessairement plus réaliste que celui de Raphaël, car les gestes expressifs et les physionomies y sont parfois grossis jusqu'à la caricature afin d'exprimer des notions que personne n'avait pu traduire avant lui. L'une des illustrations les plus intenses de cet aspect particulier est donnée par le *Christ et la femme adultère* du Louvre[29] qui réussit à transcrire en image cette phrase extraite de l'Évangile selon saint Jean (VIII, 9) : « Quand ils eurent entendu, ils se retiraient un à un en commençant par les plus vieux, et il resta seul avec la femme qui était là au milieu. » L'émergence de la mauvaise conscience dans le cœur de l'homme, et les expressions et gestes dépités et honteux qui en résultent, sont ici restitués avec une force extraordinaire. Cette œuvre de la maturité, réalisée au milieu des années 1650, conserve encore le souvenir des gestes et des figures de Raphaël tels que Poussin a pu les observer dans l'*École d'Athènes*, dans les tapisseries ou encore dans les Loges du Vatican, même si la composition semble inspirée du *Massacre des Innocents* de Raimondi. Pourtant les figures sont désormais définies d'une manière plus individuelle, plus caractéristique, qui accentue encore l'isolement de chacune d'elles. L'organisation rigoureuse et mathématique de la surface picturale, ainsi que l'architecture dépouillée et imposante, engendrent en même temps une réunion de personnages ordonnée et délibérément construite. Dans ce tableau, l'éclatement du groupe dicté par le récit biblique isole le Christ et la femme adultère au centre de la composition.

Ainsi, même dans sa période tardive, qui voit une évolution étonnante dans le contenu psychique de ses tableaux, Poussin continue à user librement des ressources fournies par l'œuvre de Raphaël. Dans la *Guérison du paralytique* conservé au Louvre[30], l'un des tableaux les plus saisissants de ce style de la maturité, marqué par des formes et des couleurs plus souples que dans le classicisme rigoureux des années précédentes, on retrouve des figures issues de l'*École d'Athènes*, comme les personnages gravissant et descendant les marches. Ces derniers sont ici associés à des silhouettes empruntées à la tapisserie de même sujet — comme le groupe central ou la porteuse de panier — et placés dans un décor architectonique qui rappelle la *Vierge à l'escalier* de Raimondi[31], tout en comportant aussi des éléments de l'*Incendie du Bourg*. L'ensemble est pourtant dominé par cette rigueur et cette intensité psychologique avec lesquelles Poussin a su adapter l'univers des formes raphaélesques à la culture du pays de Descartes et de Corneille, mais aussi de Racine et de Pascal.

Une toile comme le *Baptême du Christ* de Philadelphie[32] fait encore penser aux fresques des Loges qui avaient inspiré tant d'œuvres de jeunesse de Poussin, mais les figures sont devenues sereines et statiques, mettant en valeur les physionomies qui rayonnent de la lumière intérieure de la connaissance, d'une connaissance consciente qui se substitue à l'approche plus humble de l'existence et de la foi perceptible dans l'œuvre de Raphaël. Lorsque Poussin, dans la *Lamentation sur le Christ mort* de Dublin[33], emprunte à la *Pietà* de Raimondi d'après Raphaël[34] la puissante opposition entre le corps étendu du Christ et la figure debout de la Vierge éplorée, il en accentue la douleur et le pathétique par la couleur, l'expressivité des gestes et des physionomies, pour en faire un drame bouleversant et poignant en face duquel le tableau de Raphaël apparaît comme un symbole cosmique, un signe divin qui mêle à la douleur le réconfort de la foi.

Pas à pas, le grand peintre français du XVIIe siècle se mesura à l'œuvre du grand maître de la Renaissance italienne. Après s'être contenté dès sa période parisienne d'adopter le langage raphaélesque, il lui insuffla durant ses premières années romaines la dynamique baroque et en explora bientôt les possibilités dramatiques. À partir de 1630, il découvrit la clarté et la beauté classiques des Chambres du Vatican, qualités qu'il sublima autour de 1640 dans la grandeur monumentale de l'« atticisme » parisien, en ranimant la force sereine des cartons de tapisserie de Raphaël tout en les libérant de la pesanteur romaine. Après le retour du peintre à Rome, ce style acquit enfin dans les années 1650 la rigueur et la noblesse antiques.

Aidé par sa profonde affinité pour la pensée et le mode de perception antiques, Poussin parvint, à chaque étape de ce parcours, à intégrer ses connaissances archéologiques grandissantes dans les structures créées par Raphaël, transformant ainsi l'œuvre de ce dernier dans le sens d'une compréhension plus précise des détails antiques. Si Raphaël avait découvert le mode de pensée antique par une étude personnelle intensive, Poussin sut profiter des conquêtes des humanistes français et les enrichir de sa propre expérience romaine[35]. Il put ainsi élargir le langage pictural de Raphaël nourri aux formes de l'Antiquité, et imprimer au cœur même de son art une dimension psychologique susceptible de conduire à une transcription picturale plus précise des sentiments humains.

On ne peut évoquer les rapports entre Poussin et Raphaël sans rappeler ceci : le dernier tableau de Poussin n'est pas une œuvre religieuse dans le sens de la *Transfiguration* de Raphaël, dans laquelle la souffrance humaine se trouve apaisée par l'apparition réconfortante du Christ transfiguré, mais un poème mythologique dans lequel le dieu solaire, le maître rayonnant de la nature et de l'harmonie, se trouve abusé par l'esprit voleur et rusé de Mercure et l'humeur frivole et facétieuse du dieu Amour[36]. Poussin évolue ici dans son élément le plus personnel, qui s'annonçait déjà dans les dessins Marino de ses premières années parisiennes, le monde de la sublimation lyrique des qualités et des passions humaines par les forces créatrices d'une nature perçue à travers la mythologie et la poésie antiques. Ainsi ses évocations de l'Histoire sainte apparaissent-elles d'une part sous la forme des *Sept Sacrements*, représentations des rituels humains aux détails archéologiques précis, et d'autre part sous la forme du cycle des *Saisons*, paysages dans lesquels se déroulent des scènes de l'Ancien Testament dont les symboles préfigurent les récits du Nouveau Testament. Comparée à celle de Raphaël, la conception du monde de Poussin est davantage ancrée dans le paganisme pré-chrétien, ce qui confère à sa vision un caractère différent. Tout au long de sa vie, Poussin reconnut donc en Raphaël un modèle essentiel, même s'il donna de son œuvre une interprétation entièrement neuve, mais imprégnée néanmoins du même classicisme.

Frederick HAMMOND

Poussin et les modes : le point de vue d'un musicien

À Sibyl Marcuse

« À vous, lauriers, je viens encore, à vous encor,
Myrtes sombres, et toi, lierre jamais flétri,
Je viens cueillir encor vos fruits âpres et verts... »
John Milton, *Lycidas*[1]

Peu de textes en dehors des saintes Écritures ont été si souvent et si abondamment commentés que la lettre du 24 novembre 1647 que Poussin a envoyée de Rome à son commanditaire Paul Fréart de Chantelou[2]. En réponse aux reproches de Chantelou, qui trouvait le *Moïse sauvé des eaux*, que Poussin avait envoyé cette même année à Jean Pointel, plus plaisant que l'*Ordre*, la cinquième toile de la série des *Sacrements* peinte spécifiquement pour Chantelou, Poussin écrivait à son client pour tenter de l'apaiser : « ... c'est la nature du subiec qui est cause de cet effet, et vostre disposition, et que les subiect que je vous traitte doivent estre représentés par une autre manière. C'est en cela que consiste tout l'artifice de la peinture. » Reprochant à Chantelou d'avoir fait preuve de précipitation dans son jugement, Poussin affirmait que « le bien juger est très-difficile si l'on n'a en cet art grande Théorie et pratique jointes ensemble. Nos apetis n'en doivent point juger sellement mais la raison ». C'est pourquoi Poussin proposait d'informer Fréart « d'une chose d'importanse qui vous fera cognoistre ce quil faut observer de la représentation des subject qui se dépeignent[3] ».

Cette « chose d'importance » était la découverte par les Grecs des modes, que Poussin définissait en ces termes : « Cette parolle Mode signifie proprement la raison ou la mesure et forme de laquelle nous nous servons à faire quelque chose, laquelle nous abstraint à ne passer pas oultre nous fesant opérer en toutes les choses avec une certaine médiocrité et modération, et partant [pourtant] telle médiocrité et modération n'est autre que une certaine manière ou ordre déterminé, et ferme dedens le procéder par lequel la chose se conserve en son estre ».

Selon Poussin, les modes de l'Antiquité grecque étaient « une composition de plusieurs choses mises ensemble ». C'est en particulier lorsque ces divers éléments étaient combinés dans de justes proportions que chaque mode avait un caractère distinct et une « puissanse de induire l'âme ... à diverses passions ». Malgré la nature si générale de sa définition, les exemples de "modes" que Poussin présentaient étaient tous ceux de la théorie musicale grecque antique : modes dorien, phrygien, lydien, hypolydien, ionien. Poussin ajoutait en outre dans sa lettre un paragraphe sur la relation existant en poésie classique entre le son et le sens[4].

Le premier historien de l'art qui se donnait la tâche d'évaluer ce passage fut Anthony Blunt, qui découvrit que les remarques de Poussin étaient extraites d'un traité de musique italien du XVIᵉ siècle, et releva quelques incohérences entre le texte original et sa traduction[5]. Par la suite, d'autres études importantes ont été entreprises notamment par D. P. Walker, Elizabeth Cropper et Jennifer Montagu. Bien que les œuvres picturales ayant suscité la réaction de Chantelou et la réponse de Poussin existent encore de nos jours, les historiens de l'art ne sont d'accord ni sur la nature, ni sur l'envergure des différences qu'elles présentent, ni du reste sur ce que le concept de « mode » suppose dans chacun des cas. Elizabeth Cropper considère que pour Poussin, les modes « équivalent aux diverses proportions régissant les divers types d'harmonies chromatiques », tandis que Jennifer Montagu suggère l'emploi par Poussin du terme « mode » pour éviter celui plus ambigu de « style », le style étant différent dans les deux œuvres picturales malgré des similitudes de coloris[6].

Dans sa préface à l'étude de la lettre, Elizabeth Cropper s'exprime en ces termes : « C'est précisément parce que Poussin a eu recours à des citations que les raisons pour lesquelles il avait décidé de lire ce texte et sa manière de le comprendre n'ont paradoxalement jamais été analysées de manière satisfaisante[7]. » Je me propose d'étudier les raisons pour lesquelles Poussin avait « décidé de lire ce texte » en adoptant une approche particulière, c'est-à-dire de comparer ses citations avec le texte original en adoptant le point de vue d'un musicien et non plus celui d'un historien de l'art. Ensuite je voudrais considérer les citations dans le contexte de la théorie musicale pratiquée par le cercle du commanditaire de Poussin, le cardinal Francesco Barberini. Je terminerai en évoquant les activités musicales plus vastes de ce cercle dans la mesure où un lien pourrait exister avec l'évolution de la peinture de Poussin.

Les citations de Poussin ont donc conduit Anthony Blunt aux *Istituzioni harmoniche*, un traité de musique de Gioseffo Zarlino, compositeur et érudit franciscain. Né à Chioggia près de Venise en 1517, Zarlino avait étudié en même temps que Cipriano da Rore auprès d'Adriaan Willaert. Lorsqu'en 1565, Cipriano da Rore démissionna de sa charge de maître de chapelle en la basilique Saint-Marc de Venise, Zarlino lui succéda ; il exerça cette activité jusqu'à sa mort, survenue en 1590. Les *Istituzioni* furent publiés en 1558, et réimprimés en 1562 ; en 1573 fut publiée une nouvelle édition, qui fut réimprimée en 1588-1589. Les formulations de Zarlino ne faisaient pas l'unanimité, et dans ses *Sopplimenti musicali* de 1588, il tenta de répondre à la critique formulée par son élève Vincenzo Galilei dans son *Discorso* de 1581 et portant sur l'emploi qu'il faisait de sources antiques.

Les passages du traité de Zarlino auxquels il est fait référence ici proviennent de l'édition de 1589, très précisément de la copie qui, actuellement conservée au Vatican, faisait autrefois partie de la bibliothèque Barberini (Biblioteca Apostolica Vaticana, Stamp. Barb. N. V, 41 à 43). Malheureusement, rien n'indique dans ce volume qu'il ait appartenu au cardinal Francesco dans les années 1630 et qu'il puisse donc s'agir de la copie consultée par Poussin. La différence fondamentale entre le texte de Poussin et l'original réside dans le fait que Poussin a enchaîné dans sa lettre des citations empruntées à divers passages de l'œuvre de Zarlino. La définition que donne Poussin des modes figure à la page 377 du texte de Zarlino, sa suite et son analyse du mode dorien et d'autres modes apparaissent en revanche aux pages 388,

389 et 391 ; et la description de l'imitation en poésie, qui vient en conclusion chez Poussin, figure dans le volume I de Zarlino, à la page 8. Bien que les citations faites par Poussin soient en majeure partie littérales, elles présentent quelquefois des différences importantes par rapport au texte original. Étant donné que Poussin n'avait pas plus de difficultés à lire l'italien que le français, ces divergences doivent être considérées, d'une certaine manière, comme intentionnelles. À deux reprises, par exemple, Poussin utilise le terme « regardants » pour « ascolanti », transposition certes naturelle pour un peintre, mais qui n'a aucun sens dans le contexte des modes musicaux[8].

Poussin a souvent omis les expressions figurant entre parenthèses (tout particulièrement celles renvoyant à d'autres passages du texte de Zarlino) et les citations d'auteurs antiques à partir desquelles Zarlino a étayé son argumentation. À la définition de la « médiocrité et [de la] modération », Poussin a ajouté le membre de phrase suivant : « et partant [pourtant] telle médiocrité et modération n'est autre que une certaine manière ou ordre déterminé, et ferme dedens le procéder par lequel la chose se conserve en son estre ». En outre, après avoir introduit la définition générale du mode fournie par Zarlino, Poussin a directement établi une équivalence avec les modes musicaux, sans conserver le lien logique figurant dans l'original : « questa Parola Modo (oltra d'ogn'altra sua significatione, che sono molte) ».

Dans le passage commençant par « Etans les Modes », Poussin n'a repris que la première moitié de la phrase de Zarlino : il laisse ainsi entendre que les modes n'ont d'incidence que sur les passions des spectateurs, puisqu'ils ne mentionnent pas les comportements qu'ils induisent chez les auditeurs (« indur ne gli animi de gli ascoltanti varie passioni ; inducendo in loro nuovi, & diversi habiti & costumi »). À la fin du paragraphe, Poussin a de nouveau supprimé de la définition du mode dorien (« stabile, & volsero che fusse per sua natura molt'atto a i costumi dell'animo de gli huomini civili... quelli, che ragionavano, ò disputavano di cose gravi & severe » – p. 388) toute référence à une quelconque action extérieure. Ainsi Poussin semble glisser d'une perception éthique à une perception purement esthétique du pouvoir des modes.

C'est dans les remarques de Poussin sur le mode phrygien qu'apparaissent sous leur forme la plus complexe les modifications et l'interpolation du texte de Zarlino, auquel le peintre mêle ses propres observations :

[et passant de là aux choses plaisantes et joieuses il usoint le mode frygien pour avoir ses Modulations plus menues que aucun autre Mode et son aspec plus Aygu.

Ses deus manières et nulle autres furent louées et approuvées de Platon et Aristote estimant les autres inutiles]

ils estimèrent se Mode véhément furieus très sévère et qui rend les personnes estonnés.

Attribuirono anco gli Antichi al Frigio (come ci manifesta Plutarco) natura d'accender l'animo ; & d'infiammarlo all'ira & alla colera ; & e di provocare alla libidine & alla lussuria ; percioche la istimarono Modo alquanto vehemente & furioso ; & anco di natura severissimo & crudele ; & che rendesse l'Huomo attonito.

Ma alcuni vogliono, che'l Lydio sia atto alle cose lamentevoli & piene di pianto, per partirsi dalla modestia del Dorio, in quanto è più acuto, & dalla severità del Frigio.

J'espère devant qu'il soit un an depeindre un subiec avec ce Mode frigien. Les subiects de guerres épouvantables s'accomode à cette manière. Ils voulurent encore que le Mode Lydien s'acomodast aux choses lamentables parce qu'il n'a pas la modestie du Dorien ni la sévérité du Frigien.

Poussin non seulement cite différents auteurs faisant autorité – Platon et Aristote contre Plutarque – mais il dénature aussi la description de Zarlino en supprimant l'observation que le mode lydien convient aux lamentations parce que plus élevé que le mode dorien et en affirmant de manière purement gratuite que le mode phrygien se prête aux sujets joyeux car il a des « Modulations plus menues que aucun autre Mode et [son] aspect plus Aygu ». Cela signifierait que le mode phrygien avait des intervalles plus petits et une étendue plus aiguë que n'importe quel autre mode (Jennifer Montagu suggère l'idée que « Modulations plus menues » serait à prendre au sens d'« entrecoupé de fredons » comme dans la description du « mode ionien » par Le Brun[9]). L'attribution du mode phrygien au vers dithyrambique joyeux figure en effet chez Aristote et est confirmée, par exemple, par Giovanni Bardi dans un discours adressé à Giulio Caccini, dont le manuscrit n'est pas sans lien avec Giovanni Battista Doni et donc avec le cercle des Barberini à Rome[10]. Mais je n'ai trouvé dans aucun texte l'idée que le mode phrygien était plus aigu que n'importe quel autre (il suit immédiatement l'ordre dorien) ou que ses intervalles étaient anormalement petits. (Dans les trois systèmes grecs – diatonique, chromatique et enharmonique –, les intervalles les plus petits étaient des quarts de ton. Dans l'Antiquité classique, la recherche d'intervalles encore plus petits portait à rire.) Doni a cependant indiqué que les modes antiques étaient organisés de telle manière que les plus vivants et les plus gais étaient chantés dans un registre (*corista*) fondamentalement plus aigu, mais il a décrit le mode mixolydien non seulement comme « le plus triste », mais aussi comme « le plus aigu de tous[11] ». Pour ce qui est des autres modes, Poussin a résumé la description du mode hypolydien par Zarlino et y a ajouté une description du mode ionien qui suit celle d'un disciple de Zarlino, Giovanni Maria Artusi (ce qui laisse à penser que Poussin ne s'était pas contenté de lire Zarlino[12]).

Il est néanmoins manifeste que le traité de Zarlino a été l'une des sources de Poussin. Ce texte, qui avait plus de soixante-dix ans lorsque Poussin en a extrait quelques passages, était devenu un classique ayant été traduit en italien, en français et en allemand, mais ayant été aussi paraphrasé et résumé. Par leurs œuvres, les étudiants de Zarlino – théoriciens comme Galilée, Diruta et Artusi, ou compositeurs comme Claudio Merulo et Giovanni Croce – contribuèrent à maintenir la tradition vivante. Contrairement à un grand nombre de ses prédécesseurs, Zarlino traita des aspects théoriques et pratiques de la musique en un seul volume, soutenant que « ces deux aspects sont si étroitement liés dans la musique lorsqu'elle en est à son ultime degré de perfection qu'ils ne peuvent être dissociés l'un de l'autre ». (L'analyse du carnet de Düsseldorf de Pietro Testa par Elizabeth Cropper montre le poids de la tradition et la signification dont était chargée la distinction apparemment simple entre théorie et pratique[13].)

Zarlino avait adopté le vieux point de vue platonicien et horacien selon lequel l'objectif de la musique était de disposer les auditeurs à la vertu, et de les instruire en leur flattant l'oreille, mais il avait aussi noté le pouvoir qu'elle avait d'éveiller chez eux diverses passions. Les compositeurs et les théoriciens de la génération suivante – parmi eux les inventeurs de l'opéra – accordèrent une place plus importante à la doctrine aristotélicienne de l'éveil et de la clarification des passions par imitation ou *mimesis*[14]. Ce n'est pas un hasard si l'idéal horatien, *delectare et docere*, s'inscrivait au cœur du programme artistique des Barberini et si *L'Inspiration du poète*, œuvre clef de Poussin ayant été datée de la première période romaine du peintre, était directement liée à cet idéal. Testa utilisa les mêmes termes pour définir son art : « La peinture est un art qui imite les choses visibles sur une surface plane avec l'objectif d'instruire tout en ravissant[15]. »

L'Antiquité classique avait associé à chacun des modes une caractéristique morale et une passion. Lorsque les noms des modes grecs ont été utilisés pour désigner les diverses structures intervallaires du chant médiéval, ces caractéristiques ont été adoptées avec eux bien que les modes plus tardifs aient présenté des structures et des agencements différents de ceux que présentaient leurs homonymes. Ces associations furent à leur tour affinées et élargies, notamment par Henricus Glareanus dans son *Dodekachordon* (1547), qui proposait un système de douze modes et non plus de huit, s'inscrivant dans le prolongement de la série médiévale traditionnelle composée de quatre paires, de la dorienne en ré à la mixolydienne en sol, suivies des nouvelles paires éolienne et ionienne respectivement en la et en do (nos modes mineur et majeur). Ces paires étaient agencées selon « une forme définie … que nous adoptons dans la suite de cet ouvrage, quelle que soit la manière dont ces noms apparaissent chez [d'autres] auteurs[16] ».

Ainsi vers 1600, le nombre et les noms des modes variaient, selon que l'on avait affaire au système ecclésiastique pratique, mais incomplet, des huit modes ou au système théorique unifié des douze modes. Les descriptions des modes et les notions auxquelles ils étaient associés variaient aussi beaucoup, ce qui n'a rien de surprenant. Certaines distinctions étaient fondées sur des données acoustiques liées à la structure des modes et au tempérament des instruments, mais nombreuses étaient celles qui n'étaient qu'hypothétiques et même contradictoires[17] :

Platon, *République*, III, 398-399
   Dorien : homme brave, engagé dans une action guerrière.
   Phrygien : action pacifique non sous le joug d'une dure nécessité.
   Mixolydien, hyperlydien : lamentations et chants funèbres.
   Ionien, et certains modes lydiens « mous » : douceur et beuveries.

Nicola Vicentino, *L'antica musica ridotta alla moderna prattica* (1555)
   Dorien : plaisant et fervent ; plus honnête que lascif.
   Phrygien : gai à quatre voix, pas enjoué seul.
   Lydien : fier et gai.
   Mixolydien : très gai et un peu fier.

Girolamo Diruta, *Il Transilvano* (1593, 1609)
Mode I (dorien) : sérieux et plaisant.
Mode II (phrygien) : incitant à la lamentation.
Mode V (lydien) : enjoué, modeste et plaisant.
Mode VII (mixolydien) : heureux et doux.
Mode XI (ionien) : vif et plein de douceur.

Giovanni Maria Artusi, *L'Artusi, overo Delle imperfettioni della moderna musica* (1600)
Dorien : doux et un peu triste.
Phrygien : larmoyant et plein de lamentations.
Lydien : victorieux, amusant, discret, délicieux.
Mixolydien : lascif, convenant à l'expression de menaces, mais aussi à celle de la colère ou à celle d'une contrariété.
Ionien : convient aux danses et aux *balli*, parfois dit lascif.

Scipione Cerreto, *Della prattica musica vocale, et strumentale* (1601)
Dorien : assez plaisant, plus honnête que lascif, pieux.
Phrygien : plaisant et gai.
Lydien : vif, gai, fier, sublime.
Mixolydien : plus fier que les autres modes, extrêmement gai.

La reprise de la théorie musicale antique par des érudits comme Girolamo Mei a porté la confusion à son paroxysme. Les théoriciens du Moyen Âge et de la Renaissance considéraient jusqu'alors le mode « dorien » comme une espèce d'octave commençant par ce que nous appellerions le ré et s'élevant jusqu'au ré suivant selon des intervalles correspondant aux touches blanches du clavier. À partir de là, ils déduisaient les autres modes selon le même principe, et ce, sur leurs *finales* en ordre montant : le mode phrygien commençait par mi ; le lydien, par fa ; et le mixolydien, par sol. À partir de leurs études des sources antiques, des auteurs comme Girolamo Mei, Galilée ou Bardi placèrent le mode dorien en mi puis, en ordre décroissant, le phrygien en ré, le lydien en do, et le mixolydien en si[18]. Dans l'édition de 1558 des *Istituzioni,* Zarlino conserva l'ordre d'origine et la nomenclature des douze modes de Henricus Glareanus. Dans ses *Dimostrazioni harmoniche* de 1571, il redistribua les noms des modes et en modifia l'ordre, tandis que dans l'édition revue des *Istituzioni*, il ne conserva que la nouvelle numérotation, laissant de côté les noms traditionnels sous prétexte que les attribuer « correctement » aurait porté à confusion[19].

Ayant examiné la lecture faite par Poussin de Zarlino, nous pouvons essayer de dégager « les raisons pour lesquelles il avait décidé de lire ce texte ». Les traités antérieurs consacrés aux modes s'étaient chargés d'une multitude de connotations parfois contradictoires. Comme l'a fait remarquer, entre autres, Elizabeth Cropper, si Poussin avait voulu obtenir des renseignements plus précis et plus à jour sur la théorie modale antique, il aurait pu consulter les ouvrages de spécialistes faisant autorité comme Girolamo Mei, Bardi ou Doni. (En fait, le parallèle établi entre le texte de Poussin et celui d'Artusi, élève de Zarlino, laisse à penser que Poussin évitait les tout derniers spécialistes.) Comme le suggère l'ouvrage d'Elizabeth Cropper sur le carnet de Pietro Testa, Poussin et ses contemporains non-érudits ne lisaient pas au hasard mais faisant preuve dans leur lecture d'une grande concentration, ils avaient souvent un objectif bien précis, presque même prédéfini[20]. Ainsi, Zarlino fournit à Poussin ce dont il avait besoin pour répondre à Fréart, à savoir une définition du concept de mode et une description des modes à la manière antique, par le biais de brefs résumés hauts en couleur. Ces résumés pouvaient aussi bien s'appliquer à des « regardans » qu'à des « ascoltatori » et ne rendaient pas compte de l'association contestée (et pour le peintre, inadaptée) de tel ou tel mode à une construction tonale spécifique. La question de savoir si Poussin employait le vocabulaire des modes pour décrire le « coloris » ou le « style » des œuvres relève des compétences de l'historien de l'art.

Au point où nous en sommes, il convient de définir quelques autres termes employés par les théoriciens de la musique et repris dans des ouvrages sur les arts plastiques. Tout d'abord, il est important de rappeler que les auteurs du XVIIᵉ siècle qui consacraient des ouvrages à la musique n'avaient à leur disposition pour interpréter le corpus des écrits théoriques qui subsistaient de l'Antiquité qu'une poignée d'exemples musicaux originaires de la Grèce antique (certains étant même des contrefaçons byzantines); ils se trouvaient parfois dans la position enviable de Heumpty Deumpty dans *De l'autre côté du miroir* : « Lorsque *moi* j'emploie un mot, il signifie exactement ce qu'il me plaît qu'il signifie... Lorsque j'exige d'un mot pareil effort, je lui octroie toujours une rémunération supplémentaire[21]. »

Dans la théorie musicale antique, le terme « genre » fait référence aux trois divisions possibles du tétracorde, qui est le mieux conçu comme une série de quatre cordes, la première et la dernière étant accordées à un degré fixe (avec un intervalle d'une quarte juste), et les deux autres à des degrés variables selon que la division ou γενοσ est diatonique, chromatique ou enharmonique. Vitruve a associé aux genres des affects en « *imitatione delle cose,... come comporta la loro natura* ». Selon lui, le genre enharmonique, qui comprend les intervalles les plus petits, est un genre difficile et artistique, qui convient à l'expression de la gravité et de l'autorité; utilisé que par les maîtres, le chromatique, qui comporte de nombreux demi-tons et de fréquentes modulations, est d'un empressement subtil et d'un charme doux, et convient à l'expression de la mélancolie, de la douceur et de la tristesse; le diatonique, qui avec ses grands intervalles est un genre naturel, convient aux grands sujets héroïques[22]. Doni a comparé le genre pris individuellement aux tons des clairs-obscurs en peinture[23]. Se fondant sur l'édition de Vitruve de Barbaro, Pietro Testa a précisé que la couleur en peinture devait être perçue en fonction des règles de l'harmonie musicale, l'ombre et la lumière servant de limites au même titre que les notes aiguës et graves[24].

En 1670, Le Brun avança que la proportion était chez Poussin un moyen d'harmoniser les éléments d'un tableau : « étudiant toujours avec soin la nature du sujet qu'il traitait en faisant régner le caractère dans toutes les parties de son ouvrage, et, se conformant à la proportion harmonique que les musiciens observent dans leurs compositions, il voulait que, dans ses tableaux, toutes choses gardassent des accords réciproques et conspirassent à une même fin[25] ».

Dans la théorie musicale, la « proportion » fait référence aux relations numériques harmonieuses, exposées dans le détail par Boèce dans son *De musica*. À proprement parler, la « proportion harmonique » de Le Brun n'est pas un terme générique, mais fait référence à un type spécifique de moyenne entre deux nombres (les autres moyennes étant de nature arithmétique ou géométrique). Le concept de « modulation », qui allait de pair, n'avait pas le sens qu'on lui donne aujourd'hui : il ne s'agit pas du mouvement d'un ton principal à un autre (ni de ce qu'il évoque plus vaguement, à savoir une transition graduelle, peut-être implicite dans la remarque de Testa citée ci-dessus). Ce terme tirait son sens de la *mutatio* du Moyen Âge, soit du passage d'une forme de module musical à une autre (par exemple de l'hexacorde naturel à l'hexacorde mou ou dur) au moyen de fonctions se chevauchant.

À l'époque du premier séjour de Poussin à Rome, la survivance de descriptions théoriques ne s'accompagnant pas d'exemples musicaux effectifs favorisait aussi les expérimentations en matière de musique antique. L'auteur le plus influent fut un membre du cercle des Barberini, Giovanni Battista Doni (1595-1647), dont les traités présupposent la viabilité et la validité des modes antiques et des genres. Comme les Barberini, ses commanditaires, Doni était un aristocrate florentin francophile. Son abondante correspondance comprend des échanges de lettres avec Nicolas Fabri de Peiresc et l'assistant de Peiresc, Pierre Gassendi, mais aussi avec le musicologue parisien, le père Marin Mersenne de l'ordre des Minimes, qui travaillait alors à sa monumentale *Harmonie universelle* (1636), pour laquelle Doni lui fournissait des informations sur la musique italienne et les musiciens italiens. Lorsque Maffeo Barberini, ami de Doni, fut élu pape – sous le nom d'Urbain VIII –, il attacha Doni à la maison de son neveu, le cardinal Franceso Barberini (Doni quitta son poste en 1629 pour devenir secrétaire du Sacré Collège) – mais aussi le prince Federico Cesi, fondateur de l'Accademia dei Lincei, et Cassiano Dal Pozzo, l'arbitre de la vie intellectuelle romaine au XVIIᵉ siècle et le commanditaire de Poussin le plus cultivé.

Les études de Doni étaient en particulier consacrées à la recherche d'une application pratique des modes et des genres en musique vocale, dans le contexte notamment du drame musical. C'est au cours de deux discours prononcés en 1624 à l'académie du cardinal Francesco Barberini qu'il énonça pour la première fois ses idées sur la musique dans le drame antique. Au cours des seize années suivantes, il s'appesantit sur cet aspect et d'autres aspects de la théorie musicale antique dans une série de traités adressés aux membres de la famille Barberini et aux musiciens de leurs maisons. Afin de mettre en pratique ses théories, Doni conçut des instruments tels que la *lyra barberina* ainsi que des instruments tri- ou panharmoniques, des claviers, des violes et des violons.

Doni, qui était francophile, membre de la maison du cardinal, et qui entretenait des liens d'amitié avec Bellori, le Dominiquin, le jeune Giulio Rospigliosi et Dal Pozzo, fit probablement la connaissance de Poussin. Jennifer Montagu a fait remarquer que contrairement à l'amitié de Poussin pour certains acteurs ou écrivains, l'existence de contacts avec des musiciens de son époque n'est attestée par aucun document, mais l'un des premiers commanditaires de Poussin, le marquis Vincenzo Giustiniani, est l'auteur d'un important traité sur la musique romaine, Rospigliosi est le librettiste des opéras produits par les Barberini entre 1631 et 1643, et Cassiano a participé activement à la vie musicale romaine[26]. À vrai dire, si Poussin a eu des contacts personnels avec Doni, les relations qu'il a entretenues avec ce dernier n'ont cependant vraisemblablement pas été profondes. Malgré sa francophilie, Doni était un snob qui ne se donnait pas la peine de cacher le mépris que lui inspiraient les musiciens, par opposition aux librettistes et théoriciens. Dans l'attitude de Doni, Poussin n'aurait pu retrouver la fusion entre la théorie et la pratique à laquelle Zarlino était attachée : cette attitude reléguait l'artiste dans un rôle d'exécutant servile au service de l'intellectuel qu'était le théoricien[27].

Bien que Doni ait imposé ses théories à plusieurs compositeurs, tels que Pietro Heredia ou Domenico et Virgilio Mazzocchi, son disciple le plus fidèle et le plus conséquent fut Pietro della Valle, musicien haut en couleur (que Doni décrivit, avec toute la gratitude qui le caractérisait, comme « n'étant pas le meilleur des musiciens de talent que comptait Rome »). Della Valle était un aristocrate qui parcourait le monde, mais aussi un protégé des Barberini : il le fut une fois au sens littéral du terme[28]. En avril 1640, bien avant le départ de Poussin, Della Valle présenta à Rome, à l'Oratorio del Crocifisso un *Dialogo di Ester* qui, composé selon les directives de Doni, et « *modulati in varij Tuoni* », n'eut aucun succès. Cette œuvre a disparu, mais le manuscrit du *Dialogo per la Festa della Purificazione* écrit à la même époque par Della Valle nous donne une idée de ce à quoi elle pouvait ressembler. À en croire le titre, elle avait notamment été composée « *Con varietà Di cinque tuoni diversi Cioè Dorio, Frigio, Eolio, Lidio, et Hipolidio* » – soit avec les modes spécifiés par Poussin, à l'exception du mode complémentaire, le mode éolien auquel Poussin substitua le mode ionien de Glareanus. L'oratorio s'accompagnait d'une basse continue confiée à des instruments inventés par Doni, le « Violone panarmonico » et le « cembalo triarmonico ». Ce dernier était équipé de trois rangées de touches : le mode dorien était exécuté sur le clavier du milieu, les modes éolien, phrygien et lydien sur le clavier supérieur, et le mode hypolydien sur le clavier inférieur[29].

La maison du cardinal Francesco se sentait des affinités non seulement pour Doni, mais aussi pour un peintre français classicisant. Le cercle du cardinal comprenait des compatriotes de Poussin, les libertins Jean-Jacques Bouchard et Gabriel Naudé, tristement célèbres. Le *Museum Cartaceo* de Cassiano Dal Pozzo, une collection de milliers de dessins de vestiges classiques à laquelle Poussin, Duquesnoy et Testa avaient contribué, fournissait un immense répertoire de matériaux antiques. Les musiciens personnels du cardinal créaient une atmosphère intime et une *gravitas* qui n'étaient pas sans convenir à Poussin ; si Francesco soutenait Doni, dont les recherches sur la théorie musicale et les instruments de musique de l'Antiquité faisaient une large place à l'Europe civilisée, il cultivait aussi la musique aristocratique traditionnelle. Contrairement à son frère cadet Antonio, qui accordait de gros subsides à des castrats et compositeurs de cantates assez tape-à-l'œil, Francesco encourageait plus discrètement des ensembles de violes de la vieille école, l'ingénieux madrigal polyphonique (tel que dans les œuvres de Carlo Gesualdo, prince de Venosa) et l'opéra moralisateur dont la devise avouée était « delectare et docere ». En 1706, lorsque Alessandro Scarlatti envoya un madrigal à Ferdinand de Médicis, le décrivant comme « *compiacimento di purgatissimo conoscimento dell'Arte speculativa del comporre che, dal Principe di Venosa in qua, la fu Regina di Svezia, che fu mia Padrona, se ne compiaque più d'ogn'altra composizione* », on se souvenait encore de ce type de musique aristocratique destinée – comme les tableaux peints à l'époque par Poussin – à un public de connaisseurs[30].

Il se peut que Poussin ait découvert les *Istituzioni* de Zarlino au cours des lectures qu'il effectua dans la bibliothèque des Barberini pendant ses études avec le Dominiquin et Andrea Sacchi[31]. Selon Félibien, Poussin non seulement avait à sa disposition la collection de Cassiano Dal Pozzo, mais « apprenoit [aussi] de lui [Pozzo] à connoître dans les livres des meilleurs Auteurs les choses dont il avoit besoin pour bien représenter les sujets qu'il entreprenoit de traiter », y compris dans le traité manuscrit de Léonard de Vinci[32]. Si nous suivons la reconstitution qu'a faite Anthony Blunt de l'évolution de Poussin, cet intérêt pour les études théoriques correspondrait à la période où il fut déçu du peu de succès remporté par le *Martyre de saint Érasme* exécuté pour Saint-Pierre en 1629, mais déçu aussi de n'avoir pas réussi à obtenir en 1630 une commande pour Saint-Louis-des-Français, ce qui fit de lui « un artiste peignant de petits tableaux pour un cercle limité d'intellectuels romains montrant une réelle passion pour les arts[33] ».

En tout cas, le Dominiquin est une figure qui réunit, autour de Poussin, la théorie musicale classique, les instruments expérimentaux, et les musiciens membres du cercle des Barberini. En 1634, le Dominiquin, qui cherchait à échapper aux procès intentés contre lui, trouva refuge à Frascati, dans la villa Aldobrandini, qui avait aussi pour hôte G.B. Passeri, auteur des *Vite de' Pittori, Scultori et Architetti...* La même année, Passeri fit la connaissance de Poussin. En 1638, selon une lettre envoyée de Naples, le Dominiquin se consolait en fabriquant des instruments de musique : de grands luths, un clavecin, et une harpe comprenant les trois genres grecs, permettant « toutes les harmonies diatonique, enharmonique et chromatique des modes dorien, lydien et phrygien ». Le Dominiquin fit aussi fabriquer un clavecin par Orazio Albana (1588-1648 ; ses instruments datent des années 1628 à 1643), dont le père travaillait pour les Barberini[34].

Le Dominiquin fournit au facteur du clavecin le dessin du clavier qu'il désirait : il s'agissait d'un clavier, dont les touches accidentelles étaient fendues, ce qui permettait de caser les trois genres. Dans le *Compendio*, Doni reproduisit la disposition des claviers de son propre clavecin triharmonique, mais il mentionna aussi l'instrument du Dominiquin et les efforts similaires effectués par Scipione Stella et Fabio Colonna ; dans un traité inédit, Doni, qui était médisant, traita les efforts de Stella de « coups d'épée dans l'eau[35] ».

L'influence conjointe de Zarlino et de Doni sur les musiciens de la cour des Barberini ressort clairement de l'œuvre de Domenico Mazzocchi, qui dédia au cardinal Francesco Barberini ses *Madrigali* de 1638 destinés à être chantés dans les académies du cardinal. Dans ses *Dialoghi e sonetti*, publiés en 1640, Mazzocchi notait des différences de grandeur entre les intervalles produits par les divisions respectivement chromatique et enharmonique des tétracordes. Dans un *Avvertimento* figurant à la fin du volume, il citait Zarlino, prônant comme lui un mélange de théorie et de pratique : « Et si la théorie ne me le permet pas, je sais que dans la pratique, cela réussit très bien. » Si Mazzocchi affirmait que « la musique d'aujourd'hui n'a rien à voir avec la musique antique et en diffère en tout point, en dehors des consonnances », il mentionnait néanmoins l'opinion de Zarlino selon laquelle les genres étaient mélangés même dans la musique antique et notait que Doni adhérait à cette opinion. Mazzocchi concluait en ces termes : « Quiconque pense qu'il peut exprimer toutes les émotions humaines [*affetti*] uniquement avec le genre diatonique se trompe[36]. »

Les modes et leur association à la doctrine des passions étaient « dans l'air du temps » au milieu du XVIIe siècle tant dans la culture musicale romaine que dans la culture musicale française d'influence romaine. Dans son huitième livre de madrigaux *Madrigali guerrieri, et amorosi*, paru en 1638, Claudio Monteverdi avait mis au point une nouvelle technique musicale, consistant en une série de martèlements répétitifs servant à exprimer des moments d'agitation émotive et venant compléter la gamme allant du « mou » au « modéré ». Il citait Platon comme source de cette technique rythmique, bien que Platon n'ait pas décrit le rythme mais la configuration mélodique du mode dorien ; une division analogue est perceptible dans la distinction que fait Cicéron entre les styles simple, intermédiaire et vigoureux de la rhétorique. (Le livre VIII était un livre que connaissaient bien les musiciens qui gravitaient autour des Barberini ; il fut même parodié en 1639 dans *La Fiera di Farfa*.) La tradition des madrigaux chromatiques érudits qu'illustre parfaitement l'œuvre de Gesualdo, fut reprise par Michelangelo Rossi – compositeur de l'opéra de carnaval de Don Taddeo, *Erminia sul Giordano* – dans une série d'œuvres ayant été récemment découverte et peut-être composée pour le cardinal Maurice de Savoie, un allié des Barberini. Bien qu'elle demeure dans les limites du système d'accord mésotonique, la septième toccata pour clavecin des *Toccate e Corrente* de Rossi publiées vers 1640 pour le cardinal Antonio Barberini, est longtemps passée pour le *locus classicus* de l'idiome « chromatique ».

Comme on le sait, la terminologie des modes musicaux et de leurs caractéristiques émotionnelles fut appliquée non seulement à la peinture par Poussin puis par Le Brun, mais aussi aux ordres architecturaux classiques[37]. Comme le note Jennifer Montagu, les expressions musicales et plastiques fusionnèrent dans une collection d'œuvres pour luth d'Ennemond et Denis Gaultier, *La Rhétorique des dieux,* publiée à Paris vers 1652. (En 1638 avaient été publiées à Rome, les *Œuvres* pour luth de Pierre Gaultier dédicacées à l'ambassadeur de l'Empire, Johann Eggenberg, à l'occasion de sa visite.) Bien que la *Passacaille* pour clavecin que le compositeur des Barberini, Luigi Rossi, écrivit dans un style français (probablement au cours de sa visite à Paris en 1646-1647) témoigne de l'existence au milieu du siècle d'une école française pour claviers d'une grande richesse, c'est pour le luth que furent écrits à l'époque tous les morceaux importants pour instrument seul qui subsistent. *La Rhétorique des dieux* se subdivise en douze parties, chacune portant le nom d'un des douze modes apparaissant dans le *Dodekachordon* de Glareanus et repris par Zarlino, chaque mode étant en outre illustré par une gravure d'Abraham Bosse[38].

Chronologiquement, la *Rhétorique* tombe dans une période de relations culturelles et politiques importantes entre les Barberini et la France. Après la mort d'Urbain VIII en 1644 et l'élection d'un pape qui leur était hostile, à savoir Innocent X (Giambattista Pamphili), les trois neveux de Barberini s'enfuirent en France en 1645-1646, où Jules Mazarin, qui était autrefois à leur service, était alors Premier ministre. Dès le début des années 1640, Mazarin avait tenté d'introduire en France la musique italienne – en particulier l'opéra – en empruntant notamment des compositeurs et des musiciens aux Barberini. En 1647, la cour de France présenta *L'Orfeo*, un opéra dû à deux pensionnaires des Barberini, Luigi Rossi et Francesco Buti. Bien que magnifique, cet opéra n'eut aucun succès. En 1652, le compositeur et virtuose, Johann Jakob Froberger, qui avait été envoyé à Rome en 1637 par l'Empereur afin d'entreprendre des études de musique au côté d'un autre musicien des Barberini, Girolamo Frescobaldi, fut reçu à Paris avec tous les honneurs.

Au cours des premières années que Poussin passa à Rome, le mécénat de la famille Barberini s'exerçait surtout, en dehors de l'architecture, en direction de l'opéra et d'autres spectacles, et ce, essentiellement pendant la saison du carnaval. De 1631 à 1643, les neveux d'Urbain VIII offrirent des opéras sacrés et profanes, les *quarantore* (les Quarante Heures de la Fête-Dieu), mais aussi des ballets et des joutes, dont le coût s'élevait à des centaines de milliers de scudi. Parmi les artistes attachés à la maison des Barberini, nombreux sont ceux qui participaient à la création de ces productions : Pierre de Cortone, Andrea Sacchi, Andrea Camassei, et le Bernin lui-même. (Le type de travail que Poussin n'aurait pas accepté avant d'y être contraint au service du roi de France[39].) Les livrets étaient l'œuvre de Mgr Giulio Rospigliosi (*pace* Blunt, Panofsky, Wright et d'autres historiens de l'art, le futur Clément IX n'était pas cardinal à cette époque et n'a jamais habité le palais Rospigliosi), pour lequel Poussin peignit entre autres la *Danse de la vie humaine*, et une œuvre ayant disparu, Le *Temps et la Vérité*[40]. Les livrets de Rospigliosi étaient mis en musique par divers compositeurs. Au cours de son premier séjour à Rome, Poussin pourrait avoir vu les deux productions d'*Il Sant'Alessio* sur une musique de Stefano Landi (1631-1632 et 1634), *Erminia sul Giordano* sur une musique de Michelangelo Rossi, mise en scène par Camassei, avec une machinerie de Francesco Guitti, *I Santi Didimo e Teodora* (1635-1636, d'un compositeur inconnu), *San Bonifatio* de Virgilio Mazzocchi (1638), et *Chi soffre speri* (1637) avec la *Fiera di Farfa*, créée par le Bernin pour la reprise de 1639. Ces opéras étaient présentés dans divers lieux : la grande antichambre du cardinal Francesco dans le palais Barberini, juste à côté du salon où Pierre de Cortone peignait au plafond Le *Triomphe de la Divine Providence ;* le grand salon de la Chancellerie avec les fresques de Vasari à la gloire de Paul III ; et le nouveau théâtre du palais Barberini, ouvert en 1639. Poussin pourrait aussi avoir vu les *quarantore* créées par Cortone en 1633 pour San Lorenzo in Damaso et la splendide joute à la romaine organisée place Navone lors du carnaval de 1634. La date de retour du peintre à Rome, 1642, fut trop tardive pour lui permettre de voir l'opéra magique de Rospigliosi et Luigi Rossi, *Il palazzo incantato*, dans une mise en scène grandiose offerte par le cardinal Antonio Barberini, et la saison de 1643 fut insignifiante en raison de la guerre de Castro[41].

Comme d'autres œuvres d'art, ces opéras servaient à commémorer des événements politiques importants. C'est en l'honneur du nouvel ambassadeur, le prince Eggenberg, chargé de notifier officiellement à Urbain VIII l'arrivée au pouvoir de Ferdinand III qu'en novembre 1638 le cardinal Francesco Barberini fit donner dans le palais de la Chancellerie une nouvelle version de *San Bonifatio*, opéra qui avait été présenté au carnaval de la même année. Dans le nouveau prologue de la version préparée pour cette représentation – la seule qui ait du reste survécu – il est fait référence à la présence du jeune Eggenberg à la représentation de *Sant'Alessio* de 1632, donnée en l'honneur de son père, alors lui-même ambassadeur de l'Empire. En 1638, les Barberini avaient déjà célébré avec faste la naissance du Dauphin, le futur Louis XIV. La reprise de ce spectacle, fait inhabituel, au mois de novembre de la même année était peut-être un geste visant à apaiser l'Empire, tout comme les présents offerts à Eggenberg par le cardinal Francesco, à savoir la copie du plafond d'Andrea Sacchi, *La Divine Sagesse*, et la seconde version de la *Destruction du temple de Jérusalem* due à Poussin[42].

La dernière et, pour notre propos, la plus significative des productions de la famille Barberini que Poussin pourrait avoir vues avant son départ pour Paris à la fin de 1640 est celle des *Troyennes* de Sénèque, présentée pendant le carnaval à Borgo, au palais Rusticucci, l'un des palais que les Barberini louaient pour loger leur petite armée de serviteurs. La pièce en latin fut jouée avec adjonction d'un prologue et d'intermèdes en italien ; ces textes de Giulio Rospigliosi avaient été mis en musique par Virgilio Mazzocchi. Toute la production était supervisée par Doni, qui n'allait pas tarder à retourner à Florence. La pièce fut mise en scène par Jean-Jacques Bouchard, auquel Doni adressa un « Discours sur la rythmopée des vers latins et la mélodie des chœurs tragiques » rédigé « à l'occasion de la présentation des *Troyennes* de Sénèque, données au cours de ce carnaval en majeure partie à la manière antique par ordre de son Éminence, le cardinal Barberino, notre commanditaire commun[43] ».

Bien que le choix de cette œuvre ait été accepté sans commentaire, les *Troyennes* étaient en fait une obsession des libertins français du XVIIe siècle, de Bouchard et Naudé par exemple. Comme quelques-unes des commandes du cardinal Francesco à Poussin, telle la *Destruction du Temple*, aujourd'hui disparue, et les deux versions de *La Mort de Germanicus*, l'œuvre de Sénèque forme une sorte de toile de fond sombre à d'autres affirmations du pouvoir des Barberini telles que les fresques peintes sur plafond par Sacchi et Cortone. La scène des *Troyennes* n'est pas romaine, contrairement à la plupart des opéras produits par les Barberini, et la sensualité désabusée des livrets de Rospigliosi n'y a aucune place. La pièce, tenant lieu de « miroir pour les princes », met en garde les souverains non pas en leur montrant comment l'amour réduit la force (comme dans le prologue à *Sant'Alessio*, par exemple), mais en leur offrant le spectacle d'un cri d'angoisse face à la futilité de toute résistance à la tyrannie. L'un des chœurs nie même l'immortalité de l'âme. La solution – s'il en est une – ne réside pas dans un *lieto fine*, comme dans l'opéra traditionnel d'inspiration florentine, mais au mieux dans un $\kappa\alpha\theta\alpha\rho\sigma\iota\sigma$ aristotélicien.

Bouchard informa Mazarin que le cardinal Francesco lui avait commandé un ouvrage « sur la manière dont les œuvres théâtrales étaient mises en scène dans l'Antiquité », et qu'en guise de préparation il avait produit les *Troyennes* « à la manière antique, tant au niveau de la scénographie, que des costumes, de la gestuelle des acteurs et de la musique » (Il est tentant de penser que le *Museo Cartaceo* de Cassiano a été l'une de ses sources pour les décors, les costumes et la gestuelle[44].) Outre des instruments conventionnels tels que le violon et, pour la basse continue, le théorbe, le violon, le clavecin et l'orgue, l'orchestre comprenait au moins un des instruments pluri-harmoniques de Doni, le *cembalo triarmonico*.

« La musique, poursuivait Bouchard, est d'un style totalement nouveau, conformément aux règles qui régissaient le rythme sous l'Antiquité. » Pour Doni, la question du rythme était essentielle à une bonne restitution des effets de la musique antique. Pour cela, il fallait imiter la prosodie quantitative du grec et du latin, et réciter les mots de manière à exprimer leurs *affetti* (les *affetti* d'un passage dans son ensemble, et non l'*affetto* de chacun des mots pris isolément, point sur lequel Doni était en désaccord avec Zarlino[45]).

La question de la diction poétique et rythmique des *Troyennes* lors de la représentation de 1640 nous renvoie aux idées exprimées par Poussin en conclusion à son argumentation inspirée de Zarlino. Tandis que la perception des modes chez Poussin a fait couler beaucoup d'encre, cette partie de la lettre a suscité relativement peu de commentaires. « Les bons Poetes ont usé d'une grande dilligense et d'un merveilleux artifice pour accommoder aux vers les paroles et disposer les pieds selon la convenanse du parler. Comme Virgile a observé par tout son poème, parceque à touttes ses trois sortes de parler, il accommode le propre son du vers avec tel artifice que proprement il semble qu'il mette devant les yeux avec le son des paroles les choses desquelles il traicte. de sorte que où il parle d'amour l'on voit qu'il a artificieusement choisi aucunes parolles douces plaisantes et grandement gratieuses à ouir, de là où il a chanté un fet d'Arme ou descrit une bataille navale ou une fortune de mer il a choisi des parolles dures aspres et déplaisantes de manière que en les oyant ou prononsant ils donnent de l'epouventement[46]... »

Peut-être est-ce chez Monteverdi qu'on trouve en musique le parallèle le plus proche. Les différents types de représentation citées ici par Zarlino et Poussin constituent en effet le thème de *Madrigali guerrieri, et amorosi* – « fets d'Arme » et « amour » – de Monteverdi[47]. Tout comme Virgile, qui avait utilisé trois manières de parler dans *L'Énéide* (probablement agitée, modérée et calme ou « *concitato, molle, et temperato* », comme chez Monteverdi), « pour accommoder aux vers les paroles et disposer les pieds selon la convenanse du parler », Monteverdi inventa un équivalent musical à Platon (et peut-être même à Cicéron). Le son des paroles place sous nos yeux ce qu'elles représentent – « douces, plaisantes, gratieuses » pour l'amour ; « dures, âpres et déplaisantes » pour la guerre. Monteverdi obtient cet effet en musique en utilisant, par exemple, des harmonies languissantes pour l'amour et des martèlements pour la guerre[48]. La basse obstinée à quatre notes qui, symbolisant la mort, sous-tend le *Lamento della ninfa* du livre VIII n'est peut-être pas si éloignée de l'inscription « *Et in Arcadia ego* ».

1. J. Milton, *Lycidas sonnets*, traduction, notes et présentation par Émile Saillens, éd. Aubier Montaigne, collection bilingue, Paris, 1971.

2. Une bibliographie des études réalisées a été publiée par Jennifer Montagu, « The Theory of the Musical Modes in the *Académie Royale de Peinture et de Sculpture* », in *Journal of the Warburg and Courtauld Institutes*, LV, 1992, p. 233 à 248, p. 234, n. 6.

3. Passage cité par Anthony Blunt, *Nicolas Poussin*, New York, Pantheon, 2 vol., 1967, vol. I, p. 367 à 370, p. 368.

4. Blunt, *op. cit.*, p. 369 et 370 ; cf. aussi Jennifer Montagu, *The Expression of the Passions : The Origin and Influence of Charles Le Brun's* Conférence sur l'expression générale et particulière, New Haven et Londres, Yale University Press, 1994, p. 191, n. 17.

5. Cf. Paul Alfassa, « L'origine de la lettre de Poussin sur les modes d'après un travail récent », in *Bulletin de la Société de l'histoire de l'art français*, 1933, pp. 125 à 143.

6. Elizabeth Cropper, *The Ideal of Painting : Pietro Testa's Düsseldorf Notebook*, Princeton, Princeton University Press, 1984, p. 142 ; Montagu, art. cit., p. 235.

7. Cropper, *op. cit.*, p. 140. Cf. aussi Jennifer Montagu, art. cit., et D. P. Walker, « Musical Humanism in the 16th and Early 17th Centuries », in *The Music Review*, II, 1941, pp. 1 à 13, 111 à 121, 220 à 227, 288 à 308 ; III, 1942, pp. 55 à 71.

8. G. P. Bellori, *Le vite de' pittori, scultori e architetti moderni* [Rome, 1672], éd. E. Borea, Turin, Einaudi, 1976, p. 451 : « *sapeva così bene l'italiana {lingua} come se fosse nell'Italia nato* » ; « *indur ne gli animi de gli ascoltanti* », « induire l'âme des regardans » ; « *che riemppia gli animi de gli ascoltanti* », « qui remplit l'âme des regardans ».

9. Montagu, art. cit., p. 237.

10. Biblioteca Apostolica Vaticana, Ms. Barb. lat. 3990, folio 4-13 v° ; cf. Claude V. Palisca, *The Florentine Camerata : Documentary Studies and Translations*, New Haven et Londres, Yale University Press, 1989, p. 78.

11. Doni, « Musica scenica », in *Lyra Barberina* II, XVI, p. 41, II, p. 6 ; à la page 86, Doni semble décrire certains modes comme des transpositions se situant au-dessous de la *corista ;* pour ce qui est de la relation entre les âges, les passions, etc. et les modes dans les représentations dramatiques, cf. *ibid.*, XXX, pp. 88 à 90.

12. Cf. Tim Carter, *Music in later Renaissance & Early Baroque Italy*, Londres, Batsford, 1992, pp. 54 et 55.

13. Zarlino, qui revient à l'idéal boétien du *musicus*, cité par Cropper, *op. cit.*, p. 85 et 86 ; sur la théorie et la pratique, *ibid.*, pp. 65 à 95.

14. Pour ce qui est de l'utilisation du terme « clarification » plutôt que « purgation », plus couramment employé pour traduire le terme $\kappa\alpha\theta\alpha\rho\sigma\iota\sigma$ d'Aristote, cf. Martha C. Nussbaum, *The Fragility of Goodness : Luck and Ethics in Greek Tragedy and Philosophy*, Cambridge, Cambridge University Press, 1986, p. 388 à 390 ; au sujet de *delectare et docere* dans l'œuvre de Testa, cf. Cropper, *op. cit.*, pp. 96 et 97.

15. Marc Fumaroli, *L'Inspiration du poète de Poussin : essai sur l'allégorie du Parnasse*, Paris, éditions de la Réunion des Musées Nationaux, 1989 ; au sujet de la datation, cf. Christopher Wright, *Poussin : Paintings : A catalogue raisonné*, Londres, Jupiter Books, 1984, pp. 163 et 164, 166 et 167 ; sur l'esthétique des productions festives des Barberini, cf. Frederick Hammond, *Music and Spectacle in Baroque Rome*, New Haven et Londres, Yale University Press, 1994, pp. 199 à 201 ; citation de Testa, cf. Cropper, *op. cit.*, p. 96.

16. Glareanus, *Dodekachordon*, p. 117, cité dans *The New Grove Dictionary*, Londres, Macmillan, 1980, entrée « Mode », vol. 12, p. 408.

17. Carter, loc. cit.

18. Cf., par exemple, Girolamo Mei *in* Palisca, *op. cit.*, pp. 66 et 67.

19. *New Grove Dictionary*, art. cit., pp. 411 et 412.

20. Cropper, *op. cit.*, pp. 187-271

21. Lewis Carroll, *De l'autre côté du miroir*, texte traduit par Henri Parisot, Paris, 1990, éd. Gallimard, collection « La Pléiade », pp. 316-317.

22. Cité in Cropper, pp. 138 et 139.

23. *Lyra Barberina* I, « Trattato I. Sopra il Genere Enarmonico », p. 303 : « *Onde siccome nelle pitture di chiaroscuro non si tien conto, se non del colore prinicipale, e però si chiamano in Greco* monochromati, *benchè oltre il nero, per esempio, vi sia talvolta il fondo, o campo d'altro colore, ponghiamo caso bianco, e di più gli ombreggiamenti di mezzo ; così nel caso nostro una simil melodia si potrà chiamare sempre Enarmonica assolutamente* ».

24. Cropper, *op. cit.*, p. 138.

25. Cité par Montagu, *op. cit.*, pp. 190 et 191, n. 10.

26. Montagu, *op. cit.*, p. 191, n. 22 ; Fumaroli, *L'Inspiration*, pp. 49 et 50. Dal Pozzo avait même été chargé de superviser la restauration d'un magnifique clavecin qui, ayant fait partie de la succession du cardinal Del Monte, avait été acheté par le cardinal Francesco Barberini (Hammond, *op. cit.* pp. 90 et 91, 303).

27. Doni déclara dans une publication que même le *Lamento di Arianna* de Claudio Monteverdi, la composition vocale la plus célèbre de cette période, devait davantage son succès au librettiste, l'aristocrate florentin Ottavio Rinuccini, qu'à son compositeur plébéien.

28. Au sujet de Doni, cf. Hammond, *op. cit.*, p. 99 à 102, et 306-307 ; au sujet de Della Valle, *ibid.*, pp. 102 et 307.

29. Doni, « Trattato della musica scenica », *Lyra Barberina* II, p. 52 à 54. Le manuscrit *Dialogo* fut publié en fac-similé par Howard Smither, *Oratorios by Pietro Della Valle...*, The Italian Oratorio I, pp. 1 à 36, New York, Garland, 1986.

30. Roberto Pagano, *Scarlatti : Alessandro e Domenico : Due vite in una*, Milan, Mondadori, 1985, p. 167.

31. Konrad Oberhuber, *Poussin : The Early Years in Rome. The origins of French Classicism*, New York, Hudson Hills Press, 1988, p. 37.

32. Claire Pace, *Félibien's Life of Poussin*, Londres, Zwemmer, 1981, p. 114 (Félibien, pp. 21 et 22). Poussin a aussi étudié les traités de perspective du maître du Dominiquin, Padre Zaccolini († 1630), dont les originaux faisaient partie de la collection Barberini mais dont des copies, qui remontent à Cassiano (Janis C. Bell, « Cassiano Dal Pozzo's Copy of the Zaccolini manuscript », in *Journal of the Warburg and Courtauld Institutes* LI, 1988, pp. 103 à 125, pp. 108 à 111) font actuellement partie du fonds Ashburnham de la Bibliothèque Laurentienne de Florence.

33. Blunt, *Poussin* I, p. 100.

34. Patrizio Barbieri, « Cembalaro, organaro, chitarraro e fabbricatore de corde armoniche nella 'Polyanthea technica' di Pinaroli (1718-1732) », *Recercare* 1, 1989, pp. 123 à 209, p. 148 ; Hammond, *op. cit.*, p. 305, n. 24 ; Richard Spear, *Domenichino*, New Haven, Yale University Press, 1982, texte pp. 40 à 42 ; pour la relation entre les études musicales du Dominiquin et son utilisation de la couleur, cf. pp. 67 et 68.

35. Doni cita Zarlino, qu'il appelait « *il Principe veramente de' Prattici moderni* » (*Musica scenica*, XVI, p. 42), contre le système de Vicentino et désapprouva l'instrument de Stella, qui lui fit suite (*Trattato della musica scenica* XV, p. 39, XVI, p. 43).

36. Domenico Mazzocchi, *Dialoghi e sonetti posti in musica*, Rome, Zannetti, 1640 / Bologne, Forni, 1969.

37. Montagu, art. cit., p. 242.

38. Éd. A. Tessier, Paris, *Publications de la Société Française de Musicologie*, vi-vii, 1932 ; cf. Montagu, art. cit., p. 236 et n. 12.

39. Cf. la lettre du 4 avril 1642 que Poussin adressa à Cassiano Dal Pozzo (éditée par Anthony Blunt, *Nicholas Poussin, Lettres et propos sur l'art*, Paris, Hermann, 1964, p. 54), où il dit être « empêché par des bagatelles telles que dessins de frontispices de livres, ou dessins pour orner des cabinets, des cheminées, des couvertures de livres et autres niaiseries ».

40. Wright, *Poussin : Paintings*, p. 192, 249.

41. Pour les opéras Barberini, cf. Hammond, *op. cit.*, p. 198 à 254, et Margaret Murata, *Operas for the Papal Court, 1631-1668*, Ann Arbor, UMI Research Press, 1981.

42. Wright, *op. cit.*, pp. 188 et 189 ; le présent peut être daté très précisément de 1638 ; John Beldon Scott, *Images of Nepotism : The Painted Ceilings of Palazzo Barberini*, Princeton, N. J., Princeton University Press, 1991, p. 39.

43. Doni, *Lyra Barberina* II, p. 203.

44. Charles Le Brun, qui accompagna Poussin à Rome en 1642, produisit une série de dessins détaillant le costume et les coutumes antiques (Montagu, *op. cit.*, p. 15, 31, 195, n. 8).

45. *Musica scenica* **XXV**, p. 73 ; *Discorso della ritmopeia de' versi latini, Lyra Barberina* II, p. 203 à 225.

46. Zarlino IV/32, p. 438. Un passage que Poussin ne cite pas permet de mieux saisir sa citation : « *imperoche se nell'oratione, ò per via della narratione ò della imitatione (cose che si trovano in lei) si può trattare materie, che siano allegre ò meste ; overamente gravi, & anco senz'alcuna gravità ; simigliatemente materie honeste, over lascive* ».

47. Préface aux *Madrigali guerrieri, et amorosi*, in *Claudio Monteverdi : Lettere, dediche, et prefazioni*, édité par Domenico de' Paoli, Rome, De Santis, 1973, p. 415 à 420.

48. Outre l'emploi onomatopéique des mots en poésie, le concept de « disposition des pieds » renvoie peut-être au *De musica libri sex* de saint Augustin, ouvrage dans lequel l'auteur examine l'aspect rythmique de la musique à partir d'une analyse du vers métrique – le seul système de notation rythmique dont il disposait – basée sur *L'Énéide* et partant des relations proportionnelles et harmonieuses perceptibles dans la versification.

Milovan Stanic

Le *mode énigmatique* dans l'art de Poussin

Ce que je voudrais aborder concerne une particularité de l'art poussinien qui a été, certes, déjà remarquée et discutée, mais souvent de manière si subtile et si complexe qu'on pouvait craindre de ne plus retrouver cette clarté et cet ordre recherchés par Poussin lui-même, suivant ses propres mots. Il n'en est pas moins vrai que la clarté peut aussi viser des réalités qui échappent par définition aux lumières qui lui sont propres. Que l'on songe aux ténèbres des *Bergers d'Arcadie* du Guerchin, tableau sans mystère aucun, alors que les lumineux *Bergers* de Poussin sont énigmatiques au possible. Ici, chez Poussin, tout est là et en pleine lumière, tout éclate aux yeux – et pourtant tout reste à dire. Je tenterai donc de concentrer mon attention sur cette particularité (que j'appelle le *mode énigmatique*), afin de pouvoir la saisir comme essentielle dans de nombreuses compositions du *peintre philosophe*, ou à ce que l'on pourrait appeler sa *pensée de l'art*. Il s'agit bien d'un principe, et c'est pourquoi je serai amené à scruter quelques exemples avant et après le moment historique précisé par le titre du présent colloque (et je m'empresse d'ajouter que je ne pourrai commenter qu'un nombre restreint d'exemples choisis[1]). L'avant et l'après sont nécessaires pour rendre évident le principe du *mode énigmatique* – quoique le « carrefour des années 1630 » soit, je le pense par ailleurs, tout à fait important aussi dans l'orientation de la recherche poussinienne vers ces éléments emblématiques et énigmatiques. En effet, à partir du moment où le peintre se concentre sur la réalisation de petits formats, compositions *en profondeur* pour ainsi dire, tout se passe comme si le resserrement des surfaces allait être compensé, et plus que compensé, par l'élargissement, ou par la conquête des espaces illimités, des espaces invisibles, des espaces mentaux ; conquête qui est aussi, comme on le verra, celle du *temps*.

Tout d'abord, il convient de méditer un instant sur ces œuvres où Poussin s'est plu à placer quelque chose d'essentiel, en toute simplicité, hors des cadres du tableau. Avant d'aller plus loin, je dirai que ce moyen élémentaire concerne déjà de près la question des énigmes poussiniennes. Que vise une composition qui soustrait à nos yeux les visions réelles ou imaginaires des personnages du tableaux, sinon l'orientation de notre regard vers des sphères intelligibles, celles qui, dans leur essence, sont irreprésentables ? Ce procédé d'*ellipse figurative* est un signe puissant qualifiant la nature même de ce qui échappe au regard : d'élément du discours pictural dans le cas d'une image allégorique (ou autre), l'invisible, que l'on doit maintenant constituer dans la pensée, devient un moment qui transcende ce même discours. Engagée dans cette constitution de l'élément invisible, notre pensée le reconnaît du coup comme l'élément supérieur, l'élément unificateur, autrement dit : le *sujet transcendantal* de l'œuvre.

Que voit, si toutefois il voit quelque chose au sens propre du terme, le poète de l'*Inspiration* du Louvre ? Nous l'ignorons… et nous *devons* l'ignorer. Après la lecture des éléments iconographiques, de l'ordre de la représentation, de la rhétorique narrative, et après avoir apprécié les beautés, bref, après la considération de la partie « pratique » du tableau[2], il faut constater que l'essentiel n'est pas manifeste, et que le sens de l'œuvre se situe moins dans ses parties visibles que dans notre attitude par rapport à une vérité invisible que suggère pour nous l'image. Avec son poète du Louvre, Poussin a arrêté le moment du *saut* de l'inspiration à la création. Car il y a toujours un seuil à franchir entre les sphères ontologiquement séparées, un seuil qui ne fait pas lui-même partie du chemin et dont le passage demande une aide extérieure : Apollon donne l'impulsion, inspire, allume le *furor poeticus*, ordonne l'œuvre, mais l'*idée de l'œuvre* appartient à l'artiste, et celle-ci est, en elle-même, irreprésentable. On pourrait rapprocher les gestes visibles dans cette composition singulière de ce que dit Plutarque concernant le rôle d'Apollon en tant qu'inspirateur des vers prophétiques des sibylles : « Ne croyons pas que c'est le dieu qui a fait [les vers], mais qu'il a donné l'impulsion du mouvement, que chacune des prophétesses a reçue suivant sa nature. […] Ce n'est pas au dieu qu'appartiennent la voix, les sons, les expressions et les vers, c'est à la femme qu'il inspire ; pour lui, il se contente de provoquer les visions de celle-ci et de produire en son âme la lumière qui lui éclaire l'avenir : c'est en cela que consiste l'*enthousiasme*[3]. »

L'*Inspiration du poète*, baignant dans cette tonalité de l'or lumineux, renvoie à l'idéal du *divino poeta*, tradition reprise par la Renaissance et réactualisée à l'époque du pontificat du pape-poète Urbain VIII. En s'abandonnant à ce rythme subtil, qui fait également songer de manière irrésistible aux écrits hermétiques ou mystiques qui lancent le voyage de l'âme vers les régions les plus hautes, on est tenté de dire que nous touchons là au *sujet* de l'œuvre poussinienne, à la fois caché et manifeste : l'*ascensio animæ* qui conduit l'âme poétique d'ici-bas jusqu'en ce lieu transcendant d'où elle contemple les modèles de ses compositions. Tout à fait significatif me semble le fait que l'Apollon de la composition poussinienne ne représente ici qu'une étape sur ce chemin, alors qu'il est pensé dans la tradition comme l'orchestrateur parnassien suprême. La voie, qui mène de la flûte d'Euterpe (plaisir) à la lyre d'Apollon (ordonnance) et, pour finir, à la vision céleste du poète (idée de l'œuvre), pourrait suggérer l'ascension chronologique parcourue, depuis les débuts grecs et les modèles romains de l'âge d'or augustéen, jusqu'aux régions les plus hautes, s'approchant d'un idéal contemporain du *Parnassus Christianus* et du *poeta theologus,* figures chères au cercle d'Urbain VIII dans la Rome des années 1630[4]. Peut-être Poussin (ou son commanditaire) songe-t-il au passage de *Phèdre* : « L'espace qui s'étend au-dessus du ciel, nul encore de *nos poètes* ne l'a chanté, nul ne le chantera jamais comme il en est digne. Je vais dire ce qui en est […] : une essence sans couleur, sans forme, impalpable, visible seulement au guide de l'âme[5]… »

Le tableau appelé *Prise de Jérusalem par Titus* peut être comparé avec l'*Inspiration* sur un point précis. Titus à cheval, arrivé avec d'autres soldats romains devant le Temple en train d'être pillé, regarde quelque chose hors du cadre du tableau. Les interprètes disent en général que les Romains voient les flammes sur le toit du Temple que Titus voulait sauver. C'est possible, mais les gestes éloquents des personnages suggèrent plus que cela : ces Romains, qui ont vu d'autres flammes dans la ville incendiée, expriment un étonnement si fort qu'on est en droit de dire qu'ils voient quelque chose de merveilleux, ou de miraculeux. Par leurs attitudes, ils orientent notre attention vers ce qui est fondamental et va bien plus loin que les massacres et les désastres habituels de la guerre : le sens providentiel de l'histoire qui se déroule devant nos yeux. Pour toute conscience de l'époque, il était inconcevable qu'un événement d'une telle importance pour l'histoire universelle (destruction du second Temple, dispersion des Juifs, rendus responsables de la mort du Christ, suivant l'interprétation délivrée par toute la tradition chrétienne) ait pu survenir sans avoir été prédit, signalé, accompagné par des signes particuliers. Flavius Josèphe, la source textuelle de Poussin, parle dans un chapitre entier de ces signes, entre autres d'« une comète qui avait la figure d'une épée [et qui] parut sur Jérusalem durant une année entière[6] ». Cette comète évoquée par Josèphe pouvait être supposée par Poussin comme étant encore visible pendant les combats devant le Temple. Alors : incendie ou comète ? Peu importe, en fin de compte, car de ce *signe*, invisible pour nous, Poussin a fait l'élément essentiel de sa composition, l'élément qui transcende la représentation des désastres, élément au moins aussi important, sinon plus, que la vraisemblance du cadre architectural et l'exactitude de la reproduction des objets particuliers. Au-delà du cadre événementiel, qui ne serait qu'une vulgaire scène de bataille de plus, la présence d'un *signe* confère une unité spirituelle à l'œuvre, devenue ainsi témoignage sur l'immixtion de la providence divine dans le cours du temps[7].

Au milieu de son premier *Triomphe de David*[8], Poussin a placé cet ange de la Victoire, vision allégorique nettement distinguée du reste, présence à l'allure étrangement païenne et qui, avec ses deux couronnes, renvoie à un sens universel, présent et futur, de l'histoire de David dans l'Ancien Testament. Dans le deuxième *Triomphe*[9], il n'y a plus ce heurt visible et, pour signaler la présence de la Providence, Poussin a inventé un composé emblématique, un fragment d'architecture placé de manière ostensible au premier plan (fig. 1). Il s'agit d'un morceau renversé, tombé d'une corniche en partie ruinée, mais intacte dans sa partie supérieure (les denticules plus précisément), comme pour signaler que de cette victoire sortira un jour le nouveau Temple des juifs[10] (c'est en

effet Salomon qui réalisera la promesse du second Temple, faite par l'Éternel à son père David). Le nombre de ces petits cubes si ostensibles montés sur la corniche est peut-être significatif : il y en a six, six étant un chiffre symbolique comme tous les chiffres et défini par saint Augustin comme celui qui signale la « perfection des œuvres

Fig. 1. Nicolas Poussin, *Le Triomphe de David* (détail), Londres, Dulwich Picture Gallery.

divines ». Ce n'est pas encore la perfection pleine du chiffre sept, chiffre qui annonce le repos de Dieu où, pour la première fois, il est parlé de sanctification, mais il ne faut pas oublier que nous sommes ici dans le cadre de l'Ancienne Loi.

Un emblème comparable sera composé par Poussin, plus tard, dans son *Éliézer et Rébecca*. Félibien, qui dit se trouver encore à Rome lorsque la pensée de cette composition vint à Poussin (il est à Rome de 1647 à 1649), donne une longue et précise description du tableau dans ses *Entretiens*[11], description à laquelle il ne reste rien à ajouter, sauf une remarque au sujet de cette lourde colonne carrée surmontée d'un globe, élément trop important et trop curieux dans l'ensemble de la composition pour ne pas suggérer un sens particulier. L'origine emblématique de ce monument se laisse discerner assez facilement : il s'agit de la conjonction de la Vertu, représentée par la base carrée, et de la Fortune, représentée, suivant la tradition, par le globe. Le puits, le *locus Fortunae* où finit le voyage d'Éliézer parti à la recherche d'une femme vertueuse pour Isaac, fils de son maître Abraham, est marqué par cet emblème qui fait figure de commentaire condensé de la scène. Rébecca, dont le nom signifie « patience », une vertu éminente, rencontre son destin en la figure du serviteur d'Abraham, qui représente la parole prophétique. L'emblème monumental, *virtus* et *fortuna*, l'un des préférés d'Alberti, l'emblème humaniste par excellence dont se souvint encore Goethe, qui le plaça dans le parc du château de Weimar, cet emblème prétendument *naturel*, rappelle dans le tableau de Poussin le doigt de Dieu orchestrant l'histoire humaine.

Pris isolément, les éléments susceptibles d'une lecture emblématique sont souvent à peine discernables comme tels. De plus, il faut que l'économie de l'ensemble impose une telle reconnaissance. La nature la plus profonde de ces signes est justement leur truisme, leur caractère de *lieux communs*, à un pas de l'anecdotique insi-

gnifiant. Quand il ne s'agit plus d'un cadre événementiel prédestiné à une lecture anagogique (comme, par exemple, la destruction du Temple), les signes retrouvent toute l'ambiguïté des événements naturels. Dans l'*Extrême-Onction*, de la série des *Sept Sacrements* peinte pour Cassiano Dal Pozzo, Poussin a introduit à l'extrême droite de la composition la figure d'une jeune servante, qui s'envole de la chambre endeuillée en souriant gracieusement dans notre direction. Anecdote, « little by-play » comme l'a noté Antony Blunt[12]? Un livre d'emblèmes, célèbre en son temps, montre une image où la même constellation est représentée, accompagnée d'une explication morale : « Il n'est rien si court que la vie »

Fig. 2. *Quid enim velocius ævo*, emblème de Otto Vaenius, *Le Spectacle de la vie humaine…* (éd. 1755).

(fig. 2). « D'un côté s'enfuient la Jeunesse et la Beauté… », dit le texte qui accompagne l'édition française de cet ouvrage de Vaenius, *Horatii emblemata*[13]. Certes, il y a un monde entre l'emblème composé pour frapper la vanité des « pauvres mortels » qui ont du mal à quitter les choses inutiles dont il se sont entourés, et la gravité de l'*Extrême-Onction* ; et pourtant l'association de ce détail à la mort du chrétien n'est pas hors de propos. La « jeunesse et la beauté » de la jeune servante introduisent dans l'image de la mort un accent d'espoir que reprend à sa manière la seconde version du thème, l'*Extrême-Onction* peinte à l'intention de Chantelou : ici, dans une ambiance beaucoup plus sombre et pathétique, il y a une servante assise, peinte du même côté que celle du premier tableau, et qui contemple le bouclier accroché au-dessus du lit, plus précisément le signe sur le bouclier, le monogramme du Christ, signe du Sauveur. Dans les deux cas donc, une occasion de dire que la mort n'aura pas le dernier mot, la première fois de la manière la plus naïve, la plus *naturelle*, si l'on veut, la seconde fois, parfaitement incorporée dans le cadre de la foi qui prêche la résurrection de la chair. Le bouclier du « soldat chrétien » lui-même n'est en réalité qu'une variante de l'ornement du mur derrière le mourant dans la première version, ornement en forme de cercle parfait que l'on trouve sur de nombreuses représentations de sarcophages. À la fin de la série des *Sacrements*, le cercle figure l'achèvement de la vie du parfait chrétien et l'éternité qui est maintenant la sienne, sa vie spirituelle plus précisément, qui commence avec le baptême et passe par l'observation des rites sacramentaux.

Il convient d'évoquer ici quelques autres composés emblématiques insérés dans les *Sacrements* pour Dal Pozzo et pour Chantelou, et tout d'abord ceux de l'*Ordre*. Dans la version Dal Pozzo, la scène est placée dans un paysage où l'on aperçoit, en arrière-plan, un bocage avec des personnages habillés à l'antique dans une posture de loisir ; un autre homme déambule à proximité du groupe principal, en lisant dans un livre ouvert. L'avertissement est net : dans un lieu naturel où les sages païens discutent en cherchant la vérité éclairés par leur seule raison, où les juifs errent en lisant dans leur Livre, se déroule un épisode éminent de l'histoire du Salut, éclairé par la parole du Christ, à laquelle ils ne semblent même pas prêter attention[14].

Avec le E emblématique de la seconde version de l'*Ordre*, Poussin renforce encore la tension entre l'ambiance judéo-grecque et la petite communauté essénienne qui reçut la grâce de la foi. Le lieu où Jésus révèle sa vocation à Pierre est marqué comme lieu sacré des mystères où l'Apollon delphique rendait ses oracles, oracles qui disparaissent précisément à l'époque de l'avènement du Christ[15]. Or l'énigme de la lettre E taillée dans la pierre carrée, énigme que les philosophes et les prêtres de l'Antiquité tentèrent en

Fig. 3. Nicolas Poussin, *L'Ordre*, sixième planche de la suite gravée par J. Dughet, dédiée à Cassiano Dal Pozzo.

vain de résoudre aux dires de Plutarque, trouve, au sein de la composition poussinienne, une explication dans l'incarnation du Verbe divin et dans *son* ordre. Combien Poussin tenait à cet élément, le poteau avec la lettre E, cela ressort clairement de la gravure sortie de chez Jean Dughet et qui, censée reproduire l'*Ordre* de la première série, mériterait d'être considérée comme la troisième version du sujet. Le graveur garde la disposition du groupe de la première version avec le personnage qui lit dans son livre, mais ajoute le poteau emblématique de la seconde, de sorte que la main levée de Jésus pointe tout droit en direction de la lettre E, remplaçant par celle-ci, avec le reste de l'arrangement architectural, le *sacro bosco* ainsi que les philosophes de la version Dal Pozzo[16] (fig. 3). Tout en s'adressant à Pierre, le geste éloquent de Jésus sonne le glas des oracles, et en outre par le geste de la donation des clefs, il se signale lui-même comme la vraie clef, *clavis universalis* des mystères païens. On pourrait comparer l'allusion poussinienne avec cette gravure, à la limite de la caricature, insérée dans l'ouvrage hollandais de W. Goeree, *Voor-bereidselen tot de Bybelsche Wysheid* : l'ange de l'histoire contemple Jésus, l'Alpha et l'Oméga, qui donne un coup de pied à tout cet héritage obscur des hiéroglyphes et autres écritures de même ordre, en se présentant comme le sens unique, le *sens littéral* de l'histoire universelle[17] (fig. 4). En effet, une tradition tenace, entretenue encore au XVIIIe siècle par les apologistes chrétiens, affirmait qu'avec la venue du Christ disparaissaient les oracles anciens. Oracles, mais aussi les prophéties : dans l'un de ses emblèmes, Gabriel Rollenhagen parle du « désiré Messie [qui] vint mettre fin à toute prophétie ; [et] nous écoutons très heureux, sa sainte parole qui nous ouvre les cieux[18] ».

Le même support que dans l'*Ordre* fut utilisé par Poussin, de manière très subtile d'ailleurs, dans la *Pénitence*, l'autre composition de la première série des *Sacrements*. L'œuvre originale a disparu dans un incendie, comme on sait, mais une gravure de Jean Dughet et une copie peinte nous en gardent le souvenir[19]. Les deux *témoins* sont identiques, à un détail près, détail emblématique très intrigant justement et qui, chose curieuse, n'a jamais encore été pris en considération. En effet, dans la copie peinte se trouve un poteau en arrière-plan, très ressemblant à celui du tableau de l'*Ordre*, portant à la place de la lettre E une main ouverte avec un œil au milieu, image bien connue des

Fig. 4. « *Je suis l'Alpha et l'Oméga…* », gravure dans W. Goeree, Voor-bereidselen tot de Bybelsche Wysheid…, vol. I, Amsterdam, 1690, p. 50.

livres d'emblèmes, absente dans la gravure[20] (fig. 5). Laquelle des deux reproductions, la peinture avec, ou la gravure sans la « main œillée » (*oculata*), correspond à l'original ? Je suis convaincu que la copie peinte reproduit plus fidèlement l'original. On pourrait avancer l'argument, considérant les libertés prises en général par Dughet avec les *Sacrements* de la première série, que la répétition d'un élément emblématique, très ressemblant à celui déjà utilisé dans l'*Ordre,* avait pu être ressentie comme gênante et peu originale dans l'ensemble de la série

Fig. 5. Nicolas Poussin, *La Pénitence* (détail de la copie peinte du tableau perdu, série des Sacrements Cassiano Dal Pozzo), New York, Lew Sonn Collection.

gravée. Le copiste-peintre travaille d'après les tableaux de Poussin à Rome, comme nous le savons positivement, les copies de toute la série devant remplacer les originaux sur place pour que ceux-ci puissent être vendus à un acquéreur anglais. Le copiste aurait-il pris le risque d'introduire de sa propre initiative la main avec son œil dans le tableau qu'il reproduisait, de manière si précise par ailleurs[21], et à une époque où de tels emblèmes n'étaient plus guère en vogue ? Quoi qu'il en soit, il me semble possible de voir cet emblème comme partie intégrante, importante même, de la *Pénitence* peinte pour Cassiano Dal Pozzo.

Le festin est le lieu des plaisirs sensuels : comment ne pas le voir, ne pas y participer ? Il faut considérer le fait qu'il s'agit d'un banquet, de l'abondance de la nourriture et des boissons, fait exceptionnel encore au Grand Siècle ; les gestes des convives autour de la table de Simon le pharisien, nous invitant à manger et à boire, sont éloquents en ce sens. Ne pas manger est un signe hautement symbolique, et la *pénitente*, préfigurant ses jours futurs, fait ici déjà figure de folle, ou de sainte.

Dans le très riche contexte de la pécheresse pénitente, l'emblème de la *manu oculata* s'insère naturellement. Chez Alciati, il est accompagné de l'inscription « Crois ce que tu vois », morale tirée de Plaute dans *Asinaria* (202 *sq.*) : « Semper oculatae manus sunt nostrae, credunt quod vident ». Jean Baudoin, qui reprend au XVIIᵉ siècle l'emblème tel quel, écrit à propos : « Ce qui signifie, si je ne me trompe, qu'il faut [...] comme l'on dit, toucher au doigt ce qu'on nous rapporte, avant qu'y ajouter foi[22]. » Voir pour croire, porter les yeux sur les bouts des doigts, toucher de la main avant que de prêter foi : Jésus le disait à plusieurs reprises à l'intention des pharisiens sur un ton de reproche. « Si vous ne voyez pas des signes et des prodiges, vous ne croirez pas ! » (*Jn.*, 4, 48) ; l'emblème figure donc logiquement comme une enseigne de la maison de l'hôte où se déroule le repas. L'acte de Madeleine cependant, commis sous l'impulsion instinctive du cœur, révèle une qualité autre, exactement inverse de celle du maître de maison. Ce que fait Madeleine, elle le fait, guidée par la foi, non par l'intérêt ou le devoir : « Parce que tu me vois, tu crois », dit Jésus à Thomas l'incrédule, mais il ajoute : « Heureux ceux qui n'ont pas vu et qui ont cru » (*Jn.*, 20, 29). La tradition a plusieurs fois essayé d'intégrer ce renversement du *Vide et fide*, ainsi Rollenhagen dans le *Nucleus emblematum*, où il ajoute à l'emblème consacré de la *oculata manu*, sans commentaire supplémentaire, un cœur ardent[23]. En réalité, il ne fait qu'exprimer une définition de la foi bien augustinienne : « Bien qu'on dise qu'on ne croit que ce qu'on voit, comme on dit, qu'on se fie à ses propres yeux, telle n'est pas pourtant la foi qui est édifiée en nous, mais à partir des choses que nous voyons nous sommes conduits à croire ce que nous ne voyons pas[24]. » En prenant le composé de Rollenhagen comme base, la scène naturelle de Poussin fait elle aussi l'effet d'un *contraste moral :* du *vide et fide* de la maison de Simon, au *fide et vide*, le cœur ardent de Marie Madeleine.

Le fait est qu'avec le Christ, incarnation du Verbe, signe suprême, le problème de la représentation du fait miraculeux se pose différemment. Des signes, il en fait beaucoup, mais c'est comme malgré lui, l'air toujours condescendant et agacé par la faiblesse humaine qui a besoin d'eux pour croire. Tout en les accomplissant, il renvoie à lui-même comme le seul, le vrai, le signe absolu : *Ego sum…*, deux paroles auprès desquelles l'éloquence avec tout ce qu'elle a de plus fort ne serait que « des orages en peinture[25] ». Le laconisme du Christ, son expression naturelle, est l'un des signes de son origine divine. De cette simplicité rhétorique émane une énergie qui est une manifestation de l'Essence et de l'Énergie de Dieu qui le rend présent pour nous. L'altérité de Jésus, des signes faits par Jésus, son originalité par rapport à la tradition, ont été expliquées par Bossuet :

« Ses miracles sont d'un ordre particulier, et d'un caractère nouveau. Ce ne sont point des signes dans le ciel, tels que les Juifs les demandaient (*Matth.*, 16, 1) : il les fait presque tous sur les hommes mêmes, et pour guérir leurs infirmités. Tous ces miracles tiennent plus de la bonté que de la puissance, et ne surprennent pas tant les spectateurs, qu'ils les touchent dans le fond du cœur. Il les fait avec empire : les démons et les maladies lui obéissent ; à sa parole les aveugle-nés reçoivent la vue[26]… »

Il y a dans les *Aveugles de Jéricho* un signe emblématique placé à gauche de la composition. Dans un dessin conservé à Windsor, Poussin avait songé d'abord à un composé très proche de celui de la seconde version du *Triomphe de David*. Dans le tableau des *Aveugles*, l'emblème est constitué d'une grande pierre carrée sur laquelle est posé, comme négligemment, un bâton : le bâton de l'aveugle se repose sur le Christ, la *pierre angulaire*… les accidents ressemblent à s'y méprendre à la simple nature, et pourtant il s'agit de ces *muta signa*, le langage emblématique étant celui où éclate l'ordre providentiel des choses aux apparences contingentes, l'ordre *moral* qui transcende la condition *temporelle* des événements.

Chez Cesare Ripa, le *Secret* est signalé par un sphinx et par des habillements sombres, symbole de constance et de fermeté[27]. Le portrait du *peintre philosophe,* dessiné à la sanguine par Filippo Germisoni[28], utilisant l'*Autoportrait*-Pointel et plaçant en arrière plan un sphinx, vise, semble-t-il, directement un *Poussin énigmatique*, un *Poussin secret*, représenté ici comme le Secret personnifié[29] (fig. 6). Poussin lui-même avait figuré une fois l'« obscurité des choses énigmatiques » par un sphinx, dessiné à Paris pour le frontispice de la *Bible*[30]. Chez Poussin, le sphinx représente l'énigme en tant que telle, plus précisément les secrets que contient le livre fermé sur lequel il est placé, opposé par contraste direct à l'ange illuminé de l'Histoire[31]. Souriant, le pied posé sur la pierre angulaire (ici encore emblème du Christ), celui-ci contemple ce qui est derrière lui et qu'il semble voir clairement et distinctement. Avec son livre ouvert signalant la solution des mystères dans le Nouveau Testament, ce *sensus literalis* de l'époque de la Nouvelle Loi est opposé au *sensus mysticus* de l'époque de l'Ancienne.

La femme au diadème de l'*Autoportrait-Chantelou*, avec son œil ouvert, est en revanche un composé tout à fait singulier, de première importance dans l'œuvre de Poussin. Bellori, soucieux de condenser le message de l'œuvre peinte pour Chantelou, avait désigné la figure dans sa *vita* du peintre comme étant l'emblème, pêle-mêle, de la « peinture », de « l'amour de la dite peinture » et de « l'amitié à qui le portrait est dédié ». Il est rare pourtant qu'un manuel iconologique de l'époque manque de signaler que l'œil ouvert appartient à la Prudence, ou à la Providence. Et Poussin pouvait par ailleurs se référer à plu-

Fig. 6. F. Germisoni, *Nicolas Poussin*, dessin à la sanguine, vers 1716-1724.

sieurs exemples connus pour l'emploi de l'œil de la Prudence, ou Providence, notamment à Rubens. Mais, ceci étant dit, la lecture de Bellori, qui voulait voir « la Peinture » dans la femme du tableau poussinien, n'est pas sans fondement. Car, au XVIIe siècle encore, après avoir été d'une importance capitale pour la pensée de l'art à la Renaissance, la prudence pouvait être considérée comme un art[32], ou mieux, l'art pris dans le sens d'un exercice de la prudence. Les exemples à citer en ce sens seraient innombrables. Cicéron désignait déjà les arts, par analogie avec la nature et l'intelligence de l'univers, comme *providence :* les dieux, l'art et la nature opèrent « conformément à une certaine méthode », leur soin étant de veiller à ce que tout soit toujours bien constitué, à ce que rien ne manque et à ce que soient rassemblés toutes les beautés et tous les ornements possibles[33]. Les traités d'art et de rhétorique composés dans l'esprit de la Contre-Réforme insistaient particulièrement sur l'aspect médiateur de la *prudence* qui, reliant le jugement esthétique et la vertu chrétienne, permettait l'évaluation de l'artiste, de son talent et de son caractère, à travers le décorum (l'unité en vue des fins) réalisé dans l'œuvre. Pour tempérer l'impétuosité du *furor*, la solution est à chercher du côté de l'objectivité du *judicium* que propose le concept du décorum, et il n'est pas surprenant de voir l'importance qu'accordent des théoriciens comme Molanus, Possevino, Bocchi, Gilio, le cardinal Paleotti, et d'autres, à la nécessité d'apprendre à l'artiste les vrais buts de son art par les voies de la *prudentia*. « On pourrait arguer de nombreux exemples, écrit aussi l'Espagnol Francisco Pacheco, afin de montrer combien les peintres se perfectionnent dans

101

l'exercice de cet art noble que Cicéron appela art de la prudence, ce qui revient à dire, de l'entendement[34]. » Mais on pourrait aussi citer Bellori lui-même, sa conférence sur l'*Idea* notamment, où l'idée de l'artiste est explicitée en tant que « perfection de la Nature, miracle de l'Art, *providence de l'entendement*... ». Et G. B. Marinella, le bibliothécaire de Cassiano Dal Pozzo, écrit dans son introduction au catalogue des dessins de Poussin appartenant à Camillo Massimi, juste avant le dessin réalisé d'après l'*Autoportrait*-Chantelou :

« Ainsi Poussin, par ses dessins que l'on montre ici, ayant formé dans son esprit cette idée, a réalisé par la suite dans ses œuvres la perfection de la beauté naturelle et a réuni le vrai et le vraisemblable des choses soumises à l'œil, aspirant toujours à atteindre l'excellent et le merveilleux : c'est de cette manière que les génies éclairés (*chiari ingegni*) cultivant l'art de la peinture, *une fois formée dans leurs esprits cette idée, c'est-à-dire la Providence de l'entendement (Providenza del'intelletto),* récoltent les honneurs et atteignent la gloire, puis, une fois ouverts les rideaux du temple de la Vertu, ils y sont accueillis, et par la main de celle-ci, ils acquièrent le rameau d'or[35]. »

Ici donc, dans l'*Autoportrait*, associant l'art de la peinture et l'art de la prudence, Poussin semble avoir laissé entrevoir un instant le ressort secret de sa pensée de l'art. Désignant la ressemblance de l'artiste, orchestrateur des signes dans l'œuvre d'art, et de Dieu, créateur souverain de la nature, la prudence est identique avec la sagesse, c'est-à-dire avec l'*idea* de l'artiste : « Et ainsi peut-on conclure que la peinture n'est autre qu'une idée des choses incorporelles[36]... » Mais il ne faudrait pas oublier que Poussin ne consentit à exécuter ce portrait qu'après de longs atermoiemenets. La raison en est facile à deviner : la peinture de portraits était traditionnellement assujettie à la contrainte stricte de *faire ressemblant*, c'est-à-dire d'imiter rigoureusement la nature, exercice qui ne pouvait qu'indisposer un artiste tel que Poussin. Bellori a nettement exposé ce dilemme dans sa conférence sur l'*Idea* : « ...il nous semble, écrit-il, que Castelvetro n'a pas eu raison [...] en affirmant que l'essence de la peinture n'est pas de former une image belle et parfaite, mais de former une image semblable au modèle naturel [...]. Ces propos de Castelvetro ne peuvent s'appliquer qu'aux seuls peintres d'images et de portraits, lesquels ne suivent aucune Idée et sont soumis à la laideur du visage et du corps... » Poussin, en consentant à faire son autoportrait, tenait donc à introduire, avec le composé emblématique de la Prudence-Providence du peintre, un correctif essentiel, celui qui lui permit de montrer l'inspiration profonde de son art, tout en respectant les règles du genre.

Avant de conclure sur un type d'énigme poussininenne, celle du temps universel, du temps du Salut, je voudrais tenter, en ce lieu, ne serait-ce que l'ébauche d'une réponse à la question de savoir quel rôle jouent au juste les emblèmes et les énigmes dans l'économie de l'œuvre du *peintre philosophe* et quelles peuvent bien être leurs motivations profondes. En ce qui concerne l'emblème, on pourrait comparer la fixité de son ordre dans une ambiance *naturelle* avec la fixité du proverbe dans la langue parlée. Le composé emblématique permet une approche *intelligente* des choses et des actions fugitives, et la peinture s'en sert pour marquer les traces de la théophanie. Ce qui est visible, la peinture l'*imite* ; l'invisible est *représenté* par la structure évocatrice de l'emblème, qui a le pouvoir de démontrer l'action secrète de la providence divine dans le monde. Dans les tableaux poussiniens, l'on rencontre des choses, ou des événements, qui signifient dans un contexte : une femme qui tient un enfant, un serpent, un tombeau, une ombre, un fragment antique, un jeune homme qui boit l'eau de la rivière avec ses mains, etc., images topiques qu'il faut compléter, prolonger dans la pensée, voir comme signes ou emblèmes composés où se déploient une vérité morale et un sens anagogique.

Quant à l'énigme, elle était à l'époque la figure à la fois du style et du savoir placée au sommet de la hiérarchie qui commençait par l'allégorie et passait par l'emblème. Dans l'Antiquité, l'énigme signalait la langue des oracles et appartenait à l'explication des mythes, explication qui demandait un don particulier, nécessaire pour voir ce qui se cache derrière les choses perceptibles par les sens. De là, le terme glisse vers les champs immenses de la rhétorique et de la poétique : pour Aristote, il est associé à la métaphore, celle-ci impliquant toujours en retour l'énigme. L'énigme peut donc aussi être une *techné*, avec la seule restriction, pour Aristote, de ne pas aller chercher les similitudes métaphoriques trop loin. Elle semble néanmoins embarrassante au sein de la rhétorique, et Quintilien (qui préférerait l'exclure) lui assigne une place à part, l'appelant une « allégorie obscure[37] ». Ici donc, de justesse admise dans l'art rhétorique, l'énigme marque une sorte de rupture, une transgression, un moment qui n'est pas sans rappeler le *sublime* du Pseudo-Longin, et qui échappe à l'art et au *logos* discursifs. Le Moyen Âge, s'appuyant surtout sur les Épîtres pauliniennes[38], allait développer considérablement cet aspect épistémologique ; aspect suivant lequel, dans ce monde présent, nous ne pouvons parler du *mundus intelligibilis* qu'à travers les images énigmatiques. Le monde tout entier n'est autre chose qu'un système complexe de miroirs et d'énigmes renvoyant à une réalité vraie qui, elle, est suprasensible : pensée philosophique fondamentale pour la théologie négative de la fin du Moyen Âge, pour la *scientia aenigmatica* de Nicolas de Cues surtout. Les investigations symboliques permettent, suivant cette conception, une connaissance des essences, même si cette connaissance n'atteint jamais la plénitude. « Considère tout d'abord mon fils – écrit Nicolas de Cues – que nous marchons dans ce monde à travers les similitudes et les énigmes parce que l'esprit de la vérité n'est pas de ce monde. Cette vérité, nous pouvons la saisir dans la mesure seulement où nous sommes enlevés vers l'inconnu par les similitudes et les symboles que nous connaissons comme tels. »

Au XVIᵉ et au XVIIᵉ siècle, une autre tradition se développe et gagne une importance toujours croissante : l'énigme comme genre littéraire, développement parallèle et comparable sur plusieurs points avec la fortune des livres d'emblèmes, de devises et autres ouvrages de ce genre qui déferlent sur l'Europe, depuis Horapollo et Alciati. En Italie, la mode des énigmes occupe les meilleurs esprits artistiques et littéraires, en commençant par Michel-Ange, Léonard, Bembo, Aretino... pour ne nommer que les plus notoires, mode qui oblige l'Église elle-même à intervenir quelquefois en engageant sa censure. Pour être bref, je me contente de signaler la célèbre *Sfinge* d'Antonio Malatesti, l'exemple le plus réussi du genre (édité en 1640-1643), salué encore plus tard par des autorités aussi éminentes que Tiraboschi et Crescimbeni. Carlo Dati, dans sa préface, rapproche ce genre ingénieux du concettisme baroque, des oracles sibyllins et des *Problemata* des philosophes antiques. Il y a dans ce recueil de Malatesti deux poèmes dont Poussin aurait pu s'inspirer en composant son *Autoportrait*-Chantelou (les sources iconographiques et emblématiques mises à part) : ceux où il est question des vertus du *diamante* et de l'*annello col diamante*, symbolisant la force et la constance du caractère de l'homme moral dans les orages de la vie.

La France est gagnée à son tour par la mode des énigmes et les gazettes témoignent abondamment de cet engouement public (n'oublions pourtant pas l'exceptionnelle importance des énigmes, à la même époque, pour l'enseignement dans les collèges de la Compagnie de Jésus). En 1678, le *Mercure Galant* donne naissance à une invention nouvelle, nommée *énigme en figures* : il s'agit des sujets gravés, très simples, comme par exemple *Pandore, Médée, Apollon et Marsyas, Hercule et Antée*, etc., dont il s'agit de deviner le sens caché. « Il n'y a rien de nouveau en cela – explique l'auteur de la présentation – et tous les ans on expose en public différents tableaux des meilleurs maîtres, qui sont autant d'énigmes à expliquer. » Il me semble utile de rappeler cette ambiance, cette culture intellectuelle d'une société policée où il est souvent difficile de distinguer entre les purs amusements de l'esprit et les questions philosophiques et religieuses sérieuses. Sur cette toile de fond, Poussin développe son propre art des énigmes, celui qui cherche à imposer à la conscience, en s'approchant le plus possible de l'image naturelle, la présence d'un ordre intelligible. Comme dans les énigmes poétiques et littéraires, toute la rhétorique de l'image poussinienne est agencée autour d'un lieu laissé en suspens, *lieu intelligible*[39] qui permet justement de sauter par-dessus l'art rhétorique pour accéder à l'indicible et à l'éternel. Car l'énigme permet aussi d'exprimer, de manière paradoxale, la méfiance à l'encontre de la rationalité de l'art en tant que *techné*, ou, si l'on préfère, de l'art réduit à ses structures rhétoriques. Comment en effet l'art *humain* pourrait-il prétendre à démontrer, à *dire* l'ineffable ? Bref, je pense que c'est là l'une des raisons profondes, pour Poussin, de chercher le *mode énigmatique* : à un pas seulement de l'anecdote insignifiante, l'*énigme* s'impose, à la fois éloquente et muette, visible et invisible, physique et morale, rationnelle et suprarationnelle – oserais-je dire, de manière anachronique certes : à la fois rhétorique et esthétique… ? L'œuvre ne doit pas *exposer* le sens dans un jeu rhétorique de langage : il doit le *montrer* instantanément comme l'oracle de Delphes selon Héraclite : « Le Maître à qui appartient l'oracle de Delphes ne parle pas, ne cache pas : il donne des signes[40]. » La construction emblématique permet à l'art de cacher l'art (*techné*, ou *ars*[41]), plus, de franchir le seuil qui le sépare infiniment de son vrai but : la représentation de l'idée (qui est une *Providenza del'intelletto*, voir *supra*). Cependant, pour réussir cela, il faut employer une subtilité rhétorique et un art si proches du *simple naturel* que la plupart des amateurs de Poussin allaient croire que les *Bergers d'Arcadie* n'étaient qu'une variation mélancolique de plus au sujet de la *felicità sogetta alla morte*…

Je voudrais revenir un instant sur cette œuvre, plus précisément sur la version de Chatsworth, la version du Louvre ne pouvant pas être discutée convenablement dans ce cadre[42]. Le tableau (datable aux environs de 1627-1629) était mentionné au XVIIᵉ siècle comme appartenant à une certaine Mme du Housset qui « croyait que ce fût un tableau de dévotion et l'avait pour cette raison placé dans son oratoire[43] ». Il ne me semble pas dépourvu de sens, dans le cadre de ce *Siècle des saints*, ainsi qu'on a pu aussi qualifier le Grand Siècle, de hasarder cette question : qu'est ce que Mme du Housset a bien pu voir dans ce tableau, tant qu'il était accroché dans son oratoire ?

Il faut chercher la réponse à cette question dans un détail à peine perceptible sur la toile de Chatsworth (le vernis actuel y est pour quelque chose, le verre qui le cache aussi) : précisément dans une ombre, une de plus dans la série des ombres évocatrices dont Poussin a enrichi ses compositions. Ombre discrète, mais assez visible pour qu'un graveur du XVIIIᵉ siècle insiste plus sur *sa* présence que sur la lisibilité de l'inscription sur le tombeau. La croix qui se dresse au-dessus de la tête de mort ne semble avoir retenu aucun regard encore, à l'exception, probablement, de celui de Mme du Housset et du graveurs attentif du XVIIIᵉ siècle (fig. 7). Cette croix, tout juste perceptible sur la masse rocheuse derrière le sarcophage, dans le tableau de Poussin, est susceptible non seulement de justifier les méditations d'une âme dévote, mais aussi d'infléchir considérablement l'interprétation de l'invention dans son ensemble.

Fig. 7. Nicolas Poussin, *Les Bergers d'Arcadie*, gravure éditée le 1ᵉʳ mars 1763 par J. F. Ravenet.

Pour un regard rapide, il n'y a que des jointures formées par des blocs de pierre. Mais ces jointures sont beaucoup trop larges et régulières, et la croix finit par s'imposer comme une figure à part entière. C'est ici donc que Poussin se détache de l'*invention* de son prédécesseur, le Guerchin. Il compose selon l'idée du *merveilleux,* tout en essayant de garder une certaine simplicité de la structure, « non point fatiguée, ni pénible, mais semblable au naturel », ainsi qu'il s'exprime lui-même dans l'un de ses fragments sur la peinture. L'ombre, un *accidens* dans l'univers naturel de l'Arcadie, qui n'est pas aperçu, encore moins compris comme signe par les bergers du tableau, fait aussi référence à la méditation des chrétiens cultivés qui connaissaient les conventions des énigmes littéraires où la figure de l'*antithèse* était particulièrement appréciée : ici, l'*antithèse*, la *contrapositio*, cette figure éclatante de la rhétorique que saint Augustin employait si souvent, est celle de la croix et du crâne, de la mort et de la résurrection. Ainsi, les figures des bergers du tableau de Chatsworth pourraient nous suggérer la lecture primaire, le *sensus literalis* de l'inscription latine, souligné encore par ce geste du berger déchiffrant les lettres sur le tombeau : c'est le sens manifeste, la mort présente même parmi les plus grandes félicités. Le signe de la croix cependant renvoie au *sensus spiritualis*, à la signification mystique de l'inscription : présence du Rédempteur en Arcadie antique. La mort et le salut rapprochés, sont représentés dans une figure composée, tout en renvoyant les bergers païens à un moment de l'histoire universelle où, selon la stricte tradition chrétienne, ils sont exclus des plus hauts mystères comme l'incarnation et la rédemption. Ce qui leur manque, c'est la foi, définie par saint Paul comme « la substance de ce qu'on espère, la preuve de ce qu'on ne voit pas » (*Hébr.*, XI, 1). La mort elle-même, fatale incursion dans leur monde de l'éternel présent, est dépourvue de sens, et on pourrait légitimement se demander s'ils ne sont pas plutôt surpris par la présence de ces chiffres, inintelligibles dans leur environnement grec. Quant à la jeune femme au sein nu, avec cet air pensif commun à tant de *Madeleine pénitentes*, qui montre quelques ressemblances avec l'image de la *Meditatione della morte*, plutôt chrétienne dans l'*Iconologie* de Ripa[44], saurait-elle au moins prétendre à une connaissance supérieure ? Dans la seconde version, elle deviendra cette figure majestueuse, dissociée de l'état des bergers rustiques, et associable à la *consolatio* des épitaphes classiques.

N'oublions pas que l'Arcadie n'était pas seulement le pays pauvre et vertueux qu'apostrophait Polybe (*Hist.*, lib. 4). Mis à part cet idéal d'une nature bucolique qui lui fut associé à la Renaissance par l'*Arcadia* de Sannazaro, l'Arcadie était connue avant tout pour avoir reçu l'art de divination et de prophétie. Martianus Capella, énumérant les arts et les doctrines des différents pays, nomme en premier lieu et « en particulier la science divinatrice en Arcadie », incarnée par Carmenta, « appelée ainsi parce qu'elle rend des oracles avec ses chants[45] ». Carmenta, dont le nom grec est Nicostrate, était la prophétesse de l'Arcadie qui rendait ses oracles sous les effets de l'enthousiasme insufflé par Apollon. Mariée avec le roi d'Arcadie, Carmenta enfanta Evandre (le même qui accueillit Énée aux bords du Tibre[46]), auquel elle enseigna les pratiques sacrificielles et l'art de prédire le futur. Ensuite, elle passa en Italie, où elle importa, entre autres, l'art de l'écriture alphabétique et où elle jouissait d'un grand prestige fondé sur cette invention, miraculeuse aux yeux des autochtones, qui ne pouvaient comprendre comment un support sans vie réussissait à transmettre la parole et les pensées des absents, sans soutien aucun d'une parole articulée[47].

Ce qui cependant pose un problème au sujet de Carmenta, c'est que ses prophéties, mal ou pas du tout transmises, ne se laissent pas rattacher à la présence de la mort en Arcadie. Il en va autrement avec les sibylles, ces prophétesses païennes qui se rencontrent aussi dans la Grèce antique[48] (leurs noms mêmes l'expriment : Sibylle delphique, Sibylle phrygienne, etc.), parfaitement assimilées par la tradition chrétienne. Et Martianus Capella rapprochait déjà Carmenta des sibylles, disant que celles-ci « jouissaient de mêmes honneurs ».

Cumana Amalthea vel Demophile.

Venales auro redime hos rex maxime libros :
Romanas sortes pagina sacra docet.

Fig. 8. *Cumana Amalthea,* gravure de Th. de Bry, dans J. J. Boissard, Tractatus posthumus…, Oppenheimii, typis H. Galleri, s.d. (vers 1615).

L'iconographie des sibylles, développée par Théodor de Bry pour le même ouvrage de Boissard, confirme cette lecture; il n'est qu'à observer la sibylle *Cumana Amalthea*, avec la croix surmontant la tête de mort comme dans les *Bergers* de Chatsworth[49] (fig. 8). Sur cette gravure, on trouve même la faux placée sur le socle portant les emblèmes, la faux qui deviendra ombre dans la seconde version des *Bergers*, ombre dessinant sur la paroi du tombeau la faux de la mort. Crispin de Passe, dans son édition de *XII Sibylarum icones...*, de 1601, avait déjà gravé la *Cumana*, contemplant une tête de mort surmontée de la croix et très proche de l'iconographie intimiste de la Madeleine pénitente[50] (fig. 9).

Fig. 9. Crispin de Passe, *Sibylla Cumana*, gravure dans C. de Passe, *XII Sibylarum icones...*, 1601.

Je pense par ailleurs que la solution de l'énigme présentée par la figure féminine de la seconde version des *Bergers* réside dans la possibilité d'associer ce personnage à l'idée générale d'une *prophétesse païenne* annonçant, de manière obscure encore en son temps, la résurrection et le salut par le Verbe divin, ce verbe absent de l'inscription, de l'ellipse *Et in Arcadia ego* plus précisément, ellipse qu'il faut entendre aussi dans le sens d'une énigme littéraire dans le goût de l'époque[51].

Verbe absent, verbe invisible : une autre prophétie sibylline est transmise, celle qui dit : *Invisibile verbum palpabitur*[52]. Cette prophétie, complémentaire pour ainsi dire, rend tout son sens à l'ellipse précédente : le verbe absent n'est pas à restituer au présent (comme le voulait Panofsky[53]), ni au passé (comme le suggérait Félibien[54]), mais aux trois temps à la fois, passé, présent, et futur, puisque l'*Ego* de l'inscription se réfère, dans le sens du Verbe de l'oracle sibyllin, au Christ, celui qui a vaincu la mort et qui peut dire : même en Arcadie je suis, moi, l'*éternel présent*, comme à tout autre moment de l'histoire universelle. Le centre de la composition visible serait ainsi occupé par le Rédempteur : celui-ci est le *lieu* invisible (et par cela même universel), « le vrai centre du monde et le monde doit être un mouvement continuel vers lui », comme l'exprimait le cardinal Bérulle.

Poussin a réalisé, avec ses *Bergers* du Louvre, une remarquable homogénéité visuelle du décorum païen, bien que la lecture spirituelle soit orientée en direction des vérités chrétiennes que la Renaissance affectait particulièrement. Comme dans ses autres paysages composés, les éléments fixes du tableau poussinien, ces *pièces détachées*, pour ainsi dire, (Arcadie, bergers, prophétesse, Bacchus, Narcisse, Eurydice, etc.), tissent une *istoria* nouvelle dont l'unité serait à chercher du côté des vérités morales. L'ensemble, plutôt qu'une ligne épique, présente l'aspect d'un *libretto* musical, jouant sur les effets des contrepoints lyriques et dramatiques juxtaposés simultanément. Qui, par ailleurs, en vue de ces Arcadies poussiniennes, serait tenté de s'exclamer, avec le chœur de l'*Aminta* de Tasso : « *O bel età dell'oro!* » ? L'univers bucolique idéal n'est, chez Poussin, jamais exempt d'ombres, de menaces, de souffrances, de la mort, et on n'insistera jamais assez sur l'aspect tragique de ses *Orphée et Eurydice*, *Naissance de Bacchus*, *Orion aveugle*, *Apollon et Daphné*, et d'autres. En réalité, la tonalité générale de ces images suit, à sa manière, la tradition pastorale qui met l'accent, depuis Virgile, Sannazaro, et jusqu'à Tasso et Guarini, sur les contradictions entre l'état d'une nature pure et des codes rigides du monde civilisé. L'Église de la Contre-Réforme allait ressentir comme un scandale ce modèle de l'homme païen, déployé par la poésie bucolique, dont l'existence naturelle défiait le dogme du péché originel, le cardinal Bellarmin allant jusqu'à dire que, traitant précisément du conflit entre la nature et la loi divine, le *Pastor fido* avait nui à l'Église plus que les doctrines de Luther et de Calvin ensemble[55]. Sensibles, semble-t-il, à cet argument, les compositions poussiniennes se concentrent sur les contradictions inhérentes à l'idéal bucolique de l'âge d'or, un peu dans le sens du mot faustien du cardinal Newman : « *To be at ease, is to be unsafe.* » Car, cet univers arcadique, coupé de la transcendance, s'épuise dans les cycles de la vie menée selon le principe du *carpe diem*, de l'amour sensuel, de la mort incompréhensible et vide de sens. Ce qui lui manque, à ce monde, délicieux certes, mais inapaisé, c'est quelque chose qui le mènerait hors de lui-même, vers des vertus spirituelles. C'est ainsi que le dessin appelé *L'Enlèvement d'Europe*, que Poussin compose vers 1649[56], montre à gauche de la longue feuille la jeune femme, chevauchant le taureau, en train de quitter triomphalement la contrée, guidée par Mercure et escortée par des filles joyeuses... ; à droite, une nymphe mélancolique est tournée en direction opposée, visiblement soumise à un dieu-fleuve sourcilleux ; tout près, un serpent menace une autre jeune femme qui, effrayée, se lance en direction d'Europe fuyante. L'ensemble de ce dessin, le plus grand de Poussin, est, comme le tableau d'*Orphée* du Louvre, dominé par un château ressemblant au château Saint-Ange de Rome d'où s'échappe une fumée de mauvais augure. Au premier plan donc, trois scènes dont les sujets se trouvent dans les livres des *Métamorphoses* ovidiennes. À gauche, l'enlèvement d'Europe (*Mét.*, VI, 103-108), le moment où Europe, trompée par Jupiter transformé en taureau, monte sur celui-ci avant d'être emportée au-delà de la mer. Au milieu, la nymphe qui essaye d'échapper à un serpent, scène identifiée par Anthony Blunt comme celle de l'histoire d'Orphée et d'Eurydice[57] (*Mét.*, X, 1 *sqq.*) : Eurydice, « accompagnée d'une troupe de Naïades, se promenait au milieu des herbages ... périt, blessée au talon par la dent d'un serpent. » Pour échapper à Aristée, le berger qui essayait de s'emparer d'elle, précise Virgile dans les *Géorgiques* (IV, 457 *sqq.*), « elle courut le long du fleuve ; la jeune femme ne vit pas devant ses pieds, dans l'herbe haute, un serpent d'eau monstrueux, habitant de ces rives, qui devait causer sa mort ». À droite, dans la composition poussinienne, la nymphe s'essuyant les longs cheveux à côté d'un fleuve ne peut être que la mélancolique Aréthuse, dont l'attitude est évoquée par Ovide et Virgile à plusieurs reprises : « ...Aréthuse éleva sa tête blonde au-dessus des ondes » (*Géorgiques*, IV, 351 *sq.*) ; « Alors l'amante de l'Alphée leva sa tête au-dessus de ses ondes venues de l'Élide et, rejetant de son front sur ses oreilles sa chevelure ruisselante... » (*Mét.*, V, 487 *sq.*) ; « Les ondes ont fait silence ; leur divinité lève la tête au fond de la source et, après avoir essuyé avec la main sa verte chevelure, elle raconte les anciennes amours du fleuve de l'Élide... » (*Mét.*, V, 574 *sqq.*). Aréthuse était une nymphe célèbre pour sa beauté, mais les éloges qu'elle en recevait ne lui causèrent aucun plaisir : « les avantages du corps, dont les autres sont si fières, moi, dans ma rusticité, j'en rugissais et je prenais pour un crime le don de plaire » (*ibid.*, 580 *sqq.*). Le fleuve Alphée, piqué d'amour, s'empara d'elle après une longue et sauvage poursuite...

Il y a une ressemblance manifeste de destins entre les deux derniers épisodes. L'ensemble est, de surcroît, complété au milieu, par la figure d'un berger, un bouvier plus précisément, jouant de la flûte, et que l'on peut identifier comme Daphnis, inventeur de la poésie bucolique qui fuit l'amour et meurt chaste plutôt que de céder à Vénus, affront qu'il paya de sa vie (nous le retrouverons plus loin). La peinture de Poussin semble imaginer ces épisodes réunis quelque part au bord de la rivière Précieuse, ou de la Mer Dangereuse, dans les Terres inconnues, scènes belles et périlleuses enveloppées des mystères de la fable que l'on contemple à distance. L'idylle pastorale, comme dans le tableau d'*Orphée*, trompe ; l'idéal d'un amour pur, platonique, très au goût des *ruelles* des années 1650, est contredit par des actes brutaux de concupiscence charnelle. Au regard de ces *Questions d'amour*, on imagine facilement les discussions sur la fatalité de la passion amoureuse, ou la mélancolie de la vertu vaincue par un désir violent, thèmes favoris des Précieuses, sur lesquels elles pouvaient disserter à l'infini. Le rébus sentimental constitue l'unité idéale de cet ensemble poussinien[58]. Et pourtant, l'échappée d'Europe, évoquée plus haut, est réelle[59] ; après tout, le destin d'Europe n'était pas aussi cruel que celui des autres personnages du mélodrame poussinien. À en croire Moschos, à la fin, Zeus finit par se faire connaître à la fille abusée et lui prophétisa le mariage… « Ainsi dit-il, et ce qu'il prédit, fut accompli[60]. »

Ce qui semble certain, c'est que l'unité des œuvres poussiniennes est à chercher du côté spirituel, du moral, ou, pour reprendre l'argument de Plotin, de l'idée, identifiant le Beau au monde des Idées, et le subordonnant au Bien[61]. On peut les rapprocher de ces « énigmes en images » qui, suivant une comparaison du *Mercure galant*, « ressemblent à l'arc-en-ciel. Ce n'est qu'une apparence charmante des plus belles couleurs ; mais c'est le Soleil même qui fait cette apparence. C'est la lumière qui forme toutes ces couleurs, comme c'est la vérité qui se peint elle-même dans l'emblème et qui fait toute la beauté[62] ». *Apollon et Daphné*, le tableau du Louvre, est un exemple particulièrement saisissant de cet assemblage métaphysique. Ici, l'*istoria* se situe dans la vallée de Tempé, où Apollon s'était une fois retiré afin de se purifier dans les ondes du Pénée, en Thessalie, après avoir tué le serpent Python, gardien de l'ancien oracle. Le serpent géant est là, roulé autour d'un arbre, en signe du triomphe d'Apollon et du fait que ce sera dorénavant ce dernier qui dominera l'oracle de Delphes. De l'autre côté de la composition, est placé le dieu-fleuve Pénée, auprès de qui se réfugie sa fille Daphné, habillée en chasseresse comme Artémis dont elle était la suivante, avec Aréthuse, et d'autres nymphes qui partageaient les mœurs austères de la sœur d'Apollon. Celui-ci, apparemment déjà touché par la redoutable flèche d'Éros, regarde en direction de la nymphe effarée, les yeux clos, comme pour dire que toute tentative de séduction serait vaine, avant même d'être touchée à son tour par la flèche, émoussée celle-là, qu'Éros s'apprête à tirer dans sa direction. L'extraordinaire est qu'Apollon, dieu de la Divination et de la Prophétie, ne voit pas ce refus ostensible, et encore moins, semble-t-il, les conséquences futures de son désir acharné. Tout, dans le tableau de Poussin, est orchestré autour de cette défaillance du dieu de l'Oracle. À ce motif central, l'artiste sacrifie même l'image traditionnelle d'Apollon courant après Daphné, avec l'amorce de la métamorphose en laurier de la nymphe malheureuse. Souvent la littérature ancienne a décrit l'altier Apollon sur un ton railleur, depuis qu'Ovide l'avait peint, haletant tel un chien de chasse derrière la beauté vertueuse qui lui échappe de justesse[63]. De ce terme tragique, pas de trace dans le tableau, et pourtant tout est déjà préfiguré, décidé, et tous, à l'exception d'Apollon, semblent le savoir. Manifestement, ce n'est pas l'échec *physique* d'Apollon qui intéresse Poussin en premier lieu dans sa composition finale, mais plutôt la faillite du dieu divinateur. Cet aveuglement d'Apollon est encore plus évident quand on considère la petite scène qui se déroule derrière son dos, montrant Hermès en train de lui voler une flèche du carquois. Avec ce motif de dérision plaisante, Poussin reprend une figure bien connue, notamment dans l'iconographie carravagesque qui montre souvent une diseuse de bonne aventure avec un voleur lui dérobant quelque chose par derrière au moment précis ou elle prétend prophétiser. Comme ces prétendues-devineresses animées par le désir du gain, l'Apollon poussinien, aveuglé par le désir charnel que lui inflige Éros, ne voit pas la réalité autour de lui. Qu'en est-il, en ce moment, de son oracle fameux : « Connais-toi toi-même[64] » ? Le contraste entre Apollon, connu pour ses exploits de séducteur, et la chaste Daphné, fut très souvent exploité, surtout, comme l'on peut s'y attendre, dans la patristique, mais aussi dans une autre littérature d'inspiration chrétienne. Clément d'Alexandrie, pour ne citer que lui, écrit : « Apprenez maintenant les amours de vos dieux, les récits fabuleux, si extraordinaires de leur inconduite [...]. Appelez-moi aussi Apollon, oui Phoebos, le chaste devin et le bon conseiller ; ce n'est pourtant pas ce qu'en disent Stéropé, ni Aréthuse, ni Arsinoé, ni Zeuxippe, ni Prothoé, ni Marpessa, ni Hypsipyle ; seule Daphné put échapper au devin et à l'outrage[65]. »

Il reste cependant à saisir le sens de la scène située en arrière-plan du tableau, celle où Poussin a peint un jeune homme mort, étendu près de l'eau, en bas d'un rocher, une jeune femme et un berger mélancolique se tenant à ses côtés. Divers noms ont été proposés pour identifier ce corps, notamment Hyacinthe, Narcisse, Leucippos, Daphnis[66]. Je retiendrai ce dernier comme le plus vraisemblable, le gardien du troupeau des bovins, un bouvier donc, comme jadis Apollon lui-même quand, tel un vulgaire mortel, il servait le roi thessalien Admète. Il est significatif que le troupeau, rattaché à Apollon dans les dessins préparatoires, soit placé dans le tableau au-delà de la rivière, du côté de Daphnis. Les deux chiens qui étaient à côté d'Apollon dans les dessins, sont maintenant eux aussi près de Daphnis, l'un d'eux regardant tristement en direction du corps. La légende de Daphnis ne dit-elle pas que toute la nature, avec son troupeau, pleure la mort du berger infortuné ? « Des vaches à ses pieds et des taureaux en nombre, et nombre de génisses, de veaux se lamentèrent. » Maint passage de la célèbre *Ire Idylle* de Théocrite serait à citer ici. Elle a pour thème Daphnis qui fuit l'amour et meurt chaste plutôt que de céder à Cypris[67] (autre nom d'Aphrodite). Priape se rit de lui et de son refus obstiné du plaisir, Cypris aussi, tout en laissant sentir sa fureur à cause de l'affront : « Tu prétends courber Éros, mais n'est-ce pas toi qui as été courbé par le terrible Éros ? » Sur quoi Daphnis : « Redoutable Cypris, Cypris haïe, Cypris détestable aux mortels ! Penses-tu que, pour nous, tous soleils soient couchés ? Daphnis, même dans l'Hadès, désolera Éros. » Il accomplira donc sa peine d'amour jusqu'au terme fatal : « Votre bouvier ne hante plus les bois, les fourrés, les bosquets. Adieux, ô Aréthuse… ». « Il n'en dit pas plus long, et se tut. Aphrodite voulut le relever[68]. Le fil qui vient des Moires manqua ; Daphnis entra au Styx ; fut englouti le favori des Muses, que les Nymphes chérirent. »

Le contraste avec Apollon ne peut pas être plus fort. Ici, on se moque du dieu archer, là, on pleure Daphnis. Le premier, malgré son attirail impressionnant, les flèches mortelles et la lyre dorée, fait figure d'un humain, alors que Daphnis, humble mortel, sera divinisé, comme le rapporte Virgile dans la Vᵉ églogue : « Radieux, Daphnis admire [...] le soleil de l'Olympe [...] Un dieu! c'est un dieu...! » L'art vrai, l'art sincère, semble être du côté du chantre bucolique, plutôt que du côté de l'altier orchestrateur des Muses. Sannazaro montrait déjà « quanto più diletto alcune volte arrechi all'uomo una cosa rozza, naturalmente fatta, che una pulita, e fabbricata con artificio[69] ». Et pourtant, cette nature bucolique que Poussin nous peint dans sa *tragicommedia*, vacille entre Éros et Thanatos. Le *locus amœnus* est la rose du monde ; mais, semble-t-il dire avec l'auteur médiéval du *De ornatu mundi*, cette rose est éphémère : tournez-vous vers la rose céleste[70]... S'il ne contient aucun signe visible du christianisme, le dernier tableau de Poussin montre des qualités morales qui, comme Daphnis, le vainqueur d'Éros, sont toutes prêtes à l'accueillir.

Pour conclure, je voudrais proposer la lecture d'une autre énigme poussinienne, les *Quatre Saisons,* peintes entre 1660 et 1664. Ici, l'énigme est en même temps ce qui constitue l'originalité absolue de ce cycle : le fait que les saisons soient toutes représentées par des scènes tirées de l'Ancien Testament. Pourquoi cette association ? Les études les plus minutieuses n'ont jamais abordé ce problème, encore moins le problème que pose l'accrochage de ces quatre toiles suivant le schéma linéaire habituel dans nos musées, de gauche à droite, sur une ligne continue allant du Paradis au Déluge, alors que la lecture des épisodes bibliques représentés suit une autre ligne : le premier épisode est, bien entendu, celui du Paradis, ensuite vient celui de Noé (avec le Déluge universel), puis celui de la grappe de Canaan (*Nombres*, XIII) et,

Fig. 10. Nicolas Poussin, *Les Saisons,* 1660-1664, Paris, Musée du Louvre.

à la fin, l'épisode de Ruth et Booz. L'accrochage linéaire est donc un désordre du point de vue du lecteur de l'Ancien Testament. Un autre ordre d'accrochage, respectant la chronologie biblique, serait-il possible ? Le problème n'est pas sans rappeler l'exemple ingénieux trouvé par le père Menestrier, de la Compagnie de Jésus, un expert en matière d'énigmes et d'images symboliques au XVIIe siècle : il avait découvert que le mot latin CALIGO (le caché, le secret) était un anagramme parfait de LOGICA... Une concordance du CALIGO des *Saisons* poussiniennes et de la LOGICA de l'Écriture serait-elle donc possible ?

La solution est, finalement, assez simple : il faut accrocher les toiles comme elles étaient accrochées, selon toute vraisemblance, dans un cabinet du XVIIe siècle (dans le château spacieux du duc de Richelieu en l'occurrence), c'est-à-dire groupées (fig. 10). Cet accrochage permet de retrouver le *cycle* que sont les quatre saisons de l'année, en les lisant dans le sens de l'aiguille d'une montre ; en renversant l'ordre de la lecture (sens contraire de l'aiguille d'une montre), on retrouve l'ordre de la lecture des épisodes de l'Ancien Testament[71].

Miroitement parfait donc, *temps naturel* dans un sens, *temps historique* dans l'autre. Mais peut-être tout ceci n'en cache-t-il pas moins un sens plus profond encore. Les saisons représentent le temps cyclique suivant l'esprit de l'Antiquité païenne, l'éternel retour. Le cercle que forme la lecture inverse est le temps immobile, le temps comme suspendu dans l'attente du Messie suivant l'esprit de la religion juive. Deux fois, donc, une éternité de la répétition, une éternité *fausse* du temps qui *tourne en rond*, pour ainsi dire : « Rien de nouveau sous le soleil » s'exclame l'Ecclésiaste, et saint Augustin le rappelait quand il expliquait les conceptions du temps antérieures à la venue du Christ (*Cité de Dieu*, ch. XII et XIV). La rupture possible de ces temps immobiles se situe dans la dernière image des épisodes bibliques, précisément dans l'histoire de Ruth qui était interprétée par tous les Pères de l'Église comme la préfiguration de l'avenir du Sauveur. En effet, Ruth, agenouillée dans le tableau de Poussin, était considérée comme la figure de la Gentilité qui se prosterne devant Booz (figure du Christ) ; et de leur mariage, qui fonde la lignée de David, sortira un jour Jésus...

En prenant le chemin inverse, et contrairement à l'interprétation généralement admise, qui y voit un Poussin devenu pessimiste à la fin de sa vie, cette autre lecture possible des *Saisons* arrive à un point où une échappatoire téléologique, ou mieux, eschatologique est offerte. Comme dans quelques autres compositions du *peintre philosophe*, cette échappatoire répond à une intuition profonde, foncièrement optimiste, de certains lecteurs chrétiens du *livre du monde :* celle qui voit dans le moment fugitif du réel le chiffre de l'éternel, et qui suppose que l'*image* peut être cette langue universelle où, comme dans la métaphore poétique selon Ficin, interfèrent l'apparence et le concept, l'éphémère et l'absolu, le temps et l'éternité.

1. J'ai eu l'occasion de discuter plus au long quelques *énigmes* poussiniennes dans mon essai *Poussin. Beauté de l'énigme*, Paris, J. M. Place, 1994, notamment celles de l'*Autoportrait* et des *Bergers d'Arcadie*.

2. Dans sa distinction remarquablement claire des parties de la peinture, Ch. A. Dufresnoy (à Rome à partir de 1633) s'explique ainsi : « La peinture est un art qui se divise en trois parties, composition, dessin et coloris, lesquelles parties dépendent de deux choses, l'une est le discours ou raisonnement de l'entendement, et l'autre l'opération manuelle. Son but, son intention et sa fin est de représenter le vrai. Le discours est son principe, son opération est le moyen [...]. Ce discours ou raisonnement se dit encore théorie, intelligence ; l'exécution s'appelle pratique, usage, habitude. Le discours appuyé sur des causes, raisonnements, conclusions et observations est une science qui agit libérale- ment. L'exécution comme étant dans choses matérielles (*sic*), agit mécaniquement. Le discours est le père, l'exécution la mère de la peinture. Or le discours s'appelle entre nous la composition que quelques-uns ont encore nommée invention dans laquelle il agit comme aux arts libéraux, par conceptions, idées, connaissances, raisons... » ; cf. *Observations sur la peinture...*, manuscrit daté de 1649, Paris, Bibliothèque nationale, ms. fr. 12346, fol. 1, r°/v°. On peut comparer ce passage avec Cicéron, *De oratore*, III, XVI.

3. *De pythiae oraculis*, 397 B-C.

4. Sur la cour pontificale du pape Barberini et son idéal poétique voir M. Fumaroli, *L'Inspiration du poète de Poussin. Essai sur l'allégorie du Parnasse,* Paris, Éd. de la Réunion des musées nationaux, 1989.

5. *Phèdre*, 247 c (souligné par moi). Maint passage du traité de Plotin, "De la beauté intelligible" (*Ennéades*, V, VIII), serait à citer ici à propos. Notons que le *putto* volant au-dessus du poète est ailé, pas l'autre.

6. Flavius Josèphe, *Histoire de la guerre des Juifs contre les Romains*, Paris, P. Le Petit, 1668, l. VI, ch. XXXI.

7. La première version du thème peinte par Poussin en 1626 (aujourd'hui disparue) était, à en juger d'après la gravure de Himely-Réveil, une simple scène de bataille (voir la reproduction de la gra- vure, qui montre les flammes sur le toit du Temple, dans le catalogue de l'exposition *Nicolas Poussin*, Paris, Grand Palais, 1994-1995, fig. 77a). Félibien trouva que la seconde version fut « traitée d'une manière encore plus savante », cf. *Entretiens...*, Trévoux [Paris], 1725, vol. IV, p. 18.

8. Peint vers 1629 ; Madrid, Museo del Prado.

9. Peint quelques années plus tard ; à Londres, Dulwich Picture Gallery.

10. Cf. aussi les mots de l'Éternel : « En ce temps-là, je relèverai de sa chute la maison de David, j'en réparerai les brèches, j'en redresserai les ruines, et je la rebâtirai comme elle était autrefois... », *Amos*, 9, 11 ; ce passage est cité dans *Actes*, 15, 16-17.

11. Félibien, *Entretiens...*, *op. cit.*, pp. 99 *sqq.*

12. Cf. A. Blunt, *Nicolas Poussin*, Londres, Phaidon, 1967, p. 251.

13. O. Van Veen (ou Vaenius), *Q. Horatii Emblemata*, Anvers, 1607 (cité d'après l'édition de La Haye, J. Van Duren, 1755, intitulée *Le Spectacle de la vie humaine, ou leçons de sagesse...*, avec des "Explications" de J. Leclerc, pp. 350-352 ; ces "Explications" sont les textes écrits par Gomberville, ajoutés à l'édition de 1678 intitulée *Le Théâtre moral de la vie humaine...*, textes que Gomberville avait publiés plusieurs fois sous le titre *La Doctrine des mœurs* depuis 1646 et que Leclerc modifie plus ou moins légèrement ; l'édition de 1755 donne des copies des illustrations qui sont loin d'at- teindre la qualité des gravures originales).

14. Dans une certaine mesure, on pourrait appliquer à leur égard ce que dit saint Paul des païens et des juifs : « Ce qu'il y a d'invisible depuis la création du monde se laisse voir à l'intelligence à travers ses œuvres [de Dieu], son éternelle puissance et sa divinité, en sorte qu'ils sont inexcusables ; puisque ayant connu Dieu, ils ne lui ont pas rendu comme à un Dieu gloire ou actions de grâce, mais ils ont perdu le sens dans leurs raisonnements et leur cœur inintelligent s'est enténébré : dans leur prétention à la sagesse, ils sont devenus fous... », *Rom.*, 1, 20-22.

15. La disparition des oracles est le thème des *dialogues pythiques* de Plutarque, notamment du *De defectu oraculorum*. La tradition de l'apologétique chrétienne se réfère avec prédilection jusqu'au XVIIIe siècle encore à ce témoignage d'un païen, inappréciable quand il s'agit d'avancer des preuves concernant l'origine divine du passage miraculeux du Christ sur terre, de celui dont la venue a accompli les oracles et les prophéties.

16. La première gravure de la série des *Sacrements*, le *Baptême*, porte une longue dédicace de Dughet à Cassiano Dal Pozzo, inscrite dans un cadre en haut à gauche de la feuille. Elle a gardé aussi le pont, ce puissant signe de passage, l'un des emblèmes du Christ.

17. Voir W. Goeree, *Voor-bereidselen tot de Bybelsche Wysheid…*, vol. I, Amsterdam, 1690, p. 50 (l'ouvrage utilise par ailleurs les compositions de Poussin pour illustrer le décorum de la vie au temps de Jésus, ainsi p. ex. la *Pénitence* des *Sacrements* Dal Pozzo, cf. *ibid.*, p. 544). L'inscription sous l'idole égyptien renversé renvoie à *Ezéchiel*, 20,39, passage concernant l'idolâtrie coupable des juifs ; à mon avis, le passage d'*Isaïe*, 19,1 (*Oracle sur l'Égypte*), conviendrait mieux : « Les idoles d'Égypte seront boulversés en sa présence, et le cœur de l'Égypte fondra en son milieu. »

18. G. Rollenhagen, *Nucleus emblematum…*, Coloniæ, E Musæo cœlatorio Crispiani Passæi, s. d. (1613), l'emblème n° 77.

19. Au sujet de la première série des gravures chez Jean Dughet, dédiée à Cassiano Dal Pozzo, voir G. Wildenstein, *Poussin et ses graveurs au XVIIᵉ siècle*, Paris, PUF, 1957, les nᵒˢ 90-96. Cette série a été copiée par le graveur Louis de Chatillon, dans le sens inverse, rétablissant le sens de l'original, comme dans la copie peinte, réalisée à partir du tableau de Poussin. Sur cette dernière, voir A. Blunt, *The Paintings of Nicolas Poussin. A Critical Catalogue*, Londres, 1966, p. 73.

20. L'exposition *Poussin* du Grand Palais (cf. le catalogue N. *Poussin, op. cit.*, cat. n° 65) montre la copie d'André de Muynck où l'on trouve le même emblème que dans la copie peinte de l'ancienne collection Lew Son.

21. Cette précision dans le rendu des détails est observée dans l'ensemble des copies de la série des *Sacrements*. La main avec l'œil serait donc l'unique innovation apportée par de Muynck.

22. Cf. J. Baudoin, *Recueil d'Emblèmes divers,* Paris, 1638-1639, vol. I, « Discours XXXIX : De l'Abstinence : Et qu'il ne faut jamais croire de léger », p. 415. Encore en italien moderne, *oculato* se dit de celui qui agit ou de ce qui est fait avec prudence : personne ou décision *oculata* (synonyme de sagace).

23. G. Rollenhagen, *Nucleus emblematum…, op. cit.*, n° 77.

24. Saint Augustin, *Tractatus in iohannis evangelium*, 79, 1.

25. Guez de Balzac, *Socrate chrétien*, cit. d'après les *Œuvres complètes*, éd. de Conrart, Paris, L. Billaine, 1665, t. II, p. 215. Le *ego sum* se réfère bien entendu à *Jn.*, 8, 28, ou 8, 58.

26. Bossuet, *Discours sur l'histoire universelle*, Paris, Garnier-Flammarion, 1966, p. 228.

27. Cf. l'éd. *moralisée* de l'*Iconologie* par Baudoin, Paris, 1643.

28. Dessin destiné à illustrer le manuscrit de Nicola Pio, *Vite di Pittori ;* cf. A. M. Clarke, in *Master Drawings*, V, 1967, p. 20, note 193.

29. Rappelons que les Grecs honoraient les philosophes comme l'incarnation du sacré : c'est par la parole énigmatique que ceux-ci leur présentaient les idées sur l'homme, les dieux, la nature.

30. Voir la lettre à Chantelou, 3 août 1641.

31. Particulièrement significative est l'opposition de la figure voilée à la figure dévoilée, opposition qui, depuis saint Paul, est applicable à l'Ancienne et à la Nouvelle Alliance, voir surtout 2 *Cor.* 3, 13-18. On pourrait aussi citer les mots de l'abbé Suger se référant à un vitrail de Saint-Denis qui montre le Christ couronnant l'Église d'un côté, et enlevant le voile du visage de la Synagogue, de l'autre : « Quod Moyses velat Christi doctrina revelat », cf. É. Mâle, *L'Art religieux du XIIIᵉ siècle en France*, Paris, A. Colin, 1948, p. 331.

32. L'*Oráculo manual* de Baltasar Gracián est aussi un *arte de prudencia* (édité en 1647). Les métaphores obscures du jésuite espagnol s'adressent à une élite intellectuelle et exigent du lecteur, comme les tableaux de Poussin, la plus haute concentration pour l'intelligence du message crypté qui, après ce travail de déchiffrement seulement, peut être assimilé dans la vie courante. Il est intéressant de noter que, pour Gracián, la perfection de la vie dans le monde est symbolisée par l'image emblématique d'un composé où se confondent colombes et serpents (voir *El criticón*, IIIᵉ partie, Crisi VI). Le mélange étrange, *uno mixto de paloma y de serpiente*, représente la philosophie morale de Gracián *in nuce*, celle de la voie médiane qui est aussi celle du chrétien dans le monde, conception qui peut se réclamer du premier Évangile : « Voici que je vous envoie comme des brebis au milieu des loups ; montrez-vous donc prudents comme les serpents et candides comme les colombes », *Matth.*, 10, 16.

33. Voir *De la nature des dieux*, l. II, XXII. Des arts, il est dit qu'ils créent et génèrent (*creare et gignere*) ; et la nature, par analogie avec *artifex*, est appelée *prudentia vel providentia* (traduisant le grec *pronoia*).

34. F. Pacheco, *L'Art de la Peinture*, Paris, Klincksieck, 1986, p. 227 (l'ouvrage, paru à Séville en 1649, fut rédigé bien plus tôt).

35. Cf. A. Blunt, "The Massimi Collection of Poussin's Drawings in the Royal Library at Windsor Castle", in *Master Drawings*, XIV, 1976, p. 11 (c'est moi qui souligne). Notons en passant qu'ici, chez Marinella, l'image du *rameau d'or* intervient dans un sens très différent de celui que vise Poussin dans sa lettre à Fréart de Chambray (du 1er mars 1665) : « Ces … parties sont du peintre et ne se peuvent apprendre (i.e. la disposition, le décoré, la beauté, la grâce, la vivacité, le costume, la vraisemblance et le jugement partout). C'est le rameau d'or de Virgile que nul ne peut trouver ni cueillir s'il n'est conduit par la fatalité ». Pour Poussin, le rameau d'or est la marque d'élection providentielle accordée à un artiste, non une récompense offerte par la Vertu.

36. Ce sont les mots bien connus de Poussin lui-même, transmis par Bellori dans la *vita* de l'artiste. Pour la possibilité d'aller plus loin dans l'interprétation, en associant la figure *visible* de la Sagesse à la Vierge de la Visitation (dans le sens de ce que E. Panofsky appelait *Typen-Übertragung*), voir mon étude citée plus haut, pp. 93 *sqq*. La lecture proposée ici, cela va sans dire, n'aurait pas pu être élaborée sans prise en compte des études déjà publiées, notamment celles de G. Kauffmann, O. Bätschmann, et M. Winner (pour les publications de ces auteurs concernant l'*Autoportrait*, cf. cat. de l'expo. *Nicolas Poussin*, op. cit., cat. nos 189, 190).

37. *Instit. or.*, VIII, 6, 52.

38. Avant tout 1 *Cor.*, 13, 12.

39. Cf. pour cette expression Plotin, *Ennéades*, V, 8, 13, 24.

40. Héraclite, cité par Plutarque, in *De pythiae oraculis*, 404, D.

41. On peut citer ici à propos Quintilien, *Instit. or.*, II, 14, 5, et X, 2, 12 : « …l'*ars*, c'est ce qu'on doit acquérir par l'étude […]. Les qualités qui sont plus grandes chez un orateur ne sont pas imitables : l'*ingenium*, la force, l'aisance, et tout ce que l'*ars* ne transmet pas. »

42. Pour les *Bergers* du Louvre, voir mon étude citée plus haut, pp. 118-141.

43. Les mots sont de Loménie de Brienne, voir J. Thuillier (éd.), « Pour un *Corpus Pussinianum* », in *Nicolas Poussin*, Actes du colloque C.N.R.S., Paris, 1960, vol. II, p. 223.

44. *Iconologia…*, de C. Ripa, *éd. citée*, p. 310 : la description est celle d'une femme en méditation, « habillée de vêtements lugubres », devant un tombeau surmonté d'une tête de mort. Le tombeau, tel que le peint Poussin dans cette version des *Bergers*, rappelle les tombeaux des emblèmes d'Alciati, notamment l'Emblema CLVII de l'éd. de 1550, qui montre un tombeau avec un petit crâne.

45. Poussin aurait pu lire ce passage traduit en italien dans Martianus Capella, *Delle nozze dell Eloquenza con Mercurio…, libri due*, s. l., 1629, p. 133.

46. Cf. Virgile, *Énéide*, l. VIII, 50 *sqq*.

47. La notice très complète sur Nicostrate-Carmenta (accompagnée d'une gravure) se trouve dans le *Tractatus posthumus Jani Jacobi Boissardi vesuntini, De Divinatione et Magicis Praestigiis, quarum veritas ac vanitas solidè exponitur…*, Oppenheimii, typis H. Galleri, s.d. (l'ouvrage de l'auteur converti au protestantisme est datable vers 1615).

48. « Au milieu du paganisme », commente un auteur moderne, « la loi du Christ se maintenait toujours avec ses droits sur le monde futur », cf. l'abbé Ch.-A. Auber, *Histoire et théorie du symbolisme religieux…*, Milan, Archè, vol. IV, 1977, p. 104, et *passim*.

49. J.J. Boissard, *Tractaus posthumus…, op. cit.*, p. 230.

50. Crispin et Boissard de Bry s'inspirent peut-être du petit ouvrage intitulé *Les Oracles des douze Sybilles, extraicts d'un livre antique, mis en vers latins par Jean Dorat Poëte et interprete du Roy, et en vers François par Claude Binet. Avec les figures desdites Sybilles pourtraictees au vif, et tirees des vieux exemplaires par Jean Rabel, Paris, chez J. Rabel…*, 1586 (les gravures sont également reprises dans la compilation intitulée *Sibyllina Oracula…*, par D. Joh. Opsopœus, Paris, 1607). L'ouvrage est dédié à la princesse Louise de Lorraine par la grâce de Dieu reine de France : « Madame, ceux qui de plus près ont contemplé le souverain bien, qui est Dieu, et qui ont voulu voguer en plus haute mer de ses ouvrages, ou entrer plus avant au cabinet de ses mystères, n'ont su voir, découvrir ni apprendre autre chose, sinon qu'il était invincible, incompréhensible, et ineffable, et pour ce il nous ont appris cette belle Théologie, qu'il faut plutôt croire, méditer et admirer ce grand ouvrier, que d'un vol d'Icare approcher nos ailes de plume et de cire près d'un si éclatant Soleil […] Et parce que ce Soleil de sa bonté devait quelque fois reluire aussi bien sur les Gentils, desquels nous sommes issus, que sur les

Juifs son peuple élu… comme par ses prophètes il a voulu prédire […], par certaines figures et ombrages […], qu'une Vierge enfanterait un fils du seul ouvrage de Dieu, et en Bethléem, qu'il serait reconnu des bêtes […] tantôt qu'il tirerait le peuple Gentil hors de ténèbres, et qu'à cette fin il se choisirait certain nombre de personnages de bas lieu, qui feraient retentir leur voix par l'Univers […] Le même il a voulu prédire au peuple Gentil par les Sibylles… » (l'ouvrage est sans pagination).

51. Au sujet de la sibylle comme figure qui représente l'Antiquité déjà dans les cathédrales du XIIIe siècle voir É. Mâle, *L'Art religieux du XIIIe siècle en France*, Paris, A. Colin, 1948, pp. 608 *sqq.* « La sibylle est en effet pour le Moyen Âge un profond symbole », écrit É. Mâle. « Elle est la voix du vieux monde. Toute l'Antiquité parle par sa bouche ; elle atteste que les Gentils eux-mêmes ont entrevu Jésus-Christ. Pendant que les prophètes annonçaient le Messie aux Juifs, la sibylle promettait un Sauveur aux païens […] *E cœlo rex adveniet per saecla futurus…* », cf. *ibid.* Espérons qu'on retrouvera un jour cette *Sibylle* signalée dans la collection de C. Maratta ; cf. A. Blunt, *The Paintings…, op. cit.* n. 19, cat. n° L71.

52. Ce qui pourrait paraître un simple jeu de mots sur le double sens du latin *verbum*, était en réalité d'usage dans les invocations chrétiennes, invocations du verbe (éloquence) confondues avec celles du Verbe (le Christ). Le concetto *verbum/Verbum*, remonte à saint Jérôme : « *neque eum posse verba deficere qui credidisset in Verbo* » (et les mots ne manqueront point à celui qui place sa foi dans le Verbe), *Lettre* 1, 1. Est-il nécessaire d'insister davantage sur l'importance du concepte du *Verbe invisible* pour les Chrétiens ? Du « Logos qui est au commencement et préexiste », et qui devait délier, « une fois devenu *évangélion*, le silence mystérieux des secrets prophétiques », cf. Clément d'Alexandrie, *Protreptique*, I, 7 et 10…

53. Dans la célèbre étude *"Et in Arcadia Ego :* Poussin et la tradition élégiaque", éditée en français dans E. Panofsky, *L'Œuvre d'art et ses significations*, Paris, Gallimard, 1969.

54. ; Félibien, *Entretiens, op. cit.*, p. 88.

55. L'édition définitive de la pièce de Guarini (de 1602) avait vue en Italie quatre-vingt rééditions jusqu'au XVIIIe siècle.

56. Voir le catalogue *N. Poussin, op. cit.*, cat. n° 197.

57. Voir A. Blunt, *Nicolas Poussin, op. cit.*, p. 319 *sq.* Malgré les suggestions iconographiques qui rapprochent la nymphe du dessin de l'*Europe* d'Eurydice dans le tableau d'*Orphée*, il faudrait envisager une autre possibilité (Poussin aurait pu utiliser la même figure pour deux sujets différents), celle de Proserpine, dont le sort est évoqué par Ovide immédiatement après celui de l'Europe (*Mét.*, VI, 114) : Jupiter, transformé en un serpent, violente Proserpine, sa propre fille qu'il a eue avec Cérès. Une illustration de Cartari montre le serpent à proximité de Proserpine qui fuit, très ressemblante à la nymphe du dessin de l'*Europe*, voir V. Cartari, *Immagini delli dei de gl'antichi*, Venise, Presso il Tomasini, 1647, p. 128. Par rapport au sujet du dessin pris dans son ensemble, il n'est pas décisif de savoir s'il s'agit de Proserpine ou d'Eurydice, comme on verra plus loin.

58. Ovide était en vogue à Paris à cette époque. En 1646-1647 déjà, avant la rupture de la Fronde, Romanelli exécuta sa fresque pour la galerie Mazarine, avec les Précieuses parisiennes entourant Apollon (un détail de la voûte). Il avait proposé des sujets de l'histoire romaine, mais Mazarin demanda des sujets des *Métamorphoses*, et le peintre italien convint que les peintures seraient « piu nel genre del Paese » ; voir le catalogue de l'exposition *Les Salons littéraires au XVIIe siècle*, Paris, Bibliothèque nationale, 1968, cat. n° 194.

59. Une lecture typologique pourrait y voir, avec l'*Ovide moralisé*, l'âme humaine (Europe) sauvée par le Christ (le taureau).

60. Cf. *Europe* (éditée avec les *Idylles* de Théocrite à Venise, en 1495), v. 162-166.

61. Voir surtout *Ennéades*, I, VI ; et la notice dans l'éd. É. Bréhier, Paris, Les Belles-Lettres, 1924, p. 94.

62. *L'extraordinaire du Mercure galant*, quartier de janvier, 1678, p. 12 *sq.* Les énigmes, précise le même passage, « ne sont pas des fictions vagues, incertaines, imaginaires, comme les Fables des Grecs que le sage Plutarque comparait aux toiles d'araignées… [L'Énigme] doit avoir tout l'art du fameux Gygès. Il se trouvait exposé au milieu du monde avec des traits forts visibles, cependant on ne le voyait pas » ; *ibid.*, p. 7.

63. La longue tradition des railleurs est bien relevée par M. E. Barnard, *The Myth of Apollo and Daphne from Ovid to Quevedo : Love, Agon, and the Grotesque*, Durham, Duke Univ. Press, 1987.

64. Stobée, *Anthologie*, 3, 21, 26. Le motif de l'aveuglement chez Poussin est discuté tout au long par D. Carrier, *Poussin's Paintings*, The Pennsylvania State Univ. Press, 1993, pp. 105-145 : « Blindness and the Representation of Desire ». Pertinente est la remarque p. 106 : « Le désir réciproque implique une vision mutuelle [...]. Mais si cet autre que je désire ne peut pas me voir moi, alors mon désir est aveugle [...]. Par *aveuglement*, je pense à la fois à l'aveuglement au sens littéral, et à l'aveuglement d'un amour non partagé. » Les observations de Carrier au sujet de l'*Orion aveugle* sont particulièrement stimulantes ; j'ajouterais seulement une source littéraire négligée jusqu'alors, Horace, qui mériterait d'être méditée : « La force sans sagesse tombe sous son propre poids ; mais la force tempérée par la sagesse croît chaque jour grâce aux dieux ; elle est odieuse à la divinité, la force qui ne médite que le crime. Les preuves abondent de ces vérités : c'est le géant aux cent mains, Orion, connu pour son attentat contre la chaste Diane et percé par la flèche de la vierge. » ; *Odes*, III, IV.

65. *Protreptique*, 32.

66. Pour Hyacinthe, voir A. Blunt, *Nicolas Poussin, op. cit.*, p. 346, et *passim ;* lors du colloque *N. Poussin* à Paris, octobre 1994, O. Bätschmann argumentait en faveur de Daphnis, alors que Ch. Dempsey défendit l'hypothèse de Leucippos... Dempsey ne voyait pas de lien possible entre les histoires d'Apollon et Daphné et de Narcisse ; pourtant, un exemple précédent existe, le tableau attribué naguère par W. Stechow à Andrea del Sarto (à la Gal. Corsini, Florence) : on y voit Apollon courir après Daphné, Narcisse au deuxième plan, et, en arrière-plan, le chœur dansant des Muses, cf. W. Stechow, *Apollo und Daphne*, Leipzig et Berlin, Teubner, 1932, ill. n° 27. Je pense que, avec ce composé singulier, l'artiste de la Renaissance italienne, en bon néoplatonicien, faisait allusion au message profond de ce passage de Plotin traitant de la beauté visible et invisible : « Comment verrat-on cette beauté immense qui reste en quelque sorte à l'intérieur des sanctuaires et qui ne s'avance pas au dehors pour se faire voir des profanes ? Que celui qui le peut aille donc et la suive jusque dans son intimité ; qu'il abandonne la vision des yeux et ne se retourne pas vers l'éclat des corps qu'il admirait avant. Car si on voit les beautés corporelles, il ne faut pas courir à elles, mais savoir qu'elles sont des images, des traces et des ombres ; et il faut s'enfuir vers cette beauté dont elles sont les images. Si on courait à elles pour les saisir comme si elles étaient réelles, on serait comme l'homme qui voulut saisir sa belle image portée sur les eaux (ainsi qu'une fable, je crois, le fait entendre » ; cf. *Ennéades*, I, VI, 8. Autrement dit, la course d'Apollon, oublieux des Muses, est aussi vaine que l'amour stérile de Narcisse.

67. La version de la légende selon Théocrite diffère de cette autre (retenue par O. Bätschmann, voir supra), qui rapporte l'histoire du berger aimé d'une nymphe à qui il promit la fidélité éternelle. Séduit par une princesse après avoir été enivré, il fut aveuglé et il se précipita d'un rocher.

68. La femme habillée en bleu, près du corps au bord de l'eau dans le tableau poussinien, pourrait correspondre à cette image d'Aphrodite.

69. Voir *Arcadia*, « Proemio », Milan, 1806, p. 1.

70. Voir à ce sujet E. R. Curtius, *Europäische Litteratur und lateinisches Mittelalter*, Berne, Francke, 1967, p. 205, et *passim*.

71. À l'époque de Poussin on savait déjà que l'Ancien Testament, écrit en hébreu, se lisait en sens inverse. On pourrait aussi imaginer un accrochage *spatial* pour ainsi dire, avec les toiles sur les quatre murs d'une pièce, où la lecture, comme dans le cas d'un accrochage *circulaire* sur un seul mur, s'effectuerait dans l'un comme dans l'autre sens : saisons et épisodes bibliques. L'examen le plus complet des *Saisons* du point de vue théologique demeure, bien entendu, l'étude de W. Sauerländer, « *Die Jahreszeiten...* », in *Münchener Jahrbuch der Gildenden Kunst*, 1956, pp. 169-184.

Christoph Luitpold FROMMEL

Poussin e l'architettura

Quando Poussin arrivò a Roma nel 1624, la sua cultura architettonica doveva essere ancora poco sviluppata. Egli eseguì i primi due dipinti documentati con sfondo architettonico, vale a dire la «Conquista di Gerusalemme» dell'inverno del 1625-1626, purtroppo andato perso, e la «Morte di Germanico» del 1626-1627, non a caso per un importante committente di architettura, cioè il Cardinale Francesco Barberini[2] (fig. 1), che proprio in quegli anni si stava occupando del progetto per il suo palazzo di famiglia. Lo schizzo per la «Morte di Germanico» con la cortina e l'arco isolato a sinistra ricorda ancora la «Morte della Vergine» per Nôtre Dame e segue l'antico prototipo (fig. 2). Soltanto nella sua versione definitiva, e cioè durante l'esecuzione del quadro egli sviluppò l'arco isolato dello schizzo di Chantilly in un sistema coerente, in un'architettura effettivamente realizzabile, ricostruibile in ogni dettaglio. La scala che egli abbozzò sugli schizzi appare ancora nella radiografia del dipinto.

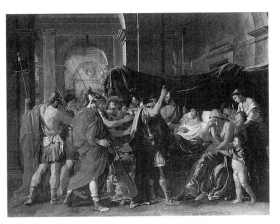

Fig. 1. Nicolas Poussin, *La morte di Germanico*, Minneapolis, The Minneapolis Institute of Arts.

Questo sistema architettonico rappresenta chiaramente un atrium, vale a dire la grande sala d'ingresso della casa vitruviana. La ricostruzione dell'atrium a tre navate parallele, risaliva al primo Cinquecento ed era archeologicamente inesatta[3].[4] Con lievi modifiche fu ancora proposta da Palladio e nella Roma del Seicento[4], tant'è che se ne discusse a proposito di Palazzo Barberini, e nel 1633

Fig. 2. Nicolas Poussin, *Schizzo per la morte di Germanico*, Dusseldorf, Kunstmuseum, Kupferstichkabinett.

119

Fig. 3. Roma, Palazzo Barberini, Sala Ovale, dettaglio.

venne anche realizzata nel Palazzo Spada⁵, ugualmente con arcate a pilastri con ordine antistante.

Quanto strettamente Poussin si accostasse qui all'architettura romana dell'ultima fase dello stile maderniano, lo rivela anche il dettaglio: il sottile rilievo, i capitelli ionici a festoni, le numerose cornici che concatenano i vari elementi o la sopraporta con attica curvata – un linguaggio come lo usò ancora il giovane Bernini nella Sala Ovale di Palazzo Barberini⁶ (fig. 3). A prescindere da chiunque qui lo avesse aiutato, Poussin mostrò già all'inizio della sua carriera romana quale eminente monumentalizzazione potesse incontrare una simile storia se secondata da una tale architettura anticheggiante. Essa accompagna l'azione come l'orchestra l'aria – tanto nel procedere delle arcate verso destra quanto nel restringersi dello spazio verso il Germanico morente, al di sopra del quale si apre una buia fessura di porta, come un'uscita per l'anima del morto.

Questo senso eminente per il rapporto complementare tra «Storia» e architettura e questo tentativo di evocare l'antica grandezza anche nell'ambito dell'architettura, caratterizza anche «La conquista di Gerusalemme» tramandataci solo grazie ad un'incisione⁷.

Come nel successivo quadro di Vienna il tempio non corrisponde a quello di Salomone, ma a quello di Erode, cosi com'è descritto da Flavius Josephus nelle 'Antichità Giudaiche' (XV, 391-402). Secondo tale descrizione il tempio di Erode poggiava su 160 enormi colonne monolitiche di marmo bianco e con ordine corinzio, si spingeva con la sua parte centrale oltre le ali laterali ed era circondato da una vasta piazza: non c'è dubbio dunque che Poussin conoscesse il testo di Josephus.

Solo a distanza di circa quattro anni, e cioè nella «Peste di Ashdod», Poussin osò di nuovo cimentarsi con uno spazio strutturato architettonicamente⁸ (fig. 4, et fig. p. 356). Come la Gerusalemme di Tito o l'Antiochia di Germanico, la città dei Filistei all'epoca di Mosè rappresentò per lui parte di quell'eroico mondo antico, che comprendeva il mondo greco e quello romano, il Vecchio e il Nuovo Testamento. Pose così il tempio con l'Arca Santa depredata in un foro vitruviano riconoscibile soprattutto grazie alla basilica, una ricostruzione letterale della basilica costruita da Vitruvio stesso a Fano⁹.

Fig. 4. Nicolas Poussin, *La peste di Ashdod*, Parigi, Louvre, dettaglio.

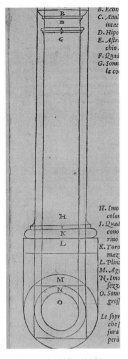

Fig. 5. S. Serlio, Ordine toscanico dal *Libro Quarto*.

Fig. 6. S. Serlio, Nicchia dell'"Ornamento rustico" dal *Libro Quarto*.

Fig. 7. B. Peruzzi, *Presentazione al Tempio*, Roma, Sta Maria della Pace.

Le concordanze con la descrizione di Vitruvio vanno dalle campate, tre per sette, del colonnato, che circonda il pianterreno e si riflette nelle paraste dietro, fino ai pilastri del piano superiore, che è circa un terzo più basso del pianterreno[10]. Oltre al tempio e alla basilica, costituivano parte essenziale del foro vitruviano anche l'*aerarium*, il *carcer* e la curia[11]. E' probabile quindi che il cupo edificio sullo sfondo a sinistra possa essere interpretato come la prigione. L'edificio in basso a destra, che risale alla ricostruzione della Roma Antica di Lafreri, rappresenta invece un piccolo santuario[12]. Ma né Serlio, né Barbaro, Palladio o Ligorio, né i contemporanei ricostruirono in modo analogo il foro e i suoi singoli edifici, ed è quindi probabile, che si tratti dei primi risultati di un vitruvianesimo tutto suo e della sua cerchia.

Non ancora per Serlio, ma già per Palladio, il tuscanico aveva rappresentato il più *arcaico* dei cinque ordini[13]: la scena infatti si svolge in tempi assai remoti. Sia nelle proporzioni che nel profilo del tuscanico però Poussin seguì Serlio[14] (fig. 5). Questi nel suo capitolo dedicato a tale ordine, fornì anche il modello per il bugnato del piano superiore e per le nicchie bugnate del carcere[15] (fig. 6). Anche lo sguardo scenografico in profondità sembra ispirato a Serlio, benché vi sia rappresentata una strada e non un foro con basilica[16]. Peruzzi, il maestro di Serlio anche in quanto scenografo, aveva invece ricostruito, sotto l'impressione degli affreschi di Raffaello e di Giulio Romano, una piazza storicamente paragonabile, e cioè la piazza davanti al tempio a Gerusalemme[17] (fig. 7).

Lo spazio pittorico di Peruzzi, che contrariamente a quello di Serlio si estende anche lateralmente con templi e scalinate, dovette interessare particolarmente il giovane Poussin già per il fatto che la piazza di Peruzzi era ugualmente studiata fino all'ultimo dettaglio e piena di figure in posizioni complesse e anticheggianti, nonostante tutti i suoi arcaismi. Anche Reni, Domenichino e Cortona avevano preferito, per i loro sfondi pittorici, architetture più classicheggianti a quelle contemporanee, ma nessuno con un simile realismo storico. Poussin quindi si distaccò anche nell'architettura dai contemporanei pittori romani, professandosi a favore di Vitruvio e dei suoi interpreti cinquecenteschi, e cercando già allora ricostruzioni ancora più convincenti. Ciò presupponeva però anche un intenso studio non solo dei trattati di architettura, ma anche delle grandi «Storie» del Rinascimento.

Il ricordo di Peruzzi risuonerà addirittura ancora circa sette anni più tardi nella versione parigina del «Ratto delle Sabine[18]» (fig. 8). Nella precedente versione, quella di New York, Poussin si era accontentato ancora di una basilica tuscanica senza portici e una vista sul paesaggio, e nei primi schizzi per la versione di Parigi gli era bastato un tempio etrusco[19]. Solo nella versione di Parigi ritornò a un foro vitruviano chiuso, con tempio, basilica e palazzi, seguendo Livius molto più alla lettera che non per esempio Cortona nel suo quadro del 1630[20]. Non è neanche da escludere che l'edificio, dal quale il re Romolo in primo piano a sinistra calpesta il *rostrum*, debba rappresentare la curia. Questo podio è custodito da littori che Romolo – stando a Livio – aveva ripreso dagli etruschi. Ovviamente Poussin non era per niente interessato al fasto barocco, ma in fondo voleva dare anche al tempio la forma storicamente corretta

del «templum etruscum», come di nuovo lo aveva descritto Vitruvio e come si sarebbe inserito bene anche agli inizi dell'architettura romana[21].

Il tempio etrusco era stato ricostruito fin dal primo Cinquecento con ordine tuscanico, con larghi intercolumni e un intercolumnio centrale ancora più largo[22] (fig. 9). Barbaro e Palladio avevano dato al portico anche quattro o sei colonne[23].

Fig. 8. Nicolas Poussin, *Ratto delle Sabine*, Parigi, Louvre.

Qui tuttavia deve trattarsi non del tempio di Giove, ma di quello di Nettuno, in onore del quale Romolo aveva organizzato i giochi forse sul Palatino. Anche nella basilica a destra con entrambi i piani a pilastri e il tetto ovviamente ligneo, Poussin rievocò il periodo arcaico e l'origine dell'architettura antica da costruzioni lignee.[24] I due edifici ad angolo in primo piano a destra e dietro la basilica sono muniti di «meniana», cioè quelle loggie-belvederi dalle quali – secondo Vitruvio – si potevano seguire meglio i giochi[25]. Nel dipinto lo spettacolo però si è già trasformato in «ratto», e la maggior parte dei romani si è già messa alla ricerca di una bella Sabina. Questi edifici arcaici accompagnano e monumentalizzano l'azione del quadro in maniera ancora più architettonica e coerente che non nella «Peste di Ashdod»: Romolo sta davanti alla campata centrale del tempio, e la fuga inerme dei Sabini si rompe davanti al bugnato e alle inferriate della casa d'angolo.

Ma più ancora che dagli inizi scuri e duri della storia romana il maturo Poussin rimarrà affascinato dai grandi avvenimenti della storia ebraica e paleocristiana descritti dalla Bibbia e da Flavius Josephus. E saranno proprio queste storie il campo di ulteriori ricerche architettoniche – tanto per le scenografie urbane quanto per i paesaggi storici con architetture classicheggianti, come il «Mosè salvato dalle acque». Nella seconda «Conquista di Gerusalemme» del 1638, che il papa doveva inviare all'imperatore, egli si avvicinò ancora di più alla descrizione data da Flavius Josephus del tempio ricostruito da Erode e particolarmente nel portico che circonda la vasta piazza e che ovviamente è ispirato ai Fori Imperiali[26] (fig. 10). La maniera classica di Poussin s'imprime in modo sempre più puro e impressionante. Sempre più convincentemente egli entra nel ruolo del vero erede e interprete di quell'unica verità, che si era manifestata nell'Antichità dei Greci e dei Romani, del Vecchio e Nuovo Testamento. E in questo riconobbe sempre più consciamente Raffaello come il principale precursore: voleva diventare il Raffaello del suo secolo, come lo descriverà l'amico Fréart de Chambray già nel 1650[27].

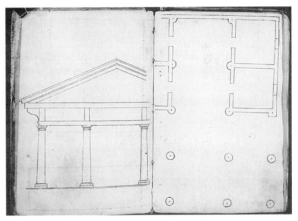

Fig. 9. D. Aimo da Varignana (?), *Tempio etrusco*, New York, Pierpont Morgan Library, Mellon Sketchbook, foll. 1 v°, 2 r°.

Fig. 10. Nicolas Poussin, *La presa di Gerusalemme*, Vienna, Kunsthistorisches Museum.

Fig. 11. Nicolas Poussin, *Il sacramento del matrimonio*, Grantham, Belvoir Castle, Collezione del Duca di Rutland.

Che a Poussin importasse soprattutto arrivare fino alla verità, anche storicamente esatta, degli antichi e ancora oltre Raffaello, lo dimostra ora anche la crescente importanza di Palladio, non ancora così evidente prima del 1638. Nel corso dei suoi studi vitruviani Poussin dovette aver individuato proprio in Palladio l'interprete più progressivo e congeniale dell'architettura antica. Questa crescente importanza di Palladio come interprete vitruviano a partire dal 1638 circa si fa notare nel modo più lampante in entrambe le serie dei Sette Sacramenti[28].

Egli pose cinque delle sette scene all'interno di una casa antica, seguendo, nella seconda serie del 1644-48, ancora più esattamente la ricostruzione vitruviana di Palladio che non nella prima. Com'è noto, questa era destinata a Cassiano dal Pozzo, l'amico e protettore, che forse s'intendeva più di tradizioni, costumi ed oggetti antichi che di architettura vera e propria, e quindi non spiega sufficientemente questo avvicinamento a Palladio, cioè questo atteggiamento ancora più anticheggiante proprio in questo momento della sua carriera.

Già nella prima serie, lo «Sposalizio» si svolge in una sala di quattro colonne, come l'aveva ricostruita Palladio in base alla descrizione di Vitruvio[29] (fig. 11, 12). Ovviamente le due colonne e la nicchia di sinistra sono collegate a Maria e quelle di destra a Giuseppe. Solo nella seconda versione egli seguì Palladio anche nelle finestre, alle quali Vitruvio attribuiva una particolare importanza (fig. 13). Ed è significativo che egli le aprisse a destra verso una semplice capanna, al centro su Gerusalemme con una palma e, a sinistra, verso un monumento, che ricorda il Sacro Sepolcro della Cappella Ruccellai[30] – probabilmente quindi tre viste sulla vita di colui che sarebbe cresciuto in questa famiglia.

Fig. 12. A.Palladio, Sala di quattro colonne dal Libro II, cap.VIII.

Fig. 13. Nicolas Poussin, *Il sacramento del matrimonio*, Edinburgo, National Gallery of Scotland.

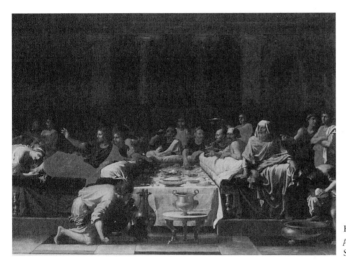

Fig. 14. Nicolas Poussin, *Il sacramento della penitenza*, Edinburgo, National Gallery of Scotland.

Fig. 15. B. Peruzzi, Sala delle prospettive, Roma, Farnesina.

Mentre Poussin nella prima versione della «Penitenza» seguì inconfondibil-
mente i banchetti del Veronese, nella seconda versione ricostruì per la prima volta la
sala da pranzo della casa vitruviana[31] (fig. 14). E non è un caso se Poussin preferì la
casa greca, cioè un'architettura basata su colonne con trabeazione, come l'aveva descritta Vitruvio, e non scelse quella romana ad archi e volta, che conosceva dalla sua
cerchia romana.

In Vitruvio la sala da pranzo degli uomini si allacciava direttamente al «peri-
stylium», le cui colonne sono infatti accennate sullo sfondo[32]; essa è così grande che
vi possono essere sistemate quattro «triclinia», rimanendo pur sempre spazio sufficiente a disposizione dei servitori e delle rappresentazioni. A sinistra e a destra si
aprono porte verso gli appartamenti degli ospiti. Nel colonnato fiancheggiato da
blocchi di pareti con nicchie Poussin forse si ispirò di nuovo a Peruzzi, e cioè alla
grande sala da pranzo della Farnesina[33] (fig. 15).

Una variante di questa sala da pranzo per uomini la troviamo poi anche nella
«Cena» della seconda serie (fig. 16). Infine, diversi elementi avvalorano l'ipotesi
secondo cui l'azione dell'«Estrema unzione» della prima serie, vale a dire una scena paragonabile alla «Morte di Germanico», si svolga di nuovo in un atrio (fig. 17). Ma qui Poussin seguì la ricostruzione di Palladio – molto più convincente – dell'atrio coperto, con il suo soffitto piatto sorretto da tre travi, con le nicchie e le finestre collocate in alto[34] (fig. 18).

Fig. 16. Nicolas Poussin, *Il sacramento dell'eucarestia*,
Edinburgo, National Gallery of Scotland.

Che Poussin si orientasse sempre più esclusivamente e quasi polemicamente verso gli Antichi e i loro più grandi inter-
preti, prima fra tutti Raffaello e Palladio, è ancora più notevole, se si pensa che lo fece proprio negli anni, in cui il Barocco romano aveva raggiunto il suo culmine con il S. Ivo di Borromini e la S. Teresa di Bernini, e l'architettura parigina era dominata da François Mansart e Louis Le Vau. Ciò nonostante Poussin fu tutt'al-
tro che un classicista rassegnato, che sognava di un'antica epoca d'oro irrimediabilmente perduta.

Fig. 17. Nicolas Poussin, *Il sacramento dell'estrema unzione*, Edinburgo, National Gallery of Scotland.

Sembra piuttosto che influenzasse direttamente la politica artistica francese.

Nel 1638 il Cardinale Richelieu aveva nominato Sublet de Noyers soprintendente degli edifici reali[35]. Questi si impegnò subito a completare il Louvre, la cui costruzione era stata interrotta dopo l'assassinio di Enrico IV, e farlo diventare il centro dell'arte francese. Già negli anni successivi Sublet consigliò al re, di affidare a Poussin la decorazione della «Grande Galerie» che collegava il Louvre con Le Tuileries[36]. Fu senz'altro Roland Fréart de Chambray, il cugino di Sublet[37], a richiamare l'attenzione su Poussin. Nato nel 1606, Fréart de Chambray aveva visitato Roma tra il 1635-1636, si era fatto mostrare dall'amico di Poussin, Errard, le antichità della città, e quindi aveva certamente conosciuto personalmente anche Poussin. E quando questi esitò a venire, Sublet gli mandò Fréart de Chambray e il fratello, Fréart de Chanteloup, che riuscirono finalmente a portarlo a Parigi nell'autunno del 1640. Durante il suo soggiorno di due anni a Parigi, Poussin si tenne in strettissimo contatto con Sublet e con i fratelli Fréart.

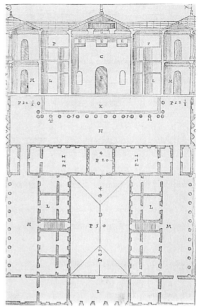

Fig. 18. A. Palladio, Atrio dal Libro II, cap. VII.

È significativo dunque che prima di questi contatti con Poussin, Sublet, nel 1630, avesse fatto erigere da Martellange il Noviziato dei Gesuiti a Parigi ancora completamente nello stile del tardo Cinquecento romano[38] (fig. 19).

L'architetto principale sia del Cardinale Richelieu quanto del Louvre voluto da Sublet fu però Lemercier, ancora fedele seguace della tradizione di Enrico IV, con padiglioni, alti camini, tetti voluminosi, lucernai e ricca decorazione, una tradizione che non aveva niente a che fare con Raffaello e Palladio[39] (fig. 21).

Poussin non nascose certo il proprio disprezzo per questo stile, sfogandosi sulla bruttezza architettonica della «Grande Galerie», la sua spiacevole pesantezza, il suo aspetto melanconico, povero e secco, la contraddizione e disproporzione dei suoi singoli elementi, che offendevano i suoi sensi e la sua ragione, e così via[40]. Il progetto

Fig. 19. Parigi, Chiesa del Noviziato dei Gesuiti (da K. Merian, Topografia Galliae, 1655).

127

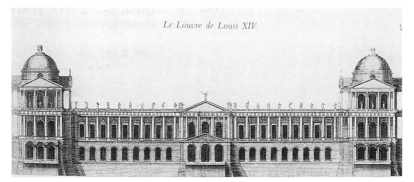

Fig. 20. F. Bignon, Progetto di A. L. Houdin per l'ala orientale del Louvre,
Parigi, musée Carnavalet.

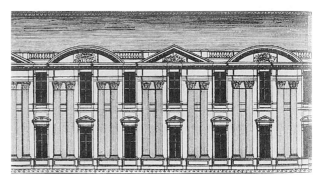

Fig. 21. Parigi, Louvre, Grande Galerie,
dettaglio (incisione di Jean Marot).

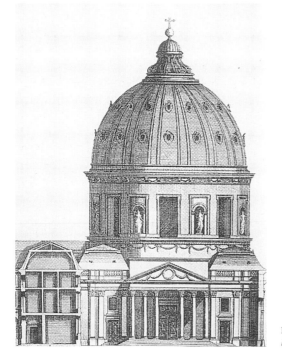

Fig. 22. Jean Marot, Chiesa dell'Assunta a Parigi (da
Recueil des plans, profils et élévations).

di Lemercier per lo studio di Sublet, che questi gli mostrò, gli sembrò più adatto per la bottega di un piccolo commerciante.[41] E non c'è dubbio che solo allora, durante il soggiorno di Poussin a Parigi, nel corso di discussioni sui singoli progetti architettonici, Sublet e i fratelli Fréart si lasciassero lentamente convincere da un classicismo palladiano.

Nella prefazione del famoso «Parallèle de l'architecture antique et moderne» del 1650 – il primo manifesto palladiano in Francia – si legge che Fréart de Chambray aveva iniziato questo trattato assieme a Sublet tra il 1643 e il 1645, vale a dire subito dopo la partenza di Poussin, quando Richelieu era morto e Sublet caduto in disgrazia[42]. Fréart de Chambray dedicò questo trattato a Sublet e ai due propri fratelli, elogiando Poussin come unico vero artista vivente ed esaltandolo come il «Raffaello del secolo»[43]. Nei numerosi confronti tra i singoli ordini egli provò che Palladio era stato di gran lunga il miglior interprete di Vitruvio. E non a caso pubblicò nello stesso 1650 la prima traduzione francese di Palladio[44]. La vicinanza delle teorie di Fréart de Chambray alle idee di Poussin si trova nuovamente concretizzata là dove si legge della sua condanna dell'ordine composto o del tuscanico, ambedue raramente usati dal Poussin maturo[45]. Invece di queste invenzioni «latine» Fréart de Chambray raccomanda i tre esemplari ordini greci, vale a dire il dorico, lo ionico e il corinzio. Proprio quest'ultimo, che avrebbe ornato anche il tempio di Gerusalemme e che per lui era tanto importante quanto per Poussin, sarebbe di gran lunga il più bello.

Sublet e i suoi amici – e tra essi anche Poussin – sperarono fino alla sua morte precoce che egli tornasse alla corte e riprendesse i suoi grandi progetti. Mazzarino e i suoi primi soprintendenti avevano altri gusti, e soltanto verso il 1660 vediamo i primi frutti del palladianesimo di Fréart de Chambray e dei suoi amici. Si tratta del progetto per l'ala orientale del Louvre realizzato da Houdon – architetto fino ad oggi sconosciuto, sicuramente non italiano, ma nonostante ciò tanto diverso dal mondo di François Mansart o Louis Le Vau della chiesa dell'Assomption di Errard del 1670[46] (fig. 20, 22).

Poussin continuò a seguire – con sempre maggior conseguenza ed erudizione – queste linee vitruviane e palladiane anche dopo il suo ritorno, come lo illustrano le due ville palladiane nella «Guarigione dei ciechi» del 1650 circa, con le quali Poussin volle suggerire un paesaggio del primo secolo[47] (fig. 23). E lo illustra ancora meglio la «Morte di Zaffira», posteriore al 1650[48] (fig. 24).

L'avvenimento si allaccia direttamente alla morte di Anania, rappresentata da Raffaello nel suo arazzo[49]. Neanche Zaffira confessa a Pietro l'intera somma ricavata dalla vendita della sua proprietà, per la quale si erano impegnati i primi membri della comunità cristiana di Gerusalemme con l'intento di aiutare i poveri. Come Anania tre ore prima, anche Zaffira cade a terra morta.

Come Raffaello, anche Poussin mostrò il senso di questo sacrificio: nel mezzofondo un diacono anziano offre elemosine – e cioè il ricavato di queste vendite – ad un mendicante. Questa scena si svolge vicino ad un bacino d'acqua, che dovrebbe alludere al lago di Bethseba. Stando al Vangelo secondo Giovanni, esso era circondato da cinque casupole[50]. Ai suoi bordi gli ammalati aspettavano che l'acqua si muovesse e li guarisse – una scena già rappresentata in diversi modi[51], ma mai con tale realismo storico. E' probabile che Poussin fosse stimolato verso questo collegamento dallo stesso Vangelo di S. Giovanni, che continua la storia di Anania e di

Fig. 23. Nicolas Poussin, *Guarigione dei ciechi*, Parigi, Louvre, dettaglio.

Fig. 24. Nicolas Poussin, *Morte di Zaffira*, Parigi, Louvre.

Fig. 25. Nicolas Poussin, *Morte di Zaffira*, Parigi, Louvre, dettaglio.

Zaffira con il racconto delle guarigioni miracolose di Pietro a Gerusalemme[52]. Grazie a un simile collegamento di due avvenimenti vicini, Poussin sembra aver trovato, anche nei successivi quadri di argomento mitologico, nuove possibilità di interpretazioni[53].

Ma non basta! All'incirca dal punto di fuga del quadro una larga scalinata conduce su una piazza, una specie di Campidoglio, il cui sfondo è formato da un colonnato dorato. La sua parte superiore è ornata da tre arazzi rettangolari. Evidentemente si tratta di quei tessuti babilonesi che – secondo Flavius Josephus – ornavano l'ingresso dorato del tempio fatto costruire da Erode al posto di quello di Salomone[54] (fig. 25). Esse rappresentavano, in porpora, in scarlatto e in blu, l'universo. Anche il castello in alto corrisponde alla descrizione di Josephus. Si tratta dell'Antonina che, fortificata con quattro torri, si trovava su una ripida roccia ed era rivestita da pietre lisce, come si capisce ancora dalle ricostruzioni moderne[55].

Ma Poussin non si accontentò della rappresentazione storicamente corretta della Gerusalemme del I secolo. Guidando lo sguardo dal carcere in primo piano attraverso l'offerta di elemosine e il lago prodigioso fino al tempio e ancora più su verso il castello tra le nuvole apre una prospettiva di salvezza. Anche chi non riesce a decifrare tutto ciò nei dettagli, presagisce nello sfondo luminoso, quasi irreale, una promessa, un contrappeso metafisico alla condanna degli infedeli membri della comunità: alla morte in primo piano si contrappone lì la vita, e cioè anche quella eterna della Gerusalemme celeste.

Anche i palazzi laterali assecondano l'azione del quadro: a sinistra sul lato degli abbienti in primo piano e in fondo sulla piazza due volte il palazzo michelangiolesco dei Conservatori, dove Poussin sostituì lo ionico con il composito; poi il Palazzo Thiene di Palladio, il cui tetto egli ricoprì – more antico – con un attico; poi una variante del Palazzo Iseppe da Porto ancora di Palladio, una variante più classica della Cancelleria e infine ancora il Palazzo dei Conservatori, che forse rappresenta uno dei due palazzi fatti costruire dallo stesso Erode accanto al tempio[56]. A destra, sul lato dei poveri, palazzi di tipo completamente differente, che nella loro astrattezza anticipano il tardo XVIII e il primo XIX secolo. Questa visione di una sontuosa strada larga come una piazza e che corre verso una meta gerarchicamente elevata, ricorda la proposta di Carlo Fontana per il Borgo e sarebbe stata realizzata solo nella Monaco di Ludovico I. E' la Gerusalemme che precede la distruzione da parte delle truppe di Tito, ma anche allo stesso tempo la visione di Poussin di una città ideale, dove trovano posto l'uno accanto all'altro Josephus e Vitruvio, Palladio e Michelangelo e le proprie invenzioni. La sua predilezione per volumi astratti e stereometrici torna nelle cupe architetture della contemporanea «Adultera»[57]. Quanto importanti fossero per lui in quegli anni anche le architetture di Raffaello, lo vediamo nella «Guarigione dello zoppo»[58].

Sebbene nelle opere di Poussin degli ultimi anni di vita l'architettura avesse un ruolo minore, purtuttavia restarono invariati – anche nell'ambito dell'architettura – il suo realismo storico e la sua adesione all'unica verità valida degli antichi. Ancora intorno al 1655-57 egli ricostruì, nel dipinto «Riposo nella fuga», l'Egitto con l'aiuto del mosaico di Palestrina, con acribia filologica[59].

Ora però aveva abbandonato l'idea di tornare in Francia o di influenzare attivamente l'architettura francese. Dopo essere stato nominato sovrintendente delle fabbriche reali nel 1663, lo stesso Colbert riprese immediatamente la politica artistica classicistica di Sublet e dei fratelli Fréart[60]. Interruppe i lavori di Le Vau al Louvre e destinò in via preliminare Poussin a direttore dell'Accademia romana di nuova fondazione. Colbert inviò perfino i progetti per il Louvre a Poussin, per sentire il parere dei migliori architetti italiani – e certamente anche quello di Poussin[61]. Questi però era già stanco e malato, e fu così l'abbate Benedetti a prendere contatti con gli architetti romani. Quando nel 1665, come risultato di queste consultazioni, venne invitato a Parigi Bernini, che poco prima nel colonnato di Piazza S. Pietro si era ispirato direttamente a Palladio, ciò avvenne di nuovo su iniziativa degli stessi circoli imperniati sulle idee di Poussin e legittimati dal suo peso[62]. Non per niente Colbert diede a Bernini proprio Chanteloup, il fratello di Fréart de Chambray, come accompagnatore. Tutto il diario di Chanteloup è attraversato come un filo rosso dall'ammirazione per Poussin[63].

Nonostante il suo senso altamente architettonico che si esprime in quasi ognuno dei suoi quadri, non possediamo nemmeno un unico progetto autografo di Poussin per un edificio, mentre non solo Bernini e Cortona, ma anche Domenichino e Sacchi realizzarono effettivamente dei progetti d'architettura. Poussin quindi non può essere annoverato tra i veri e propri scultori o pittori architetti, e del resto è difficile immaginarsi le sue architetture strettamente puristiche nella Roma dell'alto Barocco. Proprio con lui però iniziò, almeno a Parigi, quella lotta dei classicisti contro l'architettura del Barocco che, nel corso del Settecento poi ne sarebbe uscita vittoriosa.

1. Per la bibliografia cf.: «Nicolaus Poussin 1594-1665». Catalogo della mostra Paris 1994, ed. P. Rosenberg e L.-A.Prat, Paris 1994, pp. 539-556; O. Bätschmann, «Diskurs der Architektur im Bild. Architekturdarstellungen im Werk von Poussin», in: «Architektur und Sprache. Gedenkschrift für Richard Zürcher», München 1982, pp. 11-48.

2. Catalogo Poussin 1994, pp. 132, 156-160, 260.

3. Per la ricostruzione dell'antico atrium nel Rinascimento v.: C. L. Frommel, «Der römische Palastbau der Hochrenaissance», Tübingen 1973, I, pp. 54 e segg.

4. A. Palladio, I quattro libri, Venezia 1570, II, 6, pp. 29 e seg.

5. H. Hibbard, «Carlo Maderno and Roman Architecture 1580-1630», London 1971, pp. 80-84, 222-230; Frommel 1973, II, p. 75, tav. 30a; L. Neppi, «Palazzo Spada», Roma 1975, p. 134.

6. G. Magnanimi, «Palazzo Barberini», Roma 1983, pp. 82 e segg.

7. Catalogo Poussin 1994, pp. 132, 260.

8. Op. cit., pp. 200 e segg.

9. Vitruvius, De architetura libri decem, V, I, 106.

10. Op. cit., V, I, X 105.

11. Op. cit., V, II, 108.

12. Bätschmann 1982, loc. cit.

13. Palladio, I, 14, pp. 16 e segg.

14. S. Serlio, «Il Quarto Libro», Venezia 1566, foll. 127 v e segg.

15. Op.cit., fol.137 r.

16. Bätschmann 1982, p. 16.

17. C. L. Frommel, «Baldassarre Peruzzi als Maler und Zeichner», in: «Römisches Jahrbuch für Kunstgeschichte» 11 supplemento, (1967-1968), pp. 125-129.

18. Catalogo Poussin 1994, pp. 253-257.

19. L'ordine rustico sembra di nuovo ispirato a Serlio (IV, fol. 132 v).

20. Titus Livius, «Storia Romana», I, 9 e seg.

21. Vitruvius, IV, VII, 99 e seg.

22. H. Nachod, «A recently discovered architectural sketchbook», in: «Rare Books» (H.P. Kraus, New York), 8, 1 (1955), fol.1 v, 2 r, p. 9.

23. D. Barbaro, «I dieci libri dell'architettura tradotti e commentati da D. Barbaro», Roma 1993, pp. 192-200.

24. Vitruvius, IV, II, pp. 88 e segg.

25. C. L. Frommel/S. Ray/M. Tafuri, «Raffaello architetto», Milano 1984, p. 228.

26. Catalogo Poussin 1994, p. 260 e seg.

27. R. Fréart de Chambray, « Parallele de l'architecture antique avec la moderne», Paris 1650: lettera d'introduzione ai fratelli Jean e Paul Fréart, p. a, IIIJ.

28. Catalogo Poussin 1994, pp. 240-248, 312-338.

29. Vitruvius, VI, III, 141 e segg.; Palladio, II, 8, pp.132 e segg. Bätschmann 1982, p. 31.

30. F. Borsi, «Leonbattista Alberti», Milano 1975, pp. 105-125.

31. Vitruvius, VI, VII, pp. 149 e seg.

32. Cfr. Palladio (II, 11, pp. 43 e segg.), dove nella casa greca questi separa con muri i triclinia dal peristilio.

33. Frommel, 1967-68, pp. 87-91.

34. Palladio, II, 7, pp. 33 e segg.

35. E. Magne, «Nicolas Poussin premier peintre du roi», Paris 1928, pp. 131 e segg.

36. Catalogo Poussin 1994, pp. 305 e segg.

37. R. Fréart de Chambray cf.: W. Fraenger, «Die Bild-Analysen des Roland Fréart de Chambray...», Heidelberg 1917.

38. J. M. Pérouse de Montclos, Histoire de l'architecture française de la Renaissance à la Révolution, Paris 1989, pp. 187 e segg.

39. L. Hautecoeur, «Histoire de l'architecture classique en France», I, Paris 1943, pp. 314 e seg., 527 e segg.

40. «Corrispondence de Nicolas Poussin», ed. C. Jouanny, Paris 1911, pp. 141 e segg.

41. *Op.cit.*, pp. 89 e seg.

42. Fréart de Chambray 1650, loc. cit.

43. Loc.cit.

44. Fréart de Chambray, «Les quatre livres de l'architecture d'André Palladio mis en Français», Paris 1650.

45. Fréart de Chambray 1650, pp. 2 e seg.

46. Pérouse de Montclos 1989, pp. 255 e seg. Evidentemente le committenti dell'Assomption – les nouvelles-Haudriettes – avevano conosciuto Errard già prima del 1645 grazie alla mediazione di Sublet de Noyer (A.Boinet, «Les églises parisiennes», III, Paris 1964, pp. 103 e segg.; J.-M. Pérouse de Montclos, «Paris. Le guide du patrimoine», Paris 1994, pp. 112 e seg.). Anche l'allievo di Martellange, Le Pautre, si occupò direttamente di Palladio (R.W. Berger, «Antoine Le Pautre. A french architect of the Era of Louis XIV», New York 1969, pp. 8 e segg., 23-27).

47. Catalogo Poussin 1994, pp. 232 e segg.

48. *Op. cit.*, pp. 469 e segg.

49. «Storia degli Apostoli», V, pp. 1-11; J. Shearman, «Raphael's cartoons in the collection of her Majesty the Queen and the tapestries for the Sistine Chapel», London 1972, pp. 57 e segg.

50. «Vangelo secondo Giovanni», 5, 1-9.

51. A. Pigler, «Barockthemen...», Budapest 1974, I, p. 306; v. per esempio il quadro dei Musei Capitolini («L'ideale classico del Seicento in Italia e la pittura di paesaggio», Catalogo della mostra, Bologna 1962, pp. 96 e seg.).

52. «Vangelo secondo Giovanni», 5, 12-16.

53. S. McTighe, «The hieroglyphic landscape, "Libertinage" and the late allegories of Nicolas Poussin», PH-thesis, Ann Arbour University 1987; gentile accenno di V. Poll Frommel.

54. Flavius Josephus, «Bellum iudaicum», V, pp. 212-214.

55. *Op. cit.*, V, pp. 238-247; M. Join-Lambert, «Jérusalemme», Parigi 1957, fig. p. 63.

56. *Op. cit.*, I, p. 402.

57. Catalogo Poussin 1994, pp .473 e seg.

58. *Op. cit.*, pp. 486 e seg.

59. *Op. cit.*, pp. 488 e segg.

60. Hautecoeur, II, pp. 413 e segg.

61. J. Thuillier, «Nicolas Poussin», Paris 1988, p. 269.

62. Proprio il palladianesimo di Poussin potrebbe aiutare a chiarire anche il crescente interesse di Bernini per Palladio; v. viceversa: C. Thoenes, «Bernini architetto tra Palladio e Michelangelo», in: «Gian Lorenzo Bernini architetto e l'architettura europea del Sei e Settecento», ed. G. Spagnesi e M. Fagiolo, Roma 1983, pp. 105-134.

63. Paul Fréart de Chanteloup, «Diary of the Cavaliere Bernini's visit to France», ed. G. C. Bauer, Princeton 1985, pp. XI e segg.

Deuxième partie

LE MILIEU ITALIEN

Ursula Verena FISCHER PACE

Monsignore Gilles van de Vivere, Giacinto Gimignani, Pietro Testa e l'altare di S. Erasmo nella chiesa di S. Maria della Pietà in Campo Santo Teutonico

A Margrit Lisner, per i Suoi 75 anni

La tragica fine di Pietro Testa – che fu trovato affogato nel Tevere il primo giorno di Quaresima dell'Anno Santo del 1650, d'inverno dunque e non, di certo, in «un bel giorno d'estate» come curiosamente si è potuto leggere in un recentissimo catalogo[1] – è comunemente messa in rapporto con le sue ripetute disavventure e fallimenti nel realizzare sia affreschi sia dipinti per chiese romane: per esempio l'abside di S. Martino ai Monti e gli affreschi addirittura distrutti nella cappella di s. Lamberto a S. Maria dell'Anima[2].

Avendo avuto l'occasione di occuparmi della storia della chiesa del Campo Santo Teutonico e della sua decorazione, mi sono tuttavia venuti dubbi sulla veridicità del racconto del Passeri in merito all'attività del Testa a S. Maria dell'Anima, dubbi motivati da una rianalisi dell'intera vicenda di una committenza, per una cappella dell'Anima e per la chiesa del Campo Santo Teutonico[3].

Nella chiesa dell'Anima è la prima cappella a sinistra (fig. 1), dedicata a s. Lamberto, vescovo di Maastricht dove Pietro Testa avrebbe dipinto, stando al Passeri, i suoi affreschi. Il patronato della cappella era stato affidato ai prelati fiamminghi van de Vivere: prima a Lamberto morto nel 1619, in seguito al suo nipote Gilles[4]. Lamberto era stato «provisor» dell'Anima nel 1595, 1600, 1608 e nel 1614, ed era nativo di una antica famiglia patrizia di Liegi. Per 54 anni ricoprì importanti incarichi alla curia romana: fra gli altri quello di subdatario, referendario e abbreviatore. Il suo nipote Gilles gli dedicò una lapide e un busto nella cappella. A Lamberto o a Gilles spetta senz'altro la commissione del quadro d'altare del Saraceni[5].

Gilles, nato nel 1577 a Liegi, fu dal 4 Settembre del 1611 membro della confraternita di S. Maria dell'Anima, nel 1619 divenne «Revisor commissionum per Germaniam»,

Fig. 1. Capp. di S. Lamberto, Roma, S. Maria dell'Anima.

137

Fig. 2. Gilles Van de Vivere,
Roma, S. Maria dell'Anima.

carica che lo mise in strettissimo contatto con l'allora prefetto della Segnatura, il cardinale Maffeo Barberini, divenuto in seguito Papa Urbano VIII. Da lui nominato nel 1623 subdatario, nel 1626 datario, in tale carica rimase probabilmente fino alla morte del Papa, rivestendo anche la carica di prelato domestico. Fu referendario delle due segnature, dal 1631 canonico di S. Pietro e nel 1641 venne nominato patriarca di Gerusalemme. Malgrado risiedesse a Roma ottenne altrettante nomine onorarie nella sua città natale, essendo nominato «provisor» di S. Paolo e canonico di S. Lamberto a Liegi[6]. Nell' epitaffio a lui dedicato sulla parete destra della cappella viene sottolineata la sua altissima professionalità ed integrità. L'epitaffio è sormontato da un bellissimo busto (fig. 2) in marmo rossastro, attribuito da Antonia Nava Cellini a Giuliano Finelli[7]. Alla chiesa dell'Anima donò nel 1634 una preziosa reliquia della testa di s. Lamberto, probabilmente non solo per riconoscenza verso la chiesa, ma anche per la sua appartenenza al nobile capitolo di s. Lamberto di Liegi, dalle cui file provenivano, oltretutto, parecchi curiali romani. E' il caso, per esempio, dello stesso papa Adriano VI, qui sepolto, che era pur egli stato membro di quel capitolo. Si può dire che nel Seicento l'importanza della diocesi di Liegi fosse l'equivalente di quella odierna delle diocesi di Chicago o Colonia!

Alla fine della sua vita il van de Vivere si ritirò nel convento francescano di S. Isidoro, allora presieduto dal grande storico francescano Luca Wadding. Lì morì, lasciando a S. Maria dell'Anima quasi tutti i suoi beni e così causando un processo fra le due istituzioni oltramontane di S. Maria dell'Anima e di S. Maria della Pietà in Campo Santo[8].

Fig. 3. Capp. di S. Anna, Roma, S. Maria dell'Anima.

Per approfondire le nostre conoscenze su questo personaggio dello strettissimo entourage di Urbano VIII dobbiamo accennare ad un altro episodio collegato alla decorazione di S. Maria dell'Anima: cioè al suo impegno nella ridecorazione della cappella di S. Anna, la seconda di destra (fig.3). Gilles van de Vivere fu coinvolto in quest'impresa quale esecutore testamentario di Giovanni Savenier, altro personaggio assai altolocato della corte urbaniana[9]. Savenier, anch'egli nativo di Liegi, segretario apostolico e protonotario, morto nel 1638, aveva lasciato una cospicua eredità alla Congregazione di Propaganda Fide che a sua volta destinò 2 000 scudi alle autorità di S. Maria dell'Anima per dedicargli una memoria. Siccome la somma era molto alta la congregazione della chiesa, insieme con gli esecutori testamentari di Savenier, Egidius (cioè Gilles) Van de Vivere e il cugino di Savenier Gualtiero Gualteri, decisero di fare non soltanto una memoria, ma di ridecorare ex novo tutta la cappella messa a loro disposizione. Di Alessandro Algardi è il bellissimo busto del Savenier – purtroppo non più nella sua collocazione originale – che stranamente non è menzionato né dal Bellori né dal Passeri nelle loro rispettive vite dedicate all'artista, vista l'importanza della committenza e la collaborazione di Giovanni Francesco Grimaldi per gli affreschi. Sia i responsabili della chiesa tedesca sia quelli della congregazione di Propaganda Fide decisero allora di cambiare sottilmente il programma iconografico della cappella in quanto, pur mantenendo la dedica a s. Anna, tramite la scelta delle scene affrescate viene accentuata l'allusione all'Immacolata Concezione del cui dogma i membri spagnoli della Propaganda Fide erano i più fervidi propagatori. Il Bolognese Giovanni Francesco Grimaldi dipinse nel registro superiore a destra, accanto alla finestra, entro ricche cornici di stucco dorato a destra, l'Annuncio a Gioacchino della nascita di Maria, a sinistra l'Incontro di Gioacchino e Maria alla Porta Aurea con l'apparizione dell'Immacolata, nella calotta sovrastante la Gloria di s. Anna. In due piccoli riquadri sottostanti e semicoperti da due putti di stucco, che sorreggono un velo, sono poi raffigurati sulla destra la Madonna che porge il Bambino a s. Anna e a sinistra s. Anna e la Madonna che cuciono. In seguito, per incompatibilità con la nuova iconografia, venne tolto il quadro d'altare del pittore fiammingo Theodor van Loon, dipinto nel 1628, che rappresenta s. Anna che insegna Maria bambina a leggere assistita da Gioacchino[10]. Lo sostituì un nuovo quadro d'altare, di Giacinto Gimignani (firmato e datato 1640), che rappresenta Maria seduta che porge il Bambino a s. Anna, sullo sfondo Giuseppe che entra dalla porta[11]. E', questo, un mutamento di iconografia che coincide con il programma di Propaganda Fide. Non a caso un decennio prima era stata fondata e dedicata all'Immacolata Concezione da Urbano VIII, la chiesa di S. Maria della Concezione, affidata dal papa a suo fratello Antonio Barberini seniore, cardinale di S. Onofrio e monaco cappuccino. Non è nemmeno per nulla da escludere che il dotto teologo fra' Luca Wadding, dal 1618 inviato speciale della legazione spagnola per la promulgazione del dogma dell'Immacolata Concezione e rettore del neo fondato collegio irlandese (perciò strettamente legato alla Propaganda Fide) fosse fra gli ispiratori di questa nuova iconografia[12]. Non a caso il Wadding, certo molto più tardi, si fece programmaticamente ritrarre dal Maratti con la rappresentazione dell'Immacolata sullo sfondo[13]. Il Wadding era anche in stretta relazione con la comunità tedesca quale commissario generale delle nazioni tedesca e francese. C'è dunque da supporre una stretta amicizia e stima fra il Wadding e il van de Vivere che, come ho già detto, trascorse la fine della sua vita nel convento di S. Isidoro,

Fig. 4. Giacinto Gimignani, *Adorazione dei Magi*,
Roma, Collegio di Propaganda Fide, Capp. dei Re Magi.

nominando il Wadding uno dei suoi esecutori testamentari.

La scelta di Giacinto Gimignani quale autore del nuovo quadro d'altare potrebbe essere stata motivata dal successo avuto con la sua Adorazione dei Magi del 1634 (fig.4), un quadro dipinto per l'altare maggiore della berniniana chiesa dei Re Magi nel Palazzo di Propaganda Fide su commissione del Cardinale Antonio Barberini senior, membro della congregazione ed iniziatore della costruzione della stessa chiesa. Il quadro del Gimignani è assai bello e nello stesso momento rappresentativo del clima culturale degli anni '30 del Seicento, di un cortonismo sposato con un rigore compositivo ed un'incisività lineare alla Poussin, tanto che, in un recente volume sulla pittura del Seicento, Erich Schleier lo ha messo a confronto con il Martirio di s. Erasmo del Poussin per illustrare la corrente classicista di quegli anni[14]!

Nello stesso arco di tempo della decorazione della cappella di s. Anna, il 7 aprile 1639, Gilles van de Vivere ottenne dalla congregazione di S. Maria della Pietà, la chiesa del Campo Santo Teutonico, il permesso di ridecorare la cappella privilegiata (fig.5) di quella chiesa, cioè quella a destra del coro[15]. Era stato Gregorio XIII che nel 1578 aveva concesso in perpetuo il privilegio che ciascuna messa celebrata in questo altare dei ss. Stefano, Martino, Margherita, Maria Maddalena e Maria Egiziaca liberasse un anima dal purgatorio. Il privilegio fu poi rinnovato da un Breve del 15 febbraio 1640 di Urbano VIII per l'altare adesso consacrato a s. Erasmo.

Dal protocollo della seduta risulta che il Monsignore datario aveva presentato un disegno per fare l'altare di marmo nella cappella privilegiata e per il quadro di s. Erasmo. Si era inoltre impegnato a far avere alla chiesa un'insigne reliquia di questo santo, cioè un piede. Per la realizzazione intendeva spendere 400 scudi, offerta ben accettata dalla congregazione, pur con la limitazione di non poter acquisire lo jus patronato o altri diritti su questa cappella, che doveva rimanere libera alla chiesa. Dal protocollo sappiamo anche che il Monsignore fu pregato di presentare all'approvazione della congregazione il disegno per l'altare e per il quadro, in quanto fra i membri vi erano numerosi intenditori di quella professione. Leggiamo così che «per esaminare et approvare il disegno del sud[det]to altare sono stati li signori deputati Francesco Duquesnoy, Remigio Chilholtz e Aloysio Primo, cioè il pittore fiammingo Luigi Gentile.»

140

Il disegno del Gimignani per il quadro d'altare venne approvato. In vista dei cambiamenti viene redatta un'accurata descrizione della cappella, venendo citati i singoli affreschi per perpetua memoria «in che forma era allora» e anche per commemorare Gerardo Vossius, il famoso patrologo (Borgloon, 1550 – Liegi, 25.3.1609) che dal 1572 era vissuto quasi sempre a Roma e in parte aveva "commissionato le precedenti pitture"[16].

Sappiamo così che erano rappresentati i quattro Evangelisti sulla volta, il Giudizio Universale sul muro verso il coro, la testa di Gesù Cristo in forma ovata, la Resurrezione, s. Leone Magno, la testa di s. Maria Egiziaca, la Resurrezione di Lazzaro, s. Gregorio Magno, s. Paolo, s. Servazio, s. Gregorio Taumaturgo, s. Pietro, s. Lamberto, s. Efrem ed infine intorno alla Pietà del Campo Santo i Misteri del Rosario. Sotto il s. Efrem era l'effigie di Gerardo Vossius e sotto la seguente iscrizione:

Fig. 5. Già capp. di S. Erasmo, S. Maria della Pietà in Campo Santo Teutonico, Roma, (prima del restauro del 1972).

DOCTOR GERARDIUS VOSSIUS BORCHLONIUS PREPOSITUS
TONGRENSIS EX DEVOTIONE.

La maggior parte di questi affreschi era stata probabilmente eseguita da Hendrick van den Broeck. Gli affreschi furono intonacati e anche la cappella seicentesca subì rifacimenti: tra la fine dell'Ottocento e l'inizio del nostro secolo tutta la chiesa subì un cambiamento radicale che comportò anche una nuova decorazione pittorica. L'ultimo restauro, ovvero il ripristino degli anni '70, ha infine distrutto quello che era rimasto della precedente decorazione – senza che, come in passato, ci si sia preoccupati di darne una descrizione «a futura memoria».

Il Martirio di s. Erasmo del Gimignani già nel 1722 era piuttosto rovinato e quando, nel 1756, 40 scudi furono considerati spesa eccessiva per il suo restauro se ne affidò il cosiddetto «aggiustamento» ad un garzone. Quando, infine, l'interno della chiesa fu rinnovato fra il 1871 e il 1873, l'altare di s. Erasmo venne consacrato alla Madonna e fu allora che il dipinto del Gimignani finì nella spazzatura[17].

Malgrado questa fine ingloriosa, ne siamo almeno bene informati da alcuni disegni superstiti: da molto tempo conosciuto è un disegno molto rifinito di Windsor (fig. 6), attribuito prima dal Blunt a Pietro da Cortona per rapporto con la

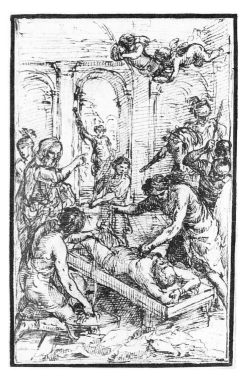

Fig. 6. Giacinto Gimignani, *Martirio di S. Erasmo*,
Windsor Castle, Royal Collection.

Fig. 7. Giacinto Gimigani, *Martirio di S. Erasmo*,
Casona di Tudanca, Coll. Cossio n. XLVIII.

sua commissione del quadro di S. Pietro, poi dal Vitzthum a Giacinto Gimignani,
con il collegamento con la perduta pala del Campo Santo[18]. Altri due disegni dell'artista per la stessa commissione li ho potuti identificare di recente io stessa in una
collezione spagnola (figg. 7, 8)[19]. Si tratta di due schizzi preliminari per l'intera
composizione, così come lo è anche un disegno di tecnica leggermente più complessa in una collezione privata parigina (fig. 9) finora attribuito al Romanelli[20], ed infine uno studio di singole figure (fig. 10) nella collezione di Janos Scholz[21]. Il fatto che
conosciamo ben quattro studi di composizione del Gimignani per il Martirio di s.
Erasmo parla di per sé: si trattava senz'altro di una commissione prestigiosa per il
pittore. Confrontando i diversi disegni sembra che il foglio di Windsor sia quello
più finito e, inoltre, quello più vicino al dipinto del Poussin per la disposizione del
santo, del suo aspetto giovanile e del sacerdote; tuttavia gli studi per le singole figure sul foglio della collezione Scholz si riferiscono piuttosto al secondo foglio della
collezione spagnola. Eccettuato il disegno di Windsor nel quale Erasmo ha l'aspetto
di un uomo più giovane, molto simile al santo rappresentato da Poussin, negli altri
tre disegni sembra essere un uomo di età avanzata e dalla barba più lunga.
Realizzando il suo dipinto, il Gimignani deve aver introdotto alcune varianti, che
evidentemente ci sfuggono. L'artista era tuttavia ben informato, malgrado la distanza di un decennio, sulla preparazione del dipinto del Poussin in quanto per lui il
punto di partenza fu, più che il dipinto realizzato, lo stadio preparatorio tramanda-
to dal disegno dell'Ambrosiana (fig. 11), iconograficamente assai vicino ai disegni

Fig. 8. Giacinto Gimignani, *Martirio di S. Erasmo*,
Casona di Tudanca, Coll. Cossio n. XLIX.

Fig. 9. Giacinto Gimignani, *Martirio di S. Erasmo*,
Parigi, Coll. Privata.

Fig. 10. Giacinto Gimignani, *Studi di figure*,
New York, Pierpont Morgan Library, Coll. Janos Scholz.

Fig. 11. Nicolas Poussin, *Martirio di S. Erasmo*,
Milano, Biblioteca Ambrosiana.

spagnoli del Gimignani[22]. L'architettura di fondo con un porticato che chiude, l'idolo che viene portato in mostra al Santo, i due boia all'opera, persino il tratteggio ritmato sembrano derivati dal disegno del Poussin. Suppongo perciò che il committente fosse assai ben informato sull'elaborazione della pala di S. Pietro. Il cambiamento d'aspetto del Santo, da vecchio barbuto a giovane sembra frutto di una qualche discussione agiografica.

Sappiamo dai documenti che alcuni anni dopo (1646) il Monsignore Van de Vivere voleva completare la decorazione della cappella con un incrostazione di marmo e con pitture della vita di s. Erasmo[23]. Siamo informati su questi fatti in quanto subito dopo la morte del Monsignore, avvenuta il 17 aprile 1647, scoppiò una lite tra l'Arciconfraternita di Santa Maria di Campo Santo e la Chiesa dell'Anima in merito al suo luogo di sepoltura e, di conseguenza, alla sua eredità. Nel suo testamento il van de Vivere aveva indicato come luogo di sepoltura «nella cappella di s. Lamberto posta nella chiesa di S. Maria dell'Anima o vero nella cappella di s. Erasmo, nella chiesa di Campo Santo a Giudizio dell'Infrascritti esecutori et lascio a quella delle sudette chiese dove sarò sepolto mille scudi di moneta Romana con peso di fare dire in perpetuo una messa quotidiana all'altare privilegiato, quella per l'Anima mia et della buona memoria di Monsignore Lamberto Ursino Vivario mio Zio et altri a quali io fosse obligato[24].» Dunque Monsignor Egidio Ursino de Vivariis venne sepolto il giorno dopo la sua morte «innanzi l'altare di San Lamberto. per i diritti della chiesa, havendo già la sua sepoltura, ha pagato niente[25].» Era stato senz'altro questo il movente degli esecutori testamentari – Johannes Emerix, suo grande amico, Luca Wadding e Tiberius Simoncellus –, per scegliere la cappella dell'Anima, dal momento che nella cappella della chiesa del Campo Santo non aveva nessun diritto. Più del Wadding dovette essere Johannes Emerix il responsabile della scelta del luogo di sepoltura, poiché la chiesa dell'Anima era anche a lui, nativo della diocesi di Liegi, assai cara. Come sappiamo inoltre dal libro dei morti di S. Maria dell'Anima, egli stesso fu sepolto « in cavea ante altare Sancti Lamberti» il 18 marzo 1669[26]. Il suo epitaffio con busto fu fatto collocare dal nipote Jacopo Emerix sulla parete ovest della navata destra lontano dal luogo di sepoltura.

Come risulta da questi casi, spettava spesso agli esecutori testamentari il compito di occuparsi della decorazione delle cappelle ed anche della collocazione di busti commemorativi. Risulta inoltre che in tutta la vicenda della lite fra Campo Santo e Anima non viene mai menzionato, nè citato, un particolare interesse di Gilles van de Vivere per la decorazione della sua cappella di S. Maria dell'Anima. Il suo impegno era invece rivolto alla chiesa del Campo Santo, per la quale si accingeva a far decorare la cappella privilegiata con affreschi. Se egli avesse fatto dipingere la sua cappella nell'Anima durante la sua vita, ritengo che questo fatto sarebbe senza dubbio stato citato negli atti dei processi. Invece non viene citato neanche una volta, così come non vengono mai citati né il nome del Testa né quello dei suoi committenti che, secondo il Passeri, furono Jacopo e Agostino Franzoni genovesi, i quali dunque con la comunità dell'Anima c'entravano poco o nulla. Proprio il cardinale Jacopo Franzoni è citato dal Bellori nella sua vita dell'Algardi insieme con i busti e ritratti fatti da questo scultore. Il Passeri tace invece di questa committenza Franzoni, pur citando i due prelati genovesi sia nella vita del Testa sia in quella di Giovanni Miel, l'autore degli affreschi esistenti nella cappella di s. Lamberto nella chiesa dell'Anima. Che si tratti di un equivoco, di una confusione da parte del Passeri nel tentativo di ricostruire la parte del Testa?. Per mio conto, suppongo che sia stato Johannes Emerix il responsabile della decorazione della cappella di s. Lamberto e dell'incarico a Giovanni Miel, fatto che risulta chiaro dalla iscrizione nella cappella stessa: MONUMENTUM HOC INSTAURATO SACELLO UTI ILLE PATRUO E REGIONE POSUIT JOAN. EMERIX V.S. REFEREND . FR. LUCAS WADDINGUS MINORITA,TYBERIUS SIMONCELLUS EX COMITIBUS DE BASCHIS EQUES DE ALCANTARA TESTAMENTI EXECUTORES. Che il Testa fosse comunque effettivamente coinvolto in una committenza van de Vivere, pur se in maniera diversa, risulta dai suoi disegni, più di sei, messi in relazione con la cappella dell'Anima. Questi

Fig. 12. Pietro Testa, *S. Lamberto,* Windsor Castle, Royal Collection, inv. RL 5933.

disegni tuttavia, come già osservato in precedenza da Ann Sutherland Harris, non riflettono e non prendono in considerazione la situazione architettonica della cappella dell'Anima[26]. Manca la finestra indicata nell'angolo destro inferiore del disegno di Windsor (fig. 12) e non c'è spazio né per il tondo con il Padre Eterno (fig. 13) né per le vele con le virtù, proprio per la diversa conformazione architettonica, in quanto le cappelle a nicchia sono coperte da una calotta[29]. Elizabeth Cropper ha cercato di risolvere il dilemma con vele finte e una cupola simile alla soluzione scelta dal Domenichino per l'abside di S. Andrea della Valle, non escludendo nemmeno la possibilità di tutt'altra decorazione[30]. Ma se colleghiamo i disegni con la cappella del

Campo Santo come si presentava prima del restauro degli anni '70, costatiamo una coincidenza fra architettura e progettata decorazione: il tondo col Padre Eterno e Angeli al centro della volta a crociera accompagnati dalle quattro virtù negli angoli della crociera, l'ascensione del Santo (fig. 14) nella lunetta dietro l'altare[31], mentre l'altra scena di ascensione avrebbe avuto posto accanto alla finestra verso il cimitero, oggi murata. Tra l'altro la cappella recava già precedenti affreschi disposti in uno schema simile, come sappiamo dalla descrizione.

Fig. 13. Pietro Testa, *Padre Eterno,* Haarlem, Teylers Museum.

Fig. 14. Pietro Testa, *S. Lamberto* (?), Paris, Louvre, département des Arts graphiques.

Si potrebbe ora obiettare: ma che c'entra s. Lamberto con la cappella del Campo Santo? Ma non è affatto chiaro che nei disegni si tratti veramente di s. Lamberto, dal momento che la sua iconografia è piuttosto indistinta[32]. Non potrebbe pertanto nemmeno escludersi che il santo raffigurato sia un altro, come s. Erasmo! Va da sé che una presenza di s. Lamberto nella cappella del Campo Santo non sarebbe naturalmente fuori posto in quanto patrono di Liegi e dunque strettamente legato sia alla persona del Vossius sia a quella di Monsignore van de Vivere. L'erudito fiammingo scrisse infatti un trattato in difesa dell'autenticità delle reliquie del santo conservate a Liegi. In quanto al Martirio di s. Erasmo del Testa[33] (fig. 15), composizione conosciuta tramite due disegni e un'incisione, si potrebbe pensare ad un progetto alternativo, magari fatta in concorrenza al disegno del Gimignani dietro suggerimento del Duquesnoy. Una volta deciso il concorso, il Testa incise la sua composizione per una migliore diffusione e divulgazione del suo concetto, procedimento del tutto legittimo, adottato per esempio anche da Pierre Mignard nel concorso per il quadro di s. Carlo Borromeo per l'altare di s. Carlo ai Catinari[34]. Difficilmente, di certo, una resa del supplizio così furiosa e cruenta con un s. Erasmo vecchio e rinsecchito – come nella versione del Testa – poteva soddisfare il gusto più paccato del Monsignore van de Vivere. Basti pensare alla raffigurazione discreta e decorosa del «Martirio di s. Lamberto» di mano del Saraceni. Sia nei

Fig. 15. Pietro Testa, *Martirio di S. Erasmo*, Chatsworth, Devonshire Collection.

disegni sia nell'incisione del Testa siamo invece di fronte a una violenza espressiva ed emotiva che trova uno stringente parallelo, anche stilistico, nei suoi disegni per il Massacro degli Innocenti in relazione all'Allegoria Spada, di solito datata circa il 1640[35]. All'immagine radicale e rabbiosa fu preferita la versione morbida, decorosa, senza tensione, del Gimignani. A conclusione vorrei anche ipotizzare che i vari disegni di Testa (quattro per la composizione) per una Sacra Famiglia con s. Anna[36] siano in rapporto con l'altare di s. Anna nella cappella di S. Maria dell'Anima, il cui quadro fu – come detto – commissionato ed eseguito da Giacinto Gimignani. L'ipotesi deve restare tale, dal momento che non possediamo nessun dipinto del Testa relativo a un tale soggetto. Quale, infine, sia stato il ruolo giuocato dal Duquesnoy, come tramite e membro della comunità fiamminga, in questa vicenda travagliata per il Testa, resta infine un interrogativo a cui non so dare risposta.

1. Marc Fumaroli, in *Roma 1630 Il trionfo del pennello,* Catalogo della mostra a Villa Medici, Roma 1994, p. 81.

2. Giovanni Battista Passeri, *Die Künstlerbiographien,* ed. Jacob Hess, Lipsia 1934, pp. 182-188.

3. Andreas Tönnesmann, Ursula Verena Fischer Pace, *Santa Maria della Pietà. Die Kirche des Campo Santo Teutonico in Rom. Die Ausstattung der Kirche des Campo Santo Teutonico in Rom.* Der Campo Santo Teutonico in Rom Herausgegeben von Erwin Gatz, Bd. II, Rom-Freiburg-Wien 1988. Römische Quartalschrift für christliche Altertumskunde und Kirchengeschichte. 43. Supplementheft.

4. Sull'importanza dei curiali fiamminghi a Roma cf. M. Vaes, *Les curialistes belges à Rome aux XVI et XVII siècles, I Lieggesi,* in «Mélanges d'histoire offerts à Charles Moeller par l'Association des anciens membres du Séminaire historique», t. II: Époque moderne et contemporaine. Recueil de travaux… 1re série. fasc.41. Liegi 1914, pp. 100-121. K. Rudolf, *Santa Maria dell'Anima, il Campo Santo dei Teutonici e Fiamminghi e la questione delle nazioni,* in «Bulletin de l'Institut historique belge de Rome», 50, 1980, p. 75 ss. Ch. Dury, *Les curialistes belges à Rome et l'histoire de la Curie romaine, problème d'histoire de l'Église. L'exemple de Saint-Lambert à Liège,* in «Bulletin de l'Institut historique belge de Rome», 50, 212 sq.

5. Per la cappella di s. Lamberto: J. Schmidlin, *Geschichte der deutschen Nationalkirche S. Maria dell'Anima,* Freiburg 1906, p. 497. J. Lohninger, *S. Maria dell'Anima. Die deutsche Nationalkirche in Rom,* Roma 1909, pp. 125-128. Sul quadro del Saraceni: A. Ottani Cavina, *Carlo Saraceni,* Milano 1968, pp. 117-118.

6. Su Gilles (in latino «Egidius») v., oltre alla bibliografia ciata alla nota 4: A. Kraus, *Das päpstliche Staatssekretariat unter Urban VIII. 1623-1644,* Rom 1964, XXI. Römische Quartalschrift für christliche Altertumskunde und Kirchengeschichte. Supplementheft 29.

7. Altezza ca. 70 cm, larghezza ca. 50 cm. A. Nava Cellini, *Aggiunte alla ritrattistica berniniana e dell'Algardi,* in «Paragone Arte», 65, 1955, p. 26; della stessa autrice, *Un tracciato per l'attività ritrattistica di Giuliano Finelli,* in «Paragone Arte», 11, 1960, pp. 9-30.

8. Su questo processo v. oltre nel testo. Che Gilles van de Vivere sia morto nel convento di S. Isidoro risulta dal suo epitaffio: Aegidius Ursino de Vivariis utriusque signaturae referendario canonico basilicae Vaticanae patriarchae Hierosolmitano Urbani PP. VIII Toto diuturni pontificatus tempore datario et auditori incomparabili cuius fidem integritatem doctrinam proptum in negotiis expediendis iudicium pontifice comprobante urbs tota commendavit aulae pertaesus mortemq. meditatus amplo piis usibus relicto patrimonio inter manus coenobitarum S. Isidori seraphici ordinis nationis Hiberniae mortalis esse desiit AN CHR MDCXLVII Aetat. LXIX APRILIS DIE XVII Monumentum hoc instaurato sacello uti ille patruo e regione posuit IOAN. EMERIX V.S. Referend. FR. LUCAS WADDINGUS MINORITA TYBERIUS SIMONCELLUS EX COMITIBUS DE BASCHIS EQUES DE ALCANTARA TESTAMENTI EXECUTORES PP. L'identità dei personaggi Wadding e Van de Vivere risulta assai confusa nelle pagine dedicate da E. Cropper alla comittenza del Testa in S. Maria dell'Anima, dove si scrive, p.e., che Lucas Wadding visse nel convento di S. Pietro in Montorio. E. Cropper, *The Ideal of Painting. Pietro Testa's Düsseldorf Notebook,* Princeton University Press: Princeton New Jersey 1984, pp. 39-42.

9. Per la storia di questa committenza cfr. Jennifer Montagu, *Alessandro Algardi,* Yale University Press, New Haven and London 1985, II, p. 444, n. 176.

10. Thérèse Cornil, *Théodore Van Loon et la peinture italienne,* in «Bulletin de l'Institut historique belge de Rome», XVII, 1936, pp. 187-211. L'autrice non crede che il quadro attualmente sull'altare della sacrestia sia l'originale del van Loon. V. anche: Didier Bodart, *Les Peintres des Pays-Bas méridionaux et de la principauté de Liège à Rome au XVII siècle,* «Études d'Histoire de l'Art» publiées par l'Institut historique belge de Rome, Bruxelles-Rome 1970, II, p. 56.

11. Ursula V. Fischer, *Giacinto Gimignani (1606-1681). Eine Studie zur römischen Malerei des Seicento,* Diss. Freiburg 1973, WAZ Druck 1973, p. 140, n. 10.

12. Per la biografia di Lucas Wadding vedi A. Daly O.F.M., S. Isidoro, *Le chiese di Roma illustrate– 119,* Roma 1971, pp. 18-21. Per l'importanza della frazione spagnola nell'ambito della Propaganda Fide v. inoltre il recente contributo di R. Stalla, *Architektur im Dienst der Politik-Borrominis Kirchenbau der Propaganda Fide in Rom. Ein jesuitischer Bautypus für die Zentrale del Weltmission,* in «Römisches Jahrbuch der Bibliotheca Hertziana», 29, 1994, p. 324.

13. *Op. cit.* sopra, fig. 6, quadro del Maratti tuttora nel convento di S. Isidoro.

14. E. Schleier, in: *La pittura in Italia. Il Seicento.* Milano (ed. per la Banca Nazionale dell'Agricoltura), 1988, pp.400-401, fig. 625.

15. Hoogewerff, II, *op. cit.* p. 388, Primo fu proposto per parte di Monsignore datario, l'Ill.mo et Rev.mo Signore Aegidio de Vivariis Orsino, nativo di Liegi, et a nome suo fu eshibito un desegno per fare l'altare di marmo nella cappella privilegiata della nostra chiesa di Campo Santo, con il quadro di Santo Erasmo, per la cui devotione egli s'induce a farlo per havere la detta nostra chiesa una reliquia insignissima del sudetto santo, nel quale altare s'offerisce de spendere scudi 400 di moneta. Li signori suprascritti ringratiando detto Monsignore di suo animo devoto accettino l'offerta con patto però, che non acquisti jus patronato o altra raggione o sopranità su detta cappella, ma quella remangi sempre libera alla nostra chiesa et congregatione come prima, senza acquisto di nissuna servitù. Et pregando avertiscono Monsignore, che dovendosi fare la spesa, si facci il disegno dell'altare et quadro che piaccia alla nostra congregatione, nella quale sono molti intendenti ad approvare il desegno del sudetto altare, deputati sono li signori Francisco Chenoy, Remigio Chilholz et Aloysio Primo, 7 Aprile 1639.

16. Anton de Waal, *Der Campo Santo der Deutschen zu Rom. Geschichte der nationalen Stiftung,* Freiburg im Breisgau 1896, pp. 150-151. Il più recente riassunto della decorazione della cappella precedente è di Emilia Anna Talamo in: *Roma di Sisto V. Le arti e la cultura,* a cura di Maria Luisa Madonna, Edizioni de Luca, Roma 1993, p. 226, n. 20.

17. Per l'altare di s. Erasmo vedi A. de Waal, *op. cit.*, pp. 154, 216, 217, 292.

18. Windsor Castle, Royal Collection, inv. 11991, penna, tracce di matita rossa, acquerello marrone, biacca, 320 x 200 mm. Sulle sorti attibutive v. U.V. Fischer, *Giacinto Gimignani*, cit. (nota 11), p.234, Z 128. Nel recente catalogo completo dei disegni di Poussin (Pierre Rosenberg, Louis-Antoine Prat, *Nicolas Poussin 1594-1665. Catalogue raisonné des dessins,* Tome I, Milano 1994, n. 39), malgrado la convincente attribuzione al Gimignani da parte del Vitzthum viene avanzata sia per il disegno di Windsor sia per quello della coll. Fryszman un'attribuzione a François Perrier del tutto improbabile; cf. il commento nel catalogo della recente mostra di Poussin a proposito del disegno di Windsor: *Nicolas Poussin 1594-1665,* Galeries nationales du Grand Palais, Paris 1994, p. 174.

19. Casona di Tudanca (Cantabria), Collezione Cossio, n°. XLVIII recto: *Martirio di s. Erasmo*, penna su matita rossa, carta bianca ingiallita, 202 x 132 mm, verso: schizzi di figure sedute a matita nera; n°. XLIX recto: *Martirio di s. Erasmo*, penna su matita rossa, acquerello marrone, carta bianca ingiallita, 220 x 136 mm, verso: schizzi di figure e di prospettive classiche a matita rossa. Da tempo in attesa di stampa è la mia completa catalogazione dei disegni della coll. Cossio.

20. Parigi, Collezione privata (come Romanelli), *Martirio di s. Erasmo*, penna, acquerellato marrone su tracce di matita rossa, carta bianca, 205 x 140mm, sul verso annotazione a matita nera: N. Poussin; cf. n.18. Ringrazio M. Fryszman di avermi fatto vedere il disegno e della foto gentilmente datami.

21. New York, Pierpont Morgan Library, Collezione Janos Scholz, Giacinto Gimignani, recto: studi di figure, matita rossa, gesseto acquerellato con sanguigna, carta bruna, 260 x 403 mm, verso: studio di mezza figura di nudo virile. A suo tempo Janos Scholz mi informò gentilmente del suo disegno e me ne fornì la fotografia.

22. Per la discussione del Martirio di s. Erasmo del Poussin e i rispettivi disegni preparatori: *Nicolas Poussin 1594-1665,* cit., p. 172, n. 26-29; cf. n. 19.

23. Archivio del Campo Santo Teutonico, Mazzo III, n.10, A, Attestazione del Sacristano della Chiesa di Campo Santo per l'abbellimento e ornamento della Cappella. Io infrascritto Sacristano della Venle Chiesa di campo Santo attesto per la verità, che dopo li 16. di marzo 1646. venendo Mons.r Egidio Orsino di Vivarijs Patriarcha di Jerusalem di buona memoria nella dta. Chiesa fra diversi raggionamenti che fece meco mi disse che voleva havere la sua sepoltura dentro la Capella di Sto. Erasmo, a che effetto haverebbe quanto prima fatto abbellire quella Cappella con farla incostrare di marmo sin all'altezza d'un huomo et di sopra farlo stuoccare, indorare e pingere la vita di Santo Erasmo et dotarla per tre almeno Cappellani, è a questo effetto è stato mandato in Campo santo da d.to Monsig.re il sig.r Geminiano Pittore, dal quale più avanti fù fatto il quadro di S.to Erasmo, et fece un disegno con il lapis come doveva essere abbellita d.ta Cappella tanto di marmo quanto di stoccatura et pittura. Et in oltre d.o Monsig.re dal 16.di Marzo 1646 ha mandato a donare a detta Cappella doi Palliotti di colore pavonazzo, un di veluto con le sue arme, et l'altro di durante figurato, un banchetto indorato messo sopra l'altare del sud. o Santo Erasmo. Una pianeta di veluto pavonazza con le sue arme, et un'altra pianeta dal medemo colore di durante figurato et in fede del

questo di 4to di Maggio 1647. In Roma Io Tarquinio Augustino de Augustinis sagrestano della Chiesa di Campo Santo affermo quanto di sopra essere la verità questo di 6 di Maggio 1647 Manupropra.

24. Archivio Storico Capitolino, Roma, Notarii del Tribunale dell'A.C., Libri di Testamenti, Ufficio 43, Franciscus Jacobus Belgius Jr.,1630-50, fol. 151-153 verso e 205-208 verso. Il testamento era stato menzionato per la prima volta da A. Sutherland Harris, *Notes on the chronology and death of Pietro Testa*, in «Paragone», 18, n. 213, 1967, p. 57, n. 100.

25. Hoogewerff II, p. 603, Adi diecisette d'Aprile morse all'alba nella parochia di Sant'Andrea delle Fratte l'Ill.mo et Rev.mo monsignor Egidio Ursino de Vivariis, patriarcha de Gierusalem, et il medesimo giorno alla sera con gran pompa il suo corpo è stato portato alla chiesa dell'Anima di Roma, et il giorno seguente con solennità è stato cantata la messa per lui con intervento dei signori nationali e dopoi è stato sepelito inanzi l'altare della capella di San Lamberto nella sudetta chiesa. Per i diritti della chiesa, havendo già la sua sepoltura, ha pagato niente. Con intervento del capitolo di San Pietro in Vaticano, della cui chiesa lui in vita sua era canonico.

26. Hoogewerff II, p. 607, 16 marzo 1669, Obiit Ill. mus et Rev. Mus D. Joannes Emerix ed oppido Blisiae, Leodiensis diocesis, sacri palatii apostolici Rotae auditor et praefectus brevium; cuius corpus ex parochia Sancti Laurentii in Lucina eodem die delatum est ad hac ecclesiam Beatae Mariae de Anima, ubi expositum fuit die 18 supradicti mensis et solemnibus persolutis exequiis, quibus interfuerunt Ill. mi et Rev. mi domini sacrae Rotae auditores et advocati consistoriales, ibidem sepultum est in cavea ante altare Sancti Lamberti. Nihil pro sepultura.

26. A. Sutherland Harris, art. cit. 1967, p. 58, n. 102: Louvre inv. 1885, Windsor inv. 5933 [Blunt and Cooke, p. 114, n. 980]. Così scrive, a proposito di questi disegni, la Studiosa: «They are puzzling, for the verso study seems intended to go above a window. None of the chapels on the left side of the church which includes that dedicated to St. Lambert, has windows... The lighting in the drawing comes from the upper right. This would be natural for frescoes in the chapel of St. Benno, that is, the light seen as coming from the large windows in the adjacent end (west) wall. However, it could be argued that those in the left hand chapel were thought of as being lit symbolically from the direction of the high altar.»

29. Si tratta rispettivamente dei disegni del Teylers Museum di Haarlem inv. nr. B 84 recto, penna su tracce di matita nera, acquerellato marrone,263 x 261 mm; inv. nr. B 88 recto, penna, su tracce di matita nera, acquerellato marrone, rialzo con biacca, 305 x 225 mm; inv. nr. B 89 recto; penna su tracce di matita nera, acquerellato marrone, rialzo con biacca, 302 x 215 mm.

30. E. Cropper, *Catalogo Pietro Testa*, Philadelphia 1988, p. 197, n. 91.

31. Pietro Testa, Paris Louvre, Département des Arts Graphiques, inv. 1885, catalogo Cropper Philadelphia 1988, p. 200, n. 92.

32. Anche nel caso di s. Lamberto l'iconografia non è del tutto determinata visto che il santo viene raffigurato sia da giovane, senza barba (p.e. da M. Coxie nella vicina cappella di s. Barbara nella chiesa dell'Anima) sia da vecchio barbuto (tanto dal Saraceni che dal Miel).

33. E. Cropper, *op. cit.*, Philadelphia 1988, p. 9, n. 5, 6. L'autrice ritiene l'incisione con il Martirio di s. Erasmo una delle prime opere incise del pittore e la lega strettamente al dipinto del Poussin per S. Pietro, tuttavia cita la mia proposta di collegare la composizione alla comittenza van de Vivere per S. Maria in Campo Santo del 1639. E' qui riprodotto il disegno di Chatsworth, Devonshire collection, inv. nr. 603, penna acquerellato, 262 x 204 mm.

34. Jean-Claude Boyer, *Un cas singulier: le "Saint Charles Borromée" de Pierre Mignard pour le concours de San Carlo ai Catinari*, in «Revue de l'Art», 64, 1984, p. 26.

35. Per una datazione più tardiva del Martirio di S. Erasmo si sono espressi anche H. Brigstocke, «The Burlington Magazine» 1989, vol. 131, e N. Turner, «Print Quarterly» 1990, vol. 7, nelle loro rispettive recensioni del catalogo Testa di E. Cropper. Il primo scrive: «The etching of the Martyrdom of St. Erasmus is usually dated nearly a decade earlier than the Massacre of the Innocents, largely because of its proximity to the design of Poussin's early painting in the Vatican Museum. However, I believe the time has now come to re-open this question and to consider the possibility that Testa's violent image, which bears little resemblance to any other of his early works, might date from around the same moment as the drawings of the Massacre of the Innocents. In this case, we should also reconsider an interesting suggestion from Ursula Fischer Pace, rather brusquely rejected by

150

Cropper, that the print might be connected in some way with the competition organised in 1639 by Testa's future patron, Egidius de Vivariis, for an altarpiece of the Martyrdom of St. Erasmus for S. Maria della Pietà in Campo Santo (p. 176). Il secondo, a sua volta: «I wonder if Dr Ursula Fischer Pace is not right in wishing to give a later date to Testa's famous print of the Martyrdom of St Erasmus usually placed around 1630 on account of his close similarity to the composition of Poussin's even more famous altarpiece of the same subject for St Peter's completed in 1629. According to Fischer Pace, the print might be dated ca.1639 on the grounds of its putative connection with a competition in that year for an altarpiece for S. Maria della Pietà in Campo Santo. The commission for a «Martyrdom of St Erasmus» was supported by Testa's patron Egidius de Vivariis, but was won by Giacinto Gimignani» (p. 321).

36. E. Cropper, 1988, p. 144, n. 70.

Erich SCHLEIER

Nuove proposte per Simon Vouet, Charles Mellin e Giovanni Battista Muti

Lo scopo di queste pagine è di presentare nuove attribuzioni per quattro quadri, a Simon Vouet, a Charles Mellin e al suo allievo Giovanni Battista Muti. Si tratta di tre quadri da cavalletto in collezioni private, e di un'opera pubblica, una pala in una chiesa.

Quando il Poussin arrivò a Roma nel 1624, Simon Vouet era il pittore francese più in vista del momento, insieme con il Valentin. Aveva appena terminato o stava per terminare la decorazione della Cappella Alaleona in S. Lorenzo in Lucina, la più importante opera pubblica fino ad allora eseguita da lui a Roma, e pochi mesi dopo, nell'ottobre del 1624, fu eletto Principe dell'Accademia di S. Luca. Sui rapporti personali ed artistici tra Poussin e Vouet a Roma si trova qualche cenno nel nuovo libro su Poussin di Jacques Thuillier[1]. Ambedue parteciparono alla corrente neoveneta della pittura romana del momento, ma solo dal 1625-1626 in poi, e non si tratta più di un parallelismo. I quadri più caravaggeschi del Vouet della prima metà degli anni Venti ebbero poco influsso su Poussin.

Fra i capolavori dei primi anni del periodo parigino del Vouet, dopo il ritorno dall'Italia, contano la mezza figura della «Maddalena penitente», ora a Cleveland[2], e la celebre «Maddalena in estasi, svenuta e sorretta da due angeli», invenzione singolarissima e personale, eseguita verso il 1639, di cui esistono varie repliche di bottega e che fu incisa postumamente dal Tortebat nel 1666. L'originale, nel museo di Besançon, fu trattato da Marilena Mosco nel capitolo sull'Estasi della Santa nel catalogo della mostra dedicata alla sua iconografia del 1986[3]. La Mosco cita come fonte ispiratrice l'incisione di Claude Mellan, dedicata a Peiresc, eseguita a Roma e datata 1627, ma segue l'errore del Crelly (1962) nel pensare che si tratti di un'invenzione del Vouet, errore poi rettificato nelle pubblicazioni del Préaud, di Barbara Brejon e ultimamente del Thuillier[4]. Si tratta invece di un'invenzione autonoma del Mellan, completamente diversa da quella posteriore del Vouet, con figure intere inserite in un fondo paesistico. Come altri in precedenza, la Mosco ha giustamente attirato l'attenzione sul fatto che le raffigurazioni della Santa in estasi si diffusero e fiorirono specialmente dal 1622 in poi, dopo la beatificazione di S. Teresa e dopo la pubblicazione di libri quali «De ecstaticis mulieribus et illusis» del Cardinal Borromeo e «Sanctae Mariae Magdalenae vitae historia» di Stengelius del 1622, e più specificamente fiorirono ora le rappresentazioni delle Maddalene in estasi «non più e non solo viste nell'abbandono mistico a Dio, nel soliloquio con il Divino, ma nel contesto angelico, accompagnate dagli angeli[5]». Un prototipo voetiano del periodo romano, che la Mosco ha postulato e ha voluto vedere nella composizione incisa dal Mellan,

a mio parere esiste davvero e va visto in questo quadro di collezione privata (fig. 1 e 2), che, per quanto io sappia, non è mai stato preso in considerazione nel contesto degli studi vouetiani[6]. Si tratta di un quadro da stanza, dipinto ad olio su tela, che misura 130 x 114 cm. Secondo una tradizione orale nella famiglia che possiede il quadro, era una volta in una collezione Pallavicini e proviene da Genova, dove, come è noto, il Vouet si trattenne ed operò da marzo ad ottobre del 1621. Per dirlo subito, crediamo que questo quadro vada collocato nel 1622, subito dopo il soggiorno genovese, in parallelo con la grande «Crocifissione» del Gesù di Genova, commissionata nel 1621 da Giacomo Raggi e dipinta a Roma dopo il ritorno da Genova, nel 1622, su tela romana e inviata poi a Genova[7]. Infatti il profilo dell'angelo a sinistra nel nostro quadro è abbastanza simile al viso della Vergine. Particolarmente simile è la morfologia delle mani con il gioco e il movimento delle dita molto flessibili, elastiche, illuminate come da dentro da una luce rosata, — mani e forme ispirate da formule correggesche tramandate dal Lanfranco. Le mani delle figure nel nostro quadro sono similissime alla mano sinistra della Vergine nella «Crocifissione». Si tratta – in confronto con l'invenzione del Mellan e quella parigina dello stesso Vouet – di una invenzione e di una composizione completamente diversa, ancora in chiave caravaggesca, di una composizione con persone a tre quarti di figura, viste frontalmente e parallele a ciò che chiamiamo «picture plane», con figure a grandezza naturale, viste leggermente da basso ed illuminate da una luce forte e splendente che viene da sinistra. Il fondo è comunque non neutro o architettonico come in quadri del Caravaggio o dei Caravaggeschi quali Manfredi, Renieri ecc., ma è un paesaggio notturno con un albero e un cielo blu scuro, come lo troviamo in modo più esplicito e più pienamente sviluppato nella «Sofonisba» di Kassel[8] e nel «San Sebastiano curato dalle pie donne» Condorelli[9], opere dello stesso momento. La Santa non sviene, ma ascolta il racconto angelico, guarda leggermente in alto. Il taglio e il tipo di viso ovale con la bocca corta e piena è abbastanza simile alla «Giuditta» in collezione privata a Genova[10], di cui esistono varie repliche, *pendant* della «Santa Caterina» pure a Genova, firmata e datata 1621 e dipinta a Genova per i Doria come la Giuditta[11]. Si potrebbe anche paragonare alla «Lucrezia» di Praga[12]. Si possono osservare somiglianze anche con i due angeli Filomarino a Napoli al Museo di Capodimonte, sia per la luce chiara e bionda con i toni viola, arancio e bianco, sia per la tipologia dei

Fig. 2. particolare della fig. 1.

Fig. 3. Simon Vouet (?), *Angelo con la freccia*,
Collezione privata.

visi e la morfologia delle dita. Per quanto riguarda gli angeli (fig. 3) Filomarino
diciamo brevemente che preferiamo mantenere la datazione tradizionale negli anni
Venti e non quella precocissima verso il 1615 proposta dal Thuillier[13]. Gli stessi toni
viola-rosato e arancio si trovano ancora in modo molto simile nei bozzetti per la pala
distrutta di S. Pietro del 1625-1626[14]. Il nostro quadro non è inciso, ch'io sappia.
Che esso appartenga al mondo figurativo vouettiano dei primi anni Venti a Roma,
mi pare evidente e non richiede quasi altri commenti. Ma naturalmente si impon-
gono alcune questioni. La più importante: è un originale o una copia? Bisogna dire
subito che il quadro ha sofferto alcuni restauri infelici ed in alcune parti è un pò
abraso e troppo drasticamente pulito come nel viso della Santa e nelle parti scure
dell'incarnato del braccio. In altre parti è stato ridipinto e ritoccato durante quei

155

vecchi restauri. Specialmente la faccia dell'angelo indiètro e a destra, in cui distur-
ba il contorno, è stata compromessa da ritocchi nella faccia e nel fondo. D'altra parte
la qualità delle parti ben conservate come le due mani del grande angelo a sinistra,
la sua faccia molto sottilmente modellata e il bellissimo panneggio viola, anche il
modellato della sua gamba, l'esistenza di pentimenti che rivelano nel panneggio
viola e il modo con cui i cappelli della Santa sono resi e si intrecciano pittoricamente con l'incarnato del suo corpo e con il panno bianco, mi inducono a credere che si
tratti di un originale e non di una copia coeva di un originale perduto. L'altra questione che si impone, per un quadro di questo tipo e databile nei primi anni Venti,
è: Simone o Aubin Vouet o qualcun altro della cerchia di Vouet? Sappiamo che
Aubin era a Roma nel 1621, quando il fratello era a Genova[15]. Non è citato negli
Stati d'anime nè del 1622 (Pasqua) nè del 1623. Secondo Thuillier era tornato a
Parigi all'inizio del 1623, il Picart pensò che aveva lasciato Roma prima di Pasqua
del 1622[16]. Per un confronto si presta solo il «Davide» di Aubin Vouet nel Museo
di Bordeaux, inciso da Michel Lasne, che però non offre sufficienti agganci per deci-
dere la questione[17]. A mio parere però i panneggi del «Davide» sono di qualità inferiore, il modellato è più grossolano e meccanico, la tonalità è più cupa e fredda,
manca quell'elemento sensuale, correggesco e lanfranchiano, il «Davide» non ha
quell'incarnato come illuminato dall'interno, manca la flessibilità, mancano i colori
raffinati di Simone, e quindi sono propenso a escludere la possiblità di una paternità
di Aubin per il nostro quadro, pur ammettendo che ci rimane un elemento di sog-
gettività nel giudizio. A questo punto bisognerebbe menzionare anche Virginia
Vezzi pittrice, che sposò Simon Vouet nel 1626. Però l'unico quadro conosciuto e
pubblicato da Olivier Michel, la mezza figura della «Giuditta» presso gli eredi di
Andrea Busiri Vici, che corrisponde all'incisione di Charles David da Claude Mellan
e porta una leggenda «Virginia de Vezzo pinxit a Roma», pur essendo molto voue-
tiano, mi sembra più duro, meno sottile del nostro quadro in questione[18]. Vorrei
aggiungere anche che, a mio parere, nessun elemento farebbe pensare che quest'opera possa spettare a Jacques de Letin o a Henri Traivoel che vivevano a Roma con
Vouet in questi anni[19]. Per tornare a Simon Vouet, possiamo citare come pezzi di
confronto anche la «Santa Caterina martire» incisa da Claude Mellan (1625), di cui
esistono varie repliche, probabilmente tutte non autografe, e di cui la migliore è
forse quella venduta all'asta di Parigi l'11 dicembre 1992[20] e poi la bellissima testa
di una «Santa Martire» fino a poco tempo fa una collezione svizzera e ora presso l'antiquario Bruno Scardeoni di Lugano, già pubblicata da Arnauld Brejon piuttosto *en
passant*[21] (fig. 4), un quadro che viene giustamente collocato da Pierre Rosenberg nel
periodo genovese. Il taglio del viso è però più elegante, meno pesante e matronale
di quello della Maddalena qui discussa. Poi sarebbe da domandarsi se il nostro quadro possa essere identificato con la perduta «Madalena mezza figura al naturale tela
d'imperatore cornice dorata si crede di Monsù Voet», già posseduta da Cassiano Dal
Pozzo ed elencata nell'inventario dei beni del defunto Carlo Antonio Dal Pozzo steso
nel 1689[22], e la cui riapparizione fu auspicata da Francesco Solinas[23]. La specificazio-
ne «tela d'imperatore» non corrisponde perfettamente alle misure del nostro quadro,
in quanto misura ca. 96 x 135 cm, mentre nella misura corta il nostro quadro è più
grande di quasi un palmo. Nell'inventario dei beni del defunto Gabriele Dal Pozzo
steso nel 1695, il quadro è elencato con soli quattro palmi[24]. Poi l'indicazione orale
degli attuali proprietari che il loro quadro proviene da Genova, ci porta in una

Fig. 4. Simon Vouet, *Santa Martire,* Lugano, Bruno Scardeoni.

Fig. 5. Simon Vouet, qui attribuito, *Cristo deriso che porta la corona di spine,* Collezione privata.

direzione diversa da quella della collezione Dal Pozzo. Finalmente vorremmo citare quì la bellissima «Maddalena penitente» (un altro episodio, senza gli angeli) di Palazzo Barberini, che fu recentemente riconosciuta quale opera autografa del Vouet intorno al 1623-24 da John Spike (cf. *Il Giornale dell'Arte* 127 novembre 1994, p. 20), in cui troviamo un simile colore giallo nel vestito della Santa e un simile fare largo nel modellare le pieghe del panneggio come nel nostro quadro.

Non vorrei soffermarmi troppo sul secondo quadro, anch'esso in collezione privata, una mezza figura di «Cristo deriso che porta la corona di spine» in una collezione privata[25] (fig. 5). Sia nel rendimento del viso, sia nella morfologia e nel modellato chiaroscurale che nel trattamento del panneggio e delle mani il quadro rivela, a mio parere, lo stile del Vouet del tempo della Cappella Alaleona, cioè del 1623-1624 circa. Il quadro non è stato inciso, ma esiste una variante (con un parapetto) di ubicazione ignota che fu pubblicata come opera del Battistello da Ferdinando Bologna[26]. Molto caratteristiche sono le fattezze, il tipo di viso, le sue forme, la sua espressione ed il modellato con i riflessi grassi di luce sul naso e sulle labbra. Molto caratteristica è la stesura del panneggio, l'andamento elegante ad archi larghi delle pieghe del manto blu scuro (non rosso di porpora di cui parlano i Vangeli) ed il loro modellato chiuso. Molto caratteristico è infine il rendimento delle mani, il disegno e il modellato molto fine e dettagliato, specialmente il rendimento delle vene, ed il colorito di toni pallidi chiari d'avorio e rosato, tipici solo di Vouet. La ricchezza d'impasto specialmente nella zona dei capelli e della corona di spine, la libertà pittorica del pennello e la forza del modellato specialmente nella zona del viso – si noti come sono dipinte le gocce di sangue che caddono sulla fronte e sul petto –, escludono a mio avviso che si tratti di una replica secondaria o di una copia. Per quanto riguarda il tipo di viso ed il suo modellato, sono paragonabili il «San Francesco che riceve le stimmate» in collezione privata a Roma, inteso come pala d'altare per la cappella Alaleona e pubblicato anni fa da Maurizio Marini[27], lo «Spadacino» di Braunschweig[28] e il ritratto d'uomo nella collezione Weldon di New York[29]. Per quanto riguarda le mani si confronti la mano dello Spadacino, per quanto riguarda il panneggio, si confronti sia il vestito rosso sia il manto blu della Vergine nella «Crocifissione» di Genova o il manto marrone del soldato o messaggero di Massinissa nel quadro di «Sofonisba» di Kassel.

Il terzo quadro qui presentato può servire come passaggio e ponte che ci conduce da Vouet a Charles Mellin, il maggiore allievo e continuatore dello stile di Vouet a Roma, dopo la partenza di quest'ultimo. Il quadro raffigura Apollo coronato di alloro, raffigurato a tre quarti di figura, accostato ad un albero ed un tronco d'albero (?) con buchi, in cui entrano le api (una specie d'arnia), ovviamente alludente alle api Barberini, un soggetto piuttosto raro[30] (fig. 6). Fu pubblicato nel 1981 da Maurizio Marini come opera di Simon Vouet, di ubicazione ignota, ma senza alcun commento nel testo[31]. Benché il tipo di viso, il modellato chiaroscurale e lo stile del panneggio siano senza dubbio fortemente influenzati dal Vouet, il quadro, che avevo visto più di vent'anni fa sul mercato, non può, a mio parere, mai essere del Vouet, ma invece i sintomi stilistici puntano tutti su Charles Mellin. Qui abbiamo un esempio di un'interpretazione particolare e molto personale dello stile vouettiano in chiave neoveneziana, che non è quello del Vouet stesso come lo vediamo nel quadro di Madrid «Il tempo vinto» del 1627 o della «Madonna che appare a San Bruno» del 1626 nella Certosa di S. Martino a Napoli, ma del Mellin. La pennellata è molto più carica e ricca d'impasto, e allo stesso tempo più larga, robusta e sommaria, il modellato più pittorico, in direzione berniniana e anche poussiniana, se pensiamo alla pala del «Martirio di S. Erasmo» già in S. Pietro. I colori, e il modo in cui il cielo e specialmente l'al-

bero con le foglie molto sommariamente indicate sono dipinte o piuttosto evocate pittoricamente con grandi macchie di colore, sono similissimi alla resa pittorica dell'albero nel «S. Francesco di Paola» del Mellin nel Musée Historique Lorrain a Nancy.

Il caravaggismo del Vouet dei primi anni Venti, con forti contrasti chiaroscurali, il modellato inciso, tagliente, con le superfici chiuse, con grossi riflessi di luce, si è sciolto in un pittoricismo che è del tutto particolare a Roma, che ha certi riscontri nello stile pittorico del Sacchi e del Bernini ed è caratteristico proprio del Mellin. La problematica del quadro però non finisce qui. Abbiamo già accennato alla apparente singolarità del soggetto e al fatto che le api

Fig. 6. Charles Mellin e Giovanni Battista Muti, *Apollo*, Collezione privata.

alludono ovviamente ai Barberini. Quindi è lecito supporre che si tratti di un'opera da loro ordinata. Esaminando gli inventari e pagamenti Barberini pubblicati da Marilyn Aronberg Lavin, troviamo infatti citazioni di un quadro con *Apollo che abbraccia un arbore*, descritto in vari inventari con misure che differiscono fra di loro ma che nell'insieme sembrano compatibili con il presente quadro. La prima volta viene citato il 4 agosto 1627 in un'aggiunta all'inventario della roba del Cardinal Francesco Barberini del dicembre del 1626, come *di mano del Signor Muti*[32]. Come ormai è ben noto, due figli del Marchese Vincenzo Muti furono allievi del Mellin che per un certo tempo operò nel loro palazzo. Grazie agli inventari abbiamo potuto identificare, molti anni fa, almeno due quadri Barberini di grande formato, già attribuiti al Vouet, con quadri inventariati come opere dei due fratelli Muti, di cui uno è più vouettiano e l'altro più propriamente melliniano e cioè più vicino al Bernini[33]. Come ho notato allora, lo stile della «Gloria di S. Urbano» che secondo gli inventari è di Giovanni Battista Muti, è quasi indistinguibile da quello del Mellin e ho cercato di spiegare questo fatto con l'ipotesi che probabilmente il Mellin era largamente intervenuto nell'esecuzione dell'opera del suo allievo, il nobile dilettante. Il che non è un caso isolato. Abbiamo la stessa situazione con Lanfranco e la sua allieva nobile Caterina Ginnasi, che fu accreditata dalle fonti per aver dipinto la pala dell'altar maggiore di S. Lucia dei Ginnasi, mentre stilisticamente è evidente che quel dipinto fu eseguito praticamente per intero dal maestro. E sono convinto che in questo «Apollo che abbraccia un arbore» abbiamo un altro esempio della collaborazione osmotica fra Mellin insegnante e Giov. Battista Muti allievo, e un esempio relativamente precoce in quanto databile prima del 4 agosto del 1627. Il quadro viene poi citato il 15 febbraio del 1633 senza autore, in un altro inventario dei beni del Cardinal Francesco Barberini[34]. Nell'inventario del 1626-27 le misure non sono date esplicitamente, ma indirettamente come simili ad un altro quadro di solo tre per due palmi, che non sembra corrispondere. Ma nell'inventario del Cardinal Francesco Barberini del 1649 è descritto come «mezza figura in tela mezza ignuda quale abbraccia un arbore alto palmi quattro e largo palmi tre», senza autore. Però sono importanti le indicazioni che si tratti di un quadro a mezza figura, che è mezza ignuda, indicazioni piuttosto specifiche e particolari che corrispondono al nostro quadro. A quel tempo la memoria dei fratelli Muti pittori sembra essere già svanita[35]. In un inventario della Guardarobba del Cardinal Carlo Barberini del 1692 il quadro viene descritto come «Un Sansone che abbraccia un albero al: p. mi 5: 1 (largo) 4 cornice intagliata tutta dorata del Bernini»[36]. La Lavin giustamente non ha esitato ad assumere che in tutte le citazioni si tratti di un unico quadro. Il quadro attuale è di formato verticale e ha le misure 105 x 84 cm, cioè poco meno di 5 palmi di altezza e quattro palmi di larghezza. Dato che gli angoli non sono dipinti, potrebbe darsi che nei primi inventari abbiano misurato la superficie dipinta cioè senza gli angoli, con il risultato che le misure risultavano più piccole. Ma solo la coincidenza di vari fattori e fatti, cioè l'evidenza stilistica che punta in direzione del Mellin prima del 1630, il soggetto singolarissimo, il fatto che si tratta di un quadro Barberini e l'esistenza delle citazioni di un quadro di tale soggetto del maggiore allievo del Mellin negli inventari Barberini ci permette di proporre l'identificazione menzionata nei vari inventari con l'attuale quadro qui discusso. Il quadro entrò nella collezione del Cardinal Francesco il quattro agosto del 1627, cioè probabilmente immediatamente dopo la partenza del Vouet da Roma alla fine di luglio di quell'anno.

Dopo questo quadro da collezione o da casa torniamo ad un'opera pubblica, una pala d'altare non del tutto sconosciuta, anzi, due volte pubblicata negli ultimi anni, ma sempre come opera anonima, mai, fino ad oggi, con un'attribuzione convincente. Dopo essermi azzardato di proporre, quasi vent'anni fa, il nome del Mellin per la pala di S. Domenico di Viterbo, allora attribuita al Lanfranco – proposizione ormai generalmente accolta –, vorrei proporre il nome di Mellin per un'altra pala, che si trova anch'essa fuori Roma, nella lontana Savona in Liguria, ma commissionata sicuramente a Roma probabilmente nel primo lustro del quarto decennio, nei primi anni Trenta. Mi riferisco alla pala già sull'altar maggiore dell'oratorio dei SS. Pietro e Caterina, che fu demolito nel 1724. La pala fu allora trasferita al nuovo oratorio costruito nel 1731 e anch'esso demolito nel 1876. Da quel tempo la pala si trova sull'altar maggiore della chiesa settecentesca della SS. Concezione. Al tempo del trasferimento al nuovo oratorio il formato della pala seicentesca fu alterato e centinato in alto per adattarlo alle forme settecentesche dell'oratorio, come è documentato da una foto della Soprintendenza di Genova fatta nel 1962. Il quadro fu poi ricondotto al suo formato originale e pulito. Fu pubblicato due volte negli ultimi anni, da Cecilia Chilosi nel 1984 nel catalogo di una mostra sulle confraternite di Savona[37] e da Eliana Mattiauda nel 1989[38], sempre come opera anonima di un pittore romano degli anni Trenta intorno al Bernini, a cui era stato attribuito nelle fonti savonesi sette- e ottocentesche (figg. 7 e 8). Ultimamente fu menzionato da Letizia Lodi nella sua introduzione in un opusculo sui quadri dell'antico oratorio pubblicato nel 1993[39]. La Lodi notò echi del Lanfranco e pensava al giovane Giacinto Brandi. Il quadro ha una nutrita bibliografia locale che risale al Picconi nel 1760[40] e al Ratti nel 1780[41], che davano il quadro niente meno che a Gianlorenzo Bernini in persona. Il fatto che hanno menzionato questo nome celeberrimo, è spiegabile non con il suo stile, come ammettono tutti gli autori moderni, ma con la committenza. Il quadro fu commissionato, secondo le fonti, da Giovanni Stefano Siri, uno dei tre fratelli di una famiglia savonese residente a Roma. I fratelli erano banchieri anche al servizio dei Barberini, come attestano per esempio i vari pagamenti pubblicati dalla Lavin[42] e possedevano una villa suburbana menzionata da Giovan Vittorio Rossi, Janus Niceus Erythraeus (1645)

Fig. 7. Charles Mellin, qui attribuito, *Madonna in trono sulle nubi con S. Caterina d'Alessandria e S. Pietro,* Savona, chiesa della SS. Concezione, altar maggiore.

Fig. 8. particolare della fig. 7.

nella sua biografia del terzo fratello, Giovanni Stefano[43]. Questi scelse la carriera ecclesiastica. Il giovane prelato fu protetto dal Cardinal Antonio Barberini e nel 1631 fu nominato da Urbano VIII vescovo di Savona e Calvi in Corsica[44], dove all'età di soli 31 anni morì prematuramente nel 1635, come ha stabilito Irving Lavin[45]. Venne da Roma nella sua città natale nell'aprile del 1632[47] e forse a quel tempo ordinò la pala in questione, in ogni caso, se possiamo credere alle fonti locali, prima della sua morte, cioè prima del 1635[48]. Fu sepolto nel Santuario di S. Maria di Misericordia fuori della città, nella cappella della Visitazione per cui i fratelli ordinarono dal Bernini il ben noto rilievo di marmo. Potrebbe darsi che questo fatto indusse le fonti settecentesche ad attribuire al Bernini anche la pala dell'oratorio in città che ci interessa. Il carattere romano del quadro è stato sempre sottolineato, ma nessuno degli autori moderni ha proposto un nome convincente e con convinzione. Nel 1631-35 ci troviamo a Roma nel pieno clima della corrente neoveneta. E ovvio che lo stile del quadro non è compatibile con lo stile pittorico di Gianlorenzo Bernini, come risulta dal confronto stilistico con le non molte sue opere pittoriche sopravvissute, e non è nemmeno compatibile con lo stile dei suoi collaboratori quali l'Abbatini[48] e Carlo Pellegrini, anche se dobbiamo ammettere che nel caso dell'Abbatini lo giudichiamo in gran parte da opere ben posteriori degli anni Quaranta. Lo stile figurale del quadro, le sue tipologie non hanno niente a che fare nè con Pietro da Cortona e con il rigore classicistico quasi archeologico dei pittori del suo ambito quali Giacinto Gimignani, il Romanelli o anche lo Speranza[49], nè con quello del Sacchi, del Mola, del Testa, del Camassei o del Puglia e certamente niente con lo stile di pittori emiliani di ascendenza carraccesca quali il Domenichino, già partito per Napoli, e il Lanfranco. Il fare largo, fluido, pittorico della pennellata della pala di Savona, ha più a che fare con il Bernini e il Sacchi che con il campo dei Cortoneschi. In verità il colorito caldo, basato sul contrasto di toni giallo-arancio e oro e di un blu intenso, arricchito da toni bianchi, rossi e marroni, la pennellata ricca e pastosa e allo stesso tempo un po' sommaria, larga, si ritrova nelle opere del Mellin dei primi anni Trenta, come nel «S. Francesco di Paola» del Musée Historique Lorrain di Nancy, nella celebre lunetta affrescata con «S. Francesco di Paola in ginocchio davanti a Sisto IV» nel chiostro della SS. Trinità dei Monti, nel quadro del «Sacrificio d'Abele» di Montecassino, firmato e datato 1634, ritrovato e pubblicato da Nicola Spinosa[50], di cui un bozzetto, già sul mercato di New York, fu acquistato anche da Nancy, mentre nutro dei dubbi circa l'autografia di un altro bozzetto al Museo Nazionale di Stoccolma[51], nel quadro del «S. Stefano in preghiera» di Valenciennes[52] e in un quadro da stanza di misure

Fig. 9. Charles Mellin, *La Carità e la Fede,* Magonza, collezione privata.

modeste, raffigurante «Mosè e il roveto ardente» venduto presso la Finarte di Roma il 10 novembre 1987. Si tratta di una tavolozza e di una pennellata, di uno stile figurativo che situa il Mellin a questo punto, ormai liberato dalla lezione vouettiana, a mezza strada tra il Poussin monumentale e neoveneto della pala del «S. Erasmo» di S. Pietro e lo stile florido, fluido, sacchiano del Bernini, esemplificabile con gli «Apostoli SS. Andrea e S. Tommaso» della National Gallery di Londra, ex Barberini, o con la «Conversione di S. Paolo» di Carlo Pellegrini (1635) nell'Oratorio di Propaganda Fide[53]. Il modellato molto luminoso, largo, in superficie, della mano sinistra e della spalla di S. Pietro con i tocchi larghi di toni biondi si ritrova nella figura di Dio Padre nel quadro di Montecassino, una larghezza e robustezza di tocco che non si ritrova in nessun altro pittore romano del momento: un pittoricismo, una fluidità che trova riscontro in modo infinitamente più ricco e sottile nell'opera pittorica dello stesso Gianlorenzo Bernini. Il tipo di viso di S. Caterina visto di profilo nella pala di Savona è molto vicino a quello della Pero nelle due versioni della «Carità Romana» del Louvre e di Ginevra e anche nel viso della Fede del quadro di collezione privata a Magonza (fig. 9) incisa da Claude Charles e da un altro incisore anonimo[54], un viso in cui la radice vouettiana, amalgamata con elementi poussiniani, è sviluppata e resa con un pittoricismo vicino al Sacchi e al Bernini, un pittoricismo in cui si è già largamente diluito e sciolto l'elemento caravaggesco dei prototipi vouettiani. Anche i visi femminili dell'affresco (recentemente pulito) della «Visitazione» nella cappella della Madonna in S. Luigi dei Francesi sono paragonabili. Ma più tipici ancora sono quei putti volanti in alto con i loro corpi grossocci, paffutelli con le pance pronunciate, pesanti, ma delicatamente modellati, che si ritrovano molto similmente in numerosi dipinti del Mellin come nella stupenda «Lapidazione di S. Stefano» di Saint-Étienne di Caen, riconosciutagli giustamente da Pierre Rosenberg[55] nonostante il silenzio del Thuillier, o nell'«Immacolata Concezione» già in S. Maria Donnaregina Nuova di Napoli o nella «Gloria di S. Urbano» dipinta per i Barberini da Giovanni Battista Muti (ora Roma, Galleria Nazionale d'Arte Antica) o nel «Trionfo di Galatea» venduto il 5.7.1995 presso la Sotheby di Londra[56] (fig. 10). Un tipo di putto, che non viene da Vouet, ma invece, oltre che dal Duquesnoy, dal Poussin di quel tempo, da opere come «Diana ed Endimione» di Detroit del 1629 ca. o dall'«Ispirazione del Poeta», tipi di putti che risalgono, come è ben noto, ai prototipi tizianeschi dei Bacchanali Aldobrandini Ludovisi. Molto inconsueta è infine la composizione e l'invenzione. L'oratorio era dedicato ai due Santi Pietro e Caterina e il doppio patrocinio

162

avrebbe indotto un pittore come il Lanfranco a raffigurare più o meno simmetricamente i due Santi in basso in piedi o in ginocchio adoranti la Vergine sulle nubi. Nella pala di Savona è solo San Pietro che è in piedi a terra, guardando al devoto spettatore e puntando con un gesto di raccomandazione ed intercessione alla Vergine con il Bambino Gesù e all'atto dello sposalizio mistico di S. Caterina. Infatti questa Santa è raffigurata inginocchiata sul piano superiore accanto alla Madonna che col gesto della mano sinistra tiene la sua mano, mentre il Bambino mette l'anello sul dito. In basso, nell'angolo vuoto di destra, è invece raffigurata una specie di straordinaria natura morta. Davanti ad un piedistallo con lo scudo e lo stemma del Siri sono distribuiti il manto

Fig. 10. Charles Mellin, *Trionfo di Galatea,* già Londra, Sotheby, vendita del 5.7.1995 ; Parigi, mercato antiquario.

dorato della Santa, la palma del martirio, la sua corona e il pezzo della ruota spezzata. La separazione spaziale di questi attributi che la Santa ha lasciato sulla terra mentre è in alto sulle nubi in atto di sposare misticamente il Bambino Gesù, mi pare un'idea compositiva ed inventiva piuttosto audace e sono tentato di vedere nel modo in cui il pesante manto dorato è drappeggiato e disposto sulla terra, un'eco dell'imponente piviale rosso giacente a terra accanto al corpo di S. Erasmo nella pala di S. Pietro del Poussin.

Chiudiamo queste pagine con una nota piuttosto negativa e non costruttiva su un altro aspetto dell'opera del Mellin o di opere ascritte a lui. Dopo il primo saggio fondamentale del Bousquet, il grande articolo di Doris Wild publicato nella *Gazette des Beaux-Arts* nel 1966-67 ebbe il merito di rendere più accessibile l'opera pittorica del Mellin, di pubblicare fra altro l'Assunta di Ponce e di radunare un grande numero di disegni. Ma l'articolo si spaccava volutamente in due parti: da una parte l'opera pittorica documentata, a Roma, Montecassino e a Napoli, affreschi, pale e quadri da cavalletto, esistenti o pervenuti solo attraverso incisioni, e dall'altra parte un gruppo molto più problematico e piuttosto numeroso di quadri fino ad allora attribuiti al Poussin che la Wild assegnò al Mellin. In alcuni dei casi trovò seguito nelle pubblicazioni del Thuillier, mentre il Blunt rifiutò categoricamente ed in blocco la tesi della Wild[57] e anche il Mérot nella sua recente monografia sul Poussin (1990) manteneva in gran parte le attribuzioni tradizionali. Nel mio saggio del 1976 mi ero dichiarato scettico sulla compatibilità del gruppo Poussin col gruppo delle opere documentate come autentiche del Mellin. Pur non volendo entrare in una discussione dettagliata del problema, che richiederebbe anche una rinnovata autopsia di tutte le opere in questione, ho comunque avuto occasione, nell'ottobre

163

del 1994, di studiare uno di questi dipinti, l'«Annunciazione» del Museo Condé di Chantilly, esposta nella mostra sui quadri e disegni del Poussin di Chantilly con il catalogo di Pierre Rosenberg, in cui il quadro viene in effetti trattato come « Mellin (?) »[58].

Esaminando il quadro sono giunto di nuovo alla conclusione che non si può, a mio parere, costruire un ponte che lega quest'opera, di un linguaggio interamente e teneramente poussiniano, allo stile più robusto delle opere autentiche e monumentali del Mellin a Roma. Può darsi che la qualità possa apparire ad alcuni troppo debole per giustificare un'attribuzione allo stesso Poussin, ma a mio aviso un trasferimento al Mellin come via d'uscita da questo dilemma sembra inaccettabile, nonostante la vicinanza compositiva di questo quadro al noto affresco del Mellin in S. Luigi dei Francesi e nonostante l'esistenza di un numero considerevole di disegni sicuri del Mellin che sembrano molto vicini alla composizione del quadro di Chantilly. Lo stile del quadro di Chantilly mi pare assolutamente incompatibile con tutto ciò che si conosce di sicuro delle pitture del Mellin, specialmente dei tardi anni venti e intorno al Trenta. Posso anche dire che sono stato informato dalla conservatrice del museo di Chantilly che, in una visita alla mostra, Sir Denis Mahon si sarebbe dichiarato a favore della restituzione del quadro a Poussin e va ricordato anche che sia Konrad Oberhuber[59] sia Alain Mérot[60] l'avevano incluso come opera autentica del Poussin nei loro cataloghi. Il fatto che esistano vari disegni e fra essi tre disegni del Mellin di Dio Padre benedicente sulle nuvole in un certo rapporto con la figura analoga del quadro, non vuol dire molto, perché in effetti questi disegni si riferiscono più direttamente all'affresco del Mellin in S. Luigi dei Francesi.

1. J. Thuillier, *Nicolas Poussin*, Parigi 1994, pp. 90-91.

2. Cf. A. Tzeutschler Lurie, *The Repentant Magdalene by Simon Vouet*, in «The Bulletin of the Cleveland Museum of Art, In Honor of Evan H. Turner», aprile 1993, pp. 158-163.

3. M. Mosco, *La Maddalena Tra Sacro e Profano*, catalogo della mostra, Firenze 1986, p. 169, num. 61; J. Thuillier, catalogo della mostra *Simon Vouet*, Parigi 1990, pp. 300-302, num. 47.

4. Mosco, *loc. cit.* n. 3; M. Préaud, «Claude Mellan», *Graveurs du XVII* siècle*, vol. 17, Inventaire du fonds français, Parigi 1988, pp. 84-85, num. 112; B. Brejon, *L'œil d'or. Claude Mellan*, Parigi 1988, pp. 113-114, num. 140-141; J. Thuillier, *Simon Vouet*, Parigi 1990, p. 302.

5. Mosco, *loc. cit.*, p. 167.

6. Il quadro fu pubblicato come opera di un «pittore romano del XVII secolo» da Luigi Dania (La pittura a Fermo e nel suo circondario, Fermo 1967, p. 55, fig. 30 come nella collezione del Dott. Saverio Pucci a Fermo). Il Dania notò l'«educazione romana di una vicinanza con il mondo del Baglione». Ringrazio vivamente il Prof. Dania di avermi introdotto presso i proprietari attuali del quadro. Ringrazio vivamente i proprietari di avermi mostrato il quadro e fornito una foto e delle diapositive a colori e di avermi dato il loro permesso ripubblicare il quadro in questa sede.

7. Cf. J. Thuillier nel catalogo *Simon Vouet*, Parigi 1990, pp. 208-210, num.13.

8. Cf. J. P. Cuzin nel catalogo della mostra *Guido Reni und Europa*, Francoforte 1988, pp. 744-745, num. D 66 (c. 1622-1624); J. Thuillier, *op. cit.* 1990, pp. 191-193, num.6 (verso 1615); E. Schleier, «Lanfranco, Perrier, Simon et Aubin Vouet: quelques points de contact», in *Simon Vouet*, Actes du colloque international, Galeries nationales du Grand Palais 1991, éd. S. Loire, Parigi 1992, p. 212 (verso 1622-1624).

9. E. Schleier nel catalogo della mostra *Kunst in der Republik Genua 1528- 1815*, Francoforte 1992, pp. 71-72, cat. num. 15.

10. J. Thuillier, *op. cit.* n. 7, 1990, p. 98.

11. *Ibidem*.

12. J. P. Cuzin nel catalogo della mostra Guido Reni und Europa, Francoforte 1988, pp. 746-747, num. D67.

13. *Ibidem.*, pp. 184-191, cat. num. 2 - 4. Schleier, art. cit., 1992, p.212. Cogliamo l'occasione di presentare qui una variante di uno degli angeli Filomarini, che vent'anni fa si trovò in una collezione privata tedesca e per la quale riteniamo possibile l'autografia (fig. 3).

14. J. Thuillier, *Vouet*, catalogo della mostra, Roma 1991, pp. 151-155, num. 16-18.

15. Y. Picart, *La Vie et l'œuvre d'Aubin Vouet (1595-1641). Un cadet bien oublié*, Parigi 1982, p. 11.

16. J. Thuillier, *op. cit.,* 1990, p. 96; Picart, *op. cit.,* p. 11.

17. M. Hilaire nel catalogo della mostra *Grand Siècle. Peintures françaises du XVII* siècle dans les collections publiques françaises*, Rennes- Montpellier 1993, p. 86, num.16.

18. O. Michel, «Virginia Vezzi et l'entourage de Simon Vouet à Rome», in *Simon Vouet*, Actes du colloque international, Parigi, Grand Palais, 5.-7.1.1991, éd. S. Loire, Parigi 1992, pp. 123-133.

19. J. Bousquet, «*Recherches sur le séjour des peintres français à Rome au XVII* siècle*», Parigi 1980, p. 208; E. Testori, «*Deux portraits inédits de la période romaine de Simon Vouet*», in *Simon Vouet*, Actes du colloque, *op. cit.*, pp. 92-96.

20. Catalogo della vendita Drouot-Richelieu, Audap, Godeau, Solanet, Parigi 11.12.1992, p. 62, num. 73.

21. A. Brejon de Lavergnée, *Peintures napolitaines, Collections du Musée: 3, musée des Beaux-Arts et d'Archéologie,* Besançon, 1982, fig. 12; cf. il catalogo della mostra «Gotha '95», Parma 1995, pp. 90-91.

22. Cf. D. L. Sparti, *Le collezioni dal Pozzo. Storia di una famiglia e del suo museo nella Roma seicentesca,* Modena 1992, p. 187.

23. F. Solinas, «*Ferrante Carlo, Simon Vouet et Cassiano dal Pozzo. Notes et documents inédits sur la période romaine*», in *Simon Vouet*, Actes du colloque, *op. cit.*, p. 142. Certamente le parole «si crede di Monsù Voet» denotano certi dubbi espressi dagli stesori dell'inventario circa l'attendibilità dell'attribuzione o crica l'autografia del dipinto.

24. Sparti, *op. cit.*, p. 211.

25. Sono grato ad Alexandre Wakhewitch per la segnalazione del dipinto.

26. F. Bologna, *Battistello Caracciolo e il primo naturalismo a Napoli*, catalogo della mostra, Napoli 1991, p. 188, fig. 7

27. M. Marini, *La pala d'altare di Simon Vouet per la Cappella Alaleoni in San Lorenzo in Lucina*, in «Ricerche di Storia dell'Arte» 1-2 1976, pp. 157-170.

28. J. Thuillier, *op. cit.,* 1990, pp. 193-195, num. 7.

29. R.L. Manning, *Some Important Paintings by Simon Vouet in America*, in «Studies in the History of Art Dedicated to William E. Suida on his Eightieth Birthday», Londra 1959, p. 294, fig. 3.

30. Olio su tela, 105 x 84 cm. Non è sicuro se il formato «ottangolare» sia quello originale. Una foto dopo la pulitura, prima della integrazione pittorica, mostra gli angoli, non pertinenti, ma riempiti con pezzi di pittura dell'epoca (pezzi di panneggio).

31. M. Marini, *Gli esordi del Caravaggio e il concetto di «natura» nei primi decenni del Seicento a Roma. Equivoci del caravaggismo*, in «Artibus et historiae» 4, 1981, p. 72, fig. 45.

32. M. Aronberg Lavin, *Seventeenth-Century Barberini Documents and Inventories of Art*, New York 1975, p. 87: «Adi 4 detto [Agosto 1627] Un quadro simile (cioè: alto p.mi tr(e) e largo p.mi due) con Apollo, che abbraccia un'arbore di mano del S. Muti».

33. E. Schleier, *Charles Mellin and the Marchesi Muti,* «The Burlington Magazine» CXVIII, 1976, pp. 837-844.

34. Aronberg Lavin, *op. cit.*, p. 32, num. 68: A di 15 di (febb.o 1633) Un quadro d'un Appollo che abbraccia un arbore con cornice dorata.

35. Aronberg Lavin, p. 248, num. 824 (III Inv. 49). L'inventario dei beni del Cardinal Francesco Barberini, nipote di Urbano VIII, fu steso nel 1649, dopo il ritorno del Cardinale a Roma da Parigi. Viveva come Vicecancelliere nel Palazzo della Cancelleria.

36. Aronberg Lavin, *op. cit.*, p. 443, num. 409.

37. C. Chilosi, nel catalogo della mostra *Arte, Storia e Vita delle Confraternite Savonesi*, Savona 1984, p. 97, num. 16, tav. 6. Fu riprodotta solo la parte superiore del dipinto.

38. E. Mattiauda, in G. Fusconi, E. Mattiauda, *Un modellino e documenti inediti per la Pala della 'Visitazione' del Santuario di Savona*, in «Prospettiva» 57-60 (1989-1990), Scritti in ricordo di Giovanni Previtali, II, pp. 287-288, fig. 18. Fu riprodotta solo la parte superiore del dipinto?

39. L. Lodi, *L'Oratorio e la Confraternita dei Santi Pietro e Caterina: il Patrimonio artistico*, in «L'"antico" Oratorio dei Santi Pietro e Caterina, Dipinti restaurati, Monumenti e Tesori d'arte del Savonese», Genova 1993, p. 7. Ho fatto eseguire una nuova foto integrale dai fotografi Piccardo & Rosso. Ringrazio il Signor Giacomo Ferrero, Priore della Confraternita dei SS. Caterina e Pietro, per il suo gentile permesso. Ringrazio vivamente l'amico Dr. Giuseppe Buscaglia per il Suo interessamento, con cui ha agevolato la faccenda e reso possibile l'esecuzione fotografica.

40. G. Picconi, *Storia dell'apparizione e de' miracoli di Nostra Signora di Misericordia di Savona*, Genova 1760, p. 41.

41. C. G. Ratti, *Descrizione delle pitture, sculture e architetture in alcune città, borghi e castelli delle due Riviere dello Stato Ligure*, Genova 1780, p. 41.

42. Aronberg Lavin, *op. cit.* 1975, pp. 34 (doc. del 1634), 49 (1639), 51 (1641-1642).

43. *Jani Nicii Erythraei Pinacotheca altera Imaginum, Illustrium, doctrinae vel ingenii laude virorum, qui, auctore superstite, diem suum obierunt,* Colonia, 1645, II, LXI., JO. STEPHANUS DE SYRIS SYRUS, pp. 183-185.

44. G.V. Verzellino, *Dalle memorie particolari e specialmente degli uomini illustri della città di Savona*, Savona 1885-1891, II, pp. 274-275.

45. I. Lavin, Bernini and the Unity of the Visual Arts, Oxford 1980, I, p. 65, nota 4.

46. Verzellino, *op. cit.*, pp. 274-275.

47. F. Brunengo, *Sulla città di Savona. Dissertazione storica cosparsa di amenità letterarie*, Savona 1870, II, p. 396; T. Torteroli, *Monumenti di Pittura, Scultura e Architettura della città di Savona*, Savona 1847, p. 41, 56.

48. Cf. ultimamente J. M. Merz, *Bernini, Abbatini e la sacrestia di Santo Spirito in Sassia*, in «Scritti in onore di Giuliano Briganti», Milano 1990, pp. 219 -225.

49. Per lo Speranza cf. H. Röttgen, *Giuseppe Puglia, del Bastaro nominato, pittore*, in «Pantheon» XLII, 1984, p. 321.

50. Nicola Spinosa, «Un tableau de Charles Mellin retrouvé au Mont-Cassin», in «La Revue de l'Art» 57, 1982, pp. 79-84.

51. Nationalmuseum Stockholm, *Illustrated Catalogue – European Paintings*, Stoccolma 1990, p. 428, num. NM 877 (scuola italiana del Settecento)

52. J. Kuhnmunch, nel catalogo della mostra *Les Saisies révolutionnaires au musée de Valenciennes*, Valenciennes, 1990, p. 60, num. 18.

53. G. Antonazzi, *Il Palazzo di Propaganda*, Roma 1979, pp. 29-30, fig. 25.

54. Cf. ultimamente J.P. Cuzin nel catalogo della mostra *Guido Reni und Europa*, Francoforte 1988, p. 750, num. D 68 con tav. a colori. A questo quadro documentato tramite le incisioni si può agganciare il grande «Trionfo di Galatea», venduto nel 1952 a Vienna presso il Dorotheum come Lanfranco e recentemente presso la Sotheby's di Londra (Old Master Paintings, 5.7.1995, num. 63) come Charles Mellin, dopo che avevo proposto, seppur con molte riserve, il nome del Mellin in una lettera a Hugh Brigstocke del 15.1.1995.

55. Cf. F. Debaisieux nel catalogo della mostra *Trésors des Abbayes Normandes*, Rouen-Caen, 1979, pp. 418-419, num. 464 con tavola a colori.

56. Cf. nota 53.

57. Anthony Blunt, *The Complete Poussin (L'Opera Completa di Poussin, by Jacques Thuillier)*, in «The Burlington Magazine» 116, 1974, pp. 761-762.

58. P. Rosenberg, *Nicolas Poussin, La collection du musée Condé à Chantilly*, Parigi, 1994, p. 67-71, num. 7.

59. K. Oberhuber, cat. della mostra *Nicolas Poussin. The Early Years in Rome. The Origins of French Classicism*, Fort Worth 1988, pp. 194-195, num. 65.

60. A. Mérot, *Poussin*, Parigi 1990, p. 261, num. 54.

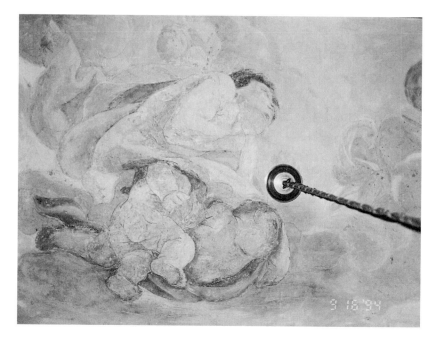

Fig. 1. Charles Mellin, *Apothéose d'un saint (?)*, fresque, Rome, infirmerie de la Trinité-des-Monts.

Philippe MALGOUYRES

Quelques remarques sur Charles Mellin, peintre (Nancy (?), vers 1600 – Rome, 1649)

La formation de Mellin peintre a suscité peu de commentaires. Dans l'orbite de Vouet à Rome dans les années 1620, il se tourne ensuite vers les courants plus novateurs issus de Bologne, de Reni à Lanfranco. Pourtant, plusieurs traits de son style ne doivent rien à la peinture émilienne ou romaine contemporaines : la franchise de sa touche, une certaine autonomie de la couleur par rapport au dessin ne se comprennent pas sans une connaissance directe de la peinture vénitienne de la fin du siècle précédent. Le néo-vénétianisme si marqué des œuvres des années 1625-1630 ne s'explique pas par l'admiration pour Titien habituelle dans les années trente à Rome et doit d'ailleurs peu au Cadorin. En revanche, la manière d'utiliser, dans le second plan, des juxtapositions de personnages, sur un fond d'architecture claire, souvent d'inspiration palladienne, révèle l'intérêt du peintre pour Véronèse. Les exemples sont nombreux : le fond de la lunette de la Trinité-des-Monts, la *Visitation* de Saint-Louis-des-Français, ou les fresques de l'Ara Coeli, attribuées de manière convaincante à Mellin par Falcidia[1]. D'autres exemples significatifs sont également présents dans l'œuvre dessiné de Mellin (la *Piscine probatique* du musée de Grenoble, ou la *Vierge entourée de saints* du Louvre[2]). Il semble avoir été plus sensible à l'élégance de Véronèse qu'à la force de Titien, comme il préféra le raffinement du Guide à la vigueur d'Annibale. Si, comme nous le croyons, Mellin a pu faire un séjour à Venise (vers 1625 ?), il est certain que le travail d'un Domenico Fetti ne dut pas le laisser indifférent.

Le sujet du petit plafond (fig. 1) peint à fresque par Mellin pour l'infirmerie de la Trinité-des-Monts (documenté après 1627 depuis les recherches d'Isabelle Balsamo[3]) a laissé perplexe les auteurs qui l'ont publiés sous le titre d'*Apothéose d'un saint* (?). Ce sujet semble à exclure, du fait de la nudité complète du personnage et l'absence d'attribut (de quel saint pourrait-il s'agir dans un couvent de Minimes ?). Nous pensons que ce décor se comprend globalement, avec le tableau de l'autel, et en fonction de la destination de la pièce. Le retable représentait saint François de Paule, agenouillé, le regard tendu vers le ciel, vers la voûte où est représentée la Vierge, dans une attitude d'intercession. Ce tableau a aujourd'hui disparu : il ne peut s'agir du tableau conservé au Musée lorrain de Nancy[4], dont les dimensions sont trop éloignées de celles du cadre conservé *in situ*. Le tableau lorrain présente d'ailleurs des variantes avec la gravure d'Audran réalisée à partir du retable des Minimes. La fresque de la voûte semble plutôt montrer l'*Âme bienheureuse accueillie au ciel par la Vierge*, grâce à l'efficace prière du fondateur des Minimes : la nudité du personnage

Fig. 2. Giovan Battista Bolognini, *Allégorie de la Peinture*,
Bordeaux, musée des Beaux-Arts.

renvoie aux représentations traditionnelles de l'âme humaine ; certes, c'est plus souvent un nu féminin, mais cette solution devait paraître peu convenable pour le plafond de l'infirmerie d'un couvent de Minimes où les moines rendaient leur dernier soupir. Cette image du salut accompagnait les derniers instants des moines, leur montrant l'aboutissement de leur vie religieuse, au moment « du passage de la mort à la Vie ».

Les auteurs ont déjà noté tout ce que devait le décor du palais Muti[5] aux réalisations du Guerchin au casino Ludovisi[6] (en particulier le *Marcus Curtius*, dit le « Cavalier volant »). Il est certain que Mellin connaissait ce décor : n'a-t-il pas pris l'idée d'un raccourci de nu aussi audacieux dans le petit plafond peint par le Caravage dans ce même casino, d'un format comparable ? Notons que ce goût du *sotto in sú* restera très vif chez Mellin tout au long de sa carrière[7].

À propos du séjour de Mellin au palais Muti comme professeur des fils de la famille, je souhaiterais faire une proposition d'ajout au catalogue des œuvres faites en commun dressé par E. Schleier[8]. Il s'agit d'une *Allégorie de la Peinture* (fig. 2), conservée au musée des Beaux-Arts de Bordeaux[9]. Entré au musée comme œuvre de Giovanni Battista Bolognoni le Vieux, ce tableau a été fort diversement attribué depuis lors (Paulus Bor, l'école d'Utrecht, le cercle des Blanchard…). Michel Laclotte est le premier à avoir prononcé, et à juste titre, le nom de Charles Mellin. Arnaud Brejon l'avait ensuite rapproché de l'*Allégorie des Arts* du palais Barberini, par Prospero ou Marcantonio Muti[10]. Notre tableau dérive en effet de la figure de la Peinture, à gauche de cette composition (la tête qui se tourne par dessus l'épaule évoque également la figure de l'Intelligence de *La Mémoire, l'Intelligence et la Volonté* de Simon Vouet, de la Pinacothèque capitoline). Toutefois, le tableau de Bordeaux ne saurait être considéré de la même main que l'*Allégorie des Arts* du palais Barberini, d'une inspiration toute vouetesque (même s'il n'est pas exclu que Mellin y ait mis la main çà et là). Nous souhaiterions le rapprocher, en revanche, des tableaux de Giovanni Battista Muti, qui semble le plus proche de Mellin. L'activité de ce noble dilettante a été étudiée par E. Schleier, qui a montré de façon convaincante que, si la composition du *Triomphe de saint Urbain* (Galleria Nazionale di palazzo Barberini) revenait probablement au Cavaliere Muti (nom sous lequel le tableau est inventorié à son entrée dans les collections Barberini en 1630), c'était bien Mellin qui tenait les pinceaux. Le sujet de notre tableau, qui exalte la peinture comme un art libéral, et digne d'être pratiqué par un aristocrate, semble tout indiqué pour un noble amateur. La composition, qui dérive, comme nous l'avons montré, de Vouet (que ce soit le tableau du Capitole, ou de l'*Allégorie des Arts*, pour laquelle Vouet a peut-être fourni un dessin), semble revenir à l'élève. Elle est

170

Fig. 3. Charles Mellin, *La Visitation*, Rome, Saint-Louis-des-Français.

d'ailleurs assez primaire, avec cette figure de profil, au visage de face, et ce gros bras qui la traverse de part en part. En revanche, la belle technique large et empâtée, la palette sonore, et bien des endroits (le visage, les mains, le drapé blanc et rouge), révèlent la main de Mellin, qui dut brosser, ou reprendre considérablement le tableau, selon une pratique exposée par E. Schleier à propos du *Triomphe de saint Urbain*. La robe, avec ses *cangianti* maladroits, étrangère au goût du maître, n'est-elle pas de la main de l'élève ? Mellin séjourne au palais Muti de 1627 à 1631, et le tableau doit dater de cette période (1629 ?).

La récente restauration de la chapelle de la Vierge à Saint-Louis-des-Français permet une meilleure lecture des fresques de Mellin, qui à l'exception de la *Visitation* (fig. 3), très usée, ne sont que des ruines (à ce propos, je voudrais faire remarquer la grande proximité du type de saint Joseph dans la fresque et dans le tableau de la *Sainte Famille* récemment publiée[11]). Les détails de cette commande, obtenue contre Poussin et Lanfranco le 30 juillet 1630, ont été souvent publiés[12]. Quelques remarques s'imposent sur le décor de la voûte. On a depuis longtemps donné à Giuseppe Manno cette partie du décor ; Philippe de Chennevières avait d'ailleurs relevé sa signature dans l'angle inférieur droit de ce compartiment, signature aujourd'hui disparue. La publication des documents relatifs à ces travaux par Olivier Michel[13] a confirmé cette attribution (le devis de Manno prévoyait la réfection *ex novo* et à fresque de la voûte). Le professeur Thuillier avait cependant noté que la composition reprenait le haut d'une estampe dite « l'Ex-Voto », d'après une composition de Mellin[14]. Il supposa que Manno s'était inspiré de cette gravure, ou avait relevé la composition préexistante et l'avait reproduite. Les documents concernant ces travaux montrent Manno peu enclin à la restauration, et impatient de montrer ses talents de peintre. Comment un artiste aussi soucieux de se faire connaître et de prouver ses capacités de décorateur, alors qu'il avait l'accord de son commanditaire pour produire une fresque de son invention, se serait préoccupé de relever ce qui

Fig. 4. Charles Mellin, détail de l'*Annonciation*, Rome, Saint-Louis-des-Français.

existait pour le reconstituer, ou, cas encore plus improbable, de prendre pour modèle partie d'une gravure d'après Mellin ? L'examen direct de la peinture de la voûte montre une situation complexe : les ruptures de l'enduit ne peuvent correspondre toutes à des journées ; certaines reprises sont extrêmement maladroites, et le tout très hétérogène. La qualité de certains détails renvoie directement à Mellin (fig. 4). D'autres, très repeints, suivent la composition originale. Enfin, certaines parties (le visage de la Vierge) sont typiques du style de Manno[15]. Il existe aussi de grandes différences dans le traitement des incisions dans l'enduit, très soignées chez Mellin (très visibles dans la fresque de la Trinité-des-Monts), beaucoup plus schématiques chez Manno. Ces deux types d'incisions sont présents sur la voûte. Au vu de ces nouvelles données, il semble que Manno ait dû se limiter à compléter la fresque existante, en réutilisant tous les fragments qui pouvaient l'être, raccordés grossièrement par de l'enduit. Il dut repeindre presque complètement le corps du

Christ, et la tête de la Vierge est sans aucun doute de sa main, mais il s'est contenté d'un nuage gris assez confus pour unifier cette composition lacunaire (ce manque de cohérence est très visible dans la partie basse, où il ne reste plus rien de Mellin). On se souvient que les Pieux Établissements, plus par souci d'économie que par respect de l'œuvre de notre peintre, avaient demandé une simple réparation de l'*Annonciation*. N'en fut-il pas de même pour la voûte ? (Notons qu'il ne recevra que 280 des 335 écus demandés.) Le décor de la chapelle de la Vierge est une ruine plusieurs fois restaurée, mais qui appartient encore à Mellin.

Fig. 5. Charles Mellin, *Saint Paul prêchant sur l'Aréopage*, Londres, Christie's.

172

Fig. 6. Charles Mellin, *Le Sacrifice d'Abel*,
Stockolhm, Musée national.

Un autre décor qui dut faire beaucoup pour la gloire de Mellin fut celui du chœur de l'église abbatiale de Montecassino. Mes recherches de photographies de cet ensemble disparu pendant la Deuxième Guerre mondiale sont restées, hélas, aussi vaines que celle de Bousquet et du professeur Thuillier[16]. De plus, la voûte du chœur fut la seule partie de l'église qui ne fut pas reconstruite à l'identique : la grande fenêtre du fond a été supprimée et la lumière vient maintenant des lunettes à pénétration qui remplacent les compartiments de stucs où se déroulait le décor. Un dessin préparatoire pour *Saint Paul prêchant sur l'Aréopage* (fig. 5) est apparu dans une vente anglaise[17]. Il me semble pouvoir être mis en relation avec la peinture de même sujet dans un des compartiments latéraux de la voûte, en pendant avec une *Prédication de saint Jean-Baptiste*, encadrant *Saint Benoît convertissant les païens du Mont-Cassin*[18].

La seule œuvre de Mellin conservée sur place est le *Sacrifice d'Abel*, publié par Spinosa[19], dont le *ricordo* a été acquis par le Musée historique lorrain et publié par Paulette Choné[20]. L'esquisse préparatoire, inédite (fig. 6), se trouve dans les collections du Musée national de Stockholm[21] (comme anonyme italien du XVIIIᵉ) et présente d'intéressantes variantes par rapport à la composition finale. Mellin devait ensuite beaucoup alléger la nuée qui entoure Dieu le Père et supprimet le bosquet à gauche, qui alourdissait l'ensemble. Paulette Choné (*op. cit.*, p. 190) insistait sur l'utilisation par Mellin de l'allégorie de la Vengeance telle qu'elle est indiquée par Cesare Ripa, et sur le milieu intellectuel « imprégné de ces allégories subtiles » qui entourait le peintre. La source visuelle de Mellin est probablement moins savante et beaucoup plus directe : une estampe de Beatricetto (fig. 7), d'après la fresque de Raphaël aux Loges, montre déjà la même composition, avec l'apparition du Père, et Caïn qui se mord le doigt.

Fig. 7. Nicola Beatricetto,
Le Sacrifice de Caïn et Abel,
Rome, Cabinet national des estampes.

On n'a peut-être pas assez souligné qu'en dépit de sa proximité de Rome, l'abbaye de Monte Cassino fait partie de la sphère culturelle de Naples. Ne doutons pas que les importants travaux réalisés pour les bénédictins n'aient attiré l'attention des commanditaires napolitains.

La publication par Nappi[22] d'un paiement concernant Mellin à Naples en 1646 est passée totalement inaperçue. Il s'agit pourtant d'une commande prestigieuse : le décor de la voûte de la chapelle du palais royal de Naples, aux côtés de Lanfranco et de Ribera. Le paiement pour ce décor a été opéré le 13 octobre 1646 à la banque de San Giacomo : « Banco di Santiago pagarà a Carlo Melino cien ducatods que son en quento de la pintura y esturque fingido que ha Leen la boveda de la Capilla nuova real de palazzo. »

La chapelle a connu bien des vicissitudes depuis le XVIIe siècle. Projetée dès le début de la construction du palais par Fontana en 1603, elle fut commencée sous le duc de Medina et achevée en 1646 sous le duc d'Arcos (1646-1648). La décoration en fut confiée à Giulio et Andrea Lazzari pour les marbres, à Lanfranco pour la niche absidale, à Ribera pour le retable (l'*Immaculée et anges*), encadré par deux toiles d'Onofrio de Lione, à Charles Mellin pour la voûte. Un incendie, en 1668, a gravement endommagé la chapelle, puisque après les travaux, on dût la reconsacrer. En 1688, un tremblement de terre faisait tomber « la soffita di cane stuccate » qui portait le décor de Mellin. L'aspect actuel de la chapelle remonte à l'époque de Murat. La voûte est décorée d'une toile de Domenico Morelli (1869), qui a été heureusement sauvée, alors que la voûte et le reste du décor s'effondraient sous une bombe le 14 août 1943.

La chapelle étant placée sous le vocable de l'Assunta, la fresque de la voûte était probablement consacrée à l'Assomption de la Vierge, peut-être dans un cadre en trompe-l'œil (le paiement parle de stuc feints). Mellin est l'auteur d'une célèbre *Assomption*, soigneusement préparée par de nombreux dessins et connue par un *ricordo* conservé à Porto Rico. La destination de cette composition n'est pas connue ; D. Wild avait pensé à Santa Maria di Donnaregina Nuova à Naples, Thuillier à la voûte de Saint-Louis-des-Français (avant le passage de Manno, mais nous pensons avoir montré que ce n'est pas possible), et nous-mêmes avions fait le lien entre cette composition et la voûte de la chapelle, mais cette hypothèse doit être abandonnée. De nombreuses copies dessinées, présentant toutes la même variante par rapport au tableau portoricain (la tête de la Vierge y est vue de face), dont certaines sont incontestablement romaines et du XVIIIe siècle, indiquent une décoration disparue (?), exécutée à Rome par Mellin, et célèbre en son temps. Aux feuilles déjà publiées par E. Schleier, nous souhaiterions ajouter un dessin à la pierre noire à l'École nationale supérieure des beaux-arts de Paris[23] (fig. 8), et une feuille à la plume, conservée au Museo Nazionale di San Martino, Naples[24] (fig. 9). La multiplication des copies connues rend d'autant plus irritante la question de cette importante commande, qui fut si admirée.

Faut-il voir dans l'*Assomption*[25], dessin de forme cintrée (fig. 10), au-dessus d'une arcade, une première pensée pour le décor de la chapelle royale ? L'abside en est formée par une niche de grande dimension. Notons que le style plus sec du dessin le place pour nous après 1640. Qu'en est-il également de l'*Assomption* (France, coll. part. ; copie à Florence, Inv. : 886 E), étude pour un plafond, mais conçue d'une

Fig. 8. Charles Mellin, *Assomption de la Vierge*,
Paris, École nationale supérieure des beaux-arts.

Fig. 9. Charles Mellin, *Assomption de la Vierge*,
Naples, musée national San Martino.

Fig. 10. Lanfranco, *Assomption de la Vierge*,
Paris, vente Drouot, 18 mars 1987.

175

manière beaucoup plus classique, comme un *quadro riportato* à la Dominiquin. Les œuvres sûres de Mellin à Naples montrent un durcissement de son style, plus sévère, abandonnant les effets de draperies, la couleur claire, l'agitation et les raccourcis qui marquaient son style romain, mais était-il concevable d'appliquer un tel langage au décor de la voûte de la chapelle royale, après les brillantes réalisations de Lanfranco au Gesù, à San Martino et à la chapelle S. Gennaro ?

La publication de cette commande, qui soulève bien des problèmes, permet pourtant d'éclairer d'une manière significative les rapports de Mellin avec l'art de Ribera, et ce à propos de l'*Immaculée Conception* peinte par le Lorrain en 1646 pour Santa Maria di Donnaregina Nuova à Naples[26] (actuellement en dépôt à Nostra Signora del Buon Consiglio à Capodimonte). Le tableau de Ribera de même sujet peint pour la chapelle royale a été détruit pendant la guerre civile à Madrid, mais une photographie ancienne montre qu'il s'agissait d'une nouvelle version de l'*Immaculée* peinte onze ans auparavant pour las Augustinas Descalzas à Salamanque (tableau *in situ*), tableau exemplaire de l'intérêt de Ribera pour Guido Reni. Mellin n'a pas retenu l'envol, ni le lyrisme du retable de Ribera, au profit d'un langage plus hiératique, mais de nombreux détails montrent son attention au langage de l'Espagnol : le visage de la Vierge est très proche ; elle est entourée d'anges portant les attributs mariaux. En haut, le Père tend les bras pour la recevoir, alors qu'un paysage anime le bas de la composition.

Je souhaiterais enfin évoquer un tableau déjà connu, mais négligé, et qui est pourtant le plus grand tableau de Charles Mellin conservé en France : la *Lapidation de saint Étienne* de l'abbaye aux Hommes de Caen (fig. 11).

Fig. 11. Charles Mellin, *La Lapidation de saint Étienne*, Caen, abbaye aux Hommes.

Jacques Thuillier, dans les actes du colloque Poussin[27], avait attribué ce tableau à Pierre Mellin, en le rapprochant de la gravure de Gérôme David d'après Pierre Melin, le *Martyre de sainte Catherine*. Cet artiste n'est actuellement connu que par cette gravure, et par un dessin attribué par Thuillier, le *Martyre de sainte Martine*, conservé au musée des Beaux-Arts d'Angers. Nous ne trouvons cependant pas beaucoup de points de contacts entre la composition assez raide et monumentale de la gravure, et la narration mouvementée, pleine d'effets lumineux, du tableau de Caen. Bien plus, ce tableau nous semble devoir être rendu à Charles Mellin : les trois figures à gauche sont presque sa signature. La figure de saint Étienne, dont il existe une étude (?) au musée de Nantes[28] (cette dernière présentant, par la technique rapide et un peu lâche, mélange de brio et de facilité, les caractères d'une œuvre autographe), avec ses longues mains un peu molles et son visage vu de *sotto in sú* est caractéristique. Nous trouvons le cavalier et son manteau, le visage du jeune homme à gauche qui tend le bras proches du « Cavalier volant » du palais Muti (vers 1627). La touche, le traitement des étoffes et du visage de l'homme qui accourt rappellent la *Charité* du Louvre. L'aspect très vouetesque du personnage à genoux peut indiquer une date assez précoce, mais l'aspect cortonesque du tableau le place certainement après ou autour de 1630. Les recherches menées sur place par le service de l'Inventaire, en particulier dans les archives de l'abbatiale, n'ont pas pu mettre en évidence sa présence avant le XIXᵉ siècle.

Si la personnalité de Mellin dessinateur est maintenant assez bien connue (au moins pour les dessins à la plume et au lavis), son œuvre picturale ne se dégage que lentement. Les ventes récentes, même quand les attributions à Carlo Lorenese sont discutables, montrent qu'on ne le prend plus pour un pasticheur de Poussin. Schleier avait déjà noté[29] que son style large, ses draperies riches et gonflantes, son coloris brillant, ne viennent ni de Vouet ni de Lanfranco, et ne peuvent être dus au seul néo-vénétianisme à Rome en 1630. Sa manière volontiers virtuose et un peu négligée l'oppose d'ailleurs fortement au faire réfléchi de Poussin. Cette liberté de facture, cette touche rapide et une palette assez claire sont la véritable marque de son style, et ont fait souvent attribuer au XVIIIᵉ siècle des tableaux qui restent surprenants dans la production des peintres de sa génération.

1. G. Falcidia, « Dalla parte di Mellin ? », *Scritti di storia dell'arte in onore di Federico Zeri*, Milan, 1984, II, p. 640-655.

2. Inv. : 29 360. Repr. in cat. exp. *Dessins français du XVIIe siècle, 83e exposition du Cabinet des Dessins*, Paris, 1984, n° 68.

3. I. Balsamo, « Le Mécénat des Guises dans l'église de la Trinité-des-Monts », *Mélanges de l'École française de Rome, Moyen Âge, Temps modernes*, T. 94, 1982, p. 926-927.

4. Découvert et publié par E. Schleier, « Charles Mellin and the marchesi Muti », *The Burlington Magazine*, CXVIII, déc. 1976, p. 838, fig. 69.

5. Signalons la récente contribution de Rosella Pantanella, qui a résolu, à l'occasion de la publication de documents sur les travaux réalisés en 1719 dans le palais Muti (« Palazzo Muti a piazza SS. Apostoli, residenza degli Stuart a Roma », *Storia dell'Arte*, 84, 1995, p. 307-328) le problème de l'attribution du décor en grisaille et de la médiocre allégorie de la Foi, attribuée unanimement à Mellin. Le palais devait servir, et servit de résidence à Jacques III Stuart et à sa cour ; des travaux de décoration furent alors confiés au peintre Giovanni Angelo Soccorsi, dont le mémoire, publié par Pantanella, donne le détail des travaux effectués (*op. cit.*, p. 319-320) :
« Conto de lavori di Pittura fatti nella volta della Galleria dove viene ad abitare il Ré d'Inghliterra nel Palazzo de Sig.ri Muti à SS : Apostoli nel mese di Gen.o 1719…
« Per haver disegnato e dipinto dentro li vani di d.i ottangoli, in uno di quali una figura grande al naturale di una Donna a sedere vestita di bianco, rappresentante la Religione Cattolica, e nel altro una Donna con camisce e pivial di più colori, con il velo coperto di velo bianco trasparente, tenedo con la mano destra il calice e nella mano sinistra le tavole della legge rapresentante la Fede in campo d'aria… sc. 20. »

6. J. Bousquet, « Un rival inconnu de Poussin : Charles Mellin, dit Le Lorrain », *Annales de l'Est*, 1955, n° 1, p. 11.

7. S. Laveissière, « Le "Maître du pseudo-Borro" : Charles Mellin ? », *Jahrbuch der berliner Museen*, Berlin, 1990, p. 200.

8. E. Schleier, 1976, *op. cit.*, p. 841-842, notes 31 à 35.

9. Huile sur toile, 1,33 x 0,98 m, n° inv. : E 94 ; M 6624. Provient de la collection du marquis de Lacaze, déposé au musée en 1829. Le tableau fut restauré par Jean-Baptiste Pierre Lebrun (1748-1813), comme *La Peinture personnifiée*, de Bolognini.

10. A. Brejon de Lavergnée et N. Volle, *Musées de France. Répertoire des peintures italiennes du XVIIe siècle*, Paris, 1988, p. 241 (« Muti ? »).

11. *In* cat. exp. « Autour de Poussin », Paris, musée du Louvre, 1994, p. 55, fig. 16.

12. En dernier lieu, J. Thuillier, *Poussin*, Paris, 1994, p. 91, contrat repr. p. 154.

13. O. Michel, « Décorations et restaurations de Giuseppe Manno à Saint-Louis-des-Français », *Les fondations nationales dans la Rome pontificale*, collection de l'École française de Rome, 52, Rome, 1981, p. 191-209.

14. J. Thuillier, « Charles Mellin, très excellent peintre », *Les fondations nationales dans la Rome pontificale*, collection de l'École française de Rome, 1981, p. 609-610.

15. O. Michel, *op. cit.*, p. 181.

16. Quelques vues partielles ou latérales reproduites dans « Charles Mellin et Montecassino », article à paraître. On y trouvera des informations complémentaires et une synthèse sur l'activité de l'artiste à Montecassino.

17. Londres, Christie's, vente du 7 décembre 1993, n° 70, p. 39, repr.

18. Depuis, d'autres dessins sont apparus, et nous avons pu proposer une reconstitution de la voûte (cf. note 15).

19. N. Spinosa, « Un Tableau de Charles Mellin retrouvé au Mont-Cassin », *Revue de l'Art*, n° 57, 1982, p. 79-84.

20. P. Choné, « Une nouvelle peinture de Charles Mellin entre au Musée lorrain : *Le Sacrifice d'Abel* », *Le Pays Lorrain*, 1983, n° 1, p. 185-192.

21. Huile sur toile, 39 x 35, inv. : NM 877. Cf. *Illustrated Catalogue, European Paintings*, Stockholm, 1990, p. 428 repr.

22. « Il viceré e l'arte a Napoli », *Napoli nobilissima*, 1983, XXII, fasc. I, p. 48.

23. Pierre noire, rehauts de craie blanche sur papier beige, 229 x 235 mm ; inv. PM 720 ; annoté à la pierre noire en bas à droite : *Dominiquin* (?), au dos, *Carlo Maratta*. Provient de la collection Matthias Polakovits.

24. Plume et encre noire, 193 x 270, inv. : 20505 ; annoté en bas à droite, plume et encre noire : *Guido Reni*. Provient de la collection Ferrara-Dentice. D'abord considéré comme une copie d'après Mattia Preti, le dessin portait au musée une attribution à Raymond de La Fage. Une médiocre copie au musée Fabre à Montpellier, Inv. 864.2.373, pierre noire, plume et encre brune, 239 x 180 mm.

25. Paris, vente Drouot, 18 mars 1987, salle 7, n° 72, plume et lavis, 254 x 460 mm ; annoté en bas, plume et encre : « Lanfranco ».

26. Repr. *in* Thuillier, 1981, *op. cit.,* p. 670, fig. 57.

27. J. Thuillier, « Notes sur les tableaux "poussinesques" des églises de France », *Actes du colloque international Nicolas Poussin*, II, Paris, 1960, p. 302, note 6.

28. Repr. *in* B. Sarrazin, *Catalogue raisonné des peintures italiennes du musée des Beaux-Arts de Nantes*, Paris, 1994, p. 382, n° 6.

29. E. Schleier, 1976, *op. cit.*, p. 337.

Fig. 1. Nicolas Poussin, *La Nascita di Adone,* Windsor Castle, Royal Library.

Sebastian SCHÜTZE

Exemplum Romanitatis
Poussin e la pittura napoletana del Seicento

L'Immagine

La fortuna napoletana di Poussin inizia nella tarda primavera del 1624, con il trionfale ritorno del poeta Giovan Battista Marino a Napoli, e quindi solo qualche settimana dopo l'arrivo del pittore a Roma[1]. Sin dal 1615 Marino si era stabilito a Parigi, alla corte di Maria de' Medici, dove nel 1622 scopriva il giovane artista francese in occasione delle sontuose festività della Compagnia di Gesù per la canonizzazione dei Santi fondatori Ignazio e Francesco Saverio[2], alle quali Poussin aveva contribuito con sei teloni per gli apparati[3]. Il grande poeta all'apice della sua carriera si legava al giovane pittore con profonda, paterna amicizia e gli commissionava la famosa serie di disegni mitologici oggi a Windsor[4] (fig. 1). Fu un incontro determinante per il destino artistico ed umano di Poussin, che incise profondamente sulla sua arte, come l'incontro tra Giulio II e Raffaello o quello tra Maffeo Barberini e Bernini. Il Marino lo introduceva al mondo della letteratura e della poesia antica, che dovette offrirgli, da allora in poi, una fonte inesauribile per la concezione dei suoi dipinti e gli stimoli per la ricerca di una pittura all'antica ma moderna. Fu allora che gli occhi di Poussin si volsero verso una visione poetica della pittura[5].

Nella primavera del 1623 Marino lasciò la corte francese e si portò, con grandi speranze di protezioni illustri, nella città papale. La morte di Gregorio XV e l'elezione di Urbano VIII al soglio pontificio mutarono però radicalmente le sue prospettive, con il papa-poeta a capo di una controcorrente poetica di ispirazione neolatina, ma anche devota e moralistica[6]. Così nella tarda primavera del 1624 egli ripartiva per la sua città natale, che aveva lasciato precipitosamente un quarto di secolo prima e che ora lo accoglierà come principe del Parnaso Napoletano[7]. Il ritorno del Marino ebbe un impatto enorme sulla cultura napoletana, come anche sugli artisti e sui loro committenti[8].

A Napoli il poeta aveva certamente speso parole lusinghiere sul giovane artista francese, lodato il suo straordinario talento come le sue qualità di pittore «letterario» e mostrato orgogliosamente ad amici e conoscenti i suoi disegni mitologici. Nella città partenopea il nome di Poussin fu così promosso dall'autorità del poeta e, sin dall'inizio, si trovò legato ad un'immagine definita entro i termini della poesia, dell'antico e del mito, i quali dovevano determinare profondamente la sua successiva fortuna napoletana.

Un caso emblematico di questa naturale associazione tra Marino e Poussin resta la «Strage degli Innocenti» dipinta da Massimo Stanzione nel 1633-1634. Quando l'artista si accinse a trasporre in pittura l'ultima grande opera poetica del Marino, la «Strage degli Innocenti» appunto, pubblicata postuma nel 1632, si ispirò principalmente al famoso dipinto di Poussin, allora nella collezione di Vincenzo Giustiniani a Roma[9]. Quest'opera, per la struttura narrativa come per la rappresentazione degli affetti, era a sua volta strettamente legata alla composizione del Marino – una sorta di omaggio al grande amico defunto[10].

Le collezioni

Due sono gli aspetti della fortuna di Poussin a Napoli da valutare: la presenza di opere nelle collezioni napoletane e l'importanza dell'artista per la pittura napoletana del '600. Per il primo resta fondamentale il saggio di Anthony Blunt del 1958, e ne vorrei ricordare solo i fatti più importanti, apportando qualche integrazione[11].

Lo stesso Poussin ci informa dei suoi primi dipinti nella città partenopea, quando viene interrogato nel celebre processo contro Fabrizio Valguarnera, il 28 luglio 1631: «Vi dirò Signore essendo stato detto Don Fabrizio in Napoli, ed avendo conosciuto un tal Geronimo Gosman, mio amicissimo et padrone et curioso molto di pitture, in casa del quale havendo visto detto Don Fabrizio delle mie opere et piaciutogli nel venire che ha fatto a Roma mi venne a trovare come ho detto e mi ricercò di detti quadri[12]...» – e sono naturalmente la «Peste di Ashdod» del Louvre e la «Flora» di Dresda[13]. L'amicissimo Signor Gosman, «curioso molto di pitture», possedeva allora diversi quadri di Poussin, ed il tono famigliare del racconto potrebbe far pensare anche ad un soggiorno napoletano del pittore. Purtroppo l'identificazione dei dipinti e l'identità del collezionista, forse appartenente ad uno dei rami della nobile famiglia spagnola dei Guzman, che più volte vennero chiamati a reggere il viceregno, rimangono per ora irrisolti[14].

Il primo collezionista ben individuabile resta Ascanio Filomarino[15] (fig. 2). Il giovane prelato napoletano si era trasferito nel 1617 a Roma ed era entrato ben presto nella cerchia del cardinale Maffeo Barberini. Con l'ascesa di Maffeo al soglio pontificio diventava cameriere segreto del papa e maestro di camera del cardinal nepote Francesco Barberini, vivendo da vicino la grande svolta culturale del pontificato di Urbano VIII. I Libri Mastri di Francesco Barberini documentano che il suo maestro di camera era coinvolto direttamente nelle campagne d'acquisto per la celebre galleria, avendo così la possibilità di acquistare anche per la propria collezione un cospicuo gruppo di opere di

Fig. 2. Francesco Di Maria, *Ritratto del Cardinale Ascanio Filomarino,* inciso da Jean-Louis Roullet.

182

Reni, di Lanfranco, di Annibale, di Domenichino ed Albani ma anche di Vouet, di Valentin e di Poussin[16]. Di Poussin egli possedeva una «Annunziata Santissima[17]», una «Madonna Santissima puttino, S. Giovanni e molti Angioli[18]» ed una versione dell'«Istoria del Cieco nato illuminato[19]». I primi due sono documentati dalle incisioni del *Voyage Pittoresque* dell'Abbé de Saint-Non[20] (fig. 3). L'dentificazione di queste opere, proposta da Blunt, con i dipinti della collezione Heinemann a New York e del musée Condé a Chantilly, non sono invece più accettabili, sulla base degli inventari ritrovati da Renato Ruotolo[21]. Molto probabilmente tutta la collezione fu infatti distrutta in un incendio del Palazzo Filomarino nel 1799[22].

Fig. 3. Nicolas Poussin, *Annunciazione* (parte superiore) e *Madonna col Bambino e S. Giovannino*, da disegni del Fragonard incisi da Augustin de Saint-Aubin per il *Voyage Pittoresque*.

Nel 1642 Filomarino tornò a Napoli quale nuovo arcivescovo, sistemando la sua collezione nel palazzo di famiglia[23] e manifestando pubblicamente il suo gusto romano – e si può proprio dire «barberiniano» – nella magnifica cappella ai SS. Apostoli. È un vero e proprio monumento romano a Napoli, senza paragone nella capitale del viceregno per la ricchezza dei materiali, la qualità di esecuzione e la raffinatezza del concetto, eseguito su progetto del Borromini, con i mosaici del Calandra e le sculture di François Duquesnoy, Giuliano Finelli ed Andrea Bolgi[24]. I dipinti di Poussin si inseriscono così in un contesto preciso: fanno parte di un messaggio culturale decisamente romano, contribuendo a rafforzare l'immagine «romana» del pittore a Napoli.

Abbastanza presto dovette arrivare a Napoli anche una «Adorazione del vitello d'oro», che secondo Félibien fu distrutta durante la rivolta di Masaniello nel 1647. Un frammento fu poi portato a Roma, ed è oggi in collezione privata inglese[25]. Almeno due quadri di Poussin possedevano due ricchissimi mercanti fiamminghi stabilitosi a Napoli, Jan e Ferdinando Vandeneynden: «Un altro di palmi 3 e 2 con cornice indorata consistente in una Poesia 13 figure» ed «Un altro di palmi 2 e 3 con cornice indorata una Madonna che siede sotto un albero, S. Giovanni e puttini che scherzano[26]». Per quest'ultimo Renato Ruotolo ha proposto l'identificazione con il dipinto della collezione Heinemann, confortata dall'esistenza di due copie antiche nelle collezioni di Capodimonte e del Museo Correale di Sorrento[27]. La «Venere, che presenta ad Enea le suoi armi» di Toronto, invece si può identificare con un dipinto inciso da Pietro Aquila intorno al 1700, quando era in possesso dei Principi di Cellamare[28].

L'inventario di Giovanni Francesco Salernitano, Barone di Frosolone, registra nel 1648 una «Madonna con diversi puttini di Monsù Possini[29]», quello di Gabriella Casanate, Marchesa di Montagnano, nel 1665 «Una bersabea [sic] longa

palmi sei alta quattro con cornice negra, et oro di Pusino[30]». Altri inventari napoletani del Settecento, pubblicati recentemente da Gerard Labrot, menzionano più
dipinti di Poussin, benché la loro autenticità ed identificazione rimangano molto
problematiche[31].

Tutto sommato il numero dei dipinti di Poussin che entrarono a far parte delle
collezioni napoletane durante la vita del pittore resta assai esiguo. Ciò è dovuto forse,
più che al mancato interesse della committenza napoletana, alla fama di Poussin, cres-
ciuta così rapidamente che già a partire dalla fine degli anni venti egli lavorava quasi
esclusivamente per una cerchia molto ristretta di committenti romani, e più tardi
anche francesi[32]. Questa presenza limitata non precludeva comunque la fortuna napoletana di Poussin in termini artistici, visto che un continuo aggiornamento sulle ultime tendenze pittoriche della città papale costituiva quasi un obbligo per la maggior
parte dei pittori napoletani[33]. Alcuni aspetti della sua arte vennero diffusi a Napoli
inoltre da pittori come Jean Lemaire[34], Charles Mellin[35], Gaspard Dughet[36] e
Giovanni Benedetto Castiglione[37] attraverso le opere e durante i loro soggiorni nella
città partenopea. La loro interpretazione alquanto personale dei modelli poussiniani
apportava certo delle modifiche importanti, ma offriva talvolta anche una chiave di
lettura che più facilmente si adattava alle esigenze dei pittori napoletani.

La «crisi del pittoricismo» e la nascita di un genere

Cercando di definire in termini generali l'importanza di Poussin per la pittura
napoletana, sono forse due gli aspetti più importanti: il suo ruolo per la diffusione
del gusto «neoveneto» e l'affermazione, o meglio la riaffermazione, del quadro di
storia con figure a metà grandezza naturale.

Poussin, accanto ad altri pittori come Cortona, Romanelli, Sacchi, Testa, Vouet
o Valentin, svolge un ruolo chiave quale modello di guida nel processo di apertura
della pittura napoletana verso nuove tendenze pittoriche di matrice neoveneta, già
avviatosi alla fine degli anni venti ed in maniera più decisa nel corso degli anni trenta e quaranta. Quella «crisi del pittoricismo» arricchisce la pittura napoletana di
nuovi effetti cromatici, di una nuova raffinatezza nella resa della materia pittorica e
di quella luminosità solare, che aprirà le strade del barocco anche a Napoli[38]. Questa
apertura coinvolge Stanzione già verso la fine degli anni venti[39], Ribera[40] e Guarino[41]
nel corso degli anni trenta ed infine il Cavallino dei primi anni quaranta[42], e sarà
ancora un'elemento decisivo per Mattia Preti[43] e per il giovane Luca Giordano[44].

Parlando in termini di colore, di luce, di materia pittorica, di pennellata,
rimarrà comunque sempre il Poussin degli anni venti e trenta, il Poussin neoveneto
del «Trionfo di Davide» a Madrid o della «Diana ed Endimione» a Detroit[45], ad
interessare i pittori napoletani, perché molto più affine alle esigenze di una tradizione pittorica così profondamente legata alla natura, alla materia, alle qualità quasi
tattili della pittura. Una tradizione che nel «tremendo impasto» del Ribera o del
Maestro dell'Annuncio ai pastori trova la sua massima espressione, ma che resterà
fondamentale anche per Stanzione, per Guarino e Cavallino, e per tutta la pittura
napoletana del Sei- e Settecento. Un credo essenziale, che trova nel «Ritratto di pittore nello studio» (fig. 4) del Maestro dell'Annuncio ai pastori una espressione
emblematica – basti notare la presenza «fisica» dei colori sulla tavolozza[46]. Il Poussin

Fig. 4. Maestro dell'Annuncio ai pastori,
Ritratto di pittore nello studio,
collezione privata.

dopo il ritorno dalla Francia nel 1642, con una concezione artistica sempre più astratta e per il quale le esigenze della «pittura filosofica» sembrano dissolvere sempre più la materia pittorica, rimane invece essenzialmente estraneo all'ambiente napoletano.

L'altro aspetto fondamentale di Poussin a Napoli è rappresentato dall'affermazione del quadro di storia con figure a metà grandezza naturale o a grandezza ancora più ridotta da 2 o 3 palmi. Un genere di pittura che nelle sue varianti di storia pagana e cristiana, dei baccanali e del paesaggio mitologico, era destinato alle esigenze del collezionismo privato. Dopo l'iniziale «Martirio di S. Erasmo» per la Basilica di San Pietro[47], e spinto forse anche dalla delusione di una gara d'appalto per la Cappella dell'Immacolata Concezione a San Luigi dei Francesi, persa contro Charles Mellin[48], Poussin si era dedicato quasi esclusivamente a questo genere, elevandolo al rango più alto della pittura e ad un livello qualitativo che resterà esemplare per tutta l'età moderna.

Bernardo De Dominici, il grande biografo degli artisti napoletani, ricorda, nella sua vita di Bernardo Cavallino, che Mattia Preti aveva denominato quest'ultimo «il Poussino de' Napoletani, e ciò dicea, perchè le più belle figure di Bernardo non eccedono la misura di circa tre palmi[49]». Il collega pittore individua quindi nel genere di pittura l'elemento decisivo che lega i due maestri, e si dimostra ben consapevole del ruolo di Poussin per la sua diffusione a Napoli. Anche il giovane Cavallino, dopo qualche iniziale prova nel campo della pala d'altare, si era infatti dedicato quasi esclusivamente a questo genere di pittura, per diventarne il suo più felice e geniale interprete nella città partenopea. Benchè la sua arte resti, stilisticamente parlando, oltre le già menzionate aperture neovenete degli anni quaranta, profondamente legata alla tradizione napoletana, essa presenta in alcuni casi dei punti di contatto anche più diretti con Poussin. Nel dipinto forse più poussiniano, i «Giochi di putti dinanzi alla statua di bacco bambino» di collezione privata a Copenhagen (fig. 5), questo è condizionato senz'altro anche dalla scelta tematica[50]. La complessità spaziale, accentuata dall'illuminazione teatrale di alcune opere tarde,

185

Fig. 5. Bernardo Cavallino, *Giochi di putti din-nanzi alla statua di bacco bambino*, Copenhagen, collezione privata.

Fig. 6. Bernardo Cavallino,
L'ombra di Samuele evocata da Saul,
Malibu, Jean Paul Getty Museum.

come la «Cacciata di Eliodoro dal Tempio» a Mosca o «L'ombra di Samuele evocata da Saul» a Malibu[51] (fig. 6), fanno inoltre pensare ad un rinnovato interesse dell'ultimo Cavallino per le opere contemporanee di Poussin.

Altri pittori napoletani del «genere», come Aniello Falcone, Domenico Gargiulo, Andrea De Lione e Nicolò De Simone, rimasero più direttamente attratti da Poussin. Falcone, noto soprattutto per i suoi quadri di battaglia, è una delle grandi personalità artistiche del Seicento napoletano che restano ancor oggi da definire nella loro complessità, considerando ad esempio le qualità straordinarie dei suoi disegni o i suoi profondi interessi antiquari[52]. Un contributo importante ha dato Annachiara Alabiso con l'interpretazione degli affreschi della Villa di Gaspare Roomer a Barra[53]. Il ricchissimo mercante di Anversa e finanziere del re di Spagna, possedeva una collezione di circa 1100 dipinti ed era a Napoli il collezionista più attento alle ultime tendenze pittoriche, anche al di fuori della scuola italiana. Possedeva infatti, tra l'altro, opere di Paul Brill, di Rubens e Van Dyck[54]. Le decorazioni della villa illustrano le qualità del frescante Falcone ma anche il suo strettis

Fig. 7. Aniello Falcone, *Serpente di bronzo*, Barra, Villa Roomer.

Fig. 8. Aniello Falcone, *Tempio di Venere a Baia*, Madrid, Biblioteca Nacional.

simo legame con Poussin nell'invenzione di queste grandi storie tratte dal Vecchio Testamento, sia nella struttura compositiva sia in alcuni riferimenti ben precisi, come l'imponente nudo della figura cadente nel «Serpente di bronzo» (fig. 7), ispirato al «S. Erasmo[55]». Al grande fascino dell'opera di Poussin contribuiva per Falcone senz'altro il comune interesse per il paesaggio e per i monumenti antichi, che si rispecchiano in quegli stupendi paesaggi archeologici dei Campi Flegrei[56], ad esempio il «Tempio di Venere a Baia[57]» (fig. 8).

Nell'opera di Andrea De Lione incontriamo riferimenti frequenti e più letterali a Poussin[58]. Se inizialmente la sua lettura di Poussin era determinata dalle interpretazioni di Castiglione, sembra che un probabile soggiorno romano, in seguito alla rivolta di Masaniello del 1647, abbia rinforzato l'impatto diretto del grande maestro francese sulla sua opera[59]. In dipinti come il «Paesaggio con Venere e Adone» in collezione Lanfranchi[60], il «Baccanale» di collezione privata inglese[61] (fig. 9) o il «Tobia che seppellisce i morti» del Metropolitan Museum[62] si coglie immediatamente il ruolo del modello poussiniano. Nella «Adorazione del vitello d'oro» di San Francisco (fig. 10) l'assimilazione dello stile di Poussin pone ancor oggi una intricata questione attributiva[63]. Considerato per molto tempo come l'originale di Poussin, anche per l'incisione di de Poilly che nomina il maestro francese come *inventor*, credo che ci sia ormai un largo consenso nell'attribuire l'esecuzione del dipinto a De Lione[64]. Rimane comunque difficile stabilire se si tratta di una copia

Fig. 9. Andrea De Lione, *Baccanale,* collezione
privata.

Fig. 10. Andrea De Lione
(da modello di Poussin),
Adorazione del vitello d'oro,
San Francisco, M. H. De Young
Memorial Museum.

Fig. 11. Nicolò De Simone, *Adorazione del
vitello d'oro,* già New York, Sotheby's.

fedele da Poussin o di un pastiche del maestro napoletano[65]. La questione viene ulteriormente complicata da una versione del dipinto, già appartenente alla New York Historical Society e recentemente apparsa in una vendita di Sotheby's a New York, che presenta tutte le caratteristiche della mano di Nicolò De Simone[66] (fig. 11).

Anche nell'opera di Domenico Gargiulo la lettura poussiniana rimane spesso legata alle interpretazioni di Castiglione e qualche volta di Lemaire. I dipinti più impegnativi, appartenenti al suddescritto genere del quadro di storia, si distinguono però stilisticamente dal resto della produzione. Il genere richiedeva uno stile figurativo più alto che dimostra dei legami anche diretti con Poussin, come nell'«Incontro al pozzo di Eliezar e Rebecca» a Nancy[67], nel «Martirio di San Sebastiano» della Banca Sannitica[68] o nelle storie di «Diana ed Atteone» (fig. 12) e di «Venere ed Adone» a Pavia[69].

Fig. 12. Domenico Gargiulo, *Diana ed Atteone,* Pavia, Museo Civico.

Exemplum Romanitatis

Oltre alle menzionate affinità stilistiche e ispirazioni tematiche, De Lione e Falcone si sono avvicinati massimamente allo spirito di Poussin in un contesto ben preciso, ossia nei dipinti per la decorazione del Palacio del Buen Retiro a Madrid. Il grande palazzo suburbano fu eretto per Filippo IV sotto la direzione dell'onnipotente Conde-Duque Olivarez negli anni 1633-1634[70]. Nel corso degli anni trenta e quaranta la nuova dimora reale viene adornata da più di 800 dipinti, quasi tutti acquistati o commissionati appositamente per il Buen Retiro, senza ricorrere alle vecchie collezioni reali, in una delle più grosse campagne d'acquisto della storia del collezionismo[71]. Con la mediazione dei vari ambasciatori e vicerè, i quadri più importanti furono commissionati ai grandi pittori attivi a Roma e a Napoli: Poussin, Claude, Romanelli e Camassei a Roma, Ribera, Stanzione, Artemisia Gentileschi, Codazzi, Falcone, De Lione, Lanfranco e Domenichino a Napoli, per nominare solo i più noti[72].

Nonostante l'importanza del complesso e nonostante gli studi approfonditi di Brown and Elliott, e quelli più recenti della von Barghahn[73], la decorazione del Buen Retiro resta a tutt'oggi un problema fondamentalmente aperto, dovuto soprattutto alla totale mancanza di una documentazione consistente prima dell'inventario del 1701, che si dimostra sempre più una fonte problematica per la considerazione dello stato originale[74]. La ricostruzione e successiva interpretazione di questo straordinario tempio della pittura si dovrebbe basare invece piuttosto sulla identificazione precisa

189

dei singoli soggetti raffigurati, tentando in seguito la ricostruzione dei vari cicli pittorici in base anche alla funzione del palazzo e dei suoi diversi ambienti.

I dipinti eseguiti a Napoli appartengono in gran parte a due cicli pittorici dedicati ai trionfi di imperatori romani ed ai vari giochi, rappresentati nel circo ma anche in occasione di altri eventi della vita pubblica romana. Una chiave di lettura per l'identificazione dei singoli soggetti, come per il significato dell'insieme, è offerta dalla vasta erudizione antiquaria che tra Cinque e Seicento viene dedicata proprio a questi temi[75]. Un dipinto di De Lione e due dipinti di Falcone, oggi al Prado, fanno parte di questi cicli pittorici per il Buen Retiro ed illustrano nello stesso tempo in maniera eloquente percezione e ricezione di Poussin a Napoli.

È di Andrea De Lione lo spettacolare gruppo di «Elefanti nel circo» (fig. 13) sfoggiante ricchissime imbrigliature, conduttori orientali, dalle vesti di un cromatismo raffinato e brillante, e preceduto da un gruppo di baccanti danzanti[76]. Sullo sfondo si intravede la folla variopinta degli spettatori. Colpisce forse di più la presenza fisica degli animali, l'accurata osservazione dei movimenti e la resa naturalistica della pelle, basate quasi sicuramente sullo studio dal vero, come nel famoso elefante che Poussin aveva dipinto verso la fine degli anni venti per Cassiano dal Pozzo[77] (fig. 14). Se le figure di De Lione ricordano soprattutto lo stile di un altro interprete poussiniano, Giovanni Benedetto Castiglione, sono proprio la presenza monumentale e l'espressione profondamente «all'antica» che legano il dipinto direttamente all'opera di Poussin.

Fig. 13. Andrea De Lione, *Elefanti nel circo*, Madrid, Museo del Prado.

Fig. 14. Nicolas Poussin, *Annibale attraversa le Alpi*, collezione privata.

Fig. 15. Aniello Falcone, *Ludus Troiae*,
Madrid, Museo del Prado.

Fig. 16. Onofrio Panvinio, *Ludi Circenses*,
inciso da Étienne Dupérac (da Panvinio 1676).

Fig. 17. Onofrio Panvinio,
Ludi Circenses, dettaglio
con il *Ludus Troiae*, inciso
da Étienne Dupérac
(da Panvinio 1676).

191

Fig. 18. Nicolas Poussin, *Caccia di Meleagro ed Atalante,* Madrid, Museo del Prado.

Allo stesso ciclo appartengono anche i «Cavalieri romani nel circo» (fig. 15) di Falcone[78]. Il luogo dell'evento si evince dall'architettura di fondo e dai monumenti sulla spina del circo. Molto probabilmente si tratta più precisamente della raffigurazione del *ludus troiae,* un gioco equestre nato come esercitazione di carattere militare per i giovani della nobiltà romana e che in epoca tardo repubblicana era entrato a far parte dei *ludi circenses*[79] (figg. 16, 17). Esso era caratterizzato dall'imbattersi di formazioni equestri, dalla loro dispersione e successiva ricomposizione durante gli incontri, e dall'uso della lancia come arma principale[80]. Il gruppo di cavalieri in corazze romane si muove verso sinistra. La composizione paratattica, a mo' di rilievo antico, la maestà dei cavalli e l'evidente erudizione antiquaria nella descrizione di corazze ed elmi, ricordano la «Caccia di Atalante e Meleagro» (fig. 18) che Poussin aveva eseguito pochi anni prima per il Buen Retiro[81]. Nello stesso tempo colpisce il grande vigore naturalistico nella caratterizzazione delle figure. Falcone ci propone una pittura all'antica basata su profonda erudizione antiquaria, ma fatta di uomini veri. I protagonisti della storia antica non sono più contraddistinti dal bello ideale ma da una nuova presenza fisica e di valori espressivi dal naturale, diventando portatori di un messaggio più immediato e diretto che mira a coinvolgere lo spettatore all'istante.

Il dipinto più impressionante dell'intero ciclo sono i «Gladiatori nel circo» del Falcone[82] (fig. 19). Un gruppo di combattenti, vestito solo di un drappo che copre i fianchi, si è radunato di fronte ad un altare, con la rispettiva statua sulla sinistra. Sulla spina dei circhi erano situati altari della Fortuna e della Vittoria, come dimostra ad esempio la ricostruzione del Circo Massimo del Panvinio incisa da Dupérac[83] (figg. 20, 21). I gladiatori sono qui riuniti dopo la fine delle gare, e quindi senza armamenti, per ringraziare la Vittoria, raffigurata con la corona di lauro e la palma in mano[84]. Falcone ha dato però una interpretazione molto personale dell'evento, rinunciando ad un'immagine di vittoriosa adorazione in favore di una riflessione profonda sul dramma umano ed esistenziale della vita dei gladiatori. I corpi massicci e muscolosi, irrobustiti da anni di allenamenti intensi, rispecchiano nella loro possente presenza fisica la violenza delle gare. L'impressionante resa del nudo maschile diventa una metafora della violenza fisica[85]. Il dramma di una esistenza, che con ogni

Fig. 19. Aniello Falcone, *Gladiatori nel circo,*
Madrid, Museo del Prado.

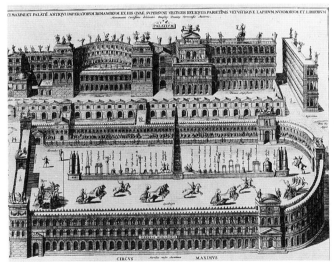

Fig. 20. Onofrio Panvinio, *Ricostruzione del
Circo Massimo,* inciso da Étienne Dupérac
(da Panvinio 1676).

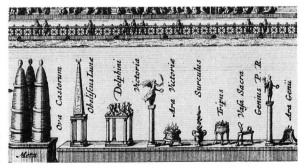

Fig. 21. Onofrio Panvinio, *Ricostruzione del Circo
Massimo,* dettaglio con l'altare e la statua della
Vittoria, inciso da Étienne Dupérac
(da Panvinio 1676).

193

gara deve difendere nuovamente se stessa, si riflette in maniera commovente nelle espressioni dei visi, segnati da fatica, disperazione e paura ma anche da una profonda solitudine. Questa scena centrale è contornata, ed in qualche modo temperata, dall'architettura classicheggiante, dalla statua e dall'altare, investite di quella luminosità solare con la quale Poussin e Claude hanno marcato così profondamente la nostra visione dell'antichità.

È proprio in questa chiave di lettura che Falcone si avvicina forse di più allo spirito dell'arte di Poussin, nella ricerca di una pittura all'antica in stile moderno, che non si esaurisce nell'illustrazione di soggetti antichi o in una vana erudizione antiquaria, ma tenta di interpretare i grandi temi della vita umana attraverso gli *exempla* dell'antichità. Una ricerca che nei «Gladiatori» di Falcone e nella «Morte di Germanico» di Poussin ha trovato forse le sue espressioni più alte nell'opera dei due pittori[86].

Che Falcone seguisse Poussin proprio su questa linea, lo documenta la sua scelta per la statua della Vittoria, che non trae esempio da una statua antica, ma dalla «S. Susanna» di Duquesnoy (fig. 22) – l'esempio canonico e più celebrato di un'arte scultorea antica rinata, scolpita dalle mani dell'alleato più fedele di Poussin nella ricerca di uno stile moderno, vero ed autentico, che basandosi sull'antico potesse persino superare gli *exempla*[87]. I grandi temi dell'antichità romana per il Buen Retiro hanno portato Falcone alla riflessione più profonda dell'arte di Poussin, che ormai era diventato l'*exemplum romanitatis* per eccellenza.

Fig. 22. François Duquesnoy, *S. Susanna*,
Roma, Santa Maria di Loreto.

194

Desidero ringraziare vivamente tutti coloro che mi hanno offerto suggerimenti e consigli preziosi nella preparazione del saggio ed in particolare Olivier Bonfait, Adele Condorelli, Michael Eichberg, Luigi Ficacci, Riccardo Lattuada, Arnold Nesselrath e Francesco Solinas.

1. Per la vita di Marino cfr. A. Borzelli, *Storia della vita e delle opere di Giovan Battista Marino*, Napoli 1927, sul ritorno a Napoli vedi pp. 243-272.

2. Per l'incontro tra Marino e Poussin cfr. J. Thuillier, *Nicolas Poussin,* Parigi 1988, vedi pp. 85-90; J. Thuillier, *Poussin before Rome 1594-1624,* Londra 1995, pp. 38-39.

3. Thuillier 1995, cit. nota 2, pp. 34-35, 86-87, n° 20.

4. Per i disegni a Windsor vedi Kurt Badt, *Die Kunst des Nicolas Poussin,* 2 voll., Colonia 1969, I, pp. 146-160; *Poussin. The early years in Rome. The Origins of French Classicism*, catalogo della mostra, a cura di K. Oberhuber, Fort Worth 1988, pp. 290-295, n° D9-24 (come copie dei disegni di Poussin; ma vedi M. Clayton, *A Nivelle Watermark on Poussin's Marino Drawings,* in «The Burlington Magazine», CXXXIII, 1991, p. 245); P. Rosenberg e L.-A. Prat, *Nicolas Poussin 1594-1665. Catalogue raisonné des dessins,* 2 voll., Milano 1994, I, pp. 6-31, n° 2-17; Thuillier 1995, cit. nota 2, pp. 40-41, 90-99, n° 23-37; *Poussin. Works on paper. Drawings from the collection of her Majesty Queen Elizabeth II*, catalogo della mostra, a cura di M. Clayton, Londra 1995 (esposto anche a Houston, Cleveland e New York), pp. 12-41, n° 1-15.

5. L'elemento essenziale del rapporto tra Marino e Poussin lo ha descritto con grande sensibilità Kurt Badt, cit. nota 4, I, pp. 161-181.

6. Per il soggiorno romano vedi Borzelli, cit. nota 1, pp. 223-242.

7. Borzelli, cit. nota 1, pp. 243-272.

8. Vedi S. Schütze, *Pittura Parlante e Poesia Taciturna: Il ritorno di Giovan Battista Marino a Napoli, il suo concetto di imitazione e una mirabile interpretazione pittorica,* in: «Documentary Culture. Florence and Rome from Grand-Duke Ferdinand I to Pope Alexander VII», Atti del Colloquio a Villa Spelman (Firenze 1990), a cura di E. Cropper, G. Perini e F. Solinas, Bologna 1992, pp. 209-226.

9. S. Schütze e T. Willette, *Massimo Stanzione. L'Opera Completa,* Napoli 1992, pp. 100-105, 203-204, n° A33; Schütze, cit. nota 8, pp. 223-226.

10. L'ispirazione si evince soprattutto nella concentrazione dell'evento nelle tre figure sulla scena rialzata del primo piano; cfr. G. Le Coat, *The Rhetoric of the Arts 1550-1650,* Berna/Francoforte 1975, pp. 92-110; E. Cropper, *Marino's «Strage degli Innocenti»: Poussin, Rubens, and Guido Reni,* in «Studi Secenteschi», XXXIII, 1992, pp.137-166.

11. A. Blunt, *Poussin Studies VII: Poussins in Neapolitan and Sicilian Collections*, in «The Burlington Magazine», C, 1958, pp.76-86.

12. J. Costello, *The twelfe pictures ordered by Velázquez and the trial of Valguarnera,* in: «Journal of the Warburg and Courtauld Institutes», XIII, 1950, pp. 237-284, i documenti pp. 272-279; i documenti nuovamente in *Roma 1630. Il trionfo del pennello,* catalogo della mostra, a cura di O. Bonfait, Roma 1994, pp. 229-233, la testimoninza di Poussin, p. 231.

13. Per questi dipinti vedi A. Blunt, *The Paintings of Nicolas Poussin. A Critical Catalogue,* Londra 1966, pp. 24-25, n° 32, p. 113, n° 155; *Nicolas Poussin 1594-1665,* catalogo della mostra, a cura di P. Rosenberg e L.-A. Prat, Parigi 1994, pp. 200-202, n° 43., p. 203-205, n° 44; e il saggio di Matthias Winner in questo volume.

14. Si è proposto di identificare uno dei quadri di Gosman con l'«Adorazione del vitello d'oro» menzionato da Felibien (vedi nota 25); cfr. Charles Sterling, *Biographie,* in «Nicolas Poussin», catalogo della mostra, Parigi 1960, pp. 195-283, vedi p. 223; A. Brejon de Lavergnée, *Rapports entre la peinture française et napolitaine au XVIIe siècle,* in «Peintures napolitaines», catalogo della mostra, Besançon 1982, pp. 4-11, vedi p. 7.

15. Per Filomarino e la sua collezione vedi Blunt 1958, cit. nota 11, pp. 79-83; R. Ruotolo, *Aspetti del collezionismo napoletano: il cardinale Filomarino,* in: «Antologia di Belle Arti», I, 1977, pp. 71-82; S. Schütze, *Die Cappella Filomarino in SS. Apostoli. Ein Beitrag zur Entstehung und Deutung von Borrominis Projekt in Neapel,* in: «Römisches Jahrbuch für Kunstgeschichte», XXV, 1989, pp. 295-327; S. Schütze, *Observations sur l'œuvre de jeunesse de Massimo Stanzione et ses liens avec Simon Vouet et les autres peintres français à Rome,* in «Simon Vouet», Atti del Colloquio delle Galeries Nationales du Grand Palais (Parigi 1991), a cura di S. Loire, Parigi 1992, p. 225-244, vedi pp. 227-230.

195

16. Vedi i documenti da M. Aronberg Lavin, *Seventeenth-Century Barberini Documents and Inventories*, New York 1975, p. 30, no. 256, p. 42, no. 341; per la collezione Filomarino vedi l'inventario di Alfonso Filomarino del 1700, pubblicato da Ruotolo 1977, cit. nota 15, pp. 80-82, e quello di Ascanio Filomarino del 1685, pubblicato da G. Labrot, *Collections of Paintings in Naples 1600-1750* (Italian Inventories 1), Monaco di Baviera/Londra/New York/Parigi 1992, pp. 160-165, n° 33.

17. Ruotolo 1977, cit. nota 15, p. 82; Labrot 1992, cit. nota 16, p. 163, n° 77.

18. Ruotolo 1977, cit. nota 15, p. 80; Labrot 1992, cit. nota 16, p.161, n° 15.

19. Ruotolo 1977, cit. nota 15, p. 80; Labrot 1992, cit. nota 16, p.161, n° 12.

20. J. C. Richard, abbé de Saint-Non, *Voyage pittoresque ou description des royaumes de Naples et de Sicile*, 4 vol. in 5 tomi, Parigi 1781-1786, I, tavola tra pp. 114-115; sulla tavola dopo p. 116 è riprodotta un «Riposo nella Fuga in Egitto», sempre della collezione Filomarino, attribuita a Poussin, che negli inventari del 1685 e 1700 appare invece con il nome di Pietro da Cortona (vedi Ruotolo 1977, cit. nota 15, pp. 74, 82, e Labrot 1992, cit. nota 16, p. 163, n° 79). Per le incisioni vedi Blunt 1958, cit. nota 11, pp. 80-83; P. Rosenberg e B. Brejon de Lavergnée, *Panopticon Italiano. Un diario di viaggio ritrovato 1759-1761*, Roma 1986, pp. 342-343, n° 29-31; P. Lamers, *Il Viaggio nel Sud dell'Abbé de Saint-Non. Il «Voyage Pittoresque à Naples et en Sicile»: la genesi, i disegni preparatori, le incisioni,* Napoli 1995, pp. 68, 293-296, n° 302, 302a, 303, 303a.

21. Blunt 1958, cit. nota 11, pp. 80-81; Ruotolo 1977, cit. nota 15, pp. 73-74; Rosenberg e Brejon de Lavergnée 1986, cit. nota 20, e Lamers 1995, cit nota 20.

22. Ruotolo 1977, cit. nota 15, p. 73.

23. Per il Palazzo Filomarino cfr. G. Doria, *I Palazzi di Napoli,* riedizione a cura di G. Alisio, Napoli 1992, pp. 95, 107; G. Labrot, *Palazzi Napoletani. Storie di nobili e cortegiani 1520-1750,* Napoli 1993, pp. 81-82, 95, 135, 166.

24. Cfr. Schütze 1989, cit. nota 15.

25. A. Félibien, *Entretiens sur les vies et sur les ouvrages des plus excellens peintres anciens et modernes,* 6 vol., Trevoux 1725, IV, p.24; vedi anche l'edizione critica di C. Pace, *Félibiens Life of Poussin,* London 1981, p. 115. Per il dipinto cfr. Blunt 1966, cit. nota 13, p. 22, n° 27; *Civiltà del Seicento a Napoli,* catalogo della mostra, 2 voll., Napoli 1984, I, p. 369, n° 2.168. Vedi anche nota 14.

26. R. Ruotolo, *Mercanti-collezionisti fiamminghi a Napoli. Gaspare Roomer e i Vandeneynden*, Meta di Sorrento 1982, pp. 12-18, e l'inventario, pp. 27-39, per i dipinti di Poussin pp. 27, 31.

27. Ruotolo 1982, cit. nota 26, p. 14.

28. Blunt 1958, cit. nota 11, p. 83-84; Blunt 1966, cit. nota 13, p. 133, n° 190.

29. Labrot 1992, cit. nota 16, p. 80, n° 8.

30. *Ibidem,* p. 20, n° 5.

31. *Ibidem,* ad indicem.

32. Per una sintesi sulla committenza romana e francese di Poussin vedi A. Blunt, *Nicolas Poussin* (The A. W. Mellon Lectures in the Fine Arts), 2 voll., London/New York 1967, I, pp. 208-218; E. Fumagalli, *Poussin et les collectioneurs romains au XVIIe siècle,* in: «Nicolas Poussin 1594-1665», cit. nota 13, pp. 48-57 (con ulteriore bibliografia).

33. Ruotolo 1977, cit. nota 15, p. 77; A. Brejon de Lavergnée 1982, cit. nota 14; Schütze e Willette 1992, cit. nota 9, pp. 53-57, 109.

34. Per Lemaire vedi A. Blunt, *Jean Lemaire: Painter of Architectural Fantasies,* in «The Burlington Magazine», LXXXII-LXXXIII, 1943, pp. 241-246; A. Blunt, *Poussin Studies IX: Additions to the work of Jean Lemaire,* in «The Burlington Magazine», CI, 1959, pp. 440-443; e i contributi di A. Busiri Vici, adesso in A. Busiri Vici, *Scritti d'Arte,* a cura di B. Jatta, Roma 1990, pp. 201-220; D. Wild, *Nicolas Poussin. Leben Werk Exkurse,* 2 voll., Zurigo 1980, II, pp. 245-258; *Claude Lorrain e i pittori lorenesi in Italia nel XVII secolo,* catalogo della mostra, Roma 1982, pp. 207-274; P.W. Zegerman, *A signed painting by Jean Lemaire,* in «The Burlington Magazine», CXXXIV, 1992, pp. 24-25; per un soggiorno napoletano di Lemaire vedi F. Solinas, *Percorsi puteani: note naturalistiche ed inediti appunti antiquari,* in «Cassiano dal Pozzo», Atti del Seminario Internazionale di Studi (Napoli 18.-19.12. 1987), a cura di F. Solinas, Roma 1989, pp. 95-129, vedi p. 122.

35. Per Mellin cfr. D. Wild, *Charles Mellin ou Nicolas Poussin,* in «Gazette des Beaux-Arts», 1966, pp. 177-214, 1967, pp. 3-44; C. Fiorillo, *Un inedito e qualche nota su Charles Mellin a Napoli,* in

Antologia di Belle Arti, 1979, 9-12, pp. 77-83; Wild 1980, cit. nota 34, II, pp. 199-236; J. Thuillier, *Charles Mellin «très excellent peintre»*, in «Les fondations nationales dans la Rome pontificale», Atti del Colloquio de l'École française de Rome e di Villa Medici (Roma 1978), Roma 1982, pp. 583-684, per il soggiorno napoletano degli anni 1641-1647 ca., pp. 617-619; cfr. anche i contributi di Erich Schleier e Philippe Malgouyres in questo volume. Per dipinti di Mellin nelle collezioni napoletane cfr. Ruotolo 1977, cit. nota 15, p. 81; Labrot 1992, cit. nota 16, ad indicem.

36. Per Dughet cfr. M.-N. Boisclair, *Gaspard Dughet. Sa vie et son œuvre (1615-1675)*, Parigi 1985, vedi p. 23, per il viaggio a Napoli a metà degli anni quaranta. Per dipinti di Dughet nelle collezioni napoletane cfr. Labrot 1992, cit. nota 16, ad indicem.

37. Per Castiglione cfr. *Il Genio di Giovanni Benedetto Castiglione II Grechetto*, catalogo della mostra, Genova 1990, vedi in particolare il saggio di T. Standring, *La vita e l'opera di Giovanni Benedetto Castiglione*, pp. 13-28, per il soggiorno napoletano del 1635-1636 ca., p. 16, e il regesto, p. 253; per l'importanza di Castiglione a Napoli cfr. M. Newcomb, *A Castiglione-Leone Problem*, in «Master Drawings», XVI. 1978, pp. 163-172; N. Spinosa, *La pittura del Seicento nell'Italia meridionale*, in: «La pittura in Italia. Il Seicento», 2 voll., Milano 1989, II, pp. 461-517, vedi, pp. 484-486. Per dipinti di Castiglione nelle collezioni napoletane cfr. Ruotolo 1982, cit. nota 26, pp. 33, 36, 37; Labrot 1992, cit. nota 16, ad indicem.

38. Cfr. ad esempio F. Bologna, Francesco Solimena, Napoli 1958, pp. 17-20; R. Causa, *La pittura del Seicento a Napoli dal naturalismo al barocco*, in: «Storia di Napoli», V, Napoli 1972, pp. 915-994; Spinosa 1989, cit nota 37; O. Ferrari, *La pittura e la scultura del Seicento: Classicismo, Barocco, Roccocò*, in «Storia e Civiltà della Campania», III, Il Rinascimento e l'Età Barocca, a cura di G. Pugliese Carratelli, Napoli 1993, pp. 263-325.

39. Per Stanzione si possono citare ad esempio il «Sacrificio di Mosè» a Capodimonte, cfr. Schütze e Willette 1992, cit. nota 9, pp. 26, 193, n° 13, e il «Baccanale» del Prado, cfr. Schütze e Willette, cit. nota 9, p. 199, n° 27.

40. Per Ribera cfr. N. Spinosa, *Ribera a Napoli*, in «Jusepe de Ribera 1591-1652», catalogo della mostra, a cura di N. Spinosa e A.E. Peréz Sànchez, Napoli 1992, pp. 31-55, vedi pp. 47-54; a titolo di esempio si possono citare due magnifici dipinti degli anni 1635-1636, la «Trinità» del Prado, vedi pp. 203-204, n° 1.55, e l' «Apollo e Marsia» a Capodimonte, vedi pp. 208-210, n° 1.58.

41. Per Guarino cfr. R. Lattuada, *Problemi di filologia e di committenza nelle opere di Francesco Guarino alla Collegiata di San Michele Arcangelo a Solofra*, in «Annali della Faccoltà di Lettere e Filosofia dell'Università di Napoli», XXIII, n.s. XI, 1980-1981, pp. 115-146, vedi pp. 120-122, 128-130; R. Lattuada, *Opere di Francesco Guarino a Campobasso*, in «Prospettiva», 1982, 31, pp. 50-69, vedi pp. 53-54, 57-59.

42. Per Cavallino cfr. N. Spinosa, *La pittura a Napoli al tempo di Bernardo Cavallino*, in «Bernardo Cavallino», catalogo della mostra, Napoli 1985, pp. 25-48, vedi pp. 40-42, 46; a titolo di esempio si possono citare due dipinti della metà degli anni quaranta, l'«Immacolata Concezione» della Brera di Milano, pp. 138-139, n° A.32, o la «Lapidazione di Santo Stefano» ora al Prado, pp. 218, n° C.28. Su Cavallino e Poussin cfr. N. Spinosa, *Altre aggiunte a Bernardo Cavallino e qualche precisazione sui rapporti con Nicolas Poussin*, in «Paragone», LXI, 1990, 485, pp. 43-61.

43. Per Preti cfr. *Civiltà del Seicento a Napoli*, cit. nota 25, I, pp. 167-169; J. T. Spike, *La carriera pittorica di Mattia Preti*, in «Mattia Preti», a cura di E. Corace, Roma 1989, pp. 15-50, vedi in particolare pp. 16, 21-22.

44. Per Giordano cfr. O. Ferrari e G. Scavizzi, *Luca Giordano. L'Opera Completa*, 2 voll., Napoli 1992, I, p. 39

45. Per questi dipinti vedi Blunt 1966, cit. nota 13, pp. 27-28, n° 34, pp. 107-108, n° 149; *Nicolas Poussin 1594-1665*, cit. nota 13, pp. 189-192, n° 36, 37.

46. Per lo spettacolare ritratto del Maestro dell'Annuncio ai pastori cfr. N. Spinosa, *Qualche aggiunta e alcune precisazioni per il Maestro dell'Annuncio ai pastori*, in: «Scritti di storia dell'arte in onore di Raffaello Causa», Napoli 1988, pp. 181-188, vedi pp. 184-188.

47. Per questo dipinto cfr. Blunt 1966, cit. nota 13, pp. 66-68, n° 97; *Nicolas Poussin 1594-1665*, cit. nota 13, pp. 172-177, n° 26-29.

48. Cfr. Thuillier 1982, cit. nota 35, pp. 599, 609-611, e i documenti pp. 674-676; *Claude Lorrain e i pittori lorenesi in Italia nel XVII secolo*, cit. nota 34, pp. 229-235, n° 72-74.

49. B. De Dominici, *Vite de' pittori, scultori ed architetti napoletani,* 3 voll., Napoli 1742-1745, III, p. 42.

50. Il dipinto di Copenhagen fù pubblicato da Nicola Spinosa, cfr. la sua analisi dettagliata in Spinosa 1990, cit. nota 42.

51. Per questi due dipinti cfr. *Bernardo Cavallino of Naples 1616-1656,* catalogo della mostra, Cleveland/Fort Worth 1984, pp. 218-219, n°. 83, pp. 226-227, n° 85; vedi anche l'edizione napoletana, cit. nota 42, p.223, n° C.38, C.39.

52. Per Falcone cfr. *Civiltà del Seicento a Napoli,* cit. nota 25, I, pp. 135, 260-266, II, pp. 84-88; A. Alabiso, *Sante immagini e battaglie in piccolo. Tre dipinti inediti di Aniello Falcone,* in «Scritti di storia dell'arte in onore di Raffaello Causa», cit. nota 46, pp. 189-194; A. Alabiso, *Aniello Falcone's frescoes in the villa of Gaspar Roomer at Barra,* in «The Burlington Magazine», CXXXI, 1989, pp. 31-36; R. Middione, *Restauri nella Cappella Firrao in San Paolo Maggiore,* in «Barocco Napoletano», Atti del Convegno «Centri e Periferie del Barocco» (Roma/Napoli/Siracusa 1987), II, a cura di G. Cantone, Roma 1992, pp. 611-626; P. Leone de Castris, *Un «San Giorgio» ed altre cose di Aniello Falcone,* in «Bollettino d'Arte», Ser. 6, LXXVIII, 1993, 80-81, pp. 55-68.

53. Alabiso 1989, cit. nota 52.

54. Per la collezione del Roomer cfr. Ruotolo 1982, cit. nota 26.

55. Alabiso 1989, cit. nota 52.

56. Per questi disegni cfr. *Cento Disegni Napoletani,* catalogo della mostra, a cura di W. Vitzthum, Firenze 1967, p. 42, n°. 59-61; *Civiltà del Seicento a Napoli,* cit. nota 25, II, pp. 85-86, n° 3.27-30; *Disegni Italiani dei secoli XVII e XVIII della Biblioteca Nacional di Madrid,* catalogo della mostra, a cura di M. Mena Marqués, Milano 1988 (esposto anche a Bologna e Roma), p. 35, n° 11, p. 37, n°. 13. Tutto un gruppo di paesaggi, provenienti dalla collezione del Marchese del Carpio, fu venduto da Christie's a Londra il 20 Marzo 1973, n° 28-34; un disegno è ora al Metropolitan Museum di New York (vedi J. Bean, *17th century Italian drawings in the Metropolitan Museum of Art,* New York 1979, p. 129, n°. 163), altri sono riapparsi anche più volte sul mercato d'antiquariato; vedi le vendite di Christie's a Londra: 7 luglio 1981, n° 70-74; 8 dicembre 1987, n° 115, 116; 20 aprile 1993, n° 98, 99.

57. Per l'identificazione del disegno della Biblioteca Nacional (*Disegni Italiani dei secoli XVII e XVIII della Bibliotheca Nazionale di Madrid,* cit. nota 56, p. 35, n° 11) vedi F. Goldkuhl, *Die Ruine des «Venustempels» von Baiae als Bildmotiv in der Kunst des 17. und 18. Jahrhunderts,* in «Bonner Jahrbücher», 1959, 159, pp. 272-280.

58. Per De Lione cfr. Newcomb, cit. nota 37; Civiltà del Seicento a Napoli, cit. nota 25, I, pp. 127, 240-243, II, 77-79; A. Brejon de Lavergnée, *Nouvelles toiles d'Andrea Di Lione. Essai de catalogue,* in «Scritti di Storia dell'Arte in onore di Federico Zeri», 2 voll., Milano 1984, II, pp. 656-680, per il rapporto con Poussin vedi pp. 667-675; M. Cóndor Orduna, *Algunas fuentes compositivas para las obras de Andrea de Lione en el Museo del Prado,* in «Boletín del Museo del Prado», VIII, 1987, 22, p. 19-31.

59. Cfr. Brejon de Lavergnée 1984, cit. nota 58, pp. 665-667, 670-671.

60. Per questo dipinto cfr. *Painting in Naples from Caravaggio to Giordano,* catalogo della mostra, Londra 1982, pp. 107-108, n° 2; Brejon de Lavergnée 1984, cit. nota 58, pp. 670-672, 680, n° 41.

61. Per questo dipinto cfr. *Important Italian Baroque Paintings 1600-1700,* catalogo della mostra, Londra 1981 (Matthiesen Fine Art Ltd.), pp. 36-37, n° 13; Brejon de Lavergnée 1984, cit. nota 58, pp. 670, 678, n° 15.

62. Brejon de Lavergnée 1984, cit. nota 58, pp. 670, 679-680, n° 38.

63. Per il dipinto cfr. Blunt 1966, cit. nota 13, p. 21, n° 25; P. Rosenberg e M.C. Stewart, *French Paintings 1500-1825. The Fine Arts Museum of San Francisco,* San Francisco 1987, pp. 90-93; H. Keazor, *Poussin, Titian and Mantegna: some observations on the "Adoration of the Golden Calf" at San Francisco,* in «The Burlington Magazine», CXXXVII, 1995, pp. 12-16 (con ulteriore bibliografia).

64. Per l'attribuzione del dipinto a De Lione vedi *La "Mort de Germanicus" de Poussin du musée de Minneapolis,* catalogo della mostra, a cura di P. Rosenberg, Parigi, 1973, p. 22. Brejon de Lavergnée 1984, cit. nota 58, p. 670; Rosenberg/Stewart 1987, cit. nota 63, p. 93.

65. In favore della copia fedele o di un originale in precario stato di conservazione cfr. ad esempio *Poussin. The early years in Rome,* cit. nota 4, p. 28; Keazor, cit. nota 63; anche H. Keazor, *Forschungsbericht. Nicolas Poussin,* in «Kunstchronik», XLVIII, 1995, 8, pp. 337-359, vedi p. 339.

In favore del pastiche cfr. ad esempio Brejon de Lavergnée 1984, cit. nota 58, p. 670; Rosenberg/Stewart, cit. nota 63; *Poussin. Works on paper*, cit. nota 4, p. 64.

66. Per De Simone cfr. *Civiltà del Seicento a Napoli*, cit. nota 25, I, pp. 131, 254-256, n° 2.67-69; I. Creazzo, *Alcuni inediti di Nicolò De Simone e altre precisazioni sul pittore*, in «Scritti di storia dell'arte in onore di Raffaello Causa», cit. nota 46, pp. 223-232. De Simone ha arricchito la composizione con putti e donne danzanti ed elaborato la forma dell'altare. La sua lettura poussiniana rimane piuttosto limitata e per lo più legata a scelte tematiche. Per il dipinto cfr. Rosenberg/Stewart 1987, cit. nota 63, p. 91, e J. Thuillier, *Nicolas Poussin,* Parigi 1994, p. 270, n° R19; e la vendita Sotheby's, New York, 12 Gennaio 1995, n° 78. Per l'attribuzione del dipinto a De Simone vedi ad esempio il «Baccanale» di coll. priv. a Genova (*Civiltà del Seicento a Napoli,* cit. nota 25, I, n° 2.68) o la «Strage degli Innocenti» a Capodimonte (Creazzo 1988, cit. nota 66, fig. 10). Sempre a De Simone appartiene un'altro dipinto poussiniano, il «Trionfo di Davide» della Galleria Nazionale d'Arte Antica di Palazzo Corsini a Roma (per il dipinto cfr. Thuillier 1994, *op. cit.,* p. 270, n° R20).

67. Per Gargiulo cfr. ora la monografia di G. Sestieri e B. Daprà, *Domenico Gargiulo detto Micco Spadaro. Paesaggista e «cronista» napoletano,* Roma 1994, per il dipinto di Nancy vedi pp. 155-156, n° 53.

68. Sestieri/Daprà 1994, cit. nota 67, pp. 262-263, n° 123.

69. *Ibidem*, pp. 255-257, n° 118, 119.

70. Per il Palacio del Buen Retiro vedi lo studio approfondito di J. Brown e J.H. Elliott, *A Palace for a King. The Buen Retiro and the Court of Philipp IV*, New Haven/Londra 1980.

71. Vedi Brown/Elliott 1980, cit. nota 70, pp. 105-140.

72. *Ibidem*, pp. 123-125.

73. B. von Barghahn, *Philipp IV and the «Golden House» of the Buen Retiro. In the Tradition of Caesar*, 2 voll., New York/London 1986.

74. Per l'inventario del 1701 vedi *Inventarios Reales, II, Testamentaria del Rey Carlos II 1701-1703*, a cura di G. Fernàndez Bayton, Madrid 1981, pp. 275-351; la von Barghahn 1986, cit. nota 73, pp. 151-616, si basa largamente su questo inventario, sia per l'identificazione dei singoli soggetti sia per l'interpretazione dei cicli. Sembra invece che i cambiamenti nel corso del Seicento furono sostanziali; vedi ad esempio per una serie di dipinti con le «Storie di San Giovanni Battista» lo studio di A. Vannugli, *Stanzione, Gentileschi, Finoglia: Le storie di San Giovanni Battista per il Buen Retiro*, in «Storia dell'Arte», 1994, 80, pp. 59-73.

75. Cfr. le prime indicazioni di R. Lattuada, *Andrea Falcone, scultore a Napoli tra classicismo e barocco*, in: «Storia dell'Arte», 1985, 54, pp. 157-181, vedi p.161 nota 22, che già ha individuato una delle fonti principali: O. Panvinio, *De Ludis Circensibus Libri II. De Triumphis Liber Unus*, Padova 1600; vedi anche *Roma 1630*, cit. nota 12, pp. 214-216. Questa chiave di lettura fu poi adattata largamente per i dipinti del Codazzi da D. Ryley Marshall, *Viviano and Nicolò Codazzi and the baroque architectural fantasy*, Roma 1993, pp. 68-82, n° VC 5-10. Sulle ricerche di Panvinio e degli altri antiquari vedi dettagliatamente S. Tomasi Velli, *Gli antiquari intorno al circo romano. Riscoperta di una tipologia monumentale antica*, in: «Annali della Scuola Normale Superiore di Pisa. Classe di Lettere e Filosofia», s. III, XX, 1990, 1, pp. 61-168, per Panvinio vedi pp. 126-168. I due cicli saranno oggetto di uno studio più approfondito, a cura di chi scrive, sulle fonti di erudizione antiquaria che permetterà una nuova lettura dell'intero complesso. In questa sede vorrei proporre solo qualche osservazione sui dipinti di De Lione e Falcone, relativa al loro rapporto con Poussin.

76. Per il dipinto cfr. *Civiltà del Seicento a Napoli,* cit. nota 25, I, p. 242, n° 2.55; Brejon de Lavergnée 1984, cit. nota 58, p. 679, n° 18; *Pintura Napolitana de Caravaggio a Giordano*, catalogo della mostra, Madrid 1985, pp. 216-217, n°. 83; Cóndor Orduna 1987, cit. nota 58, pp. 28-30; *Roma 1630,* cit. nota 12, p. 216. Il soggetto del dipinto non è stato ancora identificato precisamente. Elefanti parteciparono sia alla *pompa circensis* sia alla *venatio*; vedi Panvinio 1600, cit. nota 75, pp. 92-95, e le tavole tra pp. 86-87, 88-89, 104-105.

77. Per il dipinto di Poussin cfr. Blunt 1966, cit. nota 13, p. 115, n° 157; *Poussin. The early years in Rome*, cit. nota 4, pp. 128, 264, n°. 22. Il dipinto di collezione privata, per molti anni in deposito al Fogg Art Museum di Cambridge, è recentemente tornato sul mercato antiquario ed è stato esposto dal 17 Gennaio al 17 Febbraio 1995 da Agnew's a Londra. Per la rappresentazione di elefanti nel '500 e '600 vedi M. Winner, *Raffael malt einen Elefanten,* in «Mitteilungen des Kunsthistorischen Institutes in Florenz», XI, 1963-1965, pp. 71-109.

78. Per il dipinto cfr. *Civiltà del Seicento a Napoli*, cit. nota 25, I, p. 263, n° 2.76; *Pintura Napolitana de Caravaggio a Giordano*, cit. nota 76, pp. 124-125, n° 35.

79. Panvinio 1600, cit. nota 75, nomina sei tipi di *ludi circenses*: pp. 15-31, *cursus*, pp. 61-78, *athletica*, pp. 82-92, *pompa circensis*, pp. 92-106, *venatio*, pp. 106-108, *ludus troiae*, pp. 108-109, *pugna equestris et pedestris*, vedi anche le tavole tra pp. 62-63 (le tavole riprodotte nel nostro saggio sono prese dall'edizione di Leiden 1676).

80. Per il *ludus troiae* vedi Panvinio 1600, cit. nota 75, pp. 106-108, e le tavole tra p. 62-63; K. Schneider, «Lusus Troiae», in: *Paulys Realencyclopedie der Classischen Altertumswissenschaften*, XIII.2, Stuttgart 1927, col. 2059-2067; G. Pfister, *Lusus Troiae*, in «Klassisches Altertum, Spätantike und frühes Christentum. Adolf Lippold zum 65. Geburtstag gewidmet», Würzburg 1993, pp. 177-189 (con bibliografia ulteriore). Originariamente il *ludus troiae* era una esercitazione militare per *pueri* tra i 6 e i 17 anni circa. Solo più tardi quando entrava a far parte dei *ludi circenses* esso veniva eseguito da uomini maturi (così nel dipinto di Falcone ed anche nell'incisione di Dupérac).

81. Per il dipinto di Poussin cfr. Blunt 1966, cit. nota 13, p. 118, n° 163.

82. Per il dipinto cfr. *Civiltà del Seicento a Napoli*, cit. nota 25, I, p. 262, n° 2.75; *Pintura Napolitana de Caravaggio a Giordano*, cit. nota 76, pp. 122-123, n° 34.

83. Panvinio 1600, cit. nota 75, p. 49, e la tavola rispettiva; cfr. Marshall 1993, cit. nota 75, pp. 75-76.

84. Per l'identificazione della statua vedi l'incisione di Dupérac; Lattuada 1985, cit. nota 75, p. 161, l'aveva identificata erroneamente come «Fortuna». Secondo Panvinio gli uomini combattevano a corpo nudo; vedi Panvinio 1600, cit. nota 75, p. 83, e le tavole tra pp. 62-63.

85. La rappresentazione del nudo come metafora della violenza fisica ricorda l'«Acchile che trascina il corpo di Ettore intorno alle mura di Troia» di Pietro Testa; per l'incisione e il disegno preparatorio cfr. *Pietro Testa 1612-1650. Prints and Drawings*, catalogo della mostra, a cura di E. Cropper, Philadelphia 1988, pp. 262-264, n° 121, 122.

86. Per il dipinto di Poussin cfr. Blunt 1966, cit. nota 13, pp. 113-114, n° 156; *Nicolas Poussin 1594-1665*, cit. nota 13, p. 156-159, n° 18; per un'analisi approfondita del suo significato vedi S. Schütze, *Poussin interpretiert Tacitus "le plus grand peintre de l'Antiquité". Der "Tod des Germanicus" und sein historischer Kontext*, in «Ars naturam adiuvans. Festschrift für Matthias Winner zum 11. März 1996», a cura di V. von Flemming e S. Schütze, Magonza 1996, pp. 485-504.

87. L'importanza del modello di Duquesnoy venne indicato già da Lattuada 1985, cit. nota 75, pp. 160-161; per la «S. Susanna» cfr. N. Huse, *Zur "S. Susanna" des Duquesnoy*, in «Argo. Festschrift für Kurt Badt zu seinem 80. Geburtstag am 3. März 1970», hrsg. von M. Gosebruch e L. Dittmann, Colonia 1970, p.324-335; C. Dempsey, *The Greek Style and the Prehistory of Neoclassicism*, in «Pietro Testa 1612-1650», cit. nota 85, p. XXXVII-LXV.

José Luis COLOMER

Peinture, histoire antique et *scienza nuova* entre Rome et Bologne : Virgilio Malvezzi et Guido Reni

L'enthousiasme collectif suscité par l'*Enlèvement d'Hélène* de Guido Reni lors de son exposition publique à Bologne en 1629, chez le cardinal légat Bernardino Spada, est à l'origine d'un hommage de la haute société lettrée à Reni, publié en 1633 sous forme d'un recueil d'éloges ayant pour titre *Il Trionfo del pennello*. Dans cet opuscule, des compositions en prose et en vers décrivent et interprètent l'œuvre, célébrant la gloire du grand peintre local, considéré comme un nouvel Apelle. Ces exercices rhétoriques fondés sur le lieu commun de l'*Ut pictura poesis* témoignent de la réception littéraire d'une des œuvres les plus admirées du peintre[1]. Ils sont aussi une preuve significative de la faveur dont Reni a joui auprès d'un homme de lettres, le marquis Virgilio Malvezzi[2], auquel il semble lié d'une amitié durable.

Ezio Raimondi et Andrea Emiliani[3] ont déjà souligné les profondes affinités intellectuelles entre le peintre et cet écrivain politique et moraliste, célèbre en Italie entre 1630 et 1650, grâce à la profondeur de ses écrits et à la brièveté de son style sénéquien. Or, le degré d'influence que Malvezzi a exercé sur l'art du Guide reste encore à mesurer. Quelle est l'évidence de ce rapport et qu'en savons nous ? La *Felsina Pittrice* (1678) du chanoine Carlo Cesare Malvasia est la source principale pour les épisodes qui marquent l'histoire de cette amitié. Si dans le *Trionfo del pennello* la voix de Malvezzi n'est qu'une parmi d'autres, elle se distingue, en revanche, du chœur de ses contemporains bolonais lorsque le marquis fait preuve de son influence auprès de Reni, en jouant le rôle d'intermédiaire lors d'importantes commandes en Espagne et en Italie. En effet, Malvezzi est associé à l'histoire d'une commande singulière à Reni dans la Rome des années 1630 : celle des illustrations des œuvres de Giovan Battista Ferrari. Ce père jésuite siennois (1584-1655),

Fig. 1. Johann Friedrich Greuter d'après Guido Reni, *L'Inde offrant ses graines à Neptune pour le jardin Barberini*, dans Giovanni Battista Ferrari, *De Florum cultura*, Rome, 1633.

201

Fig. 2. Johan Friedrich Greuter d'après Guido Reni,
Le Jardin des Hespérides, dans Giovanni Battista Ferrari,
Hesperides, Rome, 1646.

Fig. 3. Guido Reni, *Le Jardin des Hespérides*,
Oxford, Ashmolean Museum.

professeur d'hébreu au Collegio Romano et féru de botanique, voulait réunir les plus grands artistes du moment pour la décoration de son traité *De Florum cultura*, publié à Rome en 1633. Il répondait ainsi, si l'on croit Malvasia, au défi du pape Urbain VIII, fort fier d'avoir pu convoquer à son tour les plus grands seigneurs de Rome pour illustrer les *Documenti d'amore* de Francesco da Barberino, le poète du XIVe siècle homonyme de son neveu, le *cardinal padrone* Francesco Barberini. Grâce à Malvezzi, Ferrari obtient de Reni de très beaux dessins pour les planches de ses ouvrages[4] : *L'Inde offrant ses graines à Neptune pour le jardin Barberini*, que nous connaissons seulement par la gravure de Greuter dans *De Florum cultura* (fig. 1), ainsi que *Le Jardin des Hespérides*, une illustration destinée aux *Hesperides* (Rome, 1646) et gravée par le même Greuter (fig. 2) d'après l'original de Reni, aujourd'hui conservé à l'Ashmolean Museum d'Oxford (fig. 3).

En dehors de la biographie « officielle » de Reni dans la *Felsina Pittrice*, d'autres indices confirment les liens entre le peintre et son noble mentor et prouvent que Malvezzi est aussi intimement lié à la fortune du Guide en Espagne au XVIIe siècle. Appelé depuis sa Bologne natale à Madrid, Malvezzi deviendra l'historien officiel de Philippe IV en 1638, conseiller du Premier ministre Olivares et chargé de missions de haute diplomatie à Londres et à Bruxelles. Mais déjà, avant son départ pour Madrid en 1636, il a entretenu des rapports privilégiés avec l'Espagne et a été l'interlocuteur naturel des grands collectionneurs espagnols désireux d'obtenir les toiles du célèbre Guide. Dans la correspondance adressée à Malvezzi on remarque, par exemple, une lettre du marquis de Leganés datée du 15 mai 1636, où ce grand amateur d'art, gouverneur de Milan et beau-frère du comte-duc d'Olivares remercie Malvezzi pour « el retrato de Nuestra Señora hecha de mano del Señor Guido » – un tableau de la Vierge qu'il avait demandé avec insistance dans une lettre précédente[5]. Même le roi Philippe IV passe par Malvezzi pour commander au Guide un tableau, dont le sujet semble avoir été laissé au choix du marquis[6].

Par ailleurs, la Biblioteca Corsini dell'Accademia dei Lincei à Rome conserve plusieurs lettres de Virgilio Malvezzi dans la correspondance de Cassiano Dal Pozzo, l'antiquaire et érudit du cercle romain des Barberini. Celle datée de Bologne du 6 juillet 1634 commence ainsi :

« *V.S.Ill.ma mostra gusto di vedere la mia effigie, io ho ambitione di mandargliela : il mio Sig.r Guido l'ha delineata, et in modo che per esser viva, non le mancano se non le parole*[7]... »

La mention d'un portrait de Malvezzi que le Guide aurait dessiné à sa demande, et qui malheureusement ne nous est pas parvenu, fait preuve, encore une fois, du rapport privilégié unissant l'écrivain et le peintre pendant la période bolonaise qui précède le départ de Malvezzi en Espagne en 1636. Mais il y a plus : lorsque, à la mort de Guido Reni, l'inventaire de l'atelier du peintre est dressé le 11 octobre 1642[8], on constate parmi les tableaux restés en sa possession l'existence de « una copia d'un Putino che dorme qual fu detto esssere del sig. marchese Malvezzi ». Enfin, on a supposé que son protecteur Virgilio Malvezzi a hérité à ce moment-là du fameux portrait de veuve, dit *Portrait de la mère du Guide*. Il est certain, en tout cas, que le tableau a appartenu à la famille Malvezzi pendant plusieurs générations ; il était encore en 1893 dans le palais Malvezzi-Campeggi, avant de passer à la Pinacothèque de Bologne, où il est exposé aujourd'hui[9].

Dans une lettre du cardinal Sforza Pallavicino, le nom de Malvezzi est évoqué encore une fois avec celui de Reni. L'anecdote veut que, après avoir été sollicité par le peintre pour contempler longuement un de ses tableaux et se prononcer sans ambages, le marquis se soit exclamé : « Insomma, non mi piace la cornice. » Ce nondit de la part du maître du laconisme italien exprime probablement mieux que nul autre témoignage l'extrême plaisir que l'artiste donnait à un de ses spectateurs les plus dévoués[10]. L'estime dont Malvezzi fait preuve pour Guido Reni ne relève pas de la simple admiration d'un noble seigneur vis-à-vis d'un artiste brillant, avec lequel il entretient des rapports de mécénat. Il s'agit d'une entente beaucoup plus profonde entre deux connaisseurs de peinture. Car le moraliste, l'historien, le diplomate Virgilio Malvezzi était non seulement un *intenditore*, qui a échangé avec Velázquez des avis esthétiques et qui a laissé dans ses écrits de pénétrantes observations critiques sur l'art de son temps, mais aussi un *pittore dilettante*, dont le talent a été loué par les lettrés bolonais contemporains de Malvasia. Ainsi Gaspare Bombaci, s'adressant à l'auteur de la *Felsina pittrice*, affirme :

« *Credo che ella sia informata, che il Sig. Marchese Virgilio Senatore Malvezzi intendeva benissimo la Pittura, e sapeva dipingere, e se non la praticava, procedeva dalla qualità de suoi impieghi, e habilità degna del servitio delli Stati, e delle Monarchie. Mi pare di avere udito ancora che fece il Ritratto di una sua Amica. Il Sig. Marchese Manzini di questo particolare del dipingere potrà forse esserne a V.S. Illustrissima testimonio oculato*[11]. »

Au sujet des idées artistiques de Malvezzi, il suffit d'évoquer la préface d'un de ses ouvrages, les *Principali successi della Monarchia di Spagna nell' anno 1639*, pour constater que la réflexion sur le style de l'histoire qui est permanente chez lui s'accompagne souvent de parallèles entre les lettres et la peinture :

« *Non t'apporti maraviglia, ò lettore, nella lettione di questa Historia il modo, e stile nuovo. Leggila, perch'è d'una Monarchia, che ha trovato nuovi Mondi; ed è scritta in tempi, ne' quali si sono vedute nuove stelle. S'obblighi l'Historico alla verità, il Pittore al naturale, e benche quella, e questa siano una cosa sola, non è una sola la maniera di scriverla, o di dipingerla. Grande storico fu Salustio, Tito Livio, e Tacito; gran pittore Raffaele, Titiano, e'l Correggio, degni di maraviglia, nondimeno scrissero, e dipinsero con differenti modi, e linee. Ne meno s'ha da credere, ch'il campo che prima si riconobbe libero, si deva hora limitare alle precise regole di que' segnalati valent'huomini. Guido da Bologna, e Michele Angelo Caravaggio, quando la nostra ignoranza publicava già stracca la natura, riuscirono alla luce del mondo con un modo nell'eseguire nuovo avantaggiandosi à gl'Antichi, l'uno con la forza del dipingere, l'altro con la nobiltà dell'aria; perche non può ancora manifestarsi un Historico, che superi gl'altri ? Chi voluntariamente si soggetta all'imitazione è nimico del suo secolo, l'avvilisce, l'abbate, rendendolo inferiore a' passati, quanto è differente la copia dall' originale[12]. »*

Opposant sur le fond de la querelle des Anciens et des Modernes, la *forza* de Caravage à la *nobiltà dell'aria* du Guide, Malvezzi désignait un pendant pictural de l'opposition rhétorique entre le *stile laconico* et le *stile asiatico*. Il faisait preuve, ainsi, d'un sens critique, percevant d'un œil sûr deux tendances esthétiques divergentes au sein de l'art contemporain. Mais nous n'allons pas aborder l'analyse détaillée de ce passage, sur lequel a déjà attiré l'attention, à juste titre, Ezio Raimondi[13], et plus récemment aussi Philip Sohm[14], qui ajoute d'autres « *scritti d'arte* » du moraliste bolonais, jusque-là peu connu des historiens de l'art. Notre propos ici concerne plutôt les frontispices que Guido Reni a dessinés pour les ouvrages de son ami lettré.

Or ces frontispices gravés ne portent pas le nom du Guide, mais seulement celui de son graveur : Bartolomeo Coriolano, actif à Bologne de 1630 à 1647[15]. C'est encore le chanoine Carlo Cesare Malvasia la source de cette précieuse attribution dans sa grande encyclopédie de l'art bolonais du XVIIe siècle, la *Felsina Pittrice* : « *senza alcun interesse* [affirme-t-il en parlant de Reni] *avea disegnato i frontispicii tutti dell'opre sue* [c'est-à-dire, de Malvezzi] *famose, come il Romolo, il Davide perseguitato e simili* » ; une deuxième fois « *al Marchese Virgilio Malvezzi tutti li frontespicii per le opre sue famose, intagliati similmente da uno de' suddetti Coriolani* ». Malvasia mentionne aussi une lettre « *del gran Marchese Virgilio Malvezzi, in ringraziamento, relazione e lode de' frontispici per l'opre sue, da sì grand'uomo disegnatigli[16]* ».

Mis à part les passages de Malvasia dans sa vie de Guido Reni, nous n'avons pas de preuve documentaire que celui-ci soit l'auteur du frontispice (fig. 4) du *Tarquinio superbo* (Bologne, Ferroni, 1632), ni du frontispice (fig. 5) du *Davide perseguitato* (Bologne, Ferroni, 1634) dont nous publions ici ce qui semble une copie du dessin préparatoire (fig. 6).

Dans le premier cas, la source de l'image est le commencement du livre : « *Eccovi un serpente; Tarquinio superbo, non è vivo, che ammazzarebbe, egli è morto, e però risana, non è dipinto solamente per dilettare, egli è anche descritto, per erudire[17].* » Malvezzi semble être parti d'une image pour développer son *exemplum* moral : Tarquinio, le tyran par excellence, est identifié au serpent, emblème des forces du mal qui peuvent devenir bienfaisantes si, comme le médecin, on sait utiliser le poison à des fins curatives.

Quant au *Davide perseguitato*, l'image est justifiée par la dédicace de l'œuvre « *alla Cattolica Maestà di Filippo IV il Grande* ». L'auteur nous en donne la description dans une lettre à Fabio Chigi, datée probablement de novembre 1633 : « *La Religione con uno scudo in mano, nel quale fosse l'arma del Re di Spagna, che è composta di tutti i suoi Regni, e con una freccia che avesse percosso in quello d'Olanda, per mostrare che Sua Maestà ha sempre fatto scudo de' suoi stati alla Religione, e che per cagion di quella ha perduto l'Olanda e gran parte degli altri paesi bassi*[18]... »

Dans l'œuvre finale, il n'y aura pas de flèche, mais la Religion sera illuminée par le haut de la lumière de l'Esprit-Saint. On notera la ressemblance de cette iconographie avec le modèle décrit par Ripa : « *Religione. Donna di maestà, e di gravità, vestita con manto ricco fatto a uso di Piviale; haverà velata la testa, sopra la quale lo Spirito Santo risplenda con la luce de suoi raggi in forma di Colomba. Starà detta figura sopra una pietra riquadrata, che dinota Christo Signor Nostro, il quale è la vera pietra angolare*[19]... »

Fig. 4. Bartolomeo Coriolano d'après Guido Reni (?), frontispice pour *Il Tarquinio Superbo* de Virgilio Malvezzi, Bologne, Ferroni, 1632.

Fig. 5. Bartolomeo Coriolano d'après Guido Reni (?), frontispice pour *Davide Perseguito* de Virgilio Malvezzi, Bologne, Monti, 1634.

Fig. 6. Copie anonyme d'après Guido Reni (?), *Allégorie de la Religion*, Lyon, musée des Beaux-Arts.

Fig. 7. Bartolomeo Coriolano d'après Guido Reni, frontispice pour *Ritratto del Privao Politico Christiano* de Virgilio Malvezzi, Bologne, Monti, 1635.

Depuis le règne de Charles V, la monarchie espagnole était traditionnellement associée à la défense de la foi catholique. Sans doute le Guide était-il familier avec cette iconographie, qui compte parmi ses chefs-d'œuvre un grand tableau du Titien pour Philippe II : *L'Allégorie de la Religion sauvée par l'Espagne* (1575), aujourd'hui au musée du Prado[20].

Le frontispice (fig. 7) du *Ritratto del privato politico christiano* (Bologne, Ferroni, 1635), une biographie politique du comte-duc d'Olivares, est le seul dont nous avons pu trouver le dessin préparatoire, appartenant à la collection Ferretti di Castelferretto à Londres[21] (fig. 8). Il porte en bas le nom de *Guido*, ajouté peut-être par une main différente. Un autre dessin très proche de celui-ci, provenant du fonds des anonymes italiens du musée du Louvre, présente une variante de la même scène, avec une note manuscrite en bas : « *Terza. Tarda in terra quando Noè manda il Corbo*[22] » (fig. 9). Il s'agit probablement d'un point de départ ou d'une première idée de l'artiste pour son frontispice, dont la source n'est autre que les illustrations de l'Ancien Testament par le graveur lyonnais Bernard Salomon (fig. 10). Dans les deux cas, on peut rapprocher le paysage de désolation après le Déluge de celui que Reni avait représenté auparavant en deuxième plan, dans son *Samson victorieux* (1618-1619) de la Pinacothèque de Bologne, dont on voit ici le détail (fig. 11).

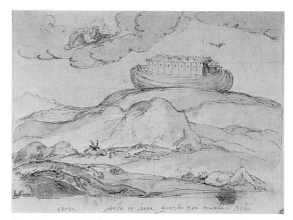

Fig. 9. Anonyme, *Tarda in terra quando Noè manda il Corbo*, Paris, musée du Louvre, département des Arts graphiques.

Fig. 8. Guido Reni (?), dessin préparatoire pour le frontispice du *Ritratto del Privao Politico Christiano* de Virgilio Malvezzi, Londres, collection Ferretti di Castelfettro.

Fig. 10. Bernard Salomon, *Après le Déluge*,
Paris, BNF, cabinet des Estampes.

Fig. 11. Guido Reni, *Samson victorieux*, Bologne,
Pinacothèque.

Mais pourquoi le Déluge, le corbeau, la colombe ? Dans les deux dessins l'artiste est parti d'un passage de Malvezzi, où la sagesse politique d'Olivares est comparée à la colombe qui « *porta il ramo dell'olivo, non procura la guerra* », *et opposée aux corbeaux,* « *che stanno sempre tra cadaveri*[23] ». Le récit biblique du Déluge, qui était seulement implicite dans le texte, est rendu visible ici par l'illustrateur. Reni (si c'est bien lui l'inventeur de ces images) développe ce qui n'était qu'une allusion chez Malvezzi, choisissant dans le livre le motif qui se prête le plus à une allégorie plastique et morale : « il ramo dell'olivo » établit un jeu de mots sous-entendu avec le nom d'Olivares et donc un heureux *concetto* visuel de la prudence du *Privato politico christiano*, le seul capable de sauver l'arche espagnole du déluge protestant qui sévit en Europe.

Venons enfin au frontispice du *Romulo* (fig. 12), une vie du premier roi de Rome, publiée à Bologne, toujours chez Ferroni, en 1629. On ne trouve pas ici, comme on pouvait s'y attendre, la représentation du roi fratricide, ni la violence de la lutte pour le pouvoir dont Romulus est l'exemple. La source de cette belle image énigmatique est plutôt un passage du début de l'ouvrage, où Malvezzi discute de la possibilité d'écrire une histoire pour les temps modernes à partir de l'histoire antique : « *Scriverò di secolo passato al secolo presente. I difetti del Sole, che si additano con sicurezza riflessati nell'acque, non si mostrano a diritto nel Cielo senza pregiuditio de gl'occhi*[24]. »

Depuis Machiavel, la pratique de l'histoire en Europe reposait sur l'acceptation générale de la *similitudo temporum*, c'est-à-dire du principe qui autorise à établir des correspondances ou des parallélismes entre le passé antique et le présent moderne. Le conseiller florentin avait formulé cette notion d'exemplarité du passé dans la maxime *Historia magistra uitae*, devenue par la suite une partie fondamentale du credo de l'historiographie à la Renaissance. Forts de cette conviction, les successeurs de Machiavel ont commenté les œuvres de César et de Tite-Live, de Salluste et de Tacite pour y puiser les secrets de la prudence politique. Lorsque Malvezzi affirme « *Scriverò di secolo passato a secolo presente* », il fait preuve, plus d'un siècle après la

Fig. 12. Bartolomeo Coriolano d'après Guido Reni,
frontispice pour *Il Romulo* de Virgilio Malvezzi,
Bologne, Ferroni, 1632.

publication de *Il principe* et des *Discorsi sopra la prima Deca di Tito Livio*, de la même approche humaniste du passé, qui proclame le magistère des classiques de l'Antiquité en vertu de l'identité des conjonctures historiques et, bien sûr, du caractère permanent et intemporel des passions humaines.

Par ailleurs, l'utilisation de l'histoire ancienne permet de prendre une distance qui apparaît très confortable pour celui qui doit se prononcer sur les événements en cours, voire censurer ses contemporains. La commodité de cette démarche indirecte, illustrée dans le frontispice par le regard du reflet du soleil dans l'eau, est exprimée aussi par Malvezzi dans un passage qui suit celui cité auparavant : « *Scriverò più dell'huomo, che di cotest' huomo, perche cotesto muore, e quello vive, ed isfogando il prurito del Genio ne gl' avvenimenti de' passati, se non mi produrranno palme di gloria, serviranno per iscudo contro l'invidia*[25]. »

Or il est évident que le frontispice du *Romulo* ne se borne pas à illustrer une allégorie du parallèle entre les Anciens et les Modernes. Les « difetti del Sole » auxquels Malvezzi fait allusion dans le texte sont l'écho, à peine déformé, des découvertes de Galilée sur les « macchie solari », et donc la preuve en images de la curiosité de l'auteur pour les progrès de la « nuova scienza » dans l'Italie du premier tiers du XVIIᵉ siècle. Nombreux sont, en effet, les passages relatifs à l'astronomie dans les écrits du moraliste bolonais[26]. Comme tous les grands esprits de son siècle, Malvezzi ne manque pas d'avertir que le nouvel ordre cosmique entraîne aussi le commencement d'une nouvelle ère dans l'histoire. Ainsi, lorsqu'une dizaine d'années plus tard il écrit l'histoire officielle du règne de Philippe IV (les *Principali successi della Monarchia di Spagna nell'anno di 1639*, auxquels on a déjà fait allusion), il justifie dans la préface la nouveauté de son style (« il modo, e stile nuovo »), inhabituel pour le genre historique, par la conscience de vivre à une époque qui a élargi ses horizons avec des nouveaux espaces géographiques et célestes (« *perch'è d'una Monarchia, che hà trovato nuovi Mondi; ed è scritta in tempi, ne' quali si sono vedute nuove stelle*[27] »).

L'imagination littéraire de Malvezzi, comme celle des philosophes et des artistes contemporains, semble bien avoir été influencée par l'expérimentation scientifique en cours (fig. 13). Il faut rappeler que Galilée avait mis à l'essai son télescope à Bologne, lors de séances publiques en 1610, et que la ville pontificale, pourtant si réticente vis-à-vis du bouleversement cosmologique, n'en fut pas moins un foyer des sciences[28]. Sensible à toutes ces nouveautés dans les milieux académiques de Bologne, Malvezzi a eu en plus l'occasion de côtoyer l'inventeur du télescope à Rome, lorsqu'il a assisté en 1626 à la lecture du *Saggiatore* par Galilée lui-même, dans le cadre des séances de l'Accademia dei Desiosi, le cénacle du prince cardinal

Maurice de Savoie, en présence de grands personnages de la cour romaine[29]. Même si les témoignages d'un rapport plus étroit entre Galilée et Malvezzi nous manquent, il existe au moins un autre indice de leur contact : en effet, Malvezzi est mentionné dans la correspondance de Galilée avec un de ses disciples, Mario Guiducci, l'auteur du *Discorso delle comete* de 1618. La lettre en question (datée du 21 juin 1624) montre que Malvezzi était tout à fait au courant des difficultés de Galilée, à un moment où le cercle de ses adversaires commence à le serrer de près[30].

Fig. 13. Frontispice du *Cannochiale aristotelico* de Emmanuele Tesauro, Venise, Baglioni, 1655.

Pourtant lors de la publication du *Romulo*, la conjoncture n'est pas encore totalement défavorable à Galilée. La sympathie et le soutien que lui témoignent les milieux académiques romains (les Lincei, mais aussi les Umoristi et les Desiosi) n'ont pas été compromis par la prohibition, pourtant proche (août 1632), du *Dialogo sopra i due massimi sistemi*. La bienveillance d'un pape qui, jeune cardinal, avait salué les découvertes célestes de Galilée dans une ode qu'il lui avait dédiée, n'a pas encore été contredite par le procès et la condamnation par le Saint-Office en 1633. Malvezzi peut donc, sans trop risquer, afficher sa curiosité scientifique et faire allusion aux « difetti del sole », avec une expression que l'on retrouve chez son contemporain Agostino Mascardi, l'auteur des *Trattati dell'arte historica*, mais aussi de *La tavola di Cebete Tebano* (Venise, 1627), recueil de discours « moraux » où il est question aussi d'astrologie : « *Il Sole non hà chi lo riguardi, se per l'eclisse non perde il lume* [...]. *Tanto siamo di propria conditione avvezzi al difetto, che ne anche il Cielo riguardiamo, se non all'hora ch'è difettoso* [...] : *ben sapete che il nostro secolo più degli altri in questa parte ingegnoso hà ritrovate alcune macchie, o impresse, o almeno opposte alla faccia del Sole*[31]. »

Protégé du pape Urbain VIII, qui créa pour lui une chaire d'éloquence à l'Université de Rome, Agostino Mascardi était l'âme de l'Accademia dei Desiosi[32], l'éditeur des discours de ses illustres membres, parmi lesquels on compte Sforza Pallavicino et Girolamo Aleandri, le cardinal Rospigliosi et Fabio Chigi, futur pape Alexandre VII. À la tête de cette noble compagnie, Mascardi a donc assisté, comme Malvezzi, alors séjournant à Rome, à la lecture que Galilée a fait d'extraits de son dernier ouvrage en 1626. Et, à en juger par leurs propres écrits, et Mascardi et Malvezzi ont été vivement impressionnés.

Le frontispice du *Romulo* traduirait donc cet enthousiasme des hommes de lettres les plus en vue à la cour de Rome vers la fin des années 1630 pour les grandes découvertes scientifiques. Si dans les autres frontispices que nous avons vus l'artiste a traduit une idée ou un passage de Malvezzi en images, dont la signification morale est évidente pour le lecteur, ici le jeu allégorique semble beaucoup plus riche, et ne nous l'avons pas entièrement dévoilé en essayant de mettre cette planche en rapport avec la vogue scientifique du moment. On peut certes rapprocher la scène d'un passage du *Saggiatore*, où Galilée décrit une expérience sur les phénomènes de réflexion dans des termes qui correspondent à notre image : « *lungo la marina in tempo ch'ella sia tranquillissima* » ; «*se* [...] *l'acqua sarà quietissima* », on verra la « *pura immagine del disco solare, terminata come in uno specchio* », reflétée sur la surface de la mer[33]. Mais il est évident que l'invention de l'artiste prend quelque liberté par rapport à ses sources : il n'est pas question chez Malvezzi d'une éclipse ; non plus dans le texte cité de Galilée, quoiqu'il s'agisse d'un sujet cher aux expériences optiques de l'inventeur du télescope. Faut-il voir alors dans l'éclipse une concession de l'artiste à la passion contemporaine pour les astres, ou plutôt une preuve d'intérêt personnel pour les sciences de la nature ? L'existence – jusqu'ici inapperçue – d'un ouvrage contemporain d'astrologie, dédié au peintre bolonais irait en ce sens : en 1631, Giovanni Antonio Vignati publie chez Ferroni (l'éditeur de Malvezzi à Bologne) les *Attinenze astronomiche all'anno 1631*, « al molto Illustre Sig. Guido Reni[34] » (fig. 14). À l'intérieur de cet opuscule d'une vingtaine de pages, on trouve la description d'une éclipse. C'est une curieuse coïncidence, qui met en lumière un Guido Reni inédit, intéressé lui aussi par l'optique et l'observation des phénomènes du ciel, contrairement à l'image que nous a fait parvenir la tradition critique d'un Reni presque analphabète : « di poca lettura e di minor sapere », dit de lui son biographe Malvasia, responsable du cliché du peintre dévot et ignorant qui s'est imposé trop souvent par la suite chez les historiens de l'art[35]. Or nous avons du mal à concilier le portrait du solitaire, qui (toujours selon Malvasia) fuyait la compagnie des hommes, avec d'autres témoignages contemporains (et de Malvasia lui-même) qui font du Guide une véritable *vedette* locale, attirant la faveur unanime des lettrés et l'admiration des plus grands connaisseurs de son temps. L'excellence de son art peut sans doute expliquer cette contradiction apparente. Mais encore faut-il supposer des rapports plus étroits que Malvasia ne dit entre la communauté savante et le peintre, qu'elle comble d'éloges (dans *Il Trionfo del pennello*, mais aussi dans beaucoup d'autres écrits contemporains) pour éclairer cette idylle de Reni avec l'opinion publique la plus autorisée de Bologne.

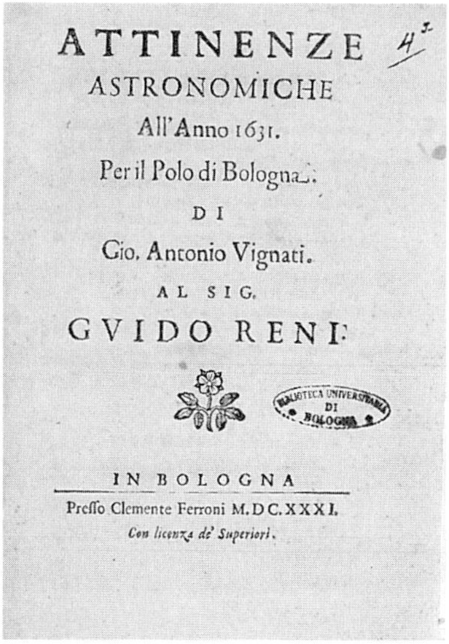
ATTINENZE
ASTRONOMICHE
All'Anno 1631.
Per il Polo di Bologna.
DI
Gio. Antonio Vignati.
AL SIG.
GVIDO RENI.

IN BOLOGNA
Presso Clemente Ferroni M.DC.XXXI.
Con licenza de' Superiori.

Le frontispice du *Romulo* montre bien, en tout cas, l'entente parfaite de l'artiste avec Malvezzi : l'image empruntée à la recherche scientifique devient à la fois l'illustration d'un discours sur le rapport entre l'histoire ancienne et l'actualité (« *Scriverò di secolo passato a secolo presente* »), mais aussi une métaphore de la connaissance, de l'ascension vers les vérités suprêmes à partir des choses terrestres. Le Guide n'avait pas besoin de quitter le texte du *Romulo* pour trouver l'idée de l'introspection et du reflet : « *Le cose, che sono in noi, non le vediamo a diritto in noi, ma di riflesso in altrui. La bellezza propria non si conosce senza specchio, ed è specchio della propria grandezza colui, che habbiamo ingrandito* » (p. 81).

Fig. 14. Frontispice des *Attinenze astronomiche* de Giovanni Antonio Vignati, Bologne, Ferroni, 1631.

Mais derrière ce texte, il y en a d'autres, qui se font écho les uns aux autres : peut-être la phrase de Marsile Ficin, pour qui on cherche à connaître *per speculum verita-tem ;* plus probablement, le saint Paul de la lettre aux Corinthiens (I, 13, 12), qui affirme : « Nous voyons maintenant dans un miroir, d'une manière obscure, mais alors ce sera face à face. » Enfin, tous les deux renvoient à Platon et au célèbre mythe de la caverne (*La République*, livre VII) où l'homme, dans sa montée progressive du souterrain vers le soleil, contemple d'abord dans les eaux les images divines et les ombres des êtres réels[36].

La référence platonicienne convenait parfaitement au moraliste chrétien qu'était Malvezzi, mais aussi à l'idéal classique de la beauté d'un héritier de Raphaël, tel que Guido Reni. L'harmonie profonde entre le noble lettré et son peintre d'élection s'exprime à merveille dans cette image de méditation, qui établit des parallèles implicites entre la vue et la connaissance, l'œil et l'esprit, la lumière et la vérité. Comme le personnage de Poussin dans *Les Bergers d'Arcadie* du Louvre, récemment interprété par E. Cropper en tant que représentation de la mémoire et de l'histoire[37], notre observateur se penche vers l'eau avec un regard qu'il dirige vers la surface, mais qui va beaucoup plus loin, ou plutôt au plus profond de lui-même. Véritable emblème de la connaissance, cette image est l'expression la plus heureuse de la correspondance des idées d'un moraliste et celles d'un peintre, réunis dans une symbolique visuelle de l'âme.

211

1. Charles Dempsey, « Guido Reni in the eyes of his contemporaries », dans *Guido Reni. 1575-1642* (éd. américaine du catalogue de l'exposition de Bologne-Los Angeles-Fort Worth, 1988), p. 101-118 ; Viktoria Schmidt Linsenhoff, *Guido Reni im Urteil des siebzehnten Jahrhunderts*, Kiel, 1974 (thèse dactylographiée, Universität Christian Albert, Kiel) ; José Luis Colomer, « Un tableau *littéraire* et académique au XVIIe siècle : *L'Enlèvement d'Hélène* de Guido Reni », *Revue de l'art*, 90 (1990), p. 74-87. Voir aussi la notice d'Olivier Bonfait sur ce tableau dans le catalogue *Seicento. Le siècle de Caravage dans les collections françaises*, Paris, 1988, p. 326-329. Sur ce que Malvezzi pense de son propre texte du *Trionfo*, voir *Virgilio Malvezzi. Lettere a Fabio Chigi*, éd. de Maria Caterina Crisafulli, Fasano, 1990, p. 124. Voir aussi la réponse de Fabio Chigi à cette lettre, Biblioteca Vaticana, Ms. A II 29, fol. 8 r°-v°, lett. 12.

2. Rodolfo Braendli, *Virgilio Malvezzi, politico e moralista*, Bâle, 1964 ; Ezio Raimondi, « Polemica sulla prosa barocca », *Letteratura barocca*, Florence, 1982, p. 175-248 ; Marc Fumaroli, *L'Âge de l'éloquence*, Genève, 1980, p. 217-219 ; José Luis Colomer, « La France et l'Espagne en guerre : Virgilio Malvezzi dans la polémique française sur le style *coupé* », *L'âge d'or de l'influence espagnole. La France et l'Espagne à l'époque d'Anne d'Autriche (1615-1666)*, Montpellier, 1991, p. 229-240.

3. Ezio Raimondi, « La letteratura a Bologna nell'età del Reni » ; Andrea Emiliani, « La vita, i simboli e la fortuna di Guido Reni », dans *Guido Reni. 1575-1642* (éd. italienne du catalogue de l'exposition de Bologne-LosAngeles-Fort Worth, 1988), Bologne, 1988, p. XVIII-CIII et CXXIII-CXLII.

4. Malvasia, *Felsina pittrice,* Bologne, 1841 (1re éd., 1678), vol. II, p. 27-28 : « Voltatosi egli dunque all'intercessione del gran Marchese Virgilio Malvezzi, col quale sapeva altresì quanto fosse potente con Guido, seppe il Marchese con la sua autorità, moderata con termini gentili, addimandarne ed ottenerne il favore ; tanto più, quando egli significò, queste immagini doversi eseguire col taglio de' primi bolini di Roma. Giunto ben presto il disegno al Padre, onorò egli la intercessione del Marchese e corrispose alla cortesia del Reni col regalo di due sottocoppe d'argento di valore di cinquanta scudi ». Voir aussi p. 46, où Malvasia fait allusion à une lettre de remerciement en latin écrite par Ferrari à Reni, et p. 51. Sur l'auteur, voir David Freedberg, « From Hebrew and gardens to oranges and lemons. Giovanni Battista Ferrari and Cassiano dal Pozzo », *Cassiano del Pozzo. Atti del Seminario Internazionale di Studi*, éd. par Francesco Solinas, Rome, 1989, p. 36-72. On trouvera des preuves documentaires d'un paiement en 1632 à G.F. Greuter « per haver disegnato, e ridotto in piccolo un disegno di Guido Reni », dans Jörg Martin Merz, *Pietro da Cortona. Der Aufstieg zum führenden Mahler ins barocken Rom*, Tübingen, 1991, p. 377. Enfin, une variante retouchée du dessin de Reni pour les *Hespérides* se trouve aussi à Oxford, Christ Church (n° cat. 5. 1725). Ces dessins doivent remonter aux années 1630, soit bien avant la publication de 1646, puisque Reni meurt en 1642.

5. Depuis les études citées dans les notes précédentes, la découverte d'un vaste fonds de lettres adressées à Virgilio Malvezzi à l'Archivio di Stato de Bologne, due à Olivier Bonfait, permet de mieux saisir l'importance du marquis dans le monde de l'art bolonais : Fondo Malvezzi-Lupari, *Lettere a Virgilio Malvezzi*. Voir dans ce cas 372/18, n. 23 et 25. Malvezzi écrit lui-même une lettre pour accompagner l'envoi du tableau : « Il Pre. D.N. presenterà a V.E. per mio nome il ritratto della Sma. Vergine che di mano del Sigr. Guido ella desiderava ». Voir British Library, Add. Ms. 20028, *Lettere del Marchese Virgilio Malvezzi*, fol. 12, n. 17.

6. « Su Mag.d que Dios guarde acaba de entregar una medida del tamaño que ha de tener una pintura que ha de hazer el Sr. Guido en Bolonia, la qual ha de ser del sugeto que V.S. le debe avisar ». Cf. Bologne, Archivio di Stato, Fondo Malvezzi-Lupari, cit., 372/18, n. 73.

7. *Carteggio Puteano*, XII, fol. 574-570. Cf. la lettre citée fol. 566. D'après le témoignage du médecin Pietro Potieri, Malvezzi semble avoir tenu particulièrement à ce que Reni soit l'auteur du portrait : « Il Sr. Marchese Virgilio fa fare il suo dissegno al Sr. Guido Rheno ad istanza di V.S.Ill.ma. Lo volevo fare fare a un altro per piu spedicione ma ha vollutto così. » Cf. *Carteggio Puteano*, VI, fol. 197. Je dois la connaissance de ce fonds aux indications de David Jaffé, publiées dans « The Barberini Circle. Some Exchanges between Peiresc, Rubens, and their Contemporaries », *Journal of the History of Collections*, I, 2 (1989), p. 119-147. Voir p. 145, n. 47.

8. Publié par John Spike, « L'inventario dello studio di Guido Reni (11 ottobre 1642) », *Atti e memorie dell'Accademia Clementina*, 22 (1988), p. 43-65. Cf. p. 61.

9. Matteo Marangoni, *L'arte*, XIV (1911), p. 219, n. 1 : « apparteneva da molte generazioni alla famiglia Malvezzi dov'era costantemente ritenuto di Guido e ritratto di sua madre ». Voir aussi Francesco Malaguzzi Valeri, *I migliori dipinti della R. Pinacoteca di Bologna*, Bologne, 1919. Je

remercie le professeur Trapp de m'avoir facilité l'accès aux archives de Otto Kurz pendant mon séjour au Warburg Institute de Londres, grâce à la bourse de recherche Frances Yates. La fiche de Kurz sur ce tableau contient les informations relatives aux Malvezzi, répétées par la critique jusqu'à nos jours : voir la notice du catalogue de l'exposition de Bologne, 1988, cit., p. 60 dans l'édition italienne.

10. Sforza Pallavicino, *Lettere*, Venise, 1701, p. 57 : « Ma voglio usare una maniera di laudazione onde il nostro marchese Virgilio commendò una tavola di Guido Reni, suo amicissimo, che l'avea scongiurato di considerarla attentissimamente e dirgliene con libertà ogni difetto. Egli, dopo lunga considerazione, disse : *In somma, non mi piacciono le cornici* ». Cité par Raimondi, « Polemica intorno alla prosa barocca », cit. p. 237, n. 50.

11. 7-1-1663. Cf. Biblioteca Comunale dell'Archiginnasio, Bologne, Ms. B. 153 (2 v°-3 r°), publiée dans Giovanni Fantuzzi, *Notizie degli Scrittori bolognesi*, Bologne, 1786, supplément au vol. II, p. 69. Bombaci, comme Malvezzi un admirateur de Reni et participant lui aussi à la fête littéraire du *Trionfo del pennello*, mentionne par ailleurs « una Beata Vergine in piccolo atto di meditare, et una Madalena pentita in atto di dolorosamente e con applicatione pensare », ainsi que « una Venere », toutes « di mano del Sig. Marchese ». Cf. ibid., 14-4-1663. Voir aussi le témoignage de Malvezzi lui-même dans une lettre à Fabio Chigi (sans lieu ni date) publiée par Crisafulli, cit. p. 217 : « E' verità Sig.ore Ill.mo che io teneva il pennello in mano per dare quel poco compimento che poteva al Puttino che per nome mio le presenterà il Padre N.N. ...», ou encore la lettre de Antonio Brizeno Ronquillo, Milan, 14-5-1636, remerciant Malvezzi pour un tableau peint de sa propre main (« de mano de V.S.I. »), admirable par sa perfection : Bologne, Archivio di Stato, Fondo Malvezzi-Lupari, cit. 372/18, 22.

12. Première édition en espagnol, Madrid, Emprenta Real, 1640. Nous citons d'après l'édition italienne : *Introduttione al racconto dei principali successi della Monarchia di Spagna nell'anno di 1639*, Plantin, Anvers, 1641. Cf. *Lettore*, p. 3.

13. Dans « La letteratura a Bologna nell'età del Reni », cit., note 3 ci-dessus.

14. Philip Sohm, *Pittoresco. Marco Boschini, his Critics and their Critiques of Painterly Brushwork in Seventeenth- and Eighteenth-Century Italy*, Cambridge, 1991.

15. Henrietta McBurney et Nicholas Turner, « Drawings by Guido Reni for Woodcuts by Bartolomeo Coriolano », *Print Quarterly*, 5 (1988), n° 3, p. 226-242. Voir aussi l'article de C. Garzya Romano dans *Dizionario biografico degli italiani, ad vocem*.

16. *Felsina pittrice*, II, cit. p. 28, 46 et 51.

17. *Tarquinio Superbo*, p. 1. L'image du serpent est évoquée à la fin du livre pour opposer, cette fois-ci, le chef de la chrétienté aux tyrans, p. 122 : « Io non so conchiudere questo mio discorso con altro, che col rammentare a tutti quelli, che lo leggono, le gratie, che si deono al Signore Iddio, che ci habbia fatti nascere in tempi abbondanti di Principi buoni, e che senza Tiranni vive benignissimo, esaltato sopra gli altri a guisa del Serpente Eneo, ha forza, e valore per liberarci dal morso di così fatti serpenti, quando ne sorgessero. »

18. Citée par Fiorella Calef, « Alcune fonti manoscritte per la biografia di Virgilio Malvezzi », *Giornale storico della letteratura italiana*, CXLIV (1967), p. 71-98, 340-367. Cf. p. 343.

19. Cesare Ripa, *Della novissima iconologia*, Padoue, 1625. D'autres rapports entre les œuvres de Reni et l'*Iconologie* de Ripa ont été déjà suggérés par Otto Kurz, *Guido Reni*, Vienne, 1937.

20. Erwin Panofsky, *Questions d'iconologie*, Paris, 1989 (1re éd. anglaise, 1969), p. 261. Pour les représentations de Charles V en défenseur de la Foi, voir Francisco Checa Cremades, *Carlos V y la imagen del héroe en el Renacimiento*, Madrid, 1987.

21. Je tiens à exprimer ma reconnaissance à Leonello Malvezzi, qui m'a orienté vers cette collection, ainsi qu'à son propriétaire, le duc Roberto Ferretti pour m'avoir montré ce dessin, et pour m'en avoir donné la photographie.

22. Je remercie Louis Frank, conservateur au Département des arts graphiques du musée du Louvre, pour son aide lors de la consultation de ce fonds.

23. Cf. *Ritratto*, p. 78-79. Le père Athanasius Kircher fera plus tard une exégèse équivalente dans *Arca Noë*, Amsterdam, 1675, p. 153 : « Corvus emissus et non reversus, significat falsos Christianos... Columba verò extra Arcam missa, sed adeam mox redux, bonos Christi servos significat. »

24. Cf. *Romulo*, p. 8-9.

25. *Ibidem.*

26. Voici, comme un exemple parmi d'autres, des passages d'une lettre à Fabio Chigi : « Mercurio non si vede quando è troppo vicino al Sole. [...] Il fuoco che tocca il cielo sta sempre in un rapidissimo moto ». Cf. Crisafulli, cit., p. 207 (s.l.n.d.).

27. *Introduttione al racconto dei principali successi*, cit., *Lettore*, p. 3.

28. On refusa à Galilée la chaire qu'il avait demandée en 1587. Voir *Le opere di Galileo Galilei*, dir. par A. Favaro, Florence, 1890-1909, vol. XIX, p. 36 : VII. *Istanza a nome di Galileo per la lettura di Matematica in questa città, offrendosi prontamente a concorrere*. Sur les débats suscités par ses découvertes scientifiques à Bologne, voir Giovanni Baffetti, « Il *Sidereus Nuncius* a Bologna », *Intersezioni*, XI, 3, 1991, p. 477-500, et « Università e scienza galileiana. Tra Bologna e Roma », *Schede Umanistiche*, 1991, n. 2, p. 127-158. Sur l'impacte des tâches solaires dans l'imaginaire des artistes, voir Anna Maria Matteoli, « Macchie di Sole e Pittura. Carteggio L. Cigoli-G. Galilei (1609-1613) », *Bollettino della Accademia degli Eutelèti della Città di San Miniato*, XXXII, 1959. On se reportera aussi à Erwin Panofsky, *Galileo as a Critic of the Arts*, La Haye, 1954 (éd. française, 1992).

29 Voir le chapitre « Une conjoncture admirable » dans Pietro Redondi, *Galilée hérétique*, Paris, 1985, (1ʳᵉ éd. italienne, 1983). On trouvera l'évidence d'autres rapports entre les milieux intellectuels bolonais et romains dans Luisa Avellini, «Tra *Umoristi* e *Gelati*: l'accademia romana e la cultura emiliana del primo e del pieno seicento», *Studi secenteschi*, XXIII, 1982, p. 109-121.

30 Rome, 21-6-1624. A Galilée (à Florence) : « Sento da ogni parte crescere il romore della battaglia che ci minaccia il Sarsi con le sue risposte, avendomi il S.r Conte Verginio Malvezzi quasi certificato che in su quell'opinione del caldo e de' sapori, odori et c. non abbia a fare fondamento nessuno, poi chè, dice egli, si vede manifestamente che V.S. ve l'ha poste per ingaggiare nuova lite, alla quale debbe essere apparecchiato e armato molto bene : et il detto S.r Conte e un S.r Marchese Pallavicino dissuadono il Sarsi dall'intromettersi in questa controversia. » Voir Galileo Galilei, *Opere*, éd. cit., vol. XIII, n° 1642.

31. Cf. p. 178-179.

32. Ildebrando della Giovanna, « Agostino Mascardi e il Cardinal Maurizio di Savoia », *Raccolta di studii critici dedicata ad Alessandro d'Ancona festeggiandosi il XL anniversario del suo insegnamento*, Florence, Barbera, 1901, p. 117-126.

33. Cf. Galilei, *Opere*, cit., vol. VI, 285. Le passage est évoqué par Baffetti, « Università e scienza galileiana », cit., p. 153.

34. Il faudrait en savoir plus sur cet astronome inconnu bolonais, à peine mentionné dans la *Felsina Pittrice*, II, cit., p. 62. Outre l'*Antidotario contro peste*, Bologne, Ferroni, 1630, et les *Discorsi Astrologici*, Venise, Sarzina, 1633, les répertoires ne fournissent pas d'informations sur la vie et l'activité scientifique de Vignati. Voir Antonio Bumaldo (Ovidio Montalbani), *Minervalia Bononiensis*, Bononiae, Benatii, 1641, p. 124; Pellegrino Antonio Orlandi, *Notizie degli scrittori bolognesi*, Bologne, 1790, VIII, p. 179; Baldassarre Carrati, *Alberi genealogici delle famiglie di Bologna*, vol. IX (Biblioteca Comunale dell'Archiginnasio, Ms. B. 706, c. 1192); Pietro Riccardi, *Biblioteca matematica italiana*, Modène, Soliani, 1870, p. 600. Je remercie Sandra Saccone, conservateur à la bibliothèque de l'Archiginnasio, pour toutes ces informations, mais aussi pour beaucoup d'autres recherches sur ce personnage.

35. Cf. Malvasia, *Felsina pittrice*, cit., II. Richard Spear a insisté dernièrement sur ces pages dans « *La necessità* of Guido Reni », dans *Il luogo ed il ruolo della città di Bologna tra Europa continentale e mediterranea. Atti del Colloquio C.I.H.A. 1990*, éd. par Giovanna Perini, Bologne, 1992, p. 315-316.

36. « Il aura, je pense, besoin d'habitude pour voir les objets de la région supérieure. D'abord ce seront les ombres qu'il distinguera le plus facilement, puis les images des hommes et des autres objets qui se reflètent dans les eaux, ensuite les objets eux-mêmes. Après cela, il pourra, affrontant la clarté des astres et de la lune, contempler plus facilement pendant la nuit les corps célestes et le ciel lui-même, que pendant le jour le soleil et sa lumière. » (515b-516b). Nous citons la traduction de Robert Bacou, Paris, 1966.

37. Voir Actes du colloque Poussin de Paris, 1996.

Francesco SOLINAS

«Giovani ben intendenti del disegno»
Poussin e il Museo Cartaceo

Per Rosa Anna Barbiellini Amidei
guida generosa delle mie prime ricerche romane.

«Il desiderio del sapere è naturale all'uomo;
l'inclinatione particolare è opera del temperamento.
L'avanzarsi è perfettione del genio. Et il communicar
per giovare altrui è felicità dei nobili sudori.»
Cassiano Dal Pozzo Linceo

Scritte da Filippo Baldinucci (1626-1692), le *Notizie di Pietro Testa* accennano allo spirito e alla consuetudine del mecenatismo svolto dal Cavalier Cassiano Dal Pozzo per più di quarant'anni sui numerosi artisti da lui ingaggiati per la costituzione del suo celebre *Museo Cartaceo*[1]. Preferendo artisti non ancora affermati, ma virtuosi ed educati[2], Cassiano sceglieva quei «giovani ben intendenti del disegno», come egli stesso li definiva nel 1654[3], tra i talenti italiani e oltramontani che frequentavano a Roma le accademie artistiche e le scuole di maestri già celebri, come quella dell'amico Domenichino[4] (Fig. 1). Altri artisti, disegnatori, miniatori o incisori erano reclutati dal Cavaliere a seguito delle raccomandazioni dei suoi corrispondenti[5]. In netta polemica con Roma e chiaramente ispirata alla *Vita di Nicolò Poussin* scritta da Giovanni Pietro Bellori nel 1672, la magnificazione dello sfortunato Pietro Testa, pittore, disegnatore e incisore lucchese morto suicida nel 1651[6], fu costruita da Filippo Baldinucci su informazioni e narrazioni indirette. Leggendo la *notizia* baldinucciana si nota come la costruzione della biografia del Testa risponda in fiorentino alla traccia romana e filo-francese del

Fig. 1. Domenichino (?), *Urna sepolcrale;* carboncino su carta bianca, iscrizioni a penna e inchiostro, mm. 300 x 215. Collezione privata. Il disegno, montato su una pagina del *Museo Cartaceo,* passò nel Settecento, assieme ad un cospicuo nucleo di fogli artistici, nella collezione di Charles Townley e quindi in quella Stirling-Maxwell. Le misure dell'urna furono apposte nella prima metà del Settecento da uno scriba di Casa Albani.

215

Bellori. E' infatti grazie alla sua assiduità con il Cavalier dal Pozzo, e alla sua partecipazione al *Museo Cartaceo* che Pietro Testa diventa il Poussin toscano di Baldinucci. Ma, diversamente da altri scrittori d'arte contemporanei di Cassiano, quali Giulio Mancini, Giovanni Baglione, Giovan Battista Passeri e lo stesso Bellori[7], Filippo Baldinucci non incontrò mai il Testa, né il Cavaliere, né Poussin. Com'è provato da numerosi riscontri documentari, fu solo nei primi anni Cinquanta che Filippo Baldinucci entrò al servizio di Leopoldo di Toscana (1617-1675) quale semplice computista grazie alle raccomandazioni del letterato fiorentino Carlo Roberto Dati (1619-1675) consigliere del principe[8].

Se il mecenatismo di Cassiano per il *Museo Cartaceo* e l'influenza svolta sugli artisti da lui protetti sono istanze evidenziate dal Baldinucci, queste erano apparse ridotte, se non addirittura esplicitamente dimenticate nelle *Vite* pubblicate dal romano Bellori nel 1672. Nella biografia di Poussin scritta dal Bellori, l'iniziale intensa frequentazione di Cassiano è solo accennata e presentata come un elemento accessorio nella formazione del pittore. E' anche a causa di questa omissione che la collaborazione di Poussin al *Museo Cartaceo* è stata da allora sottovalutata o addirittura taciuta[9]. Nell'elogio del filo-toscano Dal Pozzo, scopritore e sostenitore dei talenti artistici negletti da Roma, Baldinucci sottolinea implicitamente l'ascendenza fiorentina di Cassiano. Grazie alla sua intrinsichezza con i principi medicei e alla sua amicizia con alcuni dei loro più eminenti digintari quali Carlo Dati e il dottor Giovanni Nardi, medico granducale, Cassiano aveva sempre coltivato un buon rapporto con la corte di Firenze[10]. Maturato nell'ambiente del galileiano principe Leopoldo e cresciuto nell'ammirazione del Cavaliere dal Pozzo, della sua celebre collezione di disegni documentari dall'antico e naturalistici, oltreché delle sue prestigiose raccolte pittoriche, Filippo Baldinucci, per la stesura delle sue *Notizie,* aveva radunato tutte le testimonianze dirette sull'uomo e sugli artisti da lui impiegati.

Nel 1650, durante un viaggio di cortesia nella capitale papale, pretesto per una ricognizione artistica delle collezioni romane, il giovane Leopoldo aveva senza dubbio incontrato il Cavalier Dal Pozzo e aveva trascorso quasi certamente qualche ora nella sua casa[11]. Un anno dopo, tra il 1651 e il' 52, forse su avviso dello stesso principe, il suo segretario, Carlo Roberto Dati ebbe modo di passare molto tempo con Cassiano a Roma, confrontandosi per circa sette mesi con i soggetti e con i metodi delle ricerche antiquarie e artistiche del Cavaliere. In quel tempo Dati aveva potuto consultare i volumi del *Museo Cartaceo.* Erudito e filologo, allievo di Giovan Battista Doni (1597-1647), Dati aveva studiato soprattutto i disegni dall'antico per la documentazione delle sue lezioni allo studio fiorentino e ai fini delle raccolte medicee di numismatica e di glittica da lui sovraintese. Al suo ritorno a Firenze, il letterato richiedeva al Cavaliere ragguagli iconografici e copie dei disegni del *Museo Cartaceo* inerenti a diversi soggetti antiquari da lui studiati quali, ad esempio, la *Nautica* dei romani antichi[12] (Figg. 2, 3). Il *Museo* era divenuto un mito per gli accademici fiorentini e un esempio per il giovane Baldinucci che alla metà degli anni Cinquanta veniva introdotto nella cerchia leopoldina da Carlo Dati.

Ordinato con criteri sistematici per soggetti e per tipologie, il *Museo Cartaceo* si era inizialmente basato sull'esempio dell' enciclopedia antiquaria di Pirro Ligorio (1500-1583); già nel 1626, Cassiano aveva elaborato un grandioso progetto editoriale per la pubblicazione di tutti i manoscritti illustrati delle antichità ligoriane[13].

216

Fig. 2. Attribuito a Vincenzo Leonardi (vedi Turner, p. 39), *Frammento di rilievo greco del IV secolo a.C. raffigurante una triremi;* penna, inchiostro e bistro, lumeggiature a biacca, su carta preparata, mm. 370 x 510. The British Museum, Department of Greek and Roman Antiquities, Franks I, fol. 171, n. 201 (vedi A. Claridge in Turner, p. 39). Il disegno potrebbe raffigurare un rilievo appartenente all'antica collezione Barberini, al quale Cassiano dal Pozzo fa riferimento in una lettera sulla *Nautica* dei romani.

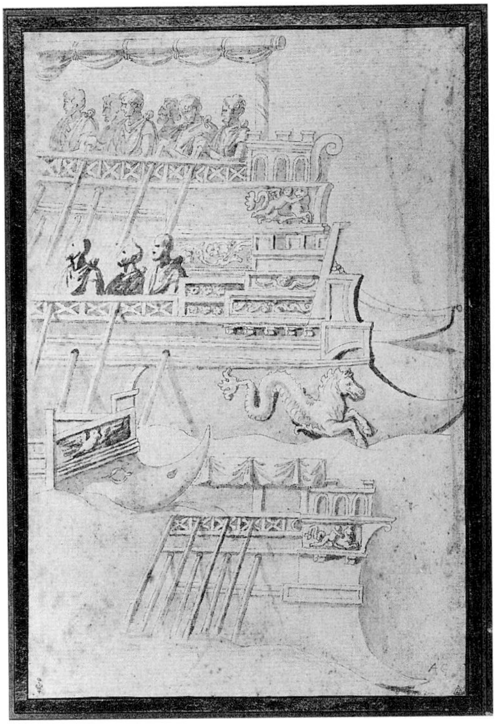

Fig. 3. Nicolas Poussin, *Studio di navi antiche dalla Colonna Traiana;* penna, inchiostro e bistro su carta bianca, mm. 320 x 224. Institut de France, Musée Condé, Chantilly (inv. A1 205; N1 249) (vedi Rosenberg - Prat, n. 201).

Ma, diversamente dal *corpus* ligoriano, il *Museo* si andò ben presto articolando su principi tassonomici nuovi, sperimentati ed applicati alla ricerca naturalistica condotta in seno alla prima Accademia dei Lincei (1603-1630), della quale Cassiano era entrato a far parte nel 1622[14]. Tra la fine degli anni Venti e i primi anni Trenta, questi principi si trasformavano in un sofisticato sistema operativo che permetteva una interazione tra le diverse sezioni della raccolta grafica. Le sezioni del *Museo* non si limitavano ad illustrare gli studi storici e antiquari condotti dal Cavaliere e dai suoi amici, o le ricerche naturalistiche e sperimentali avanzate da Cassiano in seno all'Accademia dei Lincei, esso comprendeva anche una vasta sezione di stampe sull' attualità contemporanea e numerosi volumi di disegni e stampe dai soggetti artistici e relativi all'attività dei grandi maestri del Cinquecento, alcuni di questi sono descritti da Félibien negli *Entretiens*: « ... entre une infinité des rares desseins qu'il [Cassiano] nous fit voir, et dont il avait fait une recherche toute particulière, il nous en montra plusieurs de Polidoro de Caravaggio et de Mathurin natif de Florence, faits à la plume et lavez avec un netteté admirable. Il y avoit des vases, des trophées, et particuliérement tout ce qui regarde les triomphes[15] ...»

Già a partire dai primi anni Venti, questa sezione di disegni di maestri cinquecenteschi, serviva da modello ai «giovani ben intendenti» nell'elaborazione dello stile tipico del *Museo* sopratutto per la riproduzione dall'antico. Nell'elaborazione di questo stile "di casa", l'orientamento sistematico della raccolta non escludeva una ricerca "artistica"che è evidente in ogni disegno commissionato dal Cavaliere. Ricercate da Cassiano nei fogli più antichi acquistati sul mercato, le qualità estetiche e formali del disegno cinquecentesco arricchivano il tessuto documentario del *Museo* con testimonanze storiche di stile e di interpretazione. Con gli esempi dei grandi del Cinquecento sotto gli occhi (da Perino al Salviati, da Polidoro a Maturino, al Penni, da Battista Franco a Girolamo da Carpi, allo stesso Pirro Ligorio) sia Pietro Testa, che Poussin, François Duquesnoy e il loro maestro Domenichino, come pure Pietro da Cortona e gli altri disegnatori del *Museo*[16] avevano sperimentato con Cassiano le diverse tecniche del disegno da modello elaborando i nuovi criteri stilistici della riproduzione dall'antico.

Il metodo di classificazione dei disegni dall'antico, come l'ordinamento di quelli naturalistici, si basava su un minuzioso confronto degli oggetti riprodotti, e le enciclopedie del Cinquecento, e i testi letterari antichi e moderni, manoscritti e a stampa, nonché con le ricerche contemporanee in corso. Naturalmente, tale sistema era stato già sperimentato nel secolo precedente, ma l'interazione tra le immagini del *Museo Cartaceo* e i testi, si fondava su una documentazione più ricca ed estesa che, nel caso dell'antiquaria, entrava sistematicamente nel merito della "maniera" e dello "stile" di ogni reperto antico, come elemento di conoscenza storica.

La ricerca naturalistica di Cassiano e dei Lincei, già allora esplicitamente tesa verso una normalizzazione tassonomica per "famiglie" o specie, era d'altra parte corredata da immagini che si avvalevano dei nuovi strumenti di osservazione scientifica: il microscopio e il telescopio. A partire dal 1633, il *Museo* si arricchiva del vasto archivio di iconografia scientifica dei Lincei, sino ad allora conservato nella biblioteca del principe Federico Cesi (1585-1630)[17].

La funzione ultima del *Museo* era quindi la ricerca di una conoscenza capillare del passato, della natura, come dell'attualità contemporanea e dell'espressione artistica. E' proprio in questo tentativo di universalità indissolubilmente legato alla tradizione dell'umanesimo che risiedeva la sua straordinaria novità.

Quando, nel 1651-1652, Carlo Dati lo consultò, il *Museo* assomigliava ad una sofisticata macchina del sapere: ad ogni argomento corrispondevano una o più immagini. Ogni disegno era illuminato da didascalie e da notizie letterarie e documentarie provviste nei testi conservati nella ricca biblioteca di Casa Dal Pozzo[18]. Macchina di documentazione "scientifica" e artistica, il *Museo* era, alla metà del secolo, il più vasto archivio di documentazione visiva in Europa, ma il suo funzionamento avveniva solo attraverso un utilizzo sapiente delle "chiavi" e dei meccanismi approntati dai suoi ingegneri e dai loro collaboratori più stretti. Negli anni 1657-64, al momento della stesura della biografia dell'amico defunto, *L'Orazione delle Lodi del Cavalier Cassiano dal Pozzo*, Carlo Dati privilegiava la descrizione dei volumi dall'antico che aveva avuto modo di esaminare nel dettaglio. Confrontato con le censure imposte dal cardinal Barberini, Dati si vedeva costretto a sorvolare, con descrizioni sommarie e generalizzate, le sezioni naturalistiche e artistiche del *Museo*[19].

Divenuto, grazie al Dati, il conservatore della collezione di disegni di Leopoldo de' Medici, nelle stesse *Notizie di Pietro Testa,* Baldinucci dichiara di aver consultato di persona i volumi del *Museo Cartaceo*[19], ma se veramente la visita del critico fiorentino a casa Dal Pozzo ebbe luogo, questa non potè avvenire se non dopo il 1664, anno della pubblicazione della biografia di Cassiano scritta dal Dati. Prima del '57, infatti, non si è trovata menzione di un passaggio romano del Baldinucci e, a partire dal '57 sino al '64, non vi si accenna minimamente nel fitto carteggio intrattenuto con lo stesso Dati da Carlo Antonio Dal Pozzo (1606-1689), fatello ed erede di Cassiano. E' infatti al letterato, mentore e protettore del giovane Baldinucci, che si deve attribuire il merito di aver per primo tentato di illustrare analiticamente i contenuti della raccolta del Cavaliere e di averne pubblicato in appendice alla sua *Orazione* un regesto sinottico della sola parte antiquaria[21]. Abilmente virate nel linguaggio diretto e narrativo di un «*testimone oculare*», che aveva vissuto da vicino il vorticoso *exploit* disegnativo del Testa per il Cavaliere, le *Notizie di Pietro Testa* si basano essenzialmente sull'inchiesta conseguita del Dati, soprattutto orientata sulle sezioni antiquarie del *Museo*[22].

Nelle *Notizie del Testa* i parallelismi con la belloriana *Vita di Nicolò Poussin* e l'accentuazione dell'effettivo legame di amicizia che unì i due pittori, servirono al Baldinucci per porre il melanconico Pietro sullo stesso piano artistico del grande francese. Riprendendo la biografia belloriana, dove si afferma che «Poussin stesso diceva di essere allievo del suo Museo e della sua casa»[23], nelle *Notizie*, Baldinucci afferma che Pietro Testa: «era tutta lor creatura [dei fratelli Dal Pozzo], né più né meno di quello che fu il celebre Poussin, col quale il nostro artefice, con *tale occasione*, contrasse e mantenne non poca amicizia e confidenza»[24].

Dopo aver descritto, sulla scorta della «notizia» inviata da Carlo Antonio al Dati, i soggetti dei cinque «gran libri» di disegni dall'antico che, nella sua visione amplificata sarebbero stati interamente eseguiti dal Testa per il *Museo Cartaceo,* il critico fiorentino informa non solo di aver esaminato quegli stessi volumi in casa Dal Pozzo, ma di aver anche ricevuto da Carlo Antonio «notizie» dettagliate sulla vita e sull'opera del Testa.

Se la documentazione di Baldinucci deriva essenzialmente dall'inchiesta condotta dal Dati tra il '57 e il '64 e dall'idealizzato viatico di Poussin tracciato da Bellori, non si può comunque escludere che quella *tale occasione* tipicamente baldinucciana, che fissa l'incontro tra Poussin e il Testa, al servizio di Cassiano intorno agli anni 1628-9, non avesse un preciso riscontro documentario nelle carte di Carlo Dati o nelle frequenti informazioni ricevute dal critico fiorentino da Roma per la preparazione delle sue *Notizie*[25]. L'amicizia tra i due pittori è d'altra parte documentata dall'intercessione di Poussin presso Cassiano quando, nel 1637, per una mancata consegna, il Cavaliere aveva fatto imprigionare Pietro Testa nel carcere di Tor di Nona. Se, grazie alla menzione forse esagerata del Baldinucci e alle indagini filologiche di Elizabeth Cropper e di Nicholas Turner, la collaborazione del Testa al *Museo Cartaceo* è un fatto acquisito[26], per le mancate precisazioni del Bellori, del Mancini e per la pochezza di documentazione sulla raccolta di Cassiano, la partecipazione al *Museo* di Poussin è stata sino ad oggi fieramente contrastata.

Nel disperato biglietto scritto a Cassiano da Poussin, povero e malato nell'inverno del 1625, è lo stesso artista ad ammettere: « Per i suoi disegni ci penso ogni dì, e presto ne finirò qualcheduno»[27]. Quei disegni non paiono essere stati né i primi eseguiti per Dal Pozzo, né certo furono gli ultirni. Ma, per una serie di silenzi, dispersioni ed equivoci, si è stati più volte tentati di affermare che Poussin non disegnò mai per il *Museo Cartaceo*[28]. Non testimoniata dalla breve notizia del medico Mancini, che attorno al '27 descrive nelle sue *Considerazioni* un Poussin elegante e già indipendente[29], ed elusivamente evitata dal Bellori nella costruzione politica della vita "eroica" del mito franco-romano Poussin[30], l'esperienza del *Museo Cartaceo* fu per il pittore determinante ed altamente formativa. Accertati gli interessi letterari ed antiquari di Poussin, subito palesati al suo arrivo a Roma, testimoniati dagli aneddoti del Passeri[31] e sublimati nella biografia belloriana[32], non si arriva a comprendere perché il francese, come tanti suoi colleghi, maestri ed amici, inclusi Duquesnoy, Domenichino, Testa e il Cortona, non abbia potuto contribuire anch'egli all'archivio grafico del suo più fedele protettore romano.

Quali disegni, altrimenti, si aspettava Cassiano dal Poussin malato e povero del biglietto del 1625?

«Disegni originali del Poussin», legge l'iscrizione apposta da Cassiano sul verso di una cornice stampata, montata come testatina su una pagina del *Museo Cartaceo* (Figg. 7, 8). L'iscrizione, come la storia del foglio sul quale essa è applicata, rappresentano due dei numerosi elementi che contribuiscono a sciogliere l'equivoco per il quale Poussin, pittore amico e protetto di Cassiano, rimase estrango alla sua raccolta grafica. Sempre seicentesco e realizzato nell'atelier di Cassiano, l'assemblaggio della pagina sembra risalire agli anni Cinquanta, esso comprende disegni architettonici e un bel fregio cinquecentesco attribuito a Perin del Vaga. Il foglio composito faceva parte di un folto gruppo di disegni soprattutto "artistici" e dall'antico – cinque e seicenteschi che, proveniente dal *Museo,* fu acquistato dai principi Albani di Roma per conto di re Giorgio III dall'architetto inglese James Adam nel 1762[33].

Fig. 4. Nicolas Poussin, *Bassorilievo sacrificale;* traccia a matita, penna, inchiostro e bistro su carta bianca, mm. 140 x 215. Musée Bonnat, Bayonne (inv. A1 1681; N1 55) (vedi Rosenberg - Prat, n. 278).

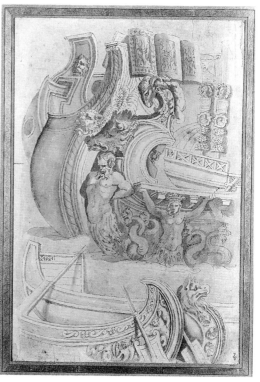

Fig. 5. Nicolas Poussin, *Studio di rostri antichi da modelli di Giulio Romano e Polidoro da Caravaggio;* penna inchiostro e bistro su carta bianca mm. 322 x 224. Institut de France, musée Condé. Chantilly (inv. A1. 203; N1 247) (vedi Rosenberg - Prat, n. 529).

Si può immaginare che questo nucleo più "artistico" del *Museo Cartaceo* comprendesse anche alcuni «*disegni originali*» di Poussin. In quel caso, l'indicazione autografa di Cassiano si dovrebbe riferire ad un volume dove la striscia di carta, recante l'iscrizione manoscritta in senso orizzontale, sul lato corto, poteva servire da segnale per un gruppo di disegni del maestro francese ivi montati. Tra le migliaia di disegni scelti dal campione del neoclassicismo inglese nella biblioteca dei Principi Albani potevano infati benissimo figurare alcuni «*Disegni originali del Poussin*» eseguiti per il *Museo Cartaceo*[34] (Figg. 3, 4, 5, 6). Ce ne potevano essere altri tra quelli dispersi clandestinamente a Windsor all'inizio di questo secolo quando, venduti tramite il corniciaio del borgo inglese, presero il largo una gran parte dei disegni naturalistici e almeno un volume intero di disegni dall'antico[35]. Ma l'equivoco per il quale Poussin non partecipò alla costituzione del *Museo,* diviene macroscopico se si considera che i principi Albani non vendettero agli inglesi tutta la loro vastissima collezione grafica. Malgrado il folto gruppo di disegni di Poussin con probabile provenienza Dal Pozzo-Albani oggi a Windsor, nel 1762 Adam comprò per Giorgio III, solo una parte della sterminata raccolta grafica di Cassiano, già acquistata da Clemente XI Albani nel 1703 assieme alla biblioteca di casa Dal Pozzo[36]. Gli archivi di iconografia scientifica della prima Accademia dei Lincei, oggi conservati in parte all'Institut de France, ad esempio, entrarono a far parte della sezione naturalistica del *Museo Cartaceo* alla morte di Federico Cesi, furono consultati nel primo Settecento dal grande medico e naturalista Giovanni Maria Lancisi (1654-1720) nella Biblioteca Albani e giunsero in Francia a seguito delle requisizioni napoleoniche del 1798[37]. A seguito delle stesse requisizioni, entrò a far parte della biblioteca del Re di Napoli un cospicuo nucleo di manoscritti Dal Pozzo-Albani, tra i quali figurano alcune copie seicentesche di scritture leonardesche fatte eseguire da Cassiano nel suo atelier. E anche quel «*Libro dei disegni di Filippo Napoletano*», acquisito da Cassiano nel 1648 tramite Fabrizio Piermattei, poté forse seguire le stesse sorti dei disegni lincei e delle copie dei manoscritti leonardeschi ed essere identificato con lo straordinario *corpus* grafico dell'artista ritrovato da Marco Chiarini e Barbara Brejon de Lavergnée nel fondo Wicar del museo di Lille[38]. Attraverso antiquari e mercanti, che acquistavano i manoscritti dai

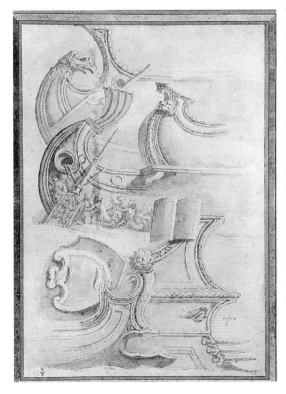

Fig. 6. Nicolas Poussin, *Studio di rostri antichi da modelli di Giulio Romano;* penna inchiostro e bistro su carta bianca, mm. 312 x 216. Institut de France, Musée Condé, Chantilly (inv. Al. 204; Nl 248) (vedi Rosenberg - Prat, n. 183.)

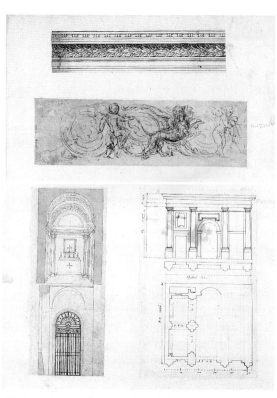

Fig. 7. Pagina di un album miscellaneo di disegni artistici e antiquari del *Museo Cartaceo,* ex collezioni Townley, Stirling-Maxwell. Sul foglio sono montati un fregio attribuito a Perin del Vaga e due disegni architettonici. Inserito in alto, come testatina, è un frammento di cornice decorativa a stampa, precedentemente utilizato come segnale.

miliziani francesi, il saccheggio della biblioteca Albani ridistribuì su suolo italiano intere sezioni della preziosa collezione che andarono ad arricchire altre raccolte europee. Le stesse requisizioni poterono facilmente riguardare anche numerosi fogli dall'antico di Poussin che, rilegati in un volume, in seguito smembrato, poterono confluire nelle collezioni Moriz von Fries, Fabre, Reiset ed altre. Tra questi disegni sarebbe potuto essere il gruppo che Anthony Blunt ha definito degli «anthological drawings» e che oggi è diviso tra Chantilly, Bayonne e altre collezioni[39]. Come hanno di recente rilevato Pierre Rosenberg e Louis-Antoine Prat infatti, molti dei "disegni antologici" di Poussin e altri fogli dall'antico del maestro francese hanno dimensioni analoghe, quasi provenissero tutti da uno stesso libro dei «*disegni originali del Poussin*».

Eseguiti dal pittore per Cassiano, da stampe cinquecentesche o dal vivo, ad illustrare in ordine tematico le antichità disegnate singolarmente nel *Museo Cartaceo,* e le ricerche iconografiche del Cavaliere e dei suoi amici, i disegni antologici potrebbero rappresentare una sorta di soggettario visivo, un'agenda figurata di alcuni dei temi sviluppati in decine di disegni dello stesso *Museo.* Quasi tutti i disegni antologici, infatti, costituiscono un accurato promemoria grafico degli argomenti discussi nei dibattiti eruditi della cerchia di Cassiano. Fogli relativamente ben finiti e molto analitici, come quelli che il Cavaliere richiedeva agli artisti del *Museo,* sono ad esempio: l'autografa copia del bassorilievo sacrificale oggi a Bayonne[40] (fig. 4), gli *Altari* della stessa collezione[41], o i tre fogli *nautici* oggi a Chantilly, copiati dai calchi di gesso della Colonna Traiana, da stampe e disegni cinquecenteschi nella collezione di Cassiano o dal "ruotolo" dello stesso monumento disegnato da Girolamo Muziano (1528-1592) (figg. 3, 5, 6). Non ancora ritrovato, questo straordinario cimelio lungo una decina di metri, era conservato in una apposita cassetta ed entrò nella collezione del Cavaliere dopo il 1624, anno della morte dell'amico incisore Francesco Villamena (1566-1624) che l'aveva avuto dal Muziano per trasporlo a stampa. Acquistati da Cassiano e tenuti in casa sino al 1639, i calchi in gesso della Traiana furono da lui donati a Paul Fréart de Chantelou, emissario del Cardinal Richelieu e agente di Luigi XIII[42]. Fogli come quelli qui illustrati poterono facilmente essere stati tra quei «*disegni originali del Poussin*» che Cassiano fece rilegare in un separato volume monografico del suo *Museo*[43].

222

La stessa possibile provenienza Dal Pozzo-Albani di un eventuale volume monografico contenente i disegni di Poussin era del resto condivisa dal manoscritto delle lettere artistiche indirizzate a Cassiano, tra queste erano tutte le lettere scrittegli da Poussin. Consultato e solo in parte pubblicato da Monsignor Bottari nella sua *Raccolta di lettere sulla Pittura, Scultura e Architettura* e quindi requisito ai filospagnoli principi Albani dalle truppe francesi, il mancante volume *A.IV. 16* del *Carteggio Puteano* passò in seguito al collezionista parigino Dufourny per essere smembrato e venduto all'incanto dopo la sua morte, all' asta parigina del 1831[44].

Ma ai silenzi di Mancini e di Bellori, e alle dispersioni delle biblioteche Dal Pozzo e Albani, suppliscono alcune testimonianze calzanti che provano il coinvolgimento di Poussin nella costituzione del *Museo Cartaceo*. Gli appunti autografi di Cassiano riguardanti le antichità copiate o da copiare per il *Museo,* che ho chiamato l'*Agenda del Museo,* furono assemblati e ordinati dal Cavaliere e trascritti da Alessandro Rosini, suo segretario, attorno al 1642. Antecedenti al '42 e quindi relative agli anni Trenta, due descrizioni di bassorilievi romani segnalati da Poussin al Cavaliere testimoniano il coinvolgimento diretto del Pittore nella costituzione del Museo. Scrive Cassiano nella sua *Agenda*:

«Nella Vigna di Borghese [:]

disse Monsù Poussin[,] che era un marmo lungo con una ventina di figure non di gran maniera ma bello in quanto all'historia e componimento[,] le figure un palmo e mezzo o due al più, e che questo era nel muro passato l'Uccelliera andando fuori del Palazzo a man dritta passata detta Uccelliera e forse nel fondo del muro del giardinetto segreto che è al lato della Uccelliera. Disse [Poussin] che aveva un po di somiglianza con quello che si vede nell'entrar della Vigna de' Ludovisi[,] nel Portone[,] nella parte di dentro, nel mezzo dell'architrave d'esso Portone[45].»

E in altro luogo, osservando un bassorilievo tiburtino e richiedendone « un po' di disegno» al nipote del proprietario: «A Tivoli, nella casa del bidello della Sapienza: è un pilo con numero grande di figure[,] dicesi d'un historia d'un putto d'Adriano che cascasse da cavallo: ne diede notitia Monsù Poussin poco prima che partisse per la Francia[46].»

Consigliere del *Museo Cartaceo* dunque, a Roma come nelle sue trasferte nella Campagna, Poussin aveva imparato con Cassiano e con gli eruditi della sua cerchia ad analizzare le qualità estetiche, stilistiche ed iconografiche dei marmi antichi. Il suo coinvolgimento nella raccolta gli permetteva di incontrare i gusti del Cavaliere e di sopperire alle esigenze del *Museo*. Ma come? E perché? Se non aveva disegnato anch'egli, come Testa, Duquesnoy, Cortona e Lemaire per l'esigente Cavaliere? E' lo stesso Cassiano a risolvere questi interrogativi in un altro ricordo dell'*Agenda* dove descrive un bassorilievo disegnato per lui dal maestro francese. Scrive Cassiano osservando un marmo esposto nel giardino di antichità detto "del Capitano", posto sulla riva del fiume, nei pressi di Ponte Sisto:

« In Trastevere nel giardinetto[:] Lungo il fiume appresso Ponte Sisto che si dice del Capitano, che è d'Albo [Albano?] et era tenuto da Bartolomeo Savonanza e poi fu da Alberto Peregrini. Il giardinetto è conosciuto da Monsù Menestrier. Vi è un bassorilievo d'una figura d'un huomo palliata che ha le scarpe alla foggia che si vede nel vaso de Medici e che Monsù Poussino ha copiato[,] dico quelle scarpe che hanno sopra il collo del piede certo rimbocco della medesima scarpa. Questa figura da la mano ad un'altra di donna che ha un habito stravagante si circa il capo che la sopravista e v'è da' lati d'ambidue le figure inscrittioni» (45 r.v.)[47].

Questa menzione di Poussin, disegnatore dall'antico per il *Museo Cartaceo*, è tanto più importante se si considera l'associazione precisa della figura maschile «palliata» a quella femminile «dall'habito stravagante» e alla descrizione del particolare della scarpa, o calzare, che si ritrova, con il suo «rimbocco» bene in evidenza, illustrato in un disegno oggi al Getty. Evidenziando quei particolari delle figure scolpite, Cassiano si riferisce alla sezione del *Museo Cartaceo* dedicata agli abiti degli antichi che formata dai disegni dei suoi artisti, Poussin e Testa inclusi, era da lui studiata con eruditi quali Girolamo Aleandro (1574-1629) e Claude Menestrier (1639), l'agente romano di Nicolas de Peiresc (1580-1637)[48]. Realizzati dal vivo nei palazzi e nei giardini di Roma, a Napoli, a Firenze e nella Campagna, i disegni del *Museo*, eseguiti da Poussin o dagli altri «giovani ben intendenti» reclutati dal Cavaliere, servivano al grande francese per la formazione del suo stile pittorico, tutto romano e antiquario, come all'elaborazione erudita delle sue "istorie". I disegni del *Museo* erano per Poussin modelli iconografici e modelli stilistici ai quali spesso si rifece durante la sua carriera. Per la creazione di quelle profonde illustrazioni "filosofiche" che sono le tele eseguite per Cassiano e per i suoi primi clienti barberiniani, Poussin univa alla ricerca letteraria, destinata all'invenzione della storia e dell'azione da rappresentare, una ricerca iconografica e stilistica basata sugli originali antichi come sui disegni raccolti nel *Museo Cartaceo* (figg. 9, 10, 11, 12, 13)[49].

Collocabile nel gruppo dei disegni antologici, il foglio appartenuto alla raccolta del conte Moritz von Fries, passato in seguito nella collezione di Anthony Blunt e quindi acquistato dal Getty, offre ulteriori punti di riflessione ai fini della definizione di questo nucleo di disegni di Poussin (fig. 15). Alle indicazioni fornite dallo stesso Blunt, e alle aggiunte di David Jaffé[50], si può contribuire con una nota determinante per rafforzare l'ipotesi che vede il nucleo dei disegni antologici come una sorta di indice grafico, un riassunto visivo di alcuni degli argomenti studiati da Cassiano e dai suoi amici. I disegni antologici corrispondono ad intere sezioni del *Museo Cartaceo* e furono eseguiti per il Cavaliere, intermittentemente, dal 1625 alla partenza del pittore per Parigi nel 1640. Se il calzare disegnato da Poussin nel foglio Getty presenta lo stesso «rimbocco» «sopra il collo del piede» così ben descritto da Cassiano nel resoconto del marmo segnalatogli dallo stesso pittore, si può osservare come, a seguito delle ricerche incitate da Nicolas de Peiresc sui tripodi e sulla loro

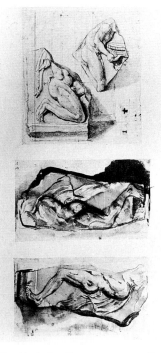

Fig. 9. Artista Francese operante a Roma nell'ambito di Poussin, *due frammenti di rilievi bacchici*, traccia a matita, penna inchiostro e bistro, pagina del *Museo Cartaceo*, ex collezioni Townley e Stirling-Maxwell. Catalogo della vendita Phillips London 12 december 1990, n. 233.

Fig. 10. Artista Francese operante a Roma nell'ambito di Poussin, *frammenti di rilievi bacchici e votivi*, traccia a matita, penna, inchiostro e bistro, pagina del *Museo Cartaceo*, ex collezioni Townley e Stirling-Maxwell, Catalogo della vendita Phillips, London 12 december 1990, n. 254.

funzione nella religione dei romani antichi[51], si fossero avviate in casa Dal Pozzo le analisi sul significato della «bulla» ritrovata scolpita al collo del busto marmoreo di un fanciullo anch'esso disegnato sul foglio ex Blunt[52]. Sempre ad istanza di Peiresc progredivano gli studi sui vasi di metallo utilizzati nei sacrifici[53]. Qualche anno più tardi, lo studioso provenzale inducea Cassiano e i suoi agenti romani, capeggiati da Claude Menestrier, ad occuparsi degli specchi etruschi allora creduti essere delle antiche «patere» sacrificali, o «malluvi»[54]. Già nel 1632, per i vasi di metallo, la cui importanza nella pittura di Poussin è stata recentemente rievocata da Matthias Winner[55], Peiresc aveva richiesto, tramite Cassiano, i disegni, i modelli in cera, quelli in gesso ed altri in rame stagnato per misurarne le capacità e determinarne le tipologie. Fu in quell'occasione che Cassiano dovette scomodare Francesco Angeloni (1559-1652), il letterato scrittore di teatro e storico illustre.

Anziano segretario del Cardinal Ippolito Aldobrandini, nipote di Clemente VIII, già da qualche anno Angeloni era entrato in possesso della collezione di metalli etruschi di Natalitio Benedetti, erudito di Foligno[56]. Cassiano e Angeloni non erano mai stati particolarmente legati, concorrenti nel '29 alla vendita della collezione di rarità etnologiche, naturalistiche ed antiquarie del pittore Filippo Napoletano (1589-1629), i loro universi estetici erano chiaramente opposti

225

e restavano divisi anche da distanze sociali che l'aristocratico Dal Pozzo riteneva incolmabili[57]. Negli intenti delle loro collezioni, come nelle metodologie da loro seguite negli studi storici, antiquari e naturalistici, Cassiano e Angeloni si differenziavano profondamente e già negli anni Venti avevano stabilito due diverse correnti di riflessione estetica ed ideologica. Ma nel '32, a seguito delle pressanti richieste di Peiresc, comunicategli dagli intermediari di Cassiano, Angeloni accettava di aprire il suo museo ai «giovani ben intendenti» del Cavaliere che, capeggiati dal Menestrier, dovevano disegnare i suoi vasi, di metallo antichi. Con la speranza di ottenere tramite Peiresc i finanziamenti per la pubblicazione del suo trattato storico-numismatico dell'*Historia Augusta,* non solo Angeloni acconsentiva a far disegnare i suoi vasi ma permetteva a Menestrier e ai documentaristi di Cassiano accompagnati da Poussin, di disegnare altre antichità etrusche provenienti dalla raccolta dell'erudito umbro Natalitio Benedetti e di trarne dei calchi. Mentre il fedele Vincenzo Leonardi (notizie dal 1620 circa - al 1646) disegnava in casa Angeloni le due vedute dell'ormai celebre antefissa etrusca[58] e, assieme ad almeno un altro documentarista si recava con una certa regolarità nel museo dello scrittore in via Capo le Case, il 20 ottobre 1633, Angeloni inviava all' erudito provenzale la *Vita di Galba* quale saggio dell'*Historia Augusta.* Scrivendo a Peiresc, Angeloni sottolinea il favore dei disegni e dei calchi tratti dai suoi preziosi vasi di metallo, nel contempo, con evidente soddisfazione per l'interesse dimostrato da Peiresc per il suo progetto dell'*Historia Augusta,* Angeloni lo ringrazia delle sue allettanti promesse editoriali: «Non meritava il pregio delle lettere di V.S. Ill.ma, il picciol segnale, che ha potuto ricever della prontezza mia di servirla con le forme, che son state tratte da' miei vasi di metallo antichi, perchè al suo gran merito et all'ambire che io fo della benigna sua grazia(,) dimostrationi maggiori si converriano per sodisfare all'uno, et per meritare l'altra»[59].

Su indicazione di Cassiano e con l'aiuto di Menestrier, che da solo aveva provveduto a far eseguire i modelli in cera e in gesso dei vasi di metallo, Peiresc non esitò ad approfittare delle speranze di Angeloni, dopo pochi mesi richiese ai suoi agenti romani di far eseguire puntuali facsimile in metallo degli stessi vasi. Se si può ipo

Fig. 14. Nicolas Poussin, *David trionfante*, Museo del Prado, Madrid.

Fig. 13. Artista del *Museo Cartaceo* vicino a Poussin, *fronte di un sarcofago vaticano rappresentante un generale romano che perdona i prigionieri* (Belvedere 942), traccia a matita, penna inchiostro e bistro su carta bianca, mm. 135 x 140. Windsor, The Royal Library (8244).

tizzare con una certa sicurezza che Poussin fosse già presente alle prime visite in casa Angeloni in occasione delle campagne disegnative organizzate per la copiatura dei vasi di metallo, il disegno Getty mostra con certezza che Poussin accompagnò il connazionale Menestrier, Vincenzo Leonardi e almeno un altro documentarista, ai successivi appuntamenti con Angeloni dedicati alla riproduzione degli specchi etruschi, o «patere». Richiesta da Peiresc e avallata da Cassiano, questa seconda campagna produsse disegni e modelli destinati sia a Peiresc sia al *Museo Cartaceo*[60].

Probabilmente Poussin aveva già incontrato Angeloni quando, appena giunto a Roma, l'artista gravitava nell'orbita del Domenichino, o quando si recava nel giardino degli Aldobrandini sul Quirinale in occasione delle accademie organizzate per lo studio dell'affresco romano delle *Nozze Aldobrandine* e delle altre antichità raccolte dai nipoti di Clemente VIII. Ma fu tra il '31 e il '34 che Poussin entrò in contatto stretto con l'universo estetico, più "artistico" e meno "scientifico", dell'Angeloni, nel quale anche una straordinaria collezione di conchiglie rare era esposta per l'ammirazione delle loro forme peregrine e per il gusto dei loro raffinati colori[61].

227

Raffigurante *Aiace e i Dioscuri,* senza restauri né integrazioni, lo specchio etrusco di Angeloni fu studiato da Poussin e copiato dall'originale in casa del letterato per essere poi riprodotto in metallo da Menestrier. Il disegno Getty è la prova ineluttabile dell'incontro del pittore con l'anziano segretario e con il suo "pupillo" Bellori, allora ventenne. Mentre i disegni e i modelli delle antichità raccolte da Angeloni giungevano a Peiresc, in occasione della «gittata» in metallo dello specchio con *Aiace e i Dioscuri* (figg. 15, 16), il 14 luglio 1634, descrivendo altri due specchi di sua proprietà, Angeloni ribadisce il suo approccio formalistico nella fruizione delle "anticaglie"; stanco delle incalzanti domande di Peiresc, Angeloni non è pronto a rispondere ai suoi precisi quesiti iconografici. Le altre due "patere" sono infatti: «ambedue senza lettere, e di maestri più tosto cattivi, che no. Io non posso applicar molto tempo di presente a cosi fatte materie» (Vedi Appendice).

La risposta evasiva di Angeloni, come altre sue reazioni di fronte alle richieste specifiche di Peiresc rivelano gli orientamenti estetizzanti del letterato il quale, collezionista di meraviglie e di rarità, si dedicava a considerazioni stilistiche che esulavano dagli interessi documentari del filologo Peiresc.

Durante il suo apprendistato «filosofico» presso Cassiano ed i Lincei, Poussin aveva imparato ad approfondire le sue conoscenze letterarie attraverso lo studio delle fonti visive, l'analisi iconografica e l'apprezzamento forrnale delle opere antiche nei loro contesti storici. Quando, nei primi anni Trenta, il pittore approdava nella cerchia tradizionalmente artistica e poetica dell' Angeloni, l'impatto dovette essere radicale. Conservatore del più ricco nucleo di disegni dei Carracci rimasto a Roma, Angeloni riportava Poussin nell'universo letterario e poetico che il pittore aveva conosciuto durante la sua frequentazione del Marino suo primo patrono. Certo, la maestria del grande poeta napoletano e la sua carica vitale non potevano essere paragonate al rigore curiale del provetto segretario ternano, al suo curioso eclettismo, ma in entrambi i casi Poussin ebbe modo di discutere sulle riflessioni del poeta e del letterato sulla creazione artistica, sull'invenzione, sull'espressione in pittura delle passioni, dei sentimenti e della poesia. Sia col Marino che con Angeloni, il pittore si trovo partecipare a dotti conversari sulla storia delle forme figurative, delle "maniere" delle diverse "Scuole". Riflessioni senza dubbio lontane dal breviario documentario degli iconografi Lincei, dal radicato principio didascalico della loro «Pittura Filosofica» intesa come efficace veicolo dimostrativo e didattico[62].

Anni dopo, a Parigi, fu Poussin a ricordarsi della promessa fatta da Peiresc a Francesco Angeloni. Riuscendo ad ottenere i finanziamenti

Fig. 12. Nicolas Poussin, *L'Infanzia di Bacco,* olio su tela, Museo del Louvre, Parigi. Il dipinto fu commissionato da Cassiano Dal Pozzo.

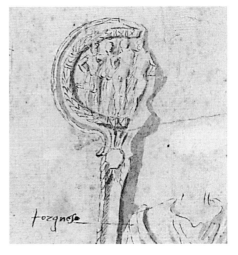

Fig. 16. Nicolas Poussin, *Studi di antichità diverse*
(vedi sopra fig. 15), dettaglio dello specchio etrusco
raffigurante «*Ajace e i Dioscuri*» passato dalla collezione
di Natalitio Benedetti a quella di Francesco Angeloni.

Fig. 15. Nicolas Poussin, *Studi di antichità diverse sul tema del sacrificio,* penna, inchiostro e bistro su carta bianca, mm. 268 x 180.
Malibu, The J. Paul Getty Museum (86. GA. 467 r.)

Fig. 17. Artista del *Museo Cartaceo* vicino a Poussin, *Due vedute dello specchio
raffigurante «Ajace e i Dioscuri»,* penna, inchiostro e bistro su carta bianca,
mm. 295 x 209, Londra, The British Museum, Department of Greek and
Roman Antiquities, (vedi I. Jenkins, *Newly Discovered drawings from the Museo
Cartaceo in the British Museum,* in *Cassiano dal Pozzo, Atti del Seminario
Internazionale di Studi,* a cura di F. Solinas, pp. 160-2, n. 58).

della Corona francese per la pubblicazione dell'*Historia Augusta*, il pittore soddisfa-
va l'anziano maestro del Bellori e, onorando la memoria del grande Peiresc, solveva
il debito di Cassiano[63].

Qui solo accennati, gli indizi probanti dell'attività di Poussin per il *Museo
Cartaceo* e lo stretto legame che unì il pittore al Cavaliere saranno sviluppati in una
ricostruzione più estesa della storia della raccolta.

APPENDICE

Lettera di Francesco Angeloni a Nicolas Fabri de Peiresc sulle «patere» di metallo di Natalitio Benedetti (Paris, Bibliothèque nationale de France, *Ms. N.a. f. 1209* fol. 23 r.v.)

Ill.mo Signore et Padrone mio Colendissimo

Non ho maggior godimento, che di vedere esercitata da V.S.Ill.ma l'autorità sua sopra di me. et le cose mie. Il Signor Menetriè formò, et fece gittar di metallo, a sua voglia, la Patera, havendogliela io lasciata per tale effetto. Vorrei recarne l'historia vera ma non posso, se non solo, notificar, che io l'hebbi con altri metalli comperati da uno di Foligno, che li portò gli anni addietro in Roma per venderne, essendo mancato Natalitio Benedetti, che con medaglie, et altre curiosità, ne fece per suo gusto buona raccolta.

Ne tengo un' altra poco minore, ma affatto rotonda e senza manico, entrovi una figura ignuda quasi in atto di volare, havendo l'ali lunghe e distese: si porge all'odorato un fiore con la destra mano, mentre sostiene con l'altra una lira, et ha ai piedi cosa simile a due alette.

La terza era conforme alla gittata, ma le si ruppe il manico, e ne sta senza: contiene due figure ignude sedenti in atto di parlar insieme: l'una stringe un'hasta con la destra, et posa la sinistra sopra uno scudo, l'altra posando nell'istessa guisa la destra, distende la sinistra ad un bastone: ma // *verso* // sono ambedue senza lettere, e di maestri più tosto cattivi, che no. Io non posso applicar molto tempo di presente a così fatte materie e per altre occupationi, che con mio travaglio, pur mi tengono lontano del godere la quiete propostami. Vado tuttavia procurando d'isbrigarmene se sarà possibile, ma in qualunque guisa serbo ben l'animo mio divotissimo verso la persona e il gran merito di V.S.Ill.ma a cui prego felicità, et fò riverenza.

Di V.S.Ill.ma Humilissimo Servitore Divotissimo

Franceso Angeloni.

* Per i loro preziosi consigli, per la documentazione fotografica, per notizie e ragguagli tengo a ringraziare Marcello Aldega, Amanda Claridge, Silvia Ginzburg, Sir Denis Mahon, Henrietta McBurney, Louis Antoine Prat, Pierre Rosenberg e Sebastian Schütze.

1. F. Baldinucci, *Notizie dei Professori del Disegno, da Cimabue in qua*, a cura di P. Barocchi, Firenze,1975, vol. V, p. 310-21, l'apprendistato del pittore è descritto alla pp. 313-14 (d'ora innanzi: Baldinucci); su alcuni dei giovani artisti impiegati da Cassiano nella costituzione del *Museo Cartaceo,* vedi N. Turner S*ome of the Copyists after the Antique employed by Cassiano, in The Paper Museum of Cassiano dal Pozzo,* (Catalogo della Mostra, London the British Museum, Maggio-Agosto 1993), a cura di N. Turner (d'ora innanzi: Turner) pp. 27-37 (vedi sotto nota 16).

2. Per le virtù ricercate negli artisti impiegati da Cassiano è emblematica la lettera di presentazione per Bernardino Capitelli, scritta dal pittore Giovan Battista Giusti Ammiani a Cassiano da Siena il 7 marzo 1626. Nella missiva l'incisore è presentato come versato:
    « ... nell'una (la pittura) come nell'altra professione (l'intaglio d'acqua forte)» e inoltre, Capitelli:
    « E' giovane d' ingegno, di azione. e di maniera, et ha oltre alla protezione qualche ornamento come di suono ed altro, e lo riputo tale da far onorata riuscita sotto l'ombra e protezione di V.S.Ill. ma, e con sua soddisfazione...»
    G. G. Bottari, *Raccolta di Lettere sulla Pittura Scultura e Architettura* Roma 1757 (seconda edizione) tomo I (d'ora innanzi: Bottari), pp. 249. Vedi inoltre la «vita» di Giovan Battista Ruggeri l'artista-erudito,. che conosceva il greco e il latino e si dilettava di poesia in G. Baglione, *Le Vite de' Pittori Scultori et Architetti (...),* Roma 1649 (seconda edizione) (Velletri, 1924) (d'ora innanzi: Baglione), pp. 360-2. Ruggeri ingaggiato dal Marchese Vincenzo Giustiniani, per la sua *Galleria* (cf. sotto nota 25), estensivamente «ritrasse altre opere antiche per il Signor Cavalier Dal Pozzo», fu probabilmente grazie a lui che l'artista ottenne la commissióne della *Natività* dipinta ad affresco nel Chiostro di Santa Maria sopra Minerva.

3. Le minuta di lettera scritta da Cassiano il 15 novembre 1654 a Rehinold Dehn S.J. conservatore delle raccolte imperiali a Vienna è pubblicata in A. Nicolo', F. Solinas, *Cassiano dal Pozzo: appunti per una cronologia di documenti e disegni (1612-1630),* in *Nouvelles de la République des Lettres,* II, 1987, pp. 59-110 (pp. 96-97). In questa, dopo aver elencato tutte le novità del mercato antiquario romano, comprese la vendita della collezione di Paolo Vitelleschi e la dispersione del Museo del defunto Francesco Angeloni, Cassiano afferma, dichiarando di non aver presso di sé cosa «di momento» in materia d'antiquaria: «... non ho tuttavia perdonato a spesa in raccorne le notizie, havendo fatto da giovani ben intendenti del disegno copiar per lo spatio di molt'anni, e continuando anco di presente tutto quel di buono, che habbi osservato ne' marmi, e metalli che fussero capaci di suggerir qualche notitia riguardevole dell'antico. Questo Museo, dirò Cartaceo, è diviso in molti tomi, ne' quali hebbi pensiero d'imitar la fatica, che fece Pirro Ligorio famoso antiquario, pittore, et architetto...».

4. E' il caso dello stesso Poussin, probabilmente incontrato da Cassiano nell' accademia del Domenichino, sul rapporto tra i due pittori vedi R. Spear, *Domenichino,* New Haven and London 1982, 2 voll., vol. I, pp. 105-8. La frequentazione dell'accademia di Domenichino da parte di Poussin è riportata anche nella biografia dell'artista scritta da G. P Bellori in *Le Vite de' Pittori. Scultori e Architetti Moderni,* ed E. Borea, Torino 1976, pp. 421-81 (d'ora innanzi: Bellori), dove il critico ricorda che Poussin: «Circa il naturale frequentava l'Accademia del Domenichino, che era dottissima, e venero sempre questo sopra ogn'altro maestro del suo tempo» (p. 427). Anche il Testa, secondo Baldinucci (V, p. 310) aveva, al suo arrivo a Roma: « trovato modo di farsi conoscere a Domenico Zampieri bolognese, detto Domenichino, pittore da lui siccome da ogni altro, allora stimatissimo in Roma, col mostrargli quei suoi disegni. sorti di essere ammesso nella sua scuola.» Cassiano dovette incontrare il Domenichino nei suoi primi anni a Roma (1612-1619), mentre l'artista era impegnato nella decorazione a fresco della Cappella Polet in San Luigi dei Francesi. Il ciclo decorativo con scene della *Vita e del martirio di Santa Cecilia* è uno dei primi e più riusciti saggi di trasposizione in pittura delle ricerche filologiche e antiquarie del tempo: la scena con la condanna della Santa (1615-1619) è infatti costellata di elementi e dettagli tratti dall'antico. Nel 1621, grazie a Cassiano, Domenichino ottiene dal Vescovo di Volterra Bernardo Inghirami la commissione per la pala raffigurante la *Conversione di San Paolo* per la cappella di famiglia nella Cattedrale di quella città (vedi Spear, cit, vol. I, pp. 229-232). In quel caso il Cavaliere funse da vero e proprio agente: in cambio dei suoi servizi, Cassiano aveva chiesto all'amico Vescovo Inghirami vasi e tazzette in alabastro. Com'è evidente dai suoi primi lavori nella capitale papale, soprattutto nella stanza del

palazzo Giustiniani a Bassano di Sutri (1609) e nella Cappella di Santa Cecilia, l'artista utilizzava modelli antichi certamente fissati precedentemente in disegni ed appunti grafici; il disegno dall'antico era del resto una delle prerogative dell'insegnamento della sua accademia. Appartenente al nucleo del *Museo Cartaceo* passato nella collezione Stirling-Maxwell (vedi sotto nota 16) e ora in una raccolta privata, il disegno qui presentato (fig. 1) (carboncino su carta bianca, mm. 300 x 215) è affine ad alcuni fogli del maestro bolognese oggi a Windsor, quali ad esempio il n. 1712 ed altri appartenenti alla serie dei vasi e delle lampade (J. Pope-Hennessy, *Domenichino Drawings in the Royal Library at Windsor Castle*, London 1948, nn.1711-1733). Certi particolari delle opere di Domenichino, come il tripode nella *Condanna di Santa Cecilia*, o l'altare votivo nell'*Angelo Custode* di Capodimonte (1615) potrebbero suggerire una possibile datazione del foglio ex Stirling Maxwell. Per l'intrinsichezza di Domenichino con Cassiano, vedi anche la sua lettera scrittagli da Napoli il 23 gennaio l 632 (Bottari, cit., pp. 260-1) nella quale l'artista per scusarsi del ritardo di una consegna, dichiara in apertura: « L'Autorità, che V. S. tiene sopra la persona mia, l'opinione, che sopra i meriti ha mostrato haver sempre delle mie opere, e l'efficacia de' suoi comandamenti, mi somministrano materia di grandissima confusione …»

5. Nicolas Fabri de Peiresc (1580-1637), ad esempio, assiduo corrispondente del Cavaliere, gli raccomandava il suo pittore e disegnatore Mathieu Fredeau il quale, partendo per il «viaggio d'Italia» non poteva mancare d'incontrarlo e di riceverne i favori (vedi la lettera di Peiresc a Cassiano dell'8 novembre 1634, Montpellier, Bibliothèque de l'École de médecine, Ms. H 271 [d'ora innanzi: Ms. H 271, fol. 140 r.).

6. Sulle vicende biografiche del Testa e sul suo carattere "saturnino", vedi E. Cropper, *The Ideal of Painting Pietro Testa's Düsseldorf sketchbook*, Princeton, 1984, pp. 11- 64 e, della stessa autrice: *Pietro Testa: 1612-1650: The Exquisite Draughtsman from Lucca*, in *Pietro Testa (1612-1650) Prints and Drawings*, (Catalogo della Mostra, Philadelphia Museurn of Art, Novembre-Dicembre 1988) a cura di E. Cropper (d'ora innanzi: Cropper), pp. XI-XXXVII.

7. Giulio Mancini, Giovanni Baglione, Giovan Battista Passeri e Giovanni Pieto Bellori conobbero sia Cassiano che Poussin. Su Mancini e Cassiano, su Bellori e Cassiano, vedi il mio *Poussin et Cassiano dal Pozzo. Notes et Documents sur une collaboration amicale*. in *Actes* du *Colloque Poussin*, a cura di A. Mérot, Paris, 1995, (d'ora innanzi *Poussin et Cassiano*). Baglione (pp. 338, 361) ricorda Cassiano sia per aver arruolato Giovan Battista Ruggeri come disegnatore del *Museo* (vedi sopra nota 2), sia per la sua protezione di Valentin de Boulogne nella cui biografia aggiunge alcune notizie su Poussin. G.B.Passeri, *Vite de' Pittori e Scultori ed Architetti che hanno lavorato in Roma morti dal 1641 al 1673*, Roma 1672, nella «Vita di Poussin» (pp. 343-59), ricorda *en passant* il rapporto con il 'fiorentino' Cavalier Dal Pozzo che è descritto come un uomo universale: «Cavalier Cassiano Dal Pozzo Fiorentino, persona dotata di somma virtù ne' costumi, illustre per la dotrina, ed erudizione di ogni studio, ed insieme generoso, ed amatore di rari e peregrini ingegni…» Per i rapporti tra la vita di Passeri e quella di Bellori, vedi lo storico saggio di J. Hess, *Kunstgeschichtliche Studien zu Renaissance und Barock*, Roma, 1967, pp. 7-70.

8. Gli accenni alla protezione svolta dal Dati sul giovanissimo Baldinucci si ritrovano tra le minute delle lettere scritte dall'erudito al principe Leopoldo, queste, assieme ad altri documenti inediti su Carlo Roberto Dati e i rapporti artistici ed eruditi tra Firenze e Roma alla metà del Seicento saranno presentati in un mio prossimo lavoro.

9. Per il posto riservato da Bellori a Cassiano nella biografia di Poussin, vedi *Poussin et Cassiano*.

10. Cassiano fu nominato Cavaliere e Commendatore nel mediceo Ordine dei Cavalieri di Santo Stefano nel 1599. Figlio del capo della polizia granducale e nipote dell'Arcivescovo di Pisa Carlo Antonio dal Pozzo (1547-1607), Cassiano fu protetto dal granduca Ferdinando I e dal Cardinale di Firenze Francesco Maria Del Monte (1549-1626), vedi D. Sparti, *Le collezioni dal Pozzo. Storia di una famiglia e del suo museo nella Roma secentesca*, Modena, 1992 (d'ora innanzi: Sparti) soprattutto le pp. 26-28.

11. Per il viaggio del principe Leopoldo di Toscana a Roma nel 1650 in compagnia del fratello principe Matthias. vedi L. Giovannini, *Lettere di Ottavio Falconieri a Leopoldo de' Medici*, Firenze, 1984 (pp. 42-3 e note). Cassiano era allora uno dei personaggi più in vista della corte, la riappacificazione tra i Barberini e i regnanti Pamphilij aveva giovato anche al Cavaliere, il quale, durante la disgrazia dei nipoti di Urbano VIII era comunque rimasto a Roma allontanandosi dalla corte con il pretesto di una caduta che lo aveva reso inabile a camminare. Nel 1649, al colmo del suo prestigio

internazionale, Cassiano aveva ricevuto Velasquez; nel 1650, le sue ascendenze e le cariche toscane (vedi sopra nota 10) rendevano lui e la sua casa un punto di riferimento obbligato per i principi medicei che aveva incontrato e frequentato bambini nel 1626, durante il suo lungo soggiorno alla corte fiorentina, di ritorno dalla legazione in Spagna. In una lettera pubblicata in Giovannini, cit. (p. 43 e n.), Leopoldo scrive da Roma al fratello Ferdinando II: «in hore poi libere da si fatte occupazioni *(visite di cortesia)* mi sono appagato d'andar vedendo ne' gabinetti e nelle Botteghe più celebri Medaglie, Pitture e Statue…». In una lettera a Carlo Dati, Carlo Antonio Dal Pozzo ricorda che Cassiano fu incaricato da Francesco Barberini di andare a ricevere e di far visitare Roma al gran principe di Toscana il futuro Cosimo III, figlio di Ferdinando II e nipote di Leopoldo, vedi F. Solinas, *Cassiano dal Pozzo. Il Ritratto di Jan Van den Hoecke e l'Orazione di Carlo Dati,* (soprattutto l'appendice 2) in corso di stampa sul *Bollettino d'Arte* (d'ora innanzi: *Il Ritratto*).

12. Nelle lettere scritte dal Dati al suo ritorno a Firenze, il letterato chiedeva a Cassiano, a più riprese documentazione visiva sulla *Nautica* degli antichi Romani insistendo particolarmente su alcune copie da Pirro Ligorio (T. Cicconi, *Lettere inedite di alcuni Illustri Accademici dell Crusca che fanno testa in lingua,* Pesaro, 1835). In una delle sue inedite risposte al Dati, Cassiano prometteva copie di altre immagini sempre sul soggetto della *Nautica* antica. Queste erano tratte sia da bassorilievi, sia dai codici del Sangallo e del Ligorio, come anche da quel gigantesco "ruotolo" che, disegnato da Girolamo Muziano e riproducente i rilievi della Colonna Traiana, fu acquistato dal Cavaliere alla morte dell'amico Francesco Villamena nel 1624. Scriveva Cassiano a Carlo Dati nell'inedita del 22 agosto 1654: «Da un Libro di varij disegni del Sangallo che fu già della buona memoria del Signor Marcello Saccheti si copiorno figure molto più a proposito *{della nautica antica}.* Accennerà V.S.Ill. ma il senso suo *{lo scopo della sua ricerca}* che si procurerà di servirla nel meglior modo che si potrà. In marmo oltre quello che si vede nella Colonna Traiana, della quale il disegno del Mutiano si ha qui in casa, s'osservò in un fragmento d'un basso rilievo non so che in questa materia di Triremi, o' Quadriremi, et è al Palazzo Barberino alle 4 fontane. Nel Musaico della Fortuna Prenestina, Litostroto famoso per la mentione che ne fa Plinio nella sua Historia Naturale, vi si vede un Vascello, che ravvisa assai alle Galere del tempo nostro. Il Ligorio dice haver cavato assai da medaglie antiche, e certo, che par gli si possa credere perchè passorono per le sue mani antichità grandi. V.S.Ill.ma comanderà e sarà servita.» (Firenze, Biblioteca Nazionale, Fondo Baldovinetti, *Carte Dati,* 258.V. 10) Forse rappresentato nel disegno appartenente al *Museo Cartaceo,* pubblicato ed illustrato da A. Claridge, in Turner, scheda 1, (fig. 2), il marmo Barberini era per la sua iconografia accostato ai disegni di Pirro Ligorio e ai particolari della Colonna Traiana che, in casa Dal Pozzo, Poussin poteva facilmente copiare sia dal "ruotolo" del Muziano, sia dai calchi acquistati dal Cavaliere. Per i «disegni antologici» con soggetti inerenti alla *Nautica* degli antichi, eseguiti da Poussin da stampe cinquecentesche e dai rilievi della Colonna Traiana, vedi sotto a nota 40 e Fig. 3. Per l'importante collaborazione tra Dati. Cassiano e Poussin sull' argomento della pittura antica, vedi *Poussin et Cassiano.*

13. Contemporaneamente al progetto di pubblicazione del *Museo Cartaceo* ad opera di Bernardino Capitelli (1590-1639) e Vincenzo Leonardi (attivo 1620-1646) iniziato verso il 1626 e abbandonato dopo una decina di saggi ad opera dei due artisti, Cassiano avviava, a spese del Cardinal Francesco Barberini e in collaborazione con l'antiquario del prelato, il francese Claude Ménestrier, la pubblicazione completa dei codici ligoriani allora divisi tra la Biblioteca dei duchi di Savoia e quella dei Farnese cf. *Poussin et Cassiano* (vedi sopra a nota 12).

14. Sull'attività svolta da Cassiano per i Lincei a partire dal suo ingresso nel 1622, vedi F. Solinas, *Percorsi Puteani: note naturalisti che ed inediti appunti antiquari* in *Cassiano dal Pozzo, Atti del Convegno Internazionale di Studi* (Napoli, 18-19 dicembre 1987) a cura di F. Solinas, Roma, 1989 (d'ora innanzi: Atti) pp. 95-129 (soprattutto pp. 95-105): vedi inoltre il primo fascicolo dei *Quaderni Puteani, Cassiano Naturalista* a cura di J. Roberts, Milano, 1989 e il mio saggio introduttivo al *Catalogue Raisonné of the Cesi-Dal Pozzo Drawings of Fossils in the Royal Library Windsor Castle* (in corso di pubblicazione)

15. A. Félibien, *Entretiens sur les vies et les ouvrages des plus excellents peintres,* vol. II, Londra 1705, p. 597.

16. Non è ancora stato condotto un lavoro sui fogli di maestri Cinquecenteschi presenti nel *Museo Cartaceo* e sono d'altra parte numerose nel *Carteggio Puteano* le menzioni di acquisti di disegni più antichi: per alcuni casi vedi Turner: scheda 24 (Marco Marchetti da Faenza), scheda 41 (Anonimo Cinquecentesco), schede 20 e 142 (Anonimo Italiano del 1500 circa), schede 87, 150, 151 (Pirro

Ligorio). R. Rubinstein, *A Drawing of a Bacchic Sarcorchagus in the British Museum and folios from a Renaissance sketchbook,* in *Quaderni Puteani 2,* vol. I, pp. 66-78, si è occupata dei disegni dell'Anonimo Italiano del 1500 circa. In alcune giornate di lavoro alla Royal Library di Windsor, Nicholas Turner ha attribuito diversi disegni del Cinquecento, non tutti inseriti in Turner, mentre Rita Parma Baudille (*Disegni dall'antico di Battista Franco e le copie eseguite nell' atelier di Cassiano Dal Pozzo,* in *Nuove ricerche in margine alla mostra Da Leonardo a Rembrandt. Disegni della Biblioteca Reale di Torino,* Torino, 1991, pp. 147-65) ha identificato fogli originali di Battista Franco e copie seicentesche eseguite nell'atelier di Cassiano tra i disegni di Windsor e del British Museum. Un disegno di Battista Franco e numerosi altri fogli di artisti cinquecenteschi erano inclusi nei due volumi del *Museo Cartaceo* passati alla raccolta di William Stirling-Maxwell e quindi dispersi all'asta londinese di Phillips del 12 dicembre 1990 (Catalogo di vendita, *Old Master Drawings. To include an important group of drawings from the Pozzo/Albani Collection,* London, Phillips 12 December 1990). Alcuni tra i disegni più belli recavano a matita sul foglio di montaggio convincenti attribuzioni di alcuni illustri conoscitori. Per le attribuzioni ad artisti contemporanei a Cassiano, quali François Duquesnoy, Pietro da Cortona, Pietro Testa e Giovanni Angelo Canini, vedi Turner, schede 2, 64 (Cortona), 3, 67 (Dusquenoy), 10 (Canini), 5 e numerose altre per i disegni del Testa. Per l'amicizia di Domenichino con Cassiano vedi sopra nota 4.

17. Sul lungo e a tratti oscuro passaggio dei manoscritti e dei disegni Lincei nella biblioteca Dal Pozzo, completato nel 1633 a seguito dell'esame della censura del Sacro Palazzo, vedi A. Nicolo', F. Solinas, *Per una analisi del collezionismo linceo: L'Archivio 32 e il Museo di Federico Cesi,* in A*tti dei Convegni Lincei* 78, Roma, 1986, pp. 194-200 e la mia introduzione al *Catalogue Raisonné,* citato sopra a nota 15.

18. Sulla Biblioteca Dal Pozzo vedi Sparti, pp. 113-25.

19. Sulle censure imposte dal Cardinal Barberini sulle raccolte Dal Pozzo, sulle rimostranze di Carlo Dati e sulla prudenza di Carlo Antonio vedi *Il Ritratto.*

20. Baldinucci, V, pp. 315-16: « Io non solamente vidi queste gioje, fra le altre di sommo pregio, nel palazzo e dentro il museo di questa nobilissima casa, mostratomi dal nobile cavaliere Carl'Antonio dal Pozzo; ma ne hebbi eziandio per lettera notizie insieme con altre appartenenti al Testa…».

21. Sulla stesura dell'*Orazione* funebre, sul carteggio intrattenuto dal Dati prima con Cassiano e poi con Carlo Antonio a riguardo del *Museo* vedi, con documenti inediti *Il Ritratto.*

22. Sul rapporto di dipendenza del borghese Baldinucci dal nobile Dati segretario del principe Leopoldo e suo protettore al suo ingresso in corte, vedi sopra nota 8. Citato sempre con ammirazione nelle *Notizie,* Carlo Dati fa parte di quei personaggi della scena intellettuale e mondana fiorentina che animano ed arricchiscono gli sfondi delle vite dei pittori contemporanei (vedi le esemplari *Notizie di Salvator Rosa,* Baldinucci, V, pp. 437-503, dove il Dati, amico del pittore è nominato ben quattro volte).

23. Bellori, p. 431.

24. Baldinucci, V, p. 314.

25. Su alcuni degli informatori romani di Baldinucci e sui meccanismi della costruzione delle *Notizie,* vedi D. Sparti, *Giotto, ossia «L'Agnolo dei Pittori» nelle indagini di Filippo Baldinucci per le Notizie…,* in *Studi Secenteschi,* vol. XXXV, 1994, pp. 187-198.

26. Vedi soprattutto Cropper, in Cropper, cit. sopra a nota 12. Sulla collaborazione di Pietro Testa al Museo vedi F. Solinas and A. Nicolo', *Cassiano dal Pozzo and Pietro Testa,* in *Testa,* (soprattutto le pp. LXXII- LXXVII) e la «check list» di N. Turner, «The Drawings of Pietro Testa after the antique in Cassiano dal Pozzo's Paper Museum», in *Quaderni Puteani 3,* vol. 2, (a cura di I. Jenkins) Milano, 1992, pp. 127-44, dove lo studioso inglese condivide con Anthony Blunt (*The Drawings of Nicolas Poussin,* New Haven and London 1979, pp. 197-28) l'affermazione baldinucciana dei «cinque gran libri» eseguiti dal Testa per il *Museo Cartaceo.*

27. Cf. Bottari, cit., pp. 273-4 e C. Jouanny, «Correspondance de Nicolas Poussin», *Archives de l'Art français,* t. V, 1911 (1968), pp. 1-2. La datazione del biglietto all'inverno tra il 1625 e il '26 proposta da sir Denis Mahon appare molto verosimile e corrisponde all'esecuzione dell'*Annibale che valica le Alpi* dipinto da Poussin nello stesso periodo, vedi *Poussin et Cassiano.*

28. I dubbi espressi da Blunt, (*op. cit.* sopra a nota 23, pp. 128-144) circa la collaborazione di Poussin all'archivio "scientifico" del Cavaliere derivavano dalla constatazione di una effettiva mancanza di menzioni nelle fonti antiche. Nonostante lo stesso studioso riporti il passo del Bellori che, nella

Vita di François Duquesnoy, descrive i due amici mentre studiavano le statue antiche (Bellori, p. 289), egli conclude che Poussin non eseguì mai disegni dall'antico per il *Museo* e che solo un disegno è a lui attribuibile nei volumi della raccolta al Windsor Castle (RL 11880). Senza molte prove, Blunt sostiene che i disegni di Poussin copiati da bassorilievi o da stampe cinquecentesche furono tutti eseguiti per la documentazione privata dell'artista. Appare al contrario chiaro che tra i fogli del gruppo definito da Blunt «the anthological drawings» (*op. cit.*, pp. 135-6) molti erano palesemente destinati alla presentazione e non alla privata consultazione dell'artista, come invece appaiono altri fogli recanti veloci appunti grafici ed iscrizioni tratte da testi cinquecenteschi quali G. Du Choul, *De la Religion des Anciens Romains*, Lyon, 1555. Questi fogli di appunti certamente appartenevano all'archivio privato, o "zibaldone", del pittore per il quale vedi J. Thuillier, *Poussin*, 1994. Tra i disegni non antologici, il foglio di Bayonne, raffigurante un bassorilievo con una scena di sacrificio (Fig. 4), benchè piuttosto consumato appare rispondere a tutti i requisiti tecnici del *Museo Cartaceo*: accuratezza di rappresentazione e nitidezza del tratto a matita, rafforzato dall'intervento delle acquarellature. Nel dovizioso catalogo di P. Rosenberg, L.A. Prat, *Nicolas Poussin (1594-1665). Catalogue raisonné des dessins*, 2 voll., Milano 1994 (d'ora innanzi: Rosenberg-Prat). i disegni presentati nelle schede: 156-6 1 , 166, 169-71, 178-80, 189-86, 189-90, 193-201, 2078, 210-11, 227, 228 (vol. I) potrebbero essere disegni eseguiti per la presentazione o costituire le prime tracce di copie dal vero destinate, una volta finite, alla presentazione. Questi fogli poterono facilmente aver fatto parte di un volume di disegni appartenuto a Cassiano. I disegni del pittore inseriti nel suo "zibaldone" personale potrebbero essere quelli presentati in Rosenberg-Prat, schede: 202-5, 209. L'atteggiamento di Blunt è ancora oggi molto diffuso e purtroppo coinvolge anche i disegni copiati da Poussin dai rilievi della collezione Giustiniani che, per ragioni tecniche non sempre comprensibili, lo studioso inglese considerava come fogli eseguiti *d'après* le stampe dei due lussuosissimi volumi della *Galleria*, pubblicati «in casa» nel 1635 (vol. I) e nel 1637 (vol. II), su carta fatta fare apposta, per volere del proprietario marchese Vincenzo Giustiniani (sulla impresa e sugli autori, vedi E. Cropper, *Vincenzo Giustiniani's «Galleria»: The Pygmalion Effect*, in *Quaderni Puteani 3*, vol. II, Milano, 1992, pp. 101-126). Benchè appaia storicamente e visivamente difficile da sostenere, questa ipotesi è divenuta una convinzione della critica. Le variazioni presenti nei disegni rispetto alle stampe, la leggerezza e la velocità evidenti in taluni di questi fogli (Rosenberg-Prat, schede 229-41: soprattutto i nn. 233, 234, 236, ancora quasi domenichineschi), come l'accuratezza filologica di altri (*Ibidem*, n. 231, che reca ombre e proporzioni diverse rispetto alla stampa e riporta l'iscrizione greca del marmo antico non inclusa nella stampa) rendono i disegni Giustiniani di Poussin schizzi e appunti eseguiti dal vivo. Negli anni 28-30, Poussin frequentava il palazzo del marchese Giustiniani, committente della sua celebre *Strage degli Innocenti* di Chantilly, e non c'è ragione per la quale l'artista, amico di Duquesnoy, di Claude Mellan e del Testa, non potesse disegnare assieme a loro le anticaglie del Marchese. La certezza di Blunt vedeva un Poussin "nobile" e "stoico" comodamente seduto nella sua piccola casa di via Paolina (sulla quale, vedi D. Sparti (1996) negli Atti del *Colloque Poussin* a cura di A. Mérot) disegnare copie finite *d'après* le stampe eseguite dai suoi compagni per la *Galleria Giustiniana*. Ma questa convinzione non può applicarsi né alle sculture Giustiniani, né tanto meno alla Colonna Traiana (vedi sopra a nota 12 e sotto a nota 42). Tendente a sfalzare la cronologia dell'opera grafica del pittore, questa ipotesi impedisce, a mio avviso, una corretta collocazione dei fogli riproducenti le antichità Giustiniani che hanno una datazione precedente a quella proposta dalla critica in base alla sortita dei due volumi di stampe. I due volumi della *Galleria*, costosissimi anche all'epoca e riservati ai dignitari di rango e a grandi collezionisti di tutta Europa, non compaiono tra i libri posseduti dal Pussino nel suo inventario post-mortem (vedi Sparti 1996).

29. G. Mancini, *Considerazioni della Pittura* (a cura di A. Marucchi, L. Salerno), 2 voll., Roma, 1956-7, vol. I, p. 261 dove si ricorda l'erudizione del pittore, la sua capacità nell' esecuzione di «qualsivoglia historia» e la frequentazione nei suoi primi tempi a Roma delle «accademie dal vivo». Nel '27-'28, secondo Mancini, Poussin era comunque: «di aspetto e costume nobile», questa notazione è importante per la datazione del disperato biglietto scritto a Cassiano (vedi sopra nota 27) che Sir Denis Mahon ritiene giustamente rimontare al 1625.

30. Sulla stesura e sulle ragioni politiche e diplomatiche dell'inserimento della biografia di Poussin nelle «Vite» di Bellori, vedi in questo stesso volume G. Perini, *Il Poussin di Bellori*.

31. Passeri (p. 51) dove ricorda le campagne di studio dall'antico condotte da Poussin in compagnia di Duquesnoy: « ... con quello [Duquesnoy] passava i giorni in disegnare le più rare cose di Roma, tanto di statue, e basso rilievi antichi, quanto di pitture di Raffaele, e di Giulio.»

32. Bellori, pp. 426-7, il quale descrive Poussin copista dall'antico e dai dipinti di Tiziano conservati nella Villa del Cardinal Ludovico Ludovisi, attività condivise con François Duquesnoy che permisero ad entrambi gli artisti di rafforzare i loro legami con il Domenichino, allora operante per lo stesso Cardinale. Di conseguenza, Bellori dipinge un Poussin comunque romanticamente solitario e traduce le sue campagne grafiche nelle elegiache «passeggiate romane» di un Poussin già stendhaliano: « Ma così grande in quell'età era in Nicolò la brama d'imparare, che sin le feste, sviato da' compagni a spasso ed a giuocare, il più delle volte quando poteva li lasciava e se ne fuggiva solo a disegnare in Campidoglio e per li giardini di Roma».

33. Catalogo della vendita, cit. sopra a nota 16, n. 331. La pagina, presentava le tracce d'assemblaggio tipiche dell'atelier di Cassiano. Come molti altri di questo nucleo, il montaggio di questa pagina fu realizzato attorno al 1650 utilizzando materiali non più inseribili o non attinenti agli altri volumi rigorosamente tematici del *Museo Cartaceo*. Fu questa la caratteristica di molti dei montaggi dei fogli di questo nucleo «artistico» della raccolta di Cassiano. Numerosi fogli presentano bizzarri accostamenti di generi non legati da nessi tematici, ma i disegni sono spesso di alta se non di altissima qualità, come ad esempio il foglio sul quale erano accoppiati uno straordinario progetto per cornice di Alessandro Algardi ed uno studio per un camino farnesiano attribuito all'entourage di Perin del Vaga (n. 282).

34. Sulla storia dei disegni acquistati da James Adam per Giorgio III, vedi H. McBurney, *The later history of Cassiano dal Pozzo's «Museo Cartaceo»*, in *The Burlington Magazine*, CXXXI, 1989, pp. 549-53 e *The «Fortuna» of Cassiano dal Pozzo's Paper Museum*, in Turner, pp. 261-66. Già nel Settecento i due volumi ex Stirling-Maxwell furono separati dal nucleo principale della Royal Library, passati in seguito nella collezione privata di Richard Dalton, bibliotecario di Giorgio III, i disegni furono quindi acquistati da Charles Townley (vedi il Catalogo di vendita, cit. sopra a nota 16) assieme ai disegni dall'antico del gruppo «Franks», oggi al British Museum.
La collezione Townley fu dispersa in un'asta pubblicca nel 1865. Nei due volumi Stirling-Maxwell erano inclusi cinque disegni montati su due fogli raffiguranti particolari di bassorilievi con scene bacchiche (Cat. cit. nn. 233 e 254) (figg. 9,10). I cinque disegni (penna inchiostro e bistro e tracce di matita) possono essere ascritti ad un artista vicino a Poussin operante per il *Museo Cartaceo* nei primi anni Trenta. Interessanti i raffronti tra i cinque disegni ex Stirling-Maxwell con taluni particolari del *Baccanale davanti ad un erma*, del *Trionfo di Pan* (entrambi alla National Gallery di Londra) (Figg. 11, 12) e del *San Giovanni Battista che battezza il popolo* del Louvre. Sul verso dei due fogli si trovano uno studio prospettico di pavimento e uno studio di scala, entrambi disegnati a matita e ripassati a penna.

35. Venduto clandestinamente all'inizio di questo secolo, un volume contenente disegni dall' antico fu in seguito smembrato e ogni foglio fu venduto singolarmente. Alcuni di questi disegni riappaiono regolarmente in gallerie e vendite pubbliche. Sulle dispersioni avvenute all'inizio del secolo a Windsor, vedi i contributi di H. McBurney, citati sopra a nota 34, la quale con segnalazioni provenienti da tutto il mondo tenta metodicamente la ricostruzione dei volumi mancanti.

36. *Ibidem.*

37. Sulla scoperta e sulla consistenza dell'archivio iconografico dei Lincei, ritrovato nel 1984 nella Biblioteca dell'Institut de France a Parigi, vedi A. Alessandrini, G. De Angelis, P. Lanzara, *Il Theatrum plantarun di Federico Cesi nella Biblioteca dell'Institut de France,* in *Atti dei Convegni Lincei,* 78, Roma 1986, pp. 315-25. Per una scansione cronologica del corpus e per altre considerazioni sugli artisti lincei, vedi la mia introduzione al *Catalogue raisonné* cit. sopra a nota 14.

38. Filippo Napoletano fu un artista particolarmente amato da Cassiano (vedi S. Rinehart, *Cassiano Dal Pozzo (1588-1657). Some unknown letters,* in *Italian Studies,* XVI, 1961, pp. 35-59). Questi lo conobbe quando il giovane, appena arrivato a Roma da Napoli frequentava il museo-laboratorio del Linceo Dottor Johann Faber (1574-1629). Al suo ritorno a Roma dopo la lunga parentesi fiorentina alla corte di Cosimo II de' Medici (1615-1621), Filippo fu aiutato da Cassiano nell'ottenimento di numerose commissioni di dipinti e di cartoni per arazzi per i Cardinali Francesco e Antonio Barberini. Alla sua morte prematura, nel 1629, le straordinarie raccolte etnologiche del pittore furono presto disperse (vedi Baglione, pp. 333-34, il quale però non precisa che molti oggetti furono

acquistati dallo stesso Cassiano e dal letterato Francesco Angeloni). Evidentemente rimasto alla vedova, un «Libro dei disegni di Filippo Napoletano» fu offerto ed inviato a Cassiano da Napoli nel 1648 dal suo corrispondente Fabrizio Piermattei. Chiedendo in cambio un dipinto o qualche "gentilezza" per il suo gabinetto di curiosità, a scelta e discrezione del Cavaliere, Piermattei gli scriveva nell'inedita del 7 dicembre di quell'anno:

« Ill.mo Signore Padrone mio Colendissimo,

Mando a V.S.Ill. ma il libro di Filippo Napolitano, che per contenere cose varie le servirà almeno di vederlo, di passatempo essendo il ridotto delle fatiche di quel valent' homo. In caso che le riesca di suo genio e che stimi a proposito il collocarlo tra le cose nobili, et esquisite ch'ella ha messo insieme per beneficio e sostentamento dell'arti nobili, il libro è suo e godo che habbia questa buona sorte di formarsi alle sue mani, né altro desidero.» (Roma, Biblioteca dei Lincei e Corsiniana, *Carteggio Puteano* vol XI c. 14r.)

Dalla descrizione, il volume doveva comprendere molti disegni eseguiti dal pittore durante il suo perido «Linceo», durante il suo soggiorno fiorentino e al suo ritorno a Roma. Questo volume potrebbe forse identificarsi con quello che, acquistato in Italia da Jean Baptiste Wicar e quindi smembrato, comprendeva lo straordinario nucleo grafico di Filippo identificato da Marco Chiarini al Museo di Lille sul quale vedi :B. Brejon de Lavergnée, *Renaissance et Baroque* (Catalogo della mostra, Lille, dicembre 1989-febbraio 1990), Milano 1989, schede numeri: 73-74 e M. Chiarini, *Bellezze di Firenze. Disegni Fiorentini del Seicento e del Settecento dal Museo di Belle Arti di Lille,* (Catalogo della mostra, Firenze, ottobre-dicembre 1991) Milano 1991, schede numeri: 54-153.

39. Rosenberg-Prat, numeri: 156, 157, 158, 159, 160, 161, 169, 170, 171, 178, 179, 180, 182-187, 189-191, 193-201, 206, 207-211, 227, 228.

40. *Ibidem*, n. 160, dove si identifica il bassorilievo rappresentato, oggi agli Uffizi, e si segnata un altro foglio dello stesso marmo eseguito da altra mano tra quelli del *Museo Cartaceo* (RL 8273).

41. *Ibidem*, n. 201; sempre a Chantilly, gli altri due disegni relativi alla *Nautica* degli antichi copiati da stampe di Giulio Romano e di Polidoro (*ibidem*, nn. 178, 183) sono inerenti alle ricerche tematiche del Cavaliere e furono probabilmente visti da Carlo Dati durante il suo viaggio a Roma nel 1651-2. Interessato all'argomento, una volta ritornato a Firenze, il letterato fiorentino richiedeva documentazione iconografica sul soggetto, specificando la necessità di ottenere copie da Pirro Ligorio, per la risposta di Cassiano, vedi sopra nota 12; sempre copiato dalla Colonna Traiana è il foglio di Chantilly raffigurante personaggi Daci (*ibidem*, n. 195).

42. I calchi della colonna Traiana, acquistati da Cassiano, tenuti in casa e da lui donati, o piuttosto venduti, a Chantelou sono ricordati in una letterra di George Conn allo stesso Cavaliere.

43. Oltre ad un eventuale volume dei disegni "antologici" di Poussin, altri disegni del maestro francese erano stati conservati «sciolti» nella biblioteca dal Pozzo, separati cioè dal resto del *Museo*, forse in una cartella, o in una scatola come il «ruotolo» del Muziano. Vedi a proposito i documenti inerenti al trasporto della biblioteca Dal Pozzo alla Vaticana (1703) pubblicati in Sparti, pp. 120-121.

44. Per la storia del *Ms.A.IV.16.* del *Carteggio Puteano*, vedi A. Nicolo', *Il carteggio puteano: ricerche e aggiornamenti*, in Atti, pp. 15-24. per i suoi contenuti e per i criteri di scelta e di trascrizione adotatti da G.G. Bottari, vedi G. Perini, *Gli Scritti dei Carracci*, Bologna 1990 e, della stessa studiosa: *Le lettere degli artisti da strumento di comunicazione a documento a cimelio*, in *Documentary Culture. Florence and Rome, from Grand-Duke Ferdinand I to Pope Alexander VII* (Villa Spelman Colloquia III) a cura di E. Cropper, G. Perini, F. Solinas, Bologna 1992, pp. 165-183. A questi si può aggiungere l'inedita lista manoscritta redatta dall'abate Gaetano Bianchi riguardante le lettere artistiche inviate a Cassiano presenti contenute nel *Ms. A. IV.16* del *Carteggio Puteano*. Composta probabilmente prima dell'edizione del primo volume del Bottari (1752), la lista si trova tra le carte di Gaetano Bianchi nel *Ms. Vat. Lat. 9117* fol. 58r. L'abate ricorda velocemente:

« Lettere al Pozzo di vari Pittori, che erano nel Libro Albani (:)

Sono inedite le seguenti (:)»

[segue un indice delle carte dove solo quelle del Poussin sono sottolineate]

«p. 4. 5. 12. 13. 14. 17. 18. 19. 20. 22. 24. 26. 27. 28. 32. 33. 37. 43. 44. 45. 46. 48. 49. 54. 55. 56. 57. 58. 59. 60. 62. 64. 65. 66. 67. 6a.71.72. 78. 83. 86. 94. 95. 96. 97. 99. 102. 104. 106. 107. 111. 112. 117. 118. 120. 128. 129.

Sono del Pussino dalla p. 78 alla 107. Sembrano del Pussino la p. 17 e 22.»

Questo elenco permette di ricostruire la forma e l'entità dello smembrato volume del *Carteggio*

Puteano che, ordinato per nome proprio conteneva cinquantasette lettere, Bianchi aggiunge una lista di nomi relativa ai corrispondenti le cui missive non sono incluse, o sono solo parzialmente pubblicate nella scelta bottariana:

« Angelo Argoli, Artemisia Gentileschi, Alessandro Algardi, Bernardino Capitelli, Francesco Resini, Francesco Agrippa, Giuliano Bassi, Giuliano Pandolfini, Giovanni Vander Hocche, Giovanni Saliano ,Giacinto Geminiani». Se le lettere di Jean de Saillant escluse dal Bottari sono state di recente pubblicate G. Perini (*Le lettere degli artisti,* cit., pp. 175-6), quelle inedite di Algardi, Artemisia, Capitelli, Agrippa e Geminiani devono ancora essere ritrovate. Nelle stesse carte, Bianchi riporta le copie delle due lettere di interesse poussiniano non pubblicate in Bottari (di Francesco Resini e di Jan Van den Hoecke. di recente ripubblicate da J. Thuillier 1994.

45. Napoli, Biblioteca Nazionale Vittorio Emanuele II. *Ms. V. E. 10* (d'ora innanzi: Agenda), fol. 41 r. Per l'«Agenda del Museo» vedi il mio *Percorsi,* cit sopra a nota 14, pp. 120-127 e Solinas and Nicolo', *op. cit.* sopra a nota 23. Per la menzione di un non ancora ritrovato «Libro dei Ricordi», diverso dall' «Agenda del Museo» e contenente le descrizioni di ogni reperto disegnato per il *Museo Cartaceo* con le concordanze dei numeri apposte su ogni disegno, vedi la lettera scritta da Carlo Antonio Dal Pozzo all'antiquario Raffaello Fabretti il 24 maggio 1683 contenuta nella miscellanea Dal Pozzo oggi *Ms. 1678* fol. 99 r. della Biblioteca Angelica di Roma (citata in McBurney, The «Fortuna» cit. sopra a nota 31, p. 261).

46. Agenda, foll. 39 v., 40 r., citato in *Percorsi* cit. p. 121.

47. Agenda, fol. 45 r.v.

48. La personalità dell'erudito e naturalista di Besançon, divenuto antiquario del cardinal Barberini nel 1623 grazie alle raccomandazioni di Nicolas de Peiresc, resta ancora da ricostruire. Dal 1623 al 1637, Ménestrier fu in costante contatto con Peiresc, vedi P. Tamizey de Larroque, *Lettres de Peiresc,* t. V, 1894. Ménestrier fu uno dei più attivi collaboratori del *Museo Cartaceo:* egli stesso disegnatore e autore di numerosi disegni per Cassiano, l'antiquario ebbe modo di conoscere bene il connazionale Poussin e di aiutarlo nei suoi primi tempi a Roma. A partire dal 1626, Ménestrier fu incaricato dal Cavaliere di organizzare la pubblicazione dell'enciclopedia ligoriana (vedi *Poussin et Cassiano*).

49. Vedi ad esempio la sorprendente consonanza visiva e tematica tra il disegno 8244 di Windsor, riproducente un sarcofago Vaticano (Belvedere 949) e il *Davide Vittorioso* del Prado (vedi P. Rosenberg, L.- A. Prat, *Nicolas Poussin 1594-1665, Catalogo della mostra,* Parigi, Grand Palais, 1994, pp. 189-90). Più che il marmo originale, in questo caso Poussin sembra aver guardato e studiato il disegno che presenta una serie di tangenze con il dipinto. Il foglio di Windsor non solo riproduce l'elegante figura della Vittoria che incorona il generale vincitore e non solo presenta il particolare del trofeo con le armi dei vinti dipinto da Poussin accanto alla figura del Davide assiso, ma è da considerarsi quale il modello 'morale' dell'istoria dipinta da Poussin. Se nel disegno, il generale dimostra la sua clemenza nel perdonare i suoi nemici fatti prigionieri, il Davide di Poussin è colto in un istante di intensa meditazione sul macabro trofeo del nemico ucciso. Poussin quindi non solo si ispirò al basso rilievo Vaticano e al disegno del *Museo* per trarre alcuni esatti particolari antichi ai fini della composizione del suo dipinto, ma dovette anche riflettere sul significato morale e profondamente cristiano del perdono e della clemenza. Trasposto alla storia biblica, questo messaggio morale è evidente nella posa e nell' espressione della figura triste del David vittorioso.

50. A. Blunt, *Poussin et les cérémonies religieuses antiques,* in *La Revue des Arts,* mars-avril, 1960, pp. 56-66; D. Jaffé, *Two bronzes in Poussin's Studies of Antiquites,* in *The J. Paul Getty Museum Journal,* DII, 1989, pp. 39-46.

51. Uno studio estensivo sulla ricerca avviata da Peiresc sui tripodi non è stato ancora compiuto. A seguito del ritrovamento di un tripode bronzeo a Fréjus nel 1616, lo stesso disegnato da Poussin sul foglio Getty (vedi Jaffé, cit. sopra a nota 50), l'erudito coinvolgeva i corrispondenti della Repubblica Letteraria nella sua ricerca: il lungo "discorso" da lui composto sul tripode di bronzo antico, ancora inedito, fu copiato in numerosi esemplari ed inviato ai suoi corrispondenti che assemblavano notizie ed immagini da comunicargli. Cassiano, per parte sua, faceva eseguire decine di disegni (originali e copie dei fogli del *Museo*) di marmi ed oggetti raffiguranti tripodi da inviare all'amico.

52. Altri disegni dello stesso busto antico oggi a Petworth House (Inghitterra), sono conservati nel Museo Cartaceo (trai quali British Museum, Franks 162).

53. Nella lettera del 21 ottobre 1632 (*Ms. H 271* fol. 63 r.v.) Peiresc ringrazia Cassiano di una lunga notizia sui «Vasi antichi» che, probabilmente accompagnata da disegni, il Cavaliere aveva dovuto preparare già mesi prima.

54. Gli antiquari del primo Seicento identificavano gli specchi etruschi con le "patere" sacrificali. Inizialmente condivisa da Cassiano, che differenziava tra le "patere" e i più profondi "malluvij", questa credenza non convinceva né Peiresc, né Poussin (vedi Jaffé, cit.), com'è anche evidente nelle due versioni dell' *Achille con le figlie di Licomede* dipinte nel 1656 (Richmond, Virginia, Museum of Fine Arts e Boston, Museum of Fine Arts), entrambe raffiguranti specchi simili a quelli disegnati dallo stesso Poussin forse anche per il *Museo Cartaceo* (Fig. 17).

55. Vedi la dotta analisi del Professor Winner in questo stesso volume nella quale si affrontano i significati e le funzioni del «vaso antico di metallo» dipinto in primo piano nell' *Impero di Flora* di Dresda.

56. Nel 1601, durante il suo viaggio in Italia, Peiresc aveva incontrato Natalitio Benedetti quando, sulla via di Roma si era fermato a Foligno e aveva visitato il suo museo. Familiare di monsignor Filonardi ed amico del canonico di Santa Maria Maggiore Lelio Pasqualini, Benedetti fu un "etruscologo" ante litteram ed uno dei personaggi chiave della ricerca antiquaria dei primi anni del XVII secolo in Europa. Corrispondente del maestro di Peiresc, Lelio Pasqualini, fu Benedetti, con la sua lettera inedita del 1 marzo 1613 (Paris, Bibliothèque nationale, *Ms. FF 9542*, fol. 149), ad informare l'erudito provenzale della morte del Pasqualini e delle sorti della sua collezione che, venduta dopo poco dal nipote Pompeo al Cardinal Boncompagni, era stata per anni la palestra degli studi d'iconografia antica del giovane Peiresc. Come si desume dall'inedito scambio di lettere tra Natalitio e Peiresc, il giovane e brillante allievo di Pasqualini conosceva bene la collezione di "etruscherie" di Natalitio ed era affascinato dalle ricerche già da tempo avviate da Benedetti sulla misteriosa lingua del popolo etrusco. Grazie ai suoi corrispondenti romani, Girolamo Aleandro, Cassiano e a Menestrier, Peiresc aveva seguito le sorti dello "studio" di Benedetti e ne domandava ora disegni e copie.

57. Sulle distanze sociali tra Cassiano e Angeloni, e sulla parzialità dei loro rapporti vedi le lettere di Peiresc al Cavaliere nelle quali risponde alle precisazioni di Cassiano sulle spettanze della qualifica di *Illustrissimo*, a suo avviso non attribuibile al borghese Angeloni. Ad Angeloni, privo di cariche ecclesiatiche di rilievo spettava solo la qualifica di *Molto illustre* (*Ms. H 271*, fol. 96r, lettera del 6 ottobre 1633).

58. L'antefissa etrusca proveniente dalla raccolta Angeloni e passata alla sua morte nelle collezioni di Giovanni Pietro Bellori fu riprodotta da Vincenzo Leonardi nelle due straordinarie tavole a colori del *Museo Cartaceo* ritrovate e pubblicate da I. Jenkins in *Newly discovered drawings from the Museo Cartaceo in the British Museum*, in Atti, pp. 131-175, (in particolare pp. 153, 154-55). Fu a mio avviso sul finire del 1632, all'apertura della casa Angeloni ai disegnatori del *Museo Cartaceo*, che Vincenzo eseguì le due tavole oggi al British Museum, vedi I. Jenkins, in Turner, p. 88.

59. La *Vita di Galba*, saggio dell'*Historia Augusta* fu inviata a Peiresc in allegato alla lettera inedita del 20 settembre 1633 (Paris, Bibliothèque nationale, *Ms. FF. 9542*, foll. 132-133, *Vita di Galba*. foll. 136-38 v.). Nella lettera Angeloni aggiunge: « A quello, che mostra desiderare per la notitia della mia opera ho pensato di sodisfare in parte col mandarlene un saggio con la vita di Galba» e precisa il piano di tutta l'opera che appare essere il frutto di una vita di ricerche storiche attorno alla sua collezione numismatica.

60. Già l'otto maggio 1634. Peiresc scriveva a Cassiano annunciandogli l'arrivo del modello in gesso «di certa sua patera molto gentile et curiosa» e riferendo di aver richiesto ad Angeloni il permesso di farne eseguire:
«un modello conforme all'originale, di detta sua patera, acciò di potervi godere et essaminare tutte le parti degli ornamenti, et se fosse possibile ancora la giusta misura della sua cappacita, et farne la comparatione, con una, più picciola, ch'io ho ricevuto, ma di forma quasi simile» (*Ms. H 271*, fol. 114 r.).
Il 4 agosto dello stesso anno, Peiresc dichiara di aver avuto notizia da Menestrier e dal Padre Sacchi, il religioso che assisteva il francese per l'esecuzione dei gessi e dei modelli di metallo, che Angeloni aveva accettato di far formare per una seconda volta il modello della sua patera (*Ms. H 271*, fol, 121r.). Nella stessa lettera Peiresc si riferiva alla missiva di Angeloni datata Roma, 14 luglio (vedi Appendice), con la quale il letterato non solo accondiscendeva ad una seconda riproduzione in fac-

simile dello specchio con Ajace e i Dioscuri, ma dava notizie di altre due «patere» di sua proprietà. Il 12 settembre Peiresc è in attesa dei disegni «di quelle altre patere che V.S.Ill.ma fece disegnare, sopra tutte di quella con lettere etrusche, donata dall'Eminentissimo Signor Cardinal Padrone in Spagna» (*ibidem*, fol. 128 r.), mentre il 5 ottobre aspetta i «dissegni delli tre malluvij, o patere dell'illustre Signor Angeloni» (*ibidem*, fol. 143 r.). Dei tre disegni degli specchi Angeloni sino ad oggi rintracciati, eseguiti dagli artisti di Cassiano e conservati al British Museum e a Windsor Castle (vedi Jenkins, cit. sopra a nota 55, n. 58; Jaffé, cit.) due riproducono la «patera» con *Ajace e i Dioscuri*, la stessa disegnata da Poussin sul foglio Getty senza integrazioni né restauri.

61. Per la collezione di conchiglie di Angeloni, organizzata secondo criteri prettamente cinquecenteschi, vedi i suoi inediti *Principij per fare la descrizione delle cose contenute nello studio dell'Angeloni in Roma* (Venezia, Biblioteca Nazionale Marciana, *Ms. Italiano Classe XI. n. 111. Morelliano 7410*) dove sono elencate e descritte centinaia di conchiglie del Mediterraneo e degli oceani Atlantico ed Indiano.

62. Il concetto linceo della «Pittura filosofica» è definito in un breve nota manoscritta di Federico Cesi nel suo "Zibaldone" ora a Napoli: «Pittura Filosofica / Indirizzo della pittura, e suo studio, non solo a dilettantion semplice, il che è vanissimo abuso, ma a giovamento di viva ed efficace disciplina e piacer di molta utilità.» (Napoli, Biblioteca Nazionale, Ms. XII. E. 4, fol. 24 v.) Significativo per la comprensione dell'approccio didattico condiviso da Cassiano e dai suoi colleghi verso l'espressione artistica, il concetto di «Pittura Filosofica» è discusso in *Poussin et Cassiano* e sarà sviluppato in un mio prossimo saggio monografico.

63. Jouanny, cit. sopra a nota 26, pp. 112, 150.

Luigi SPEZZAFERRO

Le collezioni di "alcuni gentilhuomini particolari" e il mercato : appunti su Lelio Guidiccioni e Francesco Angeloni

La necessità di comprendere storicamente come nel corso del Seicento e del Settecento la pratica collezionistica venne differenziando in modi sempre più netti le raccolte artistiche da quelle di curiosità nonchè poi da quelle antiquarie ed erudite – e dunque proprio perciò il contributo dato da tale pratica per un verso alla elaborazione della moderna nozione di arte come valore in sé e alla fondazione dell'estetica come disciplina autonoma e per un altro verso alla nascita del museo moderno – induce a riconsiderare quanto è finora emerso dagli studi relativi in primo luogo alle grandi collezioni appartenute soprattutto a personaggi pubblici per posizione e/o ruolo sociale. Queste infatti dovettero avere un peso determinante in quel complesso e spesso contraddittorio processo cui s'accennava, svolgendovi certamente un'azione di condizionamento e una funzione di modello (su cui ci dilungheremo in altra sede[1]). Tuttavia un ruolo non meno essenziale dovette essere svolto dalle collezioni di quelle personalità che, seppure non investite di ruoli pubblici, possedettero però raccolte importanti e soprattutto agirono spesso come consiglieri per la formazione delle collezioni più prestigiose cui s'è appena accennato. Si tratta soprattutto di intellettuali su cui fervono, com'è noto, gli studi più recenti: basti ricordare i casi esemplari di Giovan Battista Marino o di Cassiano del Pozzo le cui collezioni sembrano rispondere a tipologie diverse e individuare modelli differenti. Ma oltre a questi – e pochi altri più noti e famosi (per es. Fulvio Orsini) – chi sono questi intellettuali? E quali differenze di atteggiamento teorico e di comportamento pratico possono essere individuate all'interno di questa categoria apparentemente univoca?

Com'è noto alcuni di questi personaggi vengono ricordati dal Celio, che concludendo l'elencazione delle pitture a suo avviso più importanti conservate nelle chiese e nei palazzi di Roma, aggiunge: «vi sono gentil'huomini particolari c'hanno cose molto curiose e degnie d'esser viste e lodate fra i quali il signor Abbate Lelio Guidiccioni, il Signor Francesco Angeloni, che oltre le pitture ha molte medaglie et altre cose curiose, si come il P. Mastro fra' Gio. Battista dell'Ordine di S. Agostino et altri li quali non si dicono perchè non è certo che restino ferme poichè le danno via secondo l'occasione[2]».

In altri termini – stando al Celio – sembrerebbe che le collezioni pittoriche dei gentiluomini particolari abbiano due caratteristiche peculiari: 1) le opere da loro possedute sono, al pari di altri oggetti artificiali e/o naturali con cui sono mescolate, «cose molto curiose»: e dunque (a differenza di quelle dei personaggi pubblici ?) le loro raccolte di quadri non sarebbero nella sostanza ancora distinguibili da quelle degli altri tipi di oggetti collezionati; 2) diversamente da quelle appartenenti a personaggi pubblici – che pure com'è noto si arricchivano e/o diversificavano attraverso scambi o vicendevoli donazioni e regalie – tali collezioni avevano un carattere effimero. E anzi sembrerebbe quasi che esse venissero in molti casi formate proprio per non restare «ferme» o, meglio, perchè le opere che le costituivano potessero esser «date via secondo l'occasione». In altri termini sembrerebbe che tali raccolte venissero formate per un intreccio di ragioni tra cui non dovevano essere secondarie quelle di tipo commerciale. E d'altronde se Giulio Mancini iniziava, com'è noto, il proprio trattato affermando «l'intenzion mia è di proporre e considerar alcuni avvertimenti per i quali un huomo di diletto di simili studij possa con facilità dar giuditio delle pitture propostegli, saperle comprar, acquistar et collocarle ai loro posti[3]...» sembra evidente che erano soprattutto questi gentil'huomini particolari – e non certo i membri delle grandi famiglie cardinalizie e/o aristocratiche – i veri destinatari delle sue «considerazioni».

Una verifica concreta di tutto ciò – che non si limiti a parlare in termini anacronistici di mercanti-amatori, quasi stessimo trattando della pittura tardoottocentesca o delle avanguardie storiche – rende necessario tentar di comprendere meglio chi fossero i gentil'huomini particolari di cui parla il Celio e quali caratteristiche avevano sia le loro collezioni sia il loro modo di procurarsene i pezzi e quindi di agire sul mercato: il che in altri termini significa comprendere come avvenisse concretamente quell'apprezzamento della pittura di cui parla il Mancini.

E' forse possibile iniziare empiricamente questo lavoro di verifica partendo da una personalità quale quella di Lelio Guidiccioni, ben noto come traduttore dell'Eneide ma anche e soprattutto, negli studi storico artistici, sia per aver posseduto, tra le altre opere di interesse rilevante, le Arti di Annibale Carracci sia per aver intrattenuto importanti rapporti con il Bernini. Evidentemente non è possibile in questa sede ricostruire tutta l'attività – e neanche solo quella collezionistica – di tale personaggio che dovette avere un notevole rilievo nella elaborazione delle poetiche artistiche del suo tempo[4]. Ripromettendomi di farlo altrove, mi limiterò qui solo a rilevare come alcune delle disposizioni contenute nel suo testamento (aperto il giorno dopo la sua morte, il 7 luglio 1643) sembrano assolutamente contrastare con il ritratto di conoscitore credulone, vittima dei mercanti di quadri, con cui lo identificò a suo tempo lo Haskell, sulla traccia di quella mala lingua che, com è noto, fu l'Eritreo[5].

Infatti, leggendo la prima redazione del suo testamento, datato 12 aprile 1638, è interessante rilevare come il Guidiccioni disponga tra l'altro che alla Basilica di Santa Maria Maggiore vada «il mio quadro della Madonna dagli sportelli dorati a cui si dia luogo a proposito fermato con buoni ferri, et sia chi ne tenga pensiero mostrandola a virtuosi con debiti modi». A tal riguardo va notato come il Guidiccioni non faccia il nome dell'autore di tale quadro: pur se è facile comprendere che si tratta di quello che – stando all'Eritreo – egli attribuiva a Raffaello. D'altronde nel successivo codicillo del 12 giugno 1643, redatto poco meno di un mese prima della morte, il Guidiccioni fa la seguente aggiunta che solo in parte corrisponde al racconto dell'Eritreo: «perché al quadro della Madonna con gli sportelli non ho saputo trovar luogo di buon lume nella Basilica di S.ta Maria Maggiore, supplico la S.tà di N.ro Sig.re a goderselo, et contentarsi poiché quando Dio lo chiami al premio delle sue tante sollecitudini sia collocato in San Pietro sotto la Tribuna verso il suo sepolcro medesmo, dove non impedisca e possa con buona veduta esser giudicato da valenthuomini per quello che è». Questa disposizione ritengo vada sottolineata proprio per il modo problematico con cui si invita a giudicare l'opera, al di là delle proprie convinzioni sull'importante nome dell'autore (che peraltro non viene pronunciato). Inoltre di estremo interesse paiono ancora le raccomandazioni che accompagnano tra gli altri i seguenti lasciti: «all'Em. mo Sig. Cardinale Antonio (Barberini) mio Sig.re ... il quadro grande del Bassan giovane col Ratto delle Sabine compagno di quello del Diluvio gli lascio hor tutti due»; al card. Giulio Sacchetti «lascio il mio horologio da tavola in foggia di Ritonda, una mostra a sua eletione, e l'horologio a contrappesi lasciatomi dalla glo. me. del Sig. Card. Gherardi. Acciòche tutte l'hore in varij modi ricordino a S.E. che dall'età mia di 14 anni non ha havuto il più fedele et divoto servitore di me»; a Raffaele Mercati (il figlio dell'incisore Giovanni Battista che viene ricordato come suo «compare») che «si diano tutte le mie carte di stampe, trenta disegni sfilati a sua eletione e tutti i piombi di medaglie d'antico intaglio o vero invece de disegni il libro nero in grande così come stà». L'insieme di tali disposizioni vanno infatti lette alla luce di queste ulteriori e forse ancor più importanti raccomandazioni: «Il mio cimbalo, il libro dell'arti di Annibal Caracciolo, il quadro col presepio di Bassan Vecchio si vendano così: se in Roma si trova cosa meglio in lor genere si diano a prezzo domestico, ma se tengono il primo luogo non gli si faccia torto e s'indugino a prezzo straordinario quanto più si accosti a quel primum in genere. Lo spinettino d'un palmo che Giorgio portò sempre addosso, il liuto che Gio. Francesco suonò a tutte le feste per 35 anni, l'arpicordo chiamato dal Frescobaldi la gioia convien riconoscerli, ma sopra tutto avere i debiti riguardi al valor de' quadri e pigliarne cognition sufficiente, venendo la maggior parte da nobilissime gallerie di Principi con tempo lungo, con patienza e spesa notabile per l'honesto trattenimento e per peculio della Madonna che però non posso distrargli. E se in turbolenze de tempi non si trova scontro de prezzo degno s'hanno a deporre in sicuro luogo a prudentissimo cenno dell'Em.mo S. Card. Sacchetti finchè venga la loro stagione e 'l peculio cresca perchè non c'è fretta che contrapesi a far quel meglio e quel più. Tanto è d'altre curiosità come qualche gioia et intaglio tra quali lo Scipione Africano trovato tra monti d'Anagni è rarissimo così il braccio di marmo et la montagnetta antica d'Orfeo con gli animali che l'ascoltano. La testa vergine in marmo grande di Pompeio quella di Giulio Cesare in bronzo il vaso antico d'alabastro di palmi sei, il crocifisso in terra cotta di Michelangelo. La rozza testa e fisionomia di Q. Fabio Massimo, il rameto del card. Ludovisio e di quel di Savoia del Padovano, con altre diverse cose ne gli studioli e fuori che è bene riconoscere e non buttarle».

Come si vede chiaramente, a differenza di quanto avrebbe voluto farci credere l'Eritreo, il Guidiccioni non è un ingenuo credulone abbindolato dai mercanti che gli avrebbero venduto quadri dai nomi tanto prestigiosi quanto improbabili, bensì un personaggio assolutamente ben avvertito non solo sulla realtà del mercato dell'arte ma anche sui modi più convenienti per operarvi.

E il suo collezionare, pur avvenendo per «honesto trattenimento e per peculio della Madonna», mostra chiaramente la consapevolezza assai moderna dell'intreccio esistente tra la soddisfacente valutazione estetico-culturale e l'investimento economico.

Inoltre il complesso delle disposizioni testamentarie sembrerebbe confermarci quanto suggerito dal Celio, ossia che la sua collezione è composta, oltre che dai quadri, che certamente vi spiccano almeno per numero, da un insieme di altre cose curiose alcune delle quali, stando alle raccomandazioni del nostro, è particolarmente importante saper riconoscere e distinguere rispetto ad altre meno interessanti.

A tal proposito un qualche maggior chiarimento ci può venire dall'analisi dell'inventario della casa del Guidiccioni in piazza di Spagna che fu redatto qualche giorno dopo la sua morte[6] (14 luglio 1643). Questo, confermandoci che il Guidiccioni possedeva, come ricordò il Totti nel 1638, «una dottissima libreria e bellissimi quadri[7]», ci mostra però come un tale intellettuale di successo (fornito di una casa abbastanza ampia e con mobili e parati di qualità) abbia una raccolta dalle caratteristiche ben diverse da quelle di un erudito come Cassiano del Pozzo. Sembrerebbe chiaro infati che oltre ai quadri (la maggior parte dei quali raccolti al primo piano) e ai libri (che si trovano quasi tutti conservati nella biblioteca al secondo piano) le altre cose curiose che egli possedeva (pezzi di statue, monete, ecc) non concorrevano tanto a formare una collezione erudita, di tipo scientifico se così si può dire (mancano infatti le meraviglie naturali e gli strumenti scientifici), bensì come dimostrano pure i numerosi strumenti musicali nonchè i vari orologi, la collezione di un amatore di cose belle che verosimilmente va riferita a quella poetica della «peregrinità» che egli teorizza in vari scritti e particolarmente nel dialogo-recita con il Bernini[8].

Purtroppo il modo in cui l'inventario è stato redatto – per un verso trascurando quasi completamente i nomi degli autori delle opere descritte e per un altro verso registrando molto grossolanamente la disposizione dei pezzi nelle varie stanze – non ci permette di approfondire molto il discorso sulla cultura artistica del nostro. E tuttavia se una qualche indicazione può venirci, oltre che dai nomi degli artisti ricordati nelle fonti e nel testamento, da quei pochissimi registrati nell'inventario (Bassan giovane, Tempesta, Bassano: preceduti da un prudentissimo «si crede[9]»), qualcosa di più concreto può forse esserci offerto dall'individuazione dei soggetti oltre che dal numero dei pezzi. La collezione comprende infati circa 260 dipinti, più di 40 lotti di disegni, oltre 90 pezzi di sculture per lo più in frammenti e circa 1 500 pezzi di medaglie, monete e cammei tra antichi e moderni cui vanno aggiunti una quindicina d'arazzi e una notevole serie di «corami».

Si tratta come si vede di una collezione numericamente piuttosto notevole: che, per quanto riguarda i quadri, è per circa la metà composta da dipinti di soggetto religioso mentre circa 90 sono i ritratti e solo una cinquantina i soggetti di altro genere. Tuttavia, approfondendo meglio questa sommaria quantificazione, ci si può accorgere facilmente che tra i dipinti di soggetto religioso almeno la metà raffigurano fatti della storia sacra desunti dall'Antico e dal Nuovo Testamento. Se a questi si aggiungono una decina di altri dipinti, il cui soggetto è desunto dalla storia antica o dalle leggende mitologiche, si comprenderà come sia soprattutto questo notevolissimo numero di quadri d'*historia*, insieme a quello altrettanto notevole dei ritratti, a caratterizzare la raccolta dove invece sono presenti solo pochissime scene di genere (circa una diecina) e del tutto assenti le nature morte e le prospettive.

In altri termini, considerato pure che gli altri quadri di soggetto religioso (per lo più sacre conversazioni o adorazioni) non dovevano essere mere opere di valore devozionale e che, oltre alle sculture e alle monete, i restanti pezzi importanti della collezione sono alcuni orologi e strumenti musicali, sembra risultare palese come questa del Guidiccioni sia una raccolta che non si propone quale un complessivo Museo (in cui sono conservate tutte le esemplificazioni del sapere, come lo stesso

Guidiccioni ci dice chiaramente nella lunga introduzione alla sua traduzione dell'Eneide dove spiega perchè tale poema possa considerarsi tale[10]), bensì quale una raccolta di tipo storico-poetico: una raccolta – mutatis mutandis – sul tipo di quella che, trasformando la tradizione umanistica e gioviana, era stata di recente proposta da una personalità come il Marino prima nella sua Galeria e poi soprattutto (come dimostrano i documenti, tra cui l'inventario che pubblicò Giorgio Fulco) nella sua casa napoletana[11].

Tralasciando per il momento gli ulteriori approfondimenti che l'analisi dell'inventario del Guidiccioni permetterebbe, è bene passare a verificare in questa sede come una situazione quale quella individuabile nella sua collezione sia piuttosto diversa da quella identificabile in altre raccolte contemporanee di personaggi dello stesso ambiente e al Nostro legati da strettissima amicizia. Un'esempio per tutti: quel conte Girolamo Teti – autore delle *Aedes Barberini* e amico del Guidiccioni[12] – di cui il 16 maggio 1645 fu redatto l'inventario dei beni ritrovati nella casa posta nella parrocchia di San Marcello avanti la chiesa di Sant'Ignazio[13]. Pur trattandosi di una casa del tipo di quella del Guidiccioni, ben diversa invece sembra qui la situazione dell'arredo. Di questo fanno anche parte una sessantina di quadri, la maggioranza dei quali sono ritratti e immagini devozionali laddove quelli con soggetti storici (sia religiosi che mitologici) sono meno di una diecina. Inoltre anche qui sono completamente assenti le nature morte e le prospettive mentre vi è ricordato un solo quadro di genere («un melonaro»). E d'altronde che non si trattasse di una situazione di povertà o di disinteresse per gli artisti importanti ce lo dimostra il fatto che, mentre tutti i dipinti formanti l'arredo dell'abitazione sono ricordati anonimi, di quelli invece posti nella cappella (qui – a differenza della casa del Guidiccioni – ricordata come tale) vengono citati gli autori: e non si tratta di personalità di poco conto! Decoravano infatti tale cappella: «un quadro con una Madonna di Pietro da Cortona con cornice d'oro, un altro quadro con la M.a della Natività di Andrea Camasseo, un altro quadro con un Christo di Pietà di rame con cornice d'oro del Cav. re Giuseppe d'Arpina, un Christo coronato di spine del Romanelli senza cornice, un altro quadro di S. Gio del Cerrini senza cornice».

Se è proprio una situazione quale questa di casa Teti a farci comprendere fino in fondo la differenza tra un uso dei dipinti con funzione meramente d'arredo rispetto ad un loro uso di tipo culturale, quale quello implicito nella raccolta di casa Guidiccioni, non meno interessante è verificare come in casa Teti sono considerati ben più importanti i dipinti utilizzati nella cappella per motivi devozionali rispetto a quelli utilizzati invece come mero strumento d'arredo: tant'è vero che questi ultimi, che almeno in parte dovevano essere opera degli stessi artisti oppure di autori della stessa rilevanza, vengono lasciati anonimi.

Sulla raccolta Teti e in particolare sui rapporti tra questa e quelle Barberini sarà però necessario tornare in altra sede. Per il momento invece una serie di indicazioni ben più interessanti per comprendere il senso di una netta differenziazione tra gli oggetti d'arredo dell'abitazione e quelli conservati in un luogo appositamente adibito alla raccolta come il Museo (che viene a proporsi quindi come una sorta di cappella laica) ci vengono dalla ricostruzione di ciò che doveva essere l'insieme complessivo collezionato da Francesco Angeloni, ben nota personalità di erudito che solo di recente sta trovando una rinnovata fortuna[14]. Infatti il suo museo romano (così definito dal figlio adottivo Pietro Bellori) sembra abbia costituito una delle più importanti costruzioni erudite realizzate da un intellettuale di non immense fortune nella Roma della prima metà del '600 e fu tappa obbligata di ogni gentil'huomo straniero in visita culturale a Roma. Tale museo tuttavia, pur non essendo ancora del tutto noto nei suoi contenuti, doveva conservare solo una parte di quanto l'Angeloni aveva raccolto nella sua abitazione.

Infatti nel proprio testamento, aperto subito dopo la sua morte avvenuta a Roma il 30 novembre 1652 nella casa posta nella zona di Capo le case[15], l'Angeloni dispone che il grosso della sua eredità vada al figlio adottivo – il Bellori appunto, che viveva con lui da circa vent'anni – solo a patto che costui conservi le carte dove erano raccolti i suoi scritti letterari e soprattutto mantenga «etiamdio intatto lo studio o museo adunato in molti anni da me con spesa notabile, continendo certi quadri dipinti da gran maestri, medaglie d'oro d'argento e di metallo in molto numero con statuette, lucerne, vasi, tripodi et altre cose antiche pur di metallo e molte cose naturali et impetrite con varietà grande di bellissime lumache specialmente delle indiane di gran pregio et gran libri di disegni incollati di principali pittori et altri scelti di notabile stima et ancor due pur grandi libri di stampe eletti et un altro specialmente di Luca d'Olanda d'Alberto Duro et di valenti artefici oltremontani come anche uno grande con le stampe in segno d'Alberto sudetto, et di più buona quantità d'armi forastiere et nostrane alcune dille quali sono acconcie al modo di trofei et infine varie curiosità di natura e d'arte da me particolarmente descritte notate nel Museo Angelonio…».

Già solo leggendo quanto affermato dall'Angeloni appare chiaro che ci troviamo qui di fronte ad un tipo di raccolta molto diversa da quella del Guidiccioni e che i diversi tipi d'oggetti che componevano tale museo lo riconnettevano piuttosto al modello allora costituito dalla raccolta di Cassiano del Pozzo. D'altronde proseguendo il proprio testamento l'Angeloni, mentre auspicava che l'erede accrescesse i pezzi di tale museo, disponeva pure il divieto «che detto mio herede e successori rimovano in alcun tempo esso studio o museo dalle quattro stanze della casa che io habito et che sono al pari del giardino dove sta disposto sotto pena di decadere dalla mia heredità…» (il che, confermando l'esistenza di un luogo deputato, gli attribuisce implicitamente la stessa funzione sacralizzante di una cappella). Proprio per salvaguardare l'integrità della raccolta, l'Angeloni aveva redatto – come si legge ancora nel testamento – un inventario di tale museo che il notaio avrebbe dovuto allegare agli atti anche per permettere ai guardiani della S.S. Annunziata un controllo periodico dei pezzi al fine di verificare che «non vi si trovi mancamento giudicato notabile et che invece delli quadri originari vi fussero poste delle copie».

Sulla base di tali volontà testamentarie il notaio inizia il 30 novembre 1652 l'inventario dei beni dell'abitazione che, ben presto interrotto, fu ripreso e portato a termine solo il 12 febbraio 1653[16]. Tuttavia a tale inventario, che elenca tutti i beni conservati nelle stanze dell'appartamento dove l'Angeloni aveva vissuto, non risulta allegato quello che avrebbe dovuto contenere l'elenco degli oggetti conservati invece nelle quattro stanze affaccianti sul giardino della casa e costituenti il museo.

E' probabile che questa assenza – così come le interruzioni nella stesura dell'inventario notarile – furono dovute alle vicende poco chiare con cui i familiari del defunto erudito riuscirono a strappare l'eredità al Bellori e quindi ad alienarla.

Comunque sia a noi qui interessa rilevare altre cose. E in primo luogo che l'inventario dell'abitazione, pur elencando stanza per stanza i dipinti (così come tutti

246

gli altri oggetti, tra cui anche i libri), ne riferisce solo in maniera generica il soggetto e non accenna mai al nome dell'autore. Ciò può forse dipendere dalla rozzezza del notaio intento a stendere un documento patrimoniale nel quale contavano soprattutto la quantità, la riconoscibilità e la qualità materiale degli oggetti. Tuttavia – visto che i libri sono ricordati con il nome dell'autore e che all'estensione del documento risulta presente anche il Bellori, che certamente rozzo non era – ciò può anche indicare che, a differenza di quanto avveniva per i libri, il nome dell'autore nell'arredo dell'abitazione non aveva rilevanza per la riconoscibilità e implicitamente quindi per la determinazione del valore dei dipinti elencati. Quest'ultimi in altri termini dovevano avere soprattutto una funzione d'arredo e potevano quindi rimanere anonimi in quanto per tale scopo il nome del loro autore non aveva alcuna importanza. D'altronde ciò fanno anche capire alcune disposizioni dettate dall'Angeloni nel suo già ricordato testamento: per esempio quella con cui lascia alla madre del Bellori, Artemisia Giannotti, a ringraziamento «de servizi prestati a me specialmente nelle mie infermità», un quadro di devozione «da eleggersi tra quelli non compresi nella descrizione del museo», oppure quando dispone che venga dato a Monsignor Biagio Costanzi e a Francesco Passeri «un quadro di devotione per ciascuno … di quelli non compresi nello studio». Si tratta evidentemente di opere facenti parte dell'arredo dell'abitazione e che, al di là dell'autore, avevano valore solo per la loro funzione devozionale. A riprova che nell'eredità Angeloni c'erano due nuclei di dipinti distinguibili soprattutto per funzioni si trova nell'inventario la menzione di «sei altri quadri lunghi con cornici…con diverse figure di venetiani copie come si dissero dell'originali d'abbasso che stanno nello studio»: e questi, con tutta probabilità, sono le copie di quelli visti qualche anno prima dal Symonds nello «studio» del nostro e così annotati nel taccuino dedicato dal viaggiatore inglese alle collezioni romane da lui visitate: «6 or 7 quadros about 5 or 6 or 7 foot long of divers triumphs, painted at Venice some by Titian some by Tintoret[17]».

Tuttavia – a differenza di quanto si potrebbe pensare sulla base delle già viste disposizioni testamentarie – la distinzione tra le copie anonime conservate in casa e gli originali con nome d'autore raccolti nel museo non implica necessariamente il fatto che i dipinti del museo siano tutti originali e quindi in quanto tali considerati di maggior valore. Infatti sempre il Symonds testimonia l'esistenza nel museo di varie copie delle quali ricorda il nome dell'autore dell'originale e a volte anche quello del copista. Basti un esempio per tutti: «The copy of St. John B. t of An(nibale) Carracio which original is esteemed 4 thousand crownes. Copied by S. G(iovan) A(ngelo Canini) who also has another copy in England[18]».

L'evidente distinzione tra i due tipi di raccolta forse dipende dal fatto che, mentre i quadri esposti nel museo dovevano dimostrare il valore del lavoro intellettuale e/o materiale che li aveva prodotti – ossia il valore del loro autore –, quelli esposti in casa avevano piuttosto la funzione di soddisfare le ubbie, i gusti (magari non necessariamente estetici), gli interessi più personali e segreti del loro proprietario-fruitore: e pertanto, come tali, questi ultimi potevano aver valore nel loro complesso, nel loro insieme, piuttosto che come singoli oggetti. D'altronde se ciò è deducibile anche da alcune affermazioni fatte dall'Angeloni nei suoi manoscritti, altri elementi a supporto di questa tesi ci vengono verificando non solo quali tipi di soggetto avessero i quadri inventariati nell'abitazione ma anche in quali luoghi della casa questi erano esposti. Infatti questa raccolta – composta da un centinaio di quadri e da una decina di disegni incorniciati – aveva delle caratteristiche piuttosto particolari. Per esempio, mentre contava solo – cosa per allora assolutamente insolita – due ritratti (uno dello stesso Francesco Angeloni e l'altro di suo padre Giovan Pietro), era in gran parte costituita da paesaggi (probabilmente con inserite storie sacre e profane e non solo raffiguranti vedute campestri, marine o anticaglie). Inoltre se la maggior parte dei quadri di soggetto esplicitamente sacro (i quadri di devozione) appaiono ricordati, com'è ovvio, nella stanza da letto dell'Angeloni, più interessante è notare che in questa sono anche ricordate ben sei Maddalene e un Trionfo di Venere; così come pare interessante rilevare che, mentre nella cosidetta Sala (ossia la stanza di rappresentanza della casa), sono ancora presenti, tra i moltissimi paesaggi, un gran numero di dipinti aventi per soggetto Venere, in quella che invece doveva essere la stanza di lavoro dell'Angeloni spiccano, sempre tra gli innumerevoli paesaggi, «doi altri quadri ... uno con una Cleopatra et l'altro con una moriente».

Non è qui il caso di approfondire ulteriormente la disposizione dei dipinti nell'abitazione dell'Angeloni e tramite essa ipotizzare quale potessero essere i più profondi e reconditi percorsi mentali del nostro erudito. Per ora basta aver appurato 1) che la raccolta conservata in casa era distinta da quella del museo e a differenza di quest'ultima non sottoposta a vincoli di conservazione; 2) che la raccolta di casa nella sua funzione di arredo sembra avere caratteristiche del tutto private e personali: nel senso cioè che essa – per generi, soggetti e disposizione dei dipinti – pare organizzata in funzione dei gusti più segreti, soggettivi e, direi quasi, reconditi del suo proprietario.

A riprova di tutto ciò sarebbe necessaria un'analisi della situazione del museo che è però resa difficile, se non pressoché impossibile, dalla scomparsa dell'inventario che ne aveva redatto lo stesso Angeloni. Tuttavia, già da quanto egli aveva affermato nel suo testamento comprendiamo che quel museo era organizzato su un modello tradizionale e in buona parte simile a quello, ormai ben noto, realizzato da Cassiano del Pozzo nella propria abitazione (compresa l'esistenza di un museo cartaceo). La prova ce la dà comunque il Symonds con quanto appunta nel suo taccuino in cui annota i ricordi delle collezioni romane visitate e che così inizia la descrizione del «Lo studio del Sign. Fran. Angeloni going toward Porta Pinciana»: «Entering into ye door in ye little entry at ye end is an imitation of a river in chiaro oscuro painted & a paisage behind him he lyng under a tree» per proseguire immediatamente quindi «going up stayres is a little staua dilla Dea dilla Natura».

Come mostrano anche gli schizzi a penna con cui il Symonds illustra alcune delle proprie annotazioni (tra cui quella appena citata), il viaggiatore inglese descrive il museo dell'Angeloni come una sorta di luogo deputato a raccogliere e celebrare le meraviglie della natura e dell'arte. Infatti, mentre a queste prime annotazioni seguono la descrizione «in the first room» della vetrina che – come quella di un orafo – contiene le conchiglie marine nonché, tra le altre cose meravigliose, quella di «a crocrodyle white about 5 foot long», è sempre in questa chiave di oggetti esemplari e singolari che il Symonds annota i «quadri» qui esposti così come poi gli altri quadri e disegni che, conservati nelle altre stanze del museo, vengono ricordati sempre insieme agli altri oggetti naturali o artificiali mirabili (per comodità ne trascrivo in nota la lista, estrapolandda dal contesto degli altri oggetti ma mantenendo la loro disposizione nei diversi ambienti in cui erano collocati)[19].

Tralasciando per brevità in questa sede i commenti possibili sui singoli quadri e disegni elencati, è evidente però come questi ricordati dal Symond dovevano essere solo una parte di tutti i quadri e i disegni conservati dall'Angeloni nel suo museo. Questi ricordati cioè dovevano essere solo quelli che verosimilmente avevano attratto l'attenzione del nostro curioso viaggiatore inglese per una qualche ragione. Tra queste c'erano magari le non del tutto disinteressate indicazioni-informazioni dategli dal pittore Giovan Angelo Canina ben noto «pataccaro» che, avendo fatto da guida al nostro inglese nella visita di altri studi romani e avendogli mediato i rapporti con il mondo artistico nonché gli incontri con Poussin, soprattutto dovette vendergli – così come fece con molti altri stranieri- una serie delle proprie opere, originali o magari più probabilmente copie che fossero. E d'altronde la massiccia presenza di opere del Canina annotata dal Symonds nel museo dell'Angeloni è cosa che si commenta da sola[20].

Comunque sia, ed è quanto qui ci interessa sottolineare, il Museo dell'Angeloni – proprio per le sue caratteristiche di raccolta che in qualche modo tentava di esemplarsi sul modello seguito in grande da Cassiano – doveva sicuramente essere, come peraltro si evince chiaramente da varie altre fonti e testimonianze, inserito in un giro commercial-antiquariale piuttosto notevole. Basti qui ricordare, per un verso, la testimonianza dell'Evelyn che vi avrebbe tra l'altro visto, addirittura, lo stendardo di Costantino e, per un altro verso, le molte carte dei codici dell'Angeloni, conservati nella biblioteca Marciana di Venezia, dove sono trascritti una serie di inventari, liste e appunti relativi ad altre collezioni oppure infine i modi con cui egli ricorda nella sua *Historia Augusta* alcuni importantissimi collezionisti contemporanei che furono suoi «benefattori»[21]. E' pertanto ovvio che, malgrado – sarei pronto a giurarci – la sua buona fede, l'Angeloni possa esser divenuto un punto di riferimento importante anche per i viaggiatori in cerca di qualche buon affare e per le loro guide che tentavano di farne qualcuno anche migliore. E' pure ovvio d'altronde che a tale fine poteva essere utilizzata la fama della sua frequentazione e anche amicizia con quell'insieme di personalità (quali per esempio l'Agucchi o il Domenichino) che come lui (per vent'anni segretario del cardinal Ippolito iuniore) erano stati al servizio degli Aldobrandini oppure avevano fatto parte della loro corte e del loro ambiente.

Ma su tutto ciò sarà opportuno tornare in altra sede. Per il momento è bene concludere affermando che proprio per tutto ciò che s'è finora detto appare necessario verificare quanto, o almeno in che modi, il Museo dell'Angeloni fu realmente uno dei centri di elaborazione della cultura classicista e non piuttosto una realtà assai più modesta di esercitazione erudita: in seguito amplificata dal Bellori per un intreccio di motivi tanto chiari nelle loro linee essenziali quanto ancora oscuri nei particolari. Infatti se la fama dell'Angeloni è giustamente legata soprattutto ai disegni di Annibale che egli possedeva, pare assai strano che nel suo testamento egli non li nomini esplicitamente tra i beni inalienabili del proprio museo. E per un altro verso – tenendo invece presenti le opere qui ricordate dal Symond – è interessante notare come sembrino emergere una serie di nomi appartenenti a varie e diverse aree culturali. Talchè i nomi dei pittori veneziani ed emiliani, qui certamente ben presenti, sembrano soprattutto perpetuare quanto all'Angeloni dovette arrivare in primo luogo da casa Aldobrandini.

Pertanto se il museo angelonio come centro culturale propulsivo può forse essere ridimensionato, come genere – anche se non come importanza (ché la sua fu certamente maggiore) – esso potrebbe essere assimililato – mutatis mutandis – alla collezione di Nicolò Simonelli il ben noto mercante-conoscitore, chiamiamolo così, che «amico» di P. F. Mola e sostenitore di Salvator Rosa, ho avuto modo di studiare in altra occasione[22]. Assai ben più interessante sembra invece apparire quanto emerge dalla raccolta di quadri con cui l'Angeloni arredava le stanze della sua abitazione personale. Tale raccolta infatti, malgrado egli verosimilmente la considerasse meno importante della collezione conservata nel Museo, si rivela nel suo complesso e nella sua articolazione espositiva estremamente indicativa non solo dei gusti più segreti - o addirittura delle pulsioni – del suo proprietario ma anche dei tortuosi percorsi attraverso cui si dovette far strada un collezionismo meno legato a parametri culturali di tipo ufficiale e di impostazione erudita ed idealizzante.

In conclusione, verificata qualcuna delle differenze esistenti tra le collezioni dei gentil'huomini particolari ricordati dal Celio, forse si può anche iniziare a comprendere non solo le diverse tipologie che esse vengono configurando (e i motivi a queste sottesi) ma anche il rapporto complesso e non sempre lineare che tali collezioni e soprattutto i loro proprietari ebbero con un mercato dell'arte che stava allora iniziando ad organizzare i propri strumenti, le proprie strutture e istituzioni. Ma ad un più approfondito discorso sul ruolo attivo e passivo da questi svolto in tale processo è necessario avviare confronti con l'attività di altri personaggi ed evidenziare ulteriori differenze. Ci ripromettiamo di farlo in altra sede.

1. Anticipo qui qualche risultato di una ben più ampia ricerca condotta con fondi MURST e CNR nonchè con un finanziamento del Provenance Index del Getty Information Program per il quale ho in pubblicazione un volume sugli inventari delle collezioni romane del '600. A tale volume rimando per l'introduzione generale e per la trascrizione e la schedatura dei documenti cui in questa sede faccio riferimento.

2. G. Celio, *Memorie delli nomi degli artefici...*, Napoli 1638, p. 143 ed. a cura di E. Zocca, Milano 1967, p. 43.

3. G. Mancini, *Considerazioni sulla pittura*, ed a cura di A. Marucchi e L. Salerno, vol.1, Roma 1956, p. 5.

4. Sulla vicenda delle *Arti* di Annibale cfr. D. Mahon, *Studies in Seicento Art and Theory,* London 1947, pp. 109-154 e 230-275 e, da ultimo, A. Marabottini, *Le arti di Bologna,* introd. alle tavole, Roma, ed. dell'Elefante, 1979. Per i rapporti importantissimi con il Bernini si vedano in particolare C. D'Onofrio, *Un dialogo-recita di G.L.Bernini e L. Guidiccioni,* in «Palatino» X, 1966, pp. 127-136 e id., *Roma vista da Roma,* Roma 1967, pp. 337-388 nonché soprattutto I. Lavin, *Duquesnoy's "Nano di Créqui" and two busts by Francesco Mochi,* in «Art Bulletin» 1970, pp. 132-149 e id., *Bernini e l'arte della satira sociale,* in "Immagini del barocco. Bernini e la cultura del Seicento", Roma, Istituto della Enciclopedia Italiana, 1982, pp. 93 ss. Vorrei segnalare qui come l'importanza del Guidiccioni collezionista fosse ben chiara non solo al Celio ma in generale a tutti i suoi contemporanei. A solo titolo d'esempio ricordo qui la precoce segnalazione di Giulio Mancini, *Considerazioni cit.*, vol. I, p. 244 che ce lo indica come uno dei primi che possedettero a Roma un quadro dello Scarsellino oppure il ritratto divertentissimo della sua personalità e della sua passione di conoscitore contenuto in J.N.Erithraei, *Pinacotheca Altera,* Colonia 1645, pp. 127-130 che, ripreso con simpatia già da G. Briganti, *Pietro da Cortona,* Firenze, Sansoni,1962 fu poi canonizzato da F. Haskell, *Patrons and Painters,* London 1963, tr. it. *Mecenati e pittori,* Firenze, Sansoni 1966, p. 196. D'altronde il grande interesse del Guidiccioni per le arti figurative appare chiaro non solo dai suoi scritti a queste esplicitamente dedicati (oltre a quelli ben noti sulle opere del Bernini vorrei qui ricordare a solo titolo d'esempio i sonetti che facenti parte delle sue Rime, ed. 1637, sono indirizzati «Al gran pittore Annibale Carraccio» e «Sopra un Apollo del Medesimo», p. 134, nonché «Al Cavalier Gioseppe d'Arpino sopra alcune sue pitture spirituali», p. 135, e infine «Al Cavalier Celio che dipinse la Natività del Signore», p. 136) ma anche da quelli che, dedicati ad altri soggetti, ben illustrano comunque la sua poetica evidenziandolo come una delle personalità più interessanti nella elaborazione delle posizioni classiciste. Infine di particolare interesse per chiarirne le vedute estetiche ed ideologiche è il discorso «Della musica dell'età nostra che non è punto inferiore, anzi è migliore di quella dell'età passata» dedicatogli nel 1640 da quell'interessantissimo personaggio che fu Pietro Della Valle per contestarne le posizioni ormai giudicate attardate (cfr. Pietro della Valle, *Viaggio in Levante,* ed. Sansoni,Firenze 1942). Da ultimo, per comprendere interamente il personaggio cfr. L. Guidiccioni, *Latin Poems,* Rome 1633 and 1639, ed. with intr. transl and comm. by J.K. Newman & F. Stickney Newman, ed. Weidmann, Hildesheim, 1992.

5. L'originale del testamento è in Archivio di Stato di Roma (A.S.R.), Officio della Curia del Cardinal Vicario, uff. 30, not. Lucatellus Antonius, luglio 1643. Una copia si trova nell'Archivio Storico Capitolino (A.S.C.), not. del Vicario, sez. 39 vol. 8 strumenti s.d. Sunteggio qui, a miglior chiarimento dei passi riportati per esteso nel testo, le disposizioni dettate nella prima redazione di tale atto del 12 aprile 1638 e successivamente modificate nel codicillo del 12 giugno 1643. L'atto, scritto con un aulico linguaggio piuttosto diverso da quello solitamente usato in questi documenti, inizia con una solenne raccomandazione alla Vergine, cui il Guidiccioni era particolarmente devoto, e quindi dispone che, mentre il corpo del testatore venga sepolto «nella chiesa di San Gregorio a pie' la scalinata dell'altare del Crocifisso» (presso quello dello zio), con una lapide ed una iscrizione per cui si danno precise disposizioni, il cuore e le viscere vengano riposte invece in Santa Maria Maggiore alla cui «immagine di San Luca», ossia alla immagine acheropita colà venerata, lascia la sua «collanetta e medaglia d'oro di San Carlo» che egli ha portato «sul nudo dall'hora della sua canonizzazione». Fatti altri lasciti ai canonici della chiesa e disposto per il «quadro della Madonna dagli sportelli dorati» (su cui cfr. il testo) il Guidiccioni ordina che il fratello scapolo Alessandro si occupi di tutto quanto attiene alle memorie della famiglia mentre si dispongono una serie di lasciti ai parenti di Lucca e ad alcune chiese lucchesi. Si passa quindi ai lasciti per le chiese romane e in particolare si prevede un ricordo per tutte le chiese e per tutti gli altari dedicati alla Madonna.

251

Disposte infine doti per le zitelle di Sant'Eufemia, si supplica il card. Francesco Barberini di curare gli scritti autografi e non dello zio cardinal Guidiccioni sia avviandone la pubblicazione sia conservandoli nella sua biblioteca o in quella Vaticana: infatti «morto l'Autore, per sua Humiltà e lor disgratia, l'opere stetten occulte ben 60 anni ne quali le materie che ei trattò nuove, per sopravenuti scrittori han perduto la loro novità, resta però la sua conosciuta profondità e sodezza al suo luogo privilegiato». Si chiede quindi allo stesso patrono che «restando di mio diverse fatiche in cinque cassettine di vario stile toscano et latino, altre rivedute altre no» di queste si stampi «qualche raccolta». Seguono quindi le disposizioni riportate nel testo verso il card. Antonio Barberini e il card. Sacchetti nominati esecutori testamentari nonchè altre disposizioni minori. Fin qui il testamento del 12 aprile 1638 cui segue l'Additio, il codicillo del 12 giugno 1643. Questo si apre con le nuove disposizioni relative al quadro della Madonna riportate nel testo e con una serie di lasciti alla Basilica di Santa Maria Maggiore ed ai suoi canonici (si tratta di oggetti e vesti d'uso liturgico). Inoltre «statim ab obito meo si diano cento scudi moneta a poveri, un giulio per uno, raccogliendoli in un luogo di questa piazza (di Santa Maria Maggiore). Et se è troppa confusione il farlo in una mattina, si faccia in due o tre». Infine altre disposizioni (a Vincenzo Roncioni si diano i cavalli con il carrozzino rosso «e tutti li miei vasi di piante»; al card. Antonio Barberini l'altro carrozzino «adoprato poco»; a Bernardino Bottini «il Diamante ch'io porto in dito») precedono quelle riportate nel testo con le raccomandazioni sulla vendita dei pezzi più preziosi della collezione. In chiusura altre disposizioni vedono il condono dei debiti a Federico Manzi, le rinuncie a vari benefici, la richiesta al pontefice di dare il canonicato da lui liberato a Gasparo de Simeoni «così pieno di buone lettere come d'integri et honorati costumi». Il detto Gasparo de Simeoni potrà così continuare quanto già iniziato dal conte Girolamo Teti: ossia «ammetter la cura e non abbandonar la stampa delli miei scritti a spese mie, com'è detto sopra, i latini con più risolutione, i toscani con avvedimento maggiore di capata. Ardendo io di desiderio, che per molte opere in vario genere, e stile, il mio debol nome s'allontani il pù che si può dalla fama di semplice traduttor di Virgilio, poiché quella fatica non mi costa una stilla de tanti sudori che ho sparsi in altre.»

6. A.S.R., Officio della Curia del Cardinal Vicario, uff. 30, not. Lucatellus Antonius, 14 luglio 1643.

7. P. Totti, *Ritratto di Roma Moderna,* Roma 1638, p. 336.

8. Cfr. C. D'Onofrio, *Un dialogo-recita cit.* in part. p. 130 «caminar per la vecchia strada ma con virtù nuova et con peregrinità».

9. Può essere interessante rilevare come tra i lasciti testamentari per il card. Antonio Barberini ci siano «il quadro del Bassan Giovane col rapto delle Sabine compagno di quello col Dilluvio» (f. 11r) e come questi due quadri, che in tutti gli inventari del card. Antonio compaiono sempre insieme, vengano assegnati in quello post-mortem a Leandro Bassano (cfr. M. Aronberg Lavin, 1975, p. 348 n. 290). Inoltre mentre nell'inventario Guidiccioni è ricordato «un quadro con la Madonna S.ma, S. Giuseppe, N.ro Sig.re e S. Giovannino che vanno in Egitto riquadrato di palmi tre si crede sia del Bassan Giovane», va pure rilevato come «un presepio del Bassan vecchio», ricordato nell'*additio ad testamentum* quale uno dei quadri più preziosi da vendere, potrebbe essere identificato con il dipinto descritto nell'inventario come «un quadro di un presepio con S. Giuseppe, Christo e la Madonna e pastori, et un pastore alla cantonata che soffia in un tozzo (*sic*) largo sei palmi e alto quattro in c.a cornice tutta dorata con fascetta di copertina s.a». Tale quadro potrebbe a sua volta essere indentificato con la Natività e adorazione dei pastori di Jacopo Bassano oggi alla Galleria Nazionale di Palazzo Barberini di Roma che ha misure pressochè uguali (105 x 157 cm) e che sembra corrisponere a quello registrato nell'inventario del 1644 del card. Antonio come «quadro della natività di Cristo et alcuni pastori di mano del Bassan vecchio cornici tutte dorate» (M. Aronberg Lavin, 1975, p. 169, n. 293).

10. *Eneide Toscana dal Sig.r Lelio Guidiccioni dedicata all'Em.mo Sig.re il Sig.r Cardinale Antonio Barberino,* In Roma appresso Vitale Mascardi, l'anno 1642, p. 18 (dove inizia a «provare che l'Eneide è piuttosto assoluto Museo che parto di Musa») e ss.

11. Per il significato della Galeria di G.B. Marino (ed. M. Pieri, Padova, Liviana, 1979) dopo l'apertura illuminante di C. Dionisotti, *La galleria degli uomini illustri* (1984) ora riproposta in *Appunti su arti e lettere*, Milano, Jaca Book, 1995 si vedano M. Fumaroli, *La galerie de Marino et la Galerie Farnèse: épigrammes et œuvres d'art profanes vers 1600*, in *Les Carrache et les décors profanes*, École française de Rome, Roma 1988 e ora in *L'École du silence. Le sentiment des images au XVIIᵉ siècle*, Paris, Flammarion 1994; O. Besomi, *Fra i ritratti del Giovio e del Marino: schede per la Galeria*, in «Lettere

italiane», XL, 1988, pp. 510-521; C. Caruso, *Paolo Giovio e G.B.Marino,* in «Giornale storico della letteratura italiana», CLXVIII, 1991, fasc. 541, pp. 54-84». Per la collezione sistemata dal Marino nella propria casa napoletana e per tutta la documentazione relativa alle proprietà artistiche del poeta cfr. G. Fulco, *Il sogno d'una 'galeria':nuovi documenti sul Marino collezionista,* in «Antologia di Belle Arti», n. 9-12, dicembre 1979, pp. 84-99.

12. Su G. Teti gentiluomo del card. Antonio Barberini e autore delle *Aedes Barberinae ad Quirinalem,* Roma, Mascardi, 1642 si vedano in part. M. Fumaroli, *L'Âge de l'éloquence. Rhétorique et «res literaria» de la Renaissance au seuil de l'époque classique,* Genève, Droz, 1984, p. 162 ss.; J. B. Scott, *Images of Nepotism. The painted Ceilings of Palazzo Barberini,* Princeton University Press, Princeton 1991 passim.

13. A.S.R., Not. A.C. Fonthia Dominicus, vol. 3201, cc. 219-223 v.

14. Rimando da ultimo al documentatissimo saggio di F. Rangoni, *Per un ritratto di Francesco Angeloni,* in «Paragone arte» 1991, 499, pp. 46-67.

15. A.S.R., 30 notai capitolini, not. Paradisus Hilarius, uff. 7, Testamenta et donationes, vol. II, 30 novembre 1652.

16. A.S.R., 30 notai capitolini, not. Paradisus Hilarius, uff. 7, vol. 154, cc. 470-487.

17. British Library, Ms. Egerton 1635, cc. 50v-55v in part c. 51v. Anche in questo caso l'annotazione del Symonds rende più perspicua quella dell'Evelyn citata dalla Rangoni, cit. pp. 59-60 n.37 la cui ipotesi al riguardo sembra piuttosto problematica. Per Richard Symonds cfr. da ultimo M. Beal, *A study of Richard Symonds, His Italian Notebooks and their Relevance to Seventeenth-Century Painting Techniques,* New York - London 1984.

18. *Loc. cit.* c.52v.

19. La lista dei quadri e dei disegni che tento qui di trascrivere malgrado la pessima grafia del Symonds (che annota disordinatamente con minuscoli caratteri un miscuglio di parole in italiano ed inglese antico, per la cui lettura ringrazio l'aiuto offertomi da Jonathan Woolfson) – inizia ricordando a c. 50v. i seguenti «Quadri»:

«A most gallant painting to the middle of
a Sibilla done by Domenichino
6 or 7 quadros of Bassano
3 or 4 foot broad same less
one where ye Queen of Shiba cames to Salomon
another ye beastes entering into ye ark
another of divers people like a market
2 or 3 of Paolo Veronese, ye biggest 2 foot
high a little one
A san Girolamo of Palma. excellent painter all (?)».
Seguono a c.51r. «A soldier with ye body done by Titian standing up right
A small Ritratto 5 or 6 ynches long done
by Annibal Carraccio of himself most rare
An exellent quadro of divers persons to ye middle done by Giorgione original
A quadro of not 2 foot square of ye
Agony of Our Saviour upon ye Mount
2 Angels by him, his discipulos below
sliping by Carracci
copied by a Franceman 8 or 9 years
since In grande».
Sempre nella medesima stanza sono ricordati altri oggetti come uno specchio d'acciaio concavo oppure come una serie di ornamenti indiani. A c.51v. viene poi descritto «A large cabinet» con vari intagli e monete antichi e quindi nella
«Next Room. Lesse rond about above
are 6 or 7 quadros about 5 or 6 or 7 foot long of divers Triumphs painted at Venice some by Titian
same by Tintoret
Il Trionfo di N. Signor Or Savior
sitting upon ye charriot about him ye Lord
& Bishop & divers people each as big as the life

Triumpf of Death»

A questi dipinti, dopo l'elencazione di un'ulteriore serie di medaglie monete e cammei, segue a c.52r. «A large quadro of Mars & Venus bigger

than ye life upon a bed. 2 cupids of Titian» nonché, dopo la descrizione di un'altra stanza con minerali e varie cose pietrificate, a c. 52v. «Divers Ritrattos as big as the life, some

of Titian one of Palma exellent

One of a churchman whit a letter upon

his hand most rarely done full fair

by Dominichino ye original (?)

is by Gio. Ang. Can.

A paise a foot & half square

done by (?) of Diogenes & Alex.

a temple by & a staua of a god

The copy of St. John Bt. of An. Carraccio

which original is esteemed 4 thousand

crownes. Copied by S.G.A.

who also has another copy in England».

Infine dopo la descrizione di altre statue, lucerne e varie rarità naturali (tra cui una vitella marina) vengono ricordati a c.53r. «In ye other little study by

Divers Books

2 quadros of Sign. Gio Ang. los paintings

Divers others little quadros

3 boys by Parmigianino: of which they have ye stampe

Hercule giovane holding a post in his left

hand by Annibal Carracci copied

by Sr G.A. & is there also

Divers Paesi in oyle…».

Iniziano a questo punto le annotazioni relative ai disegni conservati dall'Angeloni nel proprio museo

«… 2 Atti in Accademia a lapis rosso of

An. Caracci» e quindi a c.53v. «See Baglione in commendacion of this Museo p.108 & that divers designos of A. Caracci are hier (?).

2 books in a grand folio where upon ye white

paper is glued on pieces of Caracci

These of ye gallery of Farnese. Severall

postures & persons are on bleu paper… (?)

Some are inke

Some in red lapis ,some in

colored papers & ynke & withe

A large folio of (?) dark paper full of original disignos

Diversi atti a pinna by Baccio Band.

done by imitation

Diversi in lapis rosso & lapis nero

ye white paper being ye chiaro & in

same ye lights are given of Pirrho

Ligorio who had or nigh has written

is name in greek a Napolitan

Divers of Perino. M. Angiolo

in Penna. Heads of same in ye (?)

Same of Polidoro. A city by Baldassar

of Parmigianino. Pelegrino

da Bologna one of Dan Volterra

Correggio 2 o 3 originals

Rafaels owne Ritratto young done

by himself in chiaro scuro on light paper. S. Luke painting Our Lady by Sor Gio. Angiolo

Divers paintings of pietro Perugino

A St Mark in ye clouds by pen most
admirable of Raphael
A horse on bleue paper shadowed with indico
(c.54) by Raphael. exellent
Or Savior in Limbo original of Arazzo
Raphael on paper colored with soot & ligth with a pencil of coper in (?)
2 pieces of ye quadro at S. Pietro Montorio
Divers pieces of Architectur
The Circuncision a most exillent & best disegno
I ever saw In that coloring also
Other pieces of ye painting of the Sacrament in ye Stanze
Anotther large folio of strong paper
whereon are pasted in each leafe
severall paesis done either in pen
or red or black lapis but in
severall pen. first
of Gobbo 5 or 6 generally in lapis rosso
Il Viola allievo di Ann. Caracci
finished & curious rosso
Domi(ni)chino 6 o 7 Pinna
An. Caracci Paricchi Pinna
Aug Caracci one where with not
finishet but finishet by him
2 di Guercino Pinna
2 di Mutiano Pinna
Titiano 4 Pinna
Campagnola discepolo di Titiano
parecchi con pinna
1 Polidoro chiaro scuro &
(c. 55v.) one of Raphaels Penna
one of Andrea Camassei
discepolo di Domenichino
has his style
1 di Sign. Gio Angelo Canino Pinna
5 o 6 more of his in lapis nero
wich they call Han. Caraccios
Not a dog nor catt or animal about his
house which Annibal & ye Caraccios
did not disigno with pen many of
which us moles catts dogs crows are
in his boock sono finite curiosisima mente».

20. Per l'importanza del ruolo svolto dal Canina nei confronti del Symonds cfr. M. Beal, *cit.*
21. Sulle carte dell'Angeloni contenute nei codici della Biblioteca Marciana di Venezia andrebbe fatta qualche maggiore chiarezza (si veda a tal proposito anche il contributo della Silvia Ginzburg in questo stesso volume): in particolare potrebbe riuscire molto utile una accurata indagine sulle carte (tra le quali molti inventari) del Cod. Marc. cl. VI, n. 204, coll. 6012.
22. Cfr. L. Spezzaferro, *Pier Francesco Mola e il mercato artistico romano: atteggiamenti e valutazioni,* in «Pier Francesco Mola», cat. mostra Lugano-Roma, ed. Electa Milano 1989, pp. 40 ss.

Fig. 1. Nicolas Poussin, *Le Massacre des Innocents,* Chantilly, musée Condé.

Fig. 2. *Temple de Vénus genitrix*, gravure
d'A. Labaccco, *Libro appartenente a l'Architettura,*
Rome, 1552, fig. 28.

Elizabeth CROPPER

Ritorno al crocevia

Il crocevia cui intendo tornare non è uno di quelli, pur allettanti, che si trovano nei paesaggi classici di Poussin: l'allusione al saggio di Denis Mahon *Poussin au carrefours des années trente* è deliberato[1]. Tuttavia l'inserimento del presente contributo in una sessione di convegno dedicata all'architettura ed alla musica dovrebbe servire come monito, perchè è quasi impossibile dividere l'opera ed il mondo di Poussin in simili categorie: di fatto comincerò col porre alcune domande sulla costruzione dei quadri di Poussin, e parlerò infine delle architetture al loro interno.

La questione fondamentale isolata da Mahon nel 1960 fu l'approccio di Poussin alla nozione di scala. Secondo l'opinione di Mahon l'«arte classica» imporrebbe limitazioni di scala, mentre il «Barocco» non potrebbe che avvantaggiarsi di una scala maggiore. Mahon teorizzò un « punto di intolleranza» per cui i singoli artisti sarebbero stati costretti a modificare il proprio stile classico, o farne oggetto di compromessi, pur di venire incontro alle esigenze dimensionali da affrontare[2]. A partire dai tardi anni Venti del Seicento gli affreschi di Sant'Andrea della Valle esemplificarono la brillante capacità di Domenichino di mantenere un linguaggio classico anche su una scala grande senza per questo cadere nel pesante, ma perfino in questo caso, secondo Mahon, Domenichino avrebbe dovuto far qualche concessione al Barocco: il Classicismo *en grand* resterebbe insomma un ossimoro[3].

Mahon espresse meraviglia per il fatto che dovesse essere proprio Poussin, che presto sarebbe diventato «l'incarnazione vera e propria del Classicismo», colui che, per dirla a modo suo, avrebbe tradotto in pittura l'arte di Bernini nel *Sant'Erasmo* di San Pietro e nell'*Apparizione della Madonna a San Giacomo*: il tutto senza giungere al punto del fallimento o del compromesso[4]. Tuttavia, poichè perfino il Classicismo divenne oggetto di intenso dibattito negli anni Trenta sia a Roma che a Napoli, Mahon si rese conto che dipingere su una scala così grande divenne per Poussin sempre meno proponibile. I successi barocchi di Cortona e Bernini, uniti alle critiche devastanti subite da Domenichino a Napoli, combinavano semplicemente quel dissenso stilistico che Duquesnoy e Sacchi avevano già espresso sul versante classicista. In aggiunta alla complessità degli attacchi subiti dal Classicismo, c'era poi la forza crescente degli artisti settentrionali che producevano soggetti triviali, « volgari», di piccole dimensioni. Mahon concluse che il famoso dibattito svoltosi all'Accademia di San Luca nel 1636 non avrebbe riguardato soltanto il numero delle figure, ma anche la scala delle opere in cui esse sarebbero dovute comparire[5].

Non posso concordare con Mahon sul fatto che la magnifica pala per l'altare del Noviziato dei Gesuiti a Parigi sarebbe semplicemente un ingrandimento insoddisfacente di un'immaginetta pensata su scala piccola, o, seguendo Mérot, che essa mostri un Poussin impacciato e a disagio: con le sue dimensioni di m. 4,44 x 2,34 è davvero la tela più grande mai dipinta da Poussin[6]. Di poco più alta e stretta della *Comunione di San Girolamo* di Domenichino (m. 4,19 x 2,56) e della *Trasfigurazione* di Raffaello (m. 4,05 x 2,78), è in diretta competizione con esse (del resto, questi erano i quadri che Poussin ammirava di più), ma in uno stile nuovo, purificato. Criticata da alcuni contemporanei, proprio questa pala venne invece scelta da Félibien (che seguiva Bellori) come prova dell'eccellenza di Poussin nella pittura di figure di grande formato. Era difficile, a quanto riferiva, far cogliere ai critici volgari, abituati ad opere ricche di ornamenti, la grandezza della sua semplicità[7]. Cionondimeno è sicuramente corretta la sensazione di Mahon che negli anni Trenta del Seicento Poussin stesse elaborando il problema delle dimensioni e che con gli *Israeliti che raccolgono la manna* del 1639 si fosse lasciato alle spalle questo crocevia.

Meno chiare però restano le sue scelte di indirizzo: per Mahon gli *Israeliti che raccolgono la manna* sarebbe significativo in quanto comporterebbe la sistemazione di un gran numero di figure in uno spazio che ha profondità. I principi wölffliniani che ispirano questa spiegazione tendono però alla circolarità, estromettendo altre considerazioni: ad esempio, è di sicuro significativo che la *Morte di Germanico* (bell'opera della prima maturità di Poussin), la *Peste di Ashdod* (il quadro di storia più ambizioso tra quanti gli fecero seguito), e il *Parnaso* (quadro complesso, dipinto probabilmente l'anno successivo), hanno tutti le stesse dimensioni degli *Israeliti che raccolgono la manna*, vale a dire cm. 148 x 196, centimetro più o centimetro meno[8]. Un secondo gruppo di quadri degli anni Trenta, ivi compresi il *Ratto delle Sabine* di New York, l'*Adorazione del vitello d'oro* ed il suo pendant, *Il passaggio del Mar Rosso*, hanno un formato alquanto simile, di cm. 154 x 210,9 Al pendant testè citato si dovrebbero aggiungere il *Paesaggio con San Giovanni a Patmos* (cm. 102 x 136) e il *Paesaggio con San Matteo* (cm. 99 x 135) e la *Guarigione del cieco a Cafarnao* (cm. 119 x 176) con il suo pendant, il *Ritrovamento di Mosè* (cm. 116 x 177,5) dipinti per Reynon[10]. Anche escludendo gli esempi particolari costituiti dai *Baccanali* Richelieu, dalle due serie di *Sacramenti* o dalle tarde *Stagioni*, la scelta di certi formati standard di tele da parte di Poussin può esser documentata da un altro gruppo ancora di dipinti dei tardi anni Quaranta e primi anni Cinquanta, che comprende *Rebecca ed Eleazaro al pozzo* (cm. 118 x 197), il *Paesaggio con un uomo ucciso da un serpente* (cm. 119,5 x 198,5) e la *Morte di Safira*[11] (cm. 122 x 199).

A quanto pare, solo Marcel Roethlisberger ha richiamato l'attenzione sull'importanza dei formati standard per le tele ed i pendant nel Seicento italiano, e comunque solo nel caso di Claude[12]. Le misure delle tele di Pousssin fornite dianzi non coincidono con le dimensioni delle tele adottate con maggior frequenza da Claude, benchè sia difficile immaginare che la decisione poussiniana di dipingere coppie di quadri non sia stata influenzata dalla prassi dell'amico, almeno tanto quanto dal desiderio dei collezionisti di possederle. Di fatto, quando Gian Maria Roscioli, coppiere di Urbano VIII, ha cominciato a comprare opere di Poussin, ha anche comprato un paio di quadri «in tela imperatore» di Claude. Il dipinto di Claude da lui fatto incorniciare nel 1635 era quasi certamente una delle due tele datate 1633 che si trovano ora nella collezione del Duca di Buccleuch[13] e queste costituivano i primi pendant di Claude su tela. Indipendentemente dall'identificazione della coppia di quadri acquistata da Claude, nel 1640 Roscioli aggiunse alla propria collezione i pendant di Poussin, *Paesaggio con San Matteo* e *Paesaggio con San Giovanni a Patmos*, anch'essi in «tela imperatore».

Come nel caso di Claude, la decisione di Poussin di lavorare entro una certa gamma di dimensioni è inseparabile dal problema della scala adottata nei suoi quadri, e in particolare della scala adottata per le figure. I suoi biografi non mancano di fare delle osservazioni sulla grandezza delle sue opere in rapporto alla dimensione ridotta delle figure. Sandrart contrappone i piccoli quadri di argomento storico o poetico di Poussin, spesso ambientati in un paesaggio, ai dipinti di storia a grandezza naturale composti in spazi chiusi da Valentin[14]. Bellori registra l'ammirazione dei contemporanei per l'eccellenza di Poussin nel dipingere figure alte appena due o tre palmi e risponde alle critiche secondo cui il progetto della Grande Galerie avrebbe dimostrato che Poussin era incapace di cimentarsi nello *stile magnifico,* argomentando che Poussin lavorava in piccole dimensioni per forza d'abitudine, piuttosto che per mancanza di tecnica e di abilità[15]. Nel resoconto di Félibien il problema della decisione di Poussin di non dipingere «grandi opere» è un tema costante: si meraviglia che nella *Peste di Ashdod* Poussin riuscisse a dipingere le espressioni secondo gli esempi degli antichi Greci e di Raffaello grazie a figure che erano alte appena tre palmi[16]. Questa sua maniera di dipingere «grands sujets» piacque tanto al mondo che Poussin ricevette commissioni da ogni dove, ma soprattutto da Parigi, di dipingere «Tableaux de cabinet, et d'une grandeur mediocre[17]». Come Bellori, anch'egli si chiede se Poussin abbia adottato tale «moyenne grandeur» in quanto semplicemente incapace di dipingere «grands ouvrages». A difesa di Poussin Félibien cita la pala d'altare dei Gesuiti, aggiungendo che dalla pittura Poussin si era ripromesso gloria piuttosto che ricchezze e che in Italia gli artisti locali erano sempre preferiti nelle commissioni importanti. Argomenta poi col massimo vigore che le dimensioni ridotte o « mediocri» delle tele di Poussin erano tuttavia abbastanza ampie perchè l'artista potesse esibirvi le proprie composizioni grandi e dotte[18]. Infine, perfino Bernini, maestro dei *grands ouvrages*, commentò la faccenda: a Parigi disse all'Abate Buti che avrebbe potuto guardare i *Sacramenti* di Chantelou per sei mesi senza stancarsi. Richiestogli quali fossero le loro dimensioni, Bernini rispose: «Del suo formato solito, le figure sono alte due piedi. Non c'è nulla di più bello[19].»

Un altro quadro che Bernini ammirò a Parigi, questa volta nella collezione di Mazarino, fu quasi certamente l'*Ispirazione del poeta epico*[20]. Lo spazio di questa tela relativamente grande è riempito da solo poche figure e il rapporto inconsueto tra le figure e lo sfondo ha contribuito alla perplessità generale circa la sua data: in effetti appartiene ad un gruppo di opere la cui datazione è regolarmente discussa per ragioni connesse. In tal gruppo si trovano il *Rinaldo e Armida* di Dulwich, il *Trionfo di David* del Prado e, quanto mai significativo, la *Strage degli Innocenti* di Chantilly[21]. Naturalmente la difficoltà consiste nel porre queste tele in rapporto con la *Morte di Germanico* (finita nel gennaio del 1628), il *Martirio di Sant'Erasmo* (commissionato nel febbraio del 1628 e finito nel novembre del 1629) e con la *Vergine che appare a San Giacomo* (per cui solitamente si accetta una datazione immediatamente successiva), la *Peste di Ashdod*, iniziata verso la fine del 1630 e consegnata entro il marzo del 1631, e, infine, il *Ratto delle Sabine* di New York (1633-1634). In generale, Pierre Rosenberg raggruppa il *Rinaldo ed Armida*, l'*Ispirazione del Poeta Epico* e il *Trionfo di David* in maggior prossimità della *Morte di Germanico* e del *Martirio di Sant'Erasmo* (1628-1629), mentre Denis Mahon e Anthony Blunt hanno sempre preferito una datazione attorno al 1630[22].

Nonostante si faccia costantemente cenno alla scala delle figure quando si discutono tanto l'*Ispirazione del poeta*, quanto la *Strage degli Innocenti*, in generale la datazione di queste opere viene connessa ad una cronologia basata sul colore e sul chiaroscuro. Tuttavia la questione della scala dimensionale era parimenti cruciale rispetto alle decisioni prese da Poussin al crocevia degli anni Trenta, e le sue sperimentazioni con essa, proprio come la sua applicazione dei modi al colore, mandano all'aria una cronologia lineare. Scelgo di discutere la *Strage degli Innocenti* (fig. 1, p. 256) perchè mi par importante riaffermare le ragioni per cui io ritengo che quest'opera possa collocarsi in contiguità della *Peste di Ashdod* (1630-1631) e perfino del *Ratto delle Sabine* al Metropolitan (1633-1634), piuttosto che della *Morte di Germanico*. La questione ha acquisito una speciale urgenza ora che Jacques Thuillier ha avventurosamente proposto una datazione al 1624, vale a dire addirittura anteriore rispetto alla sua proposta originaria del 1625-1626[23]. Nel far ciò minaccia di degradare una delle grandi opere iniziali di Poussin al rango di un Guido Reni «mal entendu», in cui Poussin non sarebbe nemmeno capace di padroneggiare la pennellata italiana[24].

Nel catalogo della recente mostra di Chantilly, le ragioni da me avanzate per proporre una datazione più tarda della *Strage degli Innocenti* son state ridotte alla semplice conclusione che il quadro non poteva essere anteriore alla pubblicazione della *Strage degli Innocenti* di Marino del 1632[25]. Di fatto il mio rinvio alla pubblicazione del poema del Marino era solo secondario, poichè ho tentato di dimostrare invece l'originalità dell'interpretazione tragica del tema data da Poussin[26]. Lungi dal rivelare una scarsa comprensione della liricità del quadro reniano, Poussin fu semmai il primo ad interpretare il terribile poema del Marino a guisa d'una tragedia di Seneca ed a rappresentarla conseguentemente in pittura, non solo adattandovi la maschera tragica che compare pure nella *Peste di Ashdod* e nel *Ratto delle Sabine*, ma anche la forza espressiva di singole sculture classiche, specialmente la *Niobe*, come accade in quegli stessi quadri e a differenza di quanto avviene nella *Morte di Germanico*[27].

La pennellata sciolta e la chiave scura della *Strage* fan pensare non tanto allo stile della pittura francese che Poussin si era lasciato alle spalle, quanto alla sua consapevolezza dei pittori francesi attivi a Roma, e in particolare di Valentin[28]. Nel famoso riassunto fatto dal Sandrart della querelle sorta attorno ai *Santi Processo e Marziano* di Valentin e al *Sant'Erasmo* di Poussin (entrambi completati per San Pietro nel 1629), quest'ultimo ebbe il sopravvento per « passioni, affetti ed invenzioni», mentre il primo ebbe la meglio nel campo del «vero naturalismo, della forza, del modo in cui spiccavano il suo colorito e l'armonia dei suoi colori[29]». Sarebbe davvero così sorprendente se Poussin, in risposta, si fosse provato a fare una pennellata più «naturale» ed a dare un rilievo chiaroscurale più cospicuo? Ad ogni modo l'una e l'altro erano più adatti all'oscurità di questa scena tragica dei colori solari del *Martirio di Sant'Erasmo* e si adattavano al forte chiaroscuro ed alla finitura più libera delle altre tre sopraporte con cui la *Strage* era connessa.

Il commento del Sandrart per cui Poussin avrebbe dipinto la *Strage* «per il Principe Giustiniani» è qualcosa di più che una semplice implicazione del fatto che questa era una commissione diretta: sicchè io continuo a pensare che le quattro sopraporte elencate nell'inventario Giustiniani del 1638 come presenti nell'appartamento del Cardinal Benedetto, nella quinta stanza dopo l'«anticamera», debbano essere considerate in quanto gruppo, coerente non solo in termini di scala, ma anche di soggetto[30]. E dato che in questa serie Poussin era associato a Sandrart, Perrier e «Giusto fiammengo», resta importante che Sandrart sia arrivato a Roma da Venezia, passando per Bologna, solo nella seconda metà del 1629[31]. Qui giunto, studiò nello studio di Domenichino, dove incontrò tanto Poussin quanto Testa e dove strinse amicizia con Claude Lorrain, Duquesnoy e Sacchi. Non solo disegnò nella campagna e tra le antiche rovine di Roma, ma mise anche in piedi uno studio proprio, che egli battezzò la propria accademia, in cui, assieme agli amici, poteva studiare prospettiva[32].

Il *Buon Samaritano* del Sandrart ora a Brera, una gran tela riempita da appena due figure ed in cui immagini nordiche e naturalismo veneziano si combinano col potere espressivo dell'antichità classica, è firmato e datato 1632, l'anno in cui Sandrart si stabilì a Palazzo Giustiniani dopo un breve viaggio a Napoli[33]. Poco prima di lasciare Roma nel 1635, appose la data alla *Morte di Seneca*, la propria sopraporta per Giustiniani; distrutto e mal documentato, questo lavoro doveva esibire la sua conoscenza della *Morte di Germanico* di Poussin, non meno che dell'*Alessandro e Timoclea* di Domenichino, connessi all'investigazione del forte chiaroscuro notturno e di grandi figure espressive[34].

Sandrart ricorda che Poussin si univa spesso alle riunioni della piccola combriccola di forestieri che comprendevano lui stesso, Duquesnoy e Claude. Nel suggerire per la *Strage degli Innocenti* una data posteriore al 1628, una delle mie preoccupazioni (oltre a tener presente l'intreccio delle carriere di Perrier e di Sandrart, e quel che sappiamo delle sopraporte Giustiniani) era di richiamare il fatto che, verso il 1630, Poussin era in stretto contatto non solo con un gruppo di pittori settentrionali, ma anche con un collezionista che, per la verità, preferiva dipinti *en grand* e che, per di più, apprezzava gli effetti di un potente chiaroscuro uniti ad una conoscenza approfondita della scultura classica[35]. Se consideriamo la carriera di Poussin esclusivamente in rapporto al proprio lavoro ed alla direzione che esso avrebbe preso in futuro, corriamo il rischio di non riuscir a vedere quanto complesso e decisivo in realtà fosse il crocevia degli anni Trenta in rapporto al colore, al chiaroscuro, alla scala ed al formato[36]. Entrambi questi aspetti dell'opera di Poussin erano naturalmente correlati, allo stesso tempo, con la questione ugualmente importante dei modi.

Ma ora intendo volgere brevemente lo sguardo ad un aspetto della *Strage degli Innocenti* che finora non è stato discusso, ovvero la struttura architettonica entro cui vien messo in scena il *tableau* della tragedia del massacro[37]. In un'opera che è più una critica che un fraintendimento di Guido Reni, è notevole come Poussin abbia adottato non soltanto un punto di vista basso, tenendo conto della sua funzione di sopraporta, ma anche la pavimentazione di pietra e mattone apertamente sfuggenti tratta dalla *Flagellazione di Sant'Andrea* del Domenichino, l'opera che Poussin scelse di sostenere nella famosa contrapposizione con quella fortunata di Guido Reni dipinta sulla parete opposta dell' Oratorio di San Gregorio Magno, il *Sant'Andrea condotto al martirio*. Nello spazio di Domenichino il piano di fondo è analogamente chiuso da un tempio con colonne scanalate in cui pure si vedono figurine di scala decisamente minore[38]. Tuttavia tra le due strutture esistono differenze importanti. Invece del tempio genericamente prostilo del Domenichino, Poussin ha rappresentato un tempio periptero con un fregio riccamente intagliato a racemi. Con ogni probabilità questo è il Tempio di Venere Genitrice, illustrato da Antonio Labacco nel *Libro appartenente a l'architettura*[39]. Inoltre Palladio, che in origine credette che il tempio fosse stato dedicato a Nettuno, lo descrisse come posto di fronte al tempio di Marte Ultore (fig. 2, p. 256)[40]. Tali descrizioni, per quanto vaghe, furono sufficienti ad ispirare a Poussin l'idea di collocare la scena tra le colonne del tempio di un Marte vendicatore, da cui una madre fugge col figlio morto, e con il tempio di Venere Genitrice sullo sfondo, verso cui cerca di fuggire, tenendo in braccio il proprio figlio evidentemente ancora in vita, un'altra madre, vista di spalle a destra[41]. Come per la scena prospettica della *Peste di Ashdod*, una appropriazione così decorosa dell'architettura antica è una ragione in più per ritenere impossibile la datazione al 1624 e per preferire di pensare che quest'opera densamente costruita, profondamente carica di passione e di sapere sia più prossima alla *Peste di Ashdod*, e forse addirittura di poco posteriore[42].

Per tornare al crocevia di Mahon sulle dimensioni, sembra che solo Thomas Puttfarken abbia preso in considerazione questo problema, collocando lui pure la *Strage degli Innocenti* nel contesto delle discussioni svoltesi all'Accademia di San Luca negli anni Trenta[43], ma, come altri, anch'egli presume che quelle discussioni si siano concentrate quasi esclusivamente sulle vexatae quaestiones del numero delle figure e dell'importanza degli episodi[44]. Tuttavia, come ha intuito Mahon, i dibattiti riguardavano certamente anche le questioni correlate delle dimensioni e della scala dei dipinti e, va sottolineato, soprattutto dei dipinti da cavalletto (o *tableaux de cabinet*). L'indagine che Poussin ha svolto sulla questione è una delle ragioni per cui è così difficile datare la *Strage*.

Secondo il resoconto sommario di Missirini, i pittori dell'Accademia discutevano se si dovessero preferire «grandi quadri» pieni di figure a «tavole» con poche figure[45]. I Veneziani vennero segnalati per l'eccellenza nella raffigurazione di soggetti grandi (banchetti, matrimoni, miracoli e feste), con l'aiuto delle loro pennellate coraggiose ed il loro agio nel rappresentare la natura e gli avvenimenti umani. Pietro da Cortona difese questo tipo di pittura, le «grandi opere» o, come le avrebbe chiamate più tardi Félibien, «grands ouvrages», mentre altri protestarono che l'occhio si stancava di guardare a tali moltitudini, senza trovarvi il riposo che cercava. Il partito che sosteneva la causa della tragedia argomentava che un quadro (vale a dire un dipinto o *tableau*) era tanto più da lodare se raggiungeva il proprio effetto con meno figure[46]. Nel sostenere la magnificenza dei «grandi dipinti», Cortona rispondeva che anche se la pittura aveva effettivamente a che fare con la tragedia, poteva ciononondimeno esser bella e un vasto concetto richiedeva una espressione grandiosa, ricca di episodi adatti che coinvolgessero parecchie figure, abilmente subordinate all'azione principale. Benchè sembrasse che Cortona vincesse la discussione, secondo Missirini altri pensavano che tale magnificenza venisse ottenuta a spese di quella finitezza amorevole ed esatta che era essenziale all'imitazione. Di fatto essi proclamavano che taluni fervorosi pittori lavoravano a questo modo perchè era più facile. Non aspettandosi un attento esame delle loro opere, distraevano gli occhi dell'osservatore con un insieme ampio, vivace ed armonioso, ricompensandolo con la meraviglia e la sorpresa, ma raggiungendo raramente il sublime.

I due ampi spazi dei soffitti Barberini dipinti rispettivamente da Sacchi e da Cortona sono stati presi come esemplari della disputa degli anni Trenta. Tuttavia vorrei suggerire che la disputa investisse anche la pittura da cavalletto, la differenza tra questa e la pittura ad affrésco ed i diversi gradi di finitezza impliciti in dipinti di proporzioni diverse. Nella crescente contrapposizione, o meglio nella separazione, dei valori critici associati alla pittura ad affrésco (ovvero alla pittura decorativa su larga scala) ed a quella da cavalletto, dovremmo riconoscere il contributo straordinario offerto da Poussin alla definizione di un qualcosa che vorremmo ora chiamare «pittura di storia». A dispetto di presunzioni retrospettive in contrario, la cosiddetta «gerarchia dei generi» non era ancora stabilita nella Roma secentesca, e prima che si potesse istituirla, andavano definiti il concetto e lo status non solo di «storia», ma anche di «pittura» in quanto tale[47].

Un secondo brano problematico del resoconto offerto da Missirini si colloca in questo scenario: egli riporta come uno dei massimi motivi di disaccordo all'interno dell'Accademia riguardasse la forma delle cupole[48]. Taluni accademici, tratti in inganno dalla volta aperta del Pantheon che consentiva ad una luce gentile ed uniforme di cadere sulle statue sottostanti, argomentavano a favore della presenza di lanterne; altri le volevano semplici, secondo l'uso antico che era piaciuto anche a Raffaello e Bramante, ma il partito delle lanterne vinse la causa. Questo commento che lascia un po' perplessi viene riecheggiato nell'affermazione berniniana per cui le statue del Pantheon parevano più belle che in qualsiasi altro luogo perchè erano illuminate dall'alto. L'obiezione di Colbert secondo cui le francesi erano terrorizzate dall'effetto della luce cadente venne controbattuta dall'enigmatica risposta dello scultore, secondo cui la luce dall'alto deve essere «corretta[49]». E una qualche soluzione dell'enigma si può trovare nel Terzo Libro di *Architettura* di Sebastiano Serlio, in cui questi spiega che molta della bellezza del Pantheon deriva dal modo in cui è illuminato dall'alto, sicchè le figure al suo interno « ancora che habbino mediocre aspetto e presenza, gli accresce un non so che di grandezza e venustà[50]». I collezionisti di scultura, conclude Serlio, dovrebbero avere una stanza simile, illuminata dall'alto, e uno spazio di tal fatta è tanto più importante per l'esposizione di quadri, che addirittura dovrebbero essere dipinti secondo questo tipo di illuminazione. Benchè i pittori giudiziosi spesso illuminino le loro immagini lateralmente per dar rilievo alle figure, opere prodotte in questo modo, scrive Serlio, possono esser comprese solo da «huomini intendenti», e saranno altrimenti criticate, dato che le ombre scure offendono coloro che non capiscono l'arte[51]. Senza voler neppure iniziare a riflettere su come questa argomentazione possa esser stata applicata alla decorazione ad affrésco delle cupole, sembra ragionevole concludere che i pittori dell'Accademia stessero discutendo anche dell'illuminazione interna al dipinto in rapporto all'illuminazione dello spazio in cui era appeso ed anche circa due modi alquanto diversi di allettare l'osservatore, basati su due diversi approcci al rilievo chiaroscurato ed al colore.

Di recente si è argomentato che è stato in periferia, soprattutto in Spagna e nei Paesi Bassi, che è stato risolto il problema del rapporto tra l'«arte» e il «tableau»[52]. Ma anche al centro ci sono forti indizi di tensioni riguardanti questa ridefinizione della pittura: tra di essi è notevole l'originalità della determinazione di Poussin di ritrarre la «storia» in «tableaux» di medie dimensioni con figure alte solo due o tre palmi. Quando giunse dal Nord, non sembra che Poussin avesse avuto una grande esperienza, se ne aveva avuta, di pitture per contesti laici o per collezionisti privati. Due delle sue prime opere comunque (la piccola *Pietà* di Cherbourg e la *Madonna col Bambino* di Brighton, entrambe con cornici floreali di Daniel Seghers) sarebbero state perfettamente ambientate nel tipico *cabinet* di un collezionista settentrionale. In quei cabinet ritratti da Rubens e Breughel, o dai Franckens, la Madonna entro una ghirlanda era una presenza standard e in un caso Franz Francken II giunse perfino ad includere una *Pietà* inserita in una ghirlanda[53]. Con l'eccezione di realizzazioni quali la stessa Galleria Farnese, non esistono, per quel che ne so, *rappresentazioni* di collezioni romane, vere o immaginarie, che risalgano alla prima metà del Seicento e che assomiglino a questi *cabinet* di dilettanti settentrionali: ci sono solo inventari[54]. Ma sulla base di tali inventari è giusto dire che verso il 1630 le gallerie dei principi e dei cardinali romani (e perfino i cabinet di collezionisti più modesti) non differivano granchè per le proprie caratteristiche da quelle dei loro amici settentrionali quali risultano da tali immagini[55]. Lo stesso Vincenzo Giustiniani associava con le Fiandre, la Francia e la Spagna, nonchè con Venezia, Roma ed altre città italiane, la nuova prassi di coprire completamente le pareti dei palazzi di quadri, invece che di lussuosi parati[56].

Di nuovo è importante in questo contesto l'esperienza di Poussin a Palazzo Giustiniani, perchè, in assenza di una grande raccolta ereditaria, la collezione esemplificava il nuovo tipo di antologia in cui sono appesi l'uno accanto all'altro nature morte, icone, maestri riconosciuti del passato, frammenti di mosaico, paesaggi, ritratti e capolavori religiosi ricontestualizzati, quali il *San Matteo* di Caravaggio. Quando Poussin produsse le sue *Donne al bagno* e il *Ratto delle Sabine* per il Maresciallo di Créquy nel 1633-1634, sarebbe stato in virtù della collezione Giustiniani che poteva immaginare come e in quale compagnia i suoi primi quadri romani sarebbero stati visti all'interno di un tipo analogo di antologia realizzato a Parigi[57].

La reazione di Giulio Mancini alla tendenza a pigiare assieme quadri diversi in spazi tanto privati quanto pubblici risultante da questo nuovo approccio al collezionismo e appoggiato soprattutto da membri della corte papale, fu di cercare di porlo sotto controllo: con le sue regole avrebbe consentito, poniamo, al Maresciallo di Créquy di mettere le *Donne al bagno* in camera da letta e il *Ratto delle Sabine* nella camera di ricevimento; i due quadretti di Cassiano Dal Pozzo (che di fatto se ne stavano appesi assieme ai *Sacramenti*) o la *Pietà* di Monaco sarebbero potuti andare in un oratorio privato o in camera da letto[58]. Comunque, anche se Mancini rievoca il nome di Savonarola ed invoca i roghi delle vanità, combatteva una battaglia perduta in partenza[59]. Tanto Créquy quanto Giustiniani avrebbero risposto che l'arte stava sviluppando le proprie regole sociali, che non erano così strettamente legate al decoro tradizionale.

Per un pittore vivente la grande sfida posta sia dalle *gallerie*, in cui i quadri erano appesi l'uno accanto all'altro senza soluzioni di continuità, dal pavimento fino al soffitto, sia, perfino, dai cabinet di minori dimensioni, sistemati con miglior logica, era quella di riuscire a farsi notare. In questo senso la preoccupazione di Poussin per le cornici dei suoi quadri non è inconsueta[60]: ma anche le questioni relative alle dimensioni, alla scala ed alla finitezza erano di importanza capitale. Le riflessioni di Poussin sulla lettura e sulla comprensione della sua opera si estendono per tutta la sua vita, e forniscono una difesa continua della necessità di catturare l'attenzione critica, di insistere sull'importanza della spiegazione del soggetto, e sull'appropriatezza dei modi e degli stili adottati rispetto al soggetto sotto mano. A differenza di Elsheimer o Saraceni, comunque, Poussin non dipingeva grandi storie in quadretti che potessero essere riposti: le sue tele non erano sistematicamente inferiori per dimensioni a quelle di Guercino, Reni o Cortona, ma, come i contemporanei non mancarono di sottolineare costantemente, le sue figure sì. I loro precedenti erano costituiti dalle figure inserite nei paesaggi storici e mitologici di Annibale Carracci e Domenichino, la cui ambiziosa *Diana che gioca con le ninfe* dev'essere stato il quadro moderno che poneva in proposito la sfida maggiore nel momento in cui Poussin arrivò a Roma[61].

Le figure di Poussin si distinguevano da quelle di altri che lavoravano con simili formati minori a causa delle loro proporzioni, che seguivano quelle della scultura antica e che pertanto riuscivano a trasmettere le espressioni potenti di quelle sculture. Il valore ideologico della distinzione tra proporzioni e formato effettivo si sarebbe alla fine articolato nel famoso scambio tra Sacchi e Albani del 1651 e sarebbe stato illustrato dalla pubblicazione delle *Arti di Bologna* nel 1646[62]. Le figure di Annibale, benchè rappresentino degli operai, sono dotate di proporzioni proprie della scultura antica, di Leonardo o di Raffaello, e non hanno somiglianza alcuna con i «bambocci» dei Bamboccianti. Negli anni Quaranta del Seicento anche Poussin aveva ormai elaborato compiutamente il problema della scala dimensionale, ma negli anni Trenta era ancora alle prese con esso e la proposta avanzata da Mahon che le sue illustrazioni del *Trattato* di Leonardo avrebbero comportato la sua opposizione critica alla sfida presentata da questi pittori di figurine è azzeccata[63]. Va ricordato che i Bamboccianti non si specializzarono nella pittura ad affresco: le aspre dispute sul loro status riguardavano la pittura da cavalletto. Le argomentazioni difensive che circolavano tra i pittori d'Accademia circa i soggetti scelti dai Bamboccianti, le loro proporzioni, i loro poteri espressivi e, da ultimo, il loro rapporto con la tradizione italiana, furono le prime argomentazioni sulla pittura di storia come categoria speciale della «pittura».

D'altro canto Poussin non desiderava essere associato a quei pittori di quadretti la cui tecnica raffinata richiamava l'attenzione su di sé, poiché la loro perfezione era fondata sull'esecuzione della superficie. Al contrario egli si assunse il compito di tradurre i concetti e le invenzioni delle grandi storie rinascimentali con piena potenza espressiva nella scala piccola della pittura da cabinet, richiedendo al contempo che l'osservatore prestasse attenzione a quei concetti piuttosto che alla sua tecnica pittorica.

La stretta connessione proposta da Poussin tra visione e lettura, la sua richiesta all'osservatore di leggersi la storia per verificare la bontà della corrispondenza col dipinto presentavano non tanto una sfida iconografica, quanto una sfida all'attenzione dello spettatore. Negli anni Trenta, e soprattutto nei *Sacramenti* per il Dal Pozzo, egli chiedeva allo spettatore di *leggere* (in senso affatto letterale) l'immagine all'interno della cornice come se si trattasse di parole su una pagina, come se i suoi *tableaux* fossero collocati all'interno di un libro quale i *Tableaux Sacrés* di Richeome. Poussin avanzò la rivendicazione per un'attenzione metodica nel mondo curioso della pittura da cabinet, e si attendeva di essere compreso da quanti erano «intendenti» tra i ranghi sempre più numerosi dei conoscitori. Verso il 1650 la sua «maniera magnifica» era saldamente affermata: la sua grandezza, informata alle condizioni poste da Mascardi per la storiografia, derivava dagli ornamenti stilistici, più che dalla dimensione delle tele o dalla bravura del pennello[64]. A quel punto, come ho insinuato dianzi, egli era in grado di tematizzare parecchi problemi *attorno* alla pittura *dentro* alla cornice: quello di guadagnarsi l'attenzione dei pochi conoscitori, come nella *Guarigione del cieco di Cafarnao*; quello delle allettanti ornamentaziqni del colore, così deliziosamente femminili, come nelle due versioni dell'*Achille a Sciro*; o il problema stesso della dimensione e della scala, come nell'*Orione* o nel tardo *Polifemo*. A quel punto non doveva più preoccuparsi che i suoi quadri si perdessero tra le caterve disordinate di gallerie e *cabinet*. Con le sue tele standard, i suoi pendant, e le sue svariate serie, con le sue invenzioni riccamente ornate interpretate da figurine proporzionate espressivamente e che richiedevano l'osservazione ravvicinata dello spettatore che cercava di comprenderle, e non semplicemente di ammirarne il virtuosismo tecnico, egli era giunto ad una ridefinizione della pittura di storia.

1. D. Mahon, «Poussin au carrefour des années trente», in *Nicolas Poussin: Actes du colloque international*, a cura di A. Chastel, Parigi 1960, I, pp. 237-264.

2. *Ibidem*, pp. 242-243.

3. *Ibidem*, p. 243: «Ainsi il devenait inévitable que les principes memes du classicisme perdissent leur pureté, puisque la notion d'un classicisme décoratif "en grand" contient une sorte de contradiction dans ses termes mêmes.»

4. *Ibidem*, p. 247.

5. *Ibidem*, pp. 251-259.

6. *Ibidem*, p. 260, n. 31. Per il commento di Mérot, vedi A. Mérot, *Nicolas Poussin*, Londra 1990, p. 122.

7. Secondo Félibien, buona parte delle prime critiche vennero dai sostenitori di Vouet: vedi Félibien, *Entretiens sur les vies et sur les ouvrages des plus excellens peintres anciens et modernes*, Trévoux 1725, Entretien VIII, pp. 38-40.

8. Per uniformità, tutte le misure sono ricavate da A. Blunt, *The Paintings of Nicolas Poussin: A Critical Catalogue*, Londra 1966. Per la *Morte di Germanico* (146 x 195 cm.) vedi ivi, p. 28, n. 156; per la *Peste di Ashdod* (148 x 198 cm.) ivi, p. 24, n. 32; per *Apollo e le Muse sul Parnaso* (145 x 197 cm.), ivi p. 90, n. 129; per gli *Israeliti che raccolgono la manna* (149 x 200 cm.), ivi, p. 18, n. 21.

9. Per il *Ratto delle Sabine* (cm. 154 x 206), vedi *ibidem*, p. 128, n. 180; per l'*Adorazione del vitello d'oro* (cm. 154 x 214) ivi, p. 22, n. 26; per il *Paesaggio del Mar Rosso* (cm. 154 x 210) ivi, p. 17, n. 20.

10. Per il *Paesaggio con San Giovanni a Patmos* (cm. 102 x 136) e il *Paesaggio con San Matteo* (cm. 99 x 135), vedi *ibidem*, p. 59, nn. 86 e 87. Entrambi questi paesaggi furono acquistati da Roscioli il 28 ottobre 1640: vedi L. Barroero, *Nuove acquisizioni per la cronologia di Poussin*, in «Bollettino d'arte», 1979, pp. 969-974. Nell'inventario citato dalla Barroero i paesaggi sono descritti come «in tela imperatore» Per la *Guarigione del cieco a Cafarnao* (cm. 119 x 176), vedi p. 74, n. 74; e per il *Mosè salvato dalle acque* (cm. 116 x 177,5), vedi p. 13, n. 14. Per le tele Reynon intese come pendants (secondo una prima intuizione di Neil McGregor), si veda ora G. Chomer e S. Laveissière, *Autour de Poussin*, Parigi 1994, pp. 78-79.

11. Per la *Rebecca al pozzo* vedi *ibidem*, p. 10, n. 8; per il *Paesaggio con un uomo ucciso da un serpente*, ivi, p. 143, n. 209; per la *Morte di Safira*, vedi p. 58, n. 85.

12. Il caso particolare dei pendant è stato discusso per la prima volta in M. Rothlisberger, *Les pendants dans l'œuvre de Claude Lorrain*, in «Gazette des Beaux-Arts», 1958, pp. 215-228. Sulla questione del formato, più in generale, vedi Idem, *Claude Lorrain: The Paintings*, New York 1979, I, pp. 21-23 e 27-31. Pur insistendo sull'importanza delle coppie nella riflessione sulle tipologie, Röthlisberger non si è occupato del nuovo contesto nella disposizione e raccolta di quadri che qui si discute: cita tuttavia G. de Lairesse (1641-1711) perchè ha fornito le uniche affermazioni teoriche esplicite sui pendants in questo periodo. Va presa in considerazione però anche la prassi di commissionare coppie di quadri da galleria ad artisti rivali.

13. Secondo Röthlisberger, *op. cit.*, pp. 26 e 461-464, questi due paesaggi furono la prima coppia di dipinti su tela dipinta da Claude, nonchè le sue prime tele datate (1633). Ci sono due pendant su rame che potrebbero essere leggermente anteriori: in proposito vedi *ibidem*, pp. 489-493. La proposta di Röthlisberger secondo cui la prima coppia sarebbe stata dipinta per un committente francese si fondava sulla presenza di bandiere francesi nella *Veduta della costa* ed è stata avanzata prima che la Barroero scoprisse l'inventario del Roscioli.

14. J. von Sandrart, *Academie der Bau- Bild- und Mahlerey- Künste von 1675*, a cura di A.R. Peltzer, Monaco 1925, p. 257.

15. G.P. Bellori, *Le vite de' pittori scultori e architetti moderni*, a cura di E. Borea, Torino 1976, p. 453. Bellori prende le due pale d'altare parigine come modelli esemplari della capacità di Poussin di dipingere opere grandi.

16. Félibien, *op. cit.*, pp. 20-21.

17. *Ibidem*, p. 21.

18. *Ibidem*, pp. 118-120. Lo stesso Poussin ha espresso la difficoltà di raggiungere la grandezza su una scala perticolarmente piccola nella lettera a Chantelou senior riguardante la tavoletta del *Battesimo di Cristo* da lui commissionata. La piccolezza dello spazio e la grandezza del soggetto, per non par-

lare dello stretto rapporto col committente e delle cattive condizioni della sua vista, congiuravano tutte a rendergli quest'opera tanto difficile quanto i singoli Sacramenti, inducendolo a pensare ad essa come si trattasse di un saggio alla maniera di Montaigne.

19. P. Fréart de Chantelou, *Diary of the Cavaliere Bernini's Visit to France*, a cura di A. Blunt ed altri, Princeton 1985, p. 282.

20. *Ibidem*, p. 147. Per l'identificazione di questa tela « dont les figures sont grandes» come l'*Ispirazione del poeta epico* (cm. 184 x 214), vedi Blunt, *op. cit.*, pp. 84-86, n. 124.

21. Per il *Rinaldo ed Armida* (cm. 80 x 107), vedi Blunt, *op. cit.*, p. 140, n. 202; per il *Trionfo di David* (cm. 100 x 130), vedi p. 26, n. 33; per la *Strage degli Innocenti* (cm. 147 x 171), vedi p. 47, n. 67.

22. P. Rosenberg et L.A. Prat, *Nicolas Poussin: la collection du musée Condé à Chantilly*, Parigi 1994, p. 51. Oberhuber crede che il dipinto di Chantilly sia una delle due uniche opere dipinte da Poussin nel 1630. Per completare la panoramica delle opinioni, riassunte in maniera completa da Rosenberg e Prat, va notata quella di Doris Wild. Anch'ella preferisce una data più tarda, non anteriore al 1630 e preferibilmente verso il 1634-1635, e ha posto in discussione (a mio parere giustamente) l'affermazione di Blunt secondo cui il disegno di Lille « era esattamente nello stesso stile» di quelli del Martirio di Sant'Erasmo.

23. J. Thuillier, *Nicolas Poussin*, Parigi 1994, p. 244, n. 19. Thuillier colloca la versione pesantemente restaurata che si conserva al Petit Palais nella categoria delle opere per lui dubbie. Altri hanno accettato come di Poussin gli avanzi frammentari e posto quella versione a metà degli anni Venti (per esempio, Mahon l'ha datata al 1626, Blunt al 1625-1626 e Oberhuber al 1627).

24. Il Professor Thuillier ha effettivamente espresso questa opinione a Chantilly, durante il Colloque Poussin. Una datazione al 1624 renderebbe la *Strage degli Innocenti* coeva, secondo un'altra datazione parimenti precoce proposta da Thuillier all'*Abbandono di Mosè* di Dresda (cui non somiglia affatto) e, fatto ancor più problematico, al cosiddetto *Trionfo di Ovidio* che Thuillier attribuisce a Poussin. Ogni discussione futura di quest'opera dovrà tener conto del rapporto tra la sua invenzione e certi elementi de *Les jeux et plaisirs de l'enfance* di Jacques Stella. Vedi ora J.K. Dabbs, Not Mere Child' Play: Jacques Stella's «Jeux et plaisirs de l'enfance», in «Gazette des Beaux-Arts», 1995, pp. 303-312.

25. Rosenberg e Prat, *op. cit.*, pp. 44-51, n. 3, vedi specialmente p. 51. Naturalmente tale argomentazione è scartata con la stessa disinvoltura con cui sono stati superati precedenti tentativi di mettere in rapporto questo quadro ed il poema del Marino. Quanto alla mia discussione del quadro (invero assai più complessa), essa è stata proposta la prima volta al convegno di Fort Worth del 1988 e stampata poi come *Marino's Strage degli Innocenti: Poussin, Rubens e Guido Reni*, in «Studi secenteschi», 1992, pp. 137-166.

26. Inoltre nel 1988 ho anche cercato di dimostrare che non si può ricavare alcuna argomentazione sulla base dei versi dei disegni di Lilla e Chantilly.

27. Questo adattamento delle forme espressive tratte da sculture antiche pone il quadro ad una certa distanza dai disegni preparatori di Lille.

28. Dovrebbe bastare il ricordo del mecenatismo barberiniano comune ai due artisti verso il 1627, la loro reciproca amicizia con Cassiano dal Pozzo, la loro presenza comune nella collezione Giustiniani e le commissioni ricevute contemporaneamente dal Valguarnera.

29. Sandrart, *op. cit.* p. 257.

30. Mi spiace dover dire che quando ho avanzato questa proposta nel 1988 non ero consapevole del fatto che Christian Klemm avesse espresso esattamente la medesima osservazione sulle connessioni tematiche tra le sopraporte, nel suo *Sandrart à Rome*, in «Gazette des Beaux-Arts», 1979, pp. 153-166, specie p. 157. In C. Gasparri, *Materiali per servire allo studio del Museo Torlonia di scultura antica*, in «Atti dell'Accademia Nazionale dei Lincei, Memorie» (Classe di Scienze morali, storiche e filologiche),1980, fig. IV, la stanza in questione è segnata col numero «5».

31. Io preferisco associare questo oscuro fiammmingo con Jodocus de Pape che, come altri del gruppo, e come gli amici di Poussin Duquesuoy e Testa, lavorò per la Galleria Giustiniani.

32. Vedi C. Klemm, *Joachim von Sandrart – Kunstwerke und Lebenslauf*, Berlino 1986, pp. 15-17 e 337-338.

33. *Ibidem*, pp. 62-63, n. 9. Tra la fine del 1631 e l'inizio del 1632 aveva viaggiato alla volta di Napoli e della Sicilia. Diede la *Morte di Seneca* ad Artemisia Gentileschi e quasi certamente si procurò da lei

un *Davide con la testa di Golia* a grandezza naturale per Vincenzo Giustiniani. Elogiando Artemisia, Sandrart pose in evidenza il suo stile pittorico *all'ingrosso*.

34. Anche S. Ebert-Schifferer associa la tela di Sandrart alla *Morte di Germanico* vedi *Sandrart a Roma 1629-1635: un cosmopolita tedesco pel Paese delle Meraviglie*, in O. Bonfait, *Roma 1630. Il trionfo del pennello*, Roma 1994, pp. 97-114, specie p. 114, n. 73.

35. E naturalmente un'opera come il *San Matteo* di Caravaggio cadrebbe in tale categoria: quanto a Giustiniani, vedi E. Cropper e C. Dempsey, *Nicolas Poussin: Friendship and the Love of Painting*, Princeton 1996, pp. 64-105.

36. Per tali possibilità, vedi Bonfait, *op. cit.*

37. E' la nuova, potente resa prospettica dello spazio in primo piano che ha indotto Oberhuber a datare l'opera in maggior prossimità del 1630, quando venne iniziata la *Peste di Ashdod*. Naturalmente in quell'opera Poussin non costruì soltanto un complicato spazio architettonico e, per la prima volta, un paesaggio urbano, ma fece anche riferimento alla scena tragica di Serlio. Quel che Poussin stava imparando di prospettiva verso il 1629 dall'amico e consulente di Domenichino, il Padre Zaccolini, venne rinforzato in seguito dalla consultazione di una almeno delle fonti che anche Sandrart trascelse per studio.

38. E' stata frequentemente notata l'importanza di una simile disposizione nell'*Elemosina di Santa Cecilia* del Domenichino.

39. A. Labacco, *Libro appartenente a l'architettura*, Roma 1552, tav. 28. Vedi anche l'edizione di A. Bruschi, Milano 1992. Del tempio sopravvivono tre colonne, che però sono state rimesse in piedi soltanto in questo secolo: vedi G. Lugli, *Roma antica: il centro monumentale*, Roma 1946, pp. 252-255. L'identificazione del tempio presente nella *Strage* con il Tempio di Venere Genitrice e la sua connessione con il Tempio di Marte venne proposta originariamente da Alessandra Galizzi nel mio seminario su Poussin svoltosi alla Johns Hopkins University nel 1986. La Galizzi inoltre citò la corretta identificazione del tempio da parte, tra gli altri, di Giusto Lipsio (1598) e Giorgio Fabricio (1550).

40. Per Palladio, vedi A. Palladio, *I quattro libri dell'Architettura*, a cura di L. Magagnato e P. Marini, Milano 1980, IV.36, pp. 398-399 e 546-547.

41. In tale contesto il commento di Inigo Jones (su cui si veda *ibidem*, p. 546, n. 6), secondo cui i delfini che compaiono nel tempio di Venere Genitrice non erano simboli di Nettuno, ma semmai geroglifici che indicavano la Salvezza, potrebbe indicare un ulteriore significato nella scelta del tempio fatta da Poussin.

42. Ebert-Schifferer, *op. cit.*, p. 114, n. 73, propone una datazione ancora più tarda, verso il 1635/1636 circa, e suggerisce che Sandrart non abbia forse mai visto l'opera finita: ma vedi anche il suo contributo al presente volume.

43. T. Puttfarken, *Roger de Piles' Theory of Art,* New Haven e Londra 1985, pp. 19-24.

44. *Ibidem*, pp. 15-19. Di conseguenza Puttfarken interpreta la scelta di Poussin di una scala grande per la *Strage degli Innocenti* come pertinente alla decisione di non includere episodi.

45. M. Missirini, *Memorie per servire alla storia della romana Accademia di San Luca*, Roma 1823, pp. 112-113. Si notò anche che, ispirandosi a rilievi antichi, lo stesso Federico Zuccari, padre fondatore dell'istituzione, aveva preferito riempire completamente le proprie opere, introducendovi più di un episodio.

46. *Ibidem*, pp. 112-113. Solo di rado una « gran tavola» riusciva ad evitare la confusione: la bellezza di tutte le opere del genio consisteva nell'unità e nella semplicità, stando a quanto riferisce Missirini.

47. La famosa lettera di Vincenzo Giustiniani sulle dodici diverse maniere di dipingere è soltanto il documento più famoso del fatto che il raggruppamento per generi non era una prassi standardizzata all'inizio del Seicento.

48. Missirini, *op. cit.*, p. 112.

49. Chantelou, *op. cit.*, p. 147.

50. S. Serlio, *Tutte l'opere d'architettura et prospetiva*, Venezia 1619, p. 50.

51. Alla fin fine, scrive Serlio, la dolcezza del colorito di Tiziano piace indipendentemente dalla luce, e le sue figure sono sempre rilevate.

52. V. Stoichita, *L'instauration du Tableau: Métapeinture à l'aube des Temps Modernes*, Parigi 1993, p. 289. Si può solo appoggiare il desiderio espresso da Stoichita (ivi, p. 8) che venga realizzato uno studio lessicologico e storico dell'opera d'arte nota come « tableau».

53. Per una discussione della posizione di tali *Madonne* (e perfino di una *Pietà*) entro ghirlande nei *cabinet*, con illustrazioni dell'*Allegoria della vista* di Rubens e di Breughel (al Prado) e per i dipinti di Franz Francken II, *Cabinet di un dilettante con scimmie iconoclaste* (Antwerp) e *Cabinet di un dilettante con l'allegoria della pittura* (un tempo nella collezione Harrach di Vienna), con riferimenti alla bibliografia successiva, vedi Stoichita, *op. cit.*, pp. 90-102.

54. Naturalmente io mi riferisco ad immagini di collezioni in mostra, nella loro totalità. I progetti innovativi dei Barberini e di Vincenzo Giustiniani di commissionare stampe di riproduzione dei loro palazzi o di oggetti nelle loro collezioni sqno faccenda diversa.

55. In altre parole le collezioni romane devono esser state assai simili a quelle rappresentate nei quadri di cabinet e gallerie settentrionali, sia che si trattasse del livello di modeste raccolte di artisti o artigiani quali Villamena, sia che si trattasse delle grandiose esibizioni di un Cardinal del Monte o di un Cardinal Borghese.

56. V. Giustiniani, *Discorsi sulle arti e sui mestieri*, a cura di A. Banti, Firenze 1981, p. 45. Tuttavia dovremmo ricordare che, quando Poussin arrivò a Roma, i Barberini avevano ancora pochissimi quadri, ed infatti stavano ancora costruendo il loro palazzo.

57. Vedi J.-C. Boyer e I. Volf, *Rome à Paris: les tableaux du maréchal de Créquy (1638)*, in «Revue de l'Art», 1988, pp. 22-42, per la collezione di Créquy interpretata come un'antologia, e quindi radicalmente differente da altre raccolte coeve come quelle realizzate dal Re di Spagna per il Buen Retiro o dal Cardinale Alessandro Peretti Montalto per la sua villa sull'Esquilino. Queste ultime erano concepite per gruppi tematici, secondo la tradizione rinascimentale, anche se realizzate in uno stile moderno. La *Strage degli Innocenti* sembra che sia appartenuta ad un gruppo di tal fatta, ma all'interno di una collezione ampiamente asistematica.

58. G. Mancini, *Considerazioni sulla Pittura*, a cura di A. Marucchi, Roma 1956, I, pp. 139-149, «Regole per comprare, collocare e conservare le pitture».

59. *Ibidem*, p. 142.

60. *Ibidem*, pp. 145-146, ove Mancini fornisce anch'egli dei consigli sulle cornici.

61. Per la *Diana*, vedi Bonfait, *op. cit.*, pp. 174-181.

62. Per questa disputa vedi E. Cropper, *The Ideal of Painting: Pietro Testa's Düsseldorf Notebook*, Princeton 1984, pp. 56-59, 63-64, 106-109.

63. Mahon, *op. cit.*, pp. 254-255. La pertinenza di queste figure diventa ancor più chiara quando si ammetta che le stesse *Arti di Bologna* illustrano un'argomentazione sulle figure gravate da pesi e sono pertanto intensamente leonardesche.

64. Nel ridefinire la pittura di storia, inutile dirlo, Poussin non poteva fondarsi su una definizione fissa di storia, perchè anch'essa era materia di dibattito all'epoca. Dalla lettura dell'*Arte historica* di Agostino Mascardi (Roma, 1636), per esempio, egli sviluppò sicuramente l'idea di tradurre l'*enargeia* che l'autore richiedeva allo storiografo nell'energeia della pittura di storia, « trasformando quello che insegna» (*ibidem*, p. 248).

Troisième partie

PEINTURE, HISTOIRE ET POÉSIE

Silvia GINZBURG

Giovanni Battista Agucchi e la sua cerchia*

La riscoperta del ruolo svolto da Giovanni Battista Agucchi nella storia della critica d'arte del primo Seicento spetta, come è noto, a Sir Denis Mahon il quale, ritrovando il trattato sulla pittura redatto da Agucchi tra il primo e il secondo decennio del XVII secolo, vi ha individuato una delle fonti dirette della dottrina dell'Idea e delle critiche al naturalismo caravaggesco elaborate più tardi da Bellori[1]. La moderna fortuna critica di Agucchi nasce così meno di cinquant'anni fa con la pubblicazione del libro di Mahon, nel quale le opinioni sulla pittura del prelato bolognese amico di Annibale Carracci e protettore di Domenichino venivano riportate alla luce come una radice "protoclassicista", un'anticipazione della cultura di Bellori e di Poussin.

Visto esclusivamente da questa prospettiva Agucchi appare però un uomo così in anticipo sui tempi da risultare, di fatto, isolato: una conseguenza di cui ebbe ad accorgersi per primo lo stesso Mahon quando tornò sull'argomento nel saggio del 1960, più volte citato in questa sede, *Poussin au carrefour des années trente*. Nel ribadire il ruolo anticipatore di Agucchi sulla generazione classicista, Mahon sottolineava come per trovare una prima risposta alle sue idee bisognasse attendere i frutti dell'incontro di Poussin con Domenichino, Angeloni, Bellori, a cui Agucchi non poté assistere, dal momento che egli è lontano da Roma dal 1624 al 1632, anno della sua morte[2].

Al di là della questione relativa ai tempi di questo fatidico incontro vorrei sottolineare l'anomalia per cui, sebbene siano stati Angeloni e Domenichino ad aver conosciuto e frequentato Agucchi durante la sua vita, sembri spettare piuttosto ai più giovani Bellori e Poussin il compito di riprenderne le idee con maggior fedeltà. I primi 'veri' interlocutori di Agucchi sarebbero stati i protagonisti di una generazione che egli non ha quasi potuto conoscere. A un simile isolamento sul piano culturale corrisponde però una vita pubblica trascorsa per la gran parte negli ambienti più noti del tempo e scandita da una serie di successi politici e diplomatici[3] – come se biografia politica e biografia intellettuale fossero state per lui due strade destinate a correre in direzioni diametralmente opposte. In realtà le cose non stanno propriamente così: l'apparente assenza di interlocutori che avrebbe caratterizzato la vita di Agucchi mi sembra piuttosto la conseguenza che deriva dall'aver esaminato il suo caso soltanto dal punto di vista di Bellori. Abbiamo guardato Agucchi tutto all'interno del dialogo a posteriori che Bellori aveva intessuto con lui e questo inevitabilmente ci ha fatto sfuggire il contesto. Ma qual era il suo contesto? Qual era la cerchia di Agucchi? Oggi la scoperta di nuovi documenti consente di rispondere in parte a questo interrogativo: ne emerge un quadro in cui percorso pubblico e percorso intellettuale appaiono tutt'altro che privi di connessioni, e anzi si illuminano a vicenda, con inattesa coerenza.

Per cogliere questi aspetti sarà però necessario abbandonare per un momento il punto di vista di Bellori, dal quale abbiamo guardato Agucchi fino ad oggi, e adottare invece il punto di vista dell'abate Lanzi. È Lanzi, infatti, a segnalarci una delle maggiori novità del trattato sulla pittura: «Monsignor Agucchi – scrive – fu de' primi a compartire la pittura italiana in lombarda, veneta, toscana, romana[4].»

Come lo stesso Agucchi esplicitamente dichiara, questa idea viene da Plinio, dal quale deriva anche la descrizione dei vari stili caratteristici di ciascuna scuola mediante un uso parco e conciso di aggettivi e concetti. È una formula che, per così dire, va all'osso del dato stilistico: nel trattato l'imitazione delle statue antiche caratterizza la scuola romana; l'imitazione della natura la scuola veneziana; il modo "tenero, facile, nobile" corrisponde allo stile di Correggio; la maniera che "ha del minuto alquanto, e del diligente, e discuopre assai l'artifitio" è propria della scuola toscana[5]. I capiscuola sono appena nominati - per il resto, non un'opera, non una notizia, non una data.

Il frammento del trattato che ci è pervenuto è del resto continuamente attraversato da una riflessione sullo stile in pittura e sulle sue distinzioni che deriva in larga parte dalla retorica antica, soprattutto da Cicerone e da Quintiliano; lo stesso termine "stile", preso in prestito dalla letteratura, come notava Mahon, fa qui una delle sue prime comparse applicato alla pittura. Uno degli aspetti più rilevanti e più trascurati della cultura di Agucchi risiede proprio in questo interesse specifico per le varianti del linguaggio formale della pittura, che sarà anche una delle maggiori eredità che egli ha ricevuto dalla generazione precedente e ha potuto trasmettere alla generazione successiva. È lo stile il metro con cui Agucchi misura la storia della pittura, l'elemento discriminante che gli consente di stabilire l'appartenenza di un singolo artista a una determinata scuola: lo stile del pittore, non la sua nascita, come mostra il caso emblematico di Michelangelo, posto con Raffaello a capo della scuola romana[6].

Questo interesse per lo stile come carattere linguistico proprio di ciascuna scuola che spinge Agucchi verso il recupero del modello antico di Plinio va letto, innanzi tutto, alla luce dei suoi rapporti con i pittori. Nuovi documenti confermano che nell'ambiente romano dei primissimi anni del Seicento Agucchi svolse un ruolo di vero e proprio critico dei pittori della cerchia carraccesca, sostenendone gli intenti, diffondendone la poetica, intendendone e descrivendone le singole varianti stilistiche. Egli non è soltanto il grande ammiratore di Annibale e poi di Domenichino: è il punto di riferimento a Roma di tutti i principali pittori usciti dalla scuola dei Carracci. Ai suoi celebri giudizi su Annibale e Domenichino, e a quelli meno noti su Sisto Badalocchio e Antonio Carracci[7], posso aggiungere un nuovo parere che riguarda Francesco Albani. Per quest'ultimo, che gliene aveva fatto richiesta, Agucchi compose un'impresa il cui testo è in realtà un giudizio critico: l'Albani, che egli vede, come diremmo oggi, pittore di poco talento, deve a suo parere appoggiarsi all'arte per aiutare la debolezza della natura.

«Conoscendo dunque l'Albano di non avere la Natura molto favorevole, si è nondimeno disposto di aiutarsi di maniera con lo studio, con l'industria e con l'arte, che non diffida di dovere col mezzo di essa tirarsi molto inanzi; e perché egli nel riconoscersi da una parte Debole e fiacco, non ricusa di chiamarsi, anzi vuole essere tenuto da ogniun per tale, perché tanto più apparischi l'industria sua[8]», così il nome coniato per lui è quello "Del Lento, o Tardo Academico Incaminato" a cui appunto l'impresa si riferisce. I fogli (figg. 1-2), che recano disegni probabilmente di mano dell'Agucchi medesimo, non sono datati, ma credo si debbano riferire ai primi tempi del soggiorno romano dell'Albani, forse al 1602, quando ancora il critico doveva essere poco informato sui trascorsi bolognesi dell'artista, secondo quanto si evince da un misterioso appunto di Agucchi posto in calce all'impresa, che forse allude al fatto che il pittore non era ufficialmente iscritto all'accademia carraccesca: «la feci per l'Albano, credendomi ch'egli fosse degl'Incamminati».

Fig. 1. Impresa per Francesco Albani, Roma, Biblioteca Apostolica Vaticana, ms. Ottob. lat. 2484, t. III, f. 621 r.

Fig. 2. Impresa per Francesco Albani, Roma, Biblioteca Apostolica Vaticana, ms. Ottob. lat. 2484, t. III, f. 622 r.

Fig. 3. Annibale Carracci (?),
Impresa per un Accademico Incamminato (?), Roma, Biblioteca Apostolica Vaticana, ms. Ottob. lat. 2484, t. III, f. 628 r.

Fig. 4. Domenichino (?), Frontespizio per l'*Orazione di Nerone per la colonia bolognese abbruciata* di Giovanni Battista Agucchi, Roma, Biblioteca Apostolica Vaticana, ms. Ottob. lat. 2484, t. III, f. 427 r.

A un Accademico Incamminato che non sono riuscita a identificare era invece destinata un'altra impresa a cui Agucchi fa riferimento in alcune lettere del 1602 contenenti interessanti definizioni dell'accademia carraccesca[9]. A quanto sembra il destinatario dell'impresa aveva richiesto i disegni da Bologna ad Annibale Carracci, mentre la composizione del testo spettava ad Agucchi, il quale a tale scopo chiede la collaborazione di Porfirio Feliciani[10]. La vicenda è di difficile ricostruzione perché le lettere sono quasi illeggibili, ma credo che i disegni di Annibale siano da identificare in due fogli raffiguranti un ramo d'albero che brucia da cui sgorga della resina (fig. 3), che compaiono legati nel manoscritto in immediata successione alle lettere citate[11] e che nella sicurezza del tratto e nella resa del ramo, delle erbe rade, delle nuvole sembrano offrire diversi confronti con altri appunti dell'artista.

In questo contesto di scambi di richieste tra Agucchi e i pittori della cerchia carraccesca va collocata anche l'esecuzione di un piccolo disegno (fig. 4) concepito come frontespizio per uno dei suoi scritti poi dato alle stampe, intitolato *Oratione di Nerone per la colonia bolognese abbruciata, recitata in Senato et à Claudio Imperadore acciochè la prendessero à ristorare, volgarizzata da Gratiadio Machati bolognese*[12].

Il disegnino raffigura la città in preda alle fiamme, appunto secondo l'invenzione del testo che fornisce all'autore l'occasione per un elogio dell'antichità e nobiltà di Bologna. Sulla base di una lettera di Porfirio Feliciani all'Agucchi, nella quale si fa riferimento all'*Orazione*[13], il testo si può collocare attorno al 1608 – una datazione con cui mi sembra concordare questo piccolo esempio di paesaggio carraccesco, eseguito sfruttando le diverse gradazioni luminose dell'inchiostro, con notevole felicità compositiva. Per mezzo delle macchie in primo piano e della massa variegata delle architetture sul fondo, pur limitandosi a uno schizzo di così piccole dimensioni (assieme alla cornice misura cm. 12 x 14; senza, circa cm. 8 x 9), l'autore riesce a raggiungere un effetto monumentale, secondo una soluzione che sarà diffusa nei paesi a figure piccole eseguiti dagli allievi di Annibale, e in special modo da

Fig. 5. Annibale Carracci, particolare della *Fuga in Egitto*, Roma, Galleria Doria Pamphili.

276

Domenichino, fin dai primi anni del secolo. È evidente che questa immagine di città è molto vicina al celebre gruppo di architetture che domina dal fondo la lunetta Aldobrandini con la *Fuga in Egitto* (fig. 5), che dovrebbe precederla di poco[14]. È innanzi tutto tale rapporto a suggerire il nome di Domenichino, che fin dai primi anni del secolo aveva seguito il maestro nella concezione e nella sintesi architettonica del paesaggio; proprio questo, d'altronde, è il genere di cose che immaginiamo Agucchi gli chiedesse quando il giovane pittore viveva presso di lui. Un'attribuzione a Domenichino, in favore della quale si è espresso anche Sir Denis Mahon[15], sembra trovare conferma anche dal

Fig. 6. Domenichino, Studio per la "Memoria" di Girolamo Agucchi in San Giacomo Maggiore a Bologna, Windsor Castle, The Royal Collection.

confronto con uno studio della collezione reale di Windsor eseguito dall'artista per la "memoria" di Girolamo Agucchi in San Giacomo Maggiore a Bologna (fig. 6), databile al 1609 sulla base delle lettere relative a questo progetto, scritte in quell'anno da Giovanni Battista Agucchi a Bartolomeo Dulcini[16]. Il segno continuo con cui sono descritti le armi e i leoncini del fregio "all'antica" che orna la cornice del paesaggino per l'*Orazione di Nerone* rivela ancora il modello degli schizzi di Annibale per la Galleria Farnese, come questo foglio di Windsor, dal tratto ben più rapido e sicuro (fig. 7); così come ancora molto vicino ad Annibale appare il trattamento dell'inchiostro a macchia che ricorda lo studio del maestro per la *Susanna e i vecchioni*, oggi al British Museum.

Il sostegno ad Annibale Carracci e ai suoi allievi che, come già notava Mahon, è l'intento principale del trattato, è anche ciò che spinge Agucchi verso una ricostruzione della storia della pittura fondata sulla coesistenza delle diverse scuole regionali. Quello schema storiografico consentiva infatti di rompere il binomio esclusivo Firenze-Roma senza finire necessariamente assorbiti nell'orbita della sola Venezia. Con la venuta a Roma di Annibale, con l'emergere del progetto stilistico definito da Agucchi come il "congiugnere insieme la finezza del Disegno della

Fig. 7. Annibale Carracci, Studio per il fregio della Galleria Farnese, Windsor Castle, The Royal Collection.

277

scuola Romana, con la vaghezza del colorito di quella di Lombardia[17]", un nuovo centro – Bologna – rompe l'asse tosco-romano che aveva dominato la nascita della maniera moderna. L'intento antifiorentino di Agucchi, sebbene implicito, è fortissimo; è un attacco di cui a ben vedere è Vasari l'oggetto primo, anche se non dichiarato: il fiorentinocentrismo di Vasari, il manierismo tosco-romano di Vasari e, soprattutto, il sistema storiografico di Vasari, con cui Agucchi entra in conflitto, vedremo in che modo e con quali conseguenze.

Diversi studi hanno segnalato la presenza di una componente antivasariana nella trattatistica sulla pittura tra Cinque e Seicento[18]; il caso di Agucchi mostra però come questa spinta, che trae esempio dalle discussioni sulla lingua, nelle quali la battaglia contro il predominio di Firenze è esplicita, in taluni ambienti si trovi a far parte di un movimento molto più ampio.

A partire dagli ultimi anni del Cinquecento la battaglia per una lingua italiana domina la cerchia che si raccoglie a Roma attorno a Tasso, sotto la protezione dei nipoti di Clemente VIII, Cinzio e Pietro Aldobrandini. Lo scontro tra Tasso e l'Accademia della Crusca coinvolge i sostenitori del poeta proprio negli anni in cui il giovane Agucchi comincia a frequentare l'accademia politica e letteraria di Cinzio Passeri Aldobrandini[19], per passare poi al servizio di Pietro Aldobrandini nel 1596, anno della morte di suo zio Filippo Sega, cardinale col titolo di Sant'Onofrio – e ricordo che nel convento di Sant'Onofrio, appena un anno prima, nel '95, Tasso si era ritirato a morire. Il Sega, uomo di fiducia del papa, è stato per anni seguace di Filippo Neri; il rapporto con gli uomini dell'Oratorio e con le loro idee sarà un aspetto dei più significativi, anche se mai sottolineato, della cultura di Agucchi.

Dalle discussioni che dominano la cerchia di Clemente VIII e di Filippo Neri al momento dell'arrivo a Roma di Agucchi, che ora posso fissare al 1592[20], il giovane bolognese trarrà quella concezione della storia della pittura italiana composta dall'insieme delle scuole regionali e costruita sulle coordinate dello stile e della geografia che costituisce uno degli aspetti più significativi del suo trattato. In questo ambiente si sviluppa la difesa per una lingua italiana di tutti contro il predominio del solo toscano che eserciterà una forte impressione su Agucchi, anche perché, in alcuni casi che egli poté precocemente conoscere, questa si combina con una rivalutazione dei dialetti regionali.

Uno dei più interessanti sostenitori di questa dimensione "regionale" della lingua è Ascanio Persi, docente di greco all'università di Bologna, fratello del più noto Antonio che sarà accademico linceo. Nel 1592 Ascanio Persi pubblica un libro, *Discorso d'Ascanio Persio intorno alla conformità della lingua italiana con le più nobili antiche lingue, & principalmente con la greca*, in cui sostiene che l'italiano dovrebbe accogliere, piuttosto che i vocaboli latini greci o stranieri, i termini dialettali: «E quanto sarebbe meglio il mantenerci le nostre parole & guise di parlare ò Lombarde, ò Romanesche, ò Napoletane, ò Pugliesi, ò Calavresi», egli afferma, giacché, sparse nella lingua italiana, ci sono «alcune voci & maniere di favellare significantissime, & più anchora significanti d'alcune Toscane[21]».

Ascanio Persi ha un progetto megalomane: «il fare una raccolta di tutti i più scelti vocaboli, modi di dire, e proverbi» dialettali. Per questa sorta di vocabolario dei dialetti, che servirebbe «come per thesoro della nostra lingua universale», egli va raccogliendo materiale per tutta l'Italia[22]. Va detto che il Persi era nato a Matera, e questo può aiutarci a capire una simile apertura verso il mondo dialettale e regionale italiano certo non comune a quel tempo. Eppure, negli stessi anni allo scadere del Cinquecento, nella stessa Bologna, c'è chi mostra interessi simili: come l'astronomo e matematico Giovanni Antonio Magini, anch'egli docente all'università, che comincia a lavorare a un progetto che per molti aspetti ricorda quello del Persi. Il progetto di Magini si chiama "Italia": è una carta geografica di tutte le regioni italiane, accompagnata da notizie sulla vita economica, politica, artistica dei singoli centri, che vengono richieste agli eruditi e agli storici locali[23].

Credo si possa vedere un nesso tra queste idee di Persi e di Magini sulla lingua italiana e sulla geografia italiana e le idee di Agucchi sulla pittura italiana. In ambiti diversi e apparentemente distanti sorgono progetti che si fondano su idee simili: l'accento è posto, in tutti questi casi, su un'Italia che si compone di un insieme di specificità regionali. Una simile coincidenza non è frutto del caso; i personaggi che ho ricordato, infatti, sono tutti in rapporto tra loro: Magini è al servizio di Pietro Aldobrandini, ottiene dal Persi notizie per la sua "Italia", è conosciuto e stimato da Agucchi[24]. Quest'ultimo, dal canto suo, tra il 1591 e il 1592 vive e studia a Bologna; e non è difficile immaginare che abbia assistito a quelle lezioni di greco tenute all'università dal Persi, che le fonti dicono affollatissime. Ma c'è di più: essi appartenevano tutti alla stessa cerchia – la cerchia dei Carracci. Ad Ascanio Persi spetta l'epigrafe in greco per le celebri esequie di Agostino del 1603; Magini è ricordato da Malvasia tra i frequentatori dell'Accademia degli Incamminati[25].

Una storia dell'arte *italiana* viene fuori così, tra Roma e Bologna, a cavallo tra Cinque e Seicento, insieme a una lingua italiana e a una geografia italiana, ed è, non a caso, una storia della pittura concepita sulle coordinate della geografia e dello stile. Ma che cos'è che negli stessi anni e nella stessa cerchia spinge personaggi diversi a lavorare, ciascuno nel proprio campo, a quello che sembra emergere come un disegno comune? E perché questo improvviso interesse per l'Italia, che del resto si riscontra in altri protagonisti della cerchia degli Aldobrandini? Come si spiega questa circolazione di progetti, idee, interessi che puntano tutti, si direbbe, alla fondazione di una cultura nazionale italiana? A questo quadro manca una cornice, e si sarebbe tentati di dire che è una cornice politica, tanto compatta è la concordanza degli intenti. Ora, effettivamente, c'è in questi stessi anni e in questo stesso ambiente chi ha un disegno politico di questo genere: è papa Clemente VIII e, dietro a lui, soprattutto Filippo Neri. Il fenomeno è noto – anche se non mi risulta sia mai stato studiato in rapporto alla storia della letteratura artistica. La risposta che Filippo Neri e i suoi uomini concepiscono contro la minaccia protestante è un'Italia unita sotto le insegne pontificie: contro Machiavelli, che aveva sostenuto che il raggiungimento dell'unità italiana era stato ostacolato dalla presenza del papa, contro gli eretici di ieri e di oggi, il partito del papa risponde con uno sforzo senza precedenti per la costituzione di un'unità nazionale. La risposta è il tentativo di una nuova unità politica italiana garantita dal papato, ma soprattutto, e quel che per noi più conta, è il progetto di una nuova unità culturale. È sullo sfondo di questo grandissimo sforzo per la costituzione di una cultura nazionale composta dalla *summa* delle specificità locali che vanno letti, a mio parere, il trattato di Agucchi e la sua scelta in favore di una storia della pittura italiana concepita per scuole regionali. I rapporti del giovane Agucchi con questo ambiente sono, del resto, strettissimi. L'oratoriano Tommaso Bozio, a cui Clemente VIII commissiona, su suggerimento di Filippo Neri, i primi trattati contro il Machiavelli nei quali si formulano le idee sull'unità italiana di matrice pontificia, è il confessore privato di uno dei protettori di Agucchi nei primi anni del suo soggiorno romano, Orazio Spada[26].

Nella scelta di Agucchi in favore di un modello geografico-stilistico giocavano dunque molti fattori: l'attrazione esercitata dall'antico esempio di Plinio; la politica culturale antiprotestante degli Oratoriani e del papa Aldobrandini per un'Italia unita e pontificia; le polemiche contro il predominio di un solo centro, Firenze; il desiderio di trovare uno spazio critico per la celebrazione di Annibale Carracci, tra la Lombardia e Roma; la sensibilità formale di Agucchi. Questo modello di storia della pittura che usa lo stile come elemento discriminante del sistema e che costruisce le serie in una dimensione spaziale, non temporale, privilegiando la geografia sulla cronografia è quello che oggi chiameremmo il modello della *connoisseurship*. Si dirà che al tempo di Agucchi questa definizione non esisteva ancora, che questa è la cultura dei conoscitori come noi la intendiamo. Grazie alle strade aperte dalla lettura di documenti finora sconosciuti (ma anche di testi già noti), è invece possibile affermare che essa vide proprio allora uno dei momenti fondanti della propria storia e che il modello geografico-stilistico adottato da Agucchi è davvero il frutto della cultura della *connoisseurship*. Trascurato in tempi recenti, ma ricordato dalle fonti antiche, emerge l'Agucchi antiquario: nel quale appunto si celano, come ora vedremo, le radici della sua cultura di conoscitore.

Nella Biblioteca Marciana di Venezia si conserva un manoscritto dal lungo titolo: *Dello studio delle opere più belle della Natura e dell'Arte. Dialogo di Francesco Angeloni. Nel quale mentre si tratta dell'utilità che se ne trae, si ragiona ancora del giovamento che dalle medaglie e dall'Historia Augusta si prende spiegandosi ad un hora le ragioni che a scriver quella Historia l'hanno sospinto*[27]. Comunemente ritenuto dell'Angeloni medesimo, questo testo consiste in un dialogo fra tre personaggi, indicati con le iniziali dei rispettivi nomi, che discutono nello studio di Angeloni su vari argomenti relativi all'attività del collezionista. Alcuni di questi argomenti si troveranno riassunti nella prefazione dell'Angeloni alla sua storia degli imperatori romani corredata dalle illustrazioni delle medaglie, l'*Historia Augusta* appunto, pubblicata soltanto nel 1641 grazie all'interessamento di Nicolas Poussin[28].

Nel corso delle mie ricerche ho inaspettatamente ritrovato la minuta del manoscritto della Marciana, la quale ci consente di rileggerlo oggi sotto una nuova luce. Ricca di varianti rispetto alla redazione finale, la minuta rivela infatti che entrambi i documenti non sono opera di Angeloni, ma di un suo amico, che aveva appuntato, per inviarglieli successivamente in copia (la copia che è appunto a Venezia), alcuni suggerimenti su come costruire la prefazione dell'*Historia Augusta*.

Non mi è possibile qui esaminare la minuta e la copia come meritano, e mi permetto perciò di rimandare alla pubblicazione di questo e degli altri materiali che presenterò in questa occasione. Fin d'ora però posso segnalare il dato più importante: la gran parte delle idee esposte nella prefazione dell'*Historia Augusta* del 1641 non sono frutto della riflessione di Angeloni, ma di colui che gliele suggerì – vale a dire Giovanni Battista Agucchi, giacché la minuta, piena di cancellature e ripensamenti, è di suo pugno. L'elaborazione di questo testo si può datare con certezza alla fine del 1630, sulla base di una lettera di Agucchi a Angeloni in cui vi si fa allusione[29].

Tra gli argomenti sostenuti da Agucchi vi è una tesi già avanzata in forma più blanda nel corso del Cinquecento nei testi sulla numismatica di Sebastiano Erizzo

e soprattutto di Enea Vico: l'idea che le fonti figurate siano più fedeli e filologicamente più attendibili delle fonti scritte[30]. Secondo Agucchi non dovrebbe essere la
storia scritta a venire utilizzata dagli antiquari per studiare le medaglie, ma le
medaglie a venire utilizzate dagli storici, in quanto documenti più veritieri su cui
verificare i testi degli scrittori. Questi ultimi infatti sono a tal punto pieni di lacune, contraddizioni, corruzioni, che hanno assoluta necessità di essere corretti, inte-
grati, verificati. «E tutto ciò – scrive Agucchi nella minuta – meglio non può man-
darsi ad effetto che con l'aiuto delle memorie et anticaglie sopradette, che, come
testimonij irrefragabili, fra l'antiche rovine si son trovate e con studio raccolte e
conservate[31].»

La formulazione di Agucchi si avvicina molto alle idee sulla numismatica
esposte nei *Dialoghi* di Antonio Augustìn[32], il celebre antiquario spagnolo attivo a
Roma negli ultimi decenni del Cinquecento nella cerchia di Fulvio Orsini, Carlo
Sigonio, Onofrio Panvinio. Emerge qui in tutta la sua importanza il rapporto di
Agucchi con la generazione precedente: quel rapporto che non siamo abituati a
cogliere, avendo adottato il punto di vista della generazione di Bellori e di Poussin,
la quale sottolineava, piuttosto che le continuità, la profonda rottura con il recente
passato cinquecentesco . Per Agucchi il legame con la cultura antiquaria degli eruditi della fine del Cinquecento fu invece cruciale e ancora vivissimo, anche perché
poté avvalersi, io credo, di un tramite d'eccezione: un uomo che è ricordato dalle
fonti antiche come uno dei più grandi antiquari del suo tempo, superiore financo a
Fulvio Orsini, possessore di una straordinaria collezione di antichità. Il suo nome è
Lelio Pasqualini, e di lui si è tornato a parlare di recente in particolare a causa della
sua corrispondenza con Peiresc[33].

Canonico di Santa Maria Maggiore, morto a Roma nel 1614, il bolognese
Pasqualini era un grandissimo antiquario e, quel che più ci interessa, era uno straordinario conoscitore. Per Peiresc, che gli scrive continuamente chiedendogli pareri,
distingue gemme antiche da falsi moderni[34], identifica il falsario[35], scrive: «è troppo
gran differenza dall'imparare una cosa dalli scrittori, o veder la cosa stessa[36]». Inoltre,
nell'unico testo che gli si possa attribuire, vale a dire un intervento su una medaglia
di Costantino aggiunto dal Sada alla traduzione italiana del 1592 dei *Dialoghi* di
Augustìn, viene esposto quello che, senza timore di esagerare, si può definire come
un decalogo del conoscitore.

Scrive Pasqualini: «[...] ma io hò udito dir sempre, che 'l trattar delle Medaglie
antiche, è negotio molto più difficile, che altri si crede; & che non basta l'intera, &
universale cognitione dell'historie, & intelligenza della lingua latina, & parimente
della Greca; ma vi fa bisogno insieme di una varia dottrina di quasi tutte le Arti, e le
Scienze, & sopra tutto di haver veduto, anzi havuto, & maneggiato, per dir così, infi-
nite Medaglie, & osservatovi minutamente ogni cosa, & con somma circospettione, &
diligenza: veggendosi tutto dì per prova, non vi essere migliore strada, ne più sicu-
ra, per uscir di molte difficoltà, che bene spesso ci si parano innanzi nel cercare l'in-
tendimento vero di alcuna Medaglia, che l'aiuto istesso di altre Medaglie: Ne pen-
siate che per tutto ciò ancora si renda il negotio molto facile, che di gran parte non
se ne può dir nulla, ò conviensi far ufficio d'indovino piuttosto, che d'Historico:
Onde non è meraviglia, se cosi pochi si trovano, che n'habbiano scritto bene[37].»

Fu a questa fonte straordinaria cui poté attingere Giovanni Battista Agucchi.
Penso questo perché, anche se oggi si tende a dimenticarlo, Lelio Pasqualini fu in

Fig. 8. Annibale Carracci, *Tre Marie al sepolcro*, Pietroburgo, Ermitage.

stretto rapporto con l'ambiente di cui ci stiamo occupando: per lui Annibale Carracci aveva dipinto le *Tre Marie al sepolcro* (fig. 8), quadro che, come ci informa Malvasia, Pasqualini lasciò in eredità a Giovanni Battista Agucchi[38].

Vi è dunque una linea diretta che unisce Pasqualini-Agucchi-Angeloni-Bellori in una genealogia che garantisce il passaggio dal XVI al XVII secolo non soltanto della cultura antiquaria, ma anche della sensibilità formale, dell'interesse per lo stile dei conoscitori. A me sembra che questa radice fino a oggi trascurata della cultura di Agucchi possa aiutarci a comprendere un ingrediente decisivo che sta dietro la sua scelta in favore del modello di storia della pittura offerto da Plinio, come ora vedremo grazie a un altro dato indirettamente fornitoci dal manoscritto della Marciana per l'*Historia Augusta*.

Il dialogo che Agucchi mette in scena nello studiolo di Angeloni si svolge fra tre personaggi, indicati nella minuta con le sole iniziali: il Signor A., che è ovviamente Angeloni medesimo; il Signor M. e il Signor G. La minuta non consente l'identificazione degli interlocutori di Angeloni; ma nella copia in Marciana le sigle sono sciolte in due appunti di mano di Agucchi medesimo: M. diventa Massani; G. diventa Gigli. Chi sono costoro? Nessun dubbio sul primo: è Giovanni Antonio Massani, amatissimo segretario di Agucchi negli anni della nunziatura e fino alla morte di quest'ultimo, nonché colui che ne pubblicherà il trattato. Quanto a Gigli, sembrerebbe a tutta prima trattarsi di Giacinto Gigli, nato a Roma nel 1594, noto perché autore di un *Diario romano*; dai suoi manoscritti si deducono interessi per l'astrologia, le pietre preziose, gli emblemi, nonché per la numismatica; sono appunti giovanili, forse un po' dozzinali, ma potrebbero bastare a farci sospettare in lui l'interlocutore di Massani e Angeloni, anche perché fonti del tardo Seicento lo dicono "antiquario", sebbene la notizia non abbia trovato poi effettivi riscontri[39]. C'è però una ragione che mi porta a formulare un'altra ipotesi, anche se a prima vista molto meno plausibile.

Vi è infatti un secondo candidato da affiancare al primo: si chiama Giulio Cesare Gigli, ed è noto soprattutto per la precoce ed entusiastica citazione di Caravaggio, che nel suo poemetto *La Pittura trionfante*, dato alle stampe a Venezia nel 1615, celebra come "il gran Protopittore[40]".

Il filocaravaggismo così precoce ed entusiasta di Giulio Cesare Gigli rende all'apparenza improbabile l'ipotesi di identificare il Signor G. del dialogo per Angeloni con l'autore de *La Pittura trionfante*. Come immaginare che Agucchi, oggi noto come uno tra i primi accusatori di Caravaggio, contasse tra i propri intimi conoscenti uno tra i primi e più eloquenti sostenitori dell'artista? Eppure, nel poemetto di Giulio Cesare Gigli c'è un dettaglio che mostra come questi condividesse almeno alcune delle idee di Agucchi in un momento in cui esse sembrano invero piuttosto rare.

Nella prefazione a *La Pittura trionfante* Gigli annuncia la propria intenzione di scrivere le vite dei pittori trascurati da Vasari. Per questo aspetto il poemetto di Gigli è stato citato come esempio della diffusione di posizioni antivasariane nella letteratura artistica tra Cinque e Seicento[41]. Ma se la polemica contro Vasari vede già in questi anni la partecipazione di diversi autori, pochissimi sono coloro che a queste date la coniugano con una visione della pittura italiana per scuole locali, come appunto fa Giulio Cesare Gigli: al seguito della Pittura in trionfo egli immagina infatti un corteo di pittori suddiviso per scuole regionali. Ci sono i veneti, i lombardi (a loro volta suddivisi in mantovani, comaschi, cremonesi, bresciani, bergamaschi, milanesi), i bolognesi, i fiorentini, giù lungo lo stivale fino a Roma. Forse il Gigli del manoscritto della Marciana è il romano Giacinto che citavo prima; o forse un altro omonimo ancora. Ciò non rende meno curiosa questa coincidenza di idee tra Giulio Cesare Gigli e Giovanni Battista Agucchi, anche perché è proprio il testo de *La Pittura trionfante* a mostrarci cosa si celi dietro la scelta del sistema storiografico di Plinio compiuta dall'autore del trattato sulla pittura.

Nella prefazione del poema di Gigli si trova infatti un attacco al modello storiografico e critico di cui il Vasari è il massimo rappresentante. Con una allusione che ai suoi lettori di allora doveva apparire piuttosto scoperta, Gigli dichiara che la sua storia della pittura sarà redatta «più colla brevità piacevole à guisa del Giovio, ò di Plinio, che colla tediosa lunghezza di Plutarco, ò di Svetonio[42]».

Cosa vuol dire questa frase? Plutarco e Svetonio stanno qui, è evidente, a rappresentare un modello biografico di storiografia: stanno qui, cioè, al posto di Vasari. Contro le *Vite* di Vasari, Gigli, come Agucchi, ricorre a una storia dell'arte scandita dai confini geografici e di stile: Plinio, dunque; e va bene. La concisione nel descrivere lo stile dei pittori mediante pochi concetti e aggettivi che notavamo prima come caratteristica della linea "pliniana": questa è, evidentemente, la "brevità piacevole" di Plinio. Ma Giovio? Perché Gigli cita Giovio?

La risposta a questa domanda si trova proprio nelle *Vite* vasariane. Nell'intento di contrastare Vasari, uomini come Agucchi, come Gigli, trovarono in Vasari medesimo una soluzione alternativa alla strada da lui intrapresa: un altro modello storiografico, quello contro cui lo stesso Vasari aveva elaborato le *Vite*. In un passo famoso della "vita" a se stesso dedicata, Vasari racconta come nacque la sua impresa: avendo protestato contro le lacune della ricostruzione fatta "alla grossa" dall'umanista comasco Paolo Giovio durante una conversazione in palazzo Farnese sulla pittura antica, che aveva preso spunto dalla raccolta di ritratti nel celebre Museo gioviano, il giovane

Vasari venne incaricato dal Cardinal Farnese di redigere per il Giovio una prima bozza di storia della pittura. Ma quando Vasari portò al Giovio quelle note affinché le utilizzasse, questi gli cedette il compito, dicendo di sé che non ne sarebbe stato capace, e aggiungendo: «sanza che, quando pure io 'l facessi, *farei il più più un trattatetto simile a quello di Plinio*[43].»

Questa battuta che Vasari attribuisce al Giovio è rivelatrice dell'intento polemico con cui nacquero le *Vite*, concepite anche contro una storia dell'arte che egli definisce appunto "alla grossa", che non rispetta "l'ordine dei tempi", i nomi e i cognomi: la storia dell'arte di Plinio e, appunto, di Giovio, il quale, per quanto possiamo dedurre dalle sue brevi note sulla pittura, era profondamente debitore del modello pliniano, sia nell'uso degli aggettivi atti a definire lo stile degli artisti, sia nella menzione della loro origine regionale[44]. A questo modello, che gli appare antiquato e imperfetto, grossolano, come una rete a maglie troppo larghe che lascia sfuggire troppi dati preziosi, Vasari risponde con lo sguardo ravvicinato del modello biografico che consente notizie precise e svolgimenti cronologici dettagliati.

Naturalmente, Vasari ingloba molte cose del modello contro cui elabora la sua risposta polemica, né avrebbe senso stabilire una separazione continua e netta tra le due strade; ciò non toglie che è possibile ricostruire all'indietro la presenza di una linea "non biografica", che prende a modello Plinio e viene ripresa, fra gli altri, da Paolo Giovio e, dopo Vasari, contro Vasari, da Agucchi: il quale farà proprio quello che aveva detto Giovio: "un trattatetto simile a quello di Plinio". Per assistere a una consapevole definizione delle due linee, quella geografico-stilistica e quella bio-cronografica, bisognerà aspettare ancora una volta Luigi Lanzi, che nella prefazione alla *Storia pittorica* per la prima volta le riconosce con chiarezza nella loro diversità e le ricongiunge esplicitamente: dichiarando di aver recuperato l'esempio di Plinio per rimediare ai difetti del modello biografico, nel quale l'opera resta sepolta sotto le notizie sull'artista; ma di avere nel contempo conservato la ricchezza di notizie e lo svolgimento cronologico del modello vasariano. Vasari offre gli antidoti contro i difetti del sistema pliniano che funziona se si ragiona "in grande" – dice Lanzi, come Vasari aveva detto "alla grossa" – ma che risulta inadatto alla registrazione delle notizie, dei dati, delle date, quale la richiede una storia della pittura in Italia[45]. Dalla fusione consapevole dei due modelli, dal combinarsi della rete a maglie larghe del modello geografico e della rete a maglie strette di quello cronografico, nasce così la nostra moderna storia dell'arte italiana.

Se anche Agucchi e Giulio Cesare Gigli non si conobbero mai, la coincidenza tra le loro idee in quel momento è tanto anomala da doverci far supporre una fonte comune. Questa fonte comune esiste: è, una volta ancora, la cerchia degli Incamminati. A Venezia, vicinissimo a Giulio Cesare Gigli negli anni della redazione del suo poemetto, si trova il pittore bolognese Odoardo Fialetti, che era stato appunto allievo di Ludovico Carracci. Fu probabilmente dalle idee che circolavano nell'ambiente carraccesco che si diffuse questa risposta in chiave di scuole locali al predominio di Firenze, questa peculiare variante della battaglia contro Vasari – che del resto proprio in questo ambiente conta precoci adesioni: quale documento più schiettamente antivasariano delle famose postille alle *Vite* ascritte ad Annibale Carracci[46]?

Si dirà che quello è l'Annibale giovane, che si scaglia contro il primato di Firenze nell'entusiasmo scaturito dal viaggio a Venezia. Ma un nuovo documento che ho potuto restituire ad Agucchi[47] mostra che anche quest'ultimo, a distanza di circa dieci anni dall'amico pittore, fece il suo viaggio a Venezia. Si tratta di una sorta di guida ad uso personale in cui sono descritte in breve le principali chiese, sepolture, statue, dipinti della città, oltre al Palazzo Ducale, ai mercati, allo Statuario pubblico. I riferimenti cronologici contenuti nel manoscritto indicano che fu redatto dopo il 1596 e prima del 1602: io credo sia databile al 1598, giacché nella primavera di quell'anno Pietro Aldobrandini da Ferrara si recò con un breve seguito per cinque o sei giorni a Venezia, ed è molto probabile che fu quella l'occasione del viaggio di Agucchi che, come egli stesso annota, durò appunto pochi giorni[48].

Da critico e conoscitore qual era, egli appuntò brevemente le notizie e i commenti più significativi sui monumenti visti. Ne emergono testimonianze preziose, come quella sullo Statuario pubblico che ospitava da pochi anni le statue donate alla Serenissima dal Grimani: «le cose più insigni che vi si trovino sono queste: un Ganimede rapito e portato a volo dall'aquila, di così rara scoltura che Enrico III Re di Francia quando passò di Venetia volse pagarlo tante libbre d'oro quante ne pesava. Lo tengono appeso in alto perché mostri bene l'effetto del volo. La testa di Vitellio Imperatore, unica al mondo e rara per l'artificio; tutte l'altre che si trovano altrove sono copie di questa. Quella di Otthone suo emulo, bellissima anche lei, ma non unica. Un'altra di Antonino meravigliosa. Appresso quelle delle Agrippine, Faustine, Iulie, Cinzie, Tiberij, Neroni, Galbi, Nervi, et altri. Vi sono poi due statue, una d'Hercole, l'altra d'Anteo, tutte d'un pezzo e stupende. Furono portate di Grecia con grandissima spesa, et si conosce la maniera essere greca. Un'altra statua d'uno che, ferito in più luoghi, sta disteso in terra tramortito, et è per l'eccellenza degno d'amiratione. Un Idolo di bronzo de' Rodiani bellissimo; due altre statue pur distese. Del resto non tengo memoria puntuale, se non che in genere sono tutte cose rare[49].»

Si tratta di note private, redatte, come egli dichiara, "per passare il tempo della sera", dalle quali emerge un Agucchi del tutto inatteso, capace di apprezzare il gotico della Porta della carta, i dipinti di Giovanni Bellini, le sculture quattrocentesche, il rivestimento a mosaico di San Marco, del quale con un'apertura critica degna del Mancini di vent'anni dopo scrive: «Nissuna cosa è di maggiore consideratione in questa chiesa che ella ha le volte, le cupole et i fianchi, fin a i corridori, tutti lavorati et historiati di figure di musaico, parte antico, parte moderno et di buon disegno, che rappresenta una bella vista, massime dove egli è fresco; et se tutto fosse scopato, lavato e tenuto netto mostrarebbe la più ricca e sontuosa cosa che vedere si potesse. Et invero oltre il grand'oro, che vi è entrato, vi sono alcune figure così belle che si fa fatica a discernere se siano dipinte o di mosaico[50].»

Ma soprattutto – cosa davvero stupefacente – ci appare un entusiasta ammiratore della pittura veneta: "Titiano, Tintoretto, Bassano e altri valent'huomini", scrive Agucchi, che in San Giovanni e Paolo ammira "una tavola d'un S. Pier Martire di Titiano pittura eccellentissima", dell'*Assunta* dei Frari scrive che è "bellissima", delle *Nozze di Cana* di Veronese: "la più bell'opra ch'egli habbia fatto et degna veramente d'essere veduta[51]", e così via. Persino delle opere di Bassano dice che sono bellissime; eppure nel trattato il riferimento a Bassano che "è stato un Pierico nel rassomigliare i Peggiori" è stato sempre inteso come l'espressione di un giudizio fortemente negativo. Come conciliare questi nuovi pareri con l'Agucchi antinaturalista che conosciamo? Saremmo dunque costretti ad ammettere l'esistenza di due

Agucchi che si succedono forse nel tempo: da un lato quello che scrive queste note su Venezia e che a distanza di qualche giorno, se non mi sbaglio, sarà a Ferrara con Pietro Aldobrandini a suggerirgli, con un atto critico del tutto coerente con questi giudizi, di condurre a Roma i *Baccanali* di Tiziano, e dall'altro lato un secondo Agucchi, antinaturalista, anticaravaggesco, e in questo senso "protoclassicista"?

Può darsi che nel tempo che separa queste note di viaggio dalla redazione del trattato, Agucchi abbia cambiato idea sulla pittura naturalista; qualche indizio potrebbe anche essere citato in tal senso. Ma tendo piuttosto a credere che la nostra lettura di quella pagina del trattato sia inevitabilmente influenzata dal conflitto tra naturalismo e classicismo che come tale non si sviluppò che diversi anni dopo, ed è forse venuto per noi il momento di cominciare a ripensare anche alle idee di Agucchi su Caravaggio tenendo conto del peso esercitato da questo potente filtro a posteriori. Spesso si tende a dimenticare ciò che lo stesso Mahon non ha mancato di sottolineare tra i primi[52] – vale a dire che nella Roma dei primissimi anni del Seicento, quando Annibale e Caravaggio erano ancora vivi, non c'è alcuna traccia dello scontro che più tardi vedrà contrapporre il naturalismo caravaggesco allo stile dell'Annibale romano, significativamente definito dalla critica del nostro secolo come "late idealistic style". È proprio su questo punto, d'altronde, che si misura nel modo più eloquente la distanza che separa le opinioni di Agucchi da quelle di Bellori. A Caravaggio, che definisce "eccellentissimo nel colorire", Agucchi oppone una sola critica negativa, che guarda caso è anche l'unica di cui le fonti attestino la comparsa fin da prima della morte del pittore, con le notizie sulle vicende dei quadri rifiutati: il mancato rispetto del decoro. Agucchi registra nel suo testo quello che, stando alle testimonianze a tutt'oggi note, appare essere stato il primo moto anticaravaggesco. Siamo ancora lontani dalla posizione di Bellori contro Caravaggio, nella quale ormai, come in una sorta di elenco al negativo dei caratteri propri della pittura di storia classicista, al mancato rispetto del decoro si sono aggiunte l'assenza di disegno, l'assenza di resa dell'azione, l'assenza di espressione degli affetti.

Ancor più esemplare, però, dei mutamenti intervenuti nella visione critica di Bellori e di Poussin rispetto ad Agucchi è il diverso giudizio sul rapporto Michelangelo-Raffaello.

Alla massiccia ripresa dell'interesse per Raffaello nell'ambiente di Annibale Carracci lo stesso Agucchi contribuì in prima persona: non solo nel trattato, in cui lo studio di Raffaello e delle statue antiche è presentato come il principale ingrediente dello stile maturo di Annibale, ma anche, come ho potuto scoprire, nella ben nota lettera ad Annibale Carracci firmata da Giovanni Lanfranco e Sisto Badalocchio che accompagnava la serie di incisioni delle Logge raffaellesche compiuta dai due giovani pittori nel 1607 e che viene riportata dal Bellori nella "vita" di Annibale[53]. Quella lettera infatti fu redatta in realtà da Monsignor Agucchi su richiesta dei due allievi di Annibale. Ne ho ritrovata la minuta autografa e le notizie relative in una lettera di Agucchi all'abate Feliciani del 1607. Scrive Agucchi: "Due giovani pittori scolari del Caracci, meritevoli per se medesimi e perché mi sono ancora valuto di loro in qualche cosa, vogliono pubblicare un libro di alcune inventioni di Raffaello, disegnate da essi et intagliate in rame, e mi han pregato a fare loro la lettera dedicatoria[54]".

Il recupero di Raffaello sarà il nucleo critico forse più importante dell'eredità passata alla generazione successiva. Ma per Agucchi il Raffaello romano nasce, ancora come per Vasari, da Michelangelo – il Michelangelo della volta della Sistina, contrapposto al Michelangelo del *Giudizio*, in una posizione "antimanierista" che nei presupposti è ancora molto vicina a quella di Lodovico Dolce. Uno degli impegni critici di Bellori sarà invece sciogliere Raffaello dalla dipendendenza da Michelangelo: un salto che vediamo avvenire proprio da Agucchi a Bellori, da Annibale a Poussin.

Nel manoscritto per l'*Historia Augusta* della Marciana, riprendendo un celebre argomento vasariano, Agucchi cita il *Profeta Isaia* dipinto da Raffaello in Sant'Agostino a dimostrazione che il Raffaello maturo viene da Michelangelo e aggiunge, per bocca di Angeloni: «Così si vuol credere, perché la maniera di Michelangelo si conforma più a quella delle statue, che non era la prima usata da Raffaello, e tale era appunto l'antica[55].»

Anche in questo caso, la posizione del critico registra un momento della ricerca del pittore: cioè di Annibale Carracci, che infatti studia il Raffaello ritenuto 'michelangiolesco' di Sant'Agostino, come mostra questo foglio del Louvre (fig. 9), e che, come dirà ancora Bellori nelle *Vite*: «Mostrò [...] il modo di far profitto da Michelangelo non da altri conseguito ed oggi affatto abbandonato; perché lasciando la maniera e le anatomie del Giudizio, si rivolse e riguardò li bellissimi ignudi de' partimenti nella volta di sopra[56].»

Il riferimento, naturalmente, è alla Galleria Farnese; ma non si tratta soltanto di una ripresa iconografica. Il recente restauro della volta della Sistina e in particolare la pulitura delle lunette hanno rivelato, mi pare, quanto Annibale Carracci possa aver appreso studiando da vicino il modo di dipingere di Michelangelo: le pennellate libere e trasparenti, che costruiscono il modellato per mezzo del solo colore, che Annibale adotta in diversi brani della Farnese. Di questo studio delle lunette da parte di Annibale, del resto, ci è rimasta testimonianza in due fogli di Windsor (figg. 10-11).

Ma se Bellori segue ancora Agucchi e i suoi precedenti nel riconoscere un Michelangelo 'buono', per così dire, nella volta, da contrapporre a quello "cattivo" del *Giudizio*, l'idea di matrice vasariana di un Raffaello che deriva tutto il suo stile romano da Michelangelo, alla quale ancora aderiva Agucchi, sarà invece per Bellori ormai inaccettabile. Proprio per contrastarla egli scriverà un saggio, uscito nel 1695, dall'eloquente titolo *Se Rafaelle ingrandì e migliorò la maniera per aver veduto l'opere di Michelangelo*: un quesito a cui naturalmente Bellori darà una risposta negativa.

Rendere Raffaello indipendente da Michelangelo, vederlo come una radice a sè stante che isolata punta all'antico, senza ulteriori mediazioni – questo è proprio il frutto di una cultura successiva ad Agucchi, una cultura critica che

Fig. 9. Annibale Carracci, Studio da *Il profeta Isaia* di Raffaello, Parigi, Louvre.

Fig. 10. Annibale Carracci, Studio da *Eliud* di Michelangelo, Windsor Castle, The Royal Collection.

prende le mosse da Domenichino e ritorna all'esempio raffaellesco con nuovo rigore; una cultura alla formazione della quale contribuì grandemente Nicolas Poussin.

Nella cappella di Sant'Andrea a San Gregorio al Celio, quando tutti copiavano Reni, Poussin può voltarsi e "scoprire" Domenichino e contemporaneamente, in maniera non dissimile, può "scoprire" i *Baccanali* di Tiziano, a Roma ormai da quasi trent'anni: trent'anni, quasi, di misterioso oblio. Il progetto di una pittura italiana frutto del convergere delle specificità regionali in un linguaggio unitario è ormai fallito: l'alternativa neo-raffaellesca e l'alternativa neo-veneta cominciano ad essere percepite dalla critica come distinte e contrapposte. Le due strade si stanno separando, e forse anche per questo un artista della complessità di Poussin può imboccarle entrambe; proprio nel momento in cui cominciano a definirsi l'una rispeto all'altra, in antagonismo. Ma siamo ormai in un'altra stagione: se molte idee portanti di questo nuovo clima affondano le radici nella cultura di Agucchi, il panorama è ormai mutato irrimediabilmente.

Fig. 11. Annibale Carracci, Studio da *Azor* di Michelangelo, Windsor Castle, The Royal Collection.

288

*. Questo intervento anticipa alcuni risultati di una ricerca su Giovanni Battista Agucchi che verrà presentata in forma più ampia in un libro di prossima pubblicazione. Nella trascrizione dei manoscritti si sono modificati soltanto la punteggiatura e gli accenti, e si sono sciolte le abbreviazioni.

1. D. Mahon, *Studies in Seicento Art and Theory*, London 1947, soprattutto pp. 111-154 e 231-275.

2. D. Mahon, *Poussin au carrefour des années trente*, in *Nicolas Poussin*, Paris 19-21 septembre 1958, Paris 1960, t. I, pp. 237-264.

3. Cfr. I. Toesca - R. Zapperi, *Agucchi, Giovanni Battista*, in *Dizionario Biografico degli Italiani*, vol. I, Roma 1960, pp. 504-506.

4. L. Lanzi, *Storia pittorica della Italia dal risorgimento delle Belle Arti fin presso al fine del XVIII secolo, edizione terza corretta ed accresciuta dall'autore*, Bassano 1809, vol. II, p. 2.

5. G. B. Agucchi, in D. Mahon, *Studies...*, p. 246.

6. *Ibidem*.

7. I pareri di Agucchi su Sisto Badalocchio e Antonio Carracci furono espressi in una lettera a Bartolomeo Dulcini del 12 settembre 1609, di cui si conserva il testo a Roma, Biblioteca Corsiniana, ms. 31-E-12, ff. 153v.-154r., pubblicato in L. Spezzaferro, *I Carracci tra naturalismo e classicismo*, in *Le Arti a Bologna e in Emilia dal XVI al XVII secolo*, a cura di A. Emiliani, Bologna 1982, pp. 219-220, nota 4.

8. Roma, Biblioteca Apostolica Vaticana, ms. Ottob. lat. 2484, t. III, f. 620 r.

9. «[...] l'instituto di quegli Academici tutto consiste nel contendere fra loro negli essercizi della pittura, e nell'emularsi scambievolmente con perpetue garre, et hanno perciò rizzato per impresa un Mondo col mot[t]o: contentione perfectus. Ma con essa non ha poi a che fare il nome lor comune, e però pensavano di mutarlo.» (Lettera di Giovanni Battista Agucchi a Porfirio Feliciani, Roma, Biblioteca Apostolica Vaticana, ms. Ottob. lat. 2484, t. III, f. 603 r.).

10. Roma, Biblioteca Apostolica Vaticana, ms. Ottob. lat. 2484, t. III, ff. 598 r-599 r e ff. 600 v-601 r.

11. Roma, Biblioteca Apostolica Vaticana, ms. Ottob. lat. 2484, t. III, ff. 626 r-628 r. Il disegno si ripete nei due fogli pressoché identico, ma cambia l'iscrizione che nel primo foglio compare in forma scorretta (*DE FLUENTE* e non *DEFLUENTE*), il che spiega la ripetizione.

12. Gratiadio Machati era lo pseudonimo di Agucchi. Una copia più tarda del testo dell'*Orazione di Nerone* si conserva in Bologna, Biblioteca Comunale dell'Archiginnasio, ms. B 458, ff. 290-309.

13. Lettera di Porfirio Feliciani a Giovanni Battista Agucchi del 16 agosto 1608, Roma, Biblioteca Corsiniana, ms. 31-E-12, f. 149 r.

14. Sulla datazione delle lunette Aldobrandini cfr. H. Hibbard, *The date of the Aldobrandini Lunettes*, in «The Burlington Magazine», CVI, 733, 1964, pp. 183-184.

15. Comunicazione orale. Ringrazio Sir Denis Mahon per aver discusso con me questo problema.

16. C. C. Malvasia, *Felsina Pittrice*, Bologna 1678, ed. Bologna 1841, vol. II, pp. 234-236.

17. G. B. Agucchi in D. Mahon, *Studies...*, p. 257. Poco prima così Agucchi aveva definito il progetto di Annibale e Agostino a Roma: "col disegno finissimo di Roma unire la bellezza del colorito lombardo" (ivi, p. 252).

18. Cfr. M. Hochmann, *Les annotations marginales de Federico Zuccaro à un exemplaire des Vies de Vasari. La réaction anti-vasarienne à la fin du XVIe siècle*, in «Revue de l'Art», 80, 1988, pp. 64-71.

19. Per i rapporti di Agucchi con l'Accademia di "cose di stato" di Cinzio Passeri Aldobrandini, su cui ho trovato altro materiale in corso di stampa, si veda intanto *Notizie genealogiche storiche critiche e letterarie del Card. Cinzio Personeni da Ca' Passero Aldobrandini... raccolte dall'abate Personeni*, Bergamo 1706.

20. La notizia si trova in una sorta di autobiografia medica redatta da Agucchi per i dottori nel 1597, dalla quale si traggono altre informazioni sui suoi studi e i suoi spostamenti da Bologna a Piacenza a Roma (Roma, Biblioteca Apostolica Vaticana, ms. Ottob. lat. 2482, t. I, ff. 95 r-106 v).

21. *Discorso d'Ascanio Persio intorno alla conformità della lingua italiana con le più nobili antiche lingue, & principalmente con la greca*, Bologna 1592, pp. 47-48.

22. Ivi, p. 50.

23. Sull'*Italia* del Magini, che naturalmente riprende modelli più antichi, primo fra tutti quello di Leandro Alberti, cfr. A. Favaro, *Carteggio inedito di Ticone Brahe, Giovanni Keplero e di altri celebri astro-*

nomi e matematici dei secoli XVI e XVII con G. A. Magini tratto dall'archivio Malvezzi de' Medici in Bologna, Bologna 1886 e R. Almagià, *L'Italia di G. A. Magini e la cartografia dell'Italia nei secc. XVI e XVII*, Napoli 1922.

24. Sui rapporti di Magini con Pietro Aldobrandini cfr. A. Favaro, *op. cit.*, p. 251-252. Per le notizie su Savona inviate da Ascanio Persi a Magini per l'Italia cfr. *Discorso geografico intorno alla città di Savona, dell'eccellentissimo Sig. Ascanio Persi diretto all'Eccellentissimo Sig. Gio. Antonio Magini del 1602*, in *Sabatia. Scritti inediti o rari con introduzione del D.re Giacomo Cortese* [...], Savona 1885, pp. 3-10. Una prova della stima di Agucchi per Magini si troverebbe nella lettera di Ludovico Cigoli a Galileo Galilei dell'agosto del 1611 secondo la lettura corrente che identifica in Agucchi il "Monsignore" citato (cfr. *Le Opere di Galileo Galilei*, Firenze 1934, vol. XI, p. 175-176).

25. Per la partecipazione del Persi agli apparati allestiti per il funerale di Agostino si veda B. Morello, *Il funerale d'Agostin Carraccio fatto in Bologna sua patria da gl'Incaminati Accademici del Disegno*, Bologna 1603, ristampato in C. C. Malvasia, *op. cit.*, vol. I, p. 301 e G. P. Bellori, *op. cit.*, p. 138. Su Magini frequentatore delle stanze dei Carracci cfr. Malvasia, *op. cit.*, vol. I, p. 336.

26. Sulla reazione antimachiavellica in rapporto ai temi qui trattati si veda soprattutto C. Poni, *Economia, scienza, tecnologia e controriforma: la teologia polemica di Tommaso Bozio*, Bologna 1966. Per una testimonianza significativa dei rapporti di Agucchi con Orazio Spada e Tommaso Bozio cfr. la lettera di Agucchi al fratello Girolamo del 23 novembre 1593, in Roma, Biblioteca Apostolica Vaticana, ms. Ottob. lat. 3212, t. II, f. 465 r.

27. Venezia, Biblioteca Marciana, ms. It. Cl. XI, CCLXXXII, (7116), ff. 1-60.

28. F. Angeloni, *Historia Augusta da Giulio Cesare insino a' Costantino Magno illustrata con la verità delle Antiche Medaglie*, Roma 1641 (la seconda edizione, a cura di G. P. Bellori, uscì a Roma nel 1685). Sugli scritti di Angeloni si veda anche F. Rangoni, *Per un ritratto di Francesco Angeloni*, in «Paragone», 499, 1991, pp. 46-69.

29. Lettera di Agucchi a Angeloni da Oderzo, 4 gennaio 1631, Roma, Biblioteca Apostolica Vaticana, ms. Ottob. lat. 3229, f. 7 r.

30. E. Vico, *Discorsi di M. Enea Vico parmigiano, sopra le medaglie de gli antichi divisi in due libri ove si dimostrano notabili errori di scrittori antichi, e Moderni, intorno alle Historie Romane*, Vinegia 1555; S. Erizzo, *Discorso di M. Sebastiano Erizzo sopra le medaglie de gli Antichi*, Venetia, 1559.

31. Roma, Biblioteca Apostolica Vaticana, ms. Ottob. lat. 2474, f. 12 r.

32. A. Augustín, *Dialogos de medallas, inscriciones y otras antiguedades*, Tarragona 1587; edizione italiana consultata: *Dialoghi di Don Antonio Agostini Arcivescovo di Tarracona intorno alle medaglie inscrittioni et altre antichità tradotti di lingua spagnola in italiana da Dionigi Ottaviano Sada & dal medesimo accresciuti con diverse annotationi, & illustrati con disegni di molte Medaglie & d'altre figure*, Roma 1592.

33. Cfr. A. Hertz, *Lelio Pasqualini. A Late Sixteenth-Century Antiquarian*, in *IL 60. Essays honouring Irving Lavin on His Sixtieth Birthday*, New York 1990, pp. 191-206; D. Jaffé, *Aspects of Gem Collecting in the Early Seventeenth century, Nicolas-Claude Peiresc and Lelio Pasqualini*, in «The Burlington Magazine», CXXV, 1079, 1993, pp. 103-120. Su questa generazione di antiquari cfr. F. Haskell, *History and Its Images. Art and the Interpretation of the Past*, New Haven - London 1993.

34. Cfr. la lettera di Pasqualini a Peiresc dell'11 giugno 1605, cit. in D. Jaffé, *op. cit.*, Appendice III, p. 117.

35. Cfr. la lettera di Pasqualini a Peiresc del 31 gennaio 1609, ivi, Appendice VIII, p. 119.

36. Cit. in A. Hertz, *op. cit.*, pp. 202-203, nota 37.

37. L. Pasqualini in *Dialoghi di Don Antonio Agostini...*, p. v. L'inserto del testo di Pasqualini viene segnalato in A. Bandurii *Bibliotheca Nummaria, sive Auctorum qui de re nummaria scripserunt*, Hamburgi 1719, p. 40.

38. C. C. Malvasia, *op. cit.*, vol. I, p. 359. Sul dipinto cf. D. Posner, *Annibale Carracci*, London 1971, vol. I, cat. n. 124, pp. 54-55; sulla collezione Filomarino, presso cui lo cita il Malvasia, cfr. R. Ruotolo, *Aspetti del collezionismo napoletano: il Cardinale Filomarino*, in «Antologia di Belle Arti», I, 1, 1977, pp. 71-94.

39. Su Giacinto Gigli cfr. A. Ademollo, *Giacinto Gigli e i suoi diari del sec. XVII*, Firenze 1877 e G. Gigli, *Diario romano (1606-1670)*, a cura di G. Ricciotti, Roma 1958.

40. G. C. Gigli, *La Pittura trionfante*, Venezia 1615, p. 25. Un'edizione critica del testo del Gigli è in preparazione a cura di B. Agosti e di chi scrive.

41. Cfr. M. Hochmann, *op. cit.*

42. G. C. Gigli, *op. cit.*, nella prefazione dedicata "A' virtuosi".

43. *Le Opere di Giorgio Vasari*, di. G. Milanesi, Firenze 1906, vol VII, p. 681. Il corsivo è mio.

44. Gli elogi di Leonardo, Michelangelo, Raffaello e il *Fragmentum trium dialogorum* del Giovio furono pubblicati per la prima volta da Girolamo Tiraboschi nella *Storia della letteratura italiana*, Modena 1781, vol. IX, pp. 254 e sgg., e ristampati con commento in *Scritti d'arte del Cinquecento*, a cura di P. Barocchi, Milano-Napoli 1971, vol. I, pp. 7-23. Su Plinio e Giovio cfr. T. C. Price Zimmermann, *Paolo Giovio and the Evolution of Renaissance Art Criticism*, in *Cultural Aspects of the Italian Renaissance. Essays in honour of Paul Oskar Kristeller*, New York 1976, pp. 407-424.

45. L. Lanzi, *Storia pittorica della Italia*, Bassano 1795-1796, edizione consultata Firenze 1968, vol. I, pp. 5-6.

46. Sulle postille e la loro attribuzione si veda M. Fanti, *Le postille carraccesche alle 'Vite' del Vasari: il testo originale*, "Il Carrobbio", 5, 1979, pp. 148-168; Id., *Ancora sulle postille carraccesche alle 'Vite' del Vasari: in buona parte sono di Annibale*, "Il Carrobbio", 6, 1980, pp. 136-141.

47. Per l'attribuzione del manoscritto, di cui sto curando la pubblicazione, mi sono potuta avvalere del giudizio di Armando Petrucci, che vivamente ringrazio.

48. Per il viaggio a Venezia di Pietro Aldobrandini nella primavera del 1598 cfr. V. Ceresole, *Di alcune relazioni tra la Casa Aldobrandini e la Repubblica di Venezia. Documenti inediti dei R.R. Archivi di Stato di Venezia 1588-1617*, Venezia 1880 e i suggerimenti del nunzio per il soggiorno in *Consigli al Card. Aldobrandini per la sua venuta à Venetia*, 7 marzo 1598, Roma, Biblioteca Apostolica Vaticana, ms. Ottob. lat. 3216, t. II, f. 196. Per un altro possibile soggiorno di Agucchi a Venezia nel 1598 si veda la notizia di un viaggio nella città lagunare di un "Monsignor Agucchi" probabilmente da identificarsi con il fratello Girolamo, al seguito del quale forse era anche Giovanni Battista, cit. in Z. Wazbinsky, *Il Cardinale Francesco Maria Del Monte (1549-1626). Mecenate di artisti, consigliere di politici e di sovrani*, Firenze 1994, p. 159, vol. I, nota 72.

49. Roma, Biblioteca Apostolica Vaticana, ms. Ottob. lat. 3222, t. I, f. 19 v.

50. Ivi, f. 16 v.

51. Ivi, f. 14 r; f. 26 r; f. 26 v; f. 24 r.

52. Cfr. soprattutto D. Mahon, *Studies...*, pp. 157 e sgg.; Id., *Egregius in Urbe Pictor: Caravaggio Revised*, in «The Burlington Magazine», XCIII, 580, 1951, pp. 223-235, soprattutto p. 230.

53. G. P. Bellori, *op. cit.*, pp. 109-110.

54. Roma, Biblioteca Apostolica Vaticana, ms. Ottob. lat. 2484, t. III, f. 615 r.

55. Venezia, Biblioteca Marciana, ms. It. Cl. XI, CCLXXXII, (7116), f. 10. Come esempio della pittura antica il manoscritto cita (*ibidem.*) le *Nozze Aldobrandini* con queste parole: «lo sposalitio antico fatto a fresco o a guazzo sul muro, che levato da alcune fabbriche antiche sotto terra scoperte fu trasportato dal Cardinal Pietro Aldobrandini di felice memoria al suo giardino di Montemagnanapoli; e benché egli fosse fatto con grandissima facilità, quasi una maestra mano l'havesse frettolosamente poco più che bozzato, vi si scuopriva però una maniera nobile, simile a quella delle statue migliori, et un disegno eccellente.»

56. G. P. Bellori, *op. cit.*, p. 90.

Giovanna PERINI

Il Poussin di Bellori

Quando, nel 1672, uscirono le *Vite de' pittori, scultori e architetti moderni* dell'antiquario romano Giovan Pietro Bellori, si impose un nuovo modello alla storiografia artistica coeva, immediatamente accreditato di grande e persistente autorevolezza a livello internazionale. Il prodotto belloriano, non meno sperimentale ed innovativo del farraginoso *Microcosmo* scannelliano (1657), della sagace critica boschiniana in versi sulla pittura veneziana (1660), della «guida rapida» d'Italia dello Scaramuccia (1674) o della rivale *Felsina Pittrice* di Malvasia (1678), è però diventato, a differenza di questi, un'opera di incontrastata, definitiva reputazione storica, critica ed estetica, anche se, come questi, è rimasto di fatto privo di imitazioni o continuazioni. Alla completezza di informazione storica su una data scuola pittorica indagata nel complesso del suo sviluppo tramite le vicende personali ed artistiche dei suoi esponenti maggiori e minori (quale era possibile trovare nelle *Vite* di Ridolfi e di Baglione) o alla delineazione, sia pur di parte, delle vicende evolutive delle varie zone artistiche italiane (Vasari), Bellori sostituisce, com'è noto, una campionatura esemplare di supposte eccellenze artistiche italiane ed europee nell'ambito delle tre arti «maggiori» (pittura, scultura, architettura), secondo una scelta all'apparenza tanto geograficamente imparziale, quanto esteticamente, e vorrei dire ideologicamente, partigiana. Affettando una superiorità più ideale che reale rispetto alle dispute «municipalistiche» imperversanti nell'Italia coeva ed ancora rigogliose in pieno Settecento, e ostentando distacco anche rispetto agli strascichi dell'obsoleto «paragone» cinquecentesco tra le arti (con relative patenti di nobiltà e diritti di precedenza), Bellori assume una pregiudiziale teorica congeniale alla sua vocazione antiquaria (l'«idea» classicista) e una discriminante critica fondamentale (il principio dell'imitazione selettiva) e ne fa il cardine della propria proposta storiografica, programmaticamente anti-erudita e anti-filologica, anzi, scopertamente estetica, «filosofica», ideologica, e perciò stesso non tanto pre-, quanto semmai intrinsecamente anti-vichiana.

Richiamato il noto, converrà però chiarire ciò che si è finora solo vagamente accennato e di fatto trascurato: e cioè l'accidentalità, l'occasionalità, la pretestuosità – in altri termini, l'imprevedibile ed insospettata aprogrammaticità originaria - di questa fortunata operazione di politica culturale, a tutt'oggi più riverita e fiduciosamente utilizzata che attentamente indagata. Se la parte più propriamente teorica ripropone di fatto null'altro che un riordinamento delle sparse riflessioni estetiche dell'Armenini con pochi aggiornamenti, scarse varianti e radi approfondimenti[1], il numero magico, vorrei dire mistico, di dodici artisti biografati rappresenta esso stesso, di là dall'apparente compiutezza, nulla più che un felice compromesso che occulta palesi squilibri, anticlassiche asimmetrie distributive entro le asserite, raccomandate esemplarità: ecco quindi un solo architetto, anzi, a voler esser esatti, un ingegnere neppure eccelso (Domenico Fontana) dl contro a due scultori (Duquesnoy ed Algardi) e ben nove pittori di vario calibro e stile (Annibale e Agostino Carracci, Federico Barocci, Caravaggio, Rubens, Van Dyck, Domenichino, Lanfranco, Poussin); o ancora, ecco un solo «cattivo» (Caravaggio) a far da contraltare, con tutta la sua negatività, ad undici «santi» o «venerablli»; o, a valutare altrimenti la composizione dell'eletta schiera, in chiave di rappresentanza etnico-culturale, ecco tre fiamminghi e un francese (in totale, quattro stranieri) a completamento di cinque emiliani (di cui ben quattro bolognesi), un marchigiano e due lombardi, tutti però accomunati, anzi, accreditati da un legame, più o meno profondo e duraturo, con Roma, che vede così riconosciuta *de facto* la propria supremazia artistica. Forse che lo scultore (e non solo) Bernini o l'architetto (questo sì vero ed originale) Borromini, parimenti attivi a Roma, erano indegni di rientrare in una casistica veramente e definitivamente esemplare, sia pur per rafforzarne eventualmente il versante negativo? Come ha già osservato Giovanni Previtali, se nel caso del Bernini ciò avrebbe comportato l'infrazione della consuetudine biografica che impediva di parlare di personaggi viventi, sui quali il giudizio storico non poteva essere nè definitivo, nè tanto meno incondizionato, la medesima obiezione non valeva certo per Borromini, che, come il selezionato Poussin, era già defunto da alcuni anni al momento della stampa e pubblicazione delle *Vite*[2]. Del resto, è lecito sospettare, e val la pena di dichiararlo qui provocatoriamente, che l'esclusione di Bernini, come pure l'inclusione di Poussin, poco abbiano a che vedere con ragioni storiografiche od estetiche reali, o con la qualità dei rapporti dei singoli artisti con lo scrittore, e molto dipendano, invece, da ragioni propriamente politiche[3]: giova ricordare infatti che Bellori pubblica le *Vite* ad appena sei anni dall'apertura a Roma di quell'Accademia di Francia sotto la cui egida (per l'occasione abbinata a quella della Bibliotheca Hertziana) compare il presente volume.

Sorta nel 1666 per volontà di Colbert (cui le *Vite* belloriane sono dedicate) e per opera di Charles Le Brun e Charles Errard, che assistette Bellori nella pubblicazione del volume, la propaggine romana dell'Accademia Reale di Pittura e Scultura di Parigi doveva servire nel contempo a rafforzare la vena classicista dell'arte francese e a testimoniare nel centro stesso della classicità e della cattolicità lo sfarzo apollineo, solare, e lo sforzo internazionale egemonico della politica culturale del Re Cristianissimo, tanto che l'Accademia di Francia giunse perfino ad inglobare formalmente nel 1677 la romana Accademia di San Luca, di cui Bellori era stato segretario tra il 1668 ed il 1672[4]. L'unione delle due accademie venne solennizzata da un'orazione ad hoc tenuta, giustappunto, dal Bellori[5]. Non è dunque un caso se, proprio nell'ampia ed articolata vita di Poussin posta in posizione di assoluto rilievo a conclusione del volume, Bellori inserisce (in modo si direbbe un po' forzato, come per un'aggiunta fortunosa al momento della stampa) un breve elogio dell'Accademia di Francia a Roma, quasi a suggerire un'equazione ed integrazione ideale tra queste due distinte realtà (l'una individuale, l'altra istituzionale) della presenza artistica francese in città[6]. Ancora, la contrapposizione tra Rubenisti e Poussinisti che vivacizzò i dibattiti accademici francesi già all'indomani della partenza di Bernini da Parigi e della morte di Poussin, ma soprattutto tra il 1671 ed il 1683[7] e di cui Bellori, tramite Errard, non doveva essere all'oscuro, trovava riscontro sostanziale non nell'economia delle *Vite*, dove anche Rubens è all'apparenza equanimamente accolto[8], ma certo nella delineazione della figura artistica di Poussin, che riflette le convinzioni di Errard, Le Brun e Fréart di Chambray[9]. Triste destino per chi, come appunto Poussin o, più tardi, Bernini, aveva di costoro una stima ben limitata[10].

Comunque, la querelle divampante nell'Accademia francese era affatto estranea alla contemporanea sensibilità di un artista sicuramente barocco e «rubenista» quale l'italiano Bernini, che ciononondimeno, come testimonia in note private Paul Fréart di Chantelou e come ha già sottolineato Anthony Blunt[11], dimostrava una viva, e, parrebbe, sincera e costante ammirazione per Poussin, fors'anche alla luce delle proprie esperienze alla corte di Francia, affatto analoghe a quelle sofferte da Poussin circa vent'anni prima[12]. Sono le stesse note di Chantelou a dimostrare come Bernini fosse anch'egli vittima delle cabale vittoriose (certo ideologizzate, ma in realtà assai materialmente interessate) dei Perrault, Le Brun, Le Vau (i nuovi Lemercier, insomma), che gli costarono infine il favore della corte e la commissione del Louvre. Eppure Colbert, parlando in privato a Chantelou il 5 agosto 1665 e fidandosi dei maligni rapporti di quegli stessi cortigiani, osservava infastidito come Bernini avesse sempre qualcosa da ridire su ciò che era francese, ivi compreso, in particolare, Poussin[13]: per una volta l'italianofilo Chantelou non dovette ricorrere alle sue consuete acrobazie diplomatiche per smentirlo e difendere Bernini dall'ultima parte dell'accusa. Essa era tanto più insidiosa in quanto equiparabile quasi ad un delitto di lesa maestà o ad un oltraggio alla bandiera, dopo che Pader nel 1649 e nel 1653, Roland Fréart de Chambray, fratello di Chantelou, nel 1650 e, da ultimo, Félibien nel 1666 e nel 1685 avevano concordemente definito Poussin, con minime varianti sintagmatiche, «l'honneur et la gloire de notre nation[14]». In ogni caso, a Bellori era chiaro che non sarebbe stato politicamente avvertito includere Bernini in un'opera pensata anche, se non soprattutto, per incontrare il favore dei Francesi (di Colbert e Le Brun in particolare), quasi a preconizzare, se non addirittura preparare e favorire, la fusione delle due accademie artistiche romane nel segno acronico ed internazionale del Classicismo[15]. Viceversa, dedicare nelle *Vite* tanto spazio a Poussin quanto a Domenichino e poco meno che ad Annibale Carracci significava per Bellori accentuare in modo inequivoco le ragioni del Classicismo assurto, dopo il Manierismo, a stile ufficiale di Roma, e al contempo rendere omaggio alla Francia, tramite il suo maggior pittore trapiantatosi nella Città Eterna. Non solo: ma se si fa una sommaria analisi quantitativa dello spazio concesso da Bellori ai singoli artisti, si osserva facilmente che la media si aggira tra un terzo e un quarto delle pagine dedicate a ciascuno dei tre pittori predetti. Anzi, le vite di Rubens, Van Dyck e Duquesnoy assieme raggiungono appena la dimensione di quella di Poussin: questo dato quantitativo è forse più indicativo che propriamette significativo[16], ma non penso sia prudente ignorarlo *tout court*, e vien fatto di chiedersi se la presenza di tali artisti non risponda infine, più che alle ragioni dell'arte, a quelle della diplomazia, tanto per non negare un minimo di spazio, sia pur solo surrettiziamente, alle altre potenze cattoliche d'Europa (la restaurata Inghilterra stuardista e la Fiandra cattolica degli Asburgo d'Austria prima e di Spagna poi, pur costantemente erosa territorialmente dall'espansione francese). Aleggia, sulle scelte belloriane, il sospetto di una pianificata lottizzazione europeista in chiave francofila, ove l'esclusione di un Velázquez, più ancora che di un Zurbarán, ad esempio, può avere molto a che fare con la volontà di non discutere affatto l'attività mecenatesca e la politica culturale del «Rey catolico», sulla quale, come ricorda Jacques Thuillier, Sublet de Noyers si era espresso in termini assai aspri[17].

In realtà agli squilibri macroscopici di giudizio e di spazio testè rilevati (e in parte già colti da Battisti) corrispondono anche, all'interno delle singole vite edite, squilibri strutturali, formali ed informativi parimenti rilevanti, che inducono a pensare che le dodici vite pubblicate da Bellori corrispondano ad una scelta rapida, ma tardiva e contingente, in alternativa ad un piano di lavoro che aveva previsto invece una meno ambiziosa continuazione «alla Baglione» delle vite vasariano-baglionesche, deplorata solo a posteriori. Di questa ipotesi sono, mi pare, indizio sufficiente, tra l'altro, i noti, reiterati rinvii, nel volume pubblicato, alle biografie di Ludovico e (addirittura!) Antonio Carracci, nonchè a quelle di Carlo Maderno, Francesco Albani, Guido Reni e Guercino[18]: indipendentemente dalla loro attuale, parziale irreperibilità e dalla loro talora dubbia composizione, la nozione stessa di queste biografie sembra modificare profondamente, se non addirittura tradire, il senso del libro quale si presenta nella sua forma attuale, ideologicamente connotata e perfetta. Lo stesso permanere di questi incongrui rinvii rivela comunque la fretta con cui esso è stato licenziato alle stampe senza revisioni. Fretta confermata da altri dettagli, solo apparentemente insignificanti, come le diverse ortografie adottate per indicare lo Chantelou nelle vite di Duquesnoy (dove viene utilizzata la versione italianizzata, Sciantaleu) e di Poussin, dove compare l'esatta forma francese[19]. Vien fatto di supporre, dato che Duquesnoy è morto una ventina d'anni prima di Poussin, che la sua vita sia stata composta anteriormente e stampata inalterata, senza neppure una rilettura normalizzatrice, mentre quella di Poussin (l'ultima delle pubblicate) potrebbe anche essere stata l'ultima redatta nell'imminenza della stampa[20].

Pensare comunque che la vita di Poussin, in particolare, rifletta il genuino orientamento estetico di Bellori maturo o, peggio, l'autentico pensiero di Poussin, mi pare fuorviante[21] : se è vero che, per dirla col Previtali, nelle intense frequentazioni dello studio di Poussin da parte del giovane Bellori, «è quanto mai improbabile che [...] sia stato il francese (di quasi vent'anni più anziano e per natura tutt'altro che modesto) quello che stava ad ascoltare[22]», è altrettanto poco probabile che derivi da Poussin quella ineffabile sordità ai valori pittorici extra-letterari così caratteristica, in questa biografia come nelle altre, dell'esercizio descrittivo e critico belloriano[23]. Forse la vera chiave di lettura della sua Vita di Poussin è suggerita da un breve inciso che accompagna il nome del pittore nell'indice analitico della Felsina Pittrice di Carlo Cesare Malvasia definendolo «uno degli astri di prima grandezza della Reale Accademia di Francia[24]». In realtà Poussin fu sì primo pittore del Re di Francia sotto Luigi XIII e di nuovo, sia pur a stento, sotto il Re Sole, ma morì troppo presto per poter diventare membro o direttore dell'Accademia di Francia a Roma e non risulta dagli altri biografi secenteschi che sia mai stato inserito in quella di Parigi, anche se, paradossalmente, all'interno di essa la fazione lebruniana si servì del suo nome e della sua arte come di un vessillo e di uno scudo per le proprie battaglie, di potere oltre che di idee. Malvasia non era meno consapevole di Bellori delle lotte intestine all'Accademia, ma nutrendo, a differenza del romano, convinzioni artistiche radicate e radicalmente opposte e non mirando a farsi docile strumento dei Francesi, ma semmai a strumentalizzarli, ecco che lungi dall'allearsi alla fazione momentaneamente vittoriosa, si ritrovava organicamente alleato a rubenisti interni ed esterni all'Accademia e ad oppositori di Le Brun e dell'indirizzo culturale dominante, quali Roger De Piles, Noël Coypel, Pierre Cureau de la Chambre e lo stesso Félibien[25]. Logico pertanto che Malvasia nomini Poussin in appena due occasioni, a proposito dei pittori bolognesi a lui meno congeniali, Domenichino e Albani. Sulla scia del Bellori ricorda infatti come Poussin stimasse la *Comunione di San Girolamo* di Domenichino tanto quanto la *Trasfigurazione* di Raffaello[26], mentre nella vita di Francesco Albani il pittore francese è annoverato tra i seguaci stranieri del bolognese, assieme a Mignard e Claude Lorrain[27]. Per Malvasia quindi, sulla fede di Roger de Piles, come pure di Bellori e dei poussinisti francesi cui si oppone, Poussin è semplicemente un esponente del classicismo romano-bolognese, annibalesco: ma per chi era del tutto al di fuori dei giochi accademici francesi (come Sandrart), o per chi ne era stato estromesso (come Félibien), o per chi ne ignorava gli sviluppi e i viluppi (come Passeri, Baglione o Mancini), Poussin aveva valenze più complesse e variegate, sia da un punto di vista teorico che stilistico.

Così, Félibien, nell'evidente intento di emendare e completare la diffusa interpretazione belloriana, ricorda ad esempio come Poussin giudicasse il solo Mignard (l'avversario di Le Brun) come pittore degno di fargli il ritratto[28]. Inoltre pubblica lettere di un Poussin nient'affatto distaccato e signorile, anzi, assai polemico e battagliero, quasi caravaggescamente insofferente delle mene cortigiane annesse alle commissioni pubbliche: è un Poussin provocatoriamente poco letterato e letterario, che reagisce alle critiche scusandosi della sua «maniere de s'énoncer [...] parce qu'il a vécu avec des personnes qui l'ont sçû entendre par ses ouvrages, n'étant pas son métier de sçavoir bien ecrire[29]». Quale affermazione più risoluta della consapevole superiorità della *muta eloquentia* della propria pittura, così brillantemente chiosata da Marc Fumaroli, rispetto alle verbose discettazioni teoriche astratte delle Accademie[30]? Risposta degna di Annibale Carracci[31]: solo che, alla corte di Francia, in circostanze analoghe, anche Bernini, vent'anni dopo, avrebbe fornito una risposta equivalente[32]. Eppure, le vetuste etichette dell'«ut pictura poësis» e dell'«ut rhetorica pictura» trovano nel volume belloriano uno degli esempi applicativi più rilevanti, coerenti, convinti e consapevoli, ma non per questo adeguato all'occasione ermeneutica specifica. Nella Vita di Poussin si riscontrano spie verbali incontestabili di un deciso orientamento letterario, come l'uso, ormai quasi catacretico, di termini quali «favole» o «poesie» per designare dei dipinti, o di certe locuzioni propriamente metaforiche, quali «riferiremo», «trascriviamo», «accenniamo il concetto»[33], poste ad introduzione delle singole ecfrasi, quasi a ribadire l'iniziale dichiarazione di metodo dello scrittore: «mi sono però contenuto nelle parti di semplice *traduttore* ed ho usato li modi più facili e più puri, senza l'aggiungere alle parole più di quello che concedono le proprie forme[34]».

Conferma di questa letterarietà (o loquace cecità) belloriana si trova in sviste clamorose: non stupisce che molti dei «quadri» di Poussin descritti da Bellori siano in realtà, come segnalano Anthony Blunt ed Evelina Borea, dei disegni preparatori di composizioni perdute o mai realizzate (il che ricorda un po', sorprendentemente, la *Galleria* mariniana, dove talora i quadri celebrati sono in realtà disegni[35]), nè scandalizza che diverse ecfrasi presentino l'inversione compositiva tra destra e sinistra tipica delle stampe di traduzione: che Bellori se ne servisse era già stato occasionalmente notato da Claire Pace e dimostrato dalla Borea[36], ed era praticamente giocoforza nel caso di dipinti lontani da Roma quali *La peste di Ashdod* o *Mosè fa scaturire l'acqua nel deserto*, entrambi all'epoca a Parigi, nelle raccolte rispettivamente del Duca di Richelieu e del pittore Jacques Stella[37]. Diverso dovrebbe essere però il caso del *Martirio di Sant'Erasmo* nella basilica di San Pietro, che Bellori avrebbe potuto comodamente descrivere dal vero[38]: invece anche in questa circostanza lo scrittore si serve evidentemente di una stampa, segnatamente quella del francese Jean Couvay[39], visto che, come in essa ma contrariamente al vero, Bellori pone la statua d'Ercole a sinistra e la figura del sacerdote vestito di bianco a destra[40], nè io trovo convincente l'ingegnosa glossa della Pace secondo cui questa inversione «merely means that the spectator is seen as an active participant in the drama[41]», poichè «Bellori usually specifies the fact when he uses an engraving. He refers to the right and left of the action depicted, not of the spectator[42]».

La descrizione belloriana, che tanto ha in comune con la traduzione verbale di una pantomima, e che, con buona pace della Pace, assomiglia più ad una nitida e statica foto in bianco e nero che ad una ripresa cinematografica[43] (basti pensare per confronto ai coloratissimi e complessi «movimenti di macchina» di un'ecfrasi malvasiana o boschiniana) offre un percorso di lettura standardizzato in cui, salvo diverse esigenze imposte da discrepanze nel rapporto tra l'immagine e la narrazione del mito, l'occhio segue, senza grandi sorprese, il normale percorso compositivo e percettivo da sinistra a destra, anche là dove esso non è evidenziato da specifici segnali verbali di direzione[44]. Le numerose descrizioni poste in appendice alla Vita di Poussin, senza nessun raccordo narrativo organico nè alcuna sequenzialità storico-stilistica, confermano questo dato: pertanto mi pare ovvio che, laddove l'ecfrasi segua un percorso implicitamente o esplicitamente inverso, vi debba essere una ragione specifica particolare, quale appunto l'uso di una stampa.

Quasi in forza di un paradosso, è invece descritta dichiaratamente dal vero la tela con l'*Estrema Unzione* con cui inizia la serie dei *Sette Sacramenti* dipinta per Monsieur de Chantelou e quindi vista da Bellori nel lontano 1644, prima della spedizione per Parigi avvenuta il 31 ottobre[45]. Impossibile dire se tale descrizione fosse parte integrante di una prima redazione delle *Vite*, ovvero costituisse una porzione dei materiali preparatori ad esse, o forse fosse piuttosto un esercizio letterario indipendente in chiave agucchiana (indurrebbe a crederlo il fatto che mancano le descrizioni, sia pur sommarie, degli altri sei sacramenti della serie dipinti successivamente e che Poussin, ben vivo, non poteva all'epoca essere fatto oggetto di biografia, nè sarebbe stato possibile determinare a priori in quelle circostanze quali opere selezionare come più significative a futura memoria, specie nell'ambito di una serie in fieri). In ogni caso, come ho già ampiamente indicato in altra circostanza[46], l'ecfrasi belloriana è sempre volta alla delineazione del contenuto e della disposizione delle figure nel dipinto, gioca sull'*inventio* e sulla *dispositio* (ovvero sul disegno e la composizione) e sull'*actio* (o espressione visiva degli affetti), ma non affronta (per incapacità e disinteresse, più che per scelta deliberata) la qualificazione stilistica individuale dell'opera analizzata, le sue caratteristiche più squisitamente pittoriche, siano esse cromatiche, tonali o d'impasto. L'ecfrasi belloriana, così grafica, tradisce insomma l'educazione antiquaria del suo autore e, a differenza di quella di Félibien, si adatta ad un bassorilievo o ad una stampa addirittura meglio che ad un dipinto: anzi l'uso indiscriminato della grafica di traduzione non è probabilmente la causa, ma, paradossalmente, il risultato di un tipo di lettura del quadro proprio di un letterato che non è un conoscitore e che, pur di non viaggiare, si accontenta perfino di «tre segni, per non dir contorni» delli quadri lontani da Roma, di schizzi insomma commissionati ad artisti mediocri o, addirittura, a «qualche giovine[47]». Che poi questo atteggiamento trovi la propria giustificazione nella celebre descrizione agucchiana della *Venere addormentata* di Annibale Carracci ora a Chantilly è dimostrato palmarmente dalla descrizione abbreviata che Bellori produce dello stesso dipinto nella propria *Vita* del pittore: il rapporto del Bellori col suo intertesto è più quello di un redattore volto a condensare e troncare le lungaggini e le eccessive divagazioni, che quello di un semplice emulo o zelante imitatore[48].

Ma bisogna stare ben attenti a non confondere la letterarietà di Bellori (che è fatto, per così dire, di necessità, frutto di un'educazione mirata e di una professionalità esibita) con quella di Poussin (che è invece risultato di una scelta meditata, subordinata ad un fine artistico determinato, volto ad un orizzonte privato e non pubblico). Certo, Bellori sostiene che il proprio metodo ecfrastico abbia trovato approvazione ed incoraggiamento presso Poussin[49], ma quando si usano le parole, il problema, come ha brillantemente spiegato Pirandello, è intendersi sul contenuto delle stesse. Basta rileggersi la lettera del 1651 in cui Poussin descrive all'amico pittore Jacques Stella il proprio paesaggio con Piramo e Tisbe e confrontarla attentamente con l'ecfrasi belloriana del medesimo dipinto, pur eccezionalmente felice, per rilevare differenze sostanziali[50]. Dunque, era davvero l'Abate Nicaise quell'autore di biografie d'artisti «sans sel et sans doctrine» che «touche de l'Art de la Peinture, comme celui qui rien a ni Theorie ni Pratique», secondo il giudizio espresso da Poussin poco prima di morire e diligentemente riportato da Félibien[51]?

Che i poussinisti (tra cui, s'é visto, va arruolato, honoris causa, anche Bellori) s'occupassero soprattutto di «invenzione universale», «concetto e moto di ciascheduna particolar figura» ed «azioni che accompagnano gli affetti», è chiaro, ma che Poussin in persona non unisse questi ad altri, diversi interessi (tonalità cromatiche oltre che morali, ad esempio, o difficoltà teorico-tecniche diverse) è da dimostrare. Dimostrazione difficile, cui ostano, oltre ai quadri, anche le lettere di Poussin e poi le testimonianze dirette di Sandrart e Passeri, volte a sottolineare nell'un caso l'influenza di Tiziano nella resa degli incarnati[52], nell'altro la naturalezza e verità di modellato dei puttini di Poussin, qualità rivendicate in seguito anche da Jean Dughet e Félibien[53]. Tizianismo e naturalismo restano comunque segno di una lettura lombardeggiante del pittore francese che, estranea agli interessi estetici delle fonti suddette, deve pertanto derivare dal loro soggetto, e lo conferma l'analisi tecnica dei dipinti poussiniani condotta da Avigdor Arikha[54]. Ed anche la testimonianza di Félibien complica il quadro dell'effettiva estetica poussiniana, poichè, «joignant la pratique aux enseignements», il cosiddetto pittor-filosofo gli dimostra che «quelque theorie qu'on ait de la peinture, on est incapable de rien executer sans une grande pratique; [...] il se rencontre mille difficultez dans l'execution d'un ouvrage, que tous les preceptes ne sçauroient apprendre à surmonter[55]».

Perciò l'approccio «letterario» alla pittura proprio di Poussin, sia a livello teorico che a livello operativo, non è affatto paragonabile con quello belloriano, se non per una fallace suggestione lessicale. Di fatto, le note di Poussin sulla pittura pubblicate da Bellori in calce alla Vita non sono, come noto, brani di quel «Trattato della pittura» cui, secondo il solo Bellori, il pittore stava lavorando, ma semplici appunti di lettura, non necessariamente preparatori ad esso[56]. La celebre lettera a Chantelou con cui il 24 marzo 1647 Poussin commenta la spedizione del *Battesimo* testimonia un uso anche privato, ovviamente nobilitante oltre che chiarificatore, del paragone letterario non meno che musicale: «Si le batesme que vous avés repseu semble a quelcun trop doux, quil lisent la response que Traian Bocalin fet faire a Apollo a ceux qui distint que la tarte du Guarino (id est il Pastor Fido) leur sembloit trop douce. Sil ne sont contens de la répartie, je les prie de croire que je ne suis point de ceux qui en chantans prennant tousiours le mesme ton et que je scais varier quan je veus»[57]. Del resto, anche Sandrart non manca di notare come il giovane Poussin «war sonsten auch von gutem Discurss und hatte stets ein Buchlein, worein er alles nöthige, so wol mit dem Umriss als auch Buchstaben aufgezeichnet, bey sich; wann er etwas vorzunehmen im Sinn gehabt, thät er den vorhabenden Text fleissig durchlesen und deme nachsinnen, alsdann machte er zwey schlechte Seitz der Ordinanzien auf Papier[58]».

Dunque il fatto che alcune delle osservazioni di Poussin pubblicate da Bellori in appendice alla biografia del medesimo riproducano in effetti passi dei *Discorsi del poema eroico* del Tasso, operando talora la sostituzione della parola «poesia» usata dalla fonte con «pittura[59]», si può spiegare, benchè solo in prima approssimazione, nello stesso modo in cui George Bauer ha commentato certe affermazioni estetiche di Bernini riportate da Chantelou che sembrano contraddire il senso stesso dell'attività artistica dello scultore: «the artist is the victim of the still primitive theoretical and critical approaches of his time. A practising artist, little given to systematic thinking, Bernini necessarily expressed himself obliquely, making use of such ideas as were available[60]».

Certo, Poussin era un artista dotto e riflessivo, ma non si dimentichi che, nella polemica tra Sacchi e Cortona, il testo del Tasso serviva di sostegno a quest'ultimo e che, come ha dimostrato, tra gli altri, Elizabeth Cropper[61], già un erudito del calibro di Junius, ben noto a Poussin, nel *De pictura veterum* (1637) aveva trascritto nelle parti teoriche interi passi di Quintiliano effettuando solo rade e sparse sostituzioni di parole (come «pictura» per «oratio»). In fondo, Philip e Maria Raina Fehl hanno già suggerito che sarebbe legittimo far ricadere su Junius la stessa critica mossagli da Lessing nell'ambito del suo attacco a Winckelmann (il quale appunto si era limitato a seguire il dotto olandese[62]): «sein ganzes Werk ist ein Cento und da er immer mit den Worten der Alten reden will, so wendet er nicht selten Stellen aus ihnen auf die Malerei an, die an ihrem Orte von nichts weniger als von Malerei handeln[63].»

D'altronde, se l'*ut rhetorica pictura* e l'*ut pictura poësis* sono indubbiamente all'origine di numerosi fraintendimenti ed approssimazioni critiche, sono anche l'unico mezzo teorico classico (metaforico, certo: ma la parola non può non essere che metafora dell'immagine) che giustifichi l'approccio verbale al figurativo. Così, quando Bellori affronta, sia pur solo di passaggio, quasi fosse un dato marginale, incidentale o scontato, il problema della formazione culturale e dell'evoluzione e qualificazione stilistica di Poussin, fornisce l'ennesima dimostrazione di una parzialità ideologica che ben poco ha a che vedere con l'accuratezza storica o una critica obiettiva. L'antico, Raffaello, Giulio Romano, Domenichino, appena un'occhiata *en passant* a Tiziano, sono gli ingredienti, classicisticamente canonici, che Bellori evidenzia nel francese, a scapito non solo della realtà, ma della complessità del suo operare artistico.

A parte la questione delle radici figurative francesi[64], René Jullian, ad esempio, ha già fatto qualche accenno alle tangenze caravaggesche di Poussin giovane[65], mentre Giuliano Briganti ha sottolineato per primo il problema, ignorato dalle fonti secentesche ma riproposto poi su altre basi da Arikha[66], del rapporto con Pietro da Cortona, esemplificandolo in particolare sulla pala del *Martirio di Sant'Erasmo*, ove riscontra «impressionanti analogie» (o, più precisamente, un'evidente intertestualità) con un disegno degli Uffizi la cui attribuzione tradizionale al Cortona è stata in seguito posta in discussione[67]. Comunque sia, ciò non altera la questione del riconoscimento della matrice figurativa profonda di quest'invenzione, su cui opportunamente s'interroga Pierre Rosenberg[68], ovvero sull'ambito interdiscorsivo, se non proprio intertestuale, in cui essa si colloca, chè la figura tagliante in profondità il piano del quadro è indubbiamente reminiscenza veneto-bolognese, tra Tintoretto, Palma giovane e, soprattutto, il Ludovico Carracci della *Trasfigurazione* o della *Probatica piscina*: si pone così il problema del rapporto di Poussin con la cultura figurativa veneto-lombarda, forse incontrata, come ha proposto Thuillier[69], durante il suo ritorno dal primo viaggio in Italia, occorso presumibilmente nel 1617-1618, poco prima della scomparsa di Ludovico, o conosciuta al più tardi, come vogliono altri, durante il terzo viaggio, nel 1624[70]. Pensando anche alla testimonianza di Jean Dughet, riportata da Félibien, secondo cui il primo periodo romano vide Poussin legarsi amichevolmente all'Algardi[71], vien fatto di chiedersi se, almeno all'inizio, per Poussin, a differenza di Bellori, il nome Carracci non abbia significato Ludovico ancor prima che Annibale. Una sistematica indagine semiotico-filologica delle fonti figurative (intese in senso iconografico, più che stilistico) di ogni singolo quadro poussiniano gioverebbe a chiarire definitivamente l'orizzonte culturale dell'autore, non senza possibili sorprese da ambiti geografici relativamente marginali[72]. Non che molto in questa direzione non sia già stato detto e fatto, e per giunta accuratamente riportato da Blunt nel suo ancora utile catalogo generale del pittore[73], ma quel che è mancato finora è la possibilità di una verifica «scientifica», cioè relativamente oggettiva, delle intuizioni soggettive, più o meno felici, di tanti ragguardevoli conoscitori. I concetti semiotici di intertestualità ed interdiscorsività (intesi nelle accezioni restrittive, tecniche, filologicamente orientate, della Scuola di Pavia[74]) e quello complementare ed intermedio di infratestualità, che ho tentativamente aggiunto di recente[75], dovrebbero appunto fornire un tal criterio oggettivo di giudizio.

Così, una rapida scorsa ai dipinti poussiniani permette di identificarvi, oltre ai numerosi intertesti ed infratesti raffaelleschi e dall'antico che le fonti ci preparano a riconoscere, anche spunti ignorati o deliberatamente taciuti da esse, in particolare da Bellori: per esempio, Michelangelo. Naturalmente questo silenzio non è innocente: oggetto di acerbe critiche al proprio concetto di disegno, di colore e di decoro già in vita, Michelangelo nel Seicento divenne un idolo polemico, presto sepolto, quanto al *côté* francese, dalla perentoria censura classicista di Roland Fréart de Chambray, cui Bellori non mancò di adeguarsi[76]. Perfino Félibien, nonostante la sua maggior libertà di giudizio che gli consentiva di apprezzare in Michelangelo almeno le qualità di disegnatore, omette di citarlo in relazione a Poussin, benchè accenni all'ammirazione di questi per la *Deposizione* di Daniele da Volterra[77]: eppure basta guardare alla problematica *Sacra Famiglia col Battista* di Toledo (Ohio), a quel velo gonfiato dal vento onde incorniciare e mettere in risalto per contrasto il profilo, motivo che ritorna poi in opere indisputate, quali la *Sacra Famiglia col Battista* di Karlsruhe, la *Madonna del Pilar* al Louvre, il *Sacrificio di Noè* a Tatton Park, o ancora il discusso paesaggio allegorico col *Tempo e la Verità che distruggono l'Invidia* di collezione privata[78], per veder ampiamente impiegato in Poussin un motivo di chiara ascendenza michelangiolesca e caro anche al Rosso anteriormente a Fontainebleau: basti richiamare qui la *Madonna della scala* di Michelangelo giovane, o, nella volta Sistina, il Dio della *Creazione dell'uomo*, le figure che si inerpicano sulla roccia e sull'albero a sinistra nel *Diluvio*, uno degli *Ignudi*, o infine l'angioletto che ispira il profeta Isaia. Ma sin qui si può trattare di mera interdiscorsività: intertestuale invece è il nesso che lega il poussiniano *Cefalo che abbandona Aurora* al michelangiolesco Adamo della *Cacciata dal Paradiso terrestre*[79] (quanto al *Bacco* tizianesco che Denis Mahon prima e Richard Wollheim poi han voluto accreditare come intertesto, certo in base alla suggestione letteraria degli accertati studi di Poussin sui dipinti di Tiziano in collezione Aldobrandini, si può dimostrare semiologicamente che non è neppure un caso di interdiscorsività[80]). Decisivo comunque è il confronto dei *Battesimi* di Washington, di Parigi, di Malibu e di Edimburgo per constatare come il ricorso intertestuale ed infratestuale a Michelangelo determini una qualificazione semanticamente rilevante dell'invenzione poussiniana. Non è dubbio che il *Battesimo* di Edimburgo, dipinto per Chantelou ed ultimo per cronologia, offra in primo piano a sinistra, nella figura del vecchio col turbante che si infila le calze, un esempio palmare di intertestualità rispetto all'analoga figura in primo piano a destra nel cartone di Cascina di Michelangelo, noto attraverso copie grafiche totali e parziali, come quella realizzata da Aristotile da Sangallo. Ma questo «prestito» diretto e palese non è che il punto di arrivo di un processo creativo lungo e ben più complesso: nel dipinto di analogo soggetto oggi a Washington ed eseguito per Cassiano dal Pozzo compare una figura a sinistra in un atteggiamento simile a quello del quadro Chantelou, ma con numerose varianti nella posizione delle gambe, nella scelta della gamba da rivestire (la destra anziché la sinistra), nonché nel punto di vista da cui è ripresa la figura (di tre quarti sì, ma di schiena anziché frontale), sicché il rapporto che le lega (e che lega questa figura all'invenzione michelangiolesca che la sottende) è di natura infratestuale, come è confermato dalla intertestualità che la pone invece in rapporto con l'analoga figura del dipinto parigino per Le Nôtre, a sua volta in rapporto infratestuale con quella di Edimburgo. Nella versione di Malibu, infine, che è anche la prima dipinta per Cassiano Dal Pozzo, il motivo, pur presente, dell'uomo che si toglie la calza è giocato su un'invenzione affatto diversa, più «realistica», mentre il riferimento classico è affidato alla figura accucciata in primo piano a destra che si sfila i sandali, il cui intertesto è la celebre statua dell'*Arrotino* dalla Tribuna degli Uffizi a Firenze. Naturalmente in ognuno di questi quattro quadri è possibile riconoscere ulteriori motivi figurativi cari a Poussin, dotati o meno di ascendenze antiche o moderne, richiesti o meno dai suoi committenti, e comunque da lui ripetuti anche in altri dipinti di diverso soggetto, anche a distanza di tempo, anche per altri collezionisti.

Se un'analisi sistematica dell'utilizzo e della frequenza relativa dell'intertestualità e dell'infratestualità nei dipinti poussiniani potrebbe dunque fornire nuove chiavi per una comprensione più precisa delle modalità creative dell'artista e del senso che invenzione e cultura figurativa avevano per lui, il caso dei quattro *Battesimi* fornisce almeno lo spunto per due ordini di riflessioni. Innanzitutto la figura di matrice michelangiolesca dell'uomo che si riveste nei dipinti di Washington e Parigi, non comportando nè una semplice riproduzione speculare, simmetrica, del motivo, come nel quadro di Edimburgo, nè una rotazione nello spazio di 180° esatti, ma leggermente superiore, implica di necessità l'uso di modelli, o vivi, o piuttosto, come ricordano concordemente le fonti (da Sandrart, a Le Blond de Latour, a Bellori, a Félibien)[81] in cera, realizzati dallo stesso Poussin, sicchè l'evidenza dei dipinti conferma l'attendibilità delle notizie documentarie sul suo metodo di lavoro[82]. D'altro canto, una lettura in sequenza delle varianti compositive e di invenzione apportate in questo gruppo di quadri di identico soggetto permette di comprendere meglio il senso di quella sua osservazione scelta e trascritta da Bellori a proposito del concetto, tipicamente secentesco, di «novità»: «La novità della pittura non consiste principalmente nel soggetto non più veduto, ma nella buona e nuova disposizione ed espressione, e così il soggetto dall'essere commune e vecchio diviene singolare e nuovo. Qui conviene il dire della Communione di San Girolamo del Domenichino, nella quale diversi sono gli affetti e li moti dall'altra invenzione di Agostino Carracci»[83]. La novità dunque come frutto non della bizzarria barocca e della fantasia sfrenata, ma della razionale elaborazione dei dati noti in un contesto psicologico e drammatico diverso, tenendo conto che ad ogni affetto corrisponde un certo atto o gesto, come in un alfabeto visivo dei sentimenti[84]. Benchè Blunt abbia intravisto echi del Tasso anche in questa soluzione affatto anti-marinista di un problema intrinsecamente mariniano[85], a me pare chiara la consonanza con un autore sicuramente più vicino alla cultura e al tempo di Poussin, Blaise Pascal: «Qu'on ne dise pas que je n'ai rien dit de nouveau, la disposition des matières est nouvelle. [...] J'aimerais autant qu'on me dise que je me suis servi des mots anciens. Et comme si les mêmes pensées ne formaient pas un autre corps de discours par une disposition différente, aussi bien que les mêmes mots forment d'autres pensées par leur différente disposition[86]». Sottoscrivo, e taccio.

1. Cfr. G.B. Armenini, *De' veri precetti della pittura*, Torino 1988, pp. 9-10, 52, 56, 75, 156 e G.P. Bellori, *Le Vite de' pittori scultori e architetti moderni*, a cura di E. Borea, Torino 1976, pp. 13-25, specie pp. 14-20. A parte qualche cenno in M.A. Frantz, *Taddeo Zuccaro as a Precursor of Annibale Carracci*, in *Essays in Honour of Walter Friedländer – Marsyas*, 1965, II, pp. 63 e 69 e in E.J. Olszewski, *Introduction*, in G.B. Armenini, *On the three Precepts of the Art of Painting*, s.l. 1977, pp. 9 e 311, cfr. G. Perini, *Arte e società. Il ruolo dell'artista a Bologna e in Emilia tra Corporazione e Accademia*, in *La pittura in Emilia e in Romagna – Il Cinquecento*, Bologna 1994, I, p. 304.

2. Cfr. anche G. Previtali, in Bellori, *op. cit.* note 1, p. XXXIII.

3. Lo stesso discorso vale, in un certo senso, anche per l'inserimento di grandi seguaci, più che capiscuola, quali Agostino Carracci e Anthony Van Dyck: quasi duplicati, rispettivamente, di Annibale Carracci e Rubens, vien fatto di pensare che siano usati a mo' di riempitivo, per raggiungere il numero canonico di dodici artisti biografati, evitando scelte più rappresentative, ma anche problematiche: basti citare il nome di Velázquez, su cui vedi oltre.

4. Sulla fusione delle due Accademie, cfr. N. Pevsner, *Le Accademie d'arte*, Torino 1982, p. 108 ed infra, note 5 e 15. Per inciso, nello stesso 1672 anche l'amico Errard lasciò temporaneamente la segreteria dell'Accademia di Francia, ritornandovi tre anni dopo: cfr. M. Missirini, *Memorie per servire alla storia della romana Accademia di San Luca*, Roma 1823, pp. 130-131, da cui si evince che nel 1672, anno della pubblicazione delle Vite belloriane, Errard venne nominato Principe dell'Accademia.

5. Vedi E. Borea in Bellori, *op. cit.* note 1, p. LXIII e C. Pace, *Felibien's Life of Poussin*, Londra 1981, pp. 18-19.

6. Bellori, *op. cit.* note 1, p. 447.

7. B. Teyssèdre, *Roger De Piles et les débats sur le coloris au siècle de Louis XIV*, Parigi 1965, specie pp. 51-312.

8. Mi pare improbabile che l'inclusione di Rubens e Van Dyck sia dovuta, come sostiene Battisti *(Il Bellori come critico*, in G.P. Bellori, *Le Vite de' pittori, scultori e architetti moderni, Parte prima*, Genova [1967], p. XIII), ad un suggerimento di Le Brun: sostenerlo mi pare significhi ignorare overo trascurare, come in fondo faceva lo stesso Bellori, la querelle suddetta che, quando Bellori scriveva, era da poco iniziata, ma in cui Le Brun ed i suoi amici e sostenitori avevano già un ruolo ben preciso.

9. Cfr. Previtali in Bellori, *op. cit* note 1., 1976, pp. XXIV-XXV e M. Fumaroli, *L'École du silence - Le sentiment des images au XVII siècle*, Parigi 1994, p. 219.

10. Quel che Poussin sapeva e pensava di Errard è contenuto nella celebre lettera da lui scritta ad Abraham Bosse pubblicata da C. Jouanny, *Correspondance de Nicolas Poussin*, Parigi 1911, pp. 419-421 [lettera n. 185] e ristampata, come sempre con grafia ammodernata, in A. Blunt, *Nicolas Poussin – Lettres et propos sur l'art*, Parigi 1989, pp. 161-162. Per Fréart de Chambray, si veda invece la critica sottile contenuta nella lettera indirizzatagli da Poussin in persona, pubblicata in Jouanny, *op. cit.*, pp. 461-464 [lettera n. 210] e ristampata in Blunt, *op. cit.*, pp. 173-175. Altri indizi si possono trovare spigolando o leggendo in filigrana Félibien (*Entretiens sur les vies et sur les ouvrages des plus excellens peintres anciens et modernes*, Trévoux 1725 (I ed. 1685), IV, pp. 12, 22, 52, 66, 138-139. Per l'opinione di Bernini su costoro, si veda invece quanto emerge dalle note di P. Fréart de Chantelou, *Diary of the Cavaliere Bernini's Visit to France*, Princeton 1985, *passim*, specie pp. 88, 107, 109, 157, 279 su Le Brun; pp. 51, 63 e 107 su Errard; pp. 87 e 111 su Fréart de Chambray, che, essendo fratello dell'autore del resoconto sulla permanenza di Bernini in Francia, viene ovviamente trattato con grande rispetto. Nella difficoltà di tener sotto mano l'edizione francese del libro, si è preferita la traduzione inglese perchè, a differenza di quella italiana (P. Fréart de Chantelou, *Viaggio del Cavalier Bernini in Francia*, Palermo 1988), essa è integrale e dotata di utili apparati critici, affatto mancanti in quest'ultima. Sulle reazioni di Bernini all'ambiente artistico francese e sulle divisioni interne di questo, si veda anche D. Del Pesco, *Paul Fréart de Chantelou's Journal de Voyage du Cavalier Bernin en France: Diary of a Visit or Document of a Battle over Art in the Court of Louis XIV*, in *3ZU – Revista d'arquitectura*, 1994, pp. 107-114.

11. Chantelou, *op. cit.*, pp. 31, 77-80, 101, 110-111, 147, 181, 199, 203, 280, 282, 288 e A. Blunt, *Poussin e Roma*, in *Nicolas Poussin, 1594-1655*, Roma 1977, p. 29.

12. Cfr., per Bernini, Chantelou, *op. cit.* note 10, *passim*, specie pp. 55, 61, 75, 88-89 etc. e soprattutto quanto dice A. Blunt nell'introduzione, *ibidem*, pp. XVIII-XX; quanto alle difficoltà esperite da Poussin, vedi Félibien *op. cit.* note 10, specie pp. 34 e 37-50. Si noti incidentalmente che il 18 agos-

to 1665 Mattia de' Rossi accetta di inserire una lettera di Chantelou a Poussin nel pacco di corrispondenza di Bernini in partenza per Roma (Chantelou, *op. cit.*, p. 128), segno che tra i due artisti dovevano intercorrere rapporti di stima, se non di amicizia e simpatia.

13. Chantelou, *op. cit.* note 10, p. 101.

14. Vedi Pace, *op. cit.* note 5, pp. 96, 97 (cap. 1, nota 1 e cap. 2, nota 1), 149, 157 (nota 52.1), 165 (nota 106.4), 172.

15. Le spese per la pubblicazione sostenute da Colbert potrebbero essere non tanto l'effetto della dedica promessa da Bellori, quanto il segno di un «piano» francese di indirizzo culturale di cui Bellori sarebbe non tanto l'artefice, quanto un volonteroso e partecipe strumento. Sulla fusione delle due accademie artistiche romane, quella di San Luca e quella di Francia, vedi sopra, note 4 e 5.

16. Cfr. invece Battisti, *op. cit.* note 8, pp. XII-XIII, ed anche Pace, *op. cit.* note 5, p. 21.

17. J. Thuillier, *Poussin, pittore francese o pittore romano?*, in *Nicolas Poussin* cit. (1977), p. 41. Diversa la spiegazione fornita da Battisti, *op. cit.* note 8, pp. VI, XIII e XVIII.

18. Bellori, *op. cit.* note 1, pp. 8 (e Borea, *ibidem*, nota 2), 103 (e Borea, *ibidem*, note 3 e 4), 164 (e Borea, *ibidem*, nota 4) e 487-532. Vedi inoltre Previtali, *ibidem*, p. XLIII.

19. Cfr. Bellori, *op. cit.* note 1., pp. 296 e 438, 447 e 455.

20. Diverso il giudizio di Battisti (*op. cit.* note 8, p. XIII), che suppone che l'inclusione di Duquesnoy sia conseguenza dello spazio accordato all'amico Poussin, quasi un omaggio indiretto a quest'ultimo.

21. Cfr. invece Pace, *op. cit.* note 5, pp. 19-20.

22. Previtali, in Bellori, *op. cit.* note 1, p. XXI. Cfr. invece Pace, *op. cit.* note 5, p. 21.

23. Sull'ecfrasi in Bellori cfr. Battisti, *op. cit.* note 8, pp. XXV-XXIX e, in chiave abbastanza diversa, G. Perini, *L'arte di descrivere – La tecnica dell'ecfrasi in Malvasia e Bellori*, in *I Tatti Studies*, 1989, pp. 175-206 , specie pp. 187-191 e 196-198.

24. C.C. Malvasia, *Felsina Pittrice*, Bologna 1678, ed. cit. 1841, II, p. XXXV.

25. Cfr. G. Perini, *Central Issues and Peripheral Debates in Seventeenth-Century Art Literature: Carlo Cesare Malvasia's Felsina Pittrice*, in *World Art: Themes of Unity in Diversity, Acts of the XXVIth International Congress of the History of Art*, a cura di I. Lavin, University Park, Penn. e Londra, 1989, I, pp. 139-143.

26. Cfr. Malvasia, *op. cit.*, II, p. 224 e Félibien, *op. cit.*, VII, p. 490 (citato in Pace, *op. cit.*, p. 153, nota 17/2). Vedi anche A. Blunt, *Poussin's Notes on Painting*, in *Journal of the Warburg and Courtauld Institutes*, 1937/38, p. 348.

27. Malvasia, *op. cit.*, II, p. 190.

28. Félibien, *op. cit.*, p. 62.

29. *Ibidem*, p. 49.

30. Fumaroli, *op. cit.*, pp. 149-181.

31. Malvasia, *op. cit.*, I, p. 343.

32. Chantelou, *op. cit.*, p. 160.

33. Vedi Bellori, *op. cit.*, pp. 429, 434, 444, 448.

34. Bellori, *op. cit.*, p. 9.

35. Vedi Borea, in Bellori, *op. cit.*, pp. 458 nota 1 e 2, 459 nota 2, 463 nota 1, 465 nota 1 e A. Blunt, *The Paintings of Nicolas Poussin – A Critical Catalogue*, Londra 1966, pp. 91, 140-142, 163 e 164. Sulla Galleria mariniana, cfr. M. Pieri, *Capriccio ma non troppo*, in G. B. Marino, *La Galeria*, Padova 1979, I, pp. XXV-XLV.

36. Cfr. Pace, *op. cit.*, p. 33 ed E. Borea, *Giovan Pietro Bellori e la «comodità delle stampe»*, in *Documentary Culture – Florence and Rome from Grand Duke Ferdinand I to Pope Alexander VII*, a cura di E. Cropper, G. Perini e F. Solinas, Bologna 1990, pp. 263-285.

37. Blunt, *op. cit.* (1966), pp. 19-21, scheda n. 22 e 24-25, scheda n. 32. Cfr anche Borea, *op. cit.*, specie pp. 283-284.

38. Cfr. Bellori, *op. cit.*, pp. 428-429 e Borea, *op. cit.*, p. 284.

39. Nel corso del Seicento ne vennero realizzate due traduzioni grafiche, in date imprecisate: l'una, in controparte, opera di Jean Couvay, e recante il titolo errato di «Le Martyre de Saint Barthélemy», e l'altra di Giuseppe Maria Mitelli, nello stesso verso del quadro. Cfr. R.A. Weigert, *La gravure et la*

renommée de Poussin, in *Nicolas Poussin – Colloque*, a cura di A. Chastel, Parigi 1960, I, p. 279 e fig. 243, nonchè S. Damiron, *Un inventaire manuscrit de l'œuvre gravé de Poussin* (XVIIIe siècle) in *ibidem*, II, p. 19. Vedi inoltre G. Wildenstein, *Les graveurs de Poussin au* XVIIe *siècle*, in *Gazette des Beaux-Arts*, 1955, pp. 215-217, nn. 85 e 86, nonchè M. Davies e A. Blunt, *Some corrections and additions to M. Wildenstein's Graveurs du Poussin au* XVIIe *siècle*, in *Gazette des Beaux-Arts*, 1962, p. 212 e, da ultimo, P. Rosenberg, in *Nicolas Poussin, 1594-1665*, Parigi 1994, p. 172.

40. Bellori, *op. cit.*, p. 429.

41. Pace, *op. cit.*, p. 33.

42. *Ibidem*, p. 100, nota 8. Concordo invece con Borea, *op. cit.*, p. 283: «Quale sarebbe la prova irrefutabile ch'egli «descriveva» un dipinto guardando una stampa derivata? Il fatto ch'egli descriva l'opere a rovescio, ossia invertita la destra con la sinistra, ciò che avviene quando l'immagine di un dipinto è trasferita nel rame nello stesso verso, il che comporta, nella stampa, il figurare della stessa immagine in controparte».

43. Pace, *op. cit.*, p. 33.

44. Come osserva la Borea (*op. cit.*, p. 283), Bellori si astiene quasi sempre dall'indicare se gli elementi della composizione siano a destra o a sinistra, onde evitare di fornire indizi sulle proprie reali fonti figurative.

45. Cfr. Bellori, *op. cit.*, pp. 448-450 e Jouanny, *op. cit.*, pp. 288-289 (lettera n. 116) e 289-291 (lettera n. 117). A Parigi nel 1665 Bernini rivedrà il quadro, assieme agli altri della serie, nella collezione di Chantelou e lo paragonerà ad una «bella predica»: cfr. Chantelou, *op. cit.*, p. 79 e, per un commento efficace, Fumaroli, *op. cit.*, pp. 149-154.

46. Perini, *op. cit.* (1989), specie pp. 175-177, 187-191, 193-198.

47. Vedi la lettera di Bellori a Girolamo Bonini in data 16 ottobre 1660 pubblicata da Malvasia, *op. cit.*, 1678, II, p. 284 (1841, II, p. 191), su cui ha opportunamente richiamato l'attenzione Previtali, in Bellori, *op. cit.*, p. XXIII, nota 1.

48. Per un confronto tra le due descrizioni del quadro annibalesco, cfr. G.B. Agucchi, in Malvasia, *op. cit.*, 1678, I, pp. 503-514 (1841, I, pp. 360-367) e Bellori, *op. cit.*, pp. 101-103. A commento, vedi Perini, op. cit.(1989), pp. 184-190. Diversamente Battisti, *op. cit.*, p. XXV, nota 2.

49. Bellori, *op. cit.*, p. 8: «Fu consiglio di Nicolò Pussino che io proseguissi nel modo istesso [tenuto nella descrizione delle Stanze di Raffaello] e che oltre l'invenzione universale, io sodisfacessi al concetto e moto di ciascheduna particolar figura ed all'azzioni che accompagnano gli affetti».

50. Cfr. Jouanny, *op. cit.*, p. 424 (lettera n. 188), ristampata con ammodernamenti in Blunt, *op. cit.* (1989), p. 160 e Bellori, *op. cit.*, pp. 472-473.

51. Vedi la lettera pubblicata da Félibien, *op. cit.*, p. 68, e poi da Jouanny, *op. cit.*, pp. 460-461 (lettera n. 209) e ristampata in Blunt, *op. cit.* (1989), p. 172: nonostante l'identificazione di questo misterioso biografo col Nicaise sia indubbia a giudizio di Blunt, io avanzerei invece qualche dubbio, non foss'altro perchè nel 1665 Bellori era già, sicuramente, all'opera sulle *Vite* (teste Philip Skippon), e poi perchè, come osserva giustamente Previtali in Bellori, *op. cit.*, p. XXI, nota 5, è veramente notevole che «nella corrispondenza del Poussin quale ci è pervenuta il Bellori non è mai nominato», nonostante la stretta amicizia accreditata da fonti francesi posteriori alla morte del pittore e probabilmente vicine allo scrittore (*ibidem*, nota 4). E se il nome di quest'ultimo fosse scomparso dalla lettera a Félibien per un imbarazzato quanto remoto atto di censura? L'unico ostacolo serio ad una identificazione dell'anonimo con Bellori è la qualificazione di «ampolloso» affibbiata al suo stile: ma forse si tratta di un giudizio non assoluto (quale potrebbe investire un autore veramente barocco tipo Malvasia), bensì relativo all'insofferenza dell'artista per uno scrittore superficiale ed incapace di comprendere i veri problemi dell'arte.

52. A.R. Peltzer, *Joachim von Sandrart's Academie der Bau-, Bild- und Mahlerey Künste von 1675, Leben der Beruhmten Maler, Bildhauer und Baumeister*, Monaco 1925, p. 257.

53. Cfr. G.B. Passeri, *Vite de' pittori, scultori ed architetti che hanno lavorato in Roma morti dal 1641 fino al 1673*, Roma 1772, p. 351, nonchè J. Hess, *Die Künstlerbiographien von G.B. Passeri*, Lipsia e Vienna 1934, p. 325 e Félibien, *op. cit.*, p. 12.

54. A. Arikha, *Réflexions sur Poussin*, in Blunt, *op. cit.* (1989), pp. 207-210.

55. Félibien, *op. cit.*, I, pp. 24-25, eVIII, pp. 15, 56, 93 e le osservazioni di C. Strinati, *Il mestiere del pittore*, in *Intorno a Poussin: dipinti romani a confronto*, Roma 1994, p. 21.

56. Cfr. Blunt, *op. cit.* (1937/1938), p. 34 e (1989), p. 179.

57. Jouanny, *op. cit.*, pp. 351-352 (lettera n. 146), ristampato da P. Rosenberg in *Nicolas Poussin* cit. (1977), pp. 94-95 e in Blunt, *op. cit.* (1989), pp. 127-128.

58. Peltzer, *op. cit.*, p. 257. «Era peraltro anche di buon eloquio e aveva sempre con sè un libriccino in cui segnava tutto l'occorente, con tratti come anche con lettere. Quando aveva in mente di mettersi a fare qualcosa, si metteva a leggere diligentemente fin in fondo il testo da progettare, vi meditava e poi faceva due schizzi della composizione sulla carta.» Già Blunt aveva richiamato l'attenzione su questo passo e sulla testimonianza di Jean Dughet riportata da Félibien (*op. cit.*, pp. 78-79) per smentire l'idea del Trattato: cfr. Blunt, *op. cit.*, (1937/38), p. 344.

59. Cfr. per esempio Bellori, *op. cit.*, p. 478 (Borea, *ibidem*, nota 1).

60. Bauer, in Chantelou, *op. cit.*, p. 22, nota 60. «L'artista è vittima dell'approccio teorico e critico ancora primitivo del suo tempo. Artista in attività, poco incline ad una riflessione sistematica, Bernini si esprimeva di necessità in maniera obliqua, facendo uso delle idee disponibili.» Cfr. inoltre la tipica cautela britannica di Blunt, *op. cit.* (1937/1938), p. 344: «Poussin no doubt often copied down passages which agreed with his own opinion, but he may also have noted other sections in order to refute them. (...) It is only safe to assume that the notes deal with subjects which interested Poussin, not that they necessarily express his own views on these subjects.»

61. E. Cropper, *«La più bella antichità che sappiate desiderare»: History and Style in Giovan Pietro Bellori's «Lives»*, in *Kunst und Kunsttheorie 1400-1900 (Wolfenbütteler Forschungen)*, 1991, p. 151.

62. P. e M.R. Fehl, *Introduction* a F. Junius, *The Painting of the Ancients/De Pictura Veterum (1638)*, a cura di K. Aldrich, P. Fehl e M. Raina Fehl, Berkeley-Los Angeles-Oxford 1991, I, specie pp. LXXV-LXXVI.

63. G.E. Lessing, *Laokoon* a cura di D. Reich, Oxford 1965, p. 248. «Tutta la sua opera è un centone e poichè vuol sempre parlare con le parole degli antichi, non di rado impiega per la pittura brani tratti da loro che nel testo originale trattano di tutto, fuorchè di pittura.»

64. Vedi ad esempio Thuillier, *op. cit.* (1977), p. 63 ed Idem, *Nicolas Poussin*, Novara 1969, p. 16, oppure W. Friedländer, *Nicolas Poussin – A New Approach*, New York 1966, p. 13, o, infine, più recentemente e compiutamente, A. Mérot, *Poussin*, Milano 1990, pp. 19-29.

65. R. Jullian, *Poussin et le caravagisme*, in *Nicolas Poussin Colloque* cit., I, pp. 225-232.

66. G. Briganti, *L'altare di Sant'Erasmo, Poussin e il Cortona* in *Paragone*, 1960, pp. 16-20 e A. Arikha, *op. cit.*, pp. 207 e 222-223.

67. Briganti, *op. cit.*, p. 18, nel confrontare il disegno supposto cortonesco con il dipinto poussiniano: «La figura del sacerdote chino su Erasmo agonizzante per indicargli l'idolo è pressochè identica, non dissimile è la disposizione delle figure, e la positura del santo è strettamente analoga, anche se rovesciata». Per lo spostamento di attribuzione del disegno, cfr. il riassunto della vicenda contenuto nella ricca scheda di P. Rosenberg nel magnifico catalogo della recente mostra parigina (*Nicolas Poussin* cit. (1994), p. 174 e fig. 26e), riportato *infra*, nota 68.

68. Rosenberg, *loc. cit.*: «On a longtemps cru, à la suite de Giuliano Briganti (1960), qu'un dessin attribué a Pierre de Cortone et conservé à la galerie des Offices, représentant le *Martyre de Saint Erasme*, pouvait avoir inspiré Poussin. L'on s'accorde aujourd'hui à ne plus retenir cette hypothèse (Cropper 1990; Merz 1991), *ce qui oblige à s'interroger sur les sources visuelles de Poussin*» (il corsivo è nostro).

69. J. Thuillier, *Nicolas Poussin*, Parigi 1988, pp. 78-80.

70. Pace, *op. cit.*, p. 151, nota 10/3.

71. Félibien, *op. cit.*, p. 12.

72. Oltre ai «bolognesi di Bologna», si potrebbe pensare ad esempio a tangenze toscane, fiorentine, frutto anche dell'accertato, precoce soggiorno a Firenze, oppure a tangenze (grafiche, soprattutto) genovesi. Indicazioni verso tali ambiti emergono anche dal saggio di C. Strinati, *op. cit.*, pp. 13-28.

73. Cfr. le ricche schede in Blunt, *op. cit.*, (1966). Ulteriori raffronti sono suggeriti da K. Oberhuber, sia in *Poussin. The Early Years in Rome*, Oxford 1988, sia nell'intervento svolto al presente convegno.

74. Come noto, la nozione di «intertestualità» introdotta in Francia da Julia Kristeva e ripresa da Gerard Genette ha trovato una ridefinizione meno generica, più lontana da astratte intenzioni filosofiche «libertarie» e più attenta invece alle esigenze di un concreto lavoro storico-filologico per opera di Cesare Segre e Maria Corti, cui si devono anche, rispettivamente, la creazione e la diffusione del concetto complementare di «interdiscorsività»: del primo vedi *Avviamento all'analisi di un testo letterario*, Torino 1985, pp. 80-85 e *Intertestuale-interdiscorsivo – Appunti per una fenomenologia delle*

fonti in C. Di Costanzo e J. Paccagnella (a cura di), *La parola ritrovata – Fonti e analisi letterarie*, Palermo 1982, pp. 15-28; della seconda, vedi *La felicità mentale*, Torino 1983, pp. 61-63.

75. Si tratta di un concetto funzionalmente «intermedio», ma logicamente sintetico, tra i due suddetti, che ho provato ad introdurre ed applicare, lavorando soprattutto su quadri di Raffaello, Poussin e Reynolds, nell'ambito del Baldwin Seminar tenuto presso Oberlin College (Ohio) nel settembre 1994 ed intitolato «Words depicting Works of Art: from Rhetoric to Semiotics». Ho avuto occasione di approfondire questo concetto e di verificarne l'ipotetica fruttuosità in maniera più ampia e sistematica durante il seminario tenuto presso l'Istituto italiano di Studi Filosofici di Napoli nel febbraio 1996, da cui intendo ricavare anche un saggio ove saranno ripresi in modo più articolato e perciò stesso, spero, più chiaro e convincente i pochi cenni che qui fornisco, sotto forma di primizia sibillina, in omaggio alle celebrazioni poussiniane.

76. Sulla (s)fortuna critica di Michelangelo nel Seicento, vedi P. Barocchi, *Premessa al commento secolare delle Vite di Giorgio Vasari* (1966), ristampato in *Studi vasariani*, Torino 1984, p. 4 ed Eadem, *Ricorsi italiani nei trattatisti d'arte francesi del Seicento*, in *Il mito del Classicismo nel Seicento*, a cura di S. Bottari, Messina-Firenze 1964, pp. 125-147, nonchè Eadem, *La Vita di Michelangelo nelle redazioni del 1550 e del 1568*, Milano-Napoli 1962, *passim* (cioè, nell'Indice Analitico si trovano i rinvii al commento sotto i nomi dei singoli critici). Vedi inoltre J. Thuillier, *Polémiques autour de Michel-Ange au XVII*ᵉ *siècle*, in XVIIᵉ *siècle*, 1957, pp. 352-391.

77. Félibien, *op. cit.*, III, p. 477.

78. Tutti questi quadri sono ottimamente illustrati in C. White, *Poussin – Paintings – A Catalogue Raisonné*, Londra 1984, rispettivamente pp. 245 (fig. 215), 166 (fig. 137), 162 (fig. 133), 38 (fig. 20), 209 (fig. 174).

79. Vedi già Blunt, *op. cit.* (1966), pp. 104-105, scheda n. 144.

80. Vedi R. Wollheim, *Painting as an Art*, Londra 1987, pp. 197-201.

81. Cfr. Peltzer, *op. cit.*, p. 258; Le Blond de Latour, in Arikha, *op. cit.*, p. 209-210 (ma già ristampato in J. Thuillier, *Pour un Corpus Poussinianum*, in *Nicolas Poussin Colloque* cit., II, pp. 145-147); Bellori, *op. cit.*, p. 452; Félibien, *op. cit.*, pp. 12 e 155.

82. In proposito vedi Arikha, *op. cit.*, pp. 207-211 e O. Bätschmann, *Nicolas Poussin – Dialectics of Painting*, Londra 1990, pp. 27-29.

83. Bellori, *op. cit.*, p. 481. Nell'osservazione immediatamente seguente Poussin aggiungerà che fonte di maraviglia (sorella della novità) è l'«eccellenza della maniera» raggiunta attraverso l'impegno incessante a raffinare il proprio ingegno o talento naturale.

84. Sulle celebri lezioni di Le Brun sull'espressione degli affetti, vedi ora J. Montagu, *The Expression of the Passion. The origin and influence of Charles Le Brun's Conférence sur l'expression générale et particulière...*, New Haven 1994.

85. Blunt, *op. cit.*, (1937/38), p. 348.

86. B. Pascal, *Œuvres complètes*, Parigi 1993, p. 592, pensiero n. 696 / 22. Per l'avvicinarsi di Poussin a Pascal, cfr. Fumaroli, *op. cit.*, pp. 153-154.

Victoria von FLEMMING

Le *Neptune et Vénus* de Poussin
L'intertextualité comme chance de la démarche interprétative

Les spécialistes de Poussin sont sans cesse confrontés à un problème posé par l'interprétation iconographique et iconologique qui devrait tout particulièrement préoccuper ceux à qui rien n'importe plus que la précision méthodologique. À l'instar de Panofsky, qui avait déjà constaté que *Les Bergers d'Arcadie* se dérobaient à l'identification purement iconographique du sujet, première étape de sa démarche méthodologique[1], on remarque aujourd'hui, après plus d'un demi-siècle d'iconographie et d'iconologie, que les tableaux qui ne peuvent se décrypter par une équivalence parfaite et apparemment fiable entre le texte et l'image se sont singulièrement multipliés. De nombreuses œuvres d'art[2] se distinguent par leurs divergences avec les textes sur lesquels elles s'appuient ou, pis encore, semblent ne pas faire référence à un seul, mais à plusieurs modèles littéraires simultanément. Parmi ces œuvres s'inscrit aussi le tableau de *Vénus et Neptune* (fig. 1) réalisé par Poussin au cours de son premier séjour romain.

Bien que dans les années 1960 les représentants sagaces du cercle des déchiffreurs aient rivalisé d'arguments pour citer la « seule vraie » source littéraire, et semble-t-il du même coup, la « seule vraie » interprétation, on remarque que les textes proposés et tous défendus – en dépit de leur extrême diversité – avec les raisonnements les plus convaincants, ne présentent qu'un seul point commun : les passages extraits de leur contexte respectif sont certes à même d'élucider certains détails, mais aucun ne parvient à expliquer la conception générale.

En 1961, Frank Sommer substitua au titre *Le Triomphe de Neptune et Amphitrite*, que Michael Levey était sans doute le seul à défendre en vain, celui de *Triomphe de Vénus et Neptune*[3]. Pour justifier ce changement d'appellation, il avança comme argument l'observation du tableau lui-même, et non plus la description simplement jugée imprécise[4] de Bellori, qui parle d'un « *trionfo di Nettuno in mezzo il mare nel suo carro tirato da cavalli marini con seguito e scherzi di Tritoni e di Nereidi* » peint pour le cardinal de Richelieu. Sommer chercha ensuite une source littéraire susceptible de justifier la présence séduisante de la figure féminine[6] – effectivement oubliée par Bellori – qui ne peut qu'être identifiée à Vénus. *L'Âne d'or* d'Apulée[7] ne mentionne ni le triomphe de Neptune, ni le triomphe commun des deux divinités, mais évoque en revanche celui d'une Vénus considérée indubitablement comme un personnage capital. La position significative de la déesse sur une conque marine tirée par des dauphins, mais surtout son arrivée sur une côte, rappelèrent à Sommer un deuxième texte, le plus ancien, la *Théogonie* d'Hésiode qui décrit comment la déesse née de l'écume aborde au rivage de Chypre[8]. Pourtant, les sombres nuages visiblement

Fig. 1. Nicolas Poussin, *Vénus et Neptune,* Philadelphia, Museum of Art.

Fig. 2. Federico Zuccari, *Triomphe de Vénus,* Rome, Villa Giulia.

Fig. 3. Giorgio Vasari, *Allégorie de l'Eau,* Florence, Palazzo Vecchio.

310

chassés par la venue de la déesse ne s'expliquent que par le truchement d'un troisiè-me texte, le *De Rerum natura* de Lucrèce[9]. Sommer tire de la combinaison de ces trois textes une conclusion qui, si elle oublie qu'Apulée avait déjà établi un parallèle entre le triomphe et la genèse de la Vénus anadyomène[10], a le mérite de reconnaître le pro-blème posé par le recours à des textes différents. Un problème qui ne sera véritable-ment approfondi que dans la seconde réponse de Charles Dempsey. Dans sa première prise de position relative à ce changement d'appellation, Dempsey avait proposé un quatrième texte insistant de nouveau sur la figure dominante de Vénus, l'*Épithalame pour Honorius et Maria* de Claudien. Pourtant, il privilégiera plus tard une autre com-binaison de textes – Apulée, Claudien, Lucrèce[11] –, poursuivant à partir de là ses réflexions sur les références déjà partiellement citées par Sommer. S'il apparaît exact que Poussin ne s'est pas uniquement référé à des transcriptions picturales antérieures de ce thème, si les allusions à la fresque de Zuccari pour la Villa Giulia (fig. 2), à l'al-légorie de l'Eau peinte par Giorgio Vasari au Palazzo Vecchio (fig. 3), ou encore aux diverses évocations de Galatée et représentations marines de Vénus par Raphaël ou par Carrache, peuvent être mises en évidence au même titre qu'un recours simultané à plusieurs textes littéraires, alors le tableau de *Vénus et Neptune* ouvre un éventail d'in-terprétations extrêmement large : en effet, il peut être interprété comme un tableau nuptial, une allégorie de l'eau, du printemps, mais aussi d'une Vénus marine antique, d'une *Venus genetrix* ou *physica*, ou encore d'une Vénus anadyomène[12]. Or Dempsey restreint cette polyvalence en identifiant la déesse à une Vénus exclusivement sen-suelle prétendument inspirée de l'ouvrage de Lucrèce[13], subordonnant ainsi la diver-sité sémantique à une interprétation du texte de Lucrèce comparable à celle de Sommer[14]. Le fait de citer plusieurs sources et significations semble être perçu par ces deux auteurs comme une carence méthodologique, comme une impasse dont il faut sortir par le biais d'une interprétation univoque[15]. Or c'est précisément la thèse contraire que nous défendons ici en affirmant que le recours à de nombreux textes (ou tableaux) constitue une véritable opportunité : l'opportunité de lire un tableau comme un texte pictural, qui tire sa substance de son rapport à différents pré-textes – à l'image des textes eux-mêmes[16] –, et génère de ce fait une pluralité de significa-tions, une dynamisation sémantique. Il s'agit là d'une méthode de production et d'analyse qui correspond à un processus jusqu'à présent uniquement appliqué aux textes, et qui est désigné en littérature et en linguistique sous le terme contesté d'« intertextualité ». C'est précisément la transposition de l'intertextualité dans la lecture des tableaux qui constitue la chance de la démarche interprétative[17].

Renate Lachmann a souligné que la qualité de l'intertextualité résidait dans un complexe sémantique, une dynamisation résultant du recours à plusieurs sources textuelles. Se substituant aux processus de sélection et de rapprochement qui ont marqué la recherche des influences, apparaît une mise en relation d'un texte avec dif-férents pré-textes et contextes, un rapport dynamique source de dialogue et de sens qu'il s'agit de définir en fonction des *modi* de référence. Cette interaction de textes doit être perçue comme une discontinuité signe de diversité, comme une confronta-tion d'éléments contraires dont il est nécessaire de différencier les valeurs et carac-téristiques[18].

Ce concept d'intertextualité permet non seulement de jeter un pont entre l'his-toire de l'art et la littérature, mais aussi – dans le meilleur des cas – d'aborder simul-tanément deux problèmes. Il permet tout d'abord de préciser le rapprochement entre le peintre et les procédés de la poésie contemporaine, devenu un lieu commun de la recherche sur Poussin, c'est-à-dire de peaufiner le *topos* de l'*ut pictura poesis* en s'appuyant sur l'intertextualité du début des Temps modernes. En outre, il est peut-être le seul à même d'éclairer un phénomène sans cesse observé, et invoqué autant que redouté parmi les *desiderata* de la méthodologie : la polyvalence.

Si Sauerländer, il y a quarante ans, avait déjà pu déceler dans le cycle des *Saisons* de Poussin deux thèmes et niveaux de signification sciemment imbriqués[19], Bätschmann put déterminer, il y a près de vingt ans, un niveau de référence supplémentaire et non moins important dans ses réflexions sur la genèse de l'*Écho et Narcisse* de Poussin. Lorsqu'on interroge, moins pour leurs similitudes que pour leurs différences et interférences, les liens établis par un peintre avec deux traditions littéraires et iconographiques, mais aussi avec deux œuvres artistiques – citations formelles de sculptures ou de peintures aux thèmes étrangers –, il apparaît que ces liens peuvent apporter, au-delà de la genèse des influences et des motifs reconstituée par les spécialistes, un aperçu de l'« explosion sémantique » aussi instructif que celui qui découle de la seule référence aux textes[20]. Contrairement à la plupart des énumérations de modèles iconographiques et de sources d'influence à l'enseignement limité, le principe d'intertextualité, résolument fondé sur la pluralité sémantique, offre ainsi la possibilité de prendre en considération la polyvalence, perçue à l'évidence comme un aspect problématique, dans le sens d'un recours conscient et volontaire à un procédé poétique, et de l'intégrer dans la lecture des œuvres. Pourtant, une transposition du principe d'intertextualité à l'analyse approfondie des tableaux ne peut que s'exposer aux critiques. L'hostilité à la polyvalence propre à l'herméneutique artistique[21] – hostilité que blâme Bätschmann – résulte sans doute de la marginalisation, voire du mépris de la théorie du dessin poststructuraliste, pourtant aussi déconcertante que stimulante, et de la relation malheureusement équivoque entre *signifié* et *signifiant*. Le danger du « *anything goes* » dans l'analyse concrète du tableau, que Bätschmann a récemment constaté, pourrait du moins être atténué par une critique exercée à l'égard d'un principe d'intertextualité poststructuraliste et déconstructiviste radical[22].

Pour Kristeva, Barthes et Derrida, reconnaître l'intertextualité, c'est admettre un élargissement du concept textuel qui conduit à une interprétation universaliste de toute création, perçue dès lors comme *regressus ad infinitum*, comme « intertexte » illimité et désindividualisé, sorte d'écho d'un « texte général » qui coïncide avec la réalité et l'histoire qui ont toujours été textualisés[23]. Tout, y compris les arts plastiques, se trouverait exposé, dans une tentative d'interprétation concrète, à une dispersion qui semble permettre tout et rien. Une telle conception globale revêt, tout particulièrement dans l'analyse concrète, un faible potentiel heuristique, parce qu'elle entraîne non seulement une indétermination mais aussi une paralysie. Par ailleurs, cette approche omet de considérer que l'on peut – naturellement dans la seule pratique – déceler des pré-textes et contextes concrets[24], et même des traces d'une subjectivité comme toujours restreinte[25]. Il est d'autant plus urgent d'entreprendre sans cesse une redéfinition des liens et rapports, comme le firent Lachmann, Hempfer et Pfister dans le domaine littéraire[26].

Dans le cas présent, il est question d'étudier le tableau de *Neptune et Vénus* de Poussin, simplement choisi comme sujet d'expérience heuristique, à l'aide d'un concept d'intertextualité limité par certains critères[27]. Premièrement, il ne s'agit pas ici de cette ambiguïté qui découle des interrogations présidant aux différentes interprétations[28], mais de la possible démonstration d'une dynamisation sémantique souhaitée par le peintre à travers un dialogue entre textes, pré-textes, tableaux et modèles, une dynamisation pour ainsi dire immanente au texte et à l'image, et fondée sur la présence simultanée de plusieurs sources textuelles[29]. Cette étude s'appuiera sur des signes correspondant à une intention de cryptage, sur des indices posés dans l'espoir d'un déchiffrage, de l'établissement d'une communication[30]. Les concepts définis par Hempfer comme relevant de l'intertextualité au niveau du discours, et par lui-même et Pfister comme parties intégrantes d'un réseau de références – ou système référentiel (*Systemreferenz*) – seront également mis en valeur. Il s'agit ici d'une part du procédé selon lequel certains éléments du texte ou du tableau désignent d'autres textes et tableaux comme bases d'une imitation, d'une adaptation ou d'une parodie ; d'autre part d'une relation établie afin de garantir l'intégration d'autres discours, comme la formation de liens entre les genres[31].

La nécessité, qui n'est vraiment pas nouvelle, de déceler souvent plus de différences que de similitudes entre les tableaux et les textes a favorisé l'inventivité de l'histoire de l'art. Ainsi les peintres – et Poussin le premier d'entre eux – furent-ils élevés au rang de poètes-peintres ou de peintres-poètes par référence à la notion de l'*ut pictura poesis* devenue un lieu commun de la théorie artistique du début des Temps modernes. Et la légitimation historique et théorique d'un usage relativement libre des textes fut recherchée dans la définition et l'extension d'un seul terme, emprunté à la poétique et à la rhétorique, mais limité dans son acception par la théorie artistique : l'*invenzione*[32]. Une contradiction pourtant évidente fut ainsi occultée. Sous le prétexte d'une *invenzione* définie diversement selon les époques par la théorie de l'art, furent réalisées des œuvres qui se distinguent autant par leur trahison que par leur fidélité inconditionnelle à l'égard des textes, témoignant ainsi de la diversité des approches d'un seul et même concept terminologique. Les conséquences de cette constatation paraissent évidentes : si Botticelli, par exemple, est promu *pictor poeta*, Filippo Lippi resterait vraisemblablement plutôt un représentant d'une peinture désignée par Pietro Bembo comme *arti molto minori*[33], un peintre-artisan se consacrant tout au plus à l'imitation voire à l'illustration de textes. On relèverait sans doute des différences analogues entre Raphaël et Pérugin, ou entre Titien et Bellini, et l'on courrait subitement le risque d'entreprendre une historiographie des génies sous de nouveaux critères. Un bon artiste – si ce n'est le meilleur – serait donc celui qui, en faisant appel à ses propres capacités inventives, ne se contenterait pas de reprendre l'*invenzione* proposée par le poète, mais la transformerait de manière déterminante, modifiant l'organisation de la matière littéraire par sa propre interprétation picturale ; celui qui non seulement revendiquerait, par le truchement de ses variations novatrices du thème, un statut égal à celui du poète mais qui serait digne de l'obtenir. La contradiction ne serait pas pour autant résolue. La seule solution serait de supposer par exemple que Raphaël ne s'est pas contenté de jeter un œil dans le *Della Pittura* d'Alberti, mais s'est directement reporté à la poétique et la rhétorique dans une radicalisation du postulat de l'*ut pictura poesis*. Cela signifie naturellement à son tour qu'il faudrait chercher dans les poétiques contemporaines elles-mêmes ce principe d'une utilisation plus libre des modèles, qui constitue jusqu'à présent pour les spécialistes de l'histoire de l'art un critère essentiel permettant d'évaluer les rapports d'un artiste avec la poésie.

L'idée d'entreprendre une réécriture de l'histoire de l'art selon les capacités d'*invenzione* individuelles, d'expliquer le libre recours aux textes moins par la théorie artistique que par la référence à la poétique, ne date pas du XXe mais du XVIIe siècle. Dans son traité, forme précoce de critique artistique, transmis seulement de manière fragmentaire par Malvasia, Francesco Albani (l'Albane) a tenté de mener à bien cette démarche afin d'expliquer en quoi consistait la réforme de la peinture conduite par les Carrache[34]. En effet, sa volonté d'évoquer les possibilités concrètes d'une émancipation des peintres et des poètes, se trouve contenue dans ses commentaires concernant le terme sémantiquement diffus de *concetto*, défini comme l'idée qui détermine l'*invenzione*. Bien avant Poussin, l'Albane s'était intéressé à la poétique du Tasse, mais aussi à d'autres débats poétologiques de son temps. Avec la conséquence suivante : ce n'est pas la relation fidèle, mais les divergences entre le texte et le tableau – ou même la fusion de textes de nature différente – qui furent déclarées critères de qualité, voire exigence incontournable de la production esthétique. La combinatoire textuelle qui préoccupa tellement les exégètes du tableau de *Neptune et Vénus* se trouve donc déjà formulée. Ainsi est-on d'autant plus porté à supposer que le peintre français a pris connaissance à Rome des intentions de réforme des Bolonais, par la confrontation directe avec leurs œuvres mais peut-être aussi par ses conversations avec le Dominiquin, intentions dont il comprit le sens profond et qu'il concrétisa dans son *Neptune et Vénus*. Il aurait assimilé une réforme de la peinture que l'Albane aurait consignée par écrit en s'appuyant sur les exemples pratiques fournis par les Carrache, le Dominiquin et lui-même. Et c'est seulement parce que l'Albane exposa ses conceptions à partir des œuvres des quatre peintres (Raphaël, Titien, Michel-Ange et Corrège) qu'il considérait comme les seuls dignes habitants de son Parnasse imaginaire[35], que son traité formulé à grand peine put devenir le texte clef pour toutes les interprétations iconographiques confrontées moins aux similitudes qu'aux divergences dans les relations entre le texte et l'image.

Dès l'instant où on la replace dans son contexte, on s'aperçoit que la seule phrase de Poussin directement empruntée à la poétique du Tasse et appliquée aux arts plastiques – la phrase abondamment citée sur l'*invenzione* et l'innovation –, ne dissimule guère autre chose qu'un recours du peintre à différents textes existants, recours conscient opéré avant et pendant la rédaction écrite de ses propos. Affirmer que la nouveauté d'un tableau (d'un texte) ne réside pas dans un sujet inédit, mais dans une disposition nouvelle et réussie et dans la qualité des expressions, c'est admettre implicitement que l'artiste est appelé à modifier le texte existant par le biais de sa propre interprétation[36]. Si une transposition de cette pensée dans la théorie artistique se découvre déjà chez Ludovico Dolce lui-même, qui défendit expressément contre les critiques de Borghini l'inventivité dont Titien faisait preuve dans son approche des textes[37], on trouve chez le Tasse la description d'un procédé qui va plus loin encore. Dans le même chapitre, il réclame que le thème (du *poema eroico*) choisi avec discernement (*giudizio*[38]) soit puisé si possible dans l'historiographie profane et/ou sacrée, et ne soit qu'occasionnellement renouvelé par le merveilleux des fables mythologiques : « *Deve dunque l'argomento del poema eroico tolto da l'istorie; ma l'istoria o è di religione tenuta falsa da noi, o di religione che vera crediamo, quale è oggi la cristiana e vera fu già l'ebrea. Né giudico che l'azioni de' gentili ci porgano comodo soggetto onde perfetto poema epico se ne formi : perché in que' tali poemi, o vogliamo ricorrer talora a le deità che da' gentili erano adorate, o non vogliamo ricorrervi : se non vi ricorriamo mai, viene a mancarvi il meraviglioso*[39]. » Combiner différentes sources littéraires se distinguant par leurs genres et leurs fonctions poétologiques (*meraviglia*) en un texte nouveau semble donc avoir été une pratique courante dans la poétique du XVIe siècle. Ce procédé coïncide aussi bien avec les critères de la définition la plus générale de l'intertextualité, qu'avec le concept de système référentiel. Comment et avec quelles conséquences ce procédé peut être adapté à la fonction de complexe sémantique n'apparaît qu'en étudiant le traité sur le *Concetto Poetico* rédigé par Camillo Pellegrino, traité qui est à même d'expliquer la critique hymnique formulée par l'Albane à l'égard du *Jugement dernier* de Michel-Ange.

Si l'Albane s'était tout d'abord contenté de noter que les *concetti*, situés au-dessus de toute représentation[40] (*sopra quello che ha da rappresentare*), devaient être mis efficacement en valeur dans le tableau et découverts par une lecture analytique et interprétative (!), une demi-phrase laisse entendre qu'il a étudié le traité de Pellegrino : selon l'Albane, les *concetti* répondent au devoir d'enseignement inhérent au tableau[41], tout en requérant eux-mêmes une explication[42] (citation probable de Pellegrino). Pour Pellegrino, qui revêtait une telle importance aux yeux du Cavalier Marin, le *concetto* représentait une perception métaphorique de la réalité obéissant aux lois de la vraisemblance : « *dalla diffinizione dico che altro non è che un pensamento formato dell' Intelleto imagine e somiglianza di cosa reale*[43]. » Le *concetto* désigne donc l'élaboration d'un tableau conduite par l'intelligence, la représentation de la réalité dans le sens d'une vraisemblance. Si cette définition paraît encore insuffisante, voire impossible à transposer à la peinture, l'Albane nous apporte un éclaircissement par son observation de critique d'art : selon lui, aucun tableau ne serait mieux à même d'expliquer la réussite d'un *concetto* que la partie inférieure du *Jugement dernier* de Michel-Ange, où « *col remo di Caronte li* [les âmes] *passa, veramente pensiero bellissimo, e ch'è assai più conforme al modo di spiegar concetti*[44]. » L'Albane était à l'évidence fasciné par la fusion de deux textes, fusion qui permettait la compréhension d'une chose à travers l'autre, (re)construisant ainsi une analogie susceptible d'expliquer l'un comme l'autre texte. Ainsi, contrairement à la formation d'images littéraires, le *concetto* en matière de création artistique correspond-il à l'élaboration d'analogies picturales obéissant au principe de la ressemblance et reflétant des relations d'interdépendance nées de l'imbrication de textes devenus images. Il est passionnant d'un point de vue méthodologique que l'Albane lui-même ait établi une relation entre ce rapprochement de deux textes/images précisé dans le *concetto*, et la transmission d'un sens dépassant la signification littérale, phénomène également désigné sous le terme de dynamisation sémantique. Une confirmation de cette notion de *concetto*, formulée jusqu'ici en théorie, nous est offerte par l'exemple concret du cycle de tableaux à l'huile réalisé par l'Albane pour Scipion Borghèse. Dans cette suite de quatre *tondi*, le peintre combine en effet tout simplement des scènes s'inspirant de textes totalement différents (l'*Énéide* de Virgile, l'*Épithalame* de Claudien et les *Métamorphoses* d'Ovide), les transformant tout en les rapprochant par le jeu des *putti* à la base même du *concetto*, imprimant ainsi à une *favola* élaborée par lui-même selon des structures narratives, des dimensions morales, cosmologiques et panégyriques[45]. La polyvalence résultant de la transformation de différents textes dans la matière même du tableau fut aussi promue chez l'Albane au rang de principe de production, un principe jusqu'à présent absent de l'énumération des influences ayant marqué le *Neptune et Vénus* de Poussin, et qui est illustré par la série des *Quatre Éléments* exécutée pour

Maurice de Savoie. Cette série interprétée par Orazio Zamboni lui-même, le co-auteur de la théorie artistique de l'Albane[46], apporte de précieuses informations sur la conception et la lecture du tableau de Poussin.

Dans les tentatives entreprises avant Dempsey de citer des sources littéraires pour le *Triomphe de Vénus et Neptune*, le premier ouvrage retenu ne mentionnait ni le triomphe de Neptune, ni son rapport avec Vénus. On se contentait d'expliquer non par les textes, mais par une référence à l'*Allégorie de l'Eau* de Vasari la présence de Neptune que les sources littéraires ne pouvaient justifier. Seul Dempsey, dans sa seconde prise de position, enquêta sur une idée *a priori* singulière de Poussin, l'idée d'un rapport particulier entre Vénus et Neptune qu'aucune *invenzione* littéraire ou picturale n'a été encore à même d'élucider. Si les rapports entre les deux divinités apparaissent nettement distants dans les fresques de Vasari et de Zuccari[47], on constate dans le tableau de Poussin une interaction commentée par les actions et comportements significatifs des *putti*. Si les intentions de Vénus se perdent, comme bien souvent, dans la contradiction entre son regard baissé et son corps à la beauté séductrice, il est difficilement concevable que le regard de Neptune posé sur elle soit exempt de toute concupiscence. L'Amour brandissant une torche au-dessus de Vénus (peut-être Hyménée), mais surtout le *putto* situé en diagonale au-dessus de lui qui s'apprête à décocher la flèche fatale, révèlent du moins que la rencontre ne se déroule pas sans une certaine tension (fig. 1). Ni Cartari, ni Comes pourtant si prolixe en détails, ne signalent un rapport entre ces deux divinités réputées pour leur inconstance[48].

Dempsey découvrit toutefois une source d'inspiration pour Poussin dans une illustration du texte de Lucrèce exécutée par Goeree au XVIIIe siècle (fig. 4). S'élevant dans un char vers le ciel, la *Venus genetrix* invoquée par l'auteur latin y remplit sa fonction confortée par les mythographes, en insufflant à tous les êtres vivant en dessous d'elle – au sens propre – un désir d'amour procréateur. Cet élan atteint aussi

Neptune, représenté en allégorie de l'Eau, qui est touché par les flèches de l'Amour évoluant au-dessus de lui. Dempsey a ainsi trouvé pour l'interprétation du tableau de Poussin un argument de prime abord convaincant, mais dont l'analyse approfondie révèle l'aspect problématique. Plus d'un siècle avant cette illustration de la Vénus de Lucrèce, Otto Van Veen avait utilisé pour le même texte une gravure publiée dans ses *Emblemata Amori* (fig. 5), qui avait servi elle-même de source d'influence décisive pour l'*Allégorie du Feu* de l'Albane (fig. 6), se soumettant au *concetto* de l'ensemble de la série des *Quatre Éléments*. Ces deux documents iconographiques et textuels nous renseignent sur la tradition rattachée à la représentation de la *Venus genetrix* de Lucrèce, mais surtout ils mettent en

Fig. 4. J. Goeree, *Vénus genitrix*, dans *De Rerum natura* de Lucrèce, Londres, 1712.

PROH QVANTA POTENTIA REGNI EST VENVS ALMATVI.

Fig. 5. F. Bol, *Vénus genitrix,* dans Otto Van Veen, *Amorum Emblemata. Figuris Æneis incisa,* Anvers, 1608.

Fig. 6. Francesco Albani, *Allégorie du Feu,* Turin, galerie Sabauda.

lumière l'ambivalence – plus que l'univocité – de cette Vénus. Dans les deux cas, la repésentation du principe métaphysique de l'Amour qui imprègne la nature, suit le même schéma : dans le texte de Van Veen comme dans celui d'Orazio Zamboni accompagnant le *tondo* de l'Albane, Vénus, invoquée comme âme du monde omnipotente, garantissant la régénération des espèces[49], plane au-dessus de l'action dans son char tiré par des colombes et/ou des cygnes. Conformément à son caractère cosmologique et allégorique, elle n'est aucunement terrestre, mais toujours présente dans les sphères célestes. Et dans cette fonction spécifique, elle renonce à l'évidence à ses propres affaires amoureuses avec Neptune ou tout autre dieu, dépêchant Amor, l'allégorie de l'Amour, pour conforter son rôle métaphysique. Cette

Fig. 7. Francesco Albani, *Allégorie de la Terre,* Turin, galerie Sabauda.

Vénus n'en provoque pas moins deux sortes d'amour : un amour régénérateur, et un amour qui est avant tout désir. Si le premier est illustré dans la série des *Éléments* de l'Albane par la fertilité saisonnière inscrite dans l'allégorie de la Terre (fig. 7), le second transparaît dans la relation amoureuse entre Jupiter et Sémélé (fig. 6). Dempsey complète pourtant sa lecture de Lucrèce par une lecture de Cartari qui l'incite à voir dans la Vénus de Poussin l'incarnation même du désir et de la volupté. Pour pouvoir transformer le voyage dans les cieux de la *Venus genetrix* en un voyage terrestre ou marin, il définit la Vénus de Poussin comme une variante de la Vénus accompagnée des Grâces, et évoluant sur la terre dans son char tiré par des cygnes et des colombes, qui est spécialement reproduite par Cartari dans les *Historie de i Sassoni*[50]. Dans une seconde étape, Dempsey associe cette Vénus – en dépit de sa représentation fort différente – avec la description de Cartari figurant dans le passage précédent qui explique que Vénus évolue dans la mer (*nuotando*) « *per dare ad intendere quanto sia amara la vita de gli huomini lascivi, agitata del continuo dalle tempestose onde de pensieri incerti, e da spessi naufragii che fanno i disegni loro*[51]. » L'auteur conjugue à nouveau cette information avec le commentaire de Lambinus qui évoque l'amertume née de l'expérience de l'amour[52], amertume que génère aussi la Vénus de Lucrèce. Ainsi, à partir de la combinaison de trois sens totalement différents à l'origine (fournis par Lucrèce et la fusion de deux informations issues de Cartari), Dempsey construit une allégorie de la lascivité qui doit en même temps répondre à la fonction de déesse de l'hymen légitimée par Claudien. Bien que l'on puisse éventuellement justifier une telle combinaison de textes, avec pour corollaire la construction de nouvelles significations faisant peut-être appel à la poétique du Tasse, au traité de l'Albane ou même au concept d'intertextualité proposé ici, une question centrale reste posée. Si Poussin souhaitait réellement représenter en premier lieu une Vénus inspirée de Lucrèce, s'il reconnaissait dans le *De Rerum natura* un pré-texte déterminant, pourquoi se décida-t-il pour un triomphe marin commun des deux divinités ? En écartant la plus ancienne dénomination du tableau – *Le Triomphe de Neptune* –, on occulte la présence marquée au sein de l'œuvre d'un second pré-texte, la coexistence et la fusion de plusieurs modèles littéraires et iconographiques. En revanche, en mettant en évidence, par le biais de l'exégèse, une tradition littéraire et iconographique rattachée au triomphe de Neptune, on suggère que Poussin associe dans sa peinture deux textes expliquant la présence de Vénus, avec d'autres sources littéraires qui s'intéressent exclusivement au triomphe de Neptune. L'objectif (et le résultat) de cette interaction est une allégorie morale et cosmologique aux significations plurielles, qui paraît inconcevable sans une approche critique de l'*Allégorie de l'Eau* de Vasari, conçue déjà sur le principe de l'intertextualité. Cette explosion sémantique sur le plan du discours, qui résulte du dialogue entre différents textes et tableaux, peut être précisée par des liens relevant du système référentiel, par un jeu subtil avec les genres.

Nonobstant les exercices oratoires inutiles concernant la *Venus saxonia*, et les divergences dans la tradition rattachée à la représentation de la *Venus genetrix* de Lucrèce, il reste intéressant de constater le rapport établi par Poussin avec le *De Rerum natura*. Cette référence est attestée d'une part par les *putti* gardant le char situé du côté ensoleillé des nuages que Vénus repousse par son arrivée ; d'autre part par les fleurs – dispersées par des Amours – qui sont évoquées dans le vers suivant du poème d'introduction de Lucrèce (trad. Alfred Ernout) :

> *Ô Déesse, à ton approche s'enfuient les vents,*
> *Se dissipent les nuages ;*
> *Sous tes pas la terre industrieuse parsème les plus douces fleurs,*
> *Les plaines des mers te sourient,*
> *Et le ciel apaisé resplendit tout inondé de lumière.*

Vénus est résolument invoquée et représentée comme une force régénératrice, mais il est tout aussi évident qu'elle s'inscrit, par le biais d'une surdétermination, dans une autre symbolique cosmologique dont on trouve les fondements à la fois chez Hésiode et Lucrèce, et chez Vasari et l'Albane. Les *Raggionamenti* révèlent que la Vénus anadyomène d'Hésiode, qui apparaît chez Vasari sur sa conque marine, était déjà interprétée comme une allégorie de l'Eau et comme une *Venus genetrix* n'œuvrant par définition qu'au printemps[53]. La fresque de Vasari anticipe même des détails que l'on trouvera plus tard corrigés chez Poussin : la lumière qui se lève, personnifiée sous les traits d'Aurore, le char de la déesse « *preparato dagli Amori, che, tirato da quattro colombe bianche, viene per levar Venere*[54] », qui indique à lui seul que Vénus évolue entre la mer, la terre et le ciel[55]. La figure de l'Albane, définie aussi bien comme une Galatée que comme une Vénus, remplit de la même manière plurielle ces fonctions conçues comme un mélange syncrétique de multiples facettes[56]. En s'appuyant probablement sur l'Albane et Cartari, Poussin corrige toutefois la conception de Vasari sur un point essentiel. Il est difficile d'écarter l'interprétation transmise par Cartari d'une déesse apparaissant dans un contexte marin comme le symbole du désir et de la sensualité. De même, il est difficile de ne pas reconnaître, dans la citation de la *Galatée* de Raphaël ou de l'Albane dissimulée dans le couple Triton-Néréïde (fig. 8 et 9),

Fig. 8. Francesco Albani, *Allégorie de l'Eau*,
Turin, galerie Sabauda.

Fig. 9. Raphaël, *Galatée*, Rome, Villa Farnésine.

Fig. 10. Marcantonio Raimondi, *Quos Ego*.

la preuve évidente de l'intérêt porté par Poussin à la représentation de l'ambivalence morale de Vénus déjà perçue par l'Albane[57]. La sexualité liée à la procréation est en effet indissociable de la sexualité liée au désir omise par Vasari[58]. Une autre correction de la conception vasarienne est plus importante encore : elle concerne l'interprétation de Neptune. Si le peintre florentin le considère en premier lieu comme une allégorie auxiliaire de l'Eau, Poussin recourt à une formule iconographique qu'il devait connaître comme une *invenzione* de Raphaël : la gravure du *Quos ego* dont le sujet central est communément identifié comme une allusion au Premier Livre de l'*Énéide* (fig. 10). Pour reconstituer l'idée et le sens de cette combinaison de sources, il est intéressant une fois encore de lire avec attention Cartari. En effet, vers le début de son commentaire sur la mythologie rattachée à Vénus, le mythographe livre deux indications qu'il s'agit de décrypter. S'il décrit tout d'abord la naissance de la déesse rapportée dans la *Théogonie* d'Hésiode, il raconte ensuite comment les *antichi* la représentaient nue debout sur une conque marine, ajoutant aussi « qu'elle se mouvait pour son plaisir dans les flots ». Selon Cartari, Ovide, se référant à ce détail, aurait fait dire à Vénus dans une conversation avec Neptune qu'elle pouvait entrer dans son royaume car c'était à la mer qu'elle devait son nom. De la même manière, Virgile aurait fait parler Neptune lorsque Vénus, inquiète pour son fils Énée, lui aurait demandé d'apaiser les flots[59]. Cartari renonce à indiquer des références précises. Pourtant, en les découvrant soi-même, on constate de surprenantes similitudes entre les deux passages. Ovide raconte comment Vénus supplia Neptune de métamorphoser en dieu l'enfant Léarchus tué par la violente colère d'Éole et de Junon, ainsi que sa mère Ino ; Neptune les transforma en divinités et leur donna respectivement les noms de Palaemon et de Leucothée[60]. Dans le Cinquième Livre de l'*Énéide*, Virgile confère à Vénus un rôle analogue lorsqu'elle implore Neptune de préserver son fils de la tempête : «... Vénus, toujours inquiète, s'adresse à Neptune et son âme tourmentée s'épanche ainsi : "Junon, avec sa violente colère et son cœur que rien ne rassasie, me force, Neptune, de descendre à toutes les prières". [...] "Tu as tous les droits, Cythérée, de te fier à mon royaume dont tu es sortie." [...] Dès qu'il eut ainsi apaisé et dilaté le cœur de la déesse, le père des eaux attelle ses chevaux à son joug d'or, met à leur bouche des freins écumants et leur lâche toutes les rênes. Le char couleur de mer effleure d'un vol léger la crête des vagues. Les flots s'inclinent [...] ; les nuages s'enfuient du vaste éther. Le dieu est accompagné de figures étrangement diverses : [...] Glaucus et son chœur de vieillards, Palaemon, fils d'Ino, les Tritons rapides et toute l'armée de Phorcus ; à sa gauche, Thétis et Mélité, la vierge Panopée, Nisée... »

Les textes n'évoquent ni un triomphe de Vénus, ni une relation amoureuse entre les deux divinités ; en revanche ils témoignent d'une communication qui n'avait pas été mise en évidence jusqu'à présent. De dialogues, dans lesquels il s'agit d'une seule et même préoccupation : l'atténuation d'un mal entièrement ou partiellement déchaîné par Junon et son allié Éole. La réussite de cette entreprise est scellée, du moins dans le second texte, par un triomphe de Neptune accompagné entre autres de Palaemon. Il est intéressant de noter que Virgile, dans son Cinquième Livre, se cite lui-même, car le fameux épisode du *Quos ego* figurant dans le Premier Livre de l'*Énéide*, met également en scène une rivalité entre Neptune et Junon/Éole[61] qui se termine de manière analogue, c'est-à-dire par un triomphe du dieu de la Mer[62].

La rencontre de Vénus et Neptune, évoquée comme un dialogue et qui se termine uniquement dans l'*Énéide* de Virgile par un triomphe du dieu de la Mer, semble fusionner ici avec un triomphe de Vénus justifié par les seuls textes de Lucrèce et Hésiode. Bien qu'il soit probable que différentes sources littéraires (Virgile, Lucrèce et Hésiode) aient été placées ici en corrélation en tant que prétextes, il reste à s'interroger sur la nature du complexe sémantique et sur le sens profond du tableau. Que la présence de Palaemon juché sur un dauphin au premier plan s'explique par le texte de Virgile apparaît d'une importance secondaire. En revanche, le fait que les nuages annonciateurs de tempête puissent être chassés par Neptune, peut-être même à la demande de Vénus, et non pas par la seule Vénus comme on l'affirmait jusqu'à présent, n'est pas sans conséquences.

On sait que Neptune a été perçu, notamment dans le passage du *Quos ego*, comme le symbole parfait du souverain du début des temps modernes[63], parce que les exégètes de Virgile interprétaient généralement le dieu de la Mer comme le sage pacificateur des affects tourmentant l'océan des âmes, comme : « *intelletto, overo mente superiore nostra, udito il gran rumore de' venti cioè gli affetti de l'animo nostro, e veduto cosi perturbato tutto 'l mare, cioè l'appetito nostro per le immoderate perturbationi chiama a se i venti [...] e gli fa tornare ne le loro prigioni, e riduce il mar quieto, cioè l'appetito nostro, havendo mitigato i venti, cioè le passioni de l'animo, e ridottogli sotto 'l governo de la ragione*[64]. » Il est peu probable que cette allégorèse déjà transmise par Vasari[65] ait été étrangère au peintre comme au commanditaire. Et ce d'autant moins qu'elle pouvait être interprétée aussi bien au sens strict de la politique[66], qu'au sens plus large de la morale. Selon l'interprétation politique, l'alliance entre Vénus et Neptune serait dirigée contre toute hostilité manifestée par Junon – et communiquée au peuple potentiellement séditieux –, hostilité qui pourrait mettre en danger le voyage d'Énée, fondateur légendaire de Rome et l'un des modèles les plus courants pour les souverains des temps modernes. Quant à Fabrini, l'exégète de Virgile, il fournit dans un autre passage une explication d'une dimension plus morale. Depuis Aristote, écrit-il, on sait que l'âme humaine est structurée d'une manière dichotomique et qu'elle se compose d'une part irrationnelle, la « *potenza vegetativa, sensitiva o vero appetitiva, che non è capace di ragione in modo alcuno* », et d'une part rationnelle, la « *potenza intelletiva*[67] ». Si la mer apparaît donc comme une allégorie de l'âme, et Neptune comme la personnification de la raison, on peut supposer que l'ambivalente Vénus, inspiratrice à la fois d'un amour « raisonnable » et « déraisonnable », incarne l'« *anima sensitiva o vero appetitiva* ». Cette présence commune des deux divinités sur la mer pourrait ainsi illustrer le triomphe sur une Junon absente, tout en symbolisant aussi la réunion des contraires, des forces rivalisant dans l'âme. Qui parviendra, afin de triompher seul, à dominer le royaume commun, la mer des âmes ? Qui laissera s'épancher ou s'apaiser les affects tumultueux ? Nul ne le sait. Une seule chose est sûre : la raison surveille le désir du regard et la mer instable *per definitionem* est encore – ou de nouveau – sereine. Par son arrivée, Vénus dissipe les froids vents hivernaux, et avec elle reparaît « l'aspect printanier des jours » et « reprend vigueur le souffle fécondant » du zéphir ; tandis que Neptune apaise toutes les tempêtes déchaînées par Junon, mais aussi par la puissance des sentiments amoureux[68] ». Il ne faut franchir qu'un pas, déjà suggéré par Cartari, pour interpréter l'instabilité de la mer comme une métaphore de l'âme agitée tout particulièrement au printemps par les troubles de l'amour. La décision de combiner tous les textes cités trouve son sens dans l'allégorèse cosmologique et morale de l'eau, allégorèse dont les multiples facettes permettent justement de représenter ce que l'Albane définissait sous le terme de *concetto* : la perception d'une chose à travers l'autre. Tel Neptune qui agit comme la personnification de l'Eau – mais aussi de la Raison –, Vénus apparaît à la fois comme une Vénus anadyomène, sensuelle et source de vie, qui s'épanouit au printemps, et comme une *anima vegetativa* sensible aux *affetti* – sans que soit exclue l'hypothèse également possible d'une allégorie du pouvoir, telle qu'elle se trouve préfigurée dans l'ensemble du cycle de l'Albane[69]. La fusion opérée au profit de l'allégorèse entre une épopée de structure narrative (Virgile), le poème d'introduction d'une autre épopée (Lucrère), et la mythographie (Hésiode) peut apparaître comme une certaine discordance au sein du système référentiel. Ce parti pris se justifie sans doute, comme déjà chez Vasari, par la possibilité d'actualiser ainsi le tableau en allégorie peinte de la souveraineté[70]. Les éléments narratifs (Hésiode, Virgile), le poème d'introduction d'une autre épopée (Lucrèce) se trouvent comme freinés et dominés par l'allégorie (Lucrèce). Pourtant Poussin n'aura sans doute pas manqué d'établir une dernière relation relevant également du système référentiel : le recours à quatre *ekphrasis* antiques. Si Marek avait déjà reconnu dans l'interprétation de l'épisode du *Quos ego* la référence à une première description de tableau antique, on en décèle une seconde dans la Galatée citée par Poussin. Que le peintre en ait pris connaissance par Raphaël lui-même ou par l'Albane, le passage de Cartari sur Neptune rapporte que « *Filostrato, in una tavola ch'ei fa del Ciclope, mette Galatea andarsene per lo quieto del mare, tirato dai Delfini, li quali sono governati, e retti da alcune figliuole di Tritone*[71]. » Cette *ekphrasis* est précédée de la brève évocation de la Vénus anadyomène telle que l'auraient peinte les *antichi* : nue et debout sur une conque marine. Enfin, dans ce même passage sur Neptune figure également la description faite par Pausanias d'une statue de Neptune et Amphitrite, posée sur une Vénus qui sort de la mer en compagnie de belles néréïdes[72]. À l'instar des modèles iconographiques, les *ekphrasis* sont considérées comme une base, un fondement corrigé et sublimé dans une *invenzione* personnelle, ici une allégorèse moralisatrice du pouvoir.

1. E. Panofsky, « Et in Arcadia ego. Poussin und die Tradition des Elegischen », dans *Sinn und Deutung in der bildenden Kunst*, Cologne, 1978, p. 351-377.

2. On citera pour exemples *Le Printemps* de Botticelli (voir Ch. Dempsey, *The Portrayal of Love. Botticelli's Primavera an Humanist Culture at the time of Lorenzo the Magnificent*, Princeton University Press, 1992), le *Triomphe de Galatée* de Raphaël (voir C. Thoenes, « Galatea : Tentativi di avvicinamento », dans *Raffaello a Roma. Il convegno di 1983*, Rome, 1985, p. 59-73), la discussion sur la « poésie » et d'autres tableaux mythologiques de Titien (voir D. Rosand, « Ut Pictor Poeta. Meaning in Titian's Poesie », dans *New Litterary History*, 3, 1971-1972, p. 527-546), la fameuse *Caccia di Diana* du Dominiquin (voir la synthèse dans *Roma 1630. Il trionfo del penello*, catalogue de l'exposition, Rome, 1994, p. 174-181) ou encore les suites de tableaux à l'huile de Francesco Albani pour Scipion Borghèse et Maurice de Savoie (voir V. von Flemming, *Arma Amoris. Sprachbild und Bildsprache der Liebe*, Mayence, 1996).

3. Voir F. Sommer, « Poussin's Triumph of Neptune and Amphitrite : A Re-Identification », *Journal of the Warburg and Courtauld Institutes* (dorénavant : *JWCI*), 24 (1961), pp. 323-327. Sommer avance comme argument décisif une illustration figurant dans l'ouvrage de V. Cartari. Si Neptune et Amphitrite étaient représentés conformément à la description transmise par Pausanias, ils devraient figurer ensemble dans un char en forme de conque évoluant au-dessus de la mer. M. Levey, « Poussin's Neptune and Amphitrite : A Re-Identification Rejected », *JWCI* 26 (1963), pp. 338-343, refusa d'accepter la nouvelle appellation, alors que Ch. Dempsey, « Poussin's Marine Venus at Philadelphia : A Re-Identification Accepted », dans *JWCI* 28 (1965), pp. 338-343, étaya l'argumentation de Sommer en citant des modèles. Dans « Quaestiones disputatae : Poussin's Venus at Philadelphia », *JWCI* 31 (1968), pp. 440-444, Sommer réfute de manière convaincante les objections de Levey qui reposaient partiellement sur une mauvaise compréhension de l'interprétation de Vénus. C'est Dempsey qui a le dernier mot, dans « The Textual Sources of Poussin's Marine Venus in Philadelphia », *JWCI* 29 (1966), pp. 438-442. R. Simon, « Poussin, Marino, and the Interpretation of Mythology », *Art Bulletin*, LX, 1 (mars 1978), p. 56-68, n'apporte guère d'éléments nouveaux.

4. F. Sommer (*op. cit.* note 3), p. 326, note 17.

5. G. P. Bellori, *Le Vite de'pittori, scultori e architetti moderni*, a cura di Evelina Borea, Turin, 1976, p. 437.

6. Sommer, *op. cit.* note 3, p. 324 : « *Our hypothesis is that chariot and flowers together are intended to identify the central figure as Venus herself.* » Ch. Dempsey (1965, p. 341) a soutenu cette hypothèse de manière convaincante en renvoyant à la *Vénus marine* de la Domus Aurea, bien connue au XVIIᵉ siècle, mais aussi à la *Vénus* de Peruzzi, à la fresque de Zuccari pour la villa Giulia, et surtout à l'allégorie de l'Eau peinte par Vasari.

7. Sommer (*op. cit.* note 3), p. 325, fait référence à la rivalité qui opposa Vénus et Psyché au sujet de la beauté de cette dernière, et qui incita la déesse à entraîner Psyché dans une liaison fatale avec Amour. Après avoir renvoyé son fils, la déesse montée sur son char passe en effet triomphalement au-dessus des flots. Le récit limité que l'on trouve chez Apulée est loin de correspondre dans tous ses détails avec le tableau de Poussin : « Il y a là les filles de Nérée, chantant en chœur, et Portunus, dont la barbe bleutée se hérisse, et Salacia, le pli de sa robe lourd de poissons, et le petit Palémon, à cheval sur un dauphin ; déjà, tout autour, bondissent sur la mer des troupes de Tritons, l'un faisant doucement résonner sa conque bruyante, l'autre opposant à l'ardeur d'un soleil cruel un écran de soie, un autre présentant aux yeux de sa maîtresse le miroir, tandis que d'autres attelés par couples, nagent devant son char. Telle est l'escorte qui accompagne Vénus allant vers l'Océan. » Apulée, *L'Âne d'or*, Livre IV, trad. Pierre Grimal, Paris, 1958, p. 113.

8. Hésiode, *Théogonie*, 188-206.

9. Sommer (*op. cit.* note 3), p. 326, se réfère à l'hymne à Vénus de Lucrèce, *De Rerum natura*, Livre Iᵉʳ, 6-12 : « Ô Déesse, à ton approche s'enfuient les vents, se dissipent les nuages ; sous tes pas la terre industrieuse parsème les plus douces fleurs, les plaines des mers te sourient, et le ciel apaisé resplendit tout inondé de lumière./ Car sitôt qu'a reparu l'aspect printanier des jours, et que brisant ses chaînes reprend vigueur le souffle fécondant du Favonius… » Texte établi et traduit par Alfred Ernout, Paris, 1968.

10. Voir Apulée, *L'Âne d'or*, Livre IV, trad. Pierre Grimal, Paris, 1958, p. 110, où Psyché est comparée à une chaste Vénus anadyomène : « Et déjà, […] s'était répandu le bruit que la déesse née des

profondeurs glauques de la mer, nourrie par la rosée des vagues écumantes, rendait à tout venant sa majesté accessible [...] ou, du moins, que des gouttelettes fécondantes étaient de nouveau tombées du ciel et avaient fait germer, sur la terre, et non plus sur les mers, une nouvelle Vénus, qui possédait encore la fleur de sa virginité. »

11. Dempsey 1966, (*op. cit.* note 3), p. 439 *sqq.*

12. *Ibidem*, p. 341, et plus précisément p. 442.

13. *Ibidem*, p. 439.

14. *Ibidem*, p. 442 : « *The literary tradition which lies behind Poussin's painting can thus be traced to three principal sources : Claudian, Apuleius, and, for its ultimate meaning, Lucretius.* »

15. Sur la diversité des sources littéraires, voir Dempsey, 1965, (*op. cit.* note 3), p. 341 ; ainsi que R. Simon (*op. cit.* note 3), p. 63.

16. En citant comme autre modèle littéraire des passages extraits de l'œuvre du Cavalier Marin, Simon (*op. cit.* note 3) n'apporte pas de réponse à cette question fondamentale. Premièrement, Marin décrit uniquement un *Triomphe de Vénus ;* deuxièmement, Simon oublie que Marin, obéissant au postulat de l'*imitatio*, se référait tout naturellement aux textes antiques avec toutes les interférences qu'ils comportaient. Claudien, le plus « jeune » des Anciens, devait en effet connaître aussi bien les textes de Lucrèce (mort en 180 apr. J.-C.) que ceux d'Apulée (mort en 125 apr. J.-C.).

17. Les actes d'un congrès interdisciplinaire sur l'intertextualité au début des Temps modernes parurent peu après la présentation de notre étude. On notera tout particulièrement l'application de ce modèle à l'histoire de l'architecture par H. Aurenhammer, « Multa aedum exempla variarum imaginum atque operum. Das Problem der imitatio in der italienischen Architektur des frühen 16. Jahrhunderts », dans W. Kühlmann, W. Neuber (éd.), *Intertextualität in der Frühen Neuzeit. Studien zu ihren theoretischen und praktischen Perspektiven,* Francfort, Berlin, Berne, 1995, p. 533-606. J. Müller quant à lui, dans « Vom lauten und vom leisen Betrachten. Ironische Bildstrukturen in der holländischen Genremalerei des 17. Jahrhunderts », *ebenda*, p. 607-648, prend insuffisamment en compte l'aspect terminologique du débat et contourne parfois largement les écueils de la transposition de ce principe.

18. R. Lachmann, *Gedächtnis und Literatur. Intertextualität in der russischen Moderne*, Francfort-sur-le-Main, 1990, p. 56-81.

19. W. Sauerländer, « Die Jahreszeiten. Ein Beitrag zur allegorischen Landschaft beim späten Poussin », *Münchner Jahrbuch der bildenden Kunst*, 7 (1956), p. 169-184.

20. O. Bätschmann, « Poussin's Narziss und Echo im Louvre : die Konstruktion von Thematik und Darstellung aus den Quellen », *Zeitschrift für Kunstgeschichte*, 42, 1 (1979), p. 31-47.

21. *Ibidem,* p. 44. Bien que Bätschmann n'établisse pas de relation avec le concept d'intertextualité défini ici, mais se réfère au post-structuralisme, modèle qui régit pour ainsi dire le débat sur l'intertextualité, on ne peut qu'approuver sans restriction l'essentiel de son analyse.

22. O. Bätschmann, « Les interprétations de Poussin », dans *Nicolas Poussin, 1594-1665*, catalogue de l'exposition, Paris, 1994-1995, p. 94-97.

23. Voir la synthèse de M. Pfister, « Konzepte der Intertextualität », dans M. Broich et M. Pfister (éd.), *Intertextualität. Formen, Funktionen, anglistische Fallstudien*, Tübingen, 1985, p. 1-30.

24. Kristeva elle-même a très tôt insisté sur le contexte historique dans le sens des pratiques culturelles du présent et du passé : « le "mot littéraire" n'est pas un point (un sens fixe), mais un croisement des surfaces textuelles, un dialogue de plusieurs écritures : de l'écrivain, du destinateur (ou du personnage), du contexte culturel actuel ou antérieur », cité d'après Kristeva, *Sémeiotiké : Recherches pour une sémanalyse*, Paris, 1969, p. 143-171, notamment p. 144. Il est intéressant de constater que E. Panofsky avait déjà ancré au moins les trois derniers critères dans son modèle iconologique (voir du même auteur *Ikonographie und Ikonologie*, voir note 1, p. 36-67, et surtout p. 50). En revanche, une définition étroite du contexte, seulement rapporté aux textes littéraires, telle qu'elle est proposée par R. Kloepfer (voir Broich et Pfister, comme dans note 23, p. 17 *sq*), renvoie largement en arrière.

25. Pour les historiens de l'art, ceci s'applique notamment au rapport – souvent déterminé par une dépendance économique – entre le peintre et son commanditaire, et aux intentions motivées bien souvent par un souci panégyrique, mais aussi aux ambitions théoriques parfois contenues dans les créations artistiques. (Voir à ce propos surtout les essais sur Poussin dans M. Winner (éd.), *Der*

Künstler über sich in seinem Werk, Berlin, 1992.) Le fait que ces deux intentions perceptibles dans l'essence même du tableau soient dépendantes du contexte historique et culturel, et que les œuvres d'art soient aussi marquées par les subtilités de l'inconscient n'enlève rien au problème.

26. Voir R. Lachman (*op. cit.* note 18) ; K.W. Hempfer («Überlegungen zu einem Gültigkeitskriterium für Interpretationen und ein komplexer Fall : die italienische Ritterepik der Renaissance », dans Hempfer et G. Regn éd., *Interpretanionen : das Paradigma der europäischen Renaissanceliteratur, Festschrift für A. Noyer-Weidner*, Wiesbaden, 1983, p. 1-31) ; M. Pfister (*op. cit.* note 23), p. 1-30 et 52-57.

27. C'est pleinement consciente de ne pas aborder toutes les facettes de la discussion, et d'en entreprendre la « contamination », que nous restreignons et transposons ici ce concept. Voir le texte fondamental du résumé de Pfister (*op. cit.* note 23), p. 1-30.

28. Ainsi le tableau de Poussin pourrait-il être étudié autant pour ses implications en matière de théorie artistique, que pour sa représentation des rapports entre les genres.

29. La présence simultanée de différents textes, en tant qu'acception la plus générale de l'intertextualité, est définie par Lachmann (*op. cit.* note 18) comme un dialogue immanent au texte et associée au terme de dynamisation sémantique.

30. Voir à ce sujet U. Broich, « Formen der Markierung von Intertextualität », dans U. Broich et M. Pfister, (*op. cit.* note 23), p. 31-47. On notera une réflexion analogue dans Hempfer (*op. cit.* note 26) : « Il est indiscutable que le texte doit comprendre des éléments et/ou des structures qui apparaissent comme des références à un système déterminé (système linguistique et/ou autres systèmes culturels). »

31. Voir Pfister (*op. cit.* note 23), p. 17 *sqq.*, qui cite et critique lui-même (*ibidem*, pp. 52-58) le jugement nuancé émis à ce propos par K.W. Hempfer, qui insiste sur la distinction entre l'intertextualité au niveau du discours et le système référentiel (*Systemreferenz*). Pfister pour sa part oppose au principe d'une dichotomie entre l'intertextualité et le système référentiel, traduite par exemple par la différence entre l'imitation (*Parodie*) d'un texte isolé et l'imitation d'un genre procédant du système référentiel, la transition fluide entre ces deux notions et la précarité d'une opposition entre système et actualisation systémique. L'élargissement du concept de système référentiel entrepris par Pfister, concept qui acquiert l'acception plus générale de recours à divers autres discours (théorie des genres traitée en poétique, mais aussi « langage de cour » et « langue des marchés »), ne semble bien sûr en aucun cas exclu chez Hempfer (voir p. 14 *sq.*), qui souligne lui-même l'intervention des phénomènes socio-culturels.

32. On se reportera aux articles fondamentaux de M. Kemp, « From Mimesis to fantasia », *Viator* 8 (1977), p. 347-398. W. Kemp, « "Disegno". Beitrag zur Geschichte des Begriffs zwischen 1547 und 1607 », *Marburger Jahrbuch für Kunstwissenschaft*, 19 (1974), p. 219-240. On trouvera des exemples dans D. Rosand (*op. cit.* note 2), M. Summers, *Michelangelo and the Language of Arts*, Princeton Univ. Press, 1981, ou encore Dempsey (*op. cit.* note 2), p. 20-49.

33. Pietro Bembo, « Prose della volgar lingua », dans *Opere in volgare*, Florence, 1961, p. 349.

34. Voir à ce propos Flemming (*op. cit.* note 2), chap. II, 2.

35. Malvasia, *Felsina Pittrice. Vita de'Pittori Bolognesi*, G. Zanotti (éd.), 2 vol., Bologne, 1841, t. II, p. 167.

36. Voir Bellori (*op. cit.* note 5), p. 481 : « *La novità della pittura non consiste principalmente nel soggetto non più veduto, ma nella buona e nuova disposizione ed espressione, e così il soggetto dall'essere commune e vecchio diviene singolare e nuovo. Qui conviene il dire della Communione di San Girolamo del Domenichino, nella quale diversi sono gli affetti e li moti dall'altra invenzione di Agostino Carracci.* » L'emprunt direct au *Discorsi dell arte poetica*, I, du Tasse, et l'analogie entre poésie et peinture sont connus depuis toujours. Le Tasse écrit : « *la novità del poema non consiste principalmente in questo, cioè che la materia sia finta e non più udita ; ma consiste nella novità del nodo e dello scioglimento della favola. Fu l'argomento die Tieste di Medea, di Edippo da vari antichi trattato, ma variamente tessendolo, di commune proprio e di vecchio nuovo il facevano* » ; cité d'après T. Tasso, « Discorsi dell'Arte poetica e in particolare sopra il Poema heroico », dans *Prose* a cura di E. Mazzali, Milan, 1959, p. 349-729, et plus particulièrement p. 352.

37. Voir Flemming (*op. cit.* note 2).

38. Sur la notion de *giudizio* dans les recherches sur Poussin, voir Bätschmann (*op. cit.* note 20), p. 31.

39. Le Tasse, (*op. cit.* note 36), I, p. 353.

40. Malvasia (*op. cit.* note 35), p. 163. Malvasia évoque p. 162 la lecture et l'interprétation du Tasse données par l'Albane : « *seppe cavarne che non più da nissun'altro immaginati pensieri, che non meno erudiscono, di che dilettino i più scientifici ancora.* »

41. *Ibidem*, p. 166 : « *io per me vedo una pittura senza essere indirizzata a qualche peregrino concetto, o pensiero, anzi quanto è, dirò di carattere buono, non resto intieramente sodisfatto.* »

42. *Ibidem*, p. 164 : « *altro è obligarsi ad un soggetto che porti numerosità di figure e conseguentemente bisogna spiegare sempre concetti* » et C. Pellegrino, *Del concetto poetico*, cité d'après A. Borzelli, *Il Cavaliere Marino*, Naples, 1898, p. 325-359, ici p. 328 *sq.* : « *concetti [...] e esplicazioni di quelli.* »

43. Pellegrino (*op. cit.* note 42), p. 331.

44. Malvasia (*op. cit.* note 35), p. 169.

45. Voir à ce sujet Flemming (*op. cit.* note 2).

46. Ce texte est transmis par Malvasia, p. 158-162.

47. Dempsey, 1965 (*op. cit.* note 3), p. 342, renvoie à Cartari, *Le Immagini degli Dei...*, cité ici d'après l'édition de Venise, 1571, p. 531, sans s'attarder sur ses références à Ovide et à Virgile.

48. Voir Cartari (*op. cit.* note 47), p. 240-268, et N. Comes, *Mythologie ou explication des fables {...}*, 2 vol., Paris, 1627, p. 156-168, qui insiste sur l'inconstance du dieu de la Mer qui, nonobstant son mariage avec Amphitrite, « a eu une infinité des enfans *(sic)* de plusieurs Nymphes & concubines » (*ibidem*, p. 160).

49. O. Van Veen, *Emblemata Amori. Figuras Æeneis incisa*, Anvers, 1608, voir la légende surmontant la gravure : « QUANTA POTENTIA REGNI EST VENUS ALMA TUI ». Sur la transposition presque littérale chez l'Albane de quelques vers du poème d'introduction : « *Nessuna cosa è stata fatta a caso/ Da la madre Natura in questo mondo,/ Tutto quanto contien l'orto, e l'occaso/ fu col compasso misurato à tondo* » (*ebenda* sans pagination); Zamboni (dans Malvasia, p. 158) commente ainsi le tondo : « *come intelligenza motrice dell'Universo, fa una amorosa Concatenanza dei discordanti principi {...} dalle bellezze universali di natura pigliano* (= les putti) *seme e origine le cause produttrici della generazione di tutte le cose naturali* ».

50. Cartari (*op. cit.* note 47), p. 534 *sq.* Cette Vénus au cœur flamboyant tient dans sa main droite un globe terrestre et dans sa main gauche trois pommes d'or.

51. *Ibidem*, p. 535.

52. Dempsey, 1966 (*op. cit.* note 3), p. 438 *sq.*

53. Voir G. Vasari, *Le Opere*, a cura di G. Milanesi, nouv. éd. par P. Barocchi, 9 vol., Florence, 1981. Vol. 8, *Raggionamenti*, p. 26, qui fait tout d'abord référence à Hésiode (*Théogonie*, 187-191) : « *per seguir la storia dico che, cascando i genitali del Padre Cielo in mare, ne nasce [...] quella Venere* » (*ebenda* p. 26). Comme cette Vénus se voit présenter les fruits de la mer, dont un escargot de mer étiré comme un phallus, il est peu probable que cette cérémonie soit uniquement organisée pour « *contemplare nell'uscir fuori dell'onde, le bellezze di Venere.* » (*ebenda*, p. 27).

54. *Ibidem*, p. 28. On trouvera une explication analogue dans Cartari (*op. cit.* note 47), p. 532 : « *Egli fu poi dato parimente a Venere come a gli altri Dei un carro, sopra del quale oltre alla conca marina ella andava per l'aria, e per lo mare, & ovunque pareva a lei.* » Sur Aurore, voir Vasari, p. 27 : « *e quell'altra femmina, che surge su del mare con quelli due cavalli e 'l carro di rose, è l'Aurora.* » Dempsey, 1965 (*op. cit.* note 3), p. 338 *sq.*, l'a déjà souligné.

55. Voir à ce propos Cartari (*op. cit.* note 54), p. 532

56. Dans une lettre au commanditaire (Malvasia, p. 157), l'Albane écrit : « *Galatea che altro non simboleggia che l'umide spume di questo elemento ho gli voluto altre marine ninfe aggiungervi, parte perché contraponendo alle carnigioni dei tritoni, parte perché esprimendo con amori quelle più principali operazioni che s'esercitano nell'acque, come raccoglier perle, pescar alle reti.* » Voir à l'inverse Zamboni (Malvasia, p. 160) : « *Erasi pacificato* (=l'acqua) *all'aspetto di Venere.* » Dans son interprétation, Zamboni se réfère à l'allégorie et à l'allégorèse de l'air personnifié par Junon, dans le sens de l'exégèse de Virgile également utilisée ici.

57. Sur le geste de la nymphe, Zamboni écrit : « *Avevalo catenato con l'avorio del destro braccio, ch'al collo gettatogli fortemente lo stringeva ; con la sinistra regolava l'errore de'dorati cappegli raccogliendo quei lacci, che invece di reti imprigionavano gl'affetti dei riguardanti.* »

58. À ce sujet il est intéressant de noter que Vasari, tout à fait à la fin de ses explications – dont il reconnaît ne pas avoir exposé tous les niveaux de sens – en vient à évoquer une scène figurant sur le socle situé sous la fresque, scène qui décrit à l'évidence les rapports amoureux entre Vénus et Adonis : « *non cerco in queste storia di sopra volere accomodare tutti i sensi proprii a queste, se di sotto ho fatto come le stanno ; e per Adone cacciatore, e Venere* [...] *è fatto per le volontà e amori di loro Eccellenze illustrissime* » (*ibidem*, p. 29).

59. Cartari, *Le immagini degli Dei* (*op. cit.* note 47), p. 530 : « *Volendo dunque gli antichi mostrare, che Venere fosse nata dal mare, la dipingevano, ch'ella quindi usciva fuori in una grande conca marina, giovane e bella quanto era possibile di farla, e la facevano anchora ch'ella se n'andava a suo diletto nuotando nel mare. Onde Ovidio risguardando a questo la fa così dire a Nettuno : Et ho che far anch'io pur qualche cosa/ Tra queste onde, se vero è ch'io sia stata/ Nel mar già densa spuma, della quale/ Ho havuto il nome ch'oggi anchora serbo.* [...] *Vergilio parimente fa che Nettuno così risponde a lei, quando ella lo prega che voglia acquetare homai la tempesta del mare, onde il suo figliolo Ene era già tanto travagliato. Giustissimo è che tu ne regni miei/ Ti fidi, ond'è l'origine tua prima.* »

60. Ovide, *Métamorphoses*, IV, 395-543.

61. Virgile, *Énéide*, I (trad. André Bellessort), 130-135 : « Le frère de Junon reconnaît les artifices et les colères de sa sœur. Il appelle à lui l'Eurus et le Zéphyr. "Est-ce de votre origine, leur dit-il, que vous tenez tant d'audace ? Vous bouleversez le ciel et la terre sans mon ordre, vous les Vents, et vous osez soulever ces énormes masses ? Je vous… Mais il vaut mieux apaiser l'agitation des flots". »

62. *Ibidem*, I, 155 *sqq.* : « Ainsi tout le fracas de la mer est tombé, du moment que le dieu, la surveillant du regard, lance ses chevaux sous le ciel redevenu serein ; il leur lâche les rênes, et son char glisse et vole. »

63. Voir à ce sujet le chapitre fondamental, avec références bibliographiques complémentaires, de M. Marek : « Ekphrasis und Herrscherallegorie. Antike Bildbeschreibungen bei Tizian und Leonardo », *Römische Studien der Bibliotheca Hertziana*, 3, Worms, 1985, notamment p. 75-99.

64. G. Fabrini, *L'Eneide di Virgilio Mantoano commentato in lingua volgare {…} da Giovanni Fabrini…*, Venise 1575. Voir ici p.8.

65. Vasari (*op. cit.* note 53), p. 28.

66. À ce propos Marek (*op. cit.* note 63), p. 92-99.

67. Fabrini (*op. cit.* note 64), p. 108.

68. Lucrèce (*op. cit.* note 9), 10 *sq.*

69. Flemming (*op. cit.* note 2), p. 338-355.

70. Vasari (*op. cit.* note 53), p. 28 : « *Tutto questo intesuto dell'Elemento dell'Acqua, Signor Principe mio, è acaduto al duca signore nostro, quale venuto* [...] *in questo mare del governo delle torbide onde, e fatte tranquille e quiete per la difficultà di fermare gli animi di questi populi tanto volubili e varij per i venti delle passioni degli animi loro…* »

71. Cartari (*op. cit.* note 47), p. 243.

72. *Ibidem*, p. 249 : « *come recita Pausania, percioche egli con Anfitrite la sua moglie stava su un carro* [...]. *Nel mezzo della base, che sosteneva il carro era intagliato il mare, e Venere che ne usciva fuori accompagnata da bellissime Nereide.* » Voir Pausanias, *Description of Greece*, traduit par W. H.S. Jones (Loeb. Class), Liv. I.7 : « *On the car stand Amphitrite and Poseidon, and there is the boy Palaemon upright upon a dolphin. These too are made of ivory and gold. On the middle of the base on which the car is, has been wrought a Sea holding up the young Aphrodite, and on either side are the nymphs called Nereids.* »

Sybille EBERT-SCHIFFERER

L'expression contrôlée des passions :
le rôle de Poussin dans l'élaboration d'un art civilisateur

« Nicolaus Poussin, un Français a produit… un sujet nouveau tiré de l'Ancien Testament, montrant comment Dieu frappe les hommes de la peste et du fléau des rats, laissant à terre morts, malades et mourants… Une œuvre artistement peinte [*künstlich*] et empreinte d'émotion [*affectuos*]… » C'est ainsi que Joachim von Sandrart évoque le tableau de son ami Poussin, dont il décrit plus loin le sujet : « …[le peintre représenta les habitants d'Asdod] se détournant [de Dieu], leur mépris de l'Arche d'alliance, l'adoration des idoles, et comme ils furent punis par les rats, les souris et la vermine ; et aussi une mère malade de la peste avec son enfant, et au-dessus d'elle ses propres amis pleins de répugnance devant la pestiférée étendue sur le sol, avec sa gorge dénudée à laquelle l'enfant vivant boit encore avidement ; [l'ensemble est figuré avec] toutes les émotions nécessaires à un tel tableau : les hommes bouchant leur nez[1]… »

Peinte entre l'automne 1630 et février ou mars 1631, la *Peste d'Asdod* est l'un des rares tableaux de la première période de Poussin dont on connaisse la date et les circonstances de réalisation.

Le talent avec lequel le peintre avait su rendre les sentiments humains souleva aussitôt l'admiration. Sandrart releva notamment deux motifs particulièrement chargés d'*affetti* : le cadavre de la mère avec son enfant encore vivant au premier plan, et l'homme se bouchant le nez.

Ce sont les mêmes motifs que retient Giovan Pietro Bellori, qui consacre au tableau un passage particulier dans sa biographie de Poussin, reconnaissant comme modèle la gravure de *La Peste de Phrygie* (ou *Il Morbetto*) que Raimondi avait exécutée d'après l'œuvre de Raphaël. Il souligne également d'autres attitudes pathétiques ; à propos du personnage accroupi sur le sol à gauche, il écrit : « …*un moribondo, il quale, inclinando il capo ed abbandonando il braccia fra l'una e l'altra gamba, pare che stia per cadere nel suo venir meno : non si vede il volto di costui cosi inclinato, ma* il languore delle membra *esplica a bastanza il corpo abbandonato dalla vita.* » Enfin, « *evvi appresso una donna languente in terra ed appoggiata in cubito ad un pezzo di colonna ; bendato il capo e la fronte, s'affissa in un dolente sguardo, col petto e le braccia* impallidite a morte. *Dietro costei fermasi un'altra madre attonita allo spettacolo funesto, e tiener per mano un figliuolino, il quale nel riguardarvi piange per timore e con* la palma aperta si ritira. *Dalla parte opposta* […] *apparisce il sacerdote, che addita ad alcuni del popolo la statua del loro dio Dagone caduta* […] *arrestansi essi* in atto di stupore e di duolo, *mentre uno di loro più avanti si parte con* ispavento, aprendo una mano *ed alzando il lembo del manto azzurro nel passare tra quei cadaveri[2]*… »

Revenons deux ans en arrière, en France cette fois. Le 1ᵉʳ mars 1670, Jean-Baptiste de Champaigne tenait une conférence devant l'Académie royale de peinture à Paris³, dans laquelle il soulignait l'impact exercé sur le spectateur par la représentation des expressions ou *affetti* : « … la vue de cet ouvrage fait renaître dans les esprits *l'horreur* qu'elle causa parmi ces peuples… », « … ce sujet est si vivement exprimé *que l'éloquence même avec toutes ses forces n'est pas capable d'en donner une si vive image* dans l'esprit », « … les *expressions* en sont si claires qu'elles *parlent*… ». Dans la discussion qui suivit la conférence, Charles Le Brun soulignait que Poussin, pour créer l'atmosphère générale de ses tableaux, s'était « conformé à la proportion harmonique que les musiciens observent dans leurs compositions ». Ainsi, dans cette œuvre le peintre avait-il « … établi le caractère *lugubre* par une lumière faible, par des teintes sombres et par une *langueur* qui paraissait dans le mouvement de chaque figure. Par cette pratique judicieuse, il inspirait la *tristesse* dans l'âme des spectateurs… »

Tous ces commentaires ont été exprimés – ou consignés par écrit – une quarantaine d'années après l'achèvement du tableau, et des années après la mort de Poussin. Ils peuvent donc être rattachés à la fortune critique immédiate de l'œuvre. Ils frappent par leur concordance : ils insistent tous sur le rendu des *affetti*⁴, Sandrart et Bellori mettant même en valeur certains motifs. Le vocabulaire émotionnel de Poussin illustré par ce tableau devait donc être largement compris dans la seconde moitié du siècle. Cette constatation soulève deux questions : 1. Poussin a-t-il contribué à la standardisation du langage des affects, et si oui, dans quel contexte ? 2. Par quels moyens précis y est-il parvenu ?

Il est bien connu des spécialistes que Poussin a procédé à une transcription sélective de modèles antiques pour traduire les passions humaines, et cette caractéristique a d'ailleurs largement guidé l'interprétation de ses œuvres plus tardives. De même, a-t-il été souligné depuis longtemps que la *Peste d'Asdod* représentait l'un des premiers jalons d'une évolution que le peintre allait conduire plus tard à son plein épanouissement. Anthony Blunt avait déjà défini la *Peste d'Asdod* comme l'une des premières œuvres dans lesquelles Poussin s'était tout particulièrement attaché à l'expression des *affetti*⁵. La présente étude propose donc essentiellement d'analyser comment Poussin a forgé l'outil qui allait lui permettre de traduire les passions, mais aussi comment cette méthode personnelle parvint à contribuer de façon décisive à la formulation d'un vocabulaire pictural, suffisamment convaincant pour être compris de la même manière par des critiques pourtant issus de trois nations européennes différentes. La *Peste d'Asdod* marque un tournant décisif, qui se situe au cœur d'une phase d'expérimentation et de maturation de plusieurs années. Ainsi ce tournant, et le moment précis où il s'affirma dans la vie de Poussin – autour de 1630 – ne sont-ils nullement le fruit du hasard, comme nous aurons encore l'occasion de le démontrer plus loin.

Résumons brièvement ici le sujet et les sources iconographiques bien documentées du tableau. Il s'agit d'un épisode de la guerre entre les Israélites et les Philistins ; ces derniers étaient parvenus à s'emparer de l'Arche d'alliance et à l'introduire dans le temple de leur dieu Dagon situé dans la capitale Asdod. « Ils se levèrent le lendemain matin, et voici que Dagon gisait la face contre terre devant l'Arche de Iahvé ! […] La main de Iahvé s'appesantit sur les gens d'Asdod et les consterna. Il les affligea de bubons dans les parties secrètes du corps⁶. » La peste n'est pas mentionnée dans la Bible ; les souris n'apparaissent que dans une ligne supplémentaire de la Vulgate. Sans doute impressionné par l'épidémie de peste qui ravagea le Nord de l'Italie en 1630, Poussin a-t-il choisi cette maladie pour illustrer une épidémie mortelle et représenté des rats par fidélité au texte (cette identification de la maladie des Philistins n'était pas répandue à l'époque de Poussin, pas plus que n'était connu le rôle des rats dans la transmission de la peste bubonique). On pensait que la peste se transmettait par le « souffle pestilentiel », croyance qui explique le motif de l'homme se bouchant le nez, utilisé déjà par Raphaël pour évoquer la peste et présent aussi chez Ludovic Carrache (*Saint Charles Borromée administrant le sacrement du baptême lors de la peste de Milan*, Nonantola, vers 1613) et chez Sacchi (*Saint Antoine de Padoue ressuscite un mort*, entre 1631 et 1636, Londres, coll. Denis Mahon[7]). L'heure matinale, la fragmentation de l'idole s'inspirent directement du texte biblique. Sa représentation de l'Arche d'alliance et du propitiatoire placé sur sa partie supérieure suit exactement la description figurant dans l'Exode 25, 10-16 et 17-21. Poussin s'est efforcé de rendre les détails archéologiques avec la plus grande précision possible, découvrant sans doute un modèle iconographique dans la Bible illustrée de Gabriele Simeoni parue en 1565[8]. L'action est placée dans un décor d'architecture à la perspective fuyante, dont la parenté avec la *Scena tragica* de Vitruve reconstituée par Serlio a souvent été soulignée.

Pour rendre les passions exprimées par les figures elles-mêmes, le peintre s'est servi de trois procédés distincts : le langage gestuel, la pose antique et la sémantique des caractères physiques.

Sandrart et Bellori interprètent le geste de la paume de main levée, accompli par le Philistin qui s'avance à gauche vers le spectateur, comme un geste de répulsion (Sandrart : *Abscheuen* ; Bellori : *ispavento*). Il se rattache au canon des gestes rhétoriques communément admis et considéré depuis Quintilien comme un héritage du monde antique. John Bulwer l'illustra dans sa *Chirologia und Chironomia* de 1644, ouvrage répandu dans toute l'Europe et devenu pour ainsi dire le « premier manuel des sciences de la communication ». Ce geste y symbolise l'*Execratione repellit* ; il ressemble au mouvement d'effroi du jeune enfant situé sur la droite du tableau de Poussin (Bellori : *timore*). Pietro Testa utilise ce motif pour le personnage horrifié de sa planche représentant la *Mort de Sinorix*[9]. Ce geste de répulsion s'inscrit aussi dans une tradition figurative remontant à l'Antiquité, dont l'illustration la plus fréquente est fournie par les sarcophages s'inspirant des légendes de Méléagre et d'Hippolyte[10].

Le tableau montre d'autres gestes significatifs de ce type : les gestes d'effroi et d'admiration des deux Philistins situés derrière l'homme au drapé bleu (Philistin au vêtement jaune : main ouverte levée et repliée vers l'arrière correspondant à l'*Admiratur* chez Bulwer) ; geste d'argumentation de l'homme dressé exactement au centre de la toile qui tente visiblement de s'expliquer le miracle de manière rationnelle (index et majeur touchant la paume de la main opposée : *Argumenta digerit* chez Bulwer).

À cette symbolique gestuelle s'ajoute le message transmis par des poses particulières. Le centre de la composition est formé sans conteste par le groupe pyramidal de la femme morte sur laquelle se penche un homme qui tente doucement d'écarter un nourrisson du sein de sa mère. Bellori reconnut déjà ici le modèle fourni par la gravure de Raimondi d'après Raphaël ; Blunt[11], quant à lui, identifia ce

motif comme la transposition picturale de la description donnée par Pline l'Ancien d'un tableau d'Aristide représentant une mère mourante qui repousse son nourrisson de crainte qu'il ne boive son sang à la place du lait de son sein tari. Sebastian Schütze a montré récemment dans une conférence, que ce tableau avait valu à Aristide d'être célébré, d'Alberti à Lomazzo, comme le précurseur et le modèle de la représentation des *affetti*[12]. Poussin ne s'est pas contenté de changer l'orientation du groupe de Raphaël ; il a aussi modifié l'attitude de la mère en s'appuyant sur d'autres modèles. On ne pourra qu'être convaincu ici du rapprochement proposé par Elizabeth Cropper, qui évoque la statue d'une *Amazone mourante* découverte en 1514 et reproduite en dessin par Frans Floris dans les années 1540 (fig. 1), avant que l'enfant placé contre son sein ne soit retiré à l'occasion d'une restauration au XVIIᵉ siècle. Cette statue – sans l'enfant – se trouvant aussi dans le *Museo Cartaceo* de Dal Pozzo (Windsor I, fol. 68, 8227), elle était certainement connue de Poussin qui était vraisemblablement au courant de son état initial[13]. L'artifice consistant à « basculer » vers l'extérieur une figure inerte occupant la partie inférieure du tableau, afin de créer un pont émotionnel vers le spectateur, n'est pas nouveau en soi, comme le révèle l'exemple du *Martyre de sainte Ursule* réalisé sans doute en 1600 par Ludovic Carrache et conservé à l'église San Domenico d'Imola (fig. 2). Poussin enrichit ici cette formulation pathétique en lui adjoignant la dimension émotionnelle fournie par un modèle antique proche du sujet de son tableau.

Les critiques anciens accordent enfin une grande importance au message contenu dans les caractéristiques physiques des différents personnages. Bellori souligne il *languore delle membra* de l'homme prostré sur la droite de la toile, tandis que Le Brun note dans son intervention la *langueur qui paraissait dans le mouvement de chaque figure*. Des figures étendues ou assises de pestiférés qui doivent soutenir leurs membres, telle la vieille femme ; qui ne parviennent plus à se relever comme le jeune homme à droite ; ou encore qui laissent tomber un bras derrière leur tête, à l'instar de l'antique *Amazone mourante*, ou du fils mort de Niobé dont le geste se retrouve aussi bien dans le cadavre de la jeune mère que dans l'adolescent mourant à l'extrémité gauche du tableau.

Le contraste entre le visage hâve et gris de la vieille malade, et les traits tendus de la jeune femme qui se penche sur elle, est restitué avec une exactitude saisissante. Un rapprochement a déjà été établi entre le visage de la vieille et la « Peste » de l'*Iconologia* de Cesare Ripa, mais il semble plus probable que Poussin se soit servi ici de modèles plus proches, telle l'antique *Vieille femme ivre* mais surtout le masque de souffrance d'une vieille coiffée d'un foulard conservée dans les collections capitolines, modèles qu'il combinera d'une manière analogue quelques années plus tard dans l'*Enlèvement des Sabines* de New York[14]. Poussin répond donc aux exigences du *decorum* (ou convenance de la forme au fond) par l'adaptation et la transformation de modèles antiques, tout en renforçant leur potentiel émotionnel par le choix des couleurs. Le Brun admirait la *lumière faible* et les *teintes sombres*, expressions qui s'appliquent tant au chromatisme tempéré du tableau, qu'au contraste entre les chairs des vivants et des morts. Ainsi la couleur contribue-t-elle à la définition des caractères physiques des différentes figures[15].

Ces procédés servant la représentation des *affetti* ont chacun connu leur propre processus d'élaboration dans les œuvres précédentes de Poussin.

Le premier tableau de Poussin inspiré de l'histoire romaine est la *Mort de Germanicus* peint en 1627. Ses sources iconographiques sont connues depuis longtemps : outre la tapisserie de Rubens représentant la mort de Constantin que Louis XIII offrit à Francesco Barberini en 1625, et les médailles attiques ayant servi au

Fig. 2. Ludovic Carrache, *Martyre de sainte Ursule*, Imola, San Domenico.

personnage d'Agrippine, il s'agit essentiellement du sarcophage de *La Mort de Méléagre* qui se trouve aujourd'hui à Wilton House[16]. En dépit de ce recours à des modèles antiques, cette toile fut qualifiée avec justesse de « vénitienne » par Denis Mahon qui la considère au fond comme dépourvue de tout caractère classicisant[17]. Les quelques gestes, que l'on trouve partiellement déjà dans les modèles identifiés, sont dominés ici par l'impression générale d'un bas-relief aux nombreux personnages. C'est à peu près de la même époque que date la *Lamentation sur le Christ mort* de Munich qui confie pour la première fois à l'expression gestuelle du deuil et du désespoir une part essentielle du message du tableau, lui subordonnant entièrement l'attitude des personnages. Pierre Rosenberg a souligné à juste titre que de tels tableaux, dans lesquels la manifestation des sentiments est aussi directe et « peu contrôlée » sont rares dans l'œuvre de Poussin[18]. Le geste de Marie-Madeleine qui se jette le bras et la main tendus au-dessus du corps du Christ, et celui de saint Jean qui tord ses mains entre ses genoux (geste correspondant à la *Tristitiae animi signo* chez Bulwer) sont des motifs fréquents depuis la fin du Moyen Âge, comme Moshe Barasch l'a démontré dans un autre contexte[19].

Cet emprunt au vocabulaire courant des grands gestes pathétiques, évident dans la *Lamentation* de Munich, fut suivi par la volonté d'atteindre, précisément au moyen de ces motifs, l'agitation extatique des grands autels baroques de son temps. Ce furent le *Martyre de saint Érasme* pour Saint-Pierre de Rome, commandé en 1628 et payé en 1629 (fig. 3), et la *Madone du Pilier* (ou *Apparition de la Vierge à saint Jacques le Majeur*, fig. 4) réalisé peu avant 1630 pour Valenciennes. Ces deux peintures sont

Fig. 3. Nicolas Poussin, *Martyre de saint Érasme,*
Vatican, Pinacothèque.

Fig. 4. Nicolas Poussin, *L'Apparition de la Vierge à saint Jacques le Majeur* ou *Madone du Pilier*, Paris, musée du Louvre.

dominées par un ensemble de gestes dont l'impétuosité et l'ardeur relient ensemble les différents personnages et niveaux de réalité, tout en créant une impression d'espace dynamique inscrit dans un axe oblique, qui était inconnu jusqu'alors dans l'œuvre de Poussin.

Dans le catalogue d'exposition du Grand Palais, on peut lire à juste titre, à propos du *Saint Érasme*, que Poussin « semble, à la fois, rechercher et écarter profondeur et mouvement[20] ». En effet, comparé à l'esquisse préparatoire d'Ottawa, le tableau achevé présente une composition plus comprimée encore dans l'espace, avec des figures resserrées dans un premier plan étroit, toute l'impression de tridimensionnalité procédant des seuls gestes et de la construction oblique qu'ils sous-tendent. Une analyse de l'art dramatique et mouvementé de Lanfranco, par exemple son *Portement de Croix* réalisé en 1622-1624 pour S. Giovanni dei Fiorentini (fig. 5), me semble ici évidente. Regards et gestes relient entre eux les différents acteurs et les diverses parties de la composition, guidant le regard en une ample courbe dynamique du premier plan à gauche vers l'extrémité supérieure gauche de la toile. Poussin ne recule pas devant les regards pénétrants et les gestes déclamatoires. L'index pointé du prêtre va à l'opposé du regard tendu des bourreaux qui observent le martyr, symbolisant par cette antinomie ce que les personnages rassemblés attendent du saint : son abjuration et son adhésion à la religion païenne. En même temps, ce geste retient la diagonale qui tendrait à s'échapper à l'extrémité inférieure gauche du tableau afin de concentrer l'action à l'intérieur du cadre. Rien n'indique une prolongation de la scène hors des limites du tableau : ce dernier n'est pas un détail extrait au hasard d'une réalité « naturelle », il est la seule réalité. Selon Marc Fumaroli, les attitudes antithétiques du prêtre païen et du martyre, l'opposition entre le geste déclamatoire et passionné du rhéteur et l'héroïsme muet du supplicié, définissent aussi les positions morales des protagonistes[21]. Par cette fusion entre composition et message moral, et par le haut degré d'abstraction de la scène, ce tableau d'autel témoigne déjà d'une étude approfondie de la structure du *Massacre des Innocents* de Guido Reni sur lequel nous reviendrons plus loin.

Fig. 5. Giovanni Lanfranco, *Portement de Croix*, Rome, San Giovanni dei Fiorentini.

C'est sous cette lumière qu'il faut comprendre le récit de Sandrart concernant le jugement porté respectivement sur le tableau d'autel de Poussin et sur son pendant, le *Martyre de saint Procès et saint Martinien*, peint quelque temps après par Valentin de Boulogne : « … là où Poussin a su plaire par le rendu des passions et des affects, et par l'invention, Valentin l'a surpassé par un naturalisme vrai, la puissance du coloris et l'harmonie des couleurs[22]. » La mise en scène de Valentin, qui plaça délibérément le martyr au second plan par le truchement d'une figure-repoussoir tournant le dos au spectateur, apparaissait comme le détail spontané et naturel d'une action se déroulant indépendamment du spectateur. Ce dernier assiste au martyre à travers les yeux d'un passant venu là par hasard. À l'opposé, la synthèse complexe opérée par Poussin entre la composition et l'expression des passions, synthèse que Sandrart définit sous le terme d'« invention », fut de toute évidence parfaitement comprise par les critiques contemporains.

Il a été souligné que la *Madone du Pilier* était le fruit d'une étude approfondie des tableaux d'autel « baroques » et, partant, de la rhétorique picturale du pathos et de l'extase établie par la Contre-Réforme. Poussin l'aurait peint pour rivaliser avec une *pala* du même sujet exécutée vers 1615 par Carlo Saraceni pour l'église Santa Maria de Monserrato[23]. Il faut pourtant citer ici comme maillon intermédiaire l'*Apparition de la Vierge à saint Bruno*, tableau envoyé par Simon Vouet à Naples en 1626, qui unit la Vierge et la figure isolée du saint en une diagonale déterminant l'ensemble de la composition. Le rapprochement entre l'univers spatial et psychologique de la Vierge et du saint, et l'égalité de leur relation, que Fumaroli analyse dans la *Madone du Pilier*, se rencontrent déjà chez Vouet. La représentation des témoins de la vision du saint, et l'évocation de leurs différentes réactions, témoignent en outre de la part de Poussin d'une connaissance du groupe compact des apôtres rassemblés autour du tombeau vide de Marie, dans l'*Assomption* peinte par Annibale Carrache pour la chapelle Cerasi à Santa Maria del Popolo. Le saint Pierre d'Annibale, avec le geste classique de l'attestation, est tourné parallèlement au plan du tableau et, comme le remarque Fumaroli, élevé au rang d'orateur recevant l'inspiration divine au-dessus d'un socle formé par une figure « indigne » qui se jette dans la poussière jusqu'à s'y anéantir[24]. Comme le note aussi Fumaroli, la source d'inspiration est sans conteste Caravage, et on peut se demander dans quelle mesure Poussin, en citant cette figure, n'a pas voulu en même temps reprocher à l'art caravagesque son manque de *decorum*.

Dans le *Saint Érasme*, comme dans la *Madone du Pilier*, Poussin utilise avec brio le langage gestuel baroque, auquel il avait accordé pour la première fois un rôle déterminant dans la *Lamentation* de Munich, en l'intégrant dans la composition d'une manière si convaincante que le message des gestes dépasse l'émotion indivi-duelle des différents personnages. Les gestes encore « incontrôlés » de la *Lamentation* se trouvent progressivement pris dans un réseau de rapports thématiques. Qu'il s'agisse de la violence passionnée du prêtre païen dans le *Martyre de saint Érasme* ou de l'exagération du geste caractérisant le compagnon de saint Jacques prosterné au premier plan, les attitudes excessives apparaissent désormais comme le symbole d'une infériorité morale. Il en demeurera ainsi chez Poussin, que ce soit dans le maître félon de *Camille et le maître d'école de Faléries* de 1637, ou dans la mauvaise mère du *Jugement de Salomon* (1649) du Louvre.

Pour conférer au geste individuel une signification dépassant l'émotion ponc-tuelle, et transformer un sentiment fugitif en message moral, deux possibilités s'of-fraient au peintre : soit intégrer ces gestes et sentiments au sein d'une structure for-melle, comme dans les cas évoqués ci-dessus, soit les associer à une pose ou attitu-de elle-même chargée d'un message spécifique. Ces deux modes de « contrôle » des passions s'annoncent déjà dans le *Saint Érasme* et dans la *Madone du Pilier*. Comme l'a souligné Oskar Bätschmann, c'est d'une manière extrêmement complexe – tant au niveau de la forme que du contenu – que Poussin explore, dans l'*Écho et Narcisse* de Paris, les possibilités expressives contenues dans la pose antique et plus particu-lièrement dans la *Mort des Niobides*. La parenté entre cette pose et celle de nom-breuses autres figures de la première période du peintre, ainsi que l'association par Poussin de différents modèles d'inspiration ne feront pas l'objet ici d'une nouvelle analyse ; en revanche il convient de noter que Denis Mahon avait déjà reconnu dans la pose de Narcisse la préfiguration de la mère morte de la *Peste d'Asdod*. Comme dans la *Lamentation* de Munich, Poussin s'intéresse ici, dans une composition com-portant peu de personnages, à des thèmes pathétiques qu'il n'avait pas traités auparavant – la mort, la tristes-se et le désespoir –, les plaçant dans le cadre familier d'un paysage (nous igno-rons l'aspect revêtu par *La Prise de Jérusalem* peint en 1625 pour Francesco Barberini et disparu depuis[25]). Le pro-cessus qui conduisit Poussin à quitter progressivement les bacchanales et pas-torales d'inspiration titianesque pour

Fig. 6. Nicolas Poussin, *Massacre des Innocents*, Paris, musée du Petit Palais.

se consacrer aux différents modes d'expression des *affetti,* contenus notamment dans les modèles antiques, connut à travers la commande des deux tableaux d'autel une accélération et un élargissement décisifs, dans la mesure où ces *pale* obligèrent Poussin à étudier en profondeur l'art contemporain et ses traditions. Ainsi Poussin ne prit-il véritablement connaissance de l'art de Raphaël, d'Annibale Carrache et du Dominiquin qu'autour de 1630, nonobstant le fait qu'il ait déjà pris auparavant des cours auprès du Dominiquin[26]. Il lui restait désormais à représenter une histoire aux nombreux personnages relevant du *genus grave,* dans un style qu'il avait admiré dans le *Martyre de saint André* du Dominiquin ou encore dans ses fresques de Saint-Louis-des-Français. Ce genre se prêtait au choix d'un format horizontal et d'un arrière-plan architectural propre à servir de cadre à l'action.

Le procès de Valguarnera nous révèle que Poussin commença la *Peste d'Asdod* en 1630, que le tableau était visiblement à la disposition d'éventuels acheteurs et donc qu'il n'était donc pas un tableau de commande. En l'absence d'un commanditaire, Poussin dut lui-même se fixer comme objectif la réalisation d'un tableau d'histoire narratif, genre suprême de la peinture, en opérant la synthèse de toutes les expériences rassemblées jusqu'alors[27]. Il devait être conscient des difficultés qu'il avait rencontrées dans ses deux tableaux d'autel pour rendre l'effet de profondeur par le biais de l'étagement des figures, difficultés qu'il n'avait pu surmonter qu'à l'aide d'une composition aux fortes tensions linéaires mettant en présence un nombre réduit des personnages. La solution était le théâtre au double sens du terme : d'une part le choix d'une scénographie à connotation noble et tragique empruntée à une gravure de Serlio, qui sert ici de point de départ à la reconstitution d'un forum vitruvien comme le montre C. L. Frommel dans cet ouvrage ; d'autre part l'utilisation de la boîte optique décrite par Sandrart, Bellori et Le Blond de la Tour, utilisation qui apparaît de manière évidente dans le présent tableau[28].

On peut citer comme préludes deux œuvres discutées qui révèlent comment Poussin est parvenu progressivement à rendre la profondeur et à tirer parti du modèle de la *Scena tragica* : le *Massacre des Innocents* du Petit Palais (fig. 6) et un dessin relatif à la *Peste d'Asdod* (fig. 7). Ce dernier, accepté par Blunt et Oberhuber, mais non, récemment, par Rosenberg et Prat[29], serait peut-être une copie qui peut néanmoins

être rattachée au travail préparatoire au grand tableau de Poussin. Ces deux œuvres montrent une étonnante similitude dans le traitement de l'espace et du décor architectoniques, et dénotent l'étude des fonds architecturaux à demi fermés des premières fresques du Dominiquin, mais aussi la connaissance de l'*Incendie du Bourg* de Raphaël et des gravures de Raimondi reproduisant le *Massacre des Innocents* et la *Peste de*

Fig. 7. Nicolas Poussin (?), dessin préparatoire à la *Peste d'Asdod*, Paris, musée du Louvre, département des arts graphiques, Inv. R.F. 751.

Phrygie. Le *Massacre des Innocents* de Paris substitue à la composition en frise de *La Mort de Germanicus* une succession de figures isolées et de groupes de personnages au langage gestuel et aux poses caractéristiques, placés sur une scène au décor d'architectures proche du *Martyre de saint André* peint par le Dominiquin pour San Gregorio Magno. Le groupe formé par le soldat de gauche saisissant par les cheveux une femme tombée à terre s'inspire d'un sarcophage aux Amazones, qu'Elizabeth Cropper cite comme modèle pour le tableau de Chantilly, et dont il sera question plus loin[30]. Pourtant, alors que ce motif trahit encore dans la version parisienne un emprunt quasiment direct, il sera inversé dans le tableau de Chantilly et combiné au motif de la femme qui tente à l'extrémité droite de retenir l'un des bourreaux. La mère désespérée arrachant son vêtement au premier plan de la version parisienne apparaît comme la sœur de la Vénus-Madeleine de l'*Adonis pleuré par Vénus* de Caen[31]. Il s'agit ici, comme souvent chez Poussin, du prolongement logique d'un motif que le peintre combine à des gestes d'automutilation liés au deuil et à la mort, gestes relevant d'un répertoire traditionnel déjà utilisé pour la *Lamentation* de Munich[32]. La femme qui s'enfuit vers la droite, le bras tendu en avant, apparaît comme une réminiscence des attitudes de fuite classiques dans la peinture du début du Seicento – et fréquemment utilisées aussi par le Dominiquin[33] –, tout en révélant la connaissance du fameux *Massacre des Innocents* de Guido Reni[34]. La grande qualité du tableau et sa facture légère parlent en faveur d'une datation proche du *Triomphe de David* du Prado qui fut récemment défini par Rosenberg comme un important tableau de transition réalisé vers 1628-1629[35].

Proche par sa composition du *Massacre des Innocents* de Paris, le dessin préparatoire à la *Peste d'Asdod* tente d'étager deux frises de personnages analogues. Des figures inanimées – parmi lesquelles on reconnaît à nouveau le type du Christ-Adonis-Narcisse – occupent la partie inférieure du dessin, à l'instar des enfants morts du tableau du Petit Palais. Il s'agit d'un stade où la *Scena tragica*, l'*Amazone morte*, ou encore des détails comme la reconstitution fidèle de l'Arche d'alliance, ne jouent encore aucun rôle au sein de la composition. On y reconnaît les prémisses d'un rapprochement avec le *Morbetto* de Raimondi, et l'arrière-plan architectonique n'est pas sans rappeler celui de la *Charité de saint Roch* d'Annibale Carrache dont Poussin possédait peut-être une gravure.

La version définitive du tableau est manifestement le résultat d'un long processus qui coïncide avec une révélation dans la compréhension de Raphaël et du Dominiquin. Filtré par l'interprétation qu'en donne le Dominiquin dans sa fresque *Sainte Cécile distribuant l'aumône*, l'*Incendie du Bourg* de Raphaël revêt une signification déterminante pour la *Peste d'Asdod*, tant pour la distribution des accents au sein de la composition, que pour le parti pris de ne peupler le premier plan que de quelques groupes significatifs à valeur d'archétypes, dont la taille est résolument supérieure à celle des personnages situés vers l'arrière[36]. Les références discrètes à la *Mise au tombeau* de Raphaël (galerie Borghèse) et à l'Euclide de son *École d'Athènes*, à l'arrière-plan de la composition, indiquent clairement quel était alors l'objet des études de Poussin.

Comme dans *Écho et Narcisse*, le message émotionnel des différentes figures se trouve chargé d'une dimension universelle et soustrait à la réalité éphémère, par une fusion avec des poses ou principes de composition puisés dans l'Antiquité, ou dans un art contemporain classicisant marqué par l'influence de Raphaël. À ces références s'ajoute l'expérience acquise avec le *Saint Érasme* et la *Madone du Pilier*, qui permirent à Poussin une confrontation avec l'iconographie post-tridentine, et avec la puissance suggestive de son langage gestuel dont Ludovic Carrache avait fourni les premiers prototypes. On décèle sans peine la parenté entre le groupe compact et agité des Philistins rassemblés devant le temple de Dagon et les compagnons de saint Jacques. L'étude intensive de l'art contemporain, encouragée par la commande des deux tableaux d'autel, entraîna un enrichissement du « fonds » de modèles à la disposition du peintre : l'enfant qui semble entrer dans le tableau à l'extrémité droite a été rapproché par Christiane Boeckl de l'Amour présent dans le *Rapt d'Hélène* peint par Reni[37]. S'il est difficile de savoir si l'on peut affirmer avec Doris Wild que la figure de l'homme s'avançant à gauche vers le spectateur est inspirée de la *Charité de saint Roch* (Dresde) d'Annibale Carrache[38], il semble néanmoins que cette œuvre d'Annibale ait joué dans son ensemble un rôle dans la composition de la *Peste d'Asdod*. Louée au XVIIᵉ siècle notamment pour sa représentation réussie des *affetti*, elle avait déjà inspiré au Dominiquin sa *Sainte Cécile distribuant l'aumône* avant d'être citée une nouvelle fois par Poussin dans *Les Israélites recueillant la manne dans le désert*[39].

La tentative entreprise dans le premier *Massacre des Innocents* de rompre la composition en frise du *Germanicus*, au profit de groupes émotionnels isolés, conduisit à une juxtaposition presque additive de trois actions distinctes. Dans la *Peste d'Asdod*, Poussin s'efforce de fondre ces groupes dans un ensemble pictural en essayant de se dégager du premier plan et d'exploiter l'effet de profondeur. Au cours d'une conférence de l'Académie de Paris tenue le 5 novembre 1667 autour de *La Manne* de Poussin, Le Brun reconnaîtra explicitement à la peinture, en faisant référence aux pratiques théâtrales (!), le droit de recourir au principe consistant à réunir plusieurs événements sur une seule et même toile : « ... si, par les règles du théâtre, il est permis aux poètes de joindre ensemble plusieurs événements arrivés en divers temps pour en faire une seule action, pourvu qu'il n'y ait rien qui se contrarie, et que la vraisemblance y soit exactement observée, il est encore bien plus juste que les peintres prennent cette licence, puisque sans cela leurs ouvrages demeureroient privés de ce qui rend la composition plus admirable et fait connoître davantage la beauté du génie de leur auteur[40]. »

Au cours de cette même conférence, Le Brun livrera aussi une clef permettant de comprendre comment la connaissance des modèles sculptés de l'Antiquité conduisit à leur assimilation et à leur utilisation dans la caractérisation physique des figures : « Mais ce qu'il fit observer de plus excellent dans cette rare peinture, [...] c'est la proportion de toutes les figures, laquelle M. Poussin a tiré des plus belles antiques, et qu'il a parfaitement accomodée à son sujet. » Le Brun rejoint ici ce qu'écrit Poussin dans une lettre, à propos de la *Manne* destinée à Chantelou : « J'ai trouvé [...] certaines attitudes naturelles, qui font voir dans le peuple juif la misère et la faim où il étoit réduit, et aussi la joye et l'allégresse où il se trouve ; l'admiration dont il est touché, le respect et la révérence... » – en d'autres termes, les *affetti*[41]. Leur potentiel émotionnel réside dans la transposition de l'attitude du *Laocoon* dans l'homme debout à gauche, de la pose de *Niobé* dans la femme à la poitrine dénudée, de celle du *Sénèque mourant* dans le vieillard à demi couché, de celle de l'*Apollon* dans l'adolescent portant une corbeille – pour ne citer que quelques-unes des typologies soulignées par Le Brun. C'est dans la *Peste d'Asdod* que Poussin utilise pour la première fois dans toute son étendue ce procédé de transformation, qui repose sur une connaissance entièrement assimilée et intériorisée de modèles antiques désormais à la libre disposition du peintre. L'aspect hétérogène du tableau, souvent constaté, résulte précisément de cette approche expérimentale. Aucun geste ou attitude expressive qui ne soit dicté par un symbolisme universel ou contrôlé par la référence à une norme. C'est exactement ce que veut dire Sandrart lorsqu'il utilise les termes *künstlich* et *affectuos*, le premier devant être interprété dans le sens d'« ingénieux, plein d'art », définitions ne contredisant en rien les « attitudes naturelles » évoquées par Poussin.

Comme l'a clairement montré Oskar Bätschmann, ce procédé est plus qu'une compilation de citations : c'est le produit d'une *electio*, d'un « jugement » conscient[42].

Indépendamment du sujet traité, il existait pour ce procédé des modèles que Poussin dut intuitivement reconnaître. Avant lui, un autre artiste avait contrôlé le potentiel émotionnel de ses figures par le recours aux modèles de la statuaire antique : c'était Guido Reni. Si Poussin ne l'a jamais expressément admiré, lui préférant toujours les œuvres du Dominiquin, il ne put cependant se soustraire à son influence, comme plusieurs tableaux le prouvent[43]. On peut citer ici pour exemple la *Judith* du peintre bolonais, réalisée avant 1623 et conservée vers 1630 dans la collection Ludovisi à Rome : une matrone antique avec la tête et le regard de Niobé, à côté d'elle l'*Alexandre mourant*, combiné avec le bras pendant de l'Arria du groupe *Paetus et Arria*[44]. Une « figure d'expression » dénuée de toute spontanéité et de tout caractère temporel, peinte peut-être trois ans après le *Samson arrêté par les Philistins* de Guerchin (New York) animé au contraire d'un tourbillon de gestes spontanés et incontrôlés.

Le procédé que Poussin a conduit à sa maturité dans la *Peste d'Asdod* s'apparente à celui de Guido Reni. Riche de l'expérience préalable de l'*Écho et Narcisse*, il conjugue gestes expressifs, attitudes physiques et modèles antiques. L'émotion individuelle, directe et impulsive, se trouve ainsi maîtrisée, domptée par la norme employée. Se rapprochant encore de Reni, Poussin applique ce procédé qu'il pousse alors à l'extrême dans le *Massacre des Innocents* de Chantilly (voir fig. 1 p. 256), toujours considéré comme une peinture à part et violemment discutée quant à sa datation. La parenté stylistique entre le dessin préparatoire de Lille (fig. 8) et celui préludant au *Martyre de saint Érasme* constitue le principal critère en faveur d'une datation vers 1629-1630. Comme dans la version parisienne, le dessin montre la mère essayant d'arrêter le bourreau en s'accrochant à lui de son bras gauche, alors que, dans le tableau de Chantilly, elle le retient d'un geste impuissant à l'éloquence d'autant plus dramatique[45]. À l'arrière-plan on reconnaît la petite figure d'une mère qui s'enfuit avec son nouveau-né, ainsi qu'un obélisque, motifs présents également dans la *Peste d'Asdod*. De tels parallèles conforteraient une datation du dessin autour de 1630 ; pourtant, cela ne veut pas nécessairement dire que le tableau fut exécuté immédiatement après cette feuille que le hasard a conservé et qui ne fut certainement pas la seule esquisse préparatoire.

Le tableau achevé adopte le principe d'une scène de théâtre, rendue par une plate-forme dessinée en perspective et légèrement surélevée par rapport au spectateur, détail unique dans l'œuvre de Poussin. Fort des expérimentations conduites dans la *Peste d'Asdod*, Poussin tente ici à l'instar de Guido Reni, de concentrer le message de la toile dans une seule figure – ou groupe de figures – élevée au rang de symbole sublimant le contenu pathétique d'un événement historique. On assiste ici à une fusion encore plus marquée des gestes expressifs et des modèles antiques utilisés par Poussin : fusion entre le groupe principal du *Massacre* de Paris et le sarcophage des Amazones, entre le visage de la mère et le masque tragique du théâtre antique, entre la mère qui s'enfuit et le bras levé d'une des filles de Niobé, entre ses cheveux défaits et les figures de pleureuses antiques ou médiévales (présentes aussi chez Raphaël), entre son chiton flottant au vent et les représentations antiques des Ménades[46]. Le rapport direct avec le *Massacre des Innocents* de Guido Reni, qui conjugue lui-même les modèles de la statuaire antique – notamment du groupe des Niobides – avec la gravure de Raimondi et le carton de tapisserie de Raphaël, a été souligné de longue date. Plus qu'à un emprunt de motifs, ces parallèles correspondent à une sorte de communion spirituelle avec l'œuvre peut-être la plus abstraite de Reni : avec son récit ramené à un symbolisme intemporel, ses figures concentrées sur une surface picturale conçue comme une « scène » à décor d'architectures, son mouvement dont les lignes antithétiques forment comme un triangle posé sur la pointe, laissant un vide au centre de la toile ainsi que le fait remarquer Bätschmann[47].

La complexité de ce tableau suppose l'expérience préalable de la *Peste d'Asdod* et rend une datation trop précoce impossible. Cette constatation est aussi étayée par des éléments stylistiques : les lignes de contour plus fermes qui s'annonçaient déjà dans la *Peste d'Asdod*, l'abandon de la manière et du coloris vénitiens (Poussin utilise ici pour la première fois exclusivement les couleurs primaires ou *colores simplices* définies dans l'optique scientifique de son temps – rouge, bleu, jaune, blanc et noir – à partir desquelles il développera un système chromatique élaboré[48]), le violent clair-obscur. La datation la plus tardive qui fut proposée émane de Doris Wild qui place le tableau en 1634-1635. Récemment, Elizabeth Cropper a plaidé à nouveau

Fig. 8. Nicolas Poussin, dessin préparatoire au *Massacre des Innocents*, Lille, musée des Beaux-Arts.

en faveur d'une réalisation après 1632, en faisant remarquer que la toile était accrochée avec des tableaux de Sandrart, Perrier et « Giusto Fiammingo » comme dessus-de-porte dans le Palazzo Giustiniani, et qu'elle avait marqué l'origine de cette série, étant la seule à présenter une perspective *da sotto in sù*[49]. Or cet argument autorise aussi un raisonnement inverse ; par ailleurs, les dimensions différentes, et les thèmes qui ne s'accordent pas nécessairement entre eux, ne permettent pas d'affirmer que la peinture de Poussin fut conçue à l'origine pour faire partie de cette série[50]. Enfin, la vue en légère contre-plongée ne découle pas obligatoirement d'une utilisation en dessus-de-porte : elle peut s'expliquer par le caractère théâtral voulu par le peintre. Au-delà de cette discussion, un détail singulier, qui a souvent été signalé, vient conforter l'hypothèse d'une datation tardive : le dessin exécuté par Joachim von Sandrart d'après la composition de Poussin ne coïncide pas avec la version achevée (mais sans doute avec une esquisse disparue). En outre, dans sa biographie du peintre, Sandrart place le tableau après le séjour de Poussin à Paris, erreur déconcertante qu'il n'aurait sans doute pas commise s'il avait déjà eu l'occasion, avant son départ de Rome en été 1635, de voir pendant plusieurs années cette toile – visiblement importante à ses yeux – accrochée dans la collection Giustiniani dont il avait la charge. Ainsi le tableau de Chantilly doit-il sans doute apparaître plutôt comme le produit mûri et tardif d'une confrontation avec un sujet qui avait connu un regain d'actualité après la parution du poème de Marino en 1632. Cette préoccupation, perceptible dans des dessins depuis la version du Petit Palais et la *Peste d'Asdod*, allait l'entraîner à rivaliser avec Guido Reni et à démontrer la maîtrise qu'il avait désormais acquise dans la représentation sublimée des passions.

La controverse entre Sacchi et Pierre de Cortone, entre les défenseurs du *disegno* et du *colore* s'opposant au sein de l'Académie romaine, controverse dont Denis Mahon souligna déjà l'importance dans l'œuvre de Poussin, ne fut probablement pas étrangère à la réalisation de cette toile[51]. Les partisans du « primat du dessin » prônaient une représentation claire et constituée d'un nombre réduit de figures, conditions nécessaires au rendu fidèle des réactions émotionnelles individuelles ou *affetti*. Le « tour de force » consistant à réduire le *Massacre des Innocents* à un seul groupe d'action, ainsi que le renoncement à l'éclat des couleurs vénitiennes, incitent à voir dans ce tableau l'affirmation de la position défendue par Poussin dans cette discussion[52], qui éclata au grand jour lorsque Cortone devint *Principe* de l'Académie de Saint-Luc en 1634. Mahon note également que Poussin a dû très vraisemblablement rencontrer à nouveau le Dominiquin au cours de l'hiver suivant et s'entretenir avec lui de leurs positions artistiques[53]. Au vu de ces réflexions, il est permis de défendre l'hypothèse selon laquelle le tableau aurait été achevé durant l'hiver 1634-1635, en couronnement d'une phase d'assimilation de l'art de Reni et du Dominiquin, illustrée notamment par le *Jeune Pyrrhus sauvé* et le *Saint Jean baptisant le peuple* du Louvre[54].

Cette fusion grandissante entre gestes expressifs et statuaire antique, qui trouve son point d'ancrage dans la *Peste d'Asdod*, s'inscrit dans une évolution plus vaste englobant littérature, rhétorique et musique, qui se trouvait au cœur des préoccupations de la politique des Barberini. Poète lui-même et héraut d'une poétique jésuite allant résolument à l'encontre du style de Marino taxé de lascif, Urbain VIII avait réclamé le retour à une latinité chrétienne et fait, en conséquence, purifier *all'antica* la langue des hymnes du bréviaire en 1631. Les *Poemata* du pape apparaissaient comme un renouveau de la poésie antique et comme une restauration de la *Dignitas*[55], comme autant d'exemples enfin d'une rhétorique et d'une littérature jésuites diffusées à dessein, pour défendre à travers le recours à Cicéron et à Quintilien les règles de bienséance chrétiennes et la puissance de l'Église. Cette rhétorique aspirait à s'affirmer comme une instance de contrôle universelle s'appuyant sur l'utilisation des moyens d'expression des passions sanctionnés par les auteurs latins[56]. Dans les débats littéraires de l'époque, qui dépassaient largement les frontières des États de l'Église, le style devint une question morale et éthique. De la même manière – pour reprendre un rapprochement familier à Poussin –, les compositeurs et théoriciens de la musique s'efforcèrent de préciser le contenu émotionnel de la musique ; en pratique, par l'élaboration de formes musicales fixes sur le modèle poétique des strophes ; en théorie, par la référence aux modes de la musique grecque antique. Giovanni Battista Doni, jusqu'en 1629 familier de Francesco Barberini et ami de Galilée, d'Athanasius Kircher et du Dominiquin, élabora une théorie de l'expressivité des *modi* ou tonalités de la Grèce antique. Son *Compendio del Trattato de'Generi e de'modi della Musica* parut en 1635 et d'autres écrits furent publiés plus tard ou à titre posthume ; pourtant ses idées circulaient déjà, car il n'était pas le seul à s'être intéressé à l'utilisation concrète des modes grecs. À l'instar de son correspondant parisien Marin Mersenne et d'Athanasius Kircher, Doni transposa systématiquement à la musique la terminologie de la rhétorique quintilienne et cicéronienne[57]. Pour la première fois, il entreprit une reconstitution scientifique de ce système d'expression des passions, reconstitution fondée sur l'exploitation de toutes les sources disponibles qui devait permettre de « jouer » les différents modes avec des instruments que Doni se proposait également de concevoir. Pour son répertoire d'instruments antiques, il copia au moins six dessins extraits du *Museo cartaceo* de Cassiano Dal Pozzo ; sa fameuse *Lyra Barberina* dut le satisfaire, car il écrivit en 1633 à Marin Mersenne à Paris qu'elle fonctionnait fort bien. Doni persuada plusieurs compositeurs, parmi lesquels Frescobaldi, Rossi, Mazzocchi et Pietro della Valle, d'écrire des musiques pour ses instruments expérimentaux[58]. Plusieurs contemporains emboîtèrent le pas de Doni et du Dominiquin, construisant ou dessinant de nouveaux instruments de musique – expérimentaux mais prétendus antiques – qui devaient servir à la restitution des modes grecs et à l'élargissement des possibilités expressives de la musique, afin d'investir cette dernière du potentiel affectif du discours antique[59].

Vu les liens étroits qui rapprochaient le mécène de Poussin Cassiano Dal Pozzo et les Barberini, eux-mêmes fort proches de Doni, et vu aussi les relations entretenues par Poussin et le Dominiquin, il est impossible que le peintre n'ait pas été au courant des discussions de théorie musicale et de rhétorique qui passionnaient ce milieu. De même, il connaissait certainement les concerts des Barberini, attestés dès les années 1620 et qui culminèrent avec l'inauguration d'un opéra particulier aménagé en 1632 dans le Palazzo Barberini[60]. Il les a même sans doute suivis avec intérêt, dans la mesure où le Dominiquin, qu'il admirait et qui était considéré comme le maître du rendu des *affetti*, était passionné par ces recherches. Le fait que Poussin, dans sa fameuse lettre de 1647 à Chantelou[61], exprime ses réflexions sur les modes musicaux en analogie avec sa peinture, est loin d'être fortuit : cette lettre est

Fig. 9. Giovanni Francesco Barbieri Guercino, *dit* Guerchin,
Suzanne et les vieillards, vers 1617 , Madrid, musée du Prado.

Fig. 10. Giovanni Francesco Barbieri
Guercino, *dit* Guerchin,
Suzanne et les vieillards, 1649-1650,
Parme, Galleria Nazionale.

le signe de sa grande sensibilité à l'égard de l'expression visuelle des passions de l'âme et du *decorum* dans toutes les formes de création artistique. La confrontation entre la *Peste d'Asdod* et l'*Empire de Flore* de Dresde, dont on a prouvé la contemporanéité, révèle clairement que la question des *modi* préoccupa très tôt le peintre.

Perceptible à Rome autour de 1630, cette tendance à la standardisation des formes d'expression artistique, par un rattachement aux modèles de l'Antiquité, n'est ni un phénomène isolé propre à la peinture, ni une invention de Poussin. Ce dernier l'a suivie bien sûr avec un intérêt particulier et transposée de manière déterminante dans son art. Ce n'est plus ici le motif qui joue le rôle principal mais, ainsi que le confirmera Le Brun, des éléments comme les gestes, la pose ou la constitution physique, c'est-à-dire le *modus* qui contribue à traduire l'attitude morale des différentes figures[62]. Loin de rester la seule préoccupation de Poussin, ce tournant dans l'expression des passions humaines toucha l'ensemble de l'évolution artistique. Il suffit pour s'en convaincre de comparer la première version de *Suzanne et les vieillards* de Guerchin, datée de 1617 (fig. 10) et le second tableau sur le même thème exécuté en 1649-1650 (fig. 11), dans lequel la spontanéité de l'action a cédé la place au caractère exemplaire et moralisateur d'une composition imprégnée des gestes rhétoriques et des modèles antiques[63]. Cette évolution fut communément imputée à l'influence de Reni sur Guerchin, mais il apparaît qu'elle correspond *de facto* au produit d'un processus plus général auquel Reni participa d'ailleurs de manière décisive, tout comme Poussin. Autour de 1600, la peinture s'était conformée aux exigences de la Contre-Réforme, qui prônait un art dont l'émotion serait compréhensible par tous. On assista donc à des expérimentations stylistiques, qui peuvent en grande partie être qualifiées de « naturalistes » pour avoir recherché la catharsis dans l'expression directe des passions. Ludovic Carrache et Caravage apparaissent comme les principaux initiateurs de ce courant. Trente ans plus tard, la balance penche à nouveau vers la norme, et principalement celle de l'Antiquité.

Étroitement lié à Poussin durant une certaine période, Pietro Testa s'exprime lui aussi sur le thème du contrôle des *affetti* dans ses notes rédigées en vue d'un traité sur la peinture. Le sentiment exacerbé et irrationnel, note-t-il, est opposé à la *virtus* et doit être purifié – au sens de la *catharsis* aristotélicienne – par le biais des modèles antiques. Testa suivait ainsi le philosophe grec pour lequel la vertu ne résidait pas dans l'absence des passions, mais dans un « juste milieu » entre leurs manifestations extrêmes[64]. De la même manière, Poussin accordait un rôle décisif à la *mediocritas* – ou sobriété, mesure –, notion également au cœur du débat qui opposa Andrea Sacchi et Pierre de Cortone[65].

En France, cette traduction « contrôlée » des *affetti* rencontra un terrain particulièrement nourricier, tant sur le plan stylistique que théorique ; elle devait même devenir la véritable caractéristique du « grand goût ». Il se développa une « civilité » qui comptait parmi les preuves de l'« honnêteté », c'est-à-dire de l'appartenance à la haute société, dont le critère fondamental était précisément la « contenance », ou contrôle des passions individuelles[66]. En 1649 parut le traité sur les *Passions de l'âme* de Descartes, tentative d'expliquer scientifiquement les réactions physiques provoquées par des phénomènes psychiques et de leur apporter une interprétation morale. Selon Descartes, les affects sont contrôlés par le cerveau et s'extériorisent directement par les gestes et mimiques. Moins il y a de contrôle ou de « raison », plus le corps se déforme ; en revanche, la faculté de percevoir les sentiments de l'âme apparaît comme la garante d'une existence civilisée[67]. L'apprentissage d'une perception contrôlée des passions devient ainsi un but de l'éducation sociale, il contribue à l'« enculturation » – pour reprendre un terme de la sociologie moderne. Cet apprentissage est notamment favorisé par la représentation des *affetti*[68] dans les arts. Norbert Elias[69] a mis en lumière il y a longtemps le rapport entre cette nécessité d'une maîtrise de soi et le régime politique de l'absolutisme avec sa vie de cour, notamment à la cour de France dont les formes raffinées allaient donner le ton dans toute l'Europe. C'est l'extension de ce progrès civilisateur qui allait permettre à la *Peste d'Asdod*, quarante ans après son achèvement, d'être comprise aussi bien par Bellori, Champaigne et Le Brun que par Sandrart. Poussin a élaboré au moment décisif le modèle qui convenait à son pays, en passe de devenir la plus grande puissance absolutiste d'Europe. Le cadre était la Rome des alentours de 1630. De manière significative, c'est la cour française qui, par le biais de l'axe Rome-Paris établi par le cercle francophile des Barberini, allait s'approprier la première ce modèle culturel de la maîtrise des passions, modèle qu'Urbain VIII avait pourtant encouragé pour renforcer la puissance des États de l'Église et des jésuites[70].

Il serait faire du tort à Poussin que de lui prêter des intentions psycho-sociales ou socio-politiques. Pour la postérité, son changement de style apparu à Rome vers 1630 n'en ouvre pas moins une fenêtre sur un bouleversement révolutionnaire : « Il [le style] est un signe d'unité artistique, une unité qui n'a pas été (ou n'a été que partiellement) atteinte intentionnellement, mais qui est résumée *a posteriori* par l'historien, et dont on peut aussi prouver la valeur pour des domaines extra-artistiques de la vie et de la société[71]. »

1. Joachim von Sandrart, *Teutsche Academie der Edlen Bau-, Bild- und Mahlerey-Künste*, Nuremberg, 1675, Ed. A.R. Peltzer, Munich 1925, pp. 29 et 258.

2. Giovan Pietro Bellori, *Le vite de'pittori, scultori e architetti moderni*, ed. a cura di Evelina Borea, Turin, 1976, p. 430 (passages soulignés par l'auteur de la présente étude).

3. André Fontaine, *Conférences inédites de l'Académie Royale de Peinture et de Sculpture*, Paris, 1903, p. 112-115 (passages soulignés par l'auteur); cette conférence fut reprise trois fois en raison de son importance : en 1681, 1683 et 1695.

4. Annette Nicopoulos, *Die Stellung Joachim von Sandrarts in der europäischen Kunsttheorie*, thèse dactylographiée, université de Kiel, 1976, p. 79; selon cet auteur, Sandrart s'est inspiré de Bellori pour sa biographie de Poussin. Catherine Krahmer avait pourtant démontré que Sandrart n'avait pris connaissance des *Vite* de Bellori qu'après 1675 et que son édition de 1679 ne portait elle-même que des traces minimes de l'influence de Bellori. Voir Christian Klemm, *Joachim von Sandrart. Kunst-Werke und Lebens-Lauf*, Berlin, 1986, p. 18, note 32.

5. Anthony Blunt, *Nicolas Poussin*, volume de texte, Londres-New York, 1967, p. 94.

6. Ier Livre de Samuel, V, 1-6.

7. Voir l'analyse médico-historique de H.H. Mollaret et J. Brossolet, « Nicolas Poussin et *Les Philistins frappés de la peste* », *Gazette des Beaux-Arts* 111 (1969), pp. 171-178.

8. Christine M. Boeckl, « A New Reading of Nicolas Poussin's The Miracle of the Ark in the Temple of Dagon », *Artibus et Historiae* 24 (1991), pp. 119-145.

9. Voir John Bulwer, *Chirologia : or the Natural Language of the Hand and Chironomia : or the Art of Manual Rhetoric*, Ed. J.W. Cleary, avant-propos de D. Potter, Londres-Amsterdam, 1974, planche D, (f) « Admiratur », (q) « Argumenta digerit », (w) « Execratione repellit »; esquisse de Testa conservée à New York, Metropolitan Museum, vers 1640, voir Elizabeth Cropper, *Pietro Testa*, catalogue de l'exposition de Philadelphie, 1984, p. 115, n° 57.

10. Moshe Barasch, *Gestures of Despair in Medieval and Early Renaissance Art*, New York, 1976, p. 25 *sq.* Olivier Bonfait, dans *Roma 1630. Il trionfo del pennello*, catalogue de l'exposition de l'Académie de France à Rome, Villa Médicis, Rome-Milan, 1994, p. 168, propose de voir dans cette figure l'« observateur stoïque » tel que se définit lui-même l'historien Mascardi dans sa lettre envoyée à Achillini à Bologne, à propos des événements qui frappèrent alors le Nord de l'Italie; les discussions sur la nature de la peste auxquelles participa notamment Mascardi n'auraient pas été sans influencer le tableau de Poussin.

11. Blunt, *op. cit.* note 5, p. 94.

12. Sebastian Schütze, « Poussin, Aristide de Thèbes et la représentation des *affetti* dans la peinture italienne au début du XVIIe siècle », conférence du 21 octobre 1994 dans le cadre du *Colloque international Nicolas Poussin*, 19-21 oct. 1994, Paris, musée du Louvre.

13. Elizabeth Cropper, « Vincenzo Giustiniani's "Galleria", the Pygmalion Effect », *Quaderni Puteani III*, Milan, 1992, p. 124; du même auteur, « Marino's "Strage degli Innocenti", Poussin, Rubens, and Guido Reni », *Studi Seicenteschi XXXIII* (1992), p. 152 *sq.*; Frans Floris, carnet d'esquisses, Bâle, Kunstmuseum, fol. 19c, voir Phyllis Pray Bober et Ruth Rubinstein, *Renaissance Artists & Antique Sculpture. A Handbook of Sources*, Oxford, 1986, p. 179 *sq.*, n° 143a. Cropper 1992[1] remarque que Poussin avait peut-être aussi établi un lien entre l'Amazone mourante et la fameuse sculpture d'Epigonos décrite également par Pline et qui représente une femme morte embrassée par son enfant; la figure d'une mourante enlacée par son enfant, présente sur la gravure de Pietro Testa *Trois saints de Lucques intercèdent auprès de la Vierge en faveur des victimes de la peste* (1630-1631), apparaît néanmoins plus proche encore par son contenu de la description du groupe d'Epigonos; voir E. Cropper, *op. cit.*, 1984, p. 13 *sq.*, n° 7. On constate ici que parallèlement à Poussin, Testa s'est intéressé à ce motif et au modèle fourni par Raphaël. La mère mourante devint l'archétype de la représentation des épidémies mortelles; ainsi la retrouve-t-on par exemple chez Gabriel-François Doyen, dans sa *Délivrance de l'épidémie de petite vérole/guérison du saint Feu* de 1767 qui orne l'autel du transept sud de l'église Saint-Roch à Paris.

14. Sur le modèle fourni par Ripa, voir O. Bonfait, dans le catalogue de l'exposition de Rome, 1994, *op. cit.* note 10, p. 168. L'histoire de l'influence exercée par la tête de vieille femme des collections capitolines a récemment fait l'objet d'une étude par Thomas Döring, « Belebte Skulpturen bei Michael Sweerts. Zur Rezeptionsgeschichte eines vergessenen pseudo-antiken Ausdruckskopfes », *Wallraf-*

347

Richartz-Jahrbuch LV (1994), pp. 55-83. Page 78, l'auteur reconnaît le modèle ayant inspiré à Poussin la vieille femme dans l'*Enlèvement des Sabines* de New York et suppose à tort que Sweerts se serait servi de cette figure pour représenter la femme souffrante de sa *Peste dans une ville antique* (New York, coll. Saul P. Steinberg, dans Döring fig. 16 ; ce tableau fut gravé par Fittler, Andresen n° 331, voir « Catalogue des graveurs de Poussin par Andresen », traduction française abrégée... par G. Wildenstein, *Gazette des Beaux-Arts* LX, 1962, p. 183, ill. p. 167). En réalité, Poussin avait déjà opéré une fusion des deux modèles dans la vieille pestiférée de la *Peste d'Asdod*, figure que Sweerts reprend sur la gauche de son tableau paraphrasant celui de Poussin.

15. Le personnage prostré sur la droite, qui laisse tomber sa tête sur ses genoux, trouve déjà des anté-cédents dans des œuvres antérieures de Poussin, voir notamment le disciple endormi dans deux ver-sions du *Christ au jardin des Oliviers* conservées dans des collections particulières, Konrad Oberhuber, *Poussin. The early years in Rome*, Oxford, 1988, n° 39 et n° 40, ainsi que Jacques Thuillier, *Nicolas Poussin*, Paris, 1994, p. 245, n° 27.

16. Conservé à Chantilly, le dessin d'après ce sarcophage n'est plus désormais attribué à Poussin ; voir *Nicolas Poussin, La collection du musée Condé à Chantilly*, cat. exp. par P. Rosenberg et L.A. Prat, Paris, 1994, p. 184, n° 75, ainsi que P. Rosenberg et L.A. Prat, *Nicolas Poussin. Catalogue raisonné des des-sins*, Milan, 1994, II, n° R 289. Jennifer Montagu, *The Expression of the Passions*, New Haven-Londres, 1994, p. 60, rapproche le motif d'Agrippine voilant son visage d'une description du *Sacrifice d'Iphigénie* de Timanthe fournie par Pline, description déjà mentionnée par Félibien.

17. Voir Pierre Rosenberg, *Nicolas Poussin*, catalogue de l'exposition, Grand Palais, Paris, 1994, n° 18, qui fait le point sur l'état des recherches et la bibliographie s'y référant ; Denis Mahon, « Poussiniana. Afterthoughts arising from the exhibition », *Gazette des Beaux-Arts* LX (1962), p. 21 *sq.* ; sur l'influence des tapisseries de Rubens, voir Simone Zurawski, « Connections between Rubens and the Barberini Legation in Paris 1625, and their Influence on Roman Baroque Art », *Revue belge d'archéologie et d'histoire de l'art* 58 (1989), p. 17 *sq.*, p. 31.

18. Catalogue de l'exposition, Paris, 1994, *op. cit.* note 17, p. 144, n° 12, avec une synthèse de toutes les propositions de dates oscillant entre 1626 et 1631.

19. Barasch, *op. cit.* note 10, p. 50-51 pour un saint Jean se tordant les mains chez Antelami, et p. 107 pour la Marie-Madeleine étendant les bras sur le bas-relief de la *Lamentation* de Donatello, conservé au Victoria and Albert Museum de Londres.

20. Catalogue de l'exposition, Paris, 1994, *op. cit.* note 17, n° 26, p. 174. Si Poussin, dans son projet du *Martyre de saint Érasme*, avait connu le tableau d'autel peint sur le même thème par Carlo Saraceni pour Gaète, comme ce fut avancé, il serait significatif qu'il n'en ait pas repris la structure claire et horizontale, presque classique, lui préférant un étagement compact des figures.

21. Marc Fumaroli, *L'École du silence*, Paris, 1994, p. 162-164.

22. Joachim von Sandrart, *op. cit.* note 1, p. 368.

23. Catalogue de l'exposition, Paris, 1994, *op. cit.* note 17, p. 182, n° 31 ; voir Jacques Thuillier, *Simon Vouet*, catalogue de l'exposition, Paris, 1990, p. 102 et p. 218 *sq.*, n° 17 ; du même auteur, *op. cit.* note 15, 1994, p. 85. Poussin avait habité chez Vouet en 1624 ; en 1626, année de la réalisation de son tableau, Vouet était *Principe* de l'Académie de Saint-Luc, tandis que Poussin occupait le poste de *Festarolo*, conjointement avec Valentin.

24. Fumaroli, *op. cit.* note 21, p. 164 *sq.*

25. Otto Grautoff, *Nicolas Poussin. Sein Werk und sein Leben*, 2 vol., Leipzig, 1914, I, p. 93. Oskar Bätschmann, « Poussins Narziss und Echo im Louvre : Die Konstruktion von Thematik und Darstellung aus den Quellen », *Zeitschrift für Kunstgeschichte* 42 (1979), p. 31-47 ; du même auteur, *Dialektik der Malerei von Nicolas Poussin*, Munich, 1982, p. 32 *sq.* ; Denis Mahon, « Poussiniana. Afterthoughts arising from the exhibition », *Gazette des Beaux-Arts* LX (1962), p. 27.

26. Voir également Blunt, *op. cit.* note 5, p. 57 *sq.*

27. Récemment fut avancée une hypothèse peu convaincante, selon laquelle Poussin aurait agi ainsi dans l'intention d'apporter à ses anciens protecteurs, les Sacchetti, sa réponse à l'*Enlèvement des Sabines* de Pierre de Cortone : Yves Bonnefoy, « Un débat de 1630 : *La Peste d'Azoth* et *L'Enlèvement des Sabines* », dans le catalogue de l'exposition de Rome, 1994, *op. cit.* note 10, pp. 115 et 117.

28. Blunt, *op. cit.* note 5, 1967, p. 242 *sq.* ; Oskar Bätschmann, « Three Problems of the Relationship between Scenography, Theatre and some Works by Nicolas Poussin », *La scenografia barocca, Atti del*

XXIV Congresso C.I.H.A., Bologne, 1979, t. V, Bologne, 1982, p. 169-176, notamment p. 171 *sq.* L'auteur souligne que Poussin cherche non seulement à peupler l'avant-scène, mais aussi à étager l'action en plans horizontaux successifs rappelant les coulisses latérales et leurs diverses possibilités d'entrée sur la scène utilisées dans le théâtre baroque contemporain.

29. Paris, musée du Louvre, département des Arts graphiques, Inv. R.F. 751 ; Oberhuber, *op. cit.* note 15, 1988, p. 242 *sq.* et n° D.184 ; catalogue de l'exposition de Paris, 1994, *op. cit.* note 17, p. 200 en rapport avec n° 43 ; Rosenberg-Prat, *op. cit.* note 16, 1994, II, n° R 849.

30. Cropper, *op. cit.*, 1992², p. 124 ; Bober-Rubinstein, *op. cit.*, 1986, p. 178 *sq.*, n° 142, aujourd'hui à Londres, British Museum ; dessiné dans le *Museo cartaceo* : British Museum I, fol. 64. Ce groupe de figures présente à nouveau des similitudes étonnantes avec le *Martyre de sainte Ursule* de Ludovic Carrache (Imola, San Domenico), qui a déjà été évoqué à propos de la position du cadavre de la mère ; cette parenté renforce encore l'hypothèse selon laquelle Poussin aurait connu ce tableau d'autel, et peut-être aussi la version plus ancienne de Bologne, aujourd'hui à la Pinacoteca Nazionale. Dans ce contexte, il faut rappeler que Denis Mahon, *op. cit.* note 17, 1962, p. 131, pensait déjà que Poussin avait dû se rendre non seulement à Venise, mais aussi à Bologne (proche d'Imola) au cours de son premier séjour interrompu en Italie, dont la datation (« avant septembre 1618 ») put être récemment précisée par Michèle Bimbenet-Privat et Jacques Thuillier, « La jeunesse de Poussin : deux documents inconnus », *Revue de l'Art*, 105 (1994), pp. 104 et 107.

31. Catalogue de l'exposition de Paris, 1994, *op. cit.* note 17, p. 154 *sq.*, n° 17 pour le rapprochement avec le type de la Marie-Madeleine ; daté vers 1627.

32. Barasch, *op. cit.* note 10, 1976, notamment p. 42 et ill. 18.

33. Voir le *Martyre de saint Pierre* peint par Le Dominiquin, Bologne, Pinacoteca Nazionale, vers 1619-1621 ; Richard Spear, *Domenichino*, Oxford, 1982, n° 70 ; *Apollon et Daphné*, fresque pour la villa Aldobrandini à Frascati, aujourd'hui à Londres, National Gallery.

34. Voir également à ce propos Oberhuber, *op. cit.*, 1988, p. 137, qui attribue cette œuvre à Poussin, comme Mahon, Blunt, Wild et Wright.

35. Catalogue de l'exposition de Paris, 1994, *op. cit.* note 17, p. 189 *sq.*, n° 36. La discussion concernant la signification de la *Strage degli Innocenti* de Marino pour le tableau de Poussin, discussion exposée dernièrement par Cropper (*Studi Seicenteschi* 1992, *op. cit.* note 13), revêt pour la datation une importance mineure, dans la mesure où le peintre peut avoir pris connaissance du texte de son ami poète avant sa publication. Par ailleurs, il n'est pas tout à fait exact d'affirmer que ce sujet n'avait pour ainsi dire jamais été représenté au XVIIᵉ siècle avant l'impression du texte de Marino ; il suffit d'évoquer le tableau de Reni, mais aussi les nombreuses petites versions peintes par Scarsellino qui devaient autrefois se trouver dans des collections romaines, par exemple, anciennement à Rome, Galleria Barberini (Maria Angela Novelli, *Lo Scarsellino*, Bologne, 1955, fig. 33), Rome, Galleria Nazionale d'Arte antica (Jadranka Bentini, « Il fascino della pittura veneta : il caso dello Scarsellino », dans *La pittura in Emilia e in Romagna, Il Seicento*, t. II, éd. A. Emiliani, Milan, 1993, pp. 259 et 262), ou Rome, Galerie Borghèse (*La pittura emiliana del Seicento, Repertorio fotografico Longanesi*, éd. A. Cera, Milan, 1982, n° 8). Cette dernière version présente également un éclatement en trois groupes distincts luttant devant un portique à colonnes, qui figure aussi dans le tableau de Poussin conservé au Petit Palais. La considération dont jouissait Scarsellino dans les collections romaines est évoquée par Mancini, cité dans Bentini, *loc. cit.*, p. 259 ; les inventaires des Barberini, dont Poussin a connu les collections, mentionnent différentes versions de ce thème de la main de Scarsellino, mais aucune jusqu'à présent n'a pu être identifiée de manière décisive avec l'une des versions conservées.

36. Kurt Badt a déjà souligné l'importance de ces deux modèles pour l'art de Poussin, voir Kurt Badt, *Die Kunst des Nicolas Poussin*, 2 vol., Cologne, 1969, p. 48 : « Sous l'influence du Dominiquin, [...] Poussin élargit la surface du sol en de larges places permettant la représentation d'un grand nombre de personnages qui évoluent librement, juxtaposés ou placés les uns derrière les autres. » Sur la période où Poussin commence à tirer des leçons personnelles de l'art du Dominiquin, voir aussi Denis Mahon, « Poussin's Early Development: an Alternative Hypothesis », *The Burlington Magazine* CII (1960), p. 293 *sqq.*

37. Boeckl, *op. cit.* note 8, 1991, p. 135. Après son achèvement, le tableau de Reni, destiné à l'ambassadeur d'Espagne entre temps reparti, resta quelque temps à Rome en 1629 où il causa quelques remous diplomatiques. Poussin a donc eu l'occasion de le voir.

38. Doris Wild, *Nicolas Poussin, I : Leben, Werk, Exkurse*, Zurich, 1980, p. 39. Son affirmation peut être mise en doute, dans la mesure où la figure d'Annibale est coupée par la bordure inférieure de la toile et tient un enfant dans ses bras ; les deux personnages n'ont en commun que la torsion de la tête et des épaules ; leur expression est en outre tout à fait différente (cf. l'utilisation de ce motif par Testa, voir note 9). Le rapprochement de cette figure avec la *Samaritaine* d'Annibale à Milan (Brera) paraîtrait bien plus convaincant.

39. Voir Donald Posner, *Annibale Caracci. A Study in the Reform of Italian Painting around 1590*, t. I, Londres, 1971, p. 160, n° 38, et la description détaillée chez Bellori, éd. 1976, *op. cit.* note 2, p. 41 *sq.*, qui souligne ici encore *il languore delle membra* du vieillard malade au premier plan à droite.

40. *Conférences de l'Académie Royale de Peinture et de Sculpture*, éd. Henry Jouin, Paris, 1883, p. 64.

41. *Ibidem*, p. 54 *sq.* ; catalogue de l'exposition, Paris, 1994, *op. cit.* note 17, p. 263 *sq.*

42. Oskar Bätschmann, *Dialektik der Malerei von Nicolas Poussin*, Munich, 1982, p. 33-36. (traduction française, *Poussin, dialectiques de la peinture*, Flammarion, coll. « Idées et recherches »).

43. Oberhuber, *op. cit.*, 1988, pp. 130-137, distingue même toute une « phase Reni » autour de 1627 ; sur l'influence de Reni sur Poussin, voir également Michael Jaffé, « Poussin and Reni », *Études d'art français offertes à Charles Sterling*, éd. A. Châtelet et N. Reynaud, Paris, 1975, p. 213 *sqq.*, ainsi que Richard Spear, « Reni contre Dominiquin dans la littérature d'art française du XVIIᵉ siècle », dans *Seicento. La peinture italienne du XVIIᵉ siècle en France, Rencontres de l'École du Louvre*, Paris, 1990, p. 195 *sqq.*

44. Collection particulière ; voir S. Ebert-Schifferer, dans *Guido Reni und Europa*, catalogue de l'exposition, Schirn Kunsthalle Frankfurt, Bologne, 1988, p. 145 *sqq.*, n° A 11.

45. Rudolf Wittkower, « The Role of Classical Models in Bernini's and Poussin's preparatory Work », dans *Studies in Western Art*, Princeton N.J., 1963, t. III, p. 43 *sq.*, a déjà interprété cette modification du geste par rapport au dessin préparatoire comme un retrait de l'action au profit d'une expression renforcée des affects. Rosenberg-Prat dans catalogue de l'exposition de Chantilly, 1994, *op. cit.* note 16, p. 48, et Rosenberg-Prat, 1994, *op. cit.* note 16, n° 38.

46. Voir Bätschmann, *op. cit.* note 25, 1982, p. 31, qui n'accorde qu'une importance mineure au rapprochement établi par Wittkower, *op. cit.*, 1963, p. 44, entre cette figure et un sarcophage antique figurant l'histoire de Médée. Moshe Barash, « The Tragic Face », dans *Imago Hominis. Studies in the Language of Art*, Vienne, 1991, p. 72, montre que Raphaël s'est déjà servi du modèle fourni par les masques tragiques du théâtre antique.

47. Bätschmann, *op. cit.* note 25, 1982, p. 76 *sq.* ; sur le tableau de Reni, voir Andrea Emiliani, « La vita, i simboli e la fortuna di Guido Reni », dans *Guido Reni 1575-1642*, catalogue de l'exposition de Bologne, 1988, p. LXV *sq.* et Francesca Valli, *ibid.*, p. 50, n° 17. Marino, l'ancien ami et protecteur de Poussin, avait célébré le tableau de Reni dans un sonnet dès 1620, dans *La Galeria*, Ancône 1620, reproduit dans le catalogue de l'exposition de Bologne, 1988, p. 211 ; Poussin pourrait avoir vu l'original, sinon à Rome, du moins lors de son passage à Bologne. Sur la théâtralité du tableau de Reni, voir Franca Varignana, « Guido Reni und das Theater », dans catalogue de l'exposition de Francfort, 1988, *op. cit.* note 45, p. 92.

48. Bätschmann, *op. cit.* note 25, 1982, p. 42 *sqq.*, commente les schémas d'Aguilonius et Athanasius Kircher, reproduit leurs diagrammes d'« albus-flavus-rubeus-caeruleus-niger » et démontre comment Poussin élabore un système chromatique précis dans *Le Christ guérissant les aveugles de Jéricho* évoqué par Bourdon.

49. Wild, *op. cit.* note 38, 1980, II, n° 59 ; Cropper, *op. cit.* note 13, 1992², p. 138-140.

50. Voir Sybille Ebert-Schifferer, « Sandrart a Roma 1629-1635 : un cosmopolita tedesco nel paese delle meraviglie », dans catalogue de l'exposition de Rome, 1994, p. 106.

51. Mahon, *op. cit.* note 17, 1960, p. 303 ; Giuliano Brigranti, *Pietro da Cortona o della pittura barocca*, Florence, 1982, p. 131 *sq.*, n° 34, fait également allusion à un rapport entre le tableau de Chantilly et la discussion opposant Sacchi et Cortone.

52. Ann Sutherland Harris, *Andrea Sacchi*, Oxford, 1977, pp. 7 *sq.* et 18 *sq.*, montre que Poussin a affirmé sa position personnelle indépendamment de celle de Sacchi ; sur le contenu de cette querelle académique, voir aussi *ibid.* p. 35 et Briganti, *op. cit.* note 51, 1982, p. 88 *sq.* ; sur les relations Poussin-Sacchi, voir Mahon, *op. cit.* note 17, 1962, p. 63 *sqq.* Le tableau de Poussin a directement inspiré à Pietro Testa son *Allégorie du massacre des Innocents*, Rome, Galleria Spada ; voir Elizabeth Cropper, *op.*

cit. note 13, 1984, p. 97 *sqq.*, n°s 50-52, qui propose une datation vers 1639, contrairement à Hartmann qui situe le tableau dès le début des années 1630. Sur les rapports Testa-Poussin, voir aussi Hugh Brigstocke, « Poussin et ses amis en Italie », dans *Actes Seicento,* 1990, p. 222. Sur la datation du *Massacre des Innocents* et son rapport avec la *Peste d'Asdod,* voir également Alain Mérot, *Poussin,* 2e éd., Paris, 1994, p. 52-60 ; on notera toutefois qu'Alain Mérot adopte la datation la plus répandue, qui situe la toile de Chantilly vers 1629-1630, et voit par conséquent un rapport de dépendance inverse.

53. Mahon, *op. cit.* note 17, 1960, p. 303 ; en liaison avec ce qui va suivre, il n'est pas inutile de souligner que, précisément au cours de ce même hiver, le Dominiquin s'est fait construire par Orazio Albani un clavecin à plusieurs claviers, voir Patrizio Barbieri, « La "Sambuca Lincea" di Fabio Colonna e il "tricembalo" di Scipione Stella. Con notizie sugli strumenti enarmonici del Domenichino », dans *La musica a Napoli durante il Seicento,* Rome, 1987, p. 213 ; voir aussi Spear, *op. cit.* note 33, 1982, p. 41-46.

54. À propos de ces deux œuvres du Louvre et des emprunts à Reni perceptibles dans la seconde, voir catalogue de l'exposition de Paris, 1994, *op. cit.* note 17, n°s 51 et 53. L'analyse technique ne livre aucun élément étayant l'éventualité selon laquelle Poussin pourrait déjà avoir commencé son *Massacre des Innocents* quelques années auparavant, éventualité qui résoudrait au demeurant plusieurs problèmes. Quelle qu'en soit la datation, ce tableau reste un exemple unique, difficile à classer dans l'œuvre de Poussin. Cette caractéristique même laisse supposer des circonstances de réalisation exceptionnelles.

55. Fumaroli, *op. cit.* note 21, 1994, p. 98-105.

56. Voir à ce propos l'analyse détaillée de Marc Fumaroli, « Cicero Pontifex Romanus : La tradition rhétorique du collège romain et les principes inspirateurs du mécénat des Barberini », dans *Mélanges de l'École française de Rome* 90, 2 (1978), p. 795-835, et surtout p. 812.

57. Susanne Schaal en apporte la preuve : « Musica scenica. Die Operntheorie des Giovanni Battista Doni », Francfort (*Europäische Hochschulschriften Reihe XXXVI,* t. 96), 1993, p. 93 *sqq.*, et p. 121 à propos des rapports entre musique et rhétorique. Sur Doni, voir également Claudio Gallico, « Discorso di G.B. Doni sul recitare in scena », dans *Rivista Italiana di musicologia III* (1968), pp. 286-302.

58. Claude V. Palisca, « G.B. Doni, Musicological Activist, and his "Lyra Barberina" », dans *Modern Musical Scholarship,* Ed. E. Olleson, Stocksfield, 1978, pp. 180-205. Les morceaux qu'il a composés lui-même ont disparu (information aimablement communiquée par Frederick Hammond).

59. Silke Leopold, « Das Madrigal und die wahre Theatermusik. Die Stillehre Giovanni Battista Donis », dans *Musiktheorie IV,* 2 (1989), pp. 143-151, critique un peu trop sévèrement Doni et son influence, mais montre avec justesse que les réformes exigées par Doni d'un point de vue théorique, étaient déjà concrétisées *de facto* dans la musique de son temps ; voir en outre Schaal, *op. cit.* note 57, 1993, p. 255 ; interprétation de Fumaroli, *op. cit.* note 21, 1994, p. 12. Biographie détaillée de Doni dans Schaal, *op. cit.* note 57, 1993, p. 19-26.

60. Voir Frederick Hammond, « More on Music in Casa Barberini », *Studi Musicali XIV,* 1 (1985), p. 235-261.

61. Voir aussi à ce propos Montagu, *op. cit.* note 16, 1994, p. 9-14 et Alain Mérot, « Les modes, ou le paradoxe du peintre », dans le catalogue de l'exposition de Paris, 1994, *op. cit.* note 17, p. 80-86.

62. Voir Charles Dempsey, « The Greek Style and the Prehistory of Neoclassicism », dans le catalogue de l'exposition de Philadelphie, 1988, *op. cit.* note 9, p. L-LV.

63. Voir Sybille Ebert-Schifferer. « Ma c'hanno da fare i precetti dell'oratore con quelli delle pittura ?», dans *Giovanni Francesco Barbieri Il Guercino 1591-1666,* catalogue de l'exposition, Schirn Kunsthalle Frankfurt, Bologne, 1991, p. 67 *sqq.*

64. Voir E. Cropper dans le catalogue de l'exposition de Philadelphie, 1988, *op. cit.* note 9, p. 251-255.

65. Wilhelm Messerer, « Die "Modi" im Werk von Poussin », dans *Festschrift Luitpold Dussler,* Berlin 1972, p. 336 ; voir également Mérot, *op. cit.* note 52, 1994, p. 189, et en général sur les modes et les affects chez Poussin, p. 186-209.

66. Jacqueline Lichtenstein, *The Eloquence of Colour. Rhetoric and Painting in the French Classical Age,* Berkeley-Los Angeles-Oxford, 1993, p. 16-19 ; voir aussi Norbert Elias au sujet du terme *civilité,* dans *Über den Prozess der Zivilisation,* Francfort, 1976, t. I, p. 65-75.

67. Sur l'influence de l'enseignement de Descartes sur les études physionomiques de Le Brun, voir Montagu, *op. cit.* note 16, 1994, p. 17 *sqq.*

68. Voir Richard Taubald, *Die Oper als Schule der Tugend und des Lebens im Zeitalter des Barock. Die enkulturierende Wirkung einer Kunstpflege*, thèse Erlangen-Nuremberg, 1972, p. 15 et pp. 141-143.

69. Elias, *op. cit.* note 66, 1976, t. II : « Entwurf zu einer Theorie der Zivilisation », p. 321-329 et 369-397.

70. Voir Fumaroli, *op. cit.* note 21, 1994, p. 12 *sqq.*

71. Jan Bialostocki, « Das Modusproblem in den bildenden Künsten. Zur Vorgeschichte und zum Nachleben des 'Modusbriefes' von Nicolas Poussin », dans *Stil und Ikonographie*, Dresde, 1966, p. 9.

Giovanni CARERI

Mutazioni d'affetti,
Poussin interprete del Tasso

Per Poussin la *Gerusalemme Liberata* non è una «fonte iconografica» ma un racconto poetico da interpretare «in pittura» privilegiando alcuni motivi formali su altri, accentuando e trasformando alcuni elementi di contenuto[1]. Il poema di Tasso ha conosciuto fin dall'inizio del Seicento un vasto successo pittorico, concentrato su un ridotto nucleo di «scene d'amore», e ha permesso l'apertura di un cantiere di sperimentazione della rappresentazione degli affetti, che rimarrà molto attivo fino alla fine del diciannovesimo secolo[2].

Le due versioni di *Rinaldo e Armida* (1624 e 1628-1630) e le due versioni di *Erminia e Tancredi* (1628-1630 e 1634), ci permettono di descrivere il lavoro di selezione e di accentuazione di Poussin attraverso le variazioni intervenute tra le prime e le seconde versioni. Grazie alla «ripetizione» del medesimo soggetto a distanza di alcuni anni, questo gruppo di quattro dipinti costituisce un preziosissimo materiale per la storia della rappresentazione degli affetti nell'opera di Poussin e per lo studio della storia dei modelli della relazione affettiva tra il dipinto e lo spettatore. Nelle due seconde versioni si manifesta infatti una nuova organizzazione del materiale narrativo e affettivo, sostenuta da una nuova forma di composizione cromatica, fondata sul principio costruttivo del contrasto. Ne risulta una nuova configurazione dell'operazione di ricezione, caratterizzata da un particolare «movimento dell'anima»: la «mutazione d'affetti[3]».

Rinaldo e Armida

Nel quattordicesimo canto, Rinaldo, esule dal campo cristiano giunge sulle rive del fiume Oronte dove, «qual cauta cacciatrice», l'attende la maga mussulmana Armida[4]. Un'iscrizione in lettere d'oro su una colonna di marmo vanta le meraviglie di un'isoletta poco lontana. Il luogo «è cosi lieto» che il guerriero « disarma la fronte e la ristaura al soave spirar di placid'aura». La sua attenzione è attratta da un gorgoglio del fiume, il suono diventa un'onda e l'onda si trasforma nei biondi capelli di una donzella che emerge lentamente dall'acqua rivelando progressivamente il suo corpo nudo. La bella donna sembra una sirena e canta un inno ai piaceri sensuali della giovinezza mettendo in guardia i superbi mortali dal desiderio della fama che «par si bella» ma è solo un «sogno, anzi del sogno un'ombra ch'ad ogni vento si dilegua e sgombra».

Il magico canto invoglia Rinaldo al sonno, Armida esce allora dal suo nascondiglio e « gli va sopra di vendetta vaga», ma sospende il suo slancio omicida quando,

Fig. 1. Nicolas Poussin, *Rinaldo e Armida*, c. 1624,
Mosca, Museo Pûskin, olio su tela, cm 93 x 113.

fissato il suo sguardo sull'eroe addormentato, vede «come placido in vista egli respira e nei begli occhi un dolce atto che ride – benché sian chiusi». La maga sente allora «placare ogn'ira mentre il risguarda, e'n su la vaga fronte pende omai sì che par Narciso al fonte». « Così (ch'il crederia ?) sopiti ardori d'occhi nascosi distemprar quel gelo che s'indurava al cor più che diamante e di nemica ella divenne amante». Armida fa allora riporre il giovane addormentato su un suo carro e lo trasporta sull'Isola di Fortuna, «Ove in perpetuo april, molle amorosa vita seco ne mena il suo diletto.»

Nella sua prima versione del «Rinaldo e Armida» (fig. 1) Poussin ha rappresentato la fase conclusiva della scena: la maga «pende « sulla vaga fronte» di Rinaldo» come «Narciso al fonte». Lee ha giustamene attirato l'attenzione sulla derivazione delle due figure principali del dipinto da una serie di antiche raffigurazione del mito di Selene e Endimione, comprovata dalla copia di un sarcofago antico disegnato da Poussin e conservato al Museo Condé a Chantilly[5]. Anche nel quadro della Dulwich Picture Gallery, in effetti una donna si avvicina all'amato addormentato, ma qui il bellissimo figlio di Zeus e della ninfa Calica è diventato un guerriero mentre la donna non viene a raggiungere il suo amante notturno, ma si è appena innamorata del suo nemico.

Poussin ha introdotto nella sua interpretazione quattro amorini: il primo osserva meravigliato la scena, altri due scagliano le loro frecce invisibili su Armida, mentre l'ultimo gioca con lo scudo di Rinaldo e ci ricorda la provvisoria vittoria dell'amore sulla guerra, di Venere su Marte, come in tanti dipinti di questo soggetto. Numerosi altri elementi rinviano con precisione al poema di Tasso: la barca, la colonna, il fiume, il vento estivo, il carro, a stento trattenuto dalle due aiutanti di Armida. Ma centro del quadro è l'immobile fascinazione dello sguardo della maga, il suo nodo è nella specchiatura dei due profili e nell'abbraccio che lega Armida a Rinaldo come Narciso alla propria immagine. Quale forza irraggiante emana dal corpo disarmato dell'eroe «le cui onde riempiono l'anima della nemica per inclinarla all'amore?», si chiedeva Louis Marin in un bel saggio sulle figure addormentate di Poussin. «Il fascino diffuso dalla carne addormentata di Rinaldo tende lo specchio invisibile di una captazione al potere magico di Armida l'infedele e lo sottomette ai nodi di Eros[6]». Marin suggeriva così l'idea seducente di un Rinaldo-specchio che disfa il sortilegio mortale e sottomette Armida alla «magia naturale» dell'amore.

Nel testo poetico infatti la fronte disarmata di Rinaldo è diventata una temibile arma d'amore: «il fonte» incantatore di Narciso, mentre le palpepre chiuse dell'eroe celano e rivelano al tempo stesso «un dolce atto che ride». Questo sorriso velato è letteralmente un segreto: ovvero ciò che si manifesta in quanto nascosto, o addirittura un mistero, nel senso teologico e mistico di questo termine, ovvero: ciòche velandosi sprigiona un intenso effetto di presenza. L'efficacia affettiva di questo mistero d'amore si manifesta nell'intenso ardore che invade l'anima di Armida fino a distemprare il gelo del suo cuore[7].

Poussin ha «tradotto» l'intensità del calore trasmesso dell'amato all'amante nell'intensità cromatica che lega i rossi vermigli ai gialli dorati in un continuum che invade la tela. Come le palpebre chiuse di Rinaldo nascondono e trasmettono ad Armida i suoi «sopiti ardori», la figura dorata del corpo dell'eroe nasconde e trasmette alla maga il rosso ardente del drappo sul quale riposa come su un secondo corpo. Il turchino scurissimo del drappo di Armida è il «gelo» dell'odio, ormai abbandonato al suolo. Associato all'impeto impaziente dei cavalli, immagine tradizionale della passione animale dell'uomo, il colore rosso della gonna di una delle aiutanti della maga racconta l'intensità del suo desiderio. Come Armida di fronte ai «sopiti ardori» dell'amato, lo spettatore si espone al calore dei colori accesi del dipinto. Il suo «affetto» si muove sull'onda dell'intensità cromatica diffusa su tutta la superficie del quadro sulla quale pende assorto, «come Narciso al fonte».

Nella la seconda versione (fig. 2) molti degli elementi di riferimento al testo sono scomparsi o hanno subito una profonda trasformazione. Il dio fiume è diventato un sottilissimo filo d'acqua che scorre lungo tutta la base del quadro e ricompare dietro l'isola. I quattro amorini hanno ceduto il posto a un solo amorino alato e non c'è più traccia del piccolo soffiatore di vento. Sono spariti anche la barca, la colonna e il carro, mentre il paesaggio è composto di una collina e di tre alberi. I lumi, le ombre e i colori non sono più impastati in un'unica materia ardente ma nettamente distinti e contrastanti. Distinte e contrastanti nei moti e negli affetti sono anche le due figure principali. Mentre nella prima versione non c'è traccia del desiderio di vendetta di Armida, qui la maga è armata di un aguzzo coltello e si slancia sopra Rinaldo. Ma il suo movimento impetuoso è arrestato

Fig. 2. Nicolas Poussin, *Rinaldo e Armida*, c. 1628-1630, Londra, Dulwich Picture Gallery, olio su tela, cm 80 x 107.

dal piccolo amore e diventa, all'estremità del braccio sinistro, il languido abbandono della mano sulla mano abbandonata dell'eroe.

La straordinaria ambizione di Poussin è qui la rappresentazione della mutazione d'affetti di Armida, da nemica ad amante. La sua nuova «traduzione» dei versi del Tasso privilegia quindi le forme sintattiche e i processi semantici del mutamento sulle figure dell'intensa stasi erotica, caratteristica della prima versione. La difficoltà, per il pittore, come per il poeta, consiste nell'articolazione tra i due momenti della conversione passionale e soprattutto nella rappresentazione del suo momento decisivo[8].

Nel poema Tasso ha sospeso lo slancio di Armida con un «Ma» che apre l'ottava e introduce nella durata del suo sguardo una nuova serie di sospensioni che culminano nella temporalità istantanea di «e placar sente ogn'ira *mentre* il risguarda», istantaneità prolungata e resa definitiva da : «e 'n su la vaga fronte pende *omai*». Dunque la nemica si è mutata in amante in una piega del tempo dell'azione, nascosta tra l'instantaneità del «mentre» e il suo prolungamento definitivo nell'«omai».

Anche Poussin ha introdotto all'interno dell'azione di Armida una serie di sospensioni: il braccio trattenuto dall'amorino, il nodo del drappo bianco, la leggera apertura della bocca e la zona d'ombra dove il braccio sinistro tocca il braccio di Rinaldo. Il pittore ha nascosto nell'oscurità il passaggio cruciale tra il tempo sospeso dello sguardo e il suo prolungamento nelle mani, di nuovo illuminate, che che «ormai» si toccano. La piega nella durata del tempo dello sguardo di Armida che il poeta ha occultato tra un «mentre» e un «oramai» è diventata «in pittura» una zona d'ombre dove le braccia si congiungono. Poussin ha associato all'organizzazione sintattica delle figure i due processi sensoriali che caratterizzano l'innamoramento di Armida: il passaggio dal «gelo» all'ardore si dispiega tra il turchino della tunica di Armida e i colori caldi e accesi degli abiti di Rinaldo, mentre l'addolcimento dell'azione della maga è articolato nei fini passaggi tra l'estrema tensione del braccio destro e l'abbandono del sinistro.

Nell'ottava che chiude la trasformazione i gesti di Armida sono diventati lievi, e dolci, a imitazione del «dolce atto *che ride*» sotto le palpebre chiuse di Rinaldo. L'interpretazione di Poussin non «traduce» solo l'addolcimento di Armida ma anche la suo improvvisa «conformazione affettiva[9]». La maga si abbandona con Rinaldo abbandonato: assume una configurazione tensiva d'abbandono languido simile a quella dell'amato. Questa somiglianza degli amanti compare nelle due ottave del Tasso, e nella prima interpretazione di Poussin, attraverso il rinvio all'immagine della fonte di Narciso, mentre nella seconda versione assume la magnifica figura speculare della mano abbandonata

Fig. 3. Annibale Caracci, *Rinaldo e Armida*, c. 1601, Napoli, Museo di Capodimonte, olio su tela, cm 166 x 237.

su una mano che, nel suo abbandono, le dà forma. Mentre nella prima versione Poussin aveva posto questa immagine al centro della sua interpretazione, nella seconda ha «inventato» questa nuova e splendida immagine della forza d'amore che piega l'anima dell'amante all'immagine dell'anima dell'amato.

Tuttavia il quadro di Poussin non si limita a mostrare l'illanguidimento di Armida ma rappresenta anche la femminizzazione e il rammollimento dell'eroe. Il guerriero addormentato del poema e della prima versione del quadro è diventato un giovane femmineo, mollemente disteso sotto alla maga, il braccio abbandonato sullo scudo tra la spada e l'elmo. La figura di Rinaldo rimanda evidentemente alla sua situazione di subordinazione e di femminizzazione sull'Isola di Fortuna, raccontata dal Tasso nel sedicesimo canto e spesso rappresentata dai pittori italiani, come nel dipinto di Annibale Carracci (fig. 3). Tuttavia, al di là di questa riuscita condensazione di due momenti in una sola rappresentazione, la scelta di Poussin si riferisce più generalmente alla relazione tra i sessi all'interno dell'opposizione tra l'amore e la guerra nella *Gerusalemme Liberata*[10]. L'amore conduce infatti l'eroe sul versante della passione e l'allontana dal versante dell'azione, dalla guerra che ne definisce l'eroismo. Quando l'amore prevale si blocca il meccanismo narrativo fondamentale del poema eroico e si aprono le parentesi idilliche nelle quali l'eroe s'illanguidisce e assume alcuni tratti femminili[11]. L'elmo di Rinaldo è un suo secondo ritratto, l'immagine eroica di quello che era prima di cedere al languido sonno e di quello che ridiventerà quando Carlo e Ubaldo, giunti sull'isola di fortuna, gli riveleranno il suo stato porgendogli uno scudo specchiante[12].

L'illanguidimento di Armida e la sua conversione da nemica ad amante, invitano lo spettatore a un altrettanto rapido mutamento d'affetti, strutturato sul principio del contrasto passionale, narrativo e cromatico che abbiamo descritto. Al semplice movimento intensivo dell'affetto, caratteristico della prima versione, si sostituisce un modello di trasformazione passionale che culmina in una conformazione affettiva: l'anima dello spettatore si piega e s'illanguidisce come la mano sinistra di Armida. D'altra parte, come Tasso stesso aveva notato quando si stupiva insieme al lettore «(ch'il crederia ?)», la forma della ricezione di questo episodio comprende una componente di meraviglia, già presente, in minore, nel putto stupito della prima versione di Poussin e interamente proiettata sullo spettatore nella seconda versione.

Erminia e Tancredi

Passiamo adesso all'episodio di «Erminia e Tancredi» e ricordiamo come la bella pricipessa mussulmana, innamorata dell'eroe cristiano, giunge, accompagnata dallo scudiero di Tancredi, Vafrino, nei pressi di Gerusalemme dove scopre il cadavere del fero campione Argante e il corpo insanguinato dell'amato, da lei creduto morto[13]. Erminia si precipita su Tancredi e comincia un bellissimo lamento abbondantemente accompagnato di lacrime e sospiri. «Così parla gemendo, e si disface quasi per gli occhi, e par conversa in rio.» Le sue lacrime, «umori vivaci», fanno rinvenire Tancredi che «aprì le labra e con le luci chiuse un suo sospir con que' di lei confuse.»

Allora Vafrino disarma Tancredi ed Erminia, che conosce la medicina e le formule magiche, lo cura. Ma il suo velo non basta per fasciarlo e Amore le suggerisce

Fig. 4. Nicolas Poussin, *Tancredi e Armiola*, c. 1628-1630, Pietroburgo, Museo dell'Ermitage, olio su tela, cm 98 x 147.

di asciugare le piaghe con i capelli che la bella principessa taglia a questo scopo: «Amore le trova inusitate fasce, e di pietà le insegna insolite arti: l'asciugò con le chiome e rilegolle pur con le chiome che troncar si volle».

Le due versioni di Erminia e Tancredi sono tra loro molto più simili che le due versioni di «Rinaldo e Armida». Entrambe drammatizzano il gesto del taglio dei capelli che nel poema è solo uno degli atti pietosi di Erminia e che, nei due quadri, assume un valore di sacrificio della femminilità appena percettibile nel testo.

Nella prima versione (fig. 4) Poussin ha utilizzato le figure dei due cavalli per raccontare due momenti precedenti il taglio dei capelli. Il cavallo fulvo guarda il cadavere di Argante, come Erminia all'inizio della scena, il cavallo bianco guarda Tancredi, come Erminia durante il lamento. L'associazione tra la principessa e il suo destriero è accentuata dall'aspetto femminile della testa dell'animale, dotato di una muliebre capigliatura e di uno sguardo umanizzato. In questa versione della scena Poussin ha distribuito sulle due figure i due elementi dell'affetto complesso di Erminia: la figura del cavallo esprime l'incontenibile desiderio erotico che la principessa manifesta in un primo tempo di fronte al corpo di Tancredi. Voglia «audace» di un bacio, che Erminia ruba all'eroe che crede morto. La figura della donna esprime invece la pietà che, in un secondo tempo, la spinge a curare l'infermo. Il suo gesto non è contratto e istantaneo come nel quadro di Birmingham ma appena accennato e sospeso, in perfetto equlibrio con l'inclinazione della «pietosa» testa. Inginocchiato a terra, il fedele scudiero Vafrino, esprime infine una forma di intensa e virile compassione. Tancredi è qui «più morto» che nella seconda versione : le due braccia sono pesantemente posate al suolo mentre solo la gamba destra lascia sperare nel ritorno in vita dell'eroe. La tessitura cromatica del dipinto ricorda la prima versione del «Rinaldo e Armida», solo la figura di Erminia riceve un'illuminazione contrastata che accentua il suo slancio affettuoso.

Il nodo affettivo del quadro e della sua ricezione è nell'assorta contemplazione di Erminia, del cavallo bianco e di Vafrino. Declinazione intensiva dell'attenzione amorosa: desiderio, amicizia virile, pietà, declinazione intensiva dei rossi e degli aranci nella percezione sensoriale e affettiva dello spettatore.

La seconda versione (fig. 5) rivela alcune significative trasformazioni della primitiva invenzione di Poussin. La figura del cavallo innamorato è diventata una figura dinamica : il suo slancio rinvia allo slancio di Erminia che «Al nome di Tancredi accorse in guisa d'ebra e forsennata». La sua testa ritorta rimanda al desiderio della principessa di distogliere lo sguardo dal corpo dell'eroe : «Or cieca farmi volontier torrei.» All'estrema destra del quadro il corpo morto di Argante è contrapposto al corpo di Tancredi che torna in vita. I tratti diabolici dell'infedele circasso, sanguinante, cinereo, avvolto nell'oscurità, contrastano con i tratti cristici di Tancredi, sottolineati dal monogramma inciso sul suo scudo. L'eroe, spogliato delle sue armi e coperto dal velo di Erminia, appoggiato a una pietra e sostenuto da Vafrino, è «meno morto» che nel dipinto dell'Ermitage come rivela la notevole posizione del braccio destro, splendido esempio di un'azione minima, appena percettibile.

Fig. 5. Nicolas Poussin, *Tancredi e Arminia*, c. 1634, Birmingham, Barber Institute of Fine Arts, olio su tela, cm 75 x 100.

Vafrino non è inginocchiato al suolo ma piegato come una molla pronta a scattare, il suo ruolo dinamico è sottolineato dalla curvatura della cresta dell'elmo che, a sua volta, riprende e accentua la curva del corpo di Tancredi. L'eroe e il suo scudiero formano un'unica figura che si alza, movimento sostenuto e semantizzato come un ritorno alla vita dal progressivo riscaldamento dei colori che culmina nel fuoco delle torce dei due amorini volanti. Come nella seconda versione del «Rinaldo e Armida», l'opposizione dell'amore alla guerra struttura il contrasto tra le due metà del quadro e fornisce lo schema della trasformazione rappresentata. Al centro la spada, arma che ha appena dato la morte ad Argante, diventa l'arma dell'amore pietoso che dà la vita. La «resurrezione» di Tancredi ci è in fatti presentata come opera della medicina amorosa di Erminia. Il suo gesto è associato al contatto della mano sinistra dell'eroe con il suo ginocchio. Congiunzione involontaria dei corpi, che ricorda il contatto improvviso di un sospiro di Tancredi con un sospiro di Erminia: «aprì le labra e con le luci chiuse un suo sospir con que' di lei confuse[14]».

Nel poema la «medica pietosa», bacia Tancredi e lo inonda di lacrime, poi lo cura con mezzi di fortuna: formule magiche, al posto delle erbe che mancano, fasce di capelli al posto del tessuto. L'acqua del pianto, «umore vivace», e le formule magiche ricordano l'operazione sacramentale del battesimo. Ma questo schema di «ritorno alla vita» è solo uno dei motivi della magia bianca di Erminia, Tasso la definisce come «insolita arte della pietà». Magia d'amore, la più efficace tra le varie forme della magia naturale per la filosofia naturalistica di quel tempo[15]. Situato al centro del quadro, nel luogo del contatto tra la metà oscura, mortale e lugubre e la metà chiara, vitale e gioiosa del dipinto, il gesto sacrificale della principessa Erminia raccoglie e concentra in un solo drammatico istante l'azione della «medica pietosa». L'arma di Tancredi, convertita dal suo originario destino guerriero al servizio di amore, annuncia un nuovo trionfo del figlio di Venere, festeggiato dalle torce accese degli amorini in volo. La spada lucida sospende al suo filo accuminato l'«istante fecondo» della conversione della metà oscura, lugubre e mortale nella metà chiara, gioiosa e vitale. Mistero dell'amore pietoso «in pittura»: il cadavere cinereo del «guerrier feroce» si muta nel corpo di Tancredi che torna alla vita tra l'ocra e il vermiglio, risvegliandosi dal «mortifero sonno».

Magia naturale dell' «amore medico», magia di contatto: Erminia si separa di una parte di sé, i capelli, attraente dimora di Cupido, per accostarli alle piaghe dell'amato[16]. Dalla sorpresa all'orrore, fino alla pietà e al gaudio, lo spettatore è condotto lungo uno straordinario percorso di «mutazioni d'affetti». Gli amorini lo chiamano gioire del miracolo d'amore del quale è, con loro, testimone meravigliato.

Il dispositivo retorico delle due prime versioni delle due coppie di quadri che abbiamo analizzato propone dunque all'attenzione dello spettatore un solo affetto. Le figure principali sono assorte nell'amore o nella pietà, le figure secondarie declinano lo stesso affetto in altre forme. Questo meccanismo prevede uno spettatore assorto, esposto all'intensità icastica, gestuale e cromatica, del dipinto e associato al pathos dominante.

L'organizzazione retorica delle due seconde versioni propone invece passioni contrarie. Le figure e i colori si affrontano e trovano nella sospensione del gesto l'istante della conversione. Questo dispositivo governa un mutamento d'affetti: dall'ira all'amore, dalla pietà luttuosa al gioioso risveglio. Lo spettatore non è più assorto in un solo affetto ma è sospeso all'istante aguzzo della meraviglia e trasformato da nemico in amante e da mesto in gaudioso. Il meccanismo fondamentale di questo modello di ricezione è espresso in forma esemplare nella figura delle due mani abbandonate sulla testa di Rinaldo. La conversione passionale culmina in una calco della mano sulla mano: figura antropomorfa dell'inclinazione e della «piegatura» dell'anima dello spettatore[17].

1. Durante il suo primo soggiorno romano, a partire dalla metà degli anni venti, Poussin compose soggetti tratti dalla Gerusalemme Liberata : *Rinaldo e Armida* (c. 1624), che ritorna nel dipinto della galleria del Dulwich College (c. 1628-1629), *Tancredi e Erminia* (c. 1628-1630, Ermitage), *I compagni d Rinaldo* (c. 1631-33, New York), ancora *Tancredi e Erminia* (c. 1634, Birmingham) e infine, *Armida trasporta Rinaldo*, dipinto intorno al 1637 per Jacques Stella, del quale esiste una copia a Berlino (Staatliche Museen). La cronologia di questa serie di quadri è ancora discussa, in particolare per la prima versione di *Rinaldo e Armida* (Museo Puskin) datato nel 1624 da Jacques Thuillier e nel 1630 dall'équipe di Youri Zolotov. Anche la data della versione della Dulwich Picture Gallery è stata fissata da Thuillier intorno al 1624, mentre Pierre Rosenberg, e la maggioranza degli specialisti propone 1628-1630. Lo stesso Rosenberg anticipa al 1628-1629 la data di *Tancredi ed Erminia* dell'Ermitage, generalmente fissata intorno al 1631, mentre accetta la data (c. 1634), proposta da Richard Verdi per la versione di Birmingham, datata molto più tardi da Thuillier (1639-1640). Secondo Thuillier Poussin dipinse due versioni di *Armida trasporta Rinaldo*, la prima delle quali, descritta da Bellori è documentata da un disegno di atelier, conservato a Windsor. Cfr. J. Thuillier, *Nicolas Poussin*, Paris 1994 (catalogo, n° 16, 20, 86, 98, 118,143).Pierre Rosenberg, *Nicolas Poussin, 1594-1665,* RMN, Paris 1994 (catalogo n°. 25, 35 e 49).

2. Sulla fortuna pittorica della *Gerusalemme Liberata*, più in generale su «Tasso e le arti visive» esiste un'ampia bibliografia, raccolta in gran parte in conclusione al volume : *Torquato Tasso tra Letteratura, Musica, Teatro e Arti Figurative*, a cura di Andrea Buzzoni, Nuova Alfa Editoriale, Bologna,1985. In questo volume, pubblicato all'occasione dell'omonima mostra, tenutasi al Castello Estense di Ferrara, Francesca Valli ha dedicato ai dipinti tasseschi di Poussin un saggio concentrato e intenso che mi ha molto ispirato (*op.cit.* pp. 289-292).

3. Questa espressione appartiene alla terminologia teorica della musica vocale del Cinquecento e del Seicento ma può essere estesa alla poesia e alla pittura di questo periodo se si accetta l'idea che la «mutazione d'affetti» è una formula originaria e profonda dell'affettività che trova la sua specifica rappresentazione a un livello più superficiale nella poesia, nella musica o nella pittura. Questa ipotesi permette di presupporre una «traducibilità» degli affetti tra arti diverse e fornisce la base necessaria alla comprensione dei meccanismi di ricezione affettiva delle opere. Un simile presupposto metodologico è stato sperimentato anche da Stefano La Via nell'analisi comparata di un madrigale di Cipriano da Rore e di *Venere e Adone* di Tiziano, vedi: S. La Via, *Il lamento di Venere abbandonata*, LIM, Lucca 1994 (per la bibliografia musicale sulla mutazione d'affetti, vedi in particolare la nota 5, p. 8)

4. Torquato Tasso, *Gerusalemme Liberata* (1580), cito dall'edizione di Bruno Maier, Rizzoli, Milano 1982, canto XIV, 57-67.
   -57
   Qual cauta cacciatrice, Armida aspetta
   Rinaldo al varco. Ei su l'Oronte giunge
   ove un rio si dirama e, un'isoletta
   formando, tosto a lui si ricongiunge;
   e'n su la riva una colonna eretta
   vede, e un picciol battello indi non lunge.
   Fisa egli tosto gli occhi al bel lavoro
   del bianco marmo e legge in lettre d'oro:
   -58
   'O chiunque tu sia, che voglia o caso
   peregrinando adduce a queste sponde,
   meraviglie maggior l'orto o l'occaso
   non ha di ciò che l'isoletta asconde.
   Passa se vuoi vederlà. E persuaso
   tosto l'incauto a girne oltra quell'onde;
   e perché mal capace era la barca,
   gli scudieri abbandona ed ei sol varca.
   -59
   Come è là giunto, cupido vagante
   volge intorno lo sguardo, e nulla vede
   fuor ch'antri ed acque e fiori ed erbe e piante,

onde quasi schernito esser si crede:
ma pur quel loco è così lieto e in tante
guise l'alletta ch'ei si ferma e siede
e disarma la fronte e la ristaura
al soave spirar di placid'aura

-60

Il fiume gorgogliar fra tanto udio
con nuovo suono, e là con gli occhi corse,
e mover vide un'onda in mezzo al rio
che in se stessa si volse e si ritorse;
e quinci alquanto d'un crin biondo uscio,
e quinci di donzella un volto sorse
e quinci il petto e le mammelle, e de la
sua forma infin dove vergogna cela.

-61

Così dal palco di notturna scena
o ninfa o dea, tarda sorgendo appare.
Questa benché non sia vera sirena
ma sia magica larva, una ben pare
di quelle che già presso a la tirrena
piaggia abitar l'insidioso mare;
né men ch'in viso bella, in suono è dolce,
e così canta, e 'l cielo e l'aure molce:

-62

'O giovenetti, mentre aprile e maggio
v'ammantan di fiorite e verdi spoglie,
di gloria e di virtù fallace raggio
la tenerella mente ah non v'invoglie!
Solo chi segue ciò che piace è saggio,
e in sua stagion de gli anni il frutto coglie.
Questo grida natura. or dunque voi
indurarete l'alma a i detti suoi?

-63

Folli, perché gettate il caro dono,
che breve è sì, di vostra età novella?
Nome, e senza soggetto idoli sono
ciò che pregio e valore il mondo appella.
La fama che invaghisce a un dolce suono
voi superbi mortali, e par sì bella,
è un'ecco, un sogno, anzi del sogno un'ombra,
ch'ad ogni vento si dilegua e sgombra.

-64

Goda il corpo sicuro, e in lieti oggetti
l'alma tranquilla appaghi i sensi frali;
oblii le noie andate, e non affretti
le sue miserie in aspettando i mali.
Nulla curi se 'l ciel tuoni o saetti,
minacci egli a sua voglia e infiammi strali.
Questo è saver, questa è felice vita:
sì l'insegna natura e sì l'addità.

-65

Sì canta l'empia, e 'l giovenetto al sonno
con note invoglia sì soavi e scorte.
Qual serpe a poco a poco, e si fa donno
sovra i sensi di lui possente e forte;

né i tuoni omai destar, non ch'altri, il ponno
da quella quieta immagine di morte.
Esce d'agguato allor la falsa maga
e gli va sopra di vendetta vaga.

-66

Ma quando in lui fissò lo sguardo e vide
come placido in vista egli respira
e ne' begli occhi un dolce atto che ride,
benché sian chiusi (or che fia s'ei li gira?),
pria s'arresta sospesa, e gli s'asside
poscia vicina, e placar sente ogn'ira
mentre il risguarda; e 'n su la vaga fronte
pende omai sì che par Narciso al fonte.

-67

E quei ch'ivi sorgean vivi sudori
accoglie lievemente in un suo velo,
e con un dolce ventilar gli ardori
gli va temprando de l'estivo cielo.
Così (ch'il crederia?) sopiti ardori
d'occhi nascosi distemprar quel gelo
che s'indurava al cor più che diamante,
e di nemica ella divenne amante.

5. Rensselear W. Lee, *Ut Pictura Poesis. The Humanistic Theory of Painting*, in «Art Bulletin» XXII (1940), 2 ed., W.W. Norton and Company, New York 1967. Il settimo capitolo, interamente dedicato alla storia di «Rinaldo e Armida», comincia con una analisi di questo dipinto di Poussin. Un commento sull'impianto metodologico del saggio di Lee eccederebbe le dimensioni di questo contributo. Il riferimento alla copia di un sarcofago antico del Museo Condé di Chantilly resta un dato essenziale dell'analisi ma contiene un elemento sul quale Lee non si è espresso: l'amorino che conduce Selene presso Endimione dischiude maliziosamente le gambe del giovane addormentato. Questo gesto produce un effetto di femminizzazione dell'eroe più vicino al dipinto della Dulwich Picture Gallery che alla versione del Museo Puskin.

6. « Quelle puissance rayonnante émanerait de ce corps désarmé dont les ondes rempliraient l'âme adverse pour l'incliner à l'amour? Le charme qui diffuse la chair en sommeil de Rinaldo tend l'invisible miroir d'une captation au pouvoir magique d'Armide l'infidèle et le soumet aux liens d'Éros », Louis Marin, « À *l'éveil des métamorphoses : Poussin (1625-1635)* », in « Corps Écrit », 7, Le sommeil, P.U.F., 1983, ripreso in *Sublime Poussin*, Le Seuil, Paris 1995.

7. Sulla relazione tra il segreto e la sua inevitabile «secrezione» vedi Louis Marin, «Logique du secret», in *Traverses*, «Le Secret», Éd. de Minuit, Paris mars 1984, n° 30-31.

8. Sulla rappresentazione degli affetti all'interno della "storia" e sulla «moltiplicazione delle azioni negli affetti» vedi la straordinaria descrizione dell'«acqua nel deserto» (*Le Frappement du rocher* dell'Ermitage) nella biografia di Poussin di Giovanni Pietro Bellori (p. 434 dell'edizione delle *Vite* curata da Evelina Borea per Einaudi, Torino, 1976). Su questo testo cfr. G. Careri, « La critique dans la description au dix-septième siècle », *Colloque « La description »*, Rennes, 1994, Archives de la critique d'art, in corso di stampa. Sulla rappresentazione degli affetti nell'opera di Poussin in una prospettiva, differente ma estremamente interessante vedi il contributo di Sebastian Schütze « Poussin, Aristide de Thèbes et la représentation des « affetti » dans la peinture italienne au début du XVIIe siècle », negli atti del convegno *Nicolas Poussin*, Louvre, ottobre 1994 (1996).

9. Questa espressione, proveniente dalla mistica e dalla teoria della devozione del Cinquecento e del Seicento, corrisponde a una tensione alla somiglianza dell'anima dell'amante all'anima dell'amato. La «conformazione affettiva» è una nozione preziosa per l'analisi e la descrizione della rappresentazione delle «mutazioni d'affetti» sia nell'ambito dell'amore devoto che in quello dell'amore profano, vedi: G. Careri, *Voli d'Amore. Architettura, pittura e scultura nel «bel composto» di Bernini*, Laterza, Roma-Bari 1991.

10. L'associazione tra l'isoletta sul fiume Oronte del quattordicesimo canto e l'Isola di Fortuna del sedicesimo è suggerita nel poema attraverso la ripetizione (amplificata nella seconda occorrenza) del

topos letterario del *locus amenus* e del motivo dell'incantesimo d'amore. La condensazione delle due scene nel quadro di Poussin è quindi un'operazione d'interpretazione in senso forte.

11. Sul tema della vittoria d'amore e della femminizzazione dell'eroe vedi : Charles Dempsey, *Et nos cedamus amori: Observations on the Farnese Gallery*, in «The Art Bulletin», L, 4, pp. 363-374, e *Mavors armipotens: The Poetics of Self-Representation in Poussin's «Mars and Venus»*, in «Der Künstler über sich in seinem Werk», Atti del convegno della Biblioteca Hetziana (Roma 1989), Berlino 1992, pp. 435-462. Nell'*Adone*, Giovanni Battista Marino ha «trascritto» ben tre volte la scena dell'incontro tra Armida e Rinaldo nella scena dell'incontro di Venere e Adone. La «traduzione» di Marino accentua i tratti di femminizzazione dell'eroe fino a paragonare Adone a una «vergine semplice e pura» (III, 126).

12. T. Tasso, *Gerusalemme Liberata*, canto sedicesimo,
- 30
«Egli al lucido scudo il guardo gira
onde si specchia in lui qual siasi e quanto
con delicato culto adorno spira
tutto odori e lascivie e il crine e il manto
e il ferro, il ferro aver, non ch'altro, mira
guernito è si ch'inutile ornamento
sembra, non militar fero instrumento».

13. Sono le ottave 102-114 del canto diciannovesimo:
-102
Il più usato sentier lasciò Vafrino,
calle cercando o più securo o corto;
Giunsero in loco a la città vicino
quando è il sol ne l'occaso e imbruna l'orto,
e trovaron di sangue atro il camino;
e poi vider nel sangue un guerrier morto
che le vie tutte ingombra, e la gran faccia
tien volta al cielo e morto anco minaccia.
-103
L'uso de l'arme e'l portamento estrano
pagan mostrarlo, e lo scudier trascorse;
un altro alquanto ne giacea lontano
che tosto a gli occhi di Vafrino occorse.
Egli disse fra sé: «Questi è cristiano».
Più il mise poscia il vestir bruno in forse.
Salta di sella e gli discopre il viso,
ed: «Oimé», grida «è qui Tancredi ucciso».
-104
A riguardar sovra il guerrier feroce
la mala avventurosa era fermata,
quando dal suon de la dolente voce
per lo mezzo del cor fu saettata.
Al nome di Tancredi ella veloce
accorse in guisa d'ebra e forsennata.
Vista la faccia scolorita e bella,
non scese no precipitò di sella
-105
e in lui versò d'inessicabil vena
lacrime e voce di sospiri mista:
«In che misero punto or qui mi mena
fortuna? a che veduta amara e trista?
Dopo gran tempo ì ti ritrovo a pena,
Tancredi, e ti riveggo e non son vista:
vista non son da te benché presente,

e trovando ti perdo eternamente.

-106

Misera! non credea ch'a gli occhi miei
potessi in alcun tempo esser noioso.
Or cieca farmi volentier torrei
per non vederti, e riguardar non oso.
Oimé, de' lumi già si dolci e rei
ov'è la fiamma? ov'è il bel raggio ascoso?
de le fiorite guancie il bel vermiglio
ov'è fuggito? ov'è il seren del ciglio?

-107

Ma che? squallido e scuro anco mi piaci.
Anima bella, se quinci entro gire,
s'odi il mio pianto, a le mie voglie audaci
perdona il furto e'l temerario ardire:
de le pallide labra i freddi baci,
che più caldi sperai, vuò pur rapire;
parte torrò di sue ragioni a morte,
baciando queste labra essangui e smorte

-108

Pietosa bocca che solevi in vita
consolar il mio duol di tue parole,
lecito sia ch'anzi la mia partita
d'alcun tuo caro bacio io mi console;
e forse allor, s'era a cercarlo ardita
quel davi tu ch'ora conven ch'invole.
lecito sia ch'ora ti stringa e poi
versi lo spirto mio fra i labri tuoi.

-109

Raccogli tu l'anima mia seguace,
drizzala tu dove la tua se'n giò.
Così parla gemendo, e si disface
quasi per gli occhi, e par conversa in rio.
Rivenne quegli a quell'umor vivace
e le languide labra alquanto aprio:
apri le labra e con le luci chiuse
un suo sospir con que' di lei confuse.

-110

Sente la donna il cavalier che geme,
e forza è pur che si conforti alquanto:
«Apri gli occhi Tancredi a questre estreme
essequie» grida è ch'io ti fo col pianto:
riguarda me che vuò venirne insieme
la lunga strada e vuò morirti a canto
Riguarda me, non te'n fuggir sì presto
l'ultimo don ch'io ti dimando è questo.

-111

Apre gli occhi Tancredi e poi gli abbassa
torbidi e gravi, ed elle pur si lagna.
Dice Vafrino a lei: «Questi non passa:
curisi adunque prima, e poi si piagna».
Egli il disarma, ella tremante e lassa
porge la mano a l'opere compagna,
mira e tratta le piaghe e, di ferute
giudice esperta, spera indi salute

-112
Vede che 'l mal da la stanchezza nasce
e da gli umori in troppa copia sparti.
Ma non ha fuor ch'un velo onde gli fasce
le sue ferite, in sì solinghe parti.
Amor le trova inusitate fasce,
e di pietà le insegna insolite arti:
l'asciugò con le chiome e rilegolle
pur con le chiome che troncar si volle,

-113
però che 'l velo suo bastar non pote
breve e sottile a le sì spesse piaghe.
dittamo e croco non avea, ma note
per uso tal sapea potenti e maghe.
Già il mortifero sonno ei da sé scote
già può le luci alzar mobili e vaghe.
Vede il suo servo, e la pietosa donna
sopra si mira in peregrina gonna.

14. Il contatto involontario e perturbante è una situazione più volte riproposta nella *Gerusalemme Liberta*, in particolare nell'episodio di Olindo e Sofronia, come anche in quello di Tancredi e Clorinda, vedi a questo proposito: Giovanni Getto, *Nel mondo della Gerusalemme*, Vallecchi, Firenze 1968, p. 182.

15. Il contesto filosofico-scientifico della *Gerusalemme Liberata* in rapporta alla magia nera e bianca, è stato ricostruito da Ezio Raimondi nella sua splendida introduzione al poema nell'edizione di Bruno Maier (*op. cit.* nota 4). Raimondi si riferisce a Giovanni Pico della Mirandola (*Disputationes adversus astrologiam divinatricem*), e a Pietro Pomponazzi (*De incantationibus*).

16. Mentre la «conversione passionale» di Armida può essere descritta come l'effetto della magia della 'somiglianzà, la «resurrezione» di Tancredi ci è presentata come l'effetto della magia affettuosa del 'contattò. Somiglianza e contatto, lo ricordiamo, sono le due grandi categorie della magia dal punto di vista dell'antropologia, fin dal *Ramo d'Oro* di Frazer, vedi G. Frazer, *The Golden Bough. A study in Magic and Religion*, voll. 12, Londra 1911-1915 (trad. it. dell'edizione ridotta del 1922, *Il ramo d'oro*, Torino 1950).

17. Sulla «piega» dell'anima come modello della passione nella filosofia del Seicento e particolarmente in quella di Spinoza e di Leibniz vedi G. Deleuze, *Spinoza et le problème de l'expression*, Éd. de Minuit, Paris 1968 e id. *Le pli, Leibniz et le baroque*, Éd. de Minuit, Paris 1988. s

Françoise GRAZIANI

Poussin mariniste :
la mythologie des images

Ombreggia il ver Parnaso e non rivela
gli alti misteri ai semplici profani,
ma con scorza mentita asconde e cela,
quasi in rozzo Silen, celesti arcani[1].

Giambattista MARINO,
Adone, I, 10

Lorsqu'on cherche à évaluer l'influence de Giambattista Marino sur les peintres, et spécialement sur Poussin, la recherche de sources textuelles précises n'est guère satisfaisante, et il est troublant de constater que ce collectionneur qui aimait commander aux artistes toutes sortes de sujets en s'amusant à concevoir d'imaginaires galeries n'a pas jugé bon, semble-t-il, de faire illustrer directement ses propres poèmes, puisque même les dessins commandés par lui au jeune Poussin ne semblent pas destinés à cet usage. Mais comme ont su le faire avec une grande fermeté Robert Simon pour les sujets mythologiques[2] et Elisabeth Cropper à propos du *Massacre des Innocents*[3], il convient de se placer dans une perspective plus indirecte et plus large, plus théorique aussi, celle des rapports de structure et de signification entre peinture et poésie, pour interroger la conception originale qui gouverne le mode de traitement de certains sujets, et tout spécialement des fables poétiques que l'on devine être « marinistes » même s'il n'est pas facile d'expliquer pourquoi. Cette difficulté même est à interpréter comme une marque caractéristique du marinisme, puisque l'essentiel de la rhétorique de Marino consiste à se cacher sous les apparences et à recouvrir celles-ci de multiples voiles qui ne sont pas ceux de l'allégorie, mais ne sont tissés que des fils d'or de la poésie ; le critique littéraire éprouve exactement les mêmes difficultés lorsqu'il cherche à déceler les traces de marinisme dans l'œuvre d'un La Fontaine, qui explore aussi tous les modes de « tissure » poétique. À propos de Poussin, Robert Simon a judicieusement fait remarquer que, tout comme Marino n'illustre pas les mythes, car il ne se contente pas d'imiter Ovide dans ses poèmes mais en propose une analyse mythographique, de même Poussin n'illustre pas Marino dans ses fables, mais "le lit comme un mythographe[4]", c'est-à-dire en adapte, dans le système d'images propre à la peinture, la méthode de lecture et d'interprétation. La relation de Poussin à Marino serait ainsi du même ordre que celle qui détermine la lecture d'Ovide par Marino : elle se situe sur le plan de la méthode et des structures, et non pas sur le plan de la caractérisation des figures, car elle fonde une véritable conceptualisation de l'image et des principes de figuration.

C'est en ce sens que, lorsqu'il qualifiait Poussin de *grande favoleggiatore*[5], le Bernin exprimait peut-être un jugement plus précis qu'on ne l'a cru, car la manière dont Poussin traite les sujets mythiques est en effet un des aspects les plus singuliers et les plus difficiles à cerner de toute l'œuvre de ce peintre d'histoire qui définissait lui-même son art dans les termes exacts d'une poétique du récit empruntée littéralement aux poètes. C'est au Tasse en effet que Poussin doit la formulation explicite de principes qui, chez Marino, ne se sont jamais exprimés qu'en acte[6] : c'est dans le second livre de ses *Discours de l'art poétique* qu'il trouve la théorie universelle de l'art qu'il s'est appliqué à méditer et à transcrire non seulement en paroles dans les carnets rapportés par Bellori, mais en images dans sa peinture même. Les emprunts de Poussin au Tasse ont été depuis longtemps répertoriés, mais on n'a pas assez prêté attention, me semble-t-il, à l'étroite filiation qui, par delà les divergences esthétiques ou éthiques, lie la poétique mariniste à celle du Tasse : or, il est de fait que les principes qu'en retient Poussin sont précisément ceux qui s'accordent à l'enseignement de Marino, c'est-à-dire ceux qui assignent la souveraineté dans l'acte poétique (et génériquement dans toute opération artistique) à la *dispositio*[7]. Les lois de composition adaptées par Poussin du Tasse reposent en effet sur une distinction radicale entre le sujet (*materia*) et la signification ou idée (*concetto*) du tableau, dont la « vertu » et la « nouveauté » résident dans la *disposition* ingénieuse qui lui donne sens en modifiant ou éclairant autrement les données initiales du sujet :

> « Une fois que le poète aura choisi une matière capable en elle-même de toutes les perfections, il lui reste la tâche bien plus difficile de lui donner forme et disposition poétique : et c'est dans ce travail, comme étant son sujet propre, que se manifeste pour ainsi dire toute la vertu de son art. [...] La nouveauté du poème ne consiste pas principalement en cela, que la matière soit inventée et encore inouïe ; mais elle consiste dans la manière nouvelle de nouer et dénouer la fable. L'argument de Thieste, de Médée, d'Œdipe, fut traité par bien des auteurs antiques, mais en le tramant différemment, chacun l'a fait sien de commun qu'il était, et de vieux l'a rendu neuf : de sorte que nouveau sera le poème dans lequel la façon de nouer l'intrigue sera nouvelle, nouvelles les solutions, nouveaux les épisodes qui s'y inséreront, quoique la matière soit des plus connues et ait déjà été traitée par d'autres[8]. »

Si raconter des mythes, *favoleggiare* en peinture n'est pas une entreprise nouvelle, ni innovante en soi, la nouveauté introduite par Poussin dans la topique des analogies entre peinture et poésie, et la nouveauté de toute évidence méditée par lui tout au long de sa carrière[9], est bien d'ordre structural. La *disposition poétique* qui semble lui être propre consiste à représenter sur un seul tableau des figures hétérogènes, de sources et de nature diverses, mais qui se trouvent énigmatiquement reliées entre elles par leur juxtaposition dans le tableau. Alors que les premiers dessins et les premières Bacchanales, celles de l'époque dite « mariniste » n'en portent pas trace, de telles associations deviennent vite systématiques, et sont souvent inédites. La méthode évolue et s'affirme par étapes : le cas le plus simple de ce traitement du mythe par comparaison, analogie ou métonymie, soit par des moyens en apparence réservés au langage poétique, est représenté par l'*Empire de Flore* (ainsi que le *Triomphe*) dont toutes les figures sont reliées entre elles par une unité thématique

Fig. 1. Nicolas Poussin, *Écho et Narcisse*, Paris, musée du Louvre.

relativement explicite et aisément déchiffrable encore, celles de héros métamorphosés en fleurs. Une même recherche des correspondances poétiques détermine également la *Mort de Narcisse* du Louvre (fig. 1), même si l'association de Narcisse avec Écho qui en constitue le sujet se trouve déjà chez Ovide, car la manière dont Poussin interprète le personnage d'Écho relève davantage de la métaphore par analogie que de la métamorphose[10]. Mais ce sont là pourtant les compositions les plus simples. Beaucoup plus complexes sont certains dessins (tels le très remarquable *Enlèvement d'Europe* de Stockholm, à la double ou quadruple composition, ou le *Mercure dérobant un objet* du Louvre, dont il manque de toute évidence un large fragment mais dont les figures conservées entretiennent déjà des rapports énigmatiques[11]) et les œuvres de la dernière période qui peuvent aller jusqu'à l'énigme la plus obscure, la moins lisible, celle qui étonne et rend perplexe : Bellori n'avait pas compris pourquoi à *La Naissance de Bacchus* est associée la mort de Narcisse, se contentant d'enregistrer la proximité structurale des deux histoires chez Ovide sans pouvoir en analyser la relation poétique[12], et ne voulait voir qu'un *scherzo,* un jeu gratuit, dans l'adjonction énigmatique de la figure de Mercure à l'histoire d'*Apollon amoureux de Daphné* (fig. 2). Les multiples énigmes posées par ce dernier tableau, dans lequel on s'accorde à reconnaître le testament de Poussin, et dont les dessins préparatoires[13] témoignent d'une tentation d'élargir davantage le réseau d'associations, n'ont pas encore été résolues, et peut-être sommes-nous condamnés, comme Bellori[14], à ne pas tout comprendre. Outre les grands paysages, dans lesquels Poussin ne représente même plus directement un sujet mythique, mais choisit de pratiquer la figure poétique indirecte de l'allusion, il convient de considérer dans la même perspective d'un traitement analogique des mythes les figures syncrétiques d'Apollon confondu avec Bacchus (Stockholm et Hanovre[15]) et d'Adonis traité sous la forme d'un Christ gisant (Caen[16]), tout aussi bien que les épisodes de l'histoire de Moïse où se mêlent des éléments de la fable et de la religion païenne (Moïse associé à Isis par exemple, dans le *Moïse sauvé des eaux* du Louvre[17]). Le regroupement en série de ces fables permet

d'entrevoir sinon la méthode mise en œuvre, du moins la logique qui la détermine : plus l'art de Poussin mûrit, plus il tend à préférer, au traitement direct et unitaire du sujet, une composition de plus en plus complexe où le sujet, à peine identifiable, ne se superpose plus à l'*idée* (ou *concetto*) du tableau, dont il ne suffit pas à rendre compte. Avant d'étudier, à titre d'exemple, l'ingénieuse *disposition poétique* d'*Apollon amoureux de Daphné*, que l'on peut tenir pour l'expression la plus aboutie d'une méthode de composition fondée sur la mise en perspective à l'intérieur même de l'image de ce que les mythographes anciens nommaient une *mythologie*, soit l'interprétation d'un sujet mythique, il convient de revenir brièvement sur la disposition poétique pratiquée par Marino lui-même pour en définir la méthode interprétative et évaluer à partir de là ce que lui doit Poussin.

L'idée de traiter les mythes en image sur un mode herméneutique plutôt que représentatif se rencontre pour la première fois dans les *Images* de Philostrate[18], où les poètes et les artistes des XVIe et XVIIe siècles ont puisé non seulement leurs sujets mais aussi leur « mythographie poétique ». L'interprétation des mythes, en effet, n'y est pas explicitée en une glose allégorique mais enveloppée à l'intérieur d'une fiction, ou d'une image – qui joue, mais du côté de la littérature, sur les analogies entre peinture et poésie. De même que Marino a pu servir de médiateur entre le Tasse et Poussin, il a pu vraisemblablement aussi l'initier à l'iconologie figurée de Philostrate, dont sa *Galeria* est une véritable paraphrase poétique. Au lieu d'expliquer les tableaux qu'il décrit, Philostrate (et Marino fera de même) en accentue les énigmes en multipliant les jeux de miroirs et les équivoques, en jouant de l'allusion et de la prétérition, et en jouant aussi sur les mots. Par cette méthode, il rend compte à merveille de ce qu'il appelle la *sophia* de la peinture, car celle-ci se cache dans les détails, dans les ressemblances de certaines figures entre elles, dans les échos thématiques, bref dans tout un système sémiologique à travers lequel le spectateur est appelé à lire non seulement la fable[19], mais les interprétations que peuvent susciter la fable et l'image une fois rendues à la parole – laquelle, dans la langue de Philostrate, se dit *herméneia*. Ainsi les tableaux commentés par Philostrate, comme ceux que commente Marino dans la *Galeria*, ne sont pas directement visibles, il faut les imaginer en faisant non seulement un effort de reconstitution à partir d'allusions souvent indirectes, mais aussi, et surtout, en recomposant leurs significations à partir d'un réseau de similitudes. Chez l'un comme chez l'autre, c'est par la condensation concettiste que l'*ecphrasis* mime la concentration d'un récit (histoire ou fable) en une image, pour rendre compte du double mouvement qui équilibre les rapports entre peinture et poésie sur le fil du *logos* et figurer l'*idée* de la peinture. C'est ce *logos* que Poussin, rétablissant le postulat originel de cette herméneutique par l'image en la déplaçant dans l'ordre visuel, entend exprimer par les moyens propres à la peinture, sans mots, mais avec une histoire. Et là encore, c'est Marino qui lui a ouvert la voie grâce à son œuvre majeure, l'*Adone*, où la sémiologie allusive propre à l'épigramme (qui faisait de la *Galeria* un miroir de la peinture) est élargie aux dimensions d'un récit.

Car l'*Adone* est construit selon les mêmes principes herméneutiques : le sujet central, tiré d'Ovide, y est mis en correspondance avec une série de mythes corrélatifs, que la structure amplifiée de l'épopée permet de répartir en un déploiement de récits digressifs racontés chacun par une divinité. La mise en relation de thèmes mythiques qui, dans la *Galeria,* comme chez Philostrate, était fondée sur la juxtaposition d'images à cause de la structure discontinue du recueil, se trouve dans l'*Adone* intégrée à une narration suivie, mais sans que pour autant les corrélations soient véritablement explicites : elles demeurent, tout comme chez Ovide qui pratique aussi la juxtaposition signifiante et l'enchaînement par contiguïté, suggérées par des effets de symétrie et de comparaisons plus ou moins implicites. Le sujet du poème, orienté vers la fin tragique des amours de Vénus et d'Adonis, est sans cesse décentré, enveloppé, pris dans un réseau de métaphores et de correspondances qui tendent à constituer autour de la figure d'Adonis une sorte de constellation dont la fonction est de lui signifier son destin (prophétiquement, analogiquement, rétrospectivement). Ainsi l'allégorie qui feint de définir le sujet du poème, et qui a été ouvertement formulée dès les premiers vers (*smoderato piacer termina in doglia*[20]), est-elle tour à tour exposée à travers les histoires de Narcisse, de Ganymède, d'Actéon, de Psyché, de Hyacinthe, d'Acis, pour ne citer que les plus connus, ceux aussi qui sont fréquemment matière à peinture. Autant de mythes dont la tradition ne fait pas facilement des doublets les uns des autres (sinon par une vague communauté de destins, s'agissant de mortels aimés par des dieux[21]), dont les histoires sont hétérogènes, auxquels seules la structure symétrique et l'herméneutique figurée du poème est en mesure de conférer une identité de fonction. C'est par contamination que ces histoires éclairent en la modifiant la signification que Marino entend donner à la fable d'Adonis, autrement dit sa *mythologie*.

Comme Philostrate, Marino construit donc ses correspondances au moyen d'une herméneutique en acte qui se caractérise par le refus de l'exégèse allégorique, ostensiblement exposée et parodiée pour être mieux désamorcée, et remplacée par ce que j'appellerai une *exégèse métaphorique*, parce qu'elle s'exprime non pas sur le mode de la clarification et de l'explication, mais sur le mode voilé de la fable et de l'énigme ; non pas sur le mode direct de l'illustration mais indirectement, en images et sous forme de fictions. Si Marino est *un grande favoleggiatore*, c'est parce qu'il construit son récit, dont le sujet est fort mince, sur un système complexe de combinaisons qui non seulement amplifient la matière, mais ont pour fonction de multiplier les plans de lecture.

L'étude des tableaux mythologiques de Poussin révèle que l'influence de Marino sur sa pensée et sur son œuvre est sans doute plus durable qu'on ne l'a cru. On considère habituellement que cette influence n'est sensible, au niveau du style, que dans la première période de Poussin, celle des Bacchanales et de la *furia* juvénile, et qu'elle est ensuite contrariée par l'évolution de Poussin vers un classicisme de plus en plus rigoureux et par son adhésion à l'éthique stoïcienne. Il est vrai que les sujets mythologiques ne l'ont pas intéressé de manière constante et se trouvent supplantés un temps par les sujets bibliques et l'Histoire. Mais comme il a été dit, la véritable influence de Marino sur Poussin ne concerne ni le choix des sujets ni le style, elle est beaucoup plus profonde car elle détermine l'interprétation des sujets, et au-delà la conception même de la fonction herméneutique de la peinture. Le mythe est pour lui, comme pour Marino, une matière à penser, dans laquelle peut se refléter le travail de l'image dans la peinture parce que le mythe est déjà image, condensation de sens en une figure ou un instant narratif. La réflexion de Poussin dépasse le sujet, elle interroge la substance et la nature même de l'acte de peindre, lequel met en relation de manière paradoxale lumière et ombre, vie et mort. C'est pourquoi il n'y a pas incompatibilité entre les exégèses mythologiques de Poussin et la manière dont il traite l'Histoire, sainte ou profane, sur le mode épique ou lyrique (depuis le *Massacre des Innocents* dont Elisabeth Cropper a montré la tonalité mariniste). Le même syncrétisme qui conduit Poussin à représenter l'histoire de Moïse sur le mode de la fable[22] et à décrire la mort d'Adonis en termes chrétiens[23] détermine aussi la *théologie poétique* qui s'exprime, sous une forme de plus en plus indirecte, énigmatique et figurée, dans les derniers paysages comme dans l'*Apollon amoureux de Daphné* du Louvre.

La méthode poétique enseignée à Poussin par Marino, car il s'agit bien d'une méthode et non d'une esthétique, consiste donc à se détourner du sujet, par analogie avec la pratique grecque de l'*ecphrasis*, pour en proposer une lecture qui ne se dévoile pas mais est sous-entendue dans le jeu des correspondances. Mais si Poussin a appris à lire chez Marino, il y a aussi appris à composer, c'est-à-dire, conformément à la leçon du Tasse, à renouveler un sujet par la *dispositio*. Et c'est en transposant en image visuelle ce que les poètes disent avec des métaphores et des comparaisons, qu'il renouvelle à la fin de sa vie, par le seul jeu de la composition, la signification du mythe de Daphné : au lieu de se contenter de représenter le sujet, il le recompose en système d'associations pour construire à partir de là une nouvelle *fable,* dans laquelle Apollon et Daphné ne sont plus en mouvement, où la métamorphose n'est plus le sujet du tableau, où précisément le sujet semble absent ou ostensiblement nié. Si l'*Apollon amoureux de Daphné* du Louvre est bien le testament de Poussin, c'est qu'on y trouve précisément la synthèse d'une démarche herméneutique expérimentée tout au long de l'œuvre et sans cesse tournée vers les rapports de l'image à l'énigme.

Le sujet de cet ultime tableau n'est donc pas la métamorphose de Daphné en laurier, mais une sorte de suspension du temps entre le moment où Apollon a été touché par la flèche d'Amour et celui de la métamorphose de la nymphe fugitive. Entre ces deux événements, Ovide et Marino[24] placent les plaintes d'Apollon ; mais c'est sur l'idylle mariniste plutôt que sur Ovide que semble avoir médité Poussin en représentant Apollon et Daphné symétriquement assis, également immobiles et figés dans l'attente[25], alors que la plainte d'Apollon chez Ovide n'est pas dissociée de la poursuite de Daphné fugitive. Le sujet de ce tableau élégiaque est bien, comme le suggère Bellori par son titre, la plainte d'*Apollon amoureux de Daphné*, c'est-à-dire la plainte amoureuse provoquée par la vengeance d'Amour dont Daphné est l'instrument, plutôt que, selon l'interprétation de Panofsky, la figure générique d'un « Apollon infortuné en ses amours[26] ». Cependant Poussin a hésité sur le rôle à accorder à la lyre, inactive et muette sur les genoux du dieu dans la version définitive, plus ostensible sur les dessins préparatoires : Apollon ici ne joue pas de la lyre ; chante-t-il ? On dirait plutôt qu'il a fini ou n'a pas encore commencé sa plainte. Son attitude, ainsi que certains détails de la composition, dont la présence et la surprise attentive des Nymphes des eaux, pourraient bien être une paraphrase à peu près exacte de ces vers de l'Idylle de Marino[27] :

> *Un di fra molti, ove di fronde stesse*
> *Pendea fresca verdura opaco ombraggio,*
> *Mentre che'n grembo ala nutrice herbetta*
> *In su'l caldo maggior giacean gli armenti,*
> *Poi ch'ebbe assai la desiata traccia*
> *Senza pace trovar cercata in darno*
> *Poso pensoso e taciturno il fianco,*
> *Se non che adhor' adhor languido e tronco*
> *Mandava fuor del' angoscioso petto*
> *Qualche sospiro, e così stato alquanto*
> *Quasi da grave sonno al fin riscosso,*
> *In fioca voce i suoi pensier distinse,*
> *E disse cose, che ad udir le fere*
> *Lasciaro gli antri, e gli augelletti intorno*
> *Tacquero intenti ; il vago fiume a freno*
> *Del suo limpido piè ritenne il corso,*
> *E per pietà da' più riposti gorghi*
> *Uscir su il margo, e sospirar le Ninfe.*
>   *Ninfe deh voi, che dai vicini fonti*
> *Tutto quant'ei parlo pietose udiste,*
> *Piacciavi a me le dolorose note*
> *Hoggi ridir, perche lasciar ne possa*
> *In qualche scorza di crescente faggio*
> *A la futura età memoria eterna.*

Mais l'idylle mariniste n'a pu fournir que le cadre pastoral du tableau, car on n'y trouve pas trace (ni plus ni moins que chez Ovide) de la synthèse des temps qui, chez Poussin, met en correspondance avec le mythe de Daphné d'autres moments de l'histoire d'Apollon : la victoire sur Python, les rites oraculaires delphiques, la mort du mystérieux personnage à l'arrière-plan[28], et jusqu'au vol des flèches d'Apollon par Mercure, épisode totalement hétérogène et brutalement combiné à la scène sans justification apparente. Le motif du vol des flèches appartient à un code iconologique bien connu, dont Panofsky[29] a établi le premier qu'il a pour origine directe une image de Philostrate, sans toutefois rendre compte de la nécessité interne qui confère à ce motif parasite le pouvoir de gloser le mythe de Daphné. Cette nécessité est attestée pourtant par le fait que ce motif figure sur tous les dessins préparatoires au tableau[30], et il faut admettre que c'est elle qui, loin de la compromettre, donne à la composition sa cohérence. Mais celle-ci est énigmatique, et on peut l'interpréter de multiples façons : Panofsky, sur la foi du commentaire de Bellori, oriente sa lecture à partir de l'idée que le geste de Mercure échappe à l'attention d'Apollon, « tout entier absorbé dans la contemplation de la nouvelle beauté qu'il aime ». Recherchant une logique antithétique et « contrapunctique » dans la nette bipartition de la composition, il s'attache essentiellement à la relation implicite entre le vol des flèches et le vol des vaches d'Apollon, que le tableau décrit par Philostrate associait en un même argument[31]. Mais cette association, à supposer qu'elle serve à justifier la place centrale accordée ici au troupeau de vaches[32], n'éclaire nullement le lien entre Mercure et Daphné, et se relie mal à la fonction symbolique de la figure gisante à l'arrière-plan, quelle que soit celle-ci. Le thème de l'inattention du dieu trompé ne sert à rien d'autre qu'à démontrer l'intérêt exclusif d'Apollon pour son nouvel amour, et même si on le retrouve, sous d'autres formes, dans l'histoire de Hyacinthe (que Panofsky identifie comme étant la figure gisante), il n'instaure aucun moyen terme *commun* entre Apollon, Mercure, Daphné et Hyacinthe. Or les principes de composition poétiques hérités du Tasse et de Marino exigent que tout soit lié, et que les digressions concourent à expliquer, même si c'est indirectement, la fable principale. Il est clair que la composition choisie par Poussin est digressive, et refuse un mode de représentation central et univoque : si le peintre a mis en relation Mercure, Apollon et Daphné en leur adjoignant en outre le mystérieux gisant, démultipliant ainsi dans une perspective elliptique un sujet topique et familier à ses contemporains, c'est qu'il entendait composer par le rapport entre ces quatre figures une fable nouvelle et entière, dont l'unité ne soit pas détruite mais au contraire renforcée par les principaux motifs digressifs. L'unité complexe ainsi obtenue, qui s'articule autour de la figure décentrée d'Apollon, alors que le centre géométrique du tableau est occupé par le troupeau[33], est exactement de même nature que celle que Marino composait autour d'Adonis, en toute fidélité à ce principe que le Tasse avait osé nommer *unità composta*.

Les similitudes et les symétries les plus signifiantes, et dont le rapport est d'abord visuel, sont d'ordre métaphorique et non pas thématique comme l'association redondante entre le vol des flèches et le vol des vaches d'Apollon. Elles reposent d'une part sur la circulation des regards croisés des personnages, qui parcourent toute la scène ; d'autre part sur la double symétrie instituée, à gauche du tableau, entre Apollon, Amour et Mercure, qui forment un triangle parfait souligné par le mouvement des bras ; enfin sur la ligne horizontale reliant l'extrême gauche et l'extrême droite du tableau, au tout premier plan, par le motif du carquois, que le costume inhabituel de Daphné déguisée en Diane lui attribue comme un écho à ceux d'Amour et d'Apollon, les deux Archers dont la rivalité est à l'origine de la fable. Ce nouvel attribut de Daphné, qui ne figure sur aucune des représentations de la métamorphose, n'est pas inconvenant, puisque Ovide faisait d'elle une adepte de Diane par son vœu de chasteté. Néanmoins il n'a aucune nécessité narrative, car contrairement à celui d'où provient la flèche d'Amour et à celui d'Apollon, qui contient les flèches volées, le carquois de Daphné ne joue aucun rôle dans l'action. Sa fonction ici est d'abord visuelle, car il signale une correspondance entre le geste de Mercure et celui de Daphné, bien que cette correspondance ne puisse être ni thématique, ni narrative, puisqu'elle n'apporte rien à l'histoire elle-même : il faut la lire sur un plan herméneutique, comme une glose (nous verrons plus loin ce que glose cette correspondance entre Daphné et le couple Apollon/Mercure). Dans la même perspective, c'est par leur fonction de glose qu'il convient d'analyser le jeu des regards à l'arrière-plan et la double symétrie entre Apollon et Amour d'une part, Amour et Mercure d'autre part.

Amour en action, décochant sa flèche en direction de Daphné, est le seul motif dynamique de ce tableau silencieux et statique, mais conformément au principe décentré de la composition, il n'est pas situé au centre mais forme un groupe visuellement homogène (quoique sémantiquement hétérogène) avec Apollon, Mercure et les deux Nymphes associées au chêne delphique. La proximité des trois figures divines, ainsi que la direction de leurs bras convergeant vers Daphné – le bras d'Amour qui tend l'arc prolonge sur une même ligne celui de Mercure tirant la flèche hors du carquois, et entre les deux le bras gauche d'Apollon est tendu sur sa lyre tandis que sa main droite indique du doigt la même direction – instaurent un lien visuel entre le geste d'Amour et le geste de Mercure, tandis que l'attitude d'Apollon est telle qu'il pourrait tout aussi bien tenir un arc entre ses deux mains, le bras droit replié avec l'index tendu comme s'il tenait la corde, et le bras gauche tendant l'arc. Mais c'est la lyre qu'il tient renversée et posée sur son genou. Or cette équivoque entre l'arc et la lyre pourrait fort bien être la paraphrase figurée d'une métaphore très célèbre donnée par Aristote comme exemple d'*image* ou métaphore par analogie, « *l'arc est une lyre sans cordes*[34] ». L'étude des deux dessins préparatoires[35] (fig. 3) qui montrent un état de la composition très proche de l'état définitif, à quelques variantes près, permet de voir que l'attitude d'Apollon a été modifiée : la lyre était d'abord debout, posée sur le genou du dieu mais bien visible sur les deux

Fig. 3. Nicolas Poussin, *Apollon et Daphné,* Paris, musée du Louvre.

dessins, où le bras gauche d'Apollon est replié et s'appuie mollement sur la lyre, tandis que la main droite pend dans une pose de détente, l'index étant replié. Les modifications apportées à l'état définitif semblent témoigner d'une intention d'accentuer la ressemblance entre le geste d'Amour et celui d'Apollon, et cette intention correspond, me semble-t-il, à une interprétation métaphorique de la rivalité entre Amour et Apollon exposée par Ovide comme étant la cause de la fable de Daphné : car c'est bien d'une rivalité d'archers qu'est née la vengeance d'Amour. Au premier livre des *Métamorphoses*, en effet, Apollon récemment vainqueur de Python se vante du pouvoir de tuer qui rend ses flèches plus valides que celles d'Amour, auxquelles il reproche de n'être que vains simulacres. En accordant à Apollon ses deux attributs, le carquois[36] et la lyre, Poussin propose une glose du récit d'Ovide qui se fonde sur un système de relations analogiques. La flèche volée par Mercure à Apollon est un double de celle que décoche Amour, et la lyre est bien dans ce contexte un moyen terme, puisque Mercure est aussi l'inventeur de la lyre, qu'il donne à Apollon, selon les sources, peu avant ou peu après le vol des flèches. Quant aux flèches d'Amour, elles ne sont pas moins meurtrières, *métaphoriquement*, que celles d'Apollon et de sa sœur Diane, puisqu'elles provoquent, dans le lexique hyperbolique de l'élégie amoureuse, le désir de mourir[37]. Cette hypothèse confirme le propos initialement assigné au tableau, dont le sujet serait non pas la représentation de l'histoire de Daphné, mais la mise en images de l'invention de l'élégie amoureuse. Pour Emmanuele Tesauro, le théoricien du concettisme mariniste contemporain de Poussin, la peinture est elle-même une *métaphore en acte,* classée parmi les *métaphores par équivoque*[38] : Poussin semble ici mettre en pratique cette fonction métaphorique de la peinture en développant en une histoire l'*image* d'Aristote, que le même Tesauro juge des plus admirables qui soient par une force de suggestion et une concentration qui en font un *concetto* typiquement mariniste par la multiplicité d'associations qu'il permet de déployer[39]. Comme l'arc, en effet, la lyre décoche des flèches qui sont les productions de l'*ingegno* poétique, comme l'arc elle est une force concentrée, une tension dont l'effet agit directement sur l'âme, en élevant l'esprit au-dessus de sa nature terrestre.

Iconologiquement, comme l'indique Ripa pour la figure nommée significativement *Ingegno*, la flèche signifie la pointe et l'acuité de l'esprit[40]. C'est dans cette perspective que la Renaissance interprétait allégoriquement le vol des flèches d'Apollon par Mercure, lui-même allégorie de l'*ingegno* en tant que déchiffreur et inventeur d'énigmes, dieu des Voleurs et de la Rhétorique : « il n'y a point de plus grand larron en ce monde que la Parole éloquente, dont Mercure est le souverain Patron », explique Blaise de Vigenère dans son commentaire à l'*Image* de Philostrate qui décrit le vol des attributs d'Apollon par Mercure[41]. En tant que figure de l'*acutezza*, la flèche convient donc mieux à Mercure qu'à Apollon, mais elle symbolise en même temps les échanges de fonction entre ces deux divinités poétiques : Mercure s'appropriant les flèches d'Apollon représente l'art de la parole qui intervient sur la pensée, sur l'idée, pour la rendre efficace. Parallèlement, la rivalité entre les flèches d'Apollon et celles d'Amour, transposée sur le plan de la création poétique (ou, génériquement, artistique), implique que l'acuité de l'esprit n'est pleinement efficace que si elle passe par le sensible : en cela Amour et Mercure sont des alliés[42], car l'un et l'autre corrigent la rectitude abstraite de la pensée en la troublant par les passions et en la détournant par l'énigme rhétorique. Ainsi le triangle formé par Apollon (l'Inspiration), Mercure (l'Art) et Amour (la cause efficiente de la Poésie) donne-t-il l'image d'une triade (d'une trinité?) poétique dont le reste de la composition développe les effets et les implications[43]. Car Apollon, en tant que figure de l'inspiration, demeure fondamentalement un dieu double, non seulement à cause de la double attribution de l'arc et de la lyre, mais également à cause de sa double fonction de dieu prophétique à Delphes et de dieu poétique sur le Parnasse. Les attributs delphiques qui l'accompagnent ici, à gauche du tableau, pour former une figure en croix dont Apollon est l'axe central, et qui sont symbolisés par les deux Dryades : la couronne de chêne, l'arbre aux oracles et le serpent delphique, sont eux aussi reliés au motif du vol des flèches par Mercure, puisque la Nymphe couronnée est la seule sur le tableau à regarder le vol. C'est que Mercure, interprète des oracles et médiateur entre les dieux et les hommes, accompagne Apollon dans sa double fonction, et sans doute faut-il entendre aussi qu'il contribue à le faire passer de l'une à l'autre, au même titre qu'Amour. C'est l'intervention d'Amour en effet, qui provoque dans le statut delphique d'Apollon un bouleversement qui se trouve ici doublement associé à la métamorphose : dans l'histoire de l'évolution des temps mythiques qu'est le premier livre des *Métamorphoses*, Ovide raconte que l'amour d'Apollon pour Daphné est la première expérience amoureuse du dieu, et Poussin semble nous mettre ici sous les yeux le moment précis où, sous les effets de l'amour qui provoque l'invention de la poésie bucolique, le dieu de Delphes se transforme en dieu du Parnasse. La fable recomposée par Poussin non seulement démontre le pouvoir d'Amour, comme la fable d'Ovide, elle dit en outre que l'amour est le sujet de la poésie, et que le laurier de la gloire immortelle en procède. Cependant Amour n'est pas seul responsable de la transformation d'Apollon, car il a pour allié Mercure, l'esprit de l'art, l'*ingegno* qui rend sensible les effets du sentiment amoureux, avive leur acuité, et permet de communiquer la beauté de l'inspiration par les moyens de l'éloquence. Comme Mercure, Amour vole quelque chose à Apollon en lui ôtant la paix de l'âme et en l'arrachant à son identité, mais il lui donne en retour l'emblème de la gloire poétique, la couronne de laurier qui doit remplacer désormais la couronne de chêne arborée par la Nymphe placée, comme si elle figurait le passé prophétique du dieu, derrière Apollon. La métamorphose d'Apollon en hypostase poétique se substitue de fait, dans la *mythologie* de Poussin, à celle de Daphné qui n'en est que la figure : le dieu est assis sous le chêne delphique, mais son attitude et la manière dont il siège en tenant sa lyre, entouré de neuf Nymphes[44], est caractéristique des représentations du Parnasse. Regarde-t-il Daphné, ou par delà la figure prostrée à terre sa future transfiguration en attribut de la gloire immortelle?

La circulation des regards, qui constitue la véritable dynamique du tableau, est manifestement orientée pour guider le regard du spectateur vers l'*idée* de la composition, son *concetto* organisateur. Comme le suggérait l'idylle mariniste dont Poussin a combiné la lecture avec celle d'Ovide, les Nymphes des eaux sont venues sur le rivage écouter la chanson d'Apollon, et leurs regards sont dirigés vers lui, à l'exception d'une seule Nymphe qui regarde Daphné et lui montre Apollon du doigt, matérialisant ainsi le lien entre les deux parties du tableau. La chaîne continue de Nymphes figure ainsi une des manières employées par Poussin pour relier les différents éléments de la composition : mais elles ne relient, en apparence, que ce qui l'est déjà dans la mémoire du spectateur, Apollon et Daphné. Elles constituent donc, au premier plan, le niveau de lecture le plus littéral, le niveau narratif. Au-dessus d'elles, surplombant toute la scène et provoquant l'œil du spectateur par sa tunique jaune (la seule note éclatante du tableau) et sa position audacieuse dans les branches du chêne, la Dryade ou Méliade que les commentateurs individualisent sous le nom de Mélia[45] force l'œil du spectateur à regarder ailleurs : car elle ne regarde pas Daphné, comme on le croit d'abord, puisqu'elle tourne la tête en arrière[46] alors que Daphné est au premier plan, en avant d'Apollon. La direction de son regard ne peut indiquer qu'un seul point : la scène, au fond à droite, où la figure gisante est découverte par les bergers, dont l'un, debout, a le doigt tendu vers le mort comme un écho aux bras tendus d'Amour, de Mercure et d'Apollon. Prolongé par le bras désignant le gisant, le regard de la Méliade est par ailleurs dédoublé par celui du chien assis qui occupe le centre de l'ellipse formée par l'ensemble des figures, tandis que la chaîne de Naïades atteint sa ligne de fuite, à droite, au niveau où se joignent presque le bras tendu du gisant et la main de la dernière Naïade couchée, qui semble également désigner le mort du doigt en dépit de son regard tourné vers Apollon. Le regard de la Méliade trace ainsi un lien invisible entre le regard d'Apollon, que touche presque son pied gauche, et l'arrière-plan du tableau, et ce regard aérien prolonge en une ellipse la courbe figurée par les Naïades sur la terre : cette ellipse presque parfaite est enfermée dans une autre ellipse qui joint Mercure et Daphné si l'on prolonge à gauche le regard de la Méliade perchée dans l'arbre par celui de la Méliade couronnée, qui, derrière Apollon, tourne symétriquement la tête en direction de Mercure, et si on ferme la boucle à droite par les deux Naïades debout, pendant symétrique des deux Méliades. Deux plans complémentaires mais distincts sont ainsi dessinés par cette double ellipse, qui correspondent aux deux niveaux de lecture de la fable : à l'extérieur un niveau littéral mettant en relation deux « fables » (deux histoires), et à l'intérieur une « mythologie » qui en montre la signification aux yeux de l'esprit, représentés[47] par la Méliade dans l'arbre qui oblige à regarder dans l'ombre, vers les sous-entendus propres à la nouvelle fable. Quelle est donc cette figure énigmatique qui appelle si impérieusement l'exégèse, et dont la présence en ce lieu ne peut avoir de sens que par rapport à l'ensemble de la composition, ce qui impose de l'identifier à un personnage qui ait un lien avec *chacun* des personnages de la fable et serve ainsi de moyen terme, d'une manière analogue à la métaphore de l'arc et à l'allégorie de la flèche. Ni Hyacinthe, uniquement lié à Apollon, ni même Leucippe, uniquement lié à Daphné, ne peuvent remplir ce rôle. Seul peut correspondre, me semble-t-il, à une telle nécessité structurale le personnage de Daphnis, qui n'a pas d'histoire et qui n'est autre que la figure de la poésie bucolique, qu'il désigne par synecdoque. Son nom, homonyme de celui de Daphné, a également pour origine le laurier, et il symbolise par là, comme elle, la gloire poétique, mais aussi les liens indissolubles qui unissent poésie et inspiration prophétique. Aucune source littéraire antique ne croit utile de raconter son histoire, que l'on évoque toujours par allusion et par énigme, et qui se réduit à la plainte amoureuse qui provoque sa mort et au deuil de la nature qui le pleure[48]. Associé tout aussi bien à Mercure, que certaines sources disent être son père et que d'autres disent être épris de lui[49], qu'à Apollon auquel il s'identifie rapidement, en tant qu'inventeur de la poésie pastorale mais aussi par sa fonction de bouvier (ses vaches sont les sœurs de celles d'Apollon[50]), Daphnis est le seul personnage qui puisse permettre de relier à la fois le cadre pastoral du tableau, la mythologie des amours d'Apollon et de Daphné, et la rivalité d'Apollon et de Mercure, et dont le statut énigmatique justifie en outre l'attention que lui porte la

378

Méliade. Sa mort, telle qu'elle est évoquée par Théocrite en des termes proches de la plainte d'Apollon chez Marino[51], est entièrement déterminée par son mépris de l'amour terrestre, que Vénus vient lui reprocher au moment où il va mourir de langueur[52]. Il est enfin, au même titre que Daphné, l'image idéalisée de l'immortalisation ou de la divinisation par la poésie[53]. Le *concetto* par lequel Poussin renouvelle la fable de Daphné et qu'il inscrit dans la structure signifiante du tableau pour en figurer la *mythologie* en acte, se trouve ainsi éclairé par l'identification de Daphnis. Le regard de la Méliade sur Daphnis, double de Daphné, est-ce autre chose que la vision prophétique de ce qui, par-delà l'apparence de la mort, est promesse de résurrection et de transfiguration des choses humaines par l'art ? Enlevée dans les airs par les branches de l'arbre dont elle est l'âme, la Nymphe des chênes préfigure l'apothéose spirituelle du laurier et corrige par le mouvement cyclique du temps la pesanteur encore attachée à la figure terrestre de Daphné[54] : en obligeant le spectateur à détourner ses regards sur Daphnis, au lieu de regarder mimétiquement celle qui deviendra bientôt son double, elle détourne ainsi l'esprit des choses terrestres et le contraint à regarder en arrière des apparences pour voir la vérité des choses. Dans cette perspective, ce dernier tableau est bien un testament, empreint de grandeur et de sérénité car il contient un message d'espoir et célèbre la confiance de l'artiste dans le pouvoir d'immortalisation de l'art. Au seuil de la mort, l'artiste cache dans l'image sa foi en une théologie de la peinture dont le *logos* se mue en sagesse dès lors que l'opération propre à l'art, la métaphore figurée par la flèche invisible[55] d'Amour, peut exercer son pouvoir de transformation des êtres. De même que le vol des attributs de l'esprit par l'art se convertit en don sur le Parnasse, de même les images de mort se convertissent en symboles de résurrection : tel était déjà, mais en partie seulement, le *concetto* de l'*Adonis* de Caen, et probablement celui des différents *Narcisse*. Mais ce que ne contenaient pas encore les compositions antérieures, l'aboutissement de la réflexion de l'artiste sur son art dont témoigne cette ultime recherche d'une unité multiple représentée dans son expansion infinie, c'est l'éloge de l'art, dont la conscience permet de mettre en image cette fonction métaphysique.

Ainsi la méthode herméneutique de Poussin fait-elle de lui non pas seulement un conteur de fables, un simple *favoleggiatore*, mais littéralement un mythologue, un interprète des fables : il guide le regard vers une lecture *concettiste* des mythes qui est bien autre chose que la lecture allégorique, car l'allégorie tente généralement d'isoler un sens[56] tandis que la méthode métaphorique pratiquée par Poussin fait circuler la pensée à travers des réseaux de figures et de correspondances qui se reflètent sans pour autant s'épuiser en une identification univoque. Poussin ne se contente pas d'utiliser des sources iconologiques donnant des interprétations toutes faites, il travaille directement sur les sources littéraires, avec la méthode même selon laquelle il copie les motifs plastiques de l'antique pour, en les combinant après les avoir décomposés, donner à ses compositions, conformément aux préceptes du Tasse, un sens nouveau. En quoi il n'est pas moins fidèle à l'enseignement de son maître Marino, qui conseillait à ses disciples de s'attacher à recomposer les fragments de la culture antique en de nouvelles combinaisons signifiantes[57], pour fonder la cohérence de leurs compositions sur l'articulation de la structure et du *concetto* tiré du sujet par le poète, ou par l'artiste. Ce *concetto* ne se réduit pas à la fable, il ne mime pas la fonction narrative du récit, mais il définit l'*idée*, la signification cachée de cette fable, c'est-à-dire, pour s'exprimer dans la langue de Philostrate, son *logos* et sa *sophia*, lesquels résident, pour le peintre, dans l'image même. Que la peinture ne soit pas en état de représenter la continuité d'un récit importe peu dans cette perspective conceptuelle, car elle est en revanche particulièrement adaptée pour suggérer visuellement des liens entre les éléments discontinus qui structurent une histoire. L'œil du spectateur n'a accès qu'à la discontinuité de l'image, mais la relation entre l'œil et l'esprit réactive à chaque regard l'exégèse nécessaire pour recomposer les relations structurales qui donnent sens à l'histoire et la dynamisent, que ce soit celle d'Apollon, d'Adonis, de Narcisse ou de Moïse. Car si le peintre, comme le poète, est un théologien, et si les amours des dieux de la Fable sont aussi l'image du salut des hommes, la théologie poétique de Poussin s'expose dans les mêmes termes, sur le même mode synthétique et métaphorique, dans ses Fables comme dans ses Histoires.

1. « Parnasse ombrage la vérité, il ne révèle pas les mystères suprêmes aux simples profanes, mais sous une écorce mensongère il cache et cèle, comme en un grossier Silène, de célestes arcanes. »

2. « Poussin, Marino and the Interpretation of Mythology », *The Art Bulletin*, LX, 1, 1978, p. 56-66 : « It is less a question of lyric style than of content and structure » (p. 57).

3   « Marino's *Stragge degli Innocenti*, Poussin, Rubens, and Guido Reni », *Studi Secenteschi*, XXXIII, 1992, p. 137-166 : «Marino questions the relative power of epic and lyric poetry… [Poussin] does not paint the antithetical lines of Marino's *Stragge*, but instead requires the spectator to summon them up» … «It was Marino's challenging and complicated poetics, not the conventional details of his narrative, that engaged [painters] » (p. 162-164). E. Cropper situe également dans la même perspective synthétique l'influence poétique de Marino sur Caravage : «The relationship between painting and literature in the Renaissance has been considered from the point of view of narrative subject matter and of allegory but not of the special relationships set up between the spectator and the image in lyric poetry» («The Petrifying Art : Marino's poetry and Caravaggio», *Metropolitan Museum Journal*, 26, 1991, p. 207).

4. «Study of Marino's poetry reveals the author to be less a paraphraser of classical myth than an interpreter of it… Poussin can be seen as having created what might be termed *visual poetry* in the mode of a pastoral elegy, for the painting seems imbued with poetic form and subject matter. Furthermore, Poussin seems to have read Marino's poetry like a mythographic handbook.» (R. B. Simon, *op. cit.* p. 64).

5. Chantelou, *Journal de Voyage en France du Bernin*, chap. III, 25 juillet 1665, Paris, 1930, p. 82.

6. Marino n'a jamais écrit de préceptes théoriques, sinon allusivement et sur le mode métaphorique, dans quelques lettres, mais on peut supposer qu'il s'est, dans la conversation privée, expliqué davantage. Nous ne saurons jamais évaluer, dans la transmission des idées et des formes, l'importance de l'enseignement oral : mais on sait bien que les années de formation de Poussin ont été marquées par ses fréquentes visites à Marino qui séjourna à Paris de 1615 à 1623. Peut-être le poète a-t-il lui-même initié Poussin aux principes théoriques du Tasse.

7. Ce n'est pas ici le lieu de justifier cette interprétation de la poétique du Tasse : je me permets de renvoyer sur ce point à mon article, « La poétique de la Fable : entre *inventio* et *dispositio* », XVIIe Siècle, 182, janvier-mars 1994, p. 88-90.

8. T. Tasso, *Discorsi dell'arte poetica*, II, éd. Mazzali, Turin, Einaudi, 1977, p. 20 ; puis Livre I, p. 6 (je traduis). Et Poussin : « Il faut commencer par la disposition » (Lettre à M. de Chambray, 1er mars 1665, dans *Lettres et propos sur l'art*, éd. Blunt, Paris, Hermann, 1989, p. 175) – « La nouveauté dans la peinture ne consiste pas surtout dans un sujet non encore vu, mais dans la bonne et nouvelle disposition et expression, et ainsi de commun et vieux, le sujet devient singulier et neuf. » (*Observations sur la Peinture*, « De la Nouveauté », *ibid.* p. 184.)

9. Sa manière de raconter les mythes évolue, comme nous allons le voir, et ne trouvera son véritable aboutissement que dans sa toute dernière œuvre, l'*Apollon amoureux de Daphné* du Louvre, que j'étudierai plus loin.

10. La symétrie entre les deux figures semble jouer sur le rapport entre le reflet et l'invisibilité, entre l'irreprésentable « qui n'est que voix » (Ausone cité par Cartari, *Imagini degli dei degli Antichi*, Venise, 1647, p. 74-75) et une idée de « l'origine de la peinture » associée à la fascination de Narcisse pour sa propre image (L. B. Alberti, *De Pictura*, II, 26). L'analogie joue sur le rapport entre le reflet ou simulacre visuel et l'illusion auditive.

11. Dans le *Catalogue* de la récente exposition de Paris, Galeries Nationales du Grand Palais, 1994, ces dessins sont reproduits sous les numéros 197 et 243. À Europe sont associées les figures de Mercure et de Pan et, selon toute vraisemblance, la mort d'Eurydice. Sur le fragment avec Mercure et Amour figure en bonne place un aigle, attribut étranger à ces deux divinités.

12. Ce que Dora Panofsky («Narcissus and Écho : Notes on poussin's Birth of Bacchus… », *The Art Bulletin*, XXXI, 1, 1949, p. 112-120) a tenté de faire avec pénétration, mais sans disposer de la méthode synthétique qui permettrait de rendre compte de la logique interne des associations, et donc du *concetto* propre au tableau.

13. Ces dessins ont été étudiés et reproduits par A. Blunt, *Nicolas Poussin. The A. W. Mellon Lectures in the Fine Arts 1958*, London-New-York, 1967, p. 345. Voir fig. 3 et 4.

14. Il n'est pas insignifiant que Bellori, par ailleurs exégète exercé et familier des codes iconologiques (notamment dans sa lecture de la *Dafne* de Carlo Maratti), échoue à interpréter les associations mythiques de Poussin : on peut y voir la preuve que ces associations n'étaient guère topiques, mais relevaient bien d'une analyse originale et *poétique* des mythes.

15. Voir E. Panofsky, *A Mythological Painting by Poussin in the Nationalmuseum Stockholm*, Stockholm, 1960.

16. Tableau étudié par Blunt en relation avec le syncrétisme mariniste (*op. cit.* note 13, p. 114-117).

17. *Catalogue Poussin*, Paris, Grand Palais, 1994, p. 159.

18. De nombreux historiens de l'art ont depuis longtemps repéré dans l'œuvre de Poussin l'influence de Philostrate (*Les Images ou Tableaux de Platte-Peinture,* trad. et commentaire de Blaise de Vigenère, éd. F. Graziani, Paris, 1996). Mais généralement, les exégètes ont du mal à relier les sources hétérogènes qui constituent la matrice des différents motifs d'un tableau (D. et E. Panofsky). Ou font appel à un projet philosophique extrinsèque, telle la religion du soleil dont le tableau ne serait qu'une application, pour lui trouver une unité (Blunt). Nous verrons plus loin comment on peut concevoir intrinsèquement, dans une perspective mariniste, le principe d'unité que Poussin entend donner à ses tableaux composites.

19. Lorsque Poussin écrit à Chantelou : « lisez l'histoire et le tableau, afin de connaître si chaque chose est appropriée au sujet » (Lettre du 28 avril 1639), il exige la comparaison pour protester certes de sa fidélité à l'histoire, mais peut-être aussi pour dire que le tableau *n'est pas* l'histoire. De même Philostrate disait qu'il y a plus à lire dans un tableau que ce que raconte l'histoire qu'il met en images (voir à ce propos mon article « Les tableaux parlants de Philostrate », *Récits/Tableaux*, J.P. Guillerm éd., P.U.L., 1994, p. 65-80).

20. *Adone,* I, 10, 8 («tout plaisir immodéré s'achève dans le deuil »).

21. La structure comparative est ici exactement celle de l'*Empire de Flore* de Poussin. Mais si Adonis est au centre de la combinatoire mariniste, qu'en est-il du tableau de Poussin ? Le *concetto* organisateur n'en est pas explicite.

22. À la manière de son contemporain Antoine de Saint-Amant, un des seuls vrais poètes marinistes français, qui en 1653, dans son « idylle héroïque » *Moyse sauvé,* applique la même méthode à l'épopée biblique que Marino à la fable d'Adonis.

23. *Vénus pleurant Adonis* de Caen est réellement une paraphrase élaborée de l'*Adone*, dont Marino développe à maintes reprises le caractère christique, et tout particulièrement au moment de la lamentation de Vénus : or le tableau de Poussin, qui n'en est pas l'illustration mais bien le commentaire, en résume les principales analogies (colombes de Vénus/colombe du Christ, Vénus/mater dolorosa, oxymore de la mort comme figure de résurrection, etc.).

24. Dans *La Sampogna*, 1620, Parte prima, *Idillii Favolosi*, VI, *Dafni,* et Parte Seconda, *Egloghe, III, Dafne.*

25. Yves Giraud, qui examine rapidement le tableau de Poussin dans le cadre de son étude systématique des représentations de la fable de Daphné, lesquelles s'intéressent toujours à la métamorphose, se montre déçu par le choix « de l'épisode le plus anodin de notre fable » (*La Fable de Daphné*, Genève, Droz, 1968, p. 521).

26. E. Panofsky, « Poussin's *Apollo and Daphne* in the Louvre », *Bulletin de la Société Poussin*, III, 1950, p. 41.

27. *La Sampogna*, Idillio VI, *Dafni,* éd. 1643, p. 159 (*Un jour parmi tant d'autres, là où un frais ombrage tombait de l'écran d'une épaisse frondaison, alors que les troupeaux reposaient dans le sein de l'herbe nourricière, au plus fort de la chaleur, et que lui-même en vain avait cherché trop longtemps, sans trouver la paix, la trace de celle qu'il aimait, {Apollon} était assis, pensif et taciturne, mais non sans laisser, par moments, quelque soupir de langueur sortir brisé de sa poitrine oppressée. Puis comme s'il était tiré d'un lourd sommeil, d'une faible voix il laissa aller ses pensées, et ce qu'il dit alors, les bêtes pour l'entendre quittèrent leurs antres, et les oiseaux alentour se turent attentifs; le gracieux fleuve retint son cours de son pied limpide, et de pitié les Nymphes quittèrent les profondeurs pour venir sur les rives. O Nymphes, vous qui, depuis les sources proches, écoutâtes pieusement ses paroles, daignez aujourd'hui me redire les notes douloureuses, afin que je puisse en laisser sur l'écorce d'un tendre hêtre, pour les âges futurs, l'éternelle mémoire*). La longue plainte qui suit ces vers, et qui contient encore une invocation aux Nymphes sous la forme des « *âmes silvestres qui vivez sous la rude écorce de ces antiques chênes* » (p. 161), est tout à fait distincte de celle que Marino prête à Apollon lorsqu'il poursuit Daphné, laquelle est composée sur le rythme vif et haché de la chanson, tandis que

la plainte d'Apollon assis est proprement élégiaque, avec un rythme ample et pathétique. La tonalité du tableau de Poussin correspondrait plutôt au mètre noble et régulier (hendécasyllabe) de la narration citée ici.

28. Après avoir soutenu l'identification du mort avec Narcisse, Blunt (*op. cit.* note 13, p. 337) s'accorde en définitive avec Panofsky (*op. cit.* note 26, p. 37-38) pour y voir l'évocation de la mort de Hyacinthe. D'autres (E. M. Vetter, « Nicolas Poussins letztes Bild », *Pantheon*, III, 1971, p. 210-225, et C. Del Bravo, « Letture di Poussin e Claude », *Artibus et Historiae*, IX, 18, 1988, p. 151) y reconnaissent plutôt Daphnis, dont nous étudierons plus loin les caractéristiques. D'autres encore Leucippe (Charles Dempsey dans sa communication pour le colloque Poussin du Louvre, Paris, 1994 [1996]) dont certaines traditions faisaient l'amoureux de Daphné, en l'identifiant parfois à Apollon, et qui est tué par les Nymphes alors qu'il était déguisé en femme – on peut en effet admettre que la figure gisante du tableau porte un vêtement féminin). Chacune de ces interprétations peut être soutenue avec vraisemblance, et peut-être ne s'excluent-elles pas tout à fait.

29. Panofsky, *op. cit.* note 26, p. 34-35.

30. Voir Blunt, *op. cit.* note 13, p. 342-345, et pour la description et les sources, le catalogue de l'exposition de Paris, 1994, p. 520-529.

31. Philostrate, *Images*, I, 26.

32. Un des dessins préparatoires (celui des Offices de Florence) montre, à l'arrière plan, une scène qui est identifiée par Blunt (*op. cit.* p. 345) comme évoquant le mythe de Io, qui entretient avec Mercure et Apollon des relations thématiques indirectes ; mais on pourrait aussi y voir un rappel du vol des vaches d'Apollon (on verrait alors Apollon se plaignant de Mercure devant Maya, soit l'argument exact du tableau décrit par Philostrate). Ce dessin, de facture plus narrative que le tableau, représente aussi à l'arrière-plan la fuite de Daphné : il constitue de toute évidence la préhistoire de sa conception, car la composition en est beaucoup plus simple tout en manifestant déjà le souci d'inventer des corrélations pour expliquer la fable.

33. Dans lequel il faut voir avant tout un signe bucolique, indiquant peut-être d'abord le *genre* dans lequel est composée la fable picturale.

34. *Rhétorique*, III, 11, 11 : Aristote explique dans ce chapitre qui traite de l'*energeia* (« Mettre sous les yeux ») que les meilleures métaphores sont celles qui naissent d'une relation qui ne soit « pas trop évidente », et il défend la fonction heuristique des antithèses équivoques et des jeux de mots. Par ailleurs il précise la réversibilité de l'analogie : si l'arc est une lyre sans cordes, la lyre est aussi un arc.

35. Celui du Louvre (Paris, 1994, *op. cit.* note 11, n° 245) et celui des Offices de Florence (Blunt, *op. cit.* note 13, p. 345).

36. Par métonymie, le carquois résume ici les attributs de l'archer (communs à Amour, à Apollon et à Diane) dont la représentation complète est composée de l'arc, du carquois et des flèches. Les différentes sources littéraires qui rapportent le vol de Mercure lui assignent pour objet, indifféremment, l'un ou l'autre de ces trois éléments. Chez Philostrate, il s'agit de l'arc.

37. Apollon, tout immortel qu'il soit, désire la mort dans sa plainte. L'Idylle VI de la *Sampogna* de Marino varie subtilement sur ce thème propre au madrigal : *Amor (dicea) ti cedo,/ e cedoti pur meco ogni altro Nume./ Appo le tue saette/Son le mie (tel confesso) ottuse, e tarde./ Vinto mi chiamo, anzi perdon ti chieggio,/ Et aita, e pietà ti chieggio insieme./ Lasso me, ch'io son fatto/Trà nemici possenti/Di disfida mortal steccato horrendo./ Sospirando, e piangendo/Gli occhi e'l cor fan battaglia,/ E con pugna crudele/Contendon chi di lor sia che m'uccida./ Il cor dagli occhi offeso/Versa per acciecargli/(Come per troppo audaci) acque correnti./ Gli occhi dal cor traditi/Mandano un fiero ardore/Per consumare e' ncenerire il core./ In si duro contrasto/Di guerrieri discordi/Senza giamai morir morir mi sento. (op cit.* note 27, p. 159-160 : « Amour, disait-il, je cède à ton pouvoir, et tous les dieux te cèdent aussi. A côté de tes flèches, les miennes, je le confesse, sont lentes et sans effet. Je m'avoue vaincu, vois, je réclame ton pardon, ton aide et ta pitié tout ensemble. Hélas, en moi a pris place un terrible siège, un défi à mort entre des ennemis trop puissants : à coups de soupirs et de pleurs, le cœur et les yeux se livrent bataille, et de leurs poings cruels se disputent l'honneur de me mettre à mort. Le cœur touché par les yeux verse afin de les aveugler, et pour punir leur audace, de rapides torrents. Les yeux trahis par le cœur, lancent de dures flammes pour consumer et incendier le cœur. En un combat si âpre, assailli par ces guerriers irréductibles, sans mourir jamais je sens que je me meurs. »)

38. *Il Cannocchiale Aristotelico*, Turin, 1663, chap. XIV, p. 568 et chap. XVII, p. 680. Il est difficile de savoir si Poussin a pu ou non connaître la première édition de ce traité, publiée à Turin en 1654. Il est probable que non, mais la synthèse de Tesauro reprend pour l'essentiel des principes marinistes que Poussin avait lui-même médités.

39. Marino lui-même conclut l'Idylle VI de la *Sampogna* par une variation sur cette métaphore : *Del' avorio facondo in atto mesto/sospeso il peso a l'homero chiomato,/ e con dolce arco dala destra mosse/tutte scorrendo le loquaci fila,/ cantò l'historia dolorosa e trista/de' suoi lugubri e sventurati amori.* (*op. cit.* note 27, p. 168 : « Ayant suspendu à son épaule chevelue, d'un geste douloureux, l'ivoire sonore, et de l'arc mélodieux parcourant les éloquentes cordes touchées de sa main droite, il raconta l'histoire affligeante et triste de ses amours funèbres et infortunés. »)

40. Cesare Ripa, *Iconologia*, « Ingegno », éd. 1625, p. 317-318 : *l'arco, e la frezza in atto di tirare, mostra l'investigazione e l'acutezza* («l'arc et la flèche en train d'être décochée montrent la faculté de pénétration et l'acuité de l'esprit »).

41. *Les Images …,* « La Naissance de Mercure », Argument, *op. cit.* note 18, p. 371.

42. L'identité de fonction entre Amour et Mercure encadrant Apollon est marquée, sur le dessin des Offices, par le fait qu'ils sont traités l'un et l'autre en esquisse, soit sur un mode différent du reste de la composition.

43. Amour est aussi dans le grand poème de Marino, l'*Adone*, le *primum mobile* qui met en place toute l'action ; bien que sa victime soit alors sa propre mère, Vénus, Apollon y est aussi représenté dans sa rivalité avec Mercure, auquel Marino accorde le rôle d'initiateur suprême car il guide les âmes vers le ciel. L'Apollon de Marino, *l'éclaireur des sages esprits*, est le soleil de l'intelligence conceptrice, tandis que Mercure est le maître des artistes, celui qui, sur les ordres du divin créateur, fabrique des simulacres du monde aussi parfaits et vivants que le vrai ; c'est lui aussi qui, dans sa fonction d'herméneute, explique à Adonis la signification des fables qu'il entend raconter et des peintures qu'il contemple.

44. Si l'on ajoute Daphné, qui est aussi une Nymphe des eaux, aux six Naïades et aux deux Méliades. Il ne peut s'agir là, si ce nombre doit être pris en considération, que d'une allusion à la thématique parnasienne parmi d'autres, mais qui confirme, me semble-t-il, l'orientation du *concetto*.

45. Blunt, *op. cit.* note 13, p. 343. Callimaque nomme en effet Mélia une Nymphe des chênes liée au culte d'Apollon (*Hymne à Délos*, 79-85). Le nom de Méliade, comme celui de Dryade qui lui est synonyme, correspond à une catégorie de nymphes et signifie *Nymphe des chênes* (ou des frênes, mais les textes anciens confondent la plupart du temps chêne et frêne). Chaque Méliade, comme chaque Dryade, est donc une Nymphe métamorphosée, indépendamment de toute histoire individuelle, et tout comme dans l'idylle mariniste la figure de la Méliade désigne sans aucun doute ici, par synecdoque, l'âme des chênes, cette « âme sylvestre qui vit sous la dure écorce des antiques chênes » (Marino, *Sampogna*, 1643, p. 161). Qu'il s'agisse là d'une figure de métamorphose est beaucoup plus évident sur le dessin du Louvre, où elle se confond avec l'arbre de la même manière qu'Écho se confond au rocher dans la *Mort de Narcisse* du Louvre.

46. Sur le dessin des Offices (fig. 4), la Méliade regarde bien Daphné, alors que dans le dessin du Louvre (sans doute antérieur, fig. 3) c'est vers Apollon qu'elle tourne la tête : dans le dernier état du tableau (fig. 2), Poussin lui impose une torsion très marquée du buste et sa tête est radicalement orientée vers l'arrière.

47. Non seulement à cause de la position aérienne de la figure, mais aussi à cause de la fonction oraculaire traditionnellement associée aux Méliades (auxquelles va se substituer le laurier). La Méliade couronnée peut être interprétée dans le même sens, puisqu'elle voit ce que les autres ne voient pas.

48. Les principales sources sont Théocrite (*Idylle* I) et Virgile (*Ecl.* V). Mais Poussin a pu glaner des informations à son sujet chez Elien (*Var. Hist.* X, 18) et chez Diodore de Sicile (*Bibl. Hist.* IV, 84), largement diffusés en latin depuis la Renaissance, ainsi que chez Servius, le commentateur de Virgile (*Comm. ad Buc.* V, 20). Plusieurs épigrammes de l'Anthologie grecque, ainsi qu'Ovide (*Metam.* IV, 276-278) y font allusion. Outre les caractéristiques qui viennent d'être résumées, on trouve partout l'indication que Daphnis fut « aimé des Nymphes » : c'est sans doute ce qui explique que les Nymphes de Poussin, dans leur fonction médiatrice entre les différentes figures, servent à relier visuellement Apollon à Daphné et à Daphnis tout ensemble.

49. Chez Théocrite, Mercure est le premier à venir consoler Daphnis au moment de sa plainte amoureuse (*Id.* I, 77-78).

50. D'après Elien (*Var. Hist.*, X, 18). La tradition nous dit aussi que les chiens de Daphnis le pleuraient, et furent ensevelis avec lui. C'est peut-être la raison pour laquelle Poussin a déplacé sur la toile le motif des chiens, qui étaient proches d'Apollon dans tous les dessins où n'apparaît pas encore le gisant. Ici, il ne s'agit sans doute plus des chiens d'Apollon mais bien de ceux de Daphnis, de même que les vaches. Mais l'identification symbolique de Daphnis à Apollon confère à ces deux motifs le statut médiateur qu'on leur voit sur le tableau : ils appartiennent à l'un comme à l'autre.

51. *O âmes silvestres qui vivez sous la dure écorce de ces chênes antiques {...} dites combien de fois, attendries au son de mes paroles, vous avez soupiré de murmures et pleuré de rosée. Et vous, rochers creusés par l'eau de mes yeux, ruisseaux, torrents qui avez été gonflés de mes larmes au plus chaud de l'été, vous fleurs, feuillages et herbages, séchés par mes soupirs, dites, ah ! dites ce qu'est ma peine et mon malheur, puisque grâce à mes soupirs vous avez une âme* (Sampogna, *Idillio* VI, p. 161-162). Marino intitule *Dafni* cette idylle, qui sans les multiples associations imaginées par Poussin traite cependant le mythe sur un mode ambivalent, tandis que l'Églogue III, plus conforme au traitement ovidien de la métamorphose précédée d'une poursuite, s'intitule *Dafne*. Cette ambivalence du nom de *Dafni*, indifférencié au féminin et au masculin, est attestée dans la langue italienne ancienne, et notamment chez Pétrarque. Rien n'interdit de penser que l'idée de l'association Daphné/Daphnis soit venue à Poussin à la lecture de l'idylle mariniste, qui la prépare donc bien qu'elle ne la formule pas explicitement.

52. Théocrite, *Idylle* I, 95-98. Théocrite dit aussi (*ibid.* 82-84) qu'une jeune fille le cherche partout, ce qui est le pendant exact de l'histoire de Daphné poursuivie vainement par Apollon.

53. Virgile, *Ecl.* V, 56-66. Daphnis était aimé d'une Nymphe ou d'une divinité et ne devait pas accorder son amour à des mortelles. Après sa mort, il est divinisé et devient une sorte de substitut d'Apollon dans le monde pastoral. Voir la synthèse de H. W. Prescott, « A study in the Daphnis myth », *Harvard Studies in Classical Philology*, 10, 1899, p. 121-140.

54. L'attitude ramassée, rivée à la terre, de Daphné sur le tableau est en contradiction avec les représentations traditionnelles du mythe, où elle est toujours traitée en figure du mouvement. La symétrie entre les figures de Daphné et de la Méliade ne se justifie pleinement que dans une fonction herméneutique. Encore fille de la terre, Daphné doit être transfigurée au futur en devenant arbre pour rejoindre le ciel. La proximité entre Daphné et Daphnis est accentuée par le même motif, puisque Daphnis est montré aussi sous son apparence terrestre et corporelle.

55. Il est difficile d'analyser l'invisibilité quasi totale sur le tableau du Louvre de la corde de l'arc tendu par Amour, symétrique à l'absence de cordes sur la lyre d'Apollon, car l'état d'inachèvement du tableau interdit toute spéculation sur ces effets, qui ne sont peut-être pas voulus. Mais dans la perspective proposée ici, ils auraient pu l'être, d'autant qu'on est en droit de supposer que si Poussin a jugé qu'il pouvait livrer à Camillo Massimi cette œuvre dont il savait qu'elle serait la dernière, c'est qu'il la considérait comme achevée *du point de vue de la composition et de l'idée*, tout le reste n'étant plus qu'ornement. Par hypothèse, on pourrait rapprocher ce motif de celui de la lyre sans corde de l'*Inspiration du Poète* telle qu'elle a été analysée par Marc Fumaroli dans *L'École du Silence*, Paris, 1994, p. 124-129.

56. Comme l'ont fait Blunt et Panofsky, qui s'efforcent de réduire l'*Apollon amoureux de Daphné* aussi bien que la *Naissance de Bacchus* et *L'Enlèvement d'Europe* à « une idée centrale : une simple antithèse entre vie et mort, ou entre fertilité et stérilité » (Blunt, *op. cit.* note 13, p. 346).

57. *Le statue antiche et le reliquie de' marmi distrutti, poste in buon sito e collocate con bel' artificio, accrescono ornamento e maestà alle fabriche nuove.* («Les statues antiques et les vestiges des marbres détruits, placés au bon endroit et combinés avec art, ajoutent en ornement et en majesté aux fabriques nouvelles. » G. B. Marino, Lettre CLI à Claudio Achillini, dans *Epistolario*, a cura di A. Borzelli, Bari, 1911, p. 260).

Fig. 1. Nicolas Poussin, *Il Regno di Flora*, Dresden, Saatlische Kunstsammulngen.

Fig. 2. Nicolas Poussin, *La Peste d'Asdod,* Paris, musée du Louvre.

386

Matthias WINNER

Flora, Mater Florum

Poussin dipinse il «Regno di Flora » per il commerciante di diamanti di Palermo Valguarnera nel 1630-1631[1] (fig. 1). Lo stesso Valguarnera aveva visto il quadro quasi finito della «Peste in Ashdod» nell'atelier dell'artista alla fine del 1630, e lo aveva comprato[2] (fig. 2). Poussin cambiò quest'ultimo dipinto nella sua parte sinistra e in alcuni dettagli architettonici, prima di consegnarlo all'acquirente nella primavera del 1631. Valguarnera avrebbe ordinato il «Regno di Flora» contemporaneamente all'acquisto della «Peste in Ashdod», come Poussin stesso spiegò ai giudici romani, che lo avevano interpellato come testimone. Dal verbale del processo risulta che Poussin stesso definiva il suo quadro «un giardino di fiori». Invece Valguarnera, il primo proprietario del quadro, nel 1631 lo chiamò «La Primavera». Nel Castello di Windsor è stato conservato un disegno originale di Poussin per il quadro, che viene datato al periodo 1626-1628, vale a dire circa tre-quattro anni prima del quadro[3].

Anche se la «Peste in Ashdod» sembra essere tematicamente lontana dalla «Flora» di Dresda, i due quadri hanno tuttavia un denominatore comune. Infatti ambedue sono ricostruzioni di antiche scene teatrali (scaena), come sono descritte da Vitruvio nel libro Quinto (V, 6, 9) del suo trattato di architettura. Per quanto riguarda la «Peste in Ashdod» è stato osservato già da molto tempo, che lo sfondo del quadro è tratto dall'incisione contenuta nel trattato di Serlio «De Architectura», nel capitolo sulle prescrizioni per una «scena tragica» secondo i precetti vitruviani (fig. 3). Per la scena tragica sono richiesti palazzi signorili, colonne, statue, scale, una piazza, tutto ciò che può dare lustro architettonico ad una città. Poussin ha disposto le tragiche scene di morte in primo piano rispetto alla sua veduta cittadina. Al centro del quadro giace una madre morta per la peste, con il seno scoperto. Un bambino, al suo lato sinistro, mostra già i colori di morte della madre, mentre a destra un'altro lattante ancora vivo cerca di avvicinarsi al latte del seno morto della madre per nutrirsene. Un uomo, però, tenendosi il naso chiuso per l'odore della peste, si piega sulla donna morta e spinge il piccolo lontano dal seno materno.

Sebastian Schütze ha arricchito l'osservazione, già nota a Bellori nel 1672, che Poussin aveva tratto questa scena da un'incisione di Marcantonio dal cosiddetto «Morbetto» di Raffaello, con riflessioni che colpiscono nel segno (fig. 4). Infatti egli ha osservato, che il commovente motivo di un lattante al seno della sua madre morente era già stato dipinto dal pittore greco Aristides, e doveva essere noto sia a Raffaello che a Poussin dall'Ekphrasis di Plinio (Nat. Hist. XXXV, 36, 98). Il motivo di un uomo, che cerca di tenere l'infante lontano dal nutrimento mortale, e

Fig. 3. *La Scena tragica*, xilografia da Sebastiano Serlio, *Architettura*, Venezia, 1566, fol. 46 v.

Fig. 4. Marcantonio Raimondi, incisione da Raffaello, *Il Morbetto*.

contemporaneamente si tura il naso con la sinistra per non sentire l'odore dei cadaveri, però non ricorre nei quadri di Aristides. Questa è stata un'invenzione del solo Raffaello, raddoppiata in un certo modo da Poussin, con il subentrare di due uomini che nel suo quadro si turano il naso. Plinio, nella sua «Vita di Aristide» ha reso onore proprio a questo pittore greco, perchè egli, tra tutti i contemporanei di Apelle, è stato il primo, che ha espresso con il pennello l'anima (animus) e le percezioni sensitive (sensus) dell'uomo, appunto quello che i Greci chiamavano «ethe». Plinio spiega l'abilità di Aristide nell'espressione delle passioni dell'anima umana con il vocabolo «perturbationes».

Sebastian Schütze ha potuto evidenziare, nelle opere giovanili di Poussin, particolarmente nella «Peste in Ashdod» e nella «Morte di Germanico», quanto Poussin abbia cercato di rinnovare la maestria del pittore greco nella rappresentazione degli «affetti» dei suoi personaggi dipinti.

Plinio riferisce, che Aristide sarebbe stato un po' troppo duro nei colori (durior). Allo stesso modo, i colori di Poussin nella «Peste in Ashdod» sono tenuti

tetri, adeguatamente all'oggetto del quadro; con duri contrasti di luce nelle figure umane, senza toni rossi caldi. La madre morta e il malato morente sul tamburo
di una colonna dietro la sua testa mostrano nel loro incarnato cupi toni verdastri.
A destra, sullo sfondo, due uomini portano via un cadavere. Davanti, a sinistra,
giace un moribondo poggiato sulla base di una colonna accanto al tabernacolo del
simulacro di Dagon. Le mani e la testa di questo simulacro caduto si sono spezza-
te staccandosi dal tronco, davanti all'Arca d'oro dell'Alleanza, secondo la narrazione del Vecchio Testamento (Samuele I, 4). Evito di entrare più nei particolari
nell'esame delle differenze che vi sono nel quadro di Poussin rispetto alla ricostruzione del Serlio di una «scena tragica» secondo le prescrizioni di Vitruvio.
L'importante è che in Poussin manca l'arco di trionfo della scena serliana e che la
sfera che corona l'obelisco di Serlio è stata omessa da Poussin. Poussin doveva
sapere che gli umanisti, seguendo le fonti antiche, da sempre avevano interpretato gli obelischi come monumenti in onore al sole e ai suoi raggi portatori di vita.
Nel suo dipinto, dietro l'obelisco, delle basse nubi si colorano di rosso, come irra-
diate dai deboli raggi del sole che non si vede e che illumina anche il lato stretto
dell'obelisco. Poussin incornicia a destra e a sinistra la sua scena tragica tra due
contrasti architettonici. Secondo la direzione del sole, il profilo del pilastro dipinto, che serve da repoussoir per il quadro a destra, dovrebbe essere illuminato.
Invece Poussin l'ha eseguito come profilo d'ombra netto, per rafforzare l'atmosfera cupa del quadro.

Il tabernacolo corinzio a sinistra è eretto su un tetro basamento con un rilievo,
che illustra un sacrificio fatto dai Filistei al loro dio delle acque, Dagon. La statua
crollata dell'idolo è per questo coperta da una verde pelle squamata, come si addice
ad un essere dell'acqua.

L'Arca d'Oro dell'Alleanza tra le due colonne è stata riprodotta da Poussin esattamente come descritta nel secondo libro di Mosè. Egli potrebbe averla ripresa da
molte altre rappresentazioni che erano allora disponibili anche nelle incisioni di
stampa. Per noi è importante che l'Arca Santa, come è posta, quasi al di fuori, non
riempie tutto lo spazio sacro del tabernacolo. Questo tabernacolo ornato di colonne
era stato piuttosto costruito dai filistei per il loro dio Dagon ora crollato, come si
può vedere evidentemente dalla posizione centrale in cui è situato il piedistallo della
statua nel quadro di Poussin.

Il primo schizzo per la Flora di Dresda mostra esattamente nel punto corrispondente a questo un'erma antica davanti alle arcate di una pergola di fiori.

In linea di principio la disposizione generale nel giardino di fiori di Flora corrisponde alla scena cittadina della «Peste in Ashdod» di Poussin. L'erma a sinistra,
che è comunemente identificata come erma di Pan o di Priapo, è collocata davanti
ad un tronco d'albero, e circondata dalla pergola in tal modo, che vi si potrebbe riconoscere un delimitato spazio sacro per l'erma, analogo a quello da noi riconosciuto
nel tabernacolo corinzio per il simulacro di Dagon nel quadro della «Peste».

I due pergolati abbracciano simmetricamente il giardino di Flora. Sullo sfondo, esattamente al centro, il carro solare di Apollo avanza al di sopra di una terza
pergola di fiori parallela al quadro. Sotto il dio del Sole, Flora stessa danza da sinistra verso destra attraverso il suo giardino; la testa ornata di fiori di Flora emerge
dallo sfondo della pergola centrale in tal modo, che la ruota del carro del sole va a
circondarla come un'aureola. Al centro, un semicircolo più grande attorno al carro

di Apollo dovrebbe essere riconosciuto, insieme alle due pergole che delimitano lo schizzo compositivo a destra e a sinistra, come un mezzotondo dello zodiaco.

Già Dora Panofsky aveva individuato la fonte letteraria della «Flora» di Poussin. Si tratta dei «Fasti» di Ovidio, quindi di quella descrizione poetica del calendario romano, che collega l'anno solare naturale con le convinzioni mitologiche dei Romani e con le loro usanze festive nel corso del loro calendario civile.

Come è descritto nei «Fasti» (V, 183-378) di Ovidio, nel quadro di Poussin, Flora percorre, nella stessa direzione del carro del sole, uno spazio di tempo di quasi due mesi nel corso di tutto l'anno solare. I due pergolati dello schizzo rappresentano quindi questi due mesi di Primavera, che Flora impiega per attraversare il suo giardino. Apollo nel mezzotondo dello zodiaco sopra di lei rappresenta la luce del sole, ma anche l'intero ciclo dell'anno solare. Se Valguarnera chiama il quadro di Poussin una «Primavera», vorrà dire che l'avrà sentito dall'artista.

Nel IV libro dei «Fasti» (IV, 945-946), alla fine del mese di Aprile, Ovidio presenta la dea Flora. Flora arriva, adornata con ghirlande di fiori multicolori.

Con l'incedere di Flora sulla «scena» (scaena), Ovidio afferma che i costumi comuni ottengono una gaiezza più libera. Solo alla fine di Maggio Flora abbandona la «scena». Giochi circensi, cortei di festa, anche di licenziosità erotica, caratterizzano il tempo di Flora, così che Ovidio, nei versi 345 ss. del suo V libro, assicura, che la scena (scaena) di Flora è una scena «leggera». Flora non appartiene a quelle dee che entrano in scena calzando il coturno (V, 347)! Scaena levis decet hanc: non est, mihi credite, non est illa cothurnates inter habenda deas.

Poussin, quindi, progetta la «scena» della danza di Flora nel suo giardino secondo i precetti di Vitruvio (V, 6, 9) per la «scena satirica». Lo ammetto, per lo sfondo del quadro dei fiori di Flora, Poussin non ha seguito l'incisione che illustra la «scena satirica» secondo la concezione del Serlio (fig. 5). In questa incisione, infatti, si vede una scala rustica, affiancata da gruppi di alberi. Sullo sfondo c'è un fitto bosco che circonda una radura, interrotta talvolta da capanne con il tetto di paglia. Piuttosto Poussin sembra seguire direttamente le prescrizioni per «la scena satirica» date da Vitruvio nel VI capitolo del V libro del suo «De Architectura».

Poussin avrà utilizzato per questo la traduzione e il commento di Daniele Barbaro, che traduce il corrispondente punto nel seguente modo: «Le scene satiriche sono ornate di alberi et di spilonche, et di monti et d'altre cose rusticali, et agresti in forma di giardini[4].» La scena satirica è descritta ulteriormente da Daniele Barbaro nel suo commento: «I satirici portavano cose silvestri, et boscarecci convenienti a pastori a ninfe et simili cose.»

Fig. 5. *La Scena satirica,* xilografia da Sebastiano Serlio, *Architettura,* Venezia, 1566, fol. 495.

Fig. 6. Marcantonio Raimondi, incisione da Raffaello, *Il giudizio di Paride.*

Nei boschi e nei giardini della «scena satirica», quindi, troviamo soprattutto pastori e ninfe. Infatti Flora in origine è una ninfa, Clori, che dopo la violenza di Zefiro si sarebbe trasformata in Flora (Ovidio, Fasti V, 195-198). «Chlori» in greco significa «viriditas» – la verde, e infatti in questo quadro noi la vediamo vestita di verde.

Per questo non meraviglia, che Poussin abbia citato letteralmente, per l'esecuzione del suo quadro di «Flora», il «Giudizio di Paride» di Raffaello, così come lui lo conosceva da un'incisione di Marcantonio (Fig. 6).

Paride era un pastore, quando Mercurio gli presentò le tre dee per il giudizio. Il suo bastone da pastore e le mucche nel bosco di montagna sopra di lui, come pure il cane accanto a lui, evidenziano la sua qualità di pastore, e con questo la sua qualità di tipico personaggio in una «scena satirica».

Anche le ninfe non mancano nell'incisione dall'originale di Raffaello. Un gruppo di tre ninfe di sorgente si trova alle spalle di Paride a sinistra; un'altra ninfa è seduta a destra in compagnia di due divinità fluviali. Se confrontiamo la ninfa con la ghirlanda a destra con l'altra senza ornamento a sinistra, notiamo che queste due ninfe tengono un po' indecorosamente un vaso tra le loro ginocchia.

Allo stesso modo, nel quadro di Flora di Poussin, la ninfa in primo piano, seduta davanti a Narciso che guarda la sua immagine riflessa nel vaso, tiene tra le sue ginocchia il vaso. Nel 1672 Bellori identificò questa ninfa come una naiade, cioè una ninfa delle acque. Essa è, però, più precisamente, la ninfa Eco, che amò invano Narciso.

Sopra di lei il dio del Sole sul suo carro è citato direttamente da Poussin dal «Giudizio di Paride» di Raffaello.

La ninfa Eco in Poussin tiene tra le ginocchia, come suo attributo, un Echeion, un vaso metallico che ha un nome derivato dal suo. Gli «echeia», secondo Vitruvio

(I, 1, 9 e V, 4, 1-8), si trovavano sulla parete di fondo dell'auditorio nei teatri greci e romani, e servivano a rimandare nitidamente il suono della voce umana alle orecchie degli spettatori. Quindi, come la superficie dell'acqua nel vaso di metallo rispecchia l'immagine di Narciso, il vaso stesso (Echeion) riflette il suono delle sue parole.

Il modo in cui le ninfe tengono i loro vasi in Raffaello è stato riportato da Poussin nel suo quadro, anche se non citato letteralmente.

Però quello che nel quadro di Raffaello ha inciso in maniera determinante sulla composizione di Poussin, è la costituzione di un asse mediano formato da tre divinità sovrapposte una all'altra. Sopra in cielo, Apollo, sotto, la Vittoria in volo, che incorona la vincitrice Venere con una ghirlanda di fiori. Ed infine, nel centro, la schiena di Minerva in piedi, che si toglie la veste.

In Poussin le tre divinità sovrapposte si trasformano in Apollo-Flora-Eco, ma si mantiene l'asse mediano della composizione raffaelliana.

Tornando all'atmosfera cupa della «Peste in Ashdod», notiamo che in questo quadro il sole non compare in cielo, ma è rappresentato solo da un obelisco come monumento di pietra dei suoi raggi. Ma anche qui la posizione centrale di una pietra all'interno della scena tragica risale al modello di Raffaello per l'incisione di Marcantonio, «Il morbetto», perchè nell'originale di Raffaello un'erma di pietra divide le due scene del quadro, che avvengono rispettivamente durante la notte (a sinistra) e il giorno (a destra). È il dio Terminus, la fine e la morte di qualsiasi vita.

Come le scene di morte in primo piano nella «Peste in Ashdod» sono inserite nella «scena tragica» di Vitruvio, così il giardino di Flora funge da «scena satirica» per la metamorfosi dei suoi fiori.

La «Peste in Ashdod» e la «Flora» dunque sono stati concepiti dall'artista come *pendants* l'uno dell'altro! Si muore in ambedue i quadri. Solo che i morti nel quadro della «Peste» non possono sperare di risorgere. Mentre nell'altro quadro, ad esempio, Aiace si uccide, ma rifiorisce ogni anno trasformato in Giacinto, come tutti gli altri personaggi visibili nel giardino di Flora.

Nei «Fasti» (V, 183), Ovidio chiama Flora: «Vieni, Madre dei Fiori (mater florum), che ti possiamo venerare con lieti giochi.»

Flora racconta al poeta che Zefiro le avrebbe fatto violenza nonostante la sua fuga. Ma che l'amante violento, per lo sposalizio, le avrebbe regalato un fertile giardino nei campi (*fecundus hortus in agris*). Ora lei godrebbe di un'eterna primavera. Nel suo giardino scorrerebbe una fonte d'acqua. Zefiro avrebbe riempito questo giardino con nobili fiori e avrebbe detto: «Tu, dea, sii la Regina dei Fiori.»

« Spesso tento», così continua Flora (*Fasti*, V, 213-214), «di contare i *colori* delle mie aiuole di fiori. Ma non ci riesco; perchè la quantità (copia) dei colori dei fiori è sempre superiore al numero di questi. Io, Flora, sono stata la prima a spargere nuovi semi di fiori tra gli innumerevoli popoli; fino ad allora la terra mostrava un solo colore – unius tellus ante coloris erat» (*Fasti*, V, 222).

La Flora di Poussin è dunque una Flora-Pictura, che con la sua infinita molteplicità di colori ha reso colorata la terra, che originariamente aveva un solo colore. Ogni giorno la luce di Apollo rende visibili i colori di Flora.

Nel quadro di Poussin Flora sparge dei petali di fiori sul capo di Eco; questo perchè Poussin aveva l'ambizione, con questo quadro, di esprimere la voce di Eco con l'aiuto dei colori di Flora.

Sin da un famoso epigramma (XXXII) del poeta latino Ausonio, i poeti, e con loro anche Marino, l'amico poeta di Poussin, discutono infatti sul problema, che la voce di Echo non può essere dipinta da un pittore, perchè Eco può essere percepita solo attraverso il senso dell'udito⁵. Non la si può vedere, dato che essa non ha nè forma, nè corpo, nè colore.

In contraddizione con questo, nella poesia latina, in Ausonio stesso, in Orazio (Od. Lib. I, 12, 4), in Lucrezio, in Ovidio (Met. III, 385) o in Virgilio, Eco viene chiamata *l'immagine della voce* – «imago vocis».

Qui voglio solo fare un accenno ai risultati del mio intervento al convegno parigino su Poussin riguardante il quadro di Eco-Flora, senza ripeterne la concatenazione dimostrativa.

Poussin rappresenta infatti la voce umana secondo una sequenza di parole di Vitruvio: «sol», «lux», «flos», «vox». Nel V libro del suo «De Architectura», nel quarto capitolo intitolato «De Harmonia», riguardo ai problemi acustici in un teatro, Vitruvio illustra la facoltà di movimento e modulazione della voce. Ad esempio essa, nel parlare o cantare, può modulare la serie delle parole monosillabiche «sol», «lux», «flos», «vox» dal tono più basso a quello più alto o viceversa, dal più alto a quello più basso.

Si può notare, che il significato di questa serie di parole è stato dipinto nel quadro di Poussin nello stesso ordine in cui esse sono menzionate da Vitruvio, una sopra all'altra. In questo modo le parole rappresentate sol-lux-flos-vox corrispondono alla scala della voce umana, che può modulare dai toni più alti a quelli più bassi, e viceversa.

Dunque Poussin ha voluto dipingere la voce, se nel suo quadro in cielo appare il sole (sol), che getta la sua luce (lux) sulla figura di Flora, che sparge i suoi fiori (flos) davanti alle labbra di Eco (vox).

Vitruvio cita la teoria musicale del greco Aristosseno. I greci distinguerebbero tre diversi generi di modulazione della voce umana: cromatico, diatonico ed armonico. Cito il testo originale di Vitruvio (V, 4, 3): «Genera vero modulationum sunt tria: Primum quod Graeci nominant Harmoniam. Secundum Chroma, Tertium Diatonon. Est autem harmoniae modulatio ad artem concepta: et ea re cantio ejus maxime gravem et egregiam habet auctoritatem. Chroma subtili sollertia ac crebritate modulorum suaviorum habet delectationem. Diatoni vero, quod naturalis est, facilior est intervallorum distantia. In his tribus generibus dissimiles sunt tetrachordorum Dispositiones, quod harmonia tetrachordorum et tonos et dihesis habet binas».

Daniele Barbaro commenta questo brano di Vitruvio nella maniera seguente⁶: «Maniera, o Genere è un certo compartimento de gli spatij nelle scale, et nelle ordinanze, che rappresenta diverse Idee d'Armonia: et di questi diremo partitamente qui sotto, facendo chiaro, quello che pare a molti oscuro, et difficile. Tre sono adunque i generi della melodia. Chromatico, Diatonico, Armonico. Questi prendono i nomi loro dalla vicinanza, ovvero dalla lontananza de gli spatij, nelle scale, et ordinanze. Armonico è quello che nella sua ordinanza abonda di prossimi et picciolissimi intervalli, et brevissime salite della voce, et è così chiamato, quasi adattato, et conserato. Diatonico è così detto perchè abonda di spatij distanti per tuoni, quasi andante per tuoni. Et in quello la voce molto si stende. Chromatico è quello che più abonda di semituoni nel suo compartimento. Chroma significa colore, perchè questo genere come colore si muta dalla prima intentione, però è cosinominato. Di questi tre generi più vicino alla natura è il Diatonico, perchè egli succede quasi da se ad ognuno, che canta senza ammaestramento. Più artificioso è il chromatico, come quello che si essercita solamente da gli ammaestrati: Et però la maggior parte de i Musici s'affaticava in questo genere: perchè sempre volevano raddolcire, et ammolire gli animi. Lo Armonico è più efficace...

Severo, et fermo, et costante è il Diatonico, et dimostra costumi, et habiti virili. Molle, et lamentevole è il Chromatico. Quando, adunque sia, che noi vogliamo fare un'ordinanza, overo una scala, che tanto è, quanto accordare uno strumento, necessario è, che sappiamo secondo quale de i tre generi vogliamo compartire; perchè a materie dolci et lagrimevoli ci vuole il chromatico et alle grandi et heroiche il Diatonico come altre ad altre generi ... Perchè ognuno de i predetti generi a più modi speciali si può partire et quelli particolari compartimenti di ciascun genere gli danno un certo aspetto et forma diversa, quasi a guisa di pittori colorandogli, accioche si facciano udire secondo le Idee, che si vuole et non si faccia a caso la immitatione delle cose che sono grandi costanti, molli, mutabili, temperate e mediocri come comporta la loro natura; nel che consiste ogni bello effetto dell'Armonia.» Non si possono esprimere tutti gli «affetti humani» solo con il «genus diatonicum». Barbaro conclude, nel suo commento a questo testo di teoria musicale di Vitruvio, che si dovrebbe piuttosto rappresentare l'idea di ogni affetto in modo tale che i colori siano adeguati a seconda della qualità di ciascun affetto. Questi tre generi degli «affetti» umani sono stati rappresentati da Poussin nei personaggi raffigurati in primo piano nella sua «Eco-Flora» prima della loro metamorfosi in fiori.

Nel quadro possiamo vedere allora, da sinistra a destra, in primo luogo Aiace che si suicida. Questa figura è la ricostruzione di Poussin di un'immagine di quest'eroe dipinta dal pittore greco Timante, e descritta da Plinio (XXXV, 36, 72). Un tema eroico e virile, quindi, adatto alla modulazione diatonica, secondo Vitruvio. Al centro del quadro vediamo gli amanti infelici, Narciso ed Eco, che corrispondono ad una materia dolce e lagrimevole, secondo il commento di Daniele Barbaro, che indica, per un tema del genere, il genere cromatico. E infine, a destra, l'armonia tra due amanti, Smilace e Croco prima della loro metamorfosi nei fiori omonimi; questi rappresentano quegli affetti che, sempre secondo Vitruvio, nella musica sono espressi dal genere armonico della modulazione.

Questi tre generi o maniere del canto, quindi, diatonico, cromatico e armonico, sono dipinti da Poussin seguendo la teoria musicale greca.

È ben chiaro tuttavia che nella famosa lettera a Chantelou, una ventina di anni più tardi, Poussin adopererà un altro termine latino, «modus», copiato da un altro trattato musicale, quello di Zarlino, nella stessa maniera come lui aveva interpretato il termine «genus modulationis» di Vitruvio nella sua pittura.

Tralascio di illustrare il completo sviluppo della teoria dei generi di Poussin nei quadri della «Peste in Ashdod» e della «Flora». Ora ci basti concludere che le idee di Poussin sulla teoria dei modi musicali sono state rappresentate nel quadro della Flora-Eco già nel 1630.

1. La più completa bibliografia sul quadro nel Catalogo *Nicolas Poussin*, Galeries nationales du Grand Palais, Paris, 27.9.1994-2.1.1995, n° 44.
2. Catalogo Poussin, *op. cit.* nota 1, n° 43.
3. Martin Clayton, *Poussin works on paper*, in «Drawings from the Collection of Her Majesty the Queen Elizabeth II», London 1995, n° 20.
4. *I Dieci Libri dell'Architettura di M. Vitruvio*, tradotti e commentati da Daniele Barbaro, Venezia 1567, p. 256.
5. Oskar Bätschmann, *Poussins Narziß und Echo im Louvre*, in «Zeitschrift für Kunstgeschichte», XLII, 1979, pp. 31-47.
6. Vitruvio comm. da Daniele Barbaro, *op. cit.* nota 4, p. 228-230.

Pierre Rosenberg

Quelques modestes observations sur la recherche poussinienne

En 1958, Anthony Blunt prononçait, à la National Gallery de Washington, les Mellon Lectures. Il avait choisi de traiter de Poussin, un artiste sur qui il se penchait de longue date et à qui il avait consacré d'importants articles. Comme de règle, les six conférences feraient l'objet d'une publication, une monographie du meilleur spécialiste de Poussin sur l'artiste de son cœur. Mais vint le colloque Poussin organisé par André Chastel (et Jacques Thuillier), suivi par la publication des actes et par l'exposition du Louvre de 1960, à laquelle Blunt prit une part prépondérante. Le catalogue – un des premiers gros catalogues de l'après-guerre – vit éclore articles et compte rendus savants, de sorte que le livre annoncé en 1958 ne fut publié qu'en 1967. Le *Poussin* de 1967 n'avait plus grand chose en commun avec celui des Mellon Lectures. Il reste, encore aujourd'hui, l'indispensable ouvrage de référence dont on s'étonne qu'il n'ait toujours pas été traduit en français.

Qu'avons-nous appris en 1994 à l'occasion du quatre centième anniversaire de la naissance de Poussin et des expositions, colloques, monographies et articles qui ont accompagné la célébration de l'événement ? En quoi le Poussin de 1996 se distingue-t-il de celui de 1994 ? Il est trop tôt aujourd'hui pour répondre dans le détail à ces questions et pour dresser un bilan (un palmarès ?), alors que se multiplient les recensions les plus attentives et les ouvrages de réflexion suscités plus ou moins directement par l'exposition parisienne et son catalogue, mais nous pouvons en quelques lignes préciser quelques directions de recherches, signaler quelques carences, indiquer quelques lacunes.

Le Poussin de 1994 ne ressemble guère à celui de 1967. Le champ de la recherche poussinienne s'est considérablement diversifié et élargi, et les angles d'approche ont bénéficié de la spectaculaire percée des sciences sociales. Collectionneurs de Poussins, quelques « patrons » et mécènes parisiens ou romains sont aujourd'hui bien mieux connus, et la question de savoir qui, du commanditaire ou de l'artiste, prime dans le choix du sujet a donné et donne encore lieu à débat. Nous sommes parfaitement informés sur la fortune personnelle de Poussin et la personnalité et les créations des artistes de son proche entourage sont bien mieux connues (que l'on songe par exemple à Dufresnoy !).

Mais c'est surtout le domaine interprétatif, au sens large du terme, qui a littéralement explosé, pour le pire comme pour le meilleur, souvent pour le pire, rarement pour le meilleur. Sans porter de jugement sur des travaux de la plus grande variété, d'un hermétisme bien souvent déroutant (et parfois rebutant), et d'une écriture guère encourageante, disons que ces recherches ont considérablement « intellectualisé » Poussin, accordant à l'artiste une culture, une érudition savante dont, pour notre part, nous doutons. Sans nier l'importance que Poussin attribuait aux choses de l'esprit et dont il aimait, non sans quelque coquetterie et une trace de vanité, faire étalage, nous pensons que l'on prête trop à l'artiste. La diversité des lectures et les multiples querelles auxquelles elles donnent lieu étonnent et inquiètent : Poussin peintre précis et rigoureux, dont le goût marqué pour la clarté et pour la justesse de raisonnement est unanimement vanté, n'aurait-il pas su, grâce à ses pinceaux, exprimer ses idées plus précisément ? Cette « intellectualisation », qui voudrait aider à mieux comprendre les intentions de Poussin, n'a-t-elle pas fait perdre de vue que Poussin était avant tout un peintre fier de l'être, le « peintre philosophe » ne ferait-il pas ombre aujourd'hui à l'artiste ?

Autorisons-nous quelques suggestions, en désordre, pour ceux qui voudraient se pencher sur Poussin et lui consacrer quelques années de labeur (dont ils seront, nous le leur promettons, amplement récompensés). On n'a guère étudié les gravures d'après l'œuvre peint de Poussin depuis l'ouvrage de Georges Wildenstein paru en 1956, qui mériterait d'être réactualisé. Des recherches dans les grands fonds de Vienne ou de Londres apporteraient de fort utiles précisions. De même, un dépouillement complet et systématique des catalogues de vente anciens de Londres, de Paris, d'Amsterdam rétablirait l'exacte provenance de bien des œuvres parmi les plus célèbres. Si la parution d'une monographie sur Lemaire est annoncée, qui entreprendra l'indispensable étude monographique sur François Duquesnoy et sur l'influence du peintre sur le sculpteur (et réciproquement) ? Si l'original du *Repos pendant la fuite en Égypte* dit *à l'éléphant,* peint pour le cardinal Rospigliosi (futur Clément IX) est retrouvé et vient d'être acquis par un illustre collectionneur, si l'on assure que la première version de la *Prise de Jérusalem*, peinte en 1625-1626 pour le cardinal Barberini, a récemment fait surface dans une modeste vente londonienne, l'on s'interroge toujours sur le sort de *La Mort de la Vierge* de Notre-Dame de Paris qui devrait être abritée par quelque église ou par quelque couvent belge ? Si le nombre des œuvres de jeunesse de Poussin augmente d'année en année, qui confirme bien que Poussin a peint abondamment avant 1630 (même si ces œuvres de jeunesse sont de qualité bien inégale), sous quels noms se cachent les nombreux paysages de Poussin que signalent les inventaires après décès découverts récemment (et parfois publiés) et contemporains de Poussin, dont on peut difficilement mettre en doute la fiabilité ?

Ce sont là, dira-t-on, des aspects secondaires, des questions mineures... Il faudra les résoudre avant que voient le jour le catalogue raisonné actualisé, la synthèse devenus aujourd'hui indispensables.

Poussin est adulé par les historiens d'art, jeunes ou moins jeunes, l'excellent colloque Poussin de Rome (et celui de Paris) le confirme. Il est aimé des artistes mais n'a pas conquis le cœur du grand public, les récentes expositions du Grand Palais, du Louvre, de la Royal Academy, du palais Barberini en apportent la preuve. Pourquoi cette résistance qu'on ne peut mettre sur le compte d'un goût exclusif pour la peinture impressionniste ? Certes, Poussin, s'il est clair, n'est pas d'un abord facile et les visiteurs des expositions ignorent aussi bien la Bible que la mythologie.

Mais il y a autre chose : Poussin a voulu que l'on s'arrête longuement devant ses tableaux. Nos visiteurs sont pressés. Ils ont pris l'habitude de regarder vite, de feuilleter rapidement les reproductions des ouvrages. Regarder Poussin oblige à changer les habitudes que la multiplication des images n'a fait que renforcer, à adopter un nouveau rythme. Apprendre à voir Poussin n'est-ce pas aussi une des taches de l'historien d'art?

Index

Crédits photographiques

Bâle, Oeffentliche Kunstsammlung, Martin Bühler : fig. 1 p. 332

Berlin, Staatliche Museen, Jörg P. Anders : fig. 5 p. 388, fig. 6 p. 391

Bologne, Antonio Guerra : fig. 2 p. 333

Bordeaux, Alain Danvers : fig. 2 p. 170

Caen, Inventaire général de Basse-Normandie, Pascal Corbierre : fig. 11 p. 176

Dresde, Staatliche Kunstsammlungen : fig. 1 p. 386

Florence, Archivi Alinari : fig. 3 p. 310

Jacques Fryszman : fig. 9 p. 143

Gênes, Soprintendenza per i BB. AA. e SS. : fig. 4 p. 34

Haarlem, Teylers Museum : fig. 13 p. 145

Londres, British Museum : fig. 2 p. 217, fig. 17 p. 229 ; Christie's : fig. 5 p. 172 ; Courtauld Institute of Art : fig. 15 p. 146 ; Prudence Cuming Associates Limited : fig. 9 p. 188 ; Sotheby's : fig. 10 p. 163 ; The National Gallery : fig. 11 p. 226

Lübeck, Fotoarchiv der Museen für Kunst und Kulturgeschichte der Hansestadt Lübeck : fig. 3 p. 155

Lyon, musée des Beaux-Arts : fig. 7 p. 206

Madrid, Museo del Prado : fig. 7 p. 142, fig. 8 p. 143, fig. 13 p. 190, fig. 15 p. 191, fig. 18 p. 192, fig. 19 p. 193 ; Biblioteca Nacional : fig. 8 p. 187, fig. 14 p. 228

Malibu (Ca), The J. Paul Getty Museum : fig. 6 p. 36, fig. 6 p. 186, fig. 15 et 16 p. 229

Milan, Biblioteca Ambrosiana : fig. 11 p. 143

Naples, Soprintendenza Archeologica delle Province di Napoli e Caserta, Archivio Fotografico : fig. 3 p. 33 ; Soptintendenza Gallerie : fig. 9 p. 175, fig. 7 p. 187

New York, Sotheby's : fig. 11 p. 188

Paris, Bibliothèque nationale de France : fig. 7 p. 37, fig. 8 p. 37, fig. 9 p. 38, fig. 1 p. 46, fig. 3 p. 49, fig. 4 p. 50, fig. 5 et 6 p. 51, fig. 7 p. 52, fig. 8 p. 52, fig. 9 p. 53, fig. 10 et 11 p. 55, fig. 4 p. 98, fig. 7 p. 105, fig. 9 p. 107 ; École nationale supérieure des beaux-arts : fig. 8 p. 175 ; Giraudon : fig. 3 p. 217, fig. 5 p. 220, fig. 6 p. 221, fig. 1 p. 256, fig. 8 p. 340 ; hôtel des Ventes Drouot : fig. 10 p. 175 ; musée du Louvre, département des Antiquités grecques, étrusques et romaines : fig. 2 p. 30 ; département des Arts graphiques : fig. 14 p. 146 ; Musées de la Ville, Pierrin : fig. 6 p. 336 ; Réunion des musées nationaux : fig. 4 p. 220, fig. 12 p. 227, fig. 4 p. 334, fig. 7 p.337, fig. 1 p. 369 (D. Arnaudet), fig. 2 p. 370, fig. 3 p. 375, fig. 2 p. 386

Pavie, Museo Civico : fig. 12 p. 189

Rome, Archivio Campo Santo Teutonico : fig. 5 p. 141 ; Biblioteca Hertziana : fig. 8 p. 187, fig. 5 p. 335, fig. 10 et 11 p. 344 ; Rome, Gabinetto delle Stampe : fig. 7 p. 173 ; Istituto Centrale per il Catalogo e la Documentazione : fig. 1 p. 30, fig. 3 p. 138, fig. 4 p. 140, fig. 22 p. 194, fig. 5 p. 276

Saint-Pétersbourg, Ermitage : fig. 8 p. 282

Savone, Piccardo et Rosso : fig. 7 p. 160, fig. 8 p. 161

Adolphe Stein : fig. 5 p. 35

Stockholm, Statens Konstmuseer : fig. 6 p. 173

Vatican, Archivio Fotografico : fig. 3 p. 334 ; Biblioteca Apostolica Vaticana : fig. 1, 2 et 3 p. 275, fig. 4 p. 276

Washington D.C., National Gallery of Art : fig. 10 p. 39

Windsor Castle, Royal Collection : fig. 6 p. 142, fig. 12 p. 145 (Royal Collection Enterprises), fig. 1 p. 180, fig. 13 p. 227 (Royal Collection Enterprises), fig. 6 et 7 p. 277, fig. 10 et 11 p. 288

Publication du département de l'édition dirigé par Anne de Margerie

Relecture des textes et mise en pages : Sylvie Chambadal

Fabrication : Jacques Venelli

Photogravure : Access Flashage

Cet ouvrage a été achevé d'imprimer en septembre 1996 sur les presses de l'imprimerie S.I.O. à Paris

Le façonnage a été réalisé par la Générale de Brochure à Chevilly-Larue

Dépôt légal : septembre 1996
ISBN : 2-7118-3289-9
GZ 00 3289